Deskriptive Darstellung der subjektiv empfundenen Haftsituation
männlicher türkischer Inhaftierter im
geschlossenen Jugendstrafvollzug in Nordrhein-Westfalen

Europäische Hochschulschriften
Publications Universitaires Européennes
European University Studies

Reihe II
Rechtswissenschaft

Série II Series II
Droit
Law

Bd./Vol. 3416

PETER LANG
Frankfurt am Main · Berlin · Bern · Bruxelles · New York · Oxford · Wien

Regina Klose

Deskriptive Darstellung der subjektiv empfundenen Haftsituation männlicher türkischer Inhaftierter im geschlossenen Jugendstrafvollzug in Nordrhein-Westfalen

Eine Pilotstudie

PETER LANG
Europäischer Verlag der Wissenschaften

Die Deutsche Bibliothek - CIP-Einheitsaufnahme

Klose, Regina:

Deskriptive Darstellung der subjektiv empfundenen Haftsituation männlicher türkischer Inhaftierter im geschlossenen Jugendstrafvollzug in Nordrhein-Westfalen : eine Pilotstudie / Regina Klose. - Frankfurt am Main ; Berlin ; Bern ; Bruxelles ; New York ; Oxford ; Wien : Lang, 2002
(Europäische Hochschulschriften : Reihe 2, Rechtswissenschaft ; Bd. 3416)
Zugl.: Bochum, Univ., Diss., 2001
ISBN 3-631-39453-5

D 294
ISSN 0531-7312
ISBN 3-631-39453-5

www.peterlang.de

MEINER MUTTER

UND IN ERINNERUNG AN MEINEN VATER

Vorwort

Die nachfolgende Arbeit hat der Juristischen Fakultät der Ruhr-Universität Bochum im Sommersemester 2001 als Dissertation vorgelegen.

Sehr herzlich danke ich meinem Doktorvater, Herrn Professor Dr. Hans-Dieter Schwind, für die Anregung zur Beschäftigung mit diesem Thema, die wissenschaftliche Betreuung der Dissertation, die Erstellung des Erstgutachtens sowie für die Begleitung meines Werdegangs von der studentischen Hilfskraft bis zur wissenschaftlichen Mitarbeiterin an seinem Lehrstuhl.

Herrn Professor Dr. Gunnar Duttge danke ich aufrichtig für die Übernahme und zügige Erstellung des Zweitgutachtens.

Ohne die freundliche Unterstützung der Jugendstrafanstalten in Heinsberg, Herford, Iserlohn, Siegburg und Hameln wäre die Erstellung dieser Arbeit nicht möglich gewesen. Dafür möchte ich mich bei den Anstaltsleitern und den Mitarbeitern der Jugendstrafanstalten bedanken. Insbesondere danke ich den türkischen Insassen sowie den Ausländerbeauftragten der Anstalten, den Mitarbeitern der Fachdienste und des Allgemeinen Vollzugsdienstes, die an der Untersuchung teilgenommen haben. Ihre Bereitschaft zur Teilnahme hat die Durchführung dieser empirischen Arbeit erst ermöglicht.

Gleichermaßen danke ich Herrn Regierungsdirektor Wolfgang Wirth, dem Leiter der Arbeitsgruppe Kriminologischer Dienst des Justizministeriums des Landes Nordrhein-Westfalen, und Herrn Dr. Klaus Koepsel, dem ehemaligen Präsidenten des Justizvollzugsamtes Rheinland, für die Genehmigung der Befragungen und der Aktenanalyse.

Darüber hinaus möchte ich Herrn Kaya Köklü für die Übersetzung der Fragebögen in die türkische Sprache und Herrn Rechtsreferendar Daniel Freier, der mich bei den Befragungen der Insassen als Interviewer begleitet hat, sowie Herrn Norman Ehlert für die Unterstützung bei der statistischen Auswertung und allen, die zum Gelingen dieser Arbeit beigetragen haben, danken.

Mein besonderer Dank gilt meiner Mutter, deren Unterstützung mir Studium und Promotion erst ermöglicht hat. Ihr und meinem verstorbenen Vater widme ich die vorliegende Arbeit.

Bottrop, im Dezember 2001

Regina Klose

Gliederungsübersicht

Inhaltsverzeichnis

ABKÜRZUNGSVERZEICHNIS

a.a.O.	am angegebenen Ort
AIDS	aus engl. acquired immune deficiency syndrome = erworbenes Immunschwächesyndrom
Art.	Artikel
Aufl.	Auflage
AuslG	Ausländergesetz vom 09.07.1990 (BGBl. I 1354), i. d. F. vom 02.08.2000 (BGBl. I 1253)
AsylVfG	Asylverfahrensgesetz vom 27.07.1993 (BGBl. I 1361), (Neubekanntmachung des AsylVfG vom 26.06.1992 (BGBl. I S. 1126) in der seit 01.07.1993 geltenden Fassung), i. d. F. vom 29.10.1997 (BGBl. I 2584)
Bd.	Band
BewHi	Bewährungshilfe. Fachzeitschrift für Bewährungs-, Gericht- und Straffälligenhilfe
BGBl.	Bundesgesetzblatt
BKA	Bundeskriminalamt
Brit.J.Criminol.	British Journal of Criminology (zit. nach Jg., Heft, Jahr und Seite)
BT-Drucks.	Bundestagsdrucksache
BtMG	Gesetz über den Verkehr mit Betäubungsmitteln vom 01.03.1994 (BGBl. I 358), (Neubekanntmachung des BtMG vom 28.07.1981 (BGBl. I S. 681) in der seit 28.02.1994 geltenden Fassung), i. d. F. vom 27.09.2000 (BGBl. I 1414)
BVerfG	Bundesverfassungsgericht
BVerfGE	Entscheidungen des Bundesverfassungsgerichts (amtliche Sammlung), zit. nach Band und Seite)
bzgl.	bezüglich
bzw.	beziehungsweise
ca.	circa
DBH	Deutsche Bewährungshilfe
d. h.	das heißt
Diss.	Dissertation
DÖV	Die Öffentliche Verwaltung (zit. nach Jg., Heft, Jahr und Seite)
Drucks.	Drucksache
DVJJ	Deutsche Vereinigung für Jugendgerichte und Jugendgerichtshilfen e. V.
ed. /eds.	edition (Aufl.); editor / -s (Herausgeber)
EDV	Elektronische Datenverarbeitung
et al.	et alii (und andere)
etc.	et cetera
EU	Europäische Union
e. V.	eingetragener Verein

f / ff.	folgende Seite / -n
Fn.	Fußnote
GA	Goltdammer's Archiv für Strafrecht (zit. nach Jg., Jahr und Seite)
GdP	Gewerkschaft der Polizei
GG	Grundgesetz für die Bundesrepublik Deutschland vom 23.05.1949 (BGBl. S. 1), i. d. F. vom 19.12.2000 (BGBl. I 1755)
HIV	aus engl. human immunodeficiency virus = ein AIDS-Erreger
Hrsg.	Herausgeber
Hz	Häufigkeitszahl (-en)
i. Br.	im Breisgau
i. d. R.	in der Regel
i. E.	im Erscheinen
i. d. F.	in der Fassung
InfAuslR	Informationsbrief Ausländerrecht (zit. nach Jg., Heft, Jahr und Seite)
i. S.	im Sinne
i. S. d.	im Sinne der / des
i. V. m.	in Verbingung mit
Jg.	Jahrgang
JGG	Jugendgerichtsgesetz vom 04.08.1953 (BGBl. I S. 751), i. d. F. vom 19.12.2000 (BGBl. I 1756)
JR	Juristische Rundschau (zit. nach Jg., Heft, Jahr und Seite)
JuS	Juristische Schulung (zit. nach Jg., Heft, Jahr und Seite)
JVA	Justizvollzugsanstalt
KBZ	Kriminalitätsbelastungsziffer
KFN	Kriminologisches Forschungsinstitut Niedersachsen
Kriminalistik	Zeitschrift für die gesamte kriminalistische Wissenschaft und Praxis (zit. nach Jg., Heft, Jahr und Seite)
KrimJ	Kriminologisches Journal (zit. nach Jg., Heft, Jahr und Seite)
KrimPäd	Krimianlpädagogische Praxis (zit. nach Jg., Heft, Jahr und Seite)
KrimSozBibl	Kriminalsoziologische Bibliographie (zit. nach Jg., Heft, Jahr und Seite)
KZfSS	Kölner Zeitschrift für Soziologie und Sozialpsychologie (zit. nach Jg., Heft, Jahr und Seite)
LKA	Landeskriminalamt
LSD	Lysergsäurediäthylamid (ein Rauschgift)
m. w. N.	mit weiteren Nachweisen
Mio.	Millionen
MschrKrim	Monatsschrift für Kriminologie und Strafrechtsreform (zit. nach Jg., Heft, Jahr und Seite)
n	Anzahl der Pbn in der Stichprobe
NJW	Neue Juristische Wochenschrift (zit. nach Jg., Heft, Jahr und Seite)
ns	nicht signifikant

NRW	Nordrhein-Westfalen
NStZ	Neue Zeitschrift für Strafrecht (zit. nach Jg., Heft, Jahr und Seite)
o. J.	ohne Jahresangabe
o. V.	ohne Vornamen
p	Signifikanzniveau
Pb	Proband
Pbn	Probanden
PKK	Partia Kârkeren Kurdistan (Arbeiterpartei Kurdistans)
PKS	Polizeiliche Kriminalstatistik für die Bundesrepublik Deutschland (hrsg. v. Bundeskriminalamt Wiesbaden), die Jahresangabe bezieht sich auf das Erscheinungsjahr: „PKS (2001)" bedeutet, daß die PKS im Jahr 2001 veröffentlicht wurde; die Zahlen beziehen sich auf das Vorjahr (2000).
PKS NRW	Polizeiliche Kriminalstatistik Nordrhein-Westfalen (hrsg. v. Landeskriminalamt Nordrhein-Westfalen), zit. nach Erscheinungsjahr und Seite. Die in der PKS NRW enthaltenen Zahlen beziehen sich auf das Vorjahr, vgl. auch unter „PKS".
Psychosozial	Zeitschrift für Analyse, Prävention und Therapie psychosozialer Konflikte und Krankheit (zit. nach Jg., Heft, Jahr und Seite)
r	Korrelationskoeffizient
RdJB	Recht der Jugend und des Bildungswesens (zit. nach Jg., Heft, Jahr und Seite)
RGBl.	Reichsgesetzblatt
RiVASt	Richtlinien für den Verkehr mit dem Ausland in strafrechtlichen Angelegenheiten
Rn.	Randnummer (-n)
RuStAG	Reichs- und Staatsangehörigkeitsgesetz vom 22.07.1913 (RGBl. I 583); zuletzt geändert durch Gesetz vom 15.07.1999 (BGBl. I 1618), vgl. auch StAG
S.	Seite
SH	Sonderheft
SOEP	Sozio-ökonomisches Panel
sog.	sogenannt (-e / -er / -es)
StAG	Staatsangehörigkeitsgesetz vom 22.07.1913 (RGBl. S. 583), Gesetzesüberschrift neu gefaßt durch Gesetz vom 15.07.1999 (BGBl. I 1618), vgl. auch RuStAG
StGB	Strafgesetzbuch vom 02.01.1975 (BGBl. I S. 1), i. d. F. vom 02.08.2000 (BGBl. I 1253)
StV	Strafverteidiger
StPO	Strafprozeßordnung vom 07.01.1975 (BGBl. I S. 129), i. d. F. vom 27.12.2000 (BGBl. I 2043)
SPSS	„Superior Performing Software Systems", ursprünglich „Statistical Package for the Social Sciences"
StraFo	Strafverteidiger-Forum (zit. nach Jg., Heft, Jahr und Seite)

StVollzÄndG	Stafvollzugsänderungsgesetz vom 20.12.1984 (BGBl. I S. 1654)
StVollzG	Gesetz über den Vollzug der Freiheitsstrafe und freiheitsenziehender Maßregeln der Besserung und Sicherung (Strafvollzugsgesetz) vom 16.03.1976 (BGBl. I S. 581), i. d. F. vom 27.12.2000 (BGBl. I 2043)
SWP	Statistische Wohnplätze
TVBZ	Tatverdächtigenbelastungszahl
u.a.	und andere / unter anderem
u. U.	unter Umständen
usw.	und so weiter
vgl.	vergleiche
VVJug	Verwaltungsvorschriften zum Jugendstrafvollzug vom 29.11.1972 (BGBl. I S. 2205), bundeseinheitlich in Kraft getreten am 01.01.1977, Stand 01.04.1994
ZAR	Zeitschrift für Ausländerrecht und Ausländerpolitik (zit. nach Jg., Heft, Jahr und Seite)
z. B.	zum Beispiel
z. T.	zum Teil
ZfStrVo	Zeitschrift für Strafvollzug und Straffälligenhilfe (zit. nach Jg., Heft, Jahr und Seite)
zit.	zit.
ZRP	Zeitschrift für Rechtspolitik (zit. nach Jg., Heft, Jahr und Seite)
ZStW	Zeitschrift für die gesamte Strafrechtswissenschaft (zit. nach Band, Jahr und Seite)

Einleitung: Ausgangslage, Gegenstand und Aufgabe der Untersuchung

I. Ausgangslage

Der Anteil der nichtdeutschen[1] Inhaftierten ist überproportional hoch. Die Zahl der Nichtdeutschen, die am 31. März 2000 eine Freiheitsstrafe verbüßten, betrug 12.628 von 53.183 Inhaftierten[2], also 23,7 %[3] (im Jugendstrafvollzug 21,7 %[4]). Im Vergleich hierzu betrug der Anteil der Nichtdeutschen an der Gesamtbevölkerung in der Bundesrepublik Deutschland im Jahr 1999 lediglich 8,9 %[5]. Noch höher ist die Zahl der nichtdeutschen Insassen im Jugendstrafvollzug in Nordrhein-Westfalen. Sie betrug am 31.03.2000 sogar 29,4 %[6] bei einem Anteil der Nichtdeutschen im Alter von 14 bis unter 25 Jahren an der gleichaltrigen Bevölkerungsgruppe von etwa 17,8 %[7].

Diese Zahlen legen den Schluß nahe, daß die Integration eines beträchtlichen Teils der 7.343.600.000[8] hier lebenden Ausländer, die die soziale Realität in der Bundesrepublik beeinflussen[9], noch nicht in zufriedenstellendem Maße gelungen ist[10]. Der hohe Anteil nichtdeutscher Insassen stellt die Justizvollzugsanstalten vor zahlreiche, stetig zunehmende Probleme bei dem Bemühen um eine den Vollzugszielen gerecht

---

1 Der Begriff „Nichtdeutsche" meint alle Personen ausländischer Staatsangehörigkeit und Staatenlose. Personen mit ungeklärter Staatsangehörigkeit werden gesondert erfaßt; er ist folglich der Oberbegriff für Ausländer und Staatenlose, vgl. LANDESKRIMINALAMT NORDRHEIN-WESTFALEN (LKA NRW) (Hrsg.): Polizeiliche Kriminalstatistik Nordrhein-Westfalen (PKS NRW) 2000, Düsseldorf 2001, S. 5.

2 STATISTISCHES BUNDESAMT: Rechtspflege Fachserie 10, Reihe 4.1 Strafvollzug, Wiesbaden 2001c, S. 9.

3 STATISTISCHES BUNDESAMT a.a.O. (2001c) (Fn. 2), S. 8 f.

4 STATISTISCHES BUNDESAMT a.a.O. (2001c) (Fn. 2), S. 9

5 STATISTISCHES BUNDESAMT: Statistisches Jahrbuch 2000 für die Bundesrepublik Deutschland, Wiesbaden 2000a, S. 58 und S. 65: am 31.12.1999 betrug die ausländische Bevölkerung 7.343.600 Personen bei einer Bevölkerungszahl von 82.163.500.

6 LANDESAMT FÜR DATENVERARBEITUNG UND STATISTIK DES LANDES NORDRHEIN-WESTFALEN (Hrsg.): Strafvollzugsstatistik NRW, Tabelle 4, Teil 2, Düsseldorf 2000.

7 Berechnet nach den Angaben des MINISTERIUMS FÜR ARBEIT, SOZIALES, QUALIFIKATION UND TECHNOLOGIE DES LANDES NORDRHEIN-WESTFALEN (Hrsg.): Notiert in NRW. Zuwanderungsstatistik Ausgabe 2000, Düsseldorf 2001, S. 30 f; LKA NRW (Hrsg.): PKS NRW a.a.O. (2001) (Fn. 1), S. 9: Der Anteil der 14- bis unter 18jährigen Nichtdeutschen an der Gesamtbevölkerung dieser Altersgruppe in Nordrhein-Westfalen beträgt 14,0 %, der Anteil der 18-unter 21jährigen Nichtdeutschen beträgt 16,7 % und der Anteil der 20- bis unter 25jährigen Nichtdeutschen beträgt 19,7 %, teilweise eigene Berechnungen.

8 STATISTISCHES BUNDESAMT a.a.O. (2000a) (Fn. 5), S. 65, in dieser Zahl sind auch die Nichtdeutschen enthalten, deren Staatsangehörigkeit ungeklärt ist oder über deren Staatsangehörigkeit keine Angaben vorliegen.

9 BUKOWSKI, ANNETTE: Benachteiligungen im Jugendstrafvollzug? Ergebnisse qualitativer Interviews mit türkischen Insassen, Konstanz 1998, S. 7.

10 SCHWIND, HANS-DIETER: Nichtdeutsche Straftäter – eine kriminalpolitische Herausforderung, die bis zum Strafvollzug reicht. In: Feuerhelm, Wolfgang / Schwind, Hans-Dieter / Bock, Michael (Hrsg.): Festschrift für Alexander Böhm zum 70. Geburtstag am 14. Juni 1999. Berlin, New York 1999a, S. 323, (324).

werdende Ausgestaltung des Justizvollzuges auch für die Gruppe der ausländischen Insassen[11].

II. Gegenstand der Untersuchung

Gegenstand der Arbeit[12] ist die Analyse der Kriminalitätsproblematik junger Ausländer, insbesondere die Beschreibung der Situation männlicher türkischer Inhaftierter im geschlossenen Jugendstrafvollzug in Nordrhein-Westfalen im Rahmen einer Pilotstudie.

Die Untersuchung bezieht sich auf männliche Insassen türkischer Nationalität, da diese Gruppe sowohl in der Bevölkerung mit einem Anteil von 27,8 %[13] am 31.12.1999 als auch im nordrhein-westfälischen Jugendstrafvollzug mit 41,7 % zum Befragungszeitpunkt von Oktober bis November 2000 den mit Abstand größten Anteil unter den nichtdeutschen Inhaftierten bildete[14].

Durch die Arbeit sollen sowohl legalbiographische Daten zu der begangenen Straftat und der Höhe des Strafmaßes als auch soziobiographische Daten erhoben werden, die sich beispielsweise auf die Altersstruktur, Konfession, den Familienstand, Deutschkenntnisse, den Wohnsitz vor der Inhaftierung und die schulische und berufliche Vorbildung zur Tatzeit beziehen.

Darüber hinaus soll versucht werden, die bei türkischen Insassen auftretenden religiös und kulturell bedingten Besonderheiten in den Jugendstrafanstalten sowie die Bereiche der schulischen und beruflichen Weiterbildungsmaßnahmen, des Drogenkonsums, der Stellung innerhalb der Insassensubkultur, ihr Verhältnis zu deutschen und anderen ausländischen Mitinhaftierten sowie zu den Justizvollzugsbediensteten und ihre Pläne für die Zeit nach der Entlassung darzustellen.

Die verschiedenen Arten der Beendigung der Haftsituation bilden einen weiteren Untersuchungsgegenstand der Arbeit. Von besonderem Interesse ist in diesem Zusammenhang neben der Einstellung der türkischen Insassen zu einer möglichen

---

11 JUSTIZMINISTERIUM DES LANDES NORDRHEIN-WESTFALEN (Hrsg): Strafvollzug in Nordrhein-Westfalen, 12. Aufl., Düsseldorf 2000a, S. 65.

12 Das Justizministerium des Landes Nordrhein-Westfalen hat seine Zustimmung zu der Durchführung der Untersuchungen in den geschlossenen Jugendstrafanstalten in Nordrhein-Westfalen durch Herrn Regierungsdirektor Wolfgang Wirth, dem Leiter der Arbeitsgruppe Kriminologischer Dienst des Justizministeriums des Landes Nordrhein-Westfalen mit Schreiben vom 21.09.2000, Az. II.2-55/W erteilt. Der Durchführung der Aktenanalyse in der Jugendstrafanstalt Heinsberg hat der Präsident des Justizvollzugsamtes Rheinland, Herr Dr. Klaus Koepsel, am 17.01.2001 zugestimmt.

13 STATISTISCHES BUNDESAMT (Hrsg.) a.a.O. (2000a) (Fn. 5), S. 65.

14 Vgl. WIRTH, WOLFGANG: Ausländische Gefangene im Jugendstrafvollzug NRW. Ergebnisse einer Stichtagserhebung (15. Juli 1997). In: ZfStrVo, Jg. 47, Heft 5, 1998a, S. 278, der festgestellt hat, daß der Anteil der türkischen Insassen im Jugendstrafvollzug in NRW am 15.07.1997 sogar 49,8 % betrug.

Ausweisung und Abschiebung, ihre Beurteilung der Möglichkeit der Überstellung in die Türkei zur Verbüßung der (Rest-) Jugendstrafe. Die Überstellung in den Heimatstaat zur Strafverbüßung ist nach geltender Rechtslage gem. Art. 3 des Übereinkommens vom 21. März 1983 über die Überstellung verurteilter Personen (ÜberstÜbk) nur mit der Zustimmung des Insassen durchführbar. Hinzu kommt, daß die praktische Umsetzung des Rechtsinstituts der Überstellung in den Herkunftsstaat zur Strafverbüßung in Nordrhein-Westfalen in der Vergangenheit noch nicht näher untersucht wurde[15].

III. Aufgaben der Untersuchung

Im Anschluß an die Durchführung einer Sekundäranalyse der Literatur zum Thema Ausländerkriminalität sowie insbesondere zur Situation ausländischer und speziell türkischer Insassen im Erwachsenen- und Jugendstrafvollzug, sollen die Ergebnisse der eigenen Befragung mit den Resultaten der bisherigen Untersuchungen, mit statistischen Daten und den aufgrund einer Aktenanalyse der Personalakten deutscher Insassen in der JVA Heinsberg gewonnenen Ergebnisse verglichen werden. In diesem Zusammenhang wird auch neuen Fragen und Problemstellungen, beispielsweise der Frage der Überstellung ausländischer Inhaftierter zur Strafverbüßung in den Herkunftsstaat, nachgegangen. Im Anschluß an die Vorstellung der Untersuchungsergebnisse sollen diese unter kriminalpolitischen Gesichtspunkten diskutiert werden.

IV. Gang der Darstellung

Die Arbeit enthält fünf große Abschnitte. Im Anschluß an die Einführung in die Thematik der Ausländerdelinquenz und die Erklärung der verwendeten Terminologie, beginnt der erste Teil mit der Vorstellung der einzelnen kriminalitätsrelevanten Problemgruppen. In diesem Zusammenhang werden beispielsweise die Unterschiede zwischen der Ersten Ausländergeneration und der zu einem erheblich höheren Maße kriminalitätsbelasteten Zweiten und Dritten Generation, der die befragten türkischen Insassen angehören, aufgezeigt. Anschließend folgt eine Beschreibung der statistischen Werte[16] und der Struktur der Ausländerkriminalität in Nordrhein-Westfalen. Da sich die Arbeit auf die türkischen Insassen im geschlossenen Jugendstrafvollzug in Nordrhein-Westfalen bezieht, steht die Entwicklung der Ausländerkriminalität in diesem Bundesland im Vordergrund. In den Fußnoten wird jeweils zu der statistischen Entwicklung und der Struktur der Ausländerkriminalität im

---

15 WEBER, STEPHAN: Überstellung in den Heimatstaat. Ein internationales Konzept wider den Strafvollzug in der Fremde. Frankfurt a. M., Berlin, Bern, New York, Paris, Wien 1997, S. 68.

16 In dieser Arbeit bezeichnet die Jahresangabe der von dem Landeskriminalamt Nordrhein-Westfalen herausgegebenen Polizeilichen Kriminalstatistik Nordrhein-Westfalen (PKS NRW) und der von dem Bundeskriminalamt herausgegebenen Polizeilichen Kriminalstatistik für die Bundesrepublik Deutschland (PKS) das Erscheinungsjahr der Kriminalstatistik, die Zahlen beziehen sich jeweils auf das Vorjahr: „PKS NRW (2001)" bedeutet, daß die Kriminalstatistik im Jahr 2001 erschienen ist und daß sich die in ihr enthaltenen Zahlen auf das Vorjahr, also das Berichtsjahr 2000 beziehen.

Bundesgebiet Bezug genommen. Es folgen eine Vorstellung der Theorien und Untersuchungen zur Ausländerdelinquenz, um diese später mit den eigenen Untersuchungsergebnissen, insbesondere den gewonnen soziobiographischen und legalbiographischen Daten der befragten türkischen Insassen vergleichen zu können.

Darüber hinaus soll bei der Untersuchung Bezug genommen werden auf andere Arbeiten[17] zur Ausländerkriminalität, um zu überprüfen, ob diese Ergebnisse, beispielsweise die These[18], daß die erhöhte Ausländerkriminalität der Zweiten Gastarbeitergeneration auf ein erhöhtes Maß an Gewalterfahrungen in der Familie zurückzuführen sei, durch die eigene Untersuchung bestätigt werden können.

Daran schließt sich im zweiten Teil ein Überblick über die statistischen Daten der nichtdeutschen Insassen im (Jugend-) Strafvollzug in Nordrhein-Westfalen sowie im Bundesgebiet an. Im Folgenden werden die untersuchungsrelevanten Normen erläutert, die im Zusammenhang mit der Situation nichtdeutscher Insassen im geschlossenen Jugendstrafvollzug relevant sind.

Einleitend zu der eigenen Arbeit sollen die bisherigen Untersuchungen zu Ausländern und speziell zu Türken im Erwachsenenstrafvollzug und im Jugendstrafvollzug vorgestellt werden.

1. Bisherige Untersuchugen

Die Situation nichtdeutscher Insassen im (Jugend-)Strafvollzug war in der Vergangenheit bereits Thema von Forschungsberichten, in denen die Besonderheiten aus der Sicht einzelner Inhaftierter meist anhand einiger quantitativer Interviews erfragt wurden. Diese Untersuchungen, die sich bis auf wenige Ausnahmen lediglich auf wenige Insassen einer Justizvollzugsanstalt beziehen, vermögen nichts an der von DÜNKEL[19] beklagten Tatsache zu ändern, daß der empirische Erkenntnisstand zur aktuellen Situation junger Ausländer im Strafvollzug bisher nach wie vor eher lückenhaft und wenig gesichert ist.

So hat beispielsweise BUKOWSKI[20] sechs türkische Insassen der Jugendstrafanstalt Adelsheim in dem Zeitraum vom 07.08. bis 09.08.1995 mittels eines neun Fragen umfassenden Leitfadens befragt.

---

17 Beispielsweise PFEIFFER, CHRISTIAN / WETZELS, PETER: Junge Türken als Täter und Opfer von Gewalt. Forschungsbericht Nr. 81. Hannover 2000a.

18 PFEIFFER, CHRISTIAN / WETZELS, PETER a.a.O. (2000a) (Fn. 17), S. 19.

19 DÜNKEL, FRIEDER: Freiheitsentzug für junge Rechtsbrecher, Bonn 1990, S. 207. Ergebnisse der Studien aus dem angelsächsischen Ausland sind wegen der unterschiedlichen sozialen und kulturellen Voraussetzungen, insbesondere auch wegen der Unterschiede in Sanktionsrecht, Sanktionspraxis und Ausgestaltung des Strafvollzugs nur eingeschränkt auf deutsche Verhältnisse übertragbar.

20 BUKOWSKI, ANNETTE a.a.O. (1998) (Fn. 9).

In jüngerer Vergangenheit wurde von WIRTH[21], dem Leiter der Kriminologischen Arbeitsgruppe des Justizministeriums des Landes Nordrhein-Westfalen, im Jahr 1997 eine Stichtagserhebung in Form einer Aktenanalyse in Nordrhein-Westfalen durchgeführt. Diese vier Jahre zurückliegende Stichtagserhebung bezieht sich auf nichtdeutsche Inhaftierte im Jugendstrafvollzug im allgemeinen und ermöglicht den Vergleich der gewonnenen Ergebnisse mit den sozial- oder legalbiographischer Daten der türkischen Inhaftierten.

Daneben wurden in den vergangenen zwei Jahrzehnten einige Untersuchungen[22] zu Ausländern im Strafvollzug veröffentlicht, deren Konzeption bei der Erstellung des Fragebogens als Grundlage dienten und deren Ergebnisse als Vergleichsgrundlage für die eigene Untersuchung herangezogen wurden.

2. Durchführung der Untersuchung

In dem dritten Teil der Arbeit wird die Methodik der Arbeit vorgestellt, insbesondere ein Überblick über die Erhebungsmethode und das ausgewählte empirische Material gegeben.

Zunächst wurde das Schrifttum zur Ausländerkriminalität und insbesondere zur Situation ausländischer Inhaftierter im (Jugend-) Strafvollzug durch eine Sekundäranalyse aufbereitet. Ausgehend von der im Schrifttum verwendeten Methodik wurde für die Untersuchung aus Gründen der erhöhten Aussagekraft der Ergebnisse eine Totalerhebung der türkischen Insassen gewählt. Unter dem Gesichtspunkt der besseren Vergleichbarkeit der Antworten wurde die Befragung mittels eines standardisierten Fragebogens durchgeführt.

a) Auswahl der Erhebungsmethode und der Untersuchungspersonen

Bei einer Durchsicht des Schrifttums[23] wird schnell deutlich, daß sowohl unterschwellig als auch auch explizit von einer gesteigerten Straf- und Haftempfind-

---

21 WIRTH, WOLFGANG, a.a.O. (1998a) (Fn. 14), S. 278-286.

22 BOSETZKY, HORST / BORSCHERT, JÜRGEN / HELM, SIEGFRIED: Ausländer in Berliner Haftanstalten. In: Autorengruppe Ausländerforschung (Hrsg.): Zwischen Getto und Knast. Jugendliche Ausländer in der Bundesrepublik. Reinbek 1981, S. 198-289; SCHAFFNER, PAUL / KNEIP, WOLFGANG: Fühlt sich der Ausländer in Haft als Gefangener zweiter Klasse? Ergebnisse einer Fragebogenuntersuchung bei Strafgefangenen der Vollzugsanstalt Mannheim. In: ZfStrVo, Jg. 32, Heft 5, 1983, S. 259-265; CHAIDOU, ANTHOZOE: Junge Ausländer aus Gastarbeiterfamilien in der Bundesrepublik Deutschland. Ihre Kriminalität nach offizieller Registrierung und nach ihrer Selbstdarstellung. Diss. Frankfurt a. M., Bern, New York 1984a; FOCKEN, ADALBERT / GLEY, CHRISTA: Junge Ausländer im Strafvollzug. Eine jugendpsychiatrisch-psychologische Untersuchung forensischer Aspekte. München 1987.

23 BOSETZKY, HORST / BORSCHERT, JÜRGEN / HELM, SIEGFRIED a.a.O. (Fn. 22), S. 198-289; BÖHM, ALEXANDER: Der ausländische Strafgefangene im Spannungsfeld zwischen Resozialisierungsauftrag des Strafvollzugs und Zielsetzung des Ausländerrechts. In: Schäfer, Karl

lichkeit nichtdeutscher Strafgefangener ausgegangen wird. Die Situation der türkischen Insassen und die besonderen Belastungsfaktoren sollen in der Untersuchung sowohl aus der Sicht nichtdeutscher Insassen als auch aus der Sicht der Ausländerbeauftragten der Anstalten sowie einiger Aufsichtsbeamten näher herausgearbeitet werden.

Im Mittelpunkt steht eine standardisierte Befragung aller türkischen männlichen Insassen in den Jugendstrafanstalten in Nordrhein-Westfalen, die dort im geschlossenen Vollzug eine Jugendstrafe oder Freiheitsstrafe gem. § 114 JGG verbüßen und zwischen 18 und 25 Jahre alt sind.

Weitere Erkenntnisse sollen durch begleitend durchgeführte Interviews mit den Ausländerbeauftragten und jeweils vier Justizvollzugsbeamten der Anstalten, die über eine mindestens fünfjährige Berufserfahrung verfügen, gewonnen werden. Die Ausländerbeauftragten und Justizvollzugsbeamten mit einer mehrjährigen Berufserfahrung wurden ausgewählt, weil davon ausgegangen werden kann, daß sie aufgrund ihrer Tätigkeit als Ansprechpartner für ausländische Inhaftierte über weitreichende Kenntnisse in bezug auf die Haftsituation türkischer Insassen verfügen.

Da die Befragung deutscher Insassen in den vier Anstalten aus organisatorischen Gründen von der Arbeitsgruppe Kriminologischer Dienst des Justizministeriums des Landes Nordrhein-Westfalen nicht genehmigt wurde, konnten lediglich in der JVA Heinsberg mittels einer Aktenanalyse soziobiographische und legalbiographische Daten deutscher Insassen gewonnen werden, die zur Bildung einer deutschen Vergleichsgruppe herangezogen werden sollen.

b) Zeitraum der Befragung

In dem Zeitraum vom 30.10. bis 22.11.2000 wurden in den Jugendstrafanstalten Iserlohn, Heinsberg, Herford und Siegburg insgesamt 92 türkische und 5 deutsche Insassen, die ehemals die türkische Staatsangehörigkeit besaßen, und das 18. Lebens-

---

Heinrich / Sievering, Ulrich O. (Hrsg.): Ausländerrecht contra Resozialisierung, Frankfurt a. M. 1984, S. 118-134; BÖHM, ALEXANDER: Strafvollzug, 2. Aufl., Frankfurt a. M. 1986, S. 140 f; CHAIDOU, ANTHOZOE a.a.O. (1984a) (Fn. 22); HOVENS, A.: Moslems in der Vollzugsanstalt. In: Wanzura, Werner (Hrsg.): Moslems im Strafvollzug, Altenberge 1982, S. 28-34; KREBS, ALBERT: Nichtdeutsche im bundesdeutschen Strafvollzug. In: Schwind, Hans-Dieter / Blau, Günter (Hrsg.), Strafvollzug in der Praxis, 1. Aufl., Berlin 1976, S. 343-349; NEU, GUIDO: Nichtdeutsche im bundesdeutschen Strafvollzug. In: Schwind, Hans-Dieter / Blau, Günter (Hrsg.), Strafvollzug in der Praxis. Eine Einführung in die Probleme und Realitäten des Strafvollzuges und der Entlassenenhilfe, 2. Aufl., Berlin, New York 1988, S. 329-337; SALEWSKI, BARBARA: Ausländische Inhaftierte im Strafvollzug. In: DBH Fachverband für Soziale Arbeit, Strafrecht und Kriminalpolitik (Hrsg.), Ausländische Inhaftierte im Strafvollzug, Köln 1999, S. 37-40; SCHAFFNER, PAUL / KNEIP, WOLFGANG a.a.O. (1983) (Fn. 22), S. 259-265; SCHAM, HERMANN: Die Situation der Ausländer in Haft. Eine Skizzierung der ausländerspezifischen Probleme. In: Akademie Bad Boll (Hrsg.): Ausländer in Haft, Tagung vom 26. bis 28. Januar 1981 in Bad Boll, Bad Boll 7/1981, S. 60-71.

jahr vollendet haben, sowie 20 Justizvollzugsbedienstete mittels eines standardisierten Fragebogens interviewt.
Hinzu kommt eine Aktenanalyse der Personalakten von 187 deutschen Insassen, die volljährig sind, und im geschlossenen Vollzug in der JVA Heinsberg einsitzen.

c) Auswertung und Diskussion der Ergebnisse

In dem vierten Teil der Arbeit werden die Untersuchungsergebnisse in der folgenden Reihenfolge referiert: Nach der Wiedergabe der grundlegenden soziobiographischen Daten der türkischen Inhaftierten, die im geschlossenen Jugendstrafvollzug in Nordrhein-Westfalen eine Jugendstrafe verbüßen, wird die Legalbiographie dargestellt. Ausführlicher wird die Stellung der türkischen Inhaftierten in der Insassensubkultur sowie ihr Verhältnis zu den Bediensteten der Jugendstrafanstalten untersucht. Daran anschließend wird auf die Drogenabhängigkeit und die mit ihr verbundenen Begleiterscheinungen eingegangen. Einen weiteren Schwerpunkt der Arbeit bilden die besonderen Belastungsfaktoren, die beispielsweise im Bereich der Ausübung religiöser Gewohnheiten der muslimischen Insassen liegen, die Beschränkungen im Bereich der Außenkontakte, sowie Benachteiligungen, die infolge eines anhängigen Ausweisungsverfahrens auftreten, und denen sich die türkischen Insassen im geschlossenen Jugendstrafvollzug ausgesetzt sehen.

Anhand der bis dahin gewonnenen Erkenntnisse soll abschließend der Frage nachgegangen werden, wie die Situation der türkischen und der nichtdeutschen Insassen allgemein im geschlossenen Jugendstrafvollzug verbessert werden kann. Es sollen in diesem Zusammenhang Vorschläge zu kriminalpolitisch erstrebenswerten Änderungen in der Vollzugspraxis und im Vollzugsrecht vorgestellt und diskutiert werden. Ferner soll auf Alternativen zur Vollstreckung der Jugendstrafe nichtdeutscher Täter im geschlossenen Jugendstrafvollzug in Deutschland eingegangen werden.

V. Begriffsbestimmungen

1. Nichtdeutsche

Der Begriff „Nichtdeutsche" ist der Oberbegriff für Ausländer[24] und Staatenlose. Er erfaßt alle Personen, die nicht die deutsche Staatsangehörigkeit besitzen, darunter auch diejenigen, die staatenlos sind[25].

> *Staatenlos ist jeder, der von keinem völkerrechtlich existenten Staat als Staatsangehöriger anerkannt wird[26]. Nicht erfaßt werden die Personen, deren Staatsangehörigkeit ungeklärt ist[27].*

24 Sämtliche im Text verwendete Personenbezeichnungen beziehen sich immer auf Personen sowohl männlichen als auch weiblichen Geschlechts.
25 LKA NRW (Hrsg.), PKS NRW a.a.O. (2001) (Fn. 1), S. 5.

Der Begriff „Ausländer“ ist der engere Begriff. Nach der juristischen Definition in § 1 Abs. 1 AuslG ist jeder Ausländer, der nicht Deutscher i. S. d. Art. 116 Abs. 1 GG ist[28]. Folglich können die Begriffe „Nichtdeutsche“ und „Ausländer“ wechselseitig verwendet werden[29]. Aus diesem Grunde und weil Staatenlose eine zahlenmäßig geringe Rolle spielen und dies der deutschen Umgangssprache entspricht, wird auch in dieser Arbeit der Begriff „Nichtdeutsche“ synonym mit dem Begriff „Ausländer“ verwendet.

a) Einbürgerung

Grundsätzlich erhielten nach § 4 Abs. 1 S. 1 des bis zum 31.12.1999 geltenden Reichs- und Staatsangehörigkeitsgesetz (RuStAG) dem Ius-Sanguinis-Prinzip (Abstammungsprinzip) folgend[30] nur die Kinder von Deutschen die deutsche Staatsangehörigkeit. Allerdings bestand bereits die Möglichkeit, die deutsche Staatsangehörigkeit gem. § 8 ff. RuStAG sowie gem. §§ 85 bis 91 AuslG a. F. durch Einbürgerung zu erwerben[31]. Mit Wirkung vom 01.07.1993 ist die Ermessungseinbürgerung grundsätzlich durch eine Anspruchseinbürgerung gem. §§ 85 bis 91 AuslG für die eingewanderten ausländischen Arbeitnehmer und ihre Familienangehörigen ersetzt worden[32]. Hatte der Erwerb der deutschen Staatsangehörigkeit zuvor eine eher untergeordnete Rolle gespielt – 1989 wurden im früheren Bundesgebiet nur knapp 70.000[33] Ausländer eingebürgert –, wurden nach der Änderung des Ausländergesetzes 1994 knapp 260.000[34] Einbürgerungen registriert, 1998 waren es bereits über 290.000[35] Einbürgerungen.

---

26 HAILBRONNER, KAY / RENNER, GÜNTER: Staatsangehörigkeitsrecht. Kommentar unter Mitarbeit von Lang, Markus. 2. Aufl., München 1998, Einleitung F, Rn. 58; RENNER, GÜNTER: Ausländerrecht. Kommentar. 7. Aufl., München 1999, § 1 Rn. 15.

27 LKA NRW (Hrsg.), PKS NRW a.a.O. (2001) (Fn. 1), S. 5.

28 Deutscher gem. Art. 116 Abs. 1 GG ist auch der Statusdeutsche, der als Flüchtling oder Vertriebener die deutsche Volkszugehörigkeit besitzt oder als dessen Ehegatte oder Kind Aufnahme in Deutschland gefunden hat. Deutsche, die zugleich eine fremde Staatsangehörigkeit besitzen, gehören nicht zu den Ausländern, vgl. STATISTISCHES BUNDESAMT a.a.O. (2000a) (Fn. 5), S. 42.

29 REBMANN, MATTHIAS: Ausländerkriminalität in der Bundesrepublik Deutschland, Freiburg i. Br. 1998, S. 70.

30 HAILBRONNER, KAY / RENNER, GÜNTER a.a.O. (Fn. 26), Einl. E, Rn. 29 f.

31 Vgl. REBMANN, MATTHIAS a.a.O. (Fn. 29), S. 33 f m.w.N.

32 REBMANN, MATTHIAS a.a.O. (Fn. 29), S. 33 f m.w.N.; SCHWIND, HANS-DIETER: Kriminologie. Eine praxisorientierte Einführung. Heidelberg 2001, S. 482, § 24 Rn. 37.

33 STATISTISCHES BUNDESAMT (Hrsg.): Statistisches Jahrbuch für die Bundesrepublik Deutschland, Wiesbaden 1993, S.73.

34 STATISTISCHES BUNDESAMT (Hrsg.): Statistisches Jahrbuch für die Bundesrepublik Deutschland, Wiesbaden 1996, S. 69.

35 STATISTISCHES BUNDESAMT (Hrsg.) a.a.O. (2000a) (Fn. 5), S. 66, darunter knapp 60.000 türkische Staatsangehörige.

b) Änderung des Staatsangehörigkeitsrechts

Aufgrund der §§ 8 ff. StAG sowie der §§ 85 ff. AuslG, die durch Gesetz vom 15.07.1999 (BGBl. I S. 1618) neu gefaßt wurden und seit dem 01.01.2000 Anwendung finden, wurden die Voraussetzungen zur Erlangung der deutschen Staatsbürgerschaft weiter erleichtert:

- *Für die in dieser Arbeit im Vordergrund stehenden in Deutschland geborenen Ausländer der Zweiten und Dritten Generation*[36] *wird die Abstammungsregel durch das Territorialitätsprinzip ergänzt. Die in Deutschland geborenen Kinder ausländischer Eltern erhalten gem. § 4 Abs. 3 Satz 1 AuslG automatisch die deutsche Staatsangehörigkeit, wenn ein Elternteil seit acht Jahren rechtmäßig seinen gewöhnlichen Aufenthalt im Inland hat und eine Aufenthaltsberechtigung oder seit drei Jahren eine unbefristete Aufenthaltserlaubnis besitzt. Diese Kinder, die neben der deutschen auch die Staatsangehörigkeit ihrer Eltern behalten dürfen, also eine doppelte Staatsangehörigkeit besitzen, müssen sich gem. § 29 Abs. 1 StAG zwischen dem 18. und 23. Lebensjahr für eine der beiden Staatsangehörigkeiten schriftlich entscheiden. Entscheidet sich der Erklärungspflichtige für den Behalt der deutschen Staatsangehörigkeit, so hat er gem. § 29 Abs. 3 Satz 1 StAG den Verlust der ausländischen Staatsangehörigkeit nachzuweisen. Wird dieser Nachweis nicht bis zur Vollendung des 23. Lebensjahres erbracht, geht die deutsche Staatsangehörigkeit grundsätzlich gem. § 29 Abs. 3 Satz 2 StAG verloren.*

- *Auf Antrag ihrer Eltern sind gem. § 40b i.V.m. § 4 Abs. 3 Satz 1 StAG ausländische Kinder einzubürgern, die am 01.01.2000 das zehnte Lebensjahr noch nicht vollendet und rechtmäßig im Inland gelebt haben*[37].

Die Regelungen zur Erlangung der doppelten Staatsangehörigkeit finden gem. § 29 Abs. 1 Satz 1 StAG jedoch nur auf ausländische Kinder Anwendung, die nach dem 31. Dezember 1999 die Staatsangehörigkeit nach § 4 Abs. 3 StAG durch Geburt oder durch Einbürgerung nach § 40b StAG erworben haben. Auf die Probanden der Untersuchung finden diese Vorschriften keine Anwendung, da sie unter anderem nach dem Kriterium ausgewählt wurden, daß sie zum Befragungszeitpunkt im Jahr 2000 bereits das 18. Lebensjahr vollendet hatten.

---

36 Erwachsene Ausländer sind gem. § 85 Abs. 1 AuslG auf Antrag einzubürgern, wenn sie seit acht Jahren rechtmäßig ihren gewöhnlichen Aufenthalt im Inland haben und darüber hinaus die folgenden Voraussetzungen erfüllen: schriftliche Erklärung zur Verfassungstreue, Besitz einer Aufenthaltserlaubnis oder Aufenthaltsberechtigung, keine Inanspruchnahme von Sozial- oder Arbeitslosenhilfe, Aufgabe der bisherigen Staatsangehörigkeit, keine Verurteilung wegen einer Straftat. Ferner dürfen der Einbürgerung keine Ausschlußgründe i.S.d. § 86 AuslG entgegenstehen, d. h. der Einbürgerungsbewerber muß über ausreichende Kenntnisse der deutschen Sprache verfügen, es dürfen keine Anhaltspunkte auf verfassungsfeindliche Aktivitäten hindeuten und es darf kein Ausweisungsgrund gem. § 46 Nr. 1 AuslG (Gefährdung der freiheitlichen demokratischen Grundordnung oder der Sicherheit der Bundesrepublik Deutschland) vorliegen.

37 Der Antrag konnte gem. § 40b Satz 2 StAG nur bis zum 31. Dezember 2000 gestellt werden.

2. Ausländerkriminalität

Unter dem Begriff „Ausländerkriminalität“ wird die Gesamtheit der von Nichtdeutschen innerhalb des Bundesgebietes begangenen strafbaren Handlungen zusammengefaßt. In Teilen der Literatur[38] wird die Vokabel „Ausländerkriminalität“ als „Missgeburt dargestellt, weil eine rechtliche Kategorie (Ausländer) mit einer soziologischen Kategorie (Normbruch) vermengt“ werde[39]. Der Hauptkritikpunkt des Schweizers NIGGLI[40] gegen den Begriff „Ausländerkriminalität“ richtet sich gegen die Implizierung einer besonderen Qualität der durch Ausländer verursachten Kriminalität und damit auch gegen die Möglichkeit, daß die Tatsache einer ausländischen Staatsbürgerschaft für alle strafrechtlich in Erscheinung tretenden Personen verschiedenster sozialer Herkunft und Lebensbedingungen, wie beispielsweise Touristen / Durchreisenden, Asylsuchenden, Grenzgängern und Niedergelassenen, eine einheitliche Bedeutung habe[41]. Da die Nichtdeutschen eine heterogene Gruppe bilden, deren Mitgliedern lediglich gemeinsam sei, daß ihnen die deutsche Staatsbürgerschaft fehle, stellt sie auch keine kriminologisch relevante Gruppe dar[42]. Es könne somit allenfalls eine Scheinkorrelation zwischen den Attributen ‚Ausländer‘ und ‚kriminelle Neigung‘ bestehen[43]. Trotz dieser Kritik wird in dieser Arbeit an dem aus der Alltagssprache stammenden Begriff der Ausländerkriminalität als einem Hilfskonstrukt festgehalten, denn es besteht die Möglichkeit, daß ein Teil der Nichtdeutschen außer der ihnen fehlenden deutschen Staatsangehörigkeit weitere gemeinsame Merkmale besitzen und folglich aufgrund dieser weiteren Merkmale eine kriminologisch relevante Gruppe bilden, deren Legalverhalten eine besondere Qualität aufweist[44], die es näher zu untersuchen gilt.

---

38 BUKOWSKI, ANNETTE a.a.O. (1998) (Fn. 9), S. 8; EISNER, MANUEL: Immigration, Integration und Assimilation. Strukturen der Gewaltkriminalität von Immigrierten und Schweizern. In: Bauhofer, Stefan / Queloz, Nicolas (Hrsg.): Ausländer, Kriminalität und Strafrechtspflege, Chur/Zürich 1993, S. 289, (290 ff.); NIGGLI, MARCEL ALEXANDER: Kriminalität von Ausländern – Kriminologische Erklärungsansätze und ihre Aussagekraft. In: Bauhofer, Stefan / Queloz, Nicolas (Hrsg.): Ausländer, Kriminalität und Strafrechtspflege, Chur/Zürich 1993, S. 119, (124).

39 NIGGLI, MARCEL ALEXANDER a.a.O. (Fn. 38), S. 124.

40 NIGGLI, MARCEL ALEXANDER a.a.O. (Fn. 38), S. 124 f.

41 Vgl. auch GÖPPINGER, HANS: Kriminologie. 5. Aufl., München 1997, S. 535; KÜRZINGER, JOSEF: Kriminologie. Eine Einführung in die Lehre vom Verbrechen. 2. Aufl., Stuttgart, München, Hannover, Berlin, Weimar, Dresden 1996, S. 229, Rn. 329; REBMANN, MATTHIAS a.a.O. (Fn. 29), S. 3.

42 BUKOWSKI, ANNETTE a.a.O. (1998) (Fn. 9), S. 8.

43 BUKOWSKI, ANNETTE a.a.O. (1998) (Fn. 9), S. 8; NIGGLI, MARCEL ALEXANDER a.a.O. (Fn. 38), S. 125 f; WALTER, MICHAEL: Kriminalität junger Ausländer – Forschungsstand und offene Fragen –. In: BewHi, Jg. 34, Heft 1, 1987, S. 60, (61); WALTER, MICHAEL: Über die Bedeutung der Kriminalität junger Ausländer für das Kriminalrechtssystem. In: DVJJ-Journal, Jg. 4, Heft 4, 1993, S. 347; WALTER, MICHAEL / KUBINK, MICHAEL: Ausländerkriminalität – Phänomen oder Phantom der (Kriminal-) Politik? In: MschrKrim, Jg. 76, Heft 5, 1993, S. 306, (309).

44 BUKOWSKI, ANNETTE a.a.O. (1998) (Fn. 9), S. 9; STÜWE, GERD: Lebenslagen und Bewältigungsstrategien junger Ausländer. In: Lajios, Konstantin (Hrsg.): Die zweite und dritte Ausländergeneration. Ihre Situation und Zukunft in der Bundesrepublik Deutschland, Opladen 1991a, S. 107, (113); THIELE, ULF: Spezielle Ursachen der Kriminalität junger Ausländer.

Teil A: Einführung und theoretische Reflexion zur Ausländerdelinquenz

Kapitel 1: Kriminalitätsauffällige Ausländergruppen

Die Zahl der in Nordrhein-Westfalen[45] lebenden Ausländer ist, wie sich aus der nachfolgenden *Tabelle 1* ergibt, von 1988 bis 1999 deutlich angestiegen. Die gemeldete nichtdeutsche Wohnbevölkerung hat sich in dem Zeitraum von 8,5 % (1,5 Mio.) im Jahr 1989 auf 11,4 % (2,0 Mio.) im Jahr 1999 erhöht[46]. Der Ausländeranteil an der registrierten Wohnbevölkerung ist in den vergangenen zehn Jahren um rund ein Drittel (34,1 %) angestiegen[47].

Bei einem Vergleich der Anteile der nichtdeutschen und der deutschen Wohnbevölkerung ist zu berücksichtigen, daß bestimmte Ausländergruppen wie Illegale, Touristen / Durchreisende, Besucher, Grenzpendler und Stationierungsstreitkräfte von der amtlichen Statistik, die lediglich die gemeldete ausländische Wohnbevölkerung zählt, nicht erfaßt werden[48].

In: Zentralblatt für Jugendrecht, Jg. 72, 1985, S. 186, (187); WALTER, MICHAEL a.a.O. (1993) (Fn. 43), S. 347, (350).

45 Im Bundesgebiet hat sich der Anteil der Nichtdeutschen an der gemeldeten Wohnbevölkerung 7,7 % (4,8 Mio.) im Jahr 1989 auf 8,9 % (7,3 Mio.) im Jahr 1999 erhöht. Bei der Bewertung dieser Zahl muß jedoch berücksichtigt werden, daß aufgrund der Wiedervereinigung der beiden deutschen Staaten der Anteil der Nichtdeutschen seit 1991 für das Gebiet von Gesamt-Deutschland berechnet wird. Der Anteil der Ausländer an der Wohnbevölkerung hat sich in Gesamt-Deutschland von 7,3 % (1991) auf 8,9 % (1999) um 1,5 Mio. (21,9 %) erhöht. Im früheren Bundesgebiet liegt der Anteil der Nichtdeutschen an der Gesamtbevölkerung mit 10,3 % (1999) über dem Wert für Gesamt-Deutschland. Vgl. STATISTISCHES BUNDESAMT (Hrsg.): Statistische Jahrbücher, Wiesbaden 1990 bis 2000; BEAUFTRAGTE DER BUNDESREGIERUNG FÜR AUSLÄNDERFRAGEN (Hrsg.): Daten und Fakten zur Ausländersituation Oktober 2000, 19. Aufl., Berlin, Bonn 2000b, S. 21; STATISTISCHES BUNDESAMT (Hrsg.): Datenreport 1999. Zahlen und Fakten über die Bundesrepublik Deutschland. 2. Aufl., Bonn, Berlin 2001b, S. 45. Zu der Situation der Bundesrepublik Deutschland als größtes Aufnahmeland nach den USA vgl. WEBER, ALBRECHT: Einwanderungsland Bundesrepublik Deutschland in der Europäischen Union – Bestandsaufnahme, Regelungselemente und europäischer Rahmen. Eine Einführung. In: Weber, Albrecht (Hrsg.): Einwanderungsland Bundesrepublik Deutschland in der Europäischen Union: Gestaltungsauftrag und Regelungsmöglichkeiten, Osnabrück 1997, S. 9.

46 Vgl. die nachstehende *Tabelle 1*.

47 Im Vergleich hierzu hat sich der Ausländeranteil an der Wohnbevölkerung im früheren Bundesgebiet von 7,7 % (1989) auf 10,3 % (1999) ebenfalls um ein Drittel (33,8 %) erhöht, in Gesamt-Deutschland ist der Ausländeranteil von 1991 bis 1999 um 21,9 % angestiegen.

48 GÖPPINGER, HANS a.a.O. (1997) (Fn. 41), S. 535; REBMANN, MATTHIAS a.a.O. (Fn. 29), S. 140; SCHWIND, HANS-DIETER a.a.O. (2001) (Fn. 32), S. 453, § 23 Rn. 7.

Tabelle 1: **Anteil der Nichtdeutschen an der Bevölkerung in Nordrhein-Westfalen 1989-1999**

Stichtag	Bevölkerung insgesamt in 1.000	Nichtdeutsche insgesamt in 1.000	Anteil der Nichtdeutschen in Prozent
31.12.1989	17.102,4	1.453,7	8,5 %
31.12.1990	17.283,7	1.590,1	9,2 %
31.12.1991	17.497,9	1.679,8	9,6 %
31.12.1992	17.595,1	1.812,3	10,3 %
31.12.1993	17.629,0	1.886,3	10,7 %
31.12.1994	17.816,1	1.913,9	10,8 %
31.12.1995	17.893,0	1.960,7	11,1 %
31.12.1996	17.947,7	2.056,9	11,5 %
31.12.1997	17.974,5	2.053,1	11,4 %
31.12.1998	17.975,5	2.041,1	11,4 %
31.12.1999	17.999,8	2.044,6	11,4 %

Quelle: LANDESAMT FÜR DATENVERARBEITUNG UND STATISTIK NRW (Hrsg.): Ausländische Bevölkerung in Nordrhein-Westfalen am 31. Dezember 1998, Düsseldorf 2000, S. 10; MINISTERIUM FÜR ARBEIT, GESUNDHEIT, SOZIALES, QUALIFIKATION UND TECHNOLOGIE DES LANDES NORDRHEIN-WESTFALEN (Hrsg.): Notiert in NRW. Zuwanderungsstatistik Ausgabe 2000. Düsseldorf 2001, S. 12.

Die nichtdeutsche Wohnbevölkerung ist zudem aufgrund ihrer unterschiedlichen strukturellen Zusammensetzung (Alters-, Geschlechts- und Sozialstruktur) nicht mit der der Deutschen vergleichbar[49]. So gehört die nichtdeutsche Bevölkerung im Vergleich zu der deutschen Bevölkerung in höherem Maße der besonders kriminalitätsbelasteten Alters- und Geschlechtsstruktur – der 14 bis 40 Jahre alten Männer[50] –

49 BKA (Hrsg.): Polizeiliche Kriminalstatistik Bundesrepublik Deutschland 2000, Wiesbaden 2001, S. 107; NORTHOFF, ROBERT: „Integration" von Minderheiten. Kriminalprävention in ethnisch und sozial gemischten Gebieten unter besonderer Berücksichtigung des Vicelin-Viertel-Projekts. In: Kube, Edwin / Schneider, Hans / Stock, Jürgen (Hrsg.): Vereint gegen Kriminalität – Wege der kommunalen Kriminalprävention in Deutschland –. Lübeck, Berlin, Essen, Wiesbaden 1996, S. 261, (265).

50 STATISTISCHES BUNDESAMT (Hrsg.) a.a.O. (2001b) (Fn. 45), S. 30 f: 1999 waren 75,5 % der in Deutschland lebenden Türken jünger als 40 Jahre alt. Bei den Deutschen waren 1999 50,4 % jünger als 40 Jahre. Vgl. STATISTISCHES BUNDESAMT (Hrsg) a.a.O. (2001b) (Fn. 45), S. 25: Der Anteil der über 40-Jährigen ist bei den Deutschen also mit 49,6 % doppelt so hoch wie bei den Türken (24,5 %). Vgl. auch BKA (Hrsg.), PKS a.a.O. (2001) (Fn. 49), S. 107; KUBINK, MICHAEL: Verständnis und Bedeutung von Ausländerkriminalität: Eine Analyse der Konstitution sozialer Probleme. Diss. Pfaffenweiler 1993, S. 36; EISENBERG, ULRICH: Kriminologie. 5. Aufl., Köln, Berlin, Bonn, München 2000a, S. 815; KAISER, GÜNTHER: Kriminologie. Eine Einführung in die Grundlagen, 10. Aufl., Heidelberg 1997, S. 358, (360); NIGGLI, MARCEL ALEXANDER a.a.O. (Fn. 38), S. 127; SCHNEIDER, HANS JOACHIM: Einführung in die Kriminologie. 3. Aufl.,

an, d. h. die Nichtdeutschen sind im Durchschnitt jünger[51] und häufiger männlichen Geschlechts[52]. Sie leben auch häufiger in großstädtischen Ballungsgebieten, in denen auch die deutsche Bevölkerung aufgrund der erhöhten Anzahl von Tatgelegenheiten höher kriminalitätsbelastet ist als in ländlichen Regionen[53], gehören in größerem Umfange den Unterschichten an[54] und sind häufiger arbeitslos[55].

Da es sich bei den Ausländern nicht um eine homogene Gruppe handelt, ist es erforderlich, zwischen den verschiedenen Ausländergruppen zu differenzieren[56]. Auffallend ist, wie aus der nachfolgenden *Tabelle 2* hervorgeht, daß die türkischen Einwohner[57], auf die sich diese Untersuchung bezieht, am 31.12.1999 sowohl in Nordhein-Westfalen mit 691.981 Personen (34,9 %) als auch im Bundesgebiet mit 2,1 Mio. (28,0 %) die mit Abstand größte Gruppe unter der nichtdeutsche Bevölkerung bildeten. Rund ein Drittel (33,7 %) der in Deutschland gemeldeten Türken lebt in NRW, während sich die anderen zwei Drittel auf die übrigen 15 Bundesländer verteilen, vgl. *Tabelle 2*[58].

Berlin, New York 1993, S. 70; VILLMOW, BERNHARD: Ausländerkriminalität. In: Kaiser, Günther / Kerner, Hans-Jürgen / Sack, Fritz / Schellhoss, Hartmut (Hrsg.): Kleines Kriminologisches Wörterbuch, 3. Aufl., Heidelberg 1993, S. 39.

51 Unter den in Deutschland lebenden Nichtdeutschen sind im Vergleich zur deutschen Bevölkerung die jüngeren Altersgruppen, d. h. die Zweite und Dritte Generation, überrepräsentiert (BEAUFTRAGTE DER BUNDESREGIERUNG FÜR AUSLÄNDERFRAGEN (Hrsg.): Bericht der Beauftragten der Bundesregierung für Ausländerfragen über die Lage der Ausländer in der Bundesrepublik Deutschland, Berlin, Bonn 2000a, S. 18: 1998 sind fast zwei Drittel (65,4 %) aller unter 18-jährigen Ausländer in der Bundesrepublik zur Welt gekommen; 12,7 % aller hier geborenen Kinder haben keinen deutschen Elternteil; vgl. auch STATISTISCHES BUNDESAMT (Hrsg.) a.a.O. (2000a) (Fn. 5), S. 74: 1998 hatte etwa 1/5 (23,3 %) aller ehelich Geborenen zumindest einen nichtdeutschen Elternteil. Vgl. auch NIEKE, WOLFGANG: Situation ausländischer Kinder und Jugendlicher in der Bundesrepublik Deutschland: Vorschule, Schule, Berufsausbildung, Freizeit, Kriminalität. In: Lajios, Konstantin (Hrsg.) a.a.O. (1991a) (Fn. 44), S. 13, (14), der davon ausgeht, daß etwa zwei Drittel der ausländischen Kinder und Jugendlichen bis 16 Jahren in Deutschland geboren und aufgewachsen sind.

52 DÖRMANN, UWE: Gastarbeiter. Kriminalität und Lebenssituation. In: Die Polizei, Jg. 66, Heft 4, 1975, S. 123, (126); KUBINK, MICHAEL a.a.O. (Fn. 50), S. 36 ; BKA (Hrsg.), PKS a.a.O. (2001) (Fn. 49), S. 107; SCHWIND, HANS-DIETER a.a.O. (2001) (Fn. 32), S. 453, § 23 Rn. 7.

53 KUBINK, MICHAEL a.a.O. (Fn. 50), S. 38; BKA (Hrsg.), PKS a.a.O. (2001) (Fn. 49), S. 107; SCHWIND, HANS-DIETER a.a.O. (2001) (Fn. 32), S. 453, § 23 Rn. 7.

54 BKA (Hrsg.), PKS a.a.O. (2001) (Fn. 49), S. 107; REBMANN, MATTHIAS a.a.O. (Fn. 29), S. 175 ff.; VILLMOW, BERNHARD: Ausländer als Täter und Opfer. In: MschrKrim, Jg. 82, SH 1999, S. 22, (23).

55 BKA (Hrsg.), PKS a.a.O. (2001) (Fn. 49), S. 107.

56 Vgl. *Tabelle 2*.

57 Zwei Drittel (64,6 %) der türkischen Wohnbevölkerung leben bereits länger als 10 Jahre in Deutschland, vgl. STATISTISCHES BUNDESAMT (Hrsg.): Bevölkerung und Erwerbstätigkeit. Fachserie 1, Reihe 2. Ausländische Bevölkerung 1998/99. Wiesbaden 2000b, S. 42 f.

58 Die zweitgrößte nichtdeutsche Bevölkerungsgruppe, die mit großem Abstand folgt, sind die Angehören des ehemaligen Jugoslawien mit einem Anteil von 14,0 % an der nichtdeutschen Bevölkerung in Nordrhein-Westfalen und 16,2 % im Bundesgebiet.

Tabelle 2: **Ausländische Wohnbevölkerung nach ausgewählten Staatsangehörigkeiten im Bundesgebiet und Nordrhein-Westfalen am 31.12.1999**

Staatsangehörigkeit	Bundesgebiet		Nordrhein-Westfalen		
	Anzahl in 1.000	Anteil an ausl. Bevölk. in Deutschland in %	Anzahl in 1.000	Anteil an ausl. Bevölk. in NRW in %	Anteil Spalte 3 an Spalte 1
	1	2	3	4	5
Europa zus., darunter	5.681,2	77,4	1.587,2	80,0	27,9
EU-Staaten zus.	1.858,7	25,3	498,6	25,1	26,8
Griechenland	364,4	5,0	112,3	5,7	30,8
Italien	615,9	8,4	149,2	7,5	24,2
Ehem. Jugoslaw.	1.186,9	16,2	277,5	14,0	23,4
Polen	291,7	4,0	78,6	4,0	27,0
Portugal	132,6	1,8	40,7	2,1	30,7
Rumänien	87,5	1,2	12,2	0,6	13,9
Spanien	129,9	1,8	41,7	2,1	32,1
Türkei	2.053,6	28,0	692,0	34,9	33,7
Ehemalige Sowjetunion	325,7	4,4	74,8	3,8	23,0
Außereurop. Ausland zus.[59], darunter	1.336,8	18,2	320,9	16,2	24,0
Amerika	205,4	2,8	29,6	1,5	14,4
Afrika zus., darunter	300,6	4,1	95,0	4,8	31,6
Marokko	81,5	1,1	43,5	2,2	53,4
Tunesien	24,3	0,3	7,8	0,4	32,2
Asien zus.[60], darunter	746,6	10,2	175,4	8,8	23,5
Iran	116,4	1,6	33,8	1,7	29,0
Insgesamt	7.343,6	100	1.982,9	100	27,0

Quelle: Berechnet nach folgenden Angaben: BEAUFTRAGTE DER BUNDESREGIERUNG FÜR AUSLÄNDERFRAGEN (Hrsg.): Daten und Fakten zur Ausländersituation Juni 2000, Bonn, Berlin 2000, S. 20, MINISTERIUM FÜR ARBEIT, SOZIALIES, QUALIFIKATION UND TECHNOLOGIE DES LANDES NORDRHEIN-WESTFALEN (Hrsg.): Notiert in NRW. Zuwanderungsstatistik. Ausgabe 2000. Düsseldorf 2001, S. 12, 50; teilweise eigene Berechnungen.

59 Einschließlich Staatenloser, ungeklärter Fälle und Fälle ohne Angabe.

60 Ohne asiatische Gebiete der ehemaligen Sowjetunion.

Die nachfolgend aufgezählten Gruppen nichtdeutscher Staatsangehöriger geben bezüglich ihres Legalverhaltens Anlaß zur Besorgnis[61]:

- *Gastarbeiter und ihre Nachkommen*[62]*;*
- *Asylbewerber*[63] *und Flüchtlinge (beispielsweise Bürgerkriegsflüchtlinge aus den jugoslawischen Nachfolgestaaten)*[64]*;*
- *„Touristen" bzw. Durchreisende, die aus den osteuropäischen Ländern, beispielsweise aus Polen, Rumänien oder Tschechien einreisen, um in der Bundesrepublik Straftaten zu begehen*[65]*;*
- *die Gruppe der Nichtdeutschen, die sich illegal in Deutschland aufhalten*[66]*;*
- *ausländische Extremistengruppen, die die in ihrem Heimatland (so zum Beispiel in Palästina, im Iran oder in der Türkei) bestehenden politischen, religiösen oder ethnischen Auseinandersetzungen in der Bundesrepublik fortführen wollen*[67]*;*
- *deutschstämmige Aussiedler*[68]*.*

I. Gastarbeiter

1. Erste Generation

Die Türken, die als die „klassische Gastarbeiternation" gelten, stellten 1999[69] sowohl in Nordrhein-Westfalen als auch im Bundesgebiet die größte Gruppe innerhalb der Nichtdeutschen Bevölkerung dar.

Seit Mitte der 50er Jahre stieg die Zahl der Nichtdeutschen in der Bundesrepublik Deutschland aufgrund der infolge des wirtschaftlichen Aufschwunges erhöhten

61 SCHWIND, HANS-DIETER a.a.O. (1999a) (Fn. 10), S. 323, (331); WALTER, MICHAEL a.a.O. (1993) (Fn. 43), S. 347, (350).

62 REBMANN, MATTHIAS a.a.O. (Fn. 29), S. 311; SCHWIND, HANS-DIETER a.a.O. (2001) (Fn. 32), S. 455, § 23 Rn. 11.

63 KÜRZINGER, JOSEF a.a.O. (Fn. 41), S. 228, Rn. 328; GÖPPINGER, HANS a.a.O. (1997) (Fn. 41), S. 536; REBMANN, MATTHIAS a.a.O. (Fn. 29), S. 312.

64 REBMANN, MATTHIAS a.a.O. (Fn. 29), S. 312 f.; SCHWIND, HANS-DIETER a.a.O. (2001) (Fn. 32), S. 454, § 23 Rn. 10.

65 REBMANN, MATTHIAS a.a.O. (Fn. 29), S. 311; SCHWIND, HANS-DIETER a.a.O. (2001) (Fn. 32), S. 455, § 23 Rn. 10.

66 REBMANN, MATTHIAS a.a.O. (Fn. 29), S. 121 ff.; SCHWIND, HANS-DIETER a.a.O. (2001) (Fn. 29), S. 454, § 23 Rn. 10.

67 FRISCH, PETER: Ausländischer Extremismus und Terrorismus in der Bundesrepublik Deutschland. In: Magazin für die Polizei, Jg. 86, Heft 4, 1995, S. 32, (33 ff.); SCHWIND, HANS-DIETER a.a.O. (2001) (Fn. 32), S. 454, § 23 Rn. 10 und S. 473 ff., § 24 Rn. 16 ff.

68 SCHWIND, HANS-DIETER a.a.O. (2001) (Fn. 32), S. 454, § 23 Rn. 10 und S. 499, § 25 Rn. 9 ff.

69 Vgl. *Tabelle 2*. Innerhalb der vergangenen 10 Jahre ist der Anteil der Türken an der nichtdeutschen Bevölkerung in NRW von 38,5 % (1988) auf 35,8 % (1998) leicht zurückgegangen, vgl. MINISTERIUM FÜR ARBEIT, GESUNDHEIT UND SOZIALES DES LANDES NRW (Hrsg.): Ausländerinnen und Ausländer in NRW. Zahlenspiegel 1996-1997, Düsseldorf 1997-1998. MINISTERIUM FÜR ARBEIT, SOZIALES, QUALIFIKATION UND TECHNOLOGIE DES LANDES NRW (Hrsg.) a.a.O. (2000) (Fn. 7).

Nachfrage nach Arbeitskräften[70], die aus den Mittelmeerländern angeworben wurden, von etwa 500.000 auf mehr als 1,8 Mio. im Jahre 1967 an[71]. Ursprünglich war vorgesehen, daß die „Gast"-Arbeiter nach einer Zeit des Geldverdienens und dem Ablauf ihrer zeitlich befristeten Arbeitsverträge wieder in ihr Heimatland zurückkehren sollten[72]. Da das von dem damaligen Präsidenten der Bundesanstalt für Arbeit vorgeschlagene Rotationsprinzip[73], das eine Rückkehr der Gastarbeiter in ihr Herkunftsland nach drei bis vier Jahren Aufenthalt in Deutschland vorsah, nicht umgesetzt werden konnte und die Zahl der nach Deutschland einreisenden Ausländer stetig anstieg, nahm die Gesamtzahl der in der Bundesrepublik lebenden Nichtdeutschen (auch unter Berücksichtigung des Geburtenüberschusses und des Nachzugs der Familienangehörigen[74]) von etwa 500.000[75] im Jahr 1950 auf 686.200[76] im Jahr 1960 zu. Im Jahr 1970 waren es rund 2,97 Mio.[77] und 1974 schließlich 4,13 Mio.[78] Nichtdeutsche, die in der Bundesrepublik Deutschland lebten.
In Prozentzahlen ausgedrückt stieg der Ausländeranteil an der Wohnbevölkerung in Deutschland von 1,2 %[79] (1960) auf 4,9 %[80] (1970), dann auf 7,2 % (1980)[81], 8,4 % (1990)[82] und schließlich auf 8,9 % (1999)[83] an.

Aufgrund des Anstiegs der Zahl der tatverdächtigen Ausländer wurde in den sechziger Jahren die Ausländerkriminalität, insbesondere die Kriminalität der Gastarbeiter, zum Gegenstand der kriminologischen Forschung. Aus diesen frühen Untersuchungen[84] aus

---

70 PILGRAM, ARNO: Ausländerprobleme, dargestellt in der kriminologischen Literatur. Bericht und Ergänzung zur Theorie der Ausländerkriminalität. In: KrimSozBibl, Jg. 11, Heft 43/44, 1984, S. 16, (17); SCHWIND, HANS-DIETER: Wie lösen wir die Ausländerfrage? Das Gastarbeiterproblem aus (kriminal-) politischer Sicht, Teil I. In: Kriminalistik, Jg. 37, Heft 6, 1983, S. 303, (304).

71 Vgl. STATISTISCHES BUNDESAMT (Hrsg.): Im Blickpunkt: Ausländische Bevölkerung in Deutschland. Wiesbaden 1995, S. 10; REBMANN, MATTHIAS a.a.O. (Fn. 29), S. 46.

72 SCHWIND, HANS-DIETER a.a.O. (1999a) (Fn. 10), S. 323, (325).

73 QUARITSCH, HELMUT: Einwanderungsland Bundesrepublik Deutschland? Aktuelle Reformfragen des Ausländerrechts. 2. Aufl., München 1982, S. 20 f.

74 SCHWIND, HANS-DIETER a.a.O. (1999a) (Fn. 10), S. 323, (325).

75 STATISTISCHES BUNDESAMT (Hrsg.) a.a.O. (1995) (Fn. 71), S. 10.

76 BEAUFTRAGTE DER BUNDESREGIERUNG FÜR AUSLÄNDERFRAGEN (Hrsg.) a.a.O. (2000b) (Fn. 45), S. 19.

77 BEAUFTRAGTE DER BUNDESREGIERUNG FÜR AUSLÄNDERFRAGEN (Hrsg.) a.a.O. (2000b) (Fn. 45), S. 21.

78 BEAUFTRAGTE DER BUNDESREG. FÜR AUSL.-FRAGEN (Hrsg.) a.a.O. (2000b) (Fn. 45), S. 21.

79 BEAUFTRAGTE DER BUNDESREG. FÜR AUSL.-FRAGEN (Hrsg.) a.a.O. (2000b) (Fn. 45), S. 21.

80 BEAUFTRAGTE DER BUNDESREG. FÜR AUSL.-FRAGEN (Hrsg.) a.a.O. (2000b) (Fn. 45), S. 21.

81 BEAUFTRAGTE DER BUNDESREG. FÜR AUSL.-FRAGEN (Hrsg.) a.a.O. (2000b) (Fn. 45), S. 21.

82 BEAUFTRAGTE DER BUNDESREG. FÜR AUSL.-FRAGEN (Hrsg.) a.a.O. (2000b) (Fn. 45), S. 21.

83 STATISTISCHES BUNDESAMT (Hrsg.) (2001b) (Fn. 45), S. 45.

84 SCHULTZ-SALKAU, JOACHIM-F.: Zur Kriminalität der Gastarbeiter. In: Die Polizei, Jg. 58, Heft 5, 1967, S. 134, (135 f.); WEHNER, BERND: Gastarbeiter-Kriminalität – auch ein Schlagwort? In: Kriminalistik, Jg. 20, Heft 4, 1966, S. 175, (176); HOLLE, ROLF: Polizeiliche Kriminalstatistik 1965. In: Kriminalistik, Jg. 20, Heft 9, 1966, S. 441, (444 f.); ZIMMERMANN, HEINZ-GÜNTHER: Die Kriminalität der ausländischen Arbeiter: Versuch einer Analyse. In: Kriminalistik, Jg. 20, Heft 12, 1966, S. 623, (624).

den sechziger und siebziger Jahren geht hervor, daß die Kriminalitätsbelastung der Gastarbeiter nicht wesentlich höher war als die der deutschen Vergleichsgruppe gleichaltriger, männlicher Arbeitnehmer. KAISER[85] hat im Jahr 1969 festgestellt, daß es sich bei den Gastarbeitern fast ausschließlich um männliche Personen besonders kriminalitätsbelasteter Altersgruppen handelte und, daß die deutsche Vergleichsgruppe höher kriminalitätsbelastet war als die Gruppe der 18- bis 50jährigen männlichen Gastarbeiter. Kaiser ermittelte anhand der polizeilichen Kriminalitätsbelastungszahlen[86] für das Jahr 1965, daß 1,4 %[87] der Spanier, 2,2 %[88] der Italiener, 3,2 %[89] der Griechen, 3,5 %[90] der Türken, aber 4,5 %[91] der Deutschen polizeilich registriert worden waren. Allerdings wurden bei den nichtdeutschen Tatverdächtigen, die nicht zu den Gastarbeitern zählten, bei besonderen Deliktsbereichen, beispielsweise bei Tötungsdelikten, gefährlicher und schwerer Körperverletzung, Vergewaltigung, Raub und Rauschgiftdelikten ein deutlich höherer Tatverdächtigenanteil als bei der deutschen Vergleichsgruppe festgestellt[92].

---

85 KAISER, GÜNTHER: Die Kriminalität der Gastarbeiter und ihre Erklärung als Kulturkonflikt. In: Kriminalistik, Jg. 23, Heft 6, 1969, S. 308, (309).

86 Mit der in der PKS enthaltenen Tatverdächtigenbelastungszahl (früher: Kriminalitätsbelastungszahl) wird die Zahl der ermittelten Tatverdächtigen pro 100.000 Einwohner des jeweiligen Bevölkerungsanteils angegeben. Allerdings bleiben über das Dunkelfeld der nicht angezeigten Delikte die Täter der unaufgeklärten Fälle unberücksichtigt. Die TVBZ kann also lediglich die von der Polizei registrierte Kriminalitätsbelastung der Bevölkerung wiedergeben, vgl. BKA (Hrsg.) a.a.O. (2001) (Fn. 49), S. 18.

87 KAISER, GÜNTHER a.a.O. (1969) (Fn. 85), S. 308, (309).

88 KAISER, GÜNTHER a.a.O. (1969) (Fn. 85), S. 308, (309).

89 KAISER, GÜNTHER a.a.O. (1969) (Fn. 85), S. 308, (309).

90 KAISER, GÜNTHER a.a.O. (1969) (Fn. 85), S. 308, (309).

91 KAISER, GÜNTHER a.a.O. (1969) (Fn. 85), S. 308, (309).
Auch DÖRMANN kommt bei seiner Auswertung der Polizeilichen Kriminalstatistik (PKS) des Berichtsjahres 1973 zu dem Ergebnis, daß Gastarbeiter deutlich seltener als Tatverdächtige ermittelt worden seien als aufgrund ihres Anteils an der Wohnbevölkerung zu vermuten gewesen wäre. Einschränkend muß jedoch berücksichtigt werden, daß DÖRMANN festgestellt hat, daß die Gastarbeiter bei Gewalt- und Sexualdelikten überdurchschnittlich hohe Tatverdächtigenzahlen aufwiesen, vgl. DÖRMANN, UWE a.a.O. (Fn. 52), S. 123, (126 f).
Auch die Untersuchungen, die sich auf die Analyse der Strafverfolgungsstatistiken und Strafakten stützten, bestätigten diese Ergebnisse. So stellte COENEN anhand der Verurteiltenzahlen des Landes Nordrhein-Westfalen für den Zeitraum von 1959 bis 1963 fest, daß die Gastarbeiter gegenüber den Deutschen geringer kriminalitätsbelastet seien, vgl. COENEN, SIEGFRIED: Die Kriminalität der Gastarbeiter im Landgerichtsbezirk Düsseldorf. Eine vergleichende Darstellung des strafrechtlichen Verhaltens der italienischen, griechischen und spanischen Arbeitskräfte in der Zeit von 1959 bis 1963. Diss. München 1966, S. 122 ff.: Die Italiener, Griechen und Spanier wiesen in den Jahren 1959-1963 deutlich niedrigere Kriminalitätsziffer auf als die Deutschen. So betrugen die Kriminalitätsziffern der drei Gastarbeiternationen zusammen 731 (1959), 698 (1960), 1.092 (1961), 1.038 (1962), 981 (1963). Im Vergleich dazu betrug die Kriminalitätsziffer der Deutschen 1.634 (1959), 1.477 (1960), 1.492 (1961), 1.582 (1962), 1.405 (1963). Abgesehen von den Jahren 1959 und 1960, die sich aufgrund geringer Bestandszahlen und wenigen Verurteilungen nicht für einen Vergleich eignen, lag die Verurteilungsziffer der Gastarbeiter um 1 %, die Deutschen etwa bei 1,5 %.

92 HOLLE, ROLF a.a.O. (Fn. 84), S. 441, (444 f.); SCHULTZ-SALKAU, JOACHIM-F. a.a.O. (Fn. 84), S. 134, (135 f.); ZIMMERMANN, HEINZ-GÜNTHER a.a.O. (Fn. 84), S. 623, (624).

Es kann also festgehalten werden, daß die Gastarbeiter unter Zugrundelegung der Kriminalitätsbelastungszahlen, abgesehen von dem Bereich der Gewaltdelikte, in den 60er und 70er Jahren überwiegend weniger kriminalitätsbelastet waren als die Angehörigen der deutschen Vergleichsgruppe.
In jüngerer Zeit hat REBMANN[93] die Ausländerkriminalität anhand der PKS für die Jahre 1986 bis 1995 analysiert und dabei festgestellt, daß die Tatverdächtigenbelastung der ausländischen Arbeitnehmer seit 1986 nahezu konstant geblieben und der Anstieg der Tatverdächtigenzahlen der Ausländer bis 1993 auf die Zunahme der nicht in der Bundesrepublik gemeldeten Bevölkerung zurückzuführen sei, also auf die Zuwanderung von Illegalen, Touristen / Durchreisenden und Asylbewerbern, so daß insgesamt von einem „Wechsel von der ‚Gastarbeiterkriminalität' zu einer neuen Form der Zuwandererkriminalität"[94] auszugehen sei.

2. Nachkommen (Zweite und Dritte Generation)

Eine weitere kriminalitätsauffällige Gruppe bilden die Jugendlichen und Heranwachsenden aus der Zweiten und Dritten Ausländergeneration. Aufgrund der jüngsten gesetzlichen Veränderungen beim Einbürgerungsrecht[95], wird in Zukunft mit einer steigenden Einbürgerungsrate insbesondere junger Ausländer zu rechnen sein[96].

> *Aufgrund dieser Entwicklung werden in der Untersuchung auch die jungen Türken mit erfaßt, die bereits eingebürgert wurden, also inzwischen die deutsche Staatsangehörigkeit besitzen.*

Durch den im November 1973 erlassenen Anwerbestop für Gastarbeiter[97] wurde einerseits der Zuzug von weiteren ausländischen Arbeitnehmern unterbunden, andererseits stieg der Anteil der nichtdeutschen Wohnbevölkerung aufgrund der Familienzusammenführung weiter an, denn der überwiegende Teil der Gastarbeiter wollte nicht mehr, wie in den sechziger Jahren, nur vorübergehend in Deutschland arbeiten, um anschließend in sein Heimatland zurückzukehren, sondern beabsichtigte, mit der Familie dauerhaft in Deutschland zu leben[98]. Unter den 2,0 Mio.[99]

---

93 REBMANN, MATTHIAS a.a.O. (Fn. 29), S. 310 ff und S. 171 ff.

94 STEFFEN, WIEBKE: Streitfall Ausländerkriminalität. Ergebnisse einer Analyse der von 1983 bis 1994 in Bauern polizeilich registrierten Kriminalität ausländischer und deutscher Tatverdächtiger. In: BewHi, Jg. 42, Heft 2, 1995b, S. 133, (145). Vgl. auch SCHWIND, HANS-DIETER a.a.O. (2001) (Fn. 32), S. 468, § 24 Rn. 1; REBMANN, MATTHIAS a.a.O. (Fn. 29), S. 311.

95 Vgl. oben Einleitung V. 1. a).

96 Als eine Begleiterscheinung dieser Entwicklung wird der Anteil der kriminalitätsbelasteten Ausländer in der Kriminalstatistik sinken und sich der Anteil der deutschen Tatverdächtigen erhöhen. Vgl. auch SCHWIND, HANS-DIETER a.a.O. (2001) (Fn. 32), S. 453, § 23 Rn. 8.

97 MEIER-BRAUN, KARL-HEINZ: 40 Jahre „Gastarbeiter" und Ausländerpolitik in Deutschland. In: Aus Politik und Zeitgeschichte, Jg. 45, B 35, 25.08.1995, S. 14, (16).

98 KAISER, GÜNTHER: Kriminologie. Ein Lehrbuch. 3. Aufl., Heidelberg 1996, S. 657; REBMANN, MATTHIAS a.a.O. (Fn. 29), S. 52, vgl. auch LAJIOS, KONSTANTIN: Die allgemeine Situation ausländischer Familien in der Bundesrepublik Deutschland. In: Lajios, Konstantin (Hrsg.): Die ausländische Familie. Ihre Situation und ihre Zukunft in Deutschland. Opladen 1998, S. 13, (16); zu den Voraussetzungen, unter denen Kinder türkischer Arbeitnehmer eine Aufenthaltserlaubnis

Nichtdeutschen, die als Wohnbevölkerung im Jahre 1999 in Nordrhein-Westfalen registriert waren, stellten die Türken und Kurden mit 714.604[100] die größte ausländische Gruppe mit einem Anteil an der registrierten ausländischen Bevölkerung von 35,6 %[101]. Fast die Hälfte (46,4 %[102]) der in Deutschland lebenden Türken war am 31.12.1999 nicht älter als 25 Jahre alt. Sie gehören überwiegend der Zweiten und Dritten Generation an, die den Gegenstand der Untersuchung bilden.

> *Aus der PKS NRW für das Jahr 2000 geht hervor, daß der Ausländeranteil bei den tatverdächtigen Kindern[103] 23,5 %[104] (Bevölkerungsanteil: 15,4 %[105]), bei den jugendlichen Tatverdächtigen[106] 22,3 %[107] (Bevölkerungsanteil: 14,0 %[108]) und den Heranwachsenden[109] 27,3 %[110] (Bevölkerungsanteil: 16,7 %[111]) beträgt. Diese Zahlen machen deutlich, daß ein Großteil der Ausländerkriminalität auf die Nachkommen der Gastarbeiter entfällt[112].*

Bereits frühe Forschungsarbeiten[113] ergaben eine hohe Kriminalitätsbelastung junger Ausländer der Zweiten Generation[114]. So hat beispielsweise die Untersuchung von

---

als Erwerbstätige erhalten können, vgl. SPERLING, ROLAND: Der Familiennachzug im deutschen Ausländerrecht. In: Lajios, Konstantin (Hrsg.): Die ausländische Familie. Ihre Situation und Zukunft in Deutschland. Opladen 1998, S. 133, (158).

99 MINISTERIUM FÜR ARBEIT, SOZIALES, QUALIFIKATION UND TECHNOLOGIE DES LANDES NRW (Hrsg.) a.a.O. (2000) (Fn. 7), S. 32.

100 MINISTERIUM FÜR ARBEIT, SOZIALES, QUALIFIKATION UND TECHNOLOGIE DES LANDES NRW (Hrsg.) a.a.O. (2000) (Fn. 7), S. 33, vgl. auch oben unter Teil A, Kapitel 1, *Tabelle 2.*

101 Vgl. oben unter Teil A, Kapitel 1.

102 STATISTISCHES BUNDESAMT (Hrsg.) a.a.O. (2000b) (Fn. 57), S. 30 f, eigene Berechnungen.

103 Im Alter von 8- bis unter 14 Jahren.

104 LKA NRW (Hrsg.), PKS NRW a.a.O. (2001) (Fn. 1), S. 12.

105 LKA NRW (Hrsg.), PKS NRW a.a.O. (2001) (Fn. 1), S. 9.

106 Im Alter von 14- bis unter 18 Jahren, vgl. § 1 Abs. 2, 1. Halbsatz JGG.

107 LKA NRW (Hrsg.), PKS NRW a.a.O. (2001) (Fn. 1), S. 12.

108 LKA NRW (Hrsg.), PKS NRW a.a.O. (2001) (Fn. 1), S. 9.

109 Im Alter von 18- bis unter 21 Jahren, vgl. § 1 Abs. 2, 2. Halbsatz JGG.

110 LKA NRW (Hrsg.), PKS NRW a.a.O. (2001) (Fn. 1), S. 12. Für die nichtdeutschen Jungerwachsenen (im Alter von 21-25 Jahren, SCHWIND, HANS-DIETER a.a.O. (2001) (Fn. 32), S. 57, § 3 Rn. 7) werden keine Daten gesondert ausgewiesen.

111 LKA NRW (Hrsg.), PKS NRW a.a.O. (2001) (Fn. 1), S. 9.

112 BÖKEL, GERHARD: Zur Situation ausländischer Jugendlicher – eine Zukunft in Deutschland?! In: ZAR, Jg. 18, Heft 2, 1998, S. 51, (53). Vgl. auch zur Bandendelinquenz junger Ausländer: HERRMANN, LOTHAR: Bandendelinquenz der sogenannten „dritten Generation“ am Beispiel Frankfurt a.M.. In: Der Kriminalist, Jg. 27, Heft 10, 1995, S. 453-458.

113 Bei einer Analyse der PKS für das Berichtsjahr 1978 hat BERCKHAUER festgestellt, daß sich bei den Altersklassen der 15- bis 17jährigen sowie der 18- bis 20jährigen eine 2,2fach höhere Kriminalitätsbelastungsziffer für die Nichtdeutschen ergibt, vgl. BERCKHAUER, FRIEDHELM: Ausländerintegration als kriminalpräventiver Ansatz. In: Schwind, Hans-Dieter / Berckhauer, Friedhelm / Steinhilpfer, Gernot (Hrsg.): Präventive Kriminalprävention, Heidelberg 1980, S. 287, (292).

Auch die von DONNER / OHDER / WESCHKE durchgeführte Analyse der Entwicklung der Kriminalitätsbelastungsziffern verschiedener Altersgruppen ergab für die Berichtsjahre 1977 und 1978 eine doppelt so hohe Kriminalitätsbelastung der männlichen, jugendlichen, ausländischen

ALBRECHT / PFEIFFER[115] aus dem Jahr 1979 gezeigt, daß die registrierte Kriminalitätsbelastung der 14- bis 18jährigen nichtdeutschen Jugendlichen in Frankfurt um 32 %, in München um 43 % und in Stuttgart um 58 % über der deutschen Vergleichsgruppe lag[116].

In jüngerer Zeit haben PFEIFFER / DELZER / ENZMANN / WETZELS[117] *in einer Untersuchung, die sich auf die alten Bundesländer bezieht, festgestellt, daß der Anstieg der absoluten Zahlen der jugendlichen und heranwachsenden Tatverdächtigen in den Jahren 1984 bis 1997 zu 82,9 %*[118] *auf einer Zunahme der Nichtdeutschen beruht. Wie sich aus einer weiteren von* PFEIFFER / WETZELS[119] *im Jahr 1998 in neun deutschen Städten durchgeführten Studie ergibt, werden von jungen Türken, die den Gegenstand dieser Untersuchung bilden, auffallend häufig Gewaltstraftaten wie Raub und qualifizierte Körperverletzungsdelikte begangen. So gaben 3,5-mal so viele männliche türkische Jugendliche wie männliche deutsche Jugendliche an, im Jahr 1997 mindestens einmal gewalttätig geworden zu sein. Auch wenn in den neunziger Jahren die absolute Zahl der tatverdächtigen Ausländer wieder tendenziell rückläufig ist, gilt dies nicht für die Gruppe der 14- bis 21jährigen Nichtdeutschen, wobei insbesondere der Anstieg der Gewaltkriminalität bei den jungen Türken auffällig ist*[120].

Tatverdächtigen gegenüber der deutschen Vergleichsgruppe, vgl. DONNER, OLAF / OHDER, CLAUDIUS / WESCHKE, EUGEN et al.: Straftaten von Ausländern in Berlin. In: Autorengruppe Ausländerforschung (Hrsg.): Zwischen Getto und Knast. Jugendliche Ausländer in der Bundesrepublik. Reinbek bei Hamburg 1981, S. 43, (58).

Ebenso hat GEBAUER bei einer Analyse der PKS für das Berichtsjahr 1978 eine doppelt so hohe Belastung jugendlicher und heranwachsender Ausländer gegenüber der deutschen Vergleichsgruppe festgestellt, vgl. GEBAUER, MICHAEL: Kriminalität der Gastarbeiterkinder, Teil 1. Umfang der kriminellen Belastung. In: Kriminalistik, Jg. 35, Heft 1, 1981a, S. 2, (6 f.); vgl. auch GEBAUER, MICHAEL: Kriminalität der Gastarbeiterkinder, Teil 2. In: Kriminalistik, Jg. 35, Heft 2, 1981b, S. 83-86; SCHWIND, HANS-DIETER a.a.O. (1999a) (Fn. 10), S. 323, (332); VILLMOW, BERNHARD: Ausländer in der strafrechtlichen Sozialkontrolle. In: BewHi, Jg. 42, Heft 2, 1995, S. 155-169.

Zu den gleichen Resultaten gelangte schließlich auch CHAIDOU, die für die Berichtsjahre 1978 bis 1981 eine etwa doppelt so hohe Kriminalitätsbelastung bei den ausländischen Kindern, Jugendlichen und Heranwachsenden gegenüber den gleichaltrigen Deutschen errechnete, vgl. CHAIDOU, ANTHOZOE a.a.O. (1984a) (Fn. 22), S. 108; CHAIDOU, ANTHOZOE: Warum überproportional? Kriminalitätsbelastung junger Ausländer. In: Kriminalistik, Jg. 38, Heft 7, 1984c, S. 355, (358 ff.). Vgl. auch STEFFEN, WIEBKE: Kriminalität und Kriminalisierung bei ethnischen Minderheiten. In: Schmalz-Jacobsen, Cornelia / Hansen, Jacob (Hrsg.): Ethnische Minderheiten in der Bundesrepbulik Deutschland. München 1995a, S. 301, (306).

114 Vgl. auch SCHWIND, HANS-DIETER a.a.O. (2001) (Fn. 32), S. 456, § 23 Rn. 13.

115 ALBRECHT, PETER-ALEXIS / PFEIFFER, CHRISTIAN: Die Kriminalisierung junger Ausländer. München 1979.

116 ALBRECHT, PETER-ALEXIS / PFEIFFER, CHRISTIAN a.a.O. (1979) (Fn. 115), S. 31.

117 PFEIFFER, CHRISTIAN / DELZER, INGO / ENZMANN, DIRK / WETZELS, PETER: Ausgrenzung, Gewalt und Kriminalität im Leben junger Menschen. Kinder und Jugendliche als Opfer und Täter. DVJJ (Hrsg.). Sonderdruck zum 24. Deutschen Jugendgerichtstag vom 18.-22. September 1998 in Hamburg. Hannover 1998, S. 48.

118 PFEIFFER, CHRISTIAN / DELZER, INGO / ENZMANN, DIRK et al. a.a.O. (Fn. 117), S. 48.

119 PFEIFFER, CHRISTIAN / WETZELS, PETER a.a.O. (2000a) (Fn. 17), S. 20.

120 Vgl. auch SCHWIND, HANS-DIETER a.a.O. (2001) (Fn. 32), S. 457, § 23 Rn. 17a.

Zusammenfassend kann festgehalten werden, daß die Zweite und Dritte Ausländergeneration und auch die jungen Türken, die den Gegenstand dieser Untersuchung bilden, im Gegensatz zu der Ersten Generation, wenn man die statistischen Angaben über die Wohnbevölkerung[121] zugrunde legt, höher kriminalitätsbelastet ist als die deutsche Vergleichsbevölkerung.

II. Asylbewerber

Die Zahl der Ausländer, die gem. Art. 16 Abs. 2 S. 2 GG einen Antrag auf politisches Asyl gestellt haben und unter denen sich auch türkische und kurdische Staatsangehörige befinden, ist in dem letzten Zehnjahreszeitraum zunächst kontinuierlich von 121.318 Personen (1989), auf 256.112 (1991) angestiegen und erreichte aufgrund der Wiedervereinigung einen Höchststand im Jahr 1992 mit 438.191 Asylbewerbern in Deutschland[122]. Seit Inkrafttreten der neuen Asylgesetzgebung im Jahr 1993[123], die den Schutzbereich des Grundrechts auf Asyl gem. Art. 16a GG erheblich einschränkte[124], verringerte sich die Zahl der Antragsteller stetig von 322.599 Asylbewerbern (1993) auf 95.113 Asylsuchende 1999[125].

Entsprechend der Entwicklung der Asylbewerberzahlen hat auch in Nordrhein-Westfalen der Anteil der tatverdächtigen Asylbewerber an den nichtdeutschen Tatverdächtigen von 31,2 % (1990) auf 42,2 % (1993) zugenommen und ist anschließend von 29,0 % (1994) auf 20,1 % (2000) zurückgegangen[126].

---

121 Es ist zu berücksichtigen, daß sich die Tatverdächtigenzahlen nicht nur auf die Wohnbevölkerung beziehen, sondern auch nicht gemeldete ausländische Tatverdächtige erfaßt werden, siehe oben unter Teil A, Kapitel 1.

122 Die Zahlenangaben beziehen sich auf das Bundesgebiet, da vergleichbare Zahlen für Nordrhein-Westfalen nicht vorlagen: STATISTISCHES BUNDESAMT (Hrsg.): Statistisches Jahrbuch für die Bundesrepublik Deutschland 1996, Wiesbaden 1996, S. 69.

123 Gesetz vom 28.06.1993 (BGBl. I 1002)

124 Gemäß Art. 16a Abs. 1 GG, der an die Stelle des bisherigen Art. 16 Abs. 2 Satz 2 GG getreten ist, genießen politisch Verfolgte Asylrecht. Eine Verfolgung ist als relevant im Sinne dieser Norm anzusehen, wenn sie auf bestimmte persönliche Merkmale des Betroffenen gerichtet ist, auf seine Rasse, Religion, Nationalität, politische Überzeugung oder Zugehörigkeit zu einer bestimmten sozialen Gruppe, vgl. hierzu auch SCHMIDT-BLEIBTREU, BRUNO / KLEIN, FRANZ: Kommentar zum Grundgesetz unter Mitarbeit von Brockmeyer, Hans Bernd; Kannengießer, Christoph; Sannwald, Rüdiger. 9. Aufl., Neuwied, Kriftel 1999, Art. 16a Rn. 9. Nach Art. 16a Abs. 2 GG gilt die sog. Drittstaatenregelung, die besagt, daß derjenige, der aus einem Drittstaat einreist, in dem die Einhaltung der Genfer Flüchtlingskonvention und der Europäischen Menschenrechtskonvention gewährleistet ist, keinen Anspruch auf Prüfung eines Asylantrages genießt, vgl. auch HAILBRONNER, KAY a.a.O. (Fn. 26), S. 107, (112 ff.). Für die Asylsuchenden, die aus sog. „sicheren Herkunftsstaaten" nach Deutschland reisen, kann gem. Art. 16a Abs. 3 GG ein verkürztes Asylverfahren Anwendung finden, vgl. SCHMIDT-BLEIBTREU, BRUNO / KLEIN, FRANZ a.a.O. (Fn. 124), Art. 16a Rn. 7. Vgl. auch SCHWIND, HANS-DIETER a.a.O. (2001) (Fn. 32), S. 486, § 24 Rn. 42 f.

125 STATISTISCHES BUNDESAMT (Hrsg.) a.a.O. (2000a) (Fn. 5), S. 66.

126 LKA NRW (Hrsg.), PKS NRW a.a.O. (2001) (Fn. 1), S. 44: Der starke Rückgang der tatverdächtigen Asylbewerber im Jahr 1994 wird auf die Änderung des Asylverfahrensgesetzes vom 01.07.1993 (BGBl. I 1062) zurückgeführt.

Differenziert nach dem Anlaß des legalen Aufenthaltes, stellten die Asylbewerber in Nordrhein-Westfalen[127] mit 20,1 %[128] im Jahr 2000 den drittgrößten Anteil unter den nichtdeutschen Tatverdächtigen[129], d.h. etwa jeder fünfte nichtdeutsche Tatverdächtige war ein Asylbewerber[130].

III. „Touristen" und Durchreisende

Seit 1993 wird in den Medien verstärkt über gewaltbereite Einbrecher- und Raubtäterbanden aus den südosteuropäischen Staaten (z. B. Albanien, Serbien, dem Libanon und Rumänien und Bulgarien) berichtet[131], die im Wege des „Diebstahltourismus" sog. „Blitzüberfälle" und Tageseinbrüche durchführen[132]. Ferner wird berichtet, daß Rumänen Heimkinder, die aufgrund ihres Alters noch strafunmündig sind, nach einer entsprechenden Ausbildung zu geschickten Dieben in die Fußgängerzonen schicken, um sie dort Laden- und Taschendiebstähle verüben zu lassen[133]. Daneben gibt es beispielsweise polnische „Touristen", die für einen begrenzten Zeitraum von etwa drei Monaten nach Deutschland reisen, mit dem Ziel, durch die Begehung von Straftaten Geld zu verdienen[134]. In Nordrhein-Westfalen[135] betrug im Jahr 2000 der Anteil der „Touristen" und Durchreisenden an allen nichtdeutschen Tatverdächtigen 4,9 %[136], ein nicht geringer Prozentsatz, wenn man berücksichtigt,

---

127 Im Bundesgebiet bildeten im Jahr 2000 die Asylbewerber mit 16,0 % nach den „Sonstigen" (28,1 %) und den Arbeitnehmern (17,4 %) die drittgrößte Gruppe unter den nichtdeutschen Tatverdächtigen, vgl. BKA (Hrsg.) PKS a.a.O. (2001) (Fn. 49), S. 118.

128 LKA NRW (Hrsg.), PKS NRW a.a.O. (2001) (Fn. 1), S. 43 f. Den größten Anteil haben die ausländischen Arbeitnehmer mit 24,7 %, gefolgt von der Gruppe der „Sonstigen" (einschließlich Staatenlosen, ungeklärter Staatsangehörigkeit oder „ohne Angaben") mit 24,1 %.

129 Vgl. zur Kriminalität der Asylbewerber: JAHN, GÜNTHER: Kriminalität der Ausländer. Eine aufhellende Analyse. In: Kriminalistik, Jg. 48, Heft 4, 1994, S. 255-258; TRAULSEN, MONIKA: Die Kriminalität der Asylbewerber. Oder: Wie kriminell ist die Kriminalität der Asylbewerber. In: Kriminalistik, Jg. 47, Heft 7, 1993b, S. 443-446; TRAULSEN, MONIKA: Gefährlich oder gefährdet? Zur Kriminalität der Asylbewerber. In: Kriminalistik, Jg. 44, Heft 8-9, 1990b, S. 415-419.

130 Bezogen auf die einzelnen Delikte, die Anlaß zur Aufnahme von Ermittlungen gaben, ergibt sich in Nordrhein-Westfalen für das Jahr 2000 bezüglich des Anteils tatverdächtiger Asylbewerber zu nichtdeutschen Tatverdächtigen das folgende Ergebnis: Asylbewerbern wurden 22,4 % der Tötungsdelikte, 22,1 % der Vergewaltigungen, 19,6 % der Raubdelikte, 20,4 % der ausländerspezifischen Straftaten, 14,5 % der Rauschgiftdelikte zur Last gelegt, vgl. LKA NRW (Hrsg.), PKS NRW a.a.O. (2001) (Fn. 1), S. 45.

131 LEMMEL, HOLGER: Einbrecher aus dem Kosovo – nur ein norddeutsches Problem? In: Der Kriminalist, Jg. 27, Heft 10, 1995, S. 442, (443 ff.).

132 STRENG, FRANZ: Die Öffnung der Grenzen und die Grenzen des Strafrechts, In: JZ, Jg. 48, Heft 3, 1993, S. 109, (113).

133 WAZ vom 25.03.1998, S. 1: „100 Kinder wie Sklaven gehalten. Rumänische Bosse kassieren ab", zit. nach SCHWIND, HANS-DIETER a.a.O. (1999a) (Fn. 10), S. 323, (334).

134 SCHWIND, HANS-DIETER a.a.O. (2001) (Fn. 32), S. 454, § 23 Rn. 10.

135 Im Bundesgebiet lag der Anteil der „Touristen" und Durchreisenden an allen nichtdeutschen Tatverdächtigen mit 6,5 % noch etwas über dem Prozentwert in Nordrhein-Westfalen, vgl. BKA (Hrsg.) PKS a.a.O. (2001) (Fn. 49), S. 118.

136 LKA NRW (Hrsg.), PKS NRW a.a.O. (2001) (Fn. 1), S. 43.

daß sich die Angehörigen dieser Gruppe nur kurze Zeit in Nordrhein-Westfalen aufhalten und teilweise mit dem Ziel der Straftatbegehung einreisen. Allerdings darf in Anbetracht dieser Entwicklungen, die teilweise dem Bereich der Organisierten Kriminalität oder Bandenkriminalität zugerechnet werden können, nicht außer acht gelassen werden, daß „die nichtdeutschen Touristen / Durchreisenden vor allem bei den Diebstahlsdelikten, insbesondere beim Diebstahl ohne erschwerende Umstände, relativ hohe Tatverdächtigenanteile aufwiesen“[137].

IV. Illegale

Als „Illegale“ wird die Gruppe der nichtdeutschen Personen bezeichnet, die unberechtigt nach Deutschland eingereist sind oder sich ohne Berechtigung hier aufhalten, beispielsweise abgelehnte Asylbewerber, die im Untergrund leben. Ihre Zahl wird in Deutschland in einer Studie der Katholischen Kirche[138] auf 500.000 Personen in Deutschland geschätzt[139]. Im Berichtsjahr 2000 hielt sich jeder zehnte (11,1 %[140]) der nichtdeutschen Tatverdächtigen illegal in Nordrhein-Westfalen[141] auf. Auffallend ist, daß 94,7 %[142] der sich illegal in Nordrhein-Westfalen aufhaltenden Tatverdächtigen auch ein Verstoß gegen das Ausländer- und Asylverfahrensgesetz zur Last gelegt wird.

V. Extremistische Ausländerorganisationen

Die kriminellen Aktivitäten politisch oder religiös motivierter extremistischer Ausländerorganisationen stellt einen weiteren Bereich der Ausländerkriminalität dar. Auch wenn in Anbetracht der Anzahl der ausländischen Bevölkerung die Zahl der politisch motivierten Straftaten nichtdeutscher Extremisten vergleichbar niedrig erscheint, sollte berücksichtigt werden, daß terroristische Gewaltakte zu einer erheblichen Bedrohung der inneren Sicherheit des Staates führen können[143]. Die Mitgliederzahl ausländischer extremistischer Vereinigungen ist nach Angaben des Verfassungsschutzes von 38.950[144] im Jahre 1993 auf 59.100[145] im Jahre 1999 angestiegen. Die in Deutschland ausgetragenen Auseinandersetzungen, die sich

---

137 REBMANN, MATTHIAS a.a.O. (Fn. 29), S. 124.

138 Zit. nach SCHWIND, HANS-DIETER a.a.O. (2001) (Fn. 32), S. 479, § 24 Rn. 29a.

139 Vgl. auch VILLMOW, BERNHARD a.a.O. (1999) (Fn. 54), S. 22, (24): In Hamburg sollen 1996 knapp 10.000 abgelehnt Asylbewerber im Untergrund gelegt haben.

140 LKA NRW (Hrsg.), PKS NRW a.a.O. (2001) (Fn. 1), S. 43.

141 Im Bundesgebiet war der Anteil der Illegalen an den ausländischen Tatverdächtigen mit 21,1 % doppelt so hoch wie in Nordrhein-Westfalen, vgl. BKA (Hrsg.), PKS a.a.O. (2001) (Fn. 49), S. 118.

142 LKA NRW (Hrsg.), PKS NRW a.a.O. (2001) (Fn. 1), S. 43, Anhang S. II/151, Tabelle 104, S. 30; im Bundesgebiet wird den tatverdächtigen Illegalen ebenfalls zu 91,6 % ein Verstoß gegen das Ausländer- und Asylverfahrensgesetz zur Last gelegt, vgl. BKA (Hrsg.) PKS a.a.O. (2001) (Fn. 49), S. 118.

143 So auch REBMANN, MATTHIAS a.a.O. (Fn. 29), S. 138.

144 Verfassungsschutzbericht 1995, zit. nach REBMANN, MATTHIAS a.a.O. (Fn. 29), S. 135.

145 4. Bericht zur Lage der Ausländer, Berlin 2000, S. 22, zit. nach SCHWIND, HANS-DIETER a.a.O. (2001) (Fn. 32), S. 473, § 24 Rn. 17.

entweder gegen Landsleute oder gegen Personen und Einrichtungen des Aufnahmelandes richten, sind überwiegend politisch oder religiös motiviert oder werden von Krisensituationen in den Herkunftsländern bestimmt[146].

Besonders hervorgetreten sind in Deutschland in den vergangen Jahren „palästinensische, islamische, kurdische[147], iranische, türkische, jugoslawische Extremisten gruppen“[148]. Die Türken, einschließlich der Angehörigen der kurdischen Volksgruppe bilden die mitgliederstärkste Extremistengruppe[149].
Die im Jahre 1978 von ABDULLAH ÖCALAN gegründete militante Arbeiterpartei Kurdistans (PKK) strebt die Gründung eines unabhängigen kurdischen Staates an[150]. Ungeachtet des Verbots der PKK in Deutschland vom 26.11.1993[151] wegen Gefährdung der inneren Sicherheit der Bundesrepbulik aufgrund einer Anschlagsserie gegen türkische Einrichtungen in Deutschland, wurden in den vergangenen Jahren mehrere Tausend aktive Mitglieder der Organisation sowie zahlreiche Anschläge mutmaßlicher PKK-Anhänger in Deutschland registriert[152].

VI. Kinder der (deutschstämmigen) Aussiedler aus den GUS-Staaten

Eine weitere Gruppe, die aus kriminalpolitischer Sicht Anlaß zur Sorge bietet, sind deutschstämmige Aussiedler, die nicht zu der Gruppe der Ausländer gerechnet werden können, die aber andererseits, insbesondere die jungen (Spät-) Aussiedler aus den GUS-Staaten, eine eigene Identität entwickelt haben und diese auch aufrecht erhalten wollen[153]. Da die Aussiedlern gem. Art. 116 GG aufgrund ihrer deutschen Rechtstradition (Abstammungsprinzip) die deutsche Staatsbürgerschaft besitzen, werden sie in der PKS nicht gesondert aufgeführt, sondern zu den Deutschen gezählt.

Mitterweile liegen aufgrund örtlicher Erfahrungen mit den Aussiedlern, die häufig konzentriert untergebracht wurden[154], gesicherte Erkenntnisse über die sozialen Auffälligkeiten dieser Zuwanderergruppe vor. Erste Untersuchungen[155] haben belegt,

---

146 FRISCH, PETER a.a.O. (Fn. 67), S. 32, (33 ff.); REBMANN, MATTHIAS a.a.O. (Fn. 29), S. 133.

147 Beispielsweise protestierten im Jahr 1994 kurdische Demonstranten durch die Errichtung von Autobahnblockaden gegen das Verbot der Arbeiterpartei (PKK) in Deutschland vom 26.11.1993, vgl. hierzu REBMANN, MATTHIAS a.a.O. (Fn. 29), S. 133, vgl. auch FRISCH, PETER a.a.O. (Fn. 67), S. 32, (33).

148 PRINZ, HEINRICH: Aspekte der Ausländerkriminalität. Nicht Quantität, sondern Qualität als Maßstab angelegt. In: Kriminalistik, Jg. 44, Heft 12, 1990, S. 657, (658).

149 Vgl. REBMANN, MATTHIAS a.a.O. (Fn. 29), S. 136 m.w.N.

150 REBMANN, MATTHIAS a.a.O. (Fn. 29), S. 136.

151 SCHWIND, HANS-DIETER a.a.O. (2001) (Fn. 32), S. 475, § 24 Rn. 20.

152 Vgl. hierzu und zu den Aktivitäten der der PKK im Jahr 1999 SCHWIND, HANS-DIETER a.a.O. (2001) (Fn. 32), S. 475, § 24 Rn. 20 m.w.N.; REBMANN, MATTHIAS a.a.O. (Fn. 29), S. 136.

153 SCHWIND, HANS-DIETER a.a.O. (1999a) (Fn. 10), S. 323, (332 f).

154 Vgl. Wohnzuwanderungsgesetz vom 26.02.1996, BGBl. 1996 I, S. 225.

155 LUFF, JOHANNES: „Aussiedlerkriminalität“ – Fakten und Mythen. Kriminalität junger Spätaussiedler. In: Kriminalistik, Jg. 55, Heft 1, 2001, S. 29, (32): Ein besonders hohes Gewaltpotential weisen die mittleren Altersgruppen der 25- bis 29-Jährigen und 30- bis 39-Jährigen auf. Hierzu

daß die jugendlichen Aussiedler, die oft nur widerstrebend und aufgrund des Drängens ihrer Eltern in die Bundesrepublik gekommen sind, eine stetig wachsende, hohe kriminelle Energie aufweisen und diese auch in illegale Aktivitäten umsetzen, die vom Ladendiebstahl bis zum Raub reichen[156]. Da ein Großteil der jungen (Spät-) Aussiedler offenbar bereits drogenabhängig war, als sie in die Bundesrepublik einreisten[157], ist ein nicht unerheblicher Anteil der von den jungen Aussiedlern begangenen Straftaten als Beschaffungskriminalität zu qualifizieren.

VII. Zusammenfassung

Zusammenfassend kann festgehalten werden:

- Die Türken bilden mit 36,5 % (1998) in Nordrhein-Westfalen die mit Abstand größte Gruppe unter der nichtdeutschen Bevölkerung.

- Bereits in Untersuchungen aus den 70er Jahren wurde festgestellt, daß die Gastarbeiter der Ersten Generation nicht höher kriminalitätsbelastet waren als die Angehörigen der deutschen Vergleichsgruppe.

- Ein Großteil der Ausländerkriminalität entfällt auf die Nachkommen der Gastarbeiter, die Zweite und Dritte Generation, deren Tatverdächtigenanteil ihren Anteil an der Wohnbevölkerung um ein Vielfaches übersteigt.

- Insgesamt ist von einem Wechsel von der ‚Gastarbeiterkriminalität‘ zu einer neuen Form der ‚Zuwandererkriminalität‘ auszugehen. Der Anstieg der Tatverdächtigenzahlen der Ausländer in den vergangenen Jahren ist primär auf die Zuwanderung von Illegalen, Touristen / Durchreisenden und Asylbewerbern zurückzuführen.

- Die Aktivitäten extremistischer Gruppen, beispielsweise der PKK, bieten nicht wegen ihrer Quantität, sondern wegen der drohenden Schadenshöhe zunehmend Anlaß zur Sorge.

- Die Delinquenzbelastung der Nachkommen der (deutschstämmigen) Aussiedler, die nicht zur Ausländerkriminalität gezählt werden, steigt ebenfalls stetig an und betrifft in erster Linie Vermögensdelikte im Bereich der Beschaffungskriminalität.

---

ausführlich LUFF, JOHANNES: Kriminalität von Aussiedlern. Polizeiliche Registrierungen als Hinweis auf mißlungene Integration? München 2000, S. 58 und S. 91 ff. Vgl. auch PFEIFFER, CHRISTIAN: Steigt die Jugendkriminalität? In: DVJJ-Journal, Jg. 7, Heft 3, 1996, S. 215, (226); SCHWIND, HANS-DIETER a.a.O. (2001) (Fn. 32), S. 498 ff., § 25 Rn. 8-13; GRUNDIES, VOLKER: Kriminalitätsbelastung junger Aussiedler. In: MschrKrim, Jg. 83, Heft 5, 2000, S. 290, (303 f).

156 HUNSICKER, ERNST: Zur Kriminalität der Spätaussiedler. Die Bedeutung des Phänomens am Beispiel der Stadt Osnabrück. In: Kriminalistik, Jg. 53, Heft 8, 1999, S. 520, (521 ff.); SCHWIND, HANS-DIETER a.a.O. (2001) (Fn. 32), S. 499, § 25 Rn. 10.

157 SCHWIND, HANS-DIETER a.a.O. (2001) (Fn. 32), S. 504, § 25 Rn. 17; SCHWIND, HANS-DIETER: Kriminologische Lagebeurteilung und kriminalpolitische Aktivitäten: Geht die innere Sicherheit unseres Landes verloren? In: ZRP, Jg. 32, Heft 3, 1999b, S. 107, (111).

Kapitel 2: Umfang und Struktur der Ausländerdelinquenz

Zunächst wird auf die Problematik des Begriffs „Ausländerkriminalität" eingegangen. Es folgt eine Beschreibung der Ausländerkriminalität in Nordrhein-Westfalen differenziert nach einzelnen Nationalitäten und der Deliktsstruktur. Daran anschließend wird auf die Situation (junger) tatverdächtiger Türken, die im Mittelpunkt dieser Untersuchung stehen, eingegangen.

I. Allgemeines

Die Ausländerkriminalität wird von weiten Teilen der Bevölkerung als ein schwerwiegendes Problem wahrgenommen[158]. Gestützt wird diese Furcht vor der Ausländerkriminalität durch das in den Medien verbreitete Kriminalitätsbild. In der Medienberichterstattung nehmen die von Ausländern begangenen Straftaten einen sehr großen Raum ein[159]. So bezogen sich, wie KUBINK[160] herausgefunden hat, 37,8 % aller Presseberichte über Ausländer in dem Zeitraum vom 01.06.1989 bis 31.01.1991 auf Straftaten. Auch GALANIS[161], der die Darstellung der Migrantenkriminalität in den Zeitschriften Stern und Quick in den Jahren 1960 bis 1982 untersucht hat, ist zu dem Ergebnis gelangt, daß in beiden Zeitschriften eine Hervorhebung der Migranten als Täter festzustellen sei, die die Grundlagen bilde für eine wachsende Fremdenfeindlichkeit und „im Hinblick auf die nationenspezifische Darstellung – einer besonders ausgeprägten Türkenfeindlichkeit"[162]. Ob der in den Medien vermittelte Eindruck einer stetig zunehmenden Bedrohung der Gesellschaft durch nichtdeutsche Straftäter durch die Daten der Polizeilichen Kriminalstatistik Nordrhein-Westfalen (PKS NRW) gestützt wird, die Ausländer und insbesondere die in dieser Untersuchung im Vordergrund stehenden jungen Türken in hohem Maße kriminalitätsbelastet sind und welche Struktur die von ihnen begangenen Delikte aufweisen, wird sowohl bezogen auf das Hellfeld als auch das Dunkelfeld der Kriminalität überprüft.

---

158 EMNID 12/92: eines der Hauptthemen der inneren Sicherheit, zit. nach BUKOWSKI, ANNETTE a.a.O. (1998) (Fn. 9); REBMANN, MATTHIAS a.a.O. (Fn. 29), S. 1.

159 GALANIS, GEORGIOS N.: Migrantenkriminalität in der Presse. Eine inhaltsanalytische Untersuchung dargestellt am Beispiel der Zeitschriften Stern und Quick von 1960-1982, Berlin 1987, S. 191; KUBINK, MICHAEL a.a.O. (Fn. 50), S. 87; HEINE, ELKE: Ausländer in der veröffentlichten Meinung. Perspektiven einer Integration. In: Autorengruppe Ausländerforschung (Hrsg.): Zwischen Getto und Knast. Jugendliche Ausländer in der Bundesrepublik. Hamburg 1981, S. 19, (26); KUMMER, JOCHEN: Ausländerkriminalität. Legenden und Fakten zu einem Tabu. Frankfurt, Berlin 1993, S. 231 ff.

160 KUBINK, MICHAEL a.a.O. (Fn. 50), S. 83, 87.

161 GALANIS, GEORGIOS N. a.a.O. (Fn. 159), S. 191: Während im STERN häufiger über gewalttätige Auseinandersetzungen der Nationalitäten untereinander berichtet werde, wodurch der Aspekt einer gesamtgesellschaftlichen Bedrohung in den Vordergrund rücke, würden bei der QUICK durch die häufigere Darstellung eines Migranten als Täter und eines Deutschen als Opfer bei dem deutschen Leser Bedrohungsgefühle hervorgerufen.

162 GALANIS, GEORGIOS N. a.a.O. (Fn. 159), S. 191.

II. Hellfeld

Das Hellfeld der Kriminalität bezeichnet den Bereich aller den Strafverfolgungsbehörden bekannt gewordenen (registrierten) Delikte[163]. Das Hellfeld wird anhand der Polizeilichen Kriminalstatistik und der Strafverfolgungsstatistik untersucht.

1. Polizeiliche Kriminalstatistik

Die Kriminalität der Nichtdeutschen wird mit Hilfe der PKS NRW für den Zeitraum von 1991 bis 2000 erfaßt. In der PKS[164] werden alle der Polizei bekannt gewordenen Straftaten und alle ermittelten Tatverdächtigen[165] gezählt[166].
Allerdings lassen sich der Polizeilichen Kriminalstatistik nur Erkenntnisse zum Hellfeld der Ausländerkriminalität entnehmen[167]. Da das Hellfeld von dem Anzeigeverhalten der Bevölkerung abhängig ist und ein erhebliches Dunkelfeld an Straftaten besteht, die nicht bekannt bzw. nicht angezeigt werden[168], läßt ein Anstieg oder Rückgang der in der PKS registrierten Straftaten nicht zwingend auf eine Veränderung der Kriminalitätslage schließen, sondern kann auf ein verändertes Anzei-

---

163 Vgl. BKA (Hrsg.), PKS a.a.O. (2001) (Fn. 49), S. 8.

164 Die PKS der Bundesrepublik Deutschland wird von dem Bundeskriminalamt anhand der Jahresstatistiken der Landeskriminalämter seit 1953 jährlich zusammengestellt, vgl. REBMANN, MATTHIAS a.a.O. (Fn. 29), S. 68.

165 „Tatverdächtig ist jeder, der nach dem polizeilichen Ermittlungsergebnis aufgrund zureichender tatsächlicher Anhaltspunkte verdächtig ist, eine rechtsiwdrige (Straf-)Tat begangen zu haben. Dazu zählen auch Mittäter, Anstifter und Gehilfen.“, vgl. BKA (Hrsg.), PKS a.a.O. (2001) (Fn. 49), S. 17.

166 SCHWIND, HANS-DIETER a.a.O. (2001) (Fn. 32), S. 18 ff., § 2 Rn. 2, 5.
Nicht berücksichtigt wird in der PKS, falls das Verfahren mit einem Freispruch oder einer Verfahrenseinstellung endet, so daß die Schätzung der Tatverdächtigenzahl in der PKS eher zu hoch als zu niedrig anzusehen sein dürfte, vgl. SCHWIND, HANS-DIETER a.a.O. (2001) (Fn. 32), S. 20, § 2 Rn. 5. Mit der Einführung der sog. „echten“ Tatverdächtigenzählung konnte die Mehrfachzählung, die insbesondere bei Serien- und Intensivtätern zu überhöhten und strukturell verzerrten Tatverdächtigenzahlen der PKS geführt hatte, beseitigt werden. Bei der „echten“ Tatverdächtigenzählung wird ein Tatverdächtiger in demselben Bundesland im Berichtsjahr nur einmal gezählt, unabhängig von der Anzahl der ihm zur Last gelegten Delikte, vgl. REBMANN, MATTHIAS a.a.O. (Fn. 29), S. 69; SCHWIND, HANS-DIETER a.a.O. (2001) (Fn. 32), S. 20, § 2 Rn. 6. Die Verzerrung der Tatverdächtigenstruktur aufgrund einer Mehrfachzählung, die durch eine Person, gegen die in mehreren Bundesländern ermittelt wird, hervorgerufen wird, sei als gering einzuschätzen, vgl. hierzu EISENBERG, ULRICH a.a.O. (2000a) (Fn. 50), S. 180. In der PKS werden seit 1984 (vgl. SCHWIND, HANS-DIETER a.a.O. (2001) (Fn. 32), S. 456, § 23 Rn. 15) die nichtdeutschen Tatverdächtigen gesondert registriert, also tatverdächtige Personen, die eine ausländische Staatsangehörigkeit und nicht gleichzeitig die deutsche Staatsangehörigkeit besitzen, sowie Staatenlose und Personen, bei denen die Staatsangehörigkeit ungeklärt ist (vgl. BKA (Hrsg.), PKS a.a.O. (2001) (Fn. 49), S. 18). Sie enthält ferner Angaben über die Tatverdächtigenbelastung bei den verschiedenen Straftatengruppen, das Alter, Geschlecht, die Staatsangehörigkeit und den Aufenthaltsstatus der nichtdeutschen Tatverdächtigen.

167 LKA NRW (Hrsg.) PKS NRW a.a.O. (2001) (Fn. 1), S. 3.

168 REBMANN, MATTHIAS a.a.O. (Fn. 29), S. 71. Nach FREIBERG lag die Zahl der Straftaten im Jahr 2000 „zehn Mal höher als die offizielle Kriminalitätsstatistik ausweist“, vgl. GDP in den Medien. PKS zeigt nicht die reale Kriminalitätslage. In: Deutsche Polizei, Heft 6, 2001, S. 5.

geverhalten der Bevölkerung zurückzuführen sein[169]. Hinzu kommt, daß die inzwischen eingebürgerten Ausländer, wenn sie straffällig werden, nicht mehr in der Kriminalstatistik unter der Kategorie „Ausländer“ erscheinen[170]. Ferner ist zu berücksichtigen, daß über die Hälfte der Straftaten nicht aufgeklärt werden und für diese Delikte nicht festgestellt werden kann, welche Tätergruppen beteiligt sind[171].
Auch wenn die PKS aufgrund der beschriebenen Fehlerquellen kein wirklichkeitsgetreues Abbild der Verbrechenswirklichkeit darstellt, ist sie dennoch das relativ brauchbarste Mittel zur Beschreibung kriminalitätsrelevanter Phänomene sowie zur Darstellung des Hellfeldes der Ausländerkriminalität[172].

a) Delinquenzbelastung bei nichtdeutschen Tatverdächtigen

Durch eine Gegenüberstellung der Anteile der Nichtdeutschen an der Bevölkerung und an allen registrierten Tatverdächtigen in Nordrhein-Westfalen soll die Höhe der Delinquenzbelastung der Nichtdeutschen veranschaulicht werden. Bei der Interpretation der Ergebnisse dieser Gegenüberstellung ist zu berücksichtigen, daß die tatsächliche Kriminalitätsbelastung der ausländischen Wohnbevölkerung nicht mit der deutschen Wohnbevölkerung vergleichbar ist[173]:

- *Zum einen ist zu beachten, daß sich ein erheblicher Anteil der Tatverdächtigenzahl der Nichtdeutschen auf ausländerspezifische Delikte*[174]*, wie beispielsweise Verstöße gegen das*

---

169 REBMANN, MATTHIAS a.a.O. (Fn. 29), S. 70.

170 SCHWIND, HANS-DIETER a.a.O. (2001) (Fn. 32), S. 453, § 23 Rn. 8. Vgl. auch oben Teil A, Einleitung V. 1. a).

171 Vgl. KÜRZINGER, JOSEF a.a.O. (Fn. 41), S. 230 f, Rn. 329, der die große Bedeutung des Problems der unbekannten Täter bei den nicht aufgekärten Delikten für die Einschätzung der Beteiligung von Ausländern an der Kriminalität betont, da von einer deutlich erhöhten Tatentdeckungsmöglichkeit von Ausländern im Vergleich zu Deutschen auszugehen sei.

172 KERNER, STEFAN: Nichtdeutsche in der Polizeilichen Kriminalstatistik. In: Die Polizei, Jg. 85, Heft 4, 1994, S. 105; vgl. auch REBMANN, MATTHIAS a.a.O. (Fn. 29), S. 71; SCHWIND, HANS-DIETER a.a.O. (2001) (Fn. 32), S. 22, § 2 Rn. 14. Andere Ansicht: NARR, WOLF-DIETER: Kriminalpolitische Kategorie: Ausländer. „Fürchte deinen nächsten wie dich selbst“. In: Bürgerrechte und Polizei, Heft 1, 2000, S. 6, (11).

173 Vgl. auch oben unter Einleitung V. 1.

174 Gem. § 92 Abs. 1 AuslG ist der illegale Aufenthalt, d. h. der Aufenthalt ohne eine erforderliche Aufenthaltsgenehmigung sowie ohne Duldung, der Nichtbesitz eines Passes, die Zuwiderhandlung gegen ein Arbeitsverbot und die Zuwiderhandlung gegen eine Beschränkung der politischen Betätigung, die Nichtduldung erkennungsdienstlicher Maßnahmen, die unerlaubte Einreise sowie die Zugehörigkeit zu einem geheimen Ausländerverein unter Strafe gestellt. Gem. § 84 AsylVerfG ist strafbar, wer einen Ausländer zur Stellung eines mißbräuchlichen Asylantrags verleitet oder ihn dabei unterstützt, während sich § 85 AsylVerfG auf Verstöße gegen die Pflichten der Asylberwerber bezieht. Vgl. auch v. POLLERN, HANS-INGO: Das spezielle Strafrecht für Ausländer, Asylbewerber und EU-Ausländer im Ausländergesetz, Asylverfahrensgesetz und EWG-Aufenthaltsgesetz. In: ZAR, Jg. 16, Heft 4, 1996, S. 175 ff. und REBMANN, MATTHIAS a.a.O. (Fn. 29), S. 41 ff.

Ausländergesetz und das Asylverfahrensgesetz, bezieht[175]. *Bei diesen Delikten lag der Ausländeranteil an den Tatverdächtigen im Berichtsjahr 2000 mit 91,5 %*[176] *erwartungsgemäß sehr hoch. Bei 16,6 %*[177] *aller ausländischen Tatverdächtigen wurde 2000 wegen des Verstoßes gegen das Ausländer- oder Asylverfahrensgesetz ermittelt. Läßt man die ausländerspezifischen Straftaten außer acht, gelangt man zu einem rund drei Prozentpunkte niedrigeren Anteil von 23,2 %*[178] *ausländischen Tatverdächtigen, vgl. Übersicht 1.*

- *Andererseits ist der um die ausländerspezifischen Delikte bereinigte Prozentsatz wiederum zu niedrig angesetzt, da zugleich auch die ausländischen Tatverdächtigen unberücksichtigt bleiben, denen neben Verstößen gegen das AuslG und das AsylVerfG gleichzeitig auch andere Delikte wie Urkundenfälschung, Diebstahl, Raub oder Rauschgifthandel vorgeworfen werden*[179].

- *Bestimmte Ausländergruppen wie Illegale, Touristen / Durchreisende, Besucher, Grenzpendler und Stationierungsstreitkräfte werden in der PKS als Tatverdächtige erfaßt, zählen andererseits aber nicht zur ausländischen Wohnbevölkerung, so daß sich der Prozentsatz nichtdeutscher Tatverdächtiger im Verhältnis zu nichtdeutschen Wohnbevölkerung ungerechtfertigter Weise erhöht*[180].

- *Die Kriminalitätsbelastung der Ausländer ist aufgrund ihrer unterschiedlichen strukturellen Zusammensetzung nicht mit der der Deutschen vergleichbar*[181]. *Die nichtdeutsche Wohnbevölkerung gehört im Vergleich zu der deutschen Bevölkerung in höherem Maße der besonders kriminalitätsbelasteten Alters- und Geschlechtsstruktur, der 14 bis 40*

---

175 GÖPPINGER, HANS a.a.O. (1997) (Fn. 41), S. 535; REBMANN, MATTHIAS a.a.O. (Fn. 29), S. 142 f., SCHWIND, HANS-DIETER a.a.O. (2001) (Fn. 32), S. 451, § 23 Rn. 4; LIPS-DÖRFLINGER, ESTHER: Devianz ausländischer Jugendlicher. In: Interkulturell, Freiburg i. Br. 1992, S. 38, (39).

176 LKA NRW (Hrsg.), PKS NRW a.a.O. (2001) (Fn. 1), S. 135.

177 LKA NRW (Hrsg.), PKS NRW a.a.O. (2001) (Fn. 1), Anhang S. II/122, II/151, Tabelle 104, S. 1, 30, vgl. auch *Übersicht 1*. Im Bundesgebiet betrug der Anteil aller nichtdeutschen Tatverdächtigen, gegen die wegen eines Verstoßes gegen das Ausländer- oder Asylverfahrensgesetz ermittelt wurde, sogar 28,4 %, vgl. BKA (Hrsg.), PKS a.a.O. (2001) (Fn. 49), S. 107.

178 Vgl. *Übersicht 1*.

179 BKA (Hrsg.), PKS a.a.O. (2001) (Fn. 49), S. 107; REBMANN, MATTHIAS a.a.O. (Fn. 29), S. 143; SCHWIND, HANS-DIETER a.a.O. (2001) (Fn. 32), S. 453, § 23 Rn. 6; TRAULSEN, MONIKA a.a.O. (1990b) (Fn. 129), S. 415, (416).

180 Die PKS weist aus diesem Grunde seit einigen Jahren für Nichtdeutsche keine Tatverdächtigenbelastungszahlen mehr aus, vgl. auch BKA (Hrsg.), PKS a.a.O. (2001) (Fn. 49), S. 107; GÖPPINGER, HANS a.a.O. (1997) (Fn. 41), S. 535; REBMANN, MATTHIAS a.a.O. (Fn. 29), S. 140; ALBRECHT, PETER-ALEXIS: Kriminologie. Ein Studienbuch. München 1999, S. 370; SCHWIND, HANS-DIETER a.a.O. (2001) (Fn. 32), S. 453, § 23 Rn. 7; KAMMHUBER, SIEGFRIED: Ausländerkriminalität – Eine bittere Realität und ihre Bewältigung. In: Kriminalistik, Jg. 51, Heft 8-9, 1992, S. 551, (553); SCHNOOR, HERBERT: Kriminalität von Deutschen und Ausländern – Probleme eines Vergleichs. In: Beauftragte der Bundesregierung für die Integration der ausländischen Arbeitnehmer und ihrer Familienangehörigen (Hrsg.): Bericht 99. Zur Situation der ausländischen Arbeitnehmer und ihrer Familien – Bestandsaufnahmen und Perspektiven für die 90er Jahre. Bonn 1999, S. 251, (252). Vgl. unter Teil A, Kapitel 1.

181 BKA (Hrsg.), PKS a.a.O. (2001) (Fn. 49), S. 107; NORTHOFF, ROBERT a.a.O. (1996) (Fn. 49), S. 261, (265).

Jahre alten Männer[182]*, an. Sie leben auch häufiger in großstädtischen Ballungsgebieten, in denen auch die deutsche Bevölkerung aufgrund der erhöhten Anzahl von Tatgelegenheiten höher kriminalitätsbelastet ist als in ländlichen Regionen*[183]*, gehören in größerem Umfange den Unterschichten an*[184] *und sind häufiger arbeitslos*[185].

Daß Nichtdeutsche aus diesen Gründen einem höheren Risiko, als Tatverdächtige registriert zu werden[186], unterliegen, ist bei der Beschreibung der nachfolgend dargestellten *Übersicht 1* zu berücksichtigen.

Dennoch kann ein Vergleich des Anteils der Nichtdeutschen an allen Tatverdächtigen mit dem Anteil der Nichtdeutschen an der Bevölkerung zumindest tendenziell aufzeigen, wie hoch die Kriminalitätsbelastung einer Bevölkerungsgruppe ist. Wie aus der *Übersicht 1* hervorgeht, ist der Ausländeranteil an den Tatverdächtigen in Nordrhein-Westfalen im Vergleich zu ihrem Anteil an der gemeldeten Wohnbevölkerung überproportional hoch.

---

182 Vgl. BKA (Hrsg.), PKS a.a.O. (2001) (Fn. 49), S. 107; KUBINK, MICHAEL a.a.O. (Fn. 50), S. 36; EISENBERG, ULRICH a.a.O. (2000a) (Fn. 50), S. 815; KAISER, GÜNTHER a.a.O. 1997 (Fn. 50), S. 358, (360); NIGGLI, MARCEL ALEXANDER a.a.O. (Fn. 38), S. 127; SCHNEIDER, HANS JOACHIM a.a.O. (1993) (Fn. 50), S. 70; VILLMOW, BERNHARD a.a.O. (1993) (Fn. 50), S. 39.

183 KUBINK, MICHAEL a.a.O. (Fn. 50), S. 38; BKA (Hrsg.), PKS a.a.O. (2001) (Fn. 49), S. 107; SCHWIND, HANS-DIETER a.a.O. (2001) (Fn. 32), S. 453, § 23 Rn. 7.

184 BKA (Hrsg.), PKS a.a.O. (2001) (Fn. 49), S. 107; REBMANN, MATTHIAS a.a.O. (Fn. 29), S. 175 ff.; VILLMOW, BERNHARD a.a.O. (1999) (Fn. 54), S. 22, (23).

185 BKA (Hrsg.), PKS a.a.O. (2001) (Fn. 49), S. 107.

186 Von einer spezifischen Ausländerkriminalität könnte folglich erst dann ausgegangen werden, wenn nach Bereinigung der Verzerrungsfaktoren eine Höherbelastung der Nichtdeutschen konstatierbar wäre. Durchgeführte Untersuchungen, die die Kriminalitätsbelastung der Nichtdeutschen unter Bereinigung der Verzerrungsfaktoren erforscht haben, stellen ebenfalls eine, wenn auch geringere, Höherbelastung der ausländischen Bevölkerung fest, vgl. MANSEL, JÜRGEN: Kriminalisierung als Instrument zur Ausgrenzung und Disziplinierung oder „Ausländer richten ihre Kinder zum Diebstahl ab". In: KrimSozBibl, Jg. 17, Heft 69, 1990, S. 47, (52): Die Dunkelfeldforschung in Nordrhein-Westfalen im Jahr ergab bei in Deutschland geborenen oder aufgewachsenen Nichtdeutschen eine um 3,1 % bis 6,4 % erhöhte Kriminalitätsbelastung im Vergleich zu einer deutschen Verleichsgruppe, demgegenüber ließ die PKS für 1989 eine 200- bis 250-prozentige Überhöhung erkennen; SESSAR, KLAUS: Kriminalität von und an Ausländern. In: Bauhofer, Stefan / Queloz, Nicolas (Hrsg.): Ausländer, Kriminalität und Strafrechtspflege, Chur/Zürich 1993, S. 187, (193); STEFFEN, WIEBKE / CZOGALLA, PETER / GERUM, MANFRED et al. (Hrsg.): Ausländerkriminalität in Bayern. Eine Analyse der von 1983 bis 1990 polizeilich registrierten Kriminalität ausländischer und deutscher Tatverdächtiger, München 1992, S. 28: Die überhöhte Kriminalitätsbelastung Nichtdeutscher in der bayrischen PKS konnte durch die Kontrolle einiger Verzerrungsfaktoren von einem 5,6-fachen Ausgangswert auf eine 2,2-fache Kriminalitätsbelastung reduziert werden, wobei allerdings noch mehrere Verzerrungsfaktoren unberücksichtigt blieben.

Übersicht 1: **Prozentuale Anteile der Nichtdeutschen an den Tatverdächtigen (mit und ohne ausländerspezifischen Delikten) und der Gesamtbevölkerung in Nordrhein-Westfalen 1985-2000**

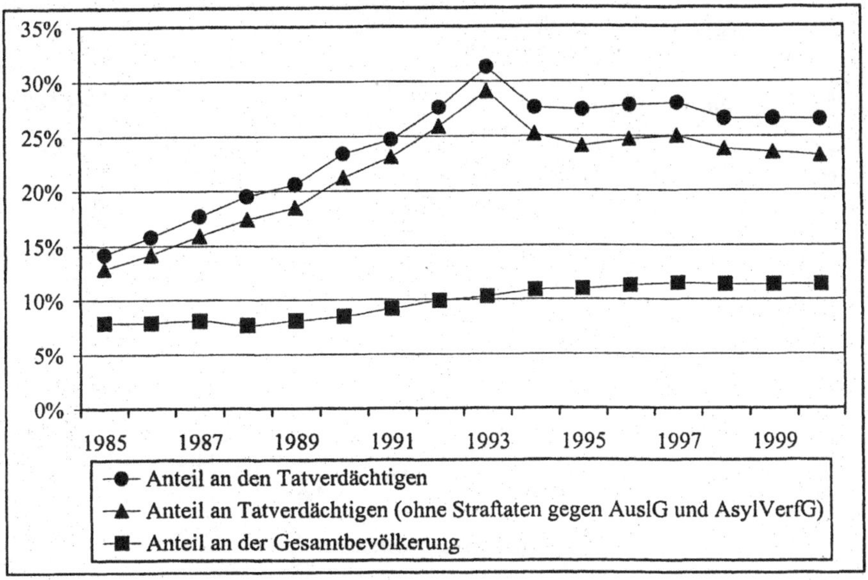

Quellen: LKA NRW (Hrsg.), PKS NRW 1985-2000, Düsseldorf 1986-2001 und MINSITERIUM FÜR ARBEIT, SOZIALES, QUALIFIKATION UND TECHNOLOGIE DES LANDES NORDRHEIN-WESTFALEN (Hrsg.): Notiert in NRW. Zuwanderungsstatistik Ausgabe 2000, Düsseldorf 2001, S. 11, teilweise eigene Berechnungen.

Der Anteil der nichtdeutschen Tatverdächtigen ist zunächst, wie der nachfolgenden *Tabelle 3* zu entnehmen ist, von 14,2 % (1985) auf 31,4 % (1993) angestiegen und seit 1994 kontinuierlich zurückgegangen auf 26,5 % (2000), bei einem fast gleichbleibenden Bevölkerungsanteil von etwas über 11 %[187].

[187] MINSITERIUM FÜR ARBEIT, SOZIALES, QUALIFIKATION UND TECHNOLOGIE DES LANDES NORDRHEIN-WESTFALEN a.a.O. (2001) (Fn. 7), S. 11. Vgl. auch *Tabelle 3*.

Tabelle 3: **Registrierte Bevölkerung und Tatverdächtige in Nordrhein-Westfalen**

Jahr	Registrierte Bevölkerung			Ermittelte Tatverdächtige		
	insgesamt	davon: Nichtdeutsche		insgesamt	davon: Nichtdeutsche	
	(in 1.000)	absolut (in 1.000)	%-Anteil	(in 1.000)	absolut (in 1.000)	%-Anteil
1990	17.103,6	1.453,7	8,5	350,7	81,9	23,4
1991	17.349,7	1.590,1	9,2	354,3	87,6	24,7
1992	17.509,9	1.732,2	9,9	372,7	103,0	27,6
1993	17.679,2	1.812,3	10,3	388,6	121,8	31,3
1994	17.759,3	1.927,6	10,9	386,0	106,7	27,6
1995	17.816,1	1.961,0	11,0	398,6	109,2	27,4
1996	17.893,1	2.019,3	11,3	414,7	115,4	27,8
1997	17.947,7	2.056,9	11,5	427,4	119,6	28,0
1998	17.974,5	2.053,1	11,4	440,2	117,3	26,6
1999	17.975,5	2.041,1	11,4	437,0	116,4	26,6
2000	17.999,8	2.044,6	11,4	454,6	120,3	26,5

Quelle: LKA NRW (Hrsg.), PKS NRW, Düsseldorf 2001, S. 40.

Als Ursache für den starken Rückgang des Anteils der nichtdeutschen Tatverdächtigen kommt neben einer sich zunehmend verbessernden Integration der ausländischen Bevölkerung der Asylkompromiß[188] aus dem Jahr 1993 in Betracht. Allerdings ist der Anteil der nichtdeutschen Tatverdächtigen noch immer um ca. 150 % höher als ihr Anteil an der nordrhein-westfälischen Wohnbevölkerung[189].

b) Delinquenzbelastung bei türkischen Tatverdächtigen

Bei den nichtdeutschen Tatverdächtigen in Nordrhein-Westfalen im Jahr 1999 bilden die Türken mit 27,7 %[190] die größte Gruppe unter den nichtdeutschen Tatverdächtigen[191].

---

188 Vgl. hierzu oben unter Teil A, Kapitel 1, II.

189 Von den im Jahr 2000 im Bundesgebiet (einschließlich neue Bundesländer) insgesamt ermittelten 2.286.372 Tatverdächtigen besaßen 589.109 eine nichtdeutsche Staatsangehörigkeit, (vgl. BKA (Hrsg.), PKS a.a.O. (2001) (Fn. 49), S. 107). Das entspricht einem Anteil von 25,8 % aller Tatverdächtigen bei einem Bevölkerungsanteil von 8,9 % (berechnet nach Angaben des STATISTISCHEN BUNDESAMTES (Hrsg.) a.a.O. (2000c) (Fn. 5), S. 58, 65).

190 LKA NRW (Hrsg.), PKS NRW a.a.O. (2001) (Fn. 1), S. 46.

191 Die Entwicklung der Tatverdächtigenzahlen der Angehörigen osteuropäischer Staaten in Nordrhein-Westfalen ist mit der Entwicklung im Bundesgebiet vergleichbar. Die zu Beginn der neunziger Jahre stark angestiegenen Tatverdächtigenzahlen der Jugoslawen von 14,7 % (1989)

Ein Vergleich der Anteile der türkischen und der deutschen Tatverdächtigen an allen Tatverdächtigen (deutschen und nichtdeutschen) im Jahr 2000 in Nordrhein-Westfalen[192] macht, wie aus der nachfolgenden *Tabelle 4* hervorgeht, deutlich, daß die Türken mit einem Tatverdächtigenanteil von 7,3 % bei einem Anteil an der gemeldeten Gesamtbevölkerung von 3,8 % wesentlich höher kriminalitätsbelastet sind als die deutsche Bevölkerungsgruppe, die einen Tatverdächtigenanteil von 73,5 % gegenüber einem Anteil an der registrierten Gesamtbevölkerung von 88,6 % aufweist.

Tabelle 4: **Anteil der Türken und der Deutschen an allen Tatverdächtigen und an der Wohnbevölkerung in Nordrhein-Westfalen im Jahr 2000**

Bevölkerungsgruppe	Tatverdächtige		Wohnbevölkerung	
	Anzahl	Anteil in %	Anzahl	Anteil in %
Türken	33.329	7,3	691.981	3,8
Deutsche	334.300	73,5	15.955.175	88,6
insgesamt (Deutsche / Nichtdt.)	454.614	100,0	17.999.800	100,0

Quelle: LKA NRW (Hrsg.): PKS NRW 2000, Düsseldorf 2001, S. 9, 12, 46.

---

auf 20,4 % (1992) korrespondieren mit einem ansteigenden Anteil an der nichtdeutschen Bevölkerung von 9,9 % (1989) auf 13,8 % (1992). Der Rückgang der jugoslawischen Tatverdächtigen seit 1993 beruht unter anderem auf einer gesonderten Erfassung der seit diesem Zeitpunkt selbständigen Staaten Bosnien-Herzegowina, Kroatien, Slowenien und seit 1994 Mazedonien. Der Anteil der nichtdeutschen Tatverdächtigen aus Bosnien-Herzegowina ist von 1,0 % (1993) zunächst kontinuierlich angestiegen und erreichte seine vorläufigen Höchstwerte von 4,0 % (1995) und 3,7 % (1996). Unter Berücksichtigung der seit 1993 getrennt erfaßten Staaten des ehemaligen Jugoslawiens, liegt der Anteil der Angehörigen Restjugoslawiens an den ausländischen Tatverdächtigen im Jahr 2000 mit 15,2 % deutlich über dem Anteil an der nichtdeutschen Wohnbevölkerung (9,1 %). Der Anteil der Rumänen an den nichtdeutschen Tatverdächtigen ist auch in Nordrhein-Westfalen zu Beginn des Berichtszeitraums sehr stark angestiegen von 6,4 % (1990) auf 15,2 % (1993) und seitdem deutlich zurückgegangen auf 0,7 % (2000). Auch diese zeitweilig auffällige Diskrepanz zwischen dem Anteil Angehöriger osteuropäischer Staaten an den nichtdeutschen Tatverdächtigen und der nichtdeutschen Wohnbevölkerung legt den Schluß nahe, daß sich zu Beginn der 90er Jahre ein Großteil dieser Tatverdächtigen sich illegal in Nordrhein-Westfalen aufhielt und nicht von der Bevölkerungsstatistik erfaßt wurden., vgl. MINISTERIUM FÜR ARBEIT, GESUNDHEIT UND SOZIALES DES LANDES NRW (Hrsg.): Ausländerinnen und Ausländer in NRW. Zahlenspiegel 1996-1997, Düsseldorf 1997-1998; MINISTERIUM FÜR ARBEIT, SOZIALES, QUALIFIKATION UND TECHNOLOGIE DES LANDES NRW (Hrsg): Zuwanderunsstatistik NRW. Ausgabe 1999, Düsseldorf 2000; LKA NRW (Hrsg.), PKS NRW 1988-2000, Düsseldorf 1989-2001, S. 46 f., teilweise eigene Berechnungen.

192 Im Bundesgebiet betrug im Jahr 2000 der Anteil der Türken an allen Tatverdächtigen 5,2 % bei einem Anteil der gesamten Wohnbevölkerung von 2,5 %; der Tatverdächtigenanteil der Deutschen lag bei 74,2 % bei einem Bevölkerungsanteil von 91,1 %. Im Vergleich zu der Situation in Nordrhein-Westfalen ist der Anteil der Türken sowohl bei den Tatverdächtigen als auch bei der Wohnbevölkerung im Bundesgebiet niedriger als in Nordrhein-Westfalen. Allerdings ist der Tatverdächtigenanteil der Türken in beiden Gebieten in etwa doppelt so hoch wie der Anteil an der Wohnbevölkerung. Vgl. zu den Zahlen im Bundesgebiet BKA (Hrsg.), PKS a.a.O. (2001) (Fn. 49), S. 114; STATISTISCHES BUNDESAMT (Hrsg.) a.a.O. (2000a) (Fn. 5), S. 58, 65.

Die Delinquenzbelastung der türkischen Tatverdächtigen lag in Nordrhein-Westfalen im Berichtsjahr 1999 somit um rund 90 % über ihrem Anteil an der Wohnbevölkerung. Bei den Deutschen lag der Tatverdächtigenanteil um 17,2 % unter ihrem Anteil an der Wohnbevölkerung.

c) Deliktsstruktur bei ausländischen Jugendlichen

Da sich die Untersuchung auf männliche, heranwachsende und jungerwachsene Türken im Jugendstrafvollzug in Nordrhein-Westfalen bezieht[193], liegt ein Schwerpunkt der Arbeit auf der Kriminalitätsbelastung der jungen männlichen Ausländer.
In Nordrhein-Westfalen[194] wird die Kriminalitätsbelastung der Nichtdeutschen unterteilt in Altersgruppen ausgewiesen, ohne zwischen männlichen und weiblichen Personen zu differenzieren; aus diesem Grund bezieht sich die nachfolgende *Tabelle 5* sowohl auf männliche als auch weibliche Ausländer zwischen 18 bis unter 25 Jahren.
Die Tatverdächtigenbelastung ist, wie aus der nachfolgenden *Tabelle 5* hervorgeht, in Nordrhein-Westfalen bei Nichtdeutschen zwischen 18- und 25 Jahren im Bereich der Diebstahls- und Körperverletzungsdelikte, Betrug und Urkundenfälschung sehr hoch. Auch bei dem Betrug und dem Landfriedensbruch liegt die Tatverdächtigenbelastung der jungen Ausländer deutlich über dem Wert der deutschen Vergleichsgruppe.

---

193 Es sollen nur die jüngeren Jahrgänge in diese Arbeit einbezogen werden, da sich die Kriminalitätsbelastung von Deutschen und Nichtdeutschen gerade bei den jüngeren Jahrgängen in besonders hohem Maße zu unterscheiden scheint (vgl. KUBE, EDWIN / KOCH, KARL-FRIEDRICH: Zur Kriminalität jugendlicher Ausländer aus polizeilicher Sicht. In: MschrKrim, Jg. 73, Heft 1, 1990, S. 14, (16), LIPS-DÖRFLINGER, ESTHER a.a.O. (Fn. 175), S. 38, (39): Die Kriminalitätsbelastungszahl ist bei jugendlichen Nichtdeutschen doppelt so hoch wie bei jugendlichen Deutschen, bei Heranwachsenden ist dieses Verhältnis sogar noch ungünstiger). Das Legalverhalten von ausländischen Frauen wurde nicht untersucht, da sie unter den Tatverdächtigen und Verurteilten nur einen geringen Anteil stellen (vgl. MANSEL, JÜRGEN: Ausländische Frauen und Mädchen unter Tatverdacht. Die Häufigkeit der Registrierung von deutschen und türkischen und italienischen Frauen in der polizeilichen Kriminalstatistik. In: MschrKrim, Jg. 71, Heft 3, 1988b, S. 166, (172): der Frauenanteil bei türkischen Straffälligen betrug 19,2 %).

194 Zu der Tatverdächtigenbelastung von männlichen Deutschen und Ausländern im Alter von 18 bis 25 Jahren bei ausgewählten Deliktsarten von 1989 bis 1995 vgl. REBMANN, MATTHIAS a.a.O. (Fn. 29), S. 370.

Tabelle 5: **Vergleich der Tatverdächtigenbelastung von Deutschen und Ausländern im Alter von 18 bis unter 25 Jahren bei ausgewählten Deliktsarten 1995 und 2000 in Nordrhein-Westfalen**

Delikt	Tatverdächtigenbelastung			
	1995		2000	
	Nichtdeutsche	Deutsche	Nichtdeutsche	Deutsche
Mord u. Totschlag	25	14	22	10
Vergewaltigung	41	23	54	28
Persönliche Freiheit	511	296	575	389
Raub, räub. Erpressung	385	210	386	226
Leichte Körperverletzung	559	432	869	693
Gef. u. schwere Körperverl.	908	595	1.134	805
Einfacher Diebstahl	3.075	2.141	3.068	2.069
Schwerer Diebstahl	1.464	1.119	1.041	791
Betrug	2.071	1.662	2.392	1.967
Urkundenfälschung	632	256	494	202
Erpressung	30	16	43	22
Landfriedensbruch	27	40	16	21
Hehlerei	216	136	165	104
Beleidigung	216	198	372	346
Glücksspiel	13	4	12	4
Sachbeschädigung	414	554	471	674
Rauschgiftdelikte	1.616	1.494	1.926	2.189

Quelle: LKA NRW (Hrsg.), PKS NRW, Düsseldorf 1996, Anhang II/17-97, Tabelle 102, Blatt 1-31 und Anhang II/211-267, Tabelle 150, Blatt 1-28; LKA NRW (Hrsg.), PKS NRW, Düsseldorf 2001, Anhang II/19-85, Tabelle 102, Blatt 1-34 und Anhang II/229-291, Tabelle 150, Blatt 1-31, MINISTERIUM FÜR ARBEIT, GESUNDHEIT UND SOZIALES DES LANDES NORDRHEIN-WESTFALEN (Hrsg.): Ausländerinnen und Ausländer in Nordrhein-Westfalen. Zahlenspiegel 1996, Düsseldorf 1997, S. 88 f.; MINISTERIUM FÜR ARBEIT, SOZIALES, QUALIFIKATION UND TECHNOLOGIE DES LANDES NRW (Hrsg.): Notiert in NRW. Zuwanderungsstatistik Ausgabe 2000, Düsseldorf 2001, S. 30 f; eigene Berechnungen.

Zwei Studien von PFEIFFER / DELZER / ENZMANN / WETZELS[195] und von PFEIFFER[196] zeigen dazu das folgende Bild:

---

195 PFEIFFER, CHRISTIAN / DELZER, INGO / ENZMANN, DIRK / WETZELS, PETER a.a.O. (1998) (Fn. 117).

196 PFEIFFER, CHRISTIAN: Jugendkriminalität und Jugendgewalt in europäischen Ländern. KFN-Forschungsberichte Nr. 69. Hannover 1997.

PFEIFFER / DELZER / ENZMANN / WETZELS[197] haben bei ihrer Untersuchung sowohl die offiziellen Kriminalstatistiken untersucht, eine Aktenanalyse und eine repräsentative Schülerbefragung zu Täter- und Opfererfahrungen in mehreren Großstädten durchgeführt. Dabei haben sie festgestellt, daß in den alten Bundesländern die Tatverdächtigenbelastungszahl (TVBZ) bei den Jugendlichen im Bereich der Gewaltkriminalität von 1984 bis 1997 um 232,3 %[198], bei den Heranwachsenden um 82,0 %[199] und bei den Jungerwachsenen um 40,1 %[200] angestiegen ist. Noch höher war der Anstieg der TVBZ in diesem Zeitpunkt bei den Heranwachsenden bei den Raubdelikten (112,4 %[201]) und den Verstößen gegen das BtMG, bei denen es um Heroin ging; hier lag der Anstieg sogar bei 501,8 %[202].

> PFEIFFER[203] *hat bereits 1997 in insgesamt zehn europäischen Ländern die Entwicklung der Jugend(gewalt)kriminalität seit Mitte der 80er Jahre untersucht und ist dabei zu dem Ergebnis gelangt, daß die Zahlen der jugendlichen und heranwachsenden Tatverdächtigen bzw. Verurteilten in nahezu allen untersuchten Ländern*[204] *stark angestiegen sind, insbesondere bei den Gewaltdelikten.*

Differenziert man, bezogen auf den hohen Anstieg der absoluten Zahlen von 14- bis 21jährigen Tatverdächtigen in den alten Bundesländern nach Deutschen und Nichtdeutschen, so zeigt sich, daß der Anstieg zu 82,9 %[205] auf einer Zunahme der Ausländer beruht. Einerseits ist nach PFEIFFER / DELZER / ENZMANN / WETZELS[206] die Bevölkerungszahl der 14- bis unter 21-jährigen Deutschen seit 1984 um 36,8 % zurückgegangen, während im gleichen Zeitraum die Bevölkerungszahl der gleichaltrigen Nichtdeutschen um 34,0 % zugenommen hat, andererseits hat am Übergang zu den 90er Jahren die starke Zuwanderung aufgrund der internationalen Zunahme von Fluchtwanderungen und von Asylbewerbern sowie der Reisefreiheit für Millionen Osteuropäer durch den Zusammenbruch der kommunistischen Systeme eine wichtige Rolle gespielt[207]. Nach Inkrafttreten des neuen Asylrechts im Jahr 1993[208] ist die registrierte Kriminalitätsbelastung der Nichtdeutschen nach PFEIFFER / DELZER / ENZMANN / WETZELS[209] in allen Altersgruppen deutlich zurückgegangen, insbesondere bei den Diebstahlsdelikten. Eine Ausnahme bilden jedoch die Tatverdäch-

---

197 PFEIFFER, CHRISTIAN / DELZER, INGO / ENZMANN, DIRK / WETZELS, PETER a.a.O. (Fn. 117).
198 PFEIFFER, CHRISTIAN / DELZER, INGO / ENZMANN, DIRK et al. a.a.O. (Fn. 117), S. 14.
199 PFEIFFER, CHRISTIAN / DELZER, INGO / ENZMANN, DIRK et al. a.a.O. (Fn. 117), S. 14.
200 PFEIFFER, CHRISTIAN / DELZER, INGO / ENZMANN, DIRK et al. a.a.O. (Fn. 117), S. 47.
201 PFEIFFER, CHRISTIAN / DELZER, INGO / ENZMANN, DIRK et al. a.a.O. (Fn. 117), S. 14.
202 PFEIFFER, CHRISTIAN / DELZER, INGO / ENZMANN, DIRK et al. a.a.O. (Fn. 117), S. 14.
203 PFEIFFER, CHRISTIAN a.a.O. (1997) (Fn. 196), S. 41ff.
204 Dänemark, Deutschland, England und Wales, Frankreich, Italien, Niederlande, Österreich, Polen, Schweden, Schweiz und darüber hinaus USA.
205 PFEIFFER, CHRISTIAN / DELZER, INGO / ENZMANN, DIRK et al. a.a.O. (Fn. 117), S. 48.
206 PFEIFFER, CHRISTIAN / DELZER, INGO / ENZMANN, DIRK et al. a.a.O. (Fn. 117), S. 48.
207 PILGRAM, ARNO: Migration, Kriminalität und (Jugend-)Strafrechtspflege. In: DVJJ-Journal, Jg. 4, Heft 4, 1993, S. 342, (343).
208 Vgl. oben Teil A, Kapitel 3, III., 2.
209 PFEIFFER, CHRISTIAN / DELZER, INGO / ENZMANN, DIRK et al. a.a.O. (Fn. 117), S. 48.

tigenziffern der Gewaltkriminalität der unter 21-jährigen Nichtdeutschen, die entgegen dieser Entwicklung weiter angestiegen sind[210].

d) Deliktsstruktur bei türkischen Tatverdächtigen

Unterschiede zeigen sich zwischen nichtdeutschen[211] und deutschen[212] Tatverdächtigen in Nordrhein-Westfalen[213] auch in der Deliktsstruktur; das gilt insbesondere für die Bevölkerungsgruppe mit der sich diese Untersuchung vor allem befaßt: für die Türken. In dieser Arbeit sind, vor dem Hintergrund des hohen Anteils der Türken an den Insassen im Jugendstrafvollzug, auch ihr Anteil an den nichtdeutschen Tatverdächtigen sowie die von ihnen begangenen Delikte von besonderem Interesse. Der Anteil der türkischen Tatverdächtigen an allen Straftaten ist in Nordrhein-Westfalen[214], wie aus der nachfolgenden *Tabelle 6* hervorgeht, seit 1994 leicht angestiegen, von 26,1 % auf 27,7 % (2000).

Ihr Anteil an allen ausländischen Tatverdächtigen lag im Jahr 2000, vgl. *Tabelle 6*, beim illegalen Glücksspiel (66,7 %) und beim Landfriedensbruch (57,9 %) sehr hoch. Die überdurchschnittliche hohe Kriminalitätsbelastung beim Landfriedensbruch ist vermutlich auf den gewaltsam in Deutschland ausgetragenen Kurden-Konflikt zurückzuführen[215].

---

210 PFEIFFER, CHRISTIAN / DELZER, INGO / ENZMANN, DIRK et al. a.a.O. (Fn. 117), S. 48.

211 Der Anteil der ausländischen Tatverdächtigen in Nordrhein-Westfalen im Jahr 2000 ist besonders hoch bei den Straftaten gegen des AuslG und AsylVerfG (91,4 %), bei dem Glücksspiel (61,3 %), dem Taschendiebstahl (68,4 %) sowie bei den Raubüberfällen auf Spielhallen (60,0 %), den Raubdelikten allgemein (37,7 %), der Urkundenfälschung (44,8 %) sowie bei der Vergewaltigung und sexuellen Nötigung (34,6 %), vgl. LKA NRW (Hrsg.), PKS NRW a.a.O. (2001) (Fn. 1), Anhang II/122-156, Tabelle 104, Blatt 1-35, Prozentzahlen nach eigener Berechnung.

212 Die deutschen Tatverdächtigen weisen in Nordrhein-Westfalen in anderen Deliktsbereichen die höchste Belastung auf: Den Höchstwert bildet die Sachbeschädigung (85,7 %), gefolgt von der Unterschlagung (84,0 %), der Beleidigung (82,7 %), dem Widerstand gegen die Staatsgewalt / Straftaten gegen die öffentliche Ordnung (79,1 %) und Rauschgiftdelikten (78,9 %), vgl. LKA NRW (Hrsg.), PKS NRW a.a.O. (2001) (Fn. 1), Anhang II/122-156, Tabelle 104, Blatt 1-35, Prozentzahlen nach eigener Berechnung.

213 Im Bundesgebiet wiesen die nichtdeutschen Tatverdächtigen im Jahr 2000 ebenfalls bei den Straftaten gegen das AuslG und AsylVerfG (93,4 %), dem Glücksspiel (67,5 %), dem Taschendiebstahl (53,5 %) und den Raubüberfallen auf Spielhallen (56,1%) die höchsten Werte auf, vgl. BKA (Hrsg.), PKS a.a.O. (2001) (Fn. 49), S. 112 f, Prozentzahlen nach eigener Berechnung.
Die Reihenfolge der von den deutschen Tatverdächtigen am häufigsten registrierten Straftaten stimmt im Bundesgebiet nahezu mit den Angaben für Nordrhein-Westfalen überein: Sachbeschädigung (88,9), gefolgt von der Beleidigung (85,3 %), der Unterschlagung (84,7 %), dem Widerstand gegen die Staatsgewalt / Straftaten gegen die öffentliche Ordnung (82,7 %), vorsätzlicher leichter Körperverletzung (80,1 %) und Rauschgiftdelikten (78,9 %), vgl. BKA (Hrsg.), PKS a.a.O. (2001) (Fn. 49), S. 112 f, Prozentzahlen nach eigener Berechnung.

214 Zur der Entwicklung der tatverdächtigen Türken an den nichtdeutschen Tatverdächtigen im Bundesgebiet von 1987 bis 1995 vgl. REBMANN, MATTHIAS a.a.O. (Fn. 29), S. 109.

215 Die Entwicklung der Zahlen der Anhänger und Mitglieder ausländischer extremistischer Gruppen in der Bundesrepublik Deutschland durch das Bundesamt für Verfassungschutz weist für das Jahr 1998 einen deutlichen Anstieg von 47.050 (1994) auf 59.100 (1998) auf (vgl. auch 4. Bericht zur

Tabelle 6: **Anteil der tatverdächtigen Türken an den nichtdeutschen Tatverdächtigen insgesamt 1991-2000 in Nordrhein-Westfalen**

Straftaten	Tatverdächtigenanteil in %									
	1991	1992	1993	1994	1995	1996	1997	1998	1999	2000
Mord und Totschlag	36,3	46,7	37,3	43,3	38,2	30,6	33,5	29,4	38,1	37,2
Vergewaltigung	35,4	39,8	36,6	42,9	41,0	41,4	37,8	45,7	38,7	35,7
gegen persönliche Freiheit	47,8	45,5	45,2	49,2	51,0	47,6	44,3	44,8	45,3	42,3
Raub, räuber. Erpressung	45,5	42,0	37,6	44,4	44,6	42,1	42,3	40,6	39,9	37,9
Vorsätzl. leichte Körperverletzung	42,6	41,0	39,6	42,7	42,7	42,9	42,9	43,4	42,9	42,8*
Gefährl. u. schw. Körperverletzung	50,1	45,9	44,1	46,3	46,0	47,4	46,7	47,3	45,9	42,8*
Einfacher Diebstahl	17,8	13,9	11,6	17,3	20,1	19,2	19,3	20,3	19,9	18,2
Schwerer Diebstahl	38,3	31,2	27,2	31,0	31,6	28,9	28,0	29,8	26,5	24,3
Betrug	21,7	20,4	18,5	23,6	25,7	27,0	27,1	27,8	27,9	28,2
Unterschlagung	28,3	27,1	24,3	27,1	30,8	32,4	33,7	33,6	31,8	35,2
Urkundenfälschung	15,9	12,6	7,7	9,4	10,9	15,3	16,6	16,1	14,0	15,0
Erpressung	50,7	51,5	53,6	56,9	45,3	52,7	54,0	50,2	51,5	48,6
Landfriedensbruch	64,9	53,2	88,4	90,4	63,6	79,8	36,7	50,0	58,2	57,9
Hehlerei	48,9	50,8	46,3	47,6	48,8	43,4	38,8	41,8	39,2	39,8
Beleidigung	41,3	44,1	42,9	42,5	42,6	43,8	42,5	43,0	43,3	41,4
Glücksspiel	42,7	40,1	35,5	61,1	58,0	61,9	64,7	64,9	68,8	66,7
Sachbeschädigung	38,9	33,4	35,0	38,6	40,0	40,1	39,1	39,1	39,8	38,4
gegen AuslG u. AsylVerfG	16,3	11,5	8,2	8,4	9,4	12,3	14,0	15,0	13,8	14,0
Rauschgiftdelikte	35,5	40,6	41,8	41,1	42,6	41,5	40,7	38,9	36,2	37,5
Straftaten insgesamt	26,7	23,9	21,1	26,1	27,2	28,8	27,9	28,8	28,4	27,7

* In der PKS NRW für das Berichtsjahr 2000 wird zwischen vorsätzlicher leichter Körperverletzung und gefährlicher bzw. schwerer Körperverletzung in der Tabelle 109 nicht mehr differenziert, vgl. LKA NRW (Hrsg.), PKS NRW, Düsseldorf 2001, Anhang II, 190, Tabelle 109, Blatt 3.

Quelle: LKA NRW (Hrsg.), PKS NRW, Düsseldorf 1992-2001, Anhang Tabelle 109, eigene Berechnungen.

Lage der Ausländer, Berlin 2000, S. 22). Die mitgliederstärkste Gruppe unter den extremistischen ausländischen Gruppen bilden die Türken, einschließlich der Angehörigen der kurdischen Volksgruppe in der Türkei. Vermehrt haben seit Beginn der neunziger Jahre die türkische Kurdenorganisationen wie die militante Arbeiterpartei Kurdistans (PKK) an Bedeutung gewonnen, siehe oben unter Teil A, Kapitel 3, III., 5. Vgl. auch REBMANN, MATTHIAS a.a.O. (Fn. 29), S. 134 ff., HOCH, MARTIN: Türkische politische Organisationen in der Bundesrepublik Deutschland. In: ZAR, Jg. 14, Heft 1, 1994, S. 16, (17 ff.) sowie zu der Betätigung der PKK auch KAISER, GÜNTHER a.a.O. (1996) (Fn. 98), S. 670 f; FRISCH, PETER a.a.O. (Fn. 67), S. 32.

Auffallend hoch ist der Anteil der türkischen Tatverdächtigen weiterhin bei der Erpressung (48,6 %), den Körperverletzungsdelikten (42,8 %), den Straftaten gegen die persönliche Freiheit (42,3 %), den Raubdelikten (37,9 %), den Rauschgiftdelikten (37,5 %), den Tötungsdelikten (37,2 %) und den Vergewaltigungen (35,7 %).
Andererseits wird bei der Betrachtung der Tatverdächtigenzahlen der Türken deutlich, daß die Begehung von Straftaten gegen das AuslG und das AsylVerfG[216] von 16,3 % (1991) auf 9,4 % (1995) in deutlichem Maße abgenommen hat. REBMANN[217] führt dies darauf zurück, daß die in Deutschland geborenen oder seit langem hier ansässigen Ausländer durch das neue Ausländergesetz von 1991[218] einen weitaus gesicherteren Rechtsstatus besitzen als in den vorangegangenen Jahren. Seit 1995 ist jedoch wieder ein kontinuierlicher Anstieg bis auf 13,0 % (1999) zu verzeichnen.
Da in vielen Fällen zugleich mit den ausländerspezifischen Straftaten eine Urkundenfälschung begangen wurde, hat der Rückgang der ausländerspezifischen Delikte zugleich einen Rückgang der Urkundenfälschungen von 15,9 % (1991) auf 10,9 % (1995) zur Folge, seit 1996 ist die Anzahl der Urkundendelikte jedoch wieder deutlich angestiegen auf 14,0 %(1999).

e) Türkische Tatverdächtige nach ihrer Aufenthaltsdauer in Deutschland

In der PKS[219] werden für die Bundesländer Bayern und Niedersachsen Zahlen zu türkischen Tatverdächtigen ausgewiesen, differenziert nach ihrer Aufenthaltsdauer in Deutschland und ausgewählten Deliktsarten. Da für Nordrhein-Westfalen keine vergleichbaren Zahlen vorliegen, muß auf diese Zahlen zurückgegriffen werden.
Besonders hoch ist der Anteil der in Deutschland geborenen türkischen Tatverdächtigen[220] bei den Rauschgiftdelikten (43,3 %)[221], beim Diebstahl (39,2 %)[222] und bei der Gewaltkriminalität (37,6 %)[223].

---

216 Falls außer dem Verstoß gegen das AuslG oder AsylVerfG ein anderes im Wege der Konkurrenz zurücktretendes Delikt begangen wird, wird dieses nicht noch einmal separat registriert, sondern nur bei dem Verstoß gegen das AuslG / AsylVerfG. Unabhängig davon, wie oft ein Tatverdächtiger in einem Berichtszeitraum in Erscheinung tritt, wird er nur einmal gezählt. Werden einem Tatverdächtigen in einem Ermittlungsverfahren mehrere Fälle verschiedener Straftaten zugeordnet, wird er für jede Untergruppe gesondert, für die entsprechenden übergeordneten Straftatengruppen für die Gesamtzahl der Straftaten nur einmal registriert, vgl. LKA NRW (Hrsg.), PKS NRW a.a.O. (2001) (Fn. 1), S. 5. Auf diese Weise entsteht ein Verzerrungseffekt, vgl. auch oben unter Teil A, Kapitel 2, II. 1.

217 REBMANN, MATTHIAS a.a.O. (Fn. 29), S. 109.

218 Das Ausändergesetz von 1991 sollte einerseits einer Begrenzung der weiteren Zuwanderung und andererseits der Sicherung des aufenthaltsrechtlichen Status der sich rechtmäßig und auf Dauer in Deutschland aufhaltenden Ausländer dienen, insbesondere wurden die Ermessensentscheidungen der Ausländerbehörden durch die nunmehr in §§ 6 ff. AuslG enthaltenen Rechtsansprüche auf Erteilung eines bestimmten Aufenthaltsstatus ersetzt. Zu dem Ausländergesetz von 1991 vgl. auch REBMANN, MATTHIAS a.a.O. (Fn. 29), S. 27 ff., zu der aktuellen Rechtslage siehe oben unter Teil A, Kapitel 2, I. 2.

219 BKA (Hrsg.), PKS a.a.O. (2001) (Fn. 49), S. 127.

220 BKA (Hrsg.), PKS a.a.O. (2001) (Fn. 49), S. 127: Jeder vierte türkische Tatverdächtige (26,5 %) ist bereits in Deutschland geboren.

221 BKA (Hrsg.), PKS a.a.O. (2001) (Fn. 49), S. 127.

Anhand der Untersuchung soll überprüft werden, ob, wie sich aus der PKS für die jungen tatverdächtigen Türken ergibt, die hier geborenen jungen Türken häufiger wegen eines Rauschgiftdeliktes oder wegen eines Gewaltdelikts verurteilt und inhaftiert worden sind als die erst später nach Deutschland eingereisten jungen Türken.

2. Strafverfolgungsstatistik

Ein Nachteil der Heranziehung der PKS zur Bestimmung der Höhe der Ausländerkriminalität besteht darin, daß nicht feststeht, wie viele der registrierten Tatverdächtigen tatsächlich verurteilt werden[224]. Auch wenn die Staatsanwaltschaft oder das Gericht das Verfahren einstellt oder der Angeklagte im gerichtlichen Verfahren schließlich freigesprochen wird, findet keine nachträgliche Korrektur der Tatverdächtigenerfassung in der PKS statt[225], so daß nicht ausgeschlossen werden kann, daß die PKS für die Gruppe der Nichtdeutschen eine zu hohe Kriminalitätsbelastung ausweist. Um eine Analyse der Ausländerkriminalität vornehmen zu können, erscheint es daher naheliegend, die Strafverfolgungsstatistik heranzuziehen. Sie erfaßt alle innerhalb eines Jahres Abgeurteilten, also sowohl Freigesprochene als auch Verurteilte, sowie

---

222 BKA (Hrsg.), PKS a.a.O. (2001) (Fn. 49), S. 127.

223 BKA (Hrsg.), PKS a.a.O. (2001) (Fn. 49), S. 127. Bei den Straftaten gegen das Ausländer- und das Asylverfahrensgesetz ist erwartungsgemäß der Anteil der hier geborenen türkischen Tatverdächtigen mit 3,3 % relativ gering. Demgegenüber liegt der Anteil der türkischen Tatverdächtigen bei den ausländerspezifischen Delikten mit einer Aufenthaltsdauer in Deutschland von unter einer Woche bis zu einem Jahr mit insgesamt 47,3 % vergleichsweise hoch. Man könnte vermuten, je kürzer die jungen Türken in der Bundesrepublik leben, desto höher müßte ihr Anteil unter den Inhaftierten im Jugendstrafvollzug sein, die wegen eines Verstoßes gegen das Ausländer- oder Asylverfahrensgesetz inhaftiert sind. Hierbei ist zu berücksichtigen, daß die sich gem. § 42 Abs. 1 AuslG ohne eine erforderliche Aufenthaltsgenehmigung in Deutschland aufhaltenden Ausländer, deren Ausreisepflicht gem. § 42 Abs. 2 AuslG vollziehbar ist und deren freiwillige Erfüllung der Ausreiseverpflichtung nicht gesichert erscheint (zu den Voraussetzungen dieses Merkmals vgl. RENNER, GÜNTER: Ausländerrecht in Deutschland. Einreise und Aufenthalt. München 1998, § 42 Rn. 383 f) oder die ihrer Ausreisepflicht nicht fristgemäß nachkommen, gem. § 49 Abs. 1 i.V.m. § 42 Abs. 3 und Abs. 4 AuslG abgeschoben werden. Kann über die Ausweisungnicht sofort entschieden werden oder würde die Abschiebung ohne die Inhaftierung wesentlich erschwert, ist der Ausländer gem. § 57 AuslG in Abschiebungshaft zu nehmen. Er würde somit als Abschiebehäftling nicht zu dem Kreis der jungen Türken zählen, die zum Untersuchungszeitpunkt eine Jugendstrafe verbüßen und nähme folglich auch nicht an der Untersuchung teil. (Rechtlich wie tatsächlich voneinander zu unterscheiden sind die Fälle der Vorbereitungs- und der Sicherungshaft (§ 57 Abs. 1 und Abs. 2 AuslG). Bei der Vorbeitungshaft liegt im Gegensatz zur Sicherungshaft noch kein aufenthaltsbeendender Verwaltungsakt mit Abschiebungsandrohung vor. In den Fällen, in denen sich ein Ausländer nach einer Abschiebungsandrohung, die er nicht befolgt hat oder nicht befolgen will in Abschiebungshaft gemäß § 57 Abs. 2 Satz 1 Nr. 2 bis Nr. 5 AuslG, ist die Notwendigkeit der Abschiebung zu bejahen. Besteht aufgrund einer unerlaubten Einreise (§ 57 Abs. 2 Satz 1 Nr. 1 AuslG) und bei der Vorbereitung einer Ausweisung (§ 57 Abs. 1 Satz 1 AuslG) eine vollziehbare Ausreisepflicht, geht der Abschiebungshaft keine aufenthaltsbeendende Maßnahme voraus, vgl. hierzu RENNER, GÜNTER a.a.O. (1998) (Fn. 223), § 42 Rn. 389).

224 REBMANN, MATTHIAS a.a.O. (Fn. 29), S. 73.

225 REBMANN, MATTHIAS a.a.O. (Fn. 29), S. 73.

Tatverdächtige, deren Verfahren nach Eröffnung durch das Gericht, beispielsweise gem. § 153a StPO bei der Erfüllung von Auflagen und Weisungen, eingestellt worden ist[226].

Auch wenn die Strafverfolgungsstatistik nur in eingeschränktem Maße[227] Aufschluß über die Ausländerkriminalität geben kann, soll sie bei der Analyse der Ausländerkriminalität Berücksichtigung finden, um die Behauptung überprüfen zu können, daß die Tatverdächtigenzahlen der Nichtdeutschen aufgrund einer verschärften Kontrolle durch die Bevölkerung und Polizei künstlich erhöht[228] und durch die Selektionsinstanzen Staatsanwaltschaft und Gericht schließlich wieder korrigiert würden[229].

---

226 SCHWIND, HANS-DIETER a.a.O. (2001) (Fn. 32), S. 21, § 2 Rn. 10.
Nicht erfaßt werden die von der Staatsanwaltschaft eingestellten Fälle, beispielsweise weil der Täter unbekannt geblieben ist, vgl. SCHWIND, HANS-DIETER a.a.O. (2001) (Fn. 32), S. 21, § 2 Rn. 10: Die Fälle, in denen der Täter unbekannt geblieben ist, bilden immerhin mehr als die Hälfte aller in der PKS aufgeführten Fälle, so daß die Strafverfolgungsstatistik in bezug auf die Kriminalitätsentwicklung eine noch unsicherere Grundlage als die PKS bietet. Hierbei ist jedoch zu beachten, daß diese Vorgänge (unbekannter Täter) nicht zu einer Erhöhung der registrierten Ausländerkriminalität führen, da bei einem unbekannten Täter auch nicht dessen Nationalität festgestellt werden kann.

227 Ein Nachteil der Strafverfolgungsstatistik besteht darin, daß die Abgeurteilten bei in Tateinheit oder Tatmehrheit begangenen Delikten lediglich mit der Straftat erfaßt werden, für die die höchste Strafandrohung besteht (vgl. REBMANN, MATTHIAS a.a.O. (Fn. 29), S. 74; SCHWIND, HANS-DIETER a.a.O. (2001) (Fn. 32), S. 21 f, § 2 Rn. 11). Je geringer die Strafandrohung ist, um so eher führt dieser ‚künstliche Zählverlust' zu ungenauen Ergebnissen (KREUZER, ARTHUR: Anstieg der Jugendkriminalität – ein Mythos? Kritische Auseinandersetzung mit der Untersuchung „Jugendkriminalität im Zerrbild der Statistik". In: Kriminalistik , Jg. 34, Heft 2, 1980, S. 67, (71): Dies mache sich auch bei der wachsenden Zahl von Verwahrlosungs-, Rauschmittel-, Serien- und Intensivtätern bemerkbar). Einen Vergleich der PKS mit der Verurteiltenstatistik steht entgegen, daß „sich der Erfassungszeitraum verschiebt, da nicht alle Tatverdächtigen im selben Jahr abgeurteilt werden" (SCHÖCH, HEINZ / GEBAUER, MICHAEL: Ausländerkriminalität in der Bundesrepublik Deutschland, Baden-Baden 1991, S. 43), sich die Erfassungsgrundsätze unterscheiden und der einzelne eine andere strafrechtliche Beurteilung erfahren kann (BKA (Hrsg.), PKS a.a.O. (2001) (Fn. 49), S. 9). Bis zum Abschluß eines rechtskräftigen Verfahrens kann ein erheblicher Unterschied zwischen dem Anteil der Tatverdächtigen in der PKS und der Strafverfolgungsstatistik eintreten, der jedoch nicht ausschließlich auf einer abweichenden Beurteilung des Vorganges durch die Staatsanwaltschaft und das Gericht beruht, sondern in vielen Fällen auf einen Sanktionsverzicht durch Einstellung des Verfahrens gem. §§ 153 ff. StPO oder § 45 JGG zurückzuführen ist (REBMANN, MATTHIAS a.a.O. (Fn. 29), S. 74). Bei etwa der Hälfte der Fälle wird das Verfahren eingestellt, bei bestimmten Delikten sowie im Bereich des Jugendstrafrechts liegt dieser Anteil noch höher (KERNER, HANS-JÜRGEN: Kriminalstatistik. In: Kaiser, Günther / Kerner, Hans-Jürgen / Sack, Fritz / Schellhoss, Hartmut (Hrsg.): Kleines Kriminologisches Wörterbuch. 3. Aufl., Heidelberg 1993, S. 294, (300)). Die PKS spiegelt wegen ihrer größeren Tatnähe und ihrer geringeren Verzerrung aufgrund von Ausfilterungsprozessen am genauestens die Kriminalitätsbelastung wieder (REBMANN, MATTHIAS a.a.O. (Fn. 29), S. 74).

228 MANSEL, JÜRGEN: Die Selektion innerhalb der Organe der Strafrechtspflege am Beispiel von jungen Deutschen, Türken und Italienern. Eine empirische Untersuchung zur Kriminalisierung durch formelle Kontrollorgane. Diss. Frankfurt a. M., Bern, NewYork, Paris 1989, S. 253 ff., S. 261 ff.; GEIßLER, RAINER / MARIßEN, NORBERT: Kriminalität und Kriminalisierung junger

Bei der Betrachtung der Strafverfolgungsstatistik ergibt sich für die ausländische Population in Nordrhein-Westfalen[230] ein fast gleich hoher Wert wie bei den Tatverdächtigen nach der PKS: Von den 1999 insgesamt 133.849 nach dem StGB[231] Verurteilten waren 35.100[232] Personen und somit ein Anteil von 26,2 % Nichtdeutsche.

Ist die Anzahl der Abgeurteilten und Verurteilten niedriger als die Anzahl der Tatverdächtigen bei der Polizei, liegt ein sog. „Täterschwund" vor. Dieser war über einen langen Zeitraum bei den nichtdeutschen Tatverdächtigen wesentlich höher als bei den deutschen Tatverdächtigen[233], so daß für nichtdeutsche Tatverdächtige von einer geringeren Verurteilungswahrscheinlichkeit ausgegangen wurde[234].

MANSEL[235] *hat bei einem Vergleich der Tatverdächtigenbelastungszahlen von 14- bis unter 21jährigen männlichen Deutschen, Türken und Italienern mit den Verurteilungsziffern*[236] *dieser Gruppen im Berichtsjahr 1981 in fünf*[237] *Bundesländern festgestellt, daß*

Ausländer. Die tickende soziale Zeitbombe – ein Artefakt der Kriminalstatistik. In: KZfSS, Jg. 42, Heft 4, 1990, S. 663, (665).

229 VILLMOW, BERNHARD a.a.O. (1993) (Fn. 50), S. 39, (46).

230 Im Bundesgebiet betrug im Jahr 1999 der Anteil der Nichtdeutschen an allen Verurteilten (ohne Straftaten im Straßenverkehr) 29,0 %, vgl. STATISTISCHES BUNDESAMT (Hrsg.): Rechtspflege, Fachserie 10, Reihe 3, Strafverfolgung 1999, Wiesbaden 2001a, S. 83, eigene Berechnung.

231 Straftaten nach dem StGB ohne solche im Straßenverkehr.

232 STATISTISCHES BUNDESAMT (Hrsg.) a.a.O. (2001a) (Fn. 230), S. 15.

233 DONNER / OHDER / WESCHKE stellten bei ihrer Untersuchung aus dem Jahr 1981 fest, daß Ende der siebziger Jahre in der PKS für West-Berlin bei einigen Delikten und Altersgruppen eine starke Zunahme der Anzahl ausländischer Tatverdächtiger zu verzeichnen war, die Strafverfolgungsstatistik jedoch keine entsprechend hohe Zunahme der ausländischen Verurteilten aufwies. Die Annahme, daß eine höhere staatsanwaltschaftliche Einstellungspraxis bei jungen Ausländern gegenüber jungen Deutschen für dieses Ergebnis ursächlich sei, bestätigte sich bei einer Durchsicht der staatsanwaltschaftlichen Akten nicht: Das Verfahren wurde bei beiden Gruppen etwa gleich häufig in über der Hälfte der Fälle eingestellt. Die Einstellungsrate betrug bei den jugendlichen Ausländern 65,2 %, bei den jugendlichen Deutschen 62,4 %. Bei den heranwachsenden Nichtdeutschen war die Einstellungsrate mit 71,1 % etwas höher als bei den Deutschen mit 62,8 %, vgl. DONNER, OLAF / OHDER, CLAUDIUS / WESCHKE, EUGEN a.a.O. (Fn. 113), S. 43, (91), (97).
SCHÜLER-SPRINGORUM gelangte bei einer Gegenüberstellung der ermittelten Tatverdächtigen aus dem Jahr 1979 und der Verurteilten aus dem Jahr 1980 zu dem Ergebnis, daß die Verurteilungsquoten für Körperverletzung und Vergewaltigung bei den Deutschen etwa 25 %, bei den Nichtdeutschen aber lediglich ca. 15 % betragen haben. Das Verurteilungsrisiko für diese beiden Deliktsbereiche war für die Nichtdeutschen folglich als geringer anzusehen, vgl. SCHÜLER-SPRINGORUM, Horst: Ausländerkriminalität. Ursachen, Umfang und Entwicklung. In: NStZ, Jg. 3, Heft 12, 1983, S. 529, (353). Vgl. auch WALTER, MICHAEL a.a.O. (1987) (Fn: 43), S. 60, (72).

234 SCHNEIDER, HANS-JOACHIM: Ausländer als Täter und Opfer. In: Schlüchter, Ellen (Hrsg.): Kriminalistik und Strafrecht. Festschrift für Friedrich Geerds zum 70. Geburtstag am 29.08.1995. Lübeck 1995, S. 199, (202); REBMANN, MATTHIAS a.a.O. (Fn. 29), S. 207.

235 MANSEL, JÜRGEN: Die Disziplinierung der Gastarbeiternachkommen durch Organe der Strafrechtspflege. In: Zeitschrift für Soziologie, Jg. 17, Heft 5, 1988c, S. 349, (355 ff.).

236 Straftaten nach dem StGB ohne Straßenverkehrsdelikte.

237 Hamburg, Niedersachsen, Nordrhein-Westfalen, Saarland und Schleswig-Holstein.

ein wesentlich geringerer Anteil junger Türken (28,5 %) und junger Italiener (31,7 %) verurteilt wurde als junger Deutscher (38,4 %). Allerdings fand eine wesentlich höhere Abstufung bereits auf der vorgeschalteten Ebene der Anklageerhebung statt. Gegen 63,8 %[238] *der 14- bis 21jährigen deutschen Tatverdächtigen wurde Anklage erhoben, jedoch nur gegen etwa 50 %*[239] *der türkischen Tatverdächtigen, bei den Italienern lag der Anteil sogar unter 50 %*[240]. MANSEL[241] *führt den „Täterschwund" bei den jungen ausländischen Tatverdächtigen gegenüber den Verurteilten auf eine häufigere Einstellung des Verfahrens durch die Staatsanwaltschaft zurück.*

Im Jahr 1989 veröffentlichte MANSEL[242] *eine gleich angelegte Untersuchung, die sich auf das Saarland bezog und in der die Tatverdächtigenbelastungszahlen mit den Abgeurteilten- und Verurteiltenziffern*[243] *des Zeitraums von 1977 bis 1979 und von 1981 bis 1983 der 14- bis unter 21jährigen Deutschen, Türken und Italienern verglichen wurden. Das Ergebnis aus der von* MANSEL *zuvor durchgeführten Untersuchung wurde bestätigt. Anteilig doppelt so viele junge Deutsche (39,5 %) wie junge Türken (17,2 %) sind verurteilt worden*[244].

---

238 MANSEL, JÜRGEN a.a.O. (1988c) (Fn. 235), S. 349, (356).

239 MANSEL, JÜRGEN a.a.O. (1988c) (Fn. 235), S. 349, (356).

240 MANSEL, JÜRGEN a.a.O. (1988c) (Fn. 235), S. 349, (356).

241 MANSEL, JÜRGEN a.a.O. (1988c) (Fn. 235), S. 349, (357).

242 MANSEL, JÜRGEN a.a.O. (1989) (Fn. 228), S. 156.

243 Straftaten nach dem StGB ohne Straßenverkehrsdelikte.

244 MANSEL, JÜRGEN a.a.O. (1989) (Fn. 228), S. 155 ff.: Bei den jungen Italienern war mit einer Verurteilungsrate von 30,1 % der Unterschied zu den Deutschen nicht so groß.
Auch GEIßLER / MARIßEN gelangten zu ähnlichen Ergebnissen, als sie die Selektion durch die Staatsanwaltschaft bei den 14- bis 20jährigen Tatverdächtigen in Stuttgart im Jahr 1988 anhand unveröffentlichter Zahlen der Landespolizeidirektion Stuttgart II und der Jugendgerichtshilfe Stuttgart untersuchten. Sie stellten fest, daß lediglich gegen 38 % der ausländischen Tatverdächtigen, aber 54 % der deutschen Tatverdächtigen gleichen Alters Anklage erhoben wurde, so daß die Mehrbelastung der jungen tatverdächtigen Nichtdeutschen im Vergleich zu der Zahl der deutschen Tatverdächtigen im Laufe des Strafverfahrens erheblich zurückging, vgl. GEIßLER, RAINER / MARIßEN, NORBERT a.a.O. (Fn. 228), S. 663, (673).
Auch PFEIFFER / SCHÖCKEL kamen in ihrem Gutachten „Gewaltkriminalität und Strafverfolgung" zu einer deutlich niedrigeren Anklage- und Verurteilungsrate der jungen Ausländer gegenüber den jungen Deutschen, indem sie die Tatverdächtigen-, Abgeurteilten- und Verurteiltenziffern des Jahres 1986 von Deutschen und Ausländern für einzelne Deliktsgruppen, insbesondere im Bereich der Gewaltkriminalität gegenüber stellten. Ziel der Untersuchung war die Erfassung von Unterschieden im Anklage- und Verurteilungsrisiko von Deutschen und Nichtdeutschen. Von den 14- bis 21jährigen ausländischen Tatverdächtigen wurden 35,5 % wegen eines Gewaltdeliktes angeklagt und 24,3 % verurteilt. Die deutsche Vergleichsgruppe wies eine deutlich höhere Anklagerate von 49,1 % und eine ebenfalls wesentlich höhere Verurteilungsrate von 35,0 % auf. Bei den deutschen Tatverdächtigen wurde demzufolge jeder Dritte verurteilt, bei den Ausländern jeder Vierte, vgl. PFEIFFER, CHRISTIAN / SCHÖCKEL, BIRGITT: Gewaltkriminalität und Strafverfolgung. In: Schwind, Hans-Dieter / Baumann, Jürgen / Lösel, Friedrich u.a. (Hrsg.): Ursachen, Prävention und Kontrolle von Gewalt. Analysen und Vorschläge der Unabhängigen Regierungskommission zur Verhinderung und Bekämpfung von Gewalt (Gewaltkommission). Bd. 3: Sondergutachten. Berlin 1990, S. 397, (422 f).
Auch KUBINK hat bei einem Vergleich der PKS für das Berichtsjahr 1988 mit der Strafverfolgungsstatistik für 1988 bei den ausländischen Tatverdächtigen ein deutlich niedrigeres Verurteilungsrisiko gegenüber den deutschen Tatverdächtigen festgestellt. Die Nichtdeutschen stellten einen Anteil von 21,8 % an den Tatverdächtigen, aber lediglich einen Anteil von 14,7 %

Als mögliche Erkärung für die in den achtziger Jahren erkennbaren Differenzen zwischen der Veruteilungswahrscheinlichkeit von jungen Ausländern und jungen Deutschen wurde von MANSEL[245] *auf eine gegenüber Ausländern erhöhte Anzeige- und Kontrollbereitschaft der Bevölkerung und auf eine erhöhte Ermittlungstätigkeit der Polizei hingewiesen*[246].

Praktiker führen die geringere Verurteilungswahrscheinlichkeit von Nichtdeutschen primär auf eine Reihe polizeilicher Ermittlungsschwierigkeiten sowie auf spezielle Schwierigkeiten im staatsanwaltschaftlichen bzw. gerichtlichen Verfahren zurück:

- *Polizeiliche Ermittlungsschwierigkeiten aufgrund der unterschiedlichen Kultur, Religion, Moral- und Wertvorstellungen, divergierenden Rechtsauffassungen*[247],
- *Sprach- und Dolmetscherprobleme*[248],
- *Geringere Geständnisbereichtschaft*[249],
- *Beweisprobleme*[250],
- *Geringere Kooperationsbereichtschaft bei nichtdeutschen Zeugen*[251],
- *Nichtdeutsche Beschuldigte setzten sich häufig ins Ausland ab*[252],

---

an den Verurteilten. Besonders auffällig war der Unterschied zwischen dem Anteil der Ausländer an den Tatverdächtigen und den Verurteilten bei der Urkundenfälschung (+ 16,8 %), der Vergewaltigung (+ 6,0 %) und dem Betrug (+ 6,6 %), vgl. KUBINK, MICHAEL a.a.O. (Fn. 50), S. 54.

245 MANSEL, JÜRGEN: Schweigsame „kriminelle" Ausländer. In: KZfSS, Jg. 46, Heft 2, 1994, S. 299, (302).

246 Auch bei Bagatellstraftaten würde die Polizei eher die Ermittlungen gegen einen nichtdeutschen Tatverdächtigen aufnehmen, während gegenüber deutschen Tatverdächtigen nach dem Opportunitätsprinzip vorgegangen und keine Ermittlungen eingeleitet würden. Dies habe zur Folge, daß die Staatsanwaltschaft die Strafverfahren gegen junge Ausländer wegen des Bagatellcharakters in hohem Maße wieder einstelle. Vgl. MANSEL, JÜRGEN a.a.O. (1989) (Fn. 228), S. 286 f.

247 SIELAFF, WOLFGANG: Inzwischen fast jeder Fünfte... Praktische Schwierigkeiten bei Ermittlungen gegen ausländische Tatverdächtige. In: Kriminalistik, Jg. 42, Heft 12, 1988, S. 641, (642 ff.).

248 HARTUNG, HANS-JOACHIM: Die wichtigsten relativierenden Faktoren zur statistisch registrierten Kriminalität von Ausländern/Nichtdeutschen. In: Der Kriminalist, Jg. 28, Heft 2, 1996, S. 55, (58); PICK, ALEXANDER: Reduktion des Tatvorwurfs bei nichtdeutschen Beschuldigten. In: Kriminalistik, Jg. 48, Heft 10, 1994, S. 617, (619); REICHERTZ, JO / SCHRÖER, NORBERT: Beschuldigtennationalität und polizeiliche Ermittlungspraxis. In: KZfSS, Jg. 45, Heft 4, 1993, S. 755, (769); vgl. auch KOPP, THOMAS: Nichtdeutsche Angeklagte im deutschen Strafverfahren. Ihr Schutz im Normal-, Kolonial- und Militärzustand seit der Reichsgründung 1871. Diss. Baden-Baden 1997, S. 268 f; KEMPF, EBERHARD: Die fremde Sprache des Beschuldigten als strafprozessuale Aufgabe und Lösung. In: Wolf, Gerhard (Hrsg.): Kriminalität im Grenzgebiet. Bd. 3: Ausländer vor deutschen Gerichten. Berlin, Heidelberg, New York u. a. 2000, S. 247 ff. m.w.N.

249 SCHWIND, HANS-DIETER a.a.O. (2001) (Fn. 32), S. 465, § 23 Rn. 35.

250 REBMANN, MATTHIAS a.a.O. (Fn. 29), S. 222.

251 PICK, ALEXANDER a.a.O. (Fn. 248), S. 617, (618 f); SCHWIND, HANS-DIETER a.a.O. (2001) (Fn. 32), S. 465, § 23 Rn. 35.

252 KERNER, STEFAN R. a.a.O. (Fn. 172), S. 105, (107); PICK, ALEXANDER a.a.O. (Fn. 248), S. 617, (618 f); SCHWIND, HANS-DIETER a.a.O. (2001) (Fn. 32), S. 465, § 23 Rn. 35.

- *Bei Tat- und Täterbezügen, die ins Ausland reichen, zeitraubender internationaler Rechtshilfeverkehr*[253],
- *Absehen von der Erhebung der öffentlichen Klage bei einem ausländischen Beschuldigten nach § 154b Abs. 3 StPO zugunsten eines verwaltungsgerichtlichen Verfahrens, dessen Ziel die Ausweisung des Beschuldigten aus dem Geltungsbereich der StPO ist*[254],
- *Vollstreckungsverzichte im Hinblick auf Ausreise oder Ausweisung gem. § 456 StPO*[255].

Schließlich haben auch REICHERTZ / SCHRÖER[256] anhand der von ihnen für das Jahr 1989 erstellten, bundesweiten[257] und deliktsübergreifenden Statitstik[258], festgestellt, daß bei den ausländischen Tatverdächtigen nur 35,8 %[259] (bei den Deutschen 51,3 %[260]) angeklagt und 22,3 %[261] (bei den Deutschen 32,4 %[262]) verurteilt wurden. Weiter stellten REICHERTZ / SCHRÖER[263] fest, daß die Verurteilungsquote der Angeklagten bei beiden Gruppen fast übereinstimmte, sie betrug bei den Deutschen 63,1 %[264] und bei den Ausländern 62,4 %[265]. Aus diesen Daten haben die Autoren den Schluß gezogen, daß, anders als von MANSEL[266] behauptet, zum einen das Aburteilungs- und Verurteilungsrisiko der deutschen Tatverdächtigen höher sei als das der Ausländer[267] und daß die Staatsanwaltschaft die selektionsentscheidende Instanz sei, da die größte Aussortierung bereits von der Tatverdächtigen- zur Abgeurteiltenzahl stattfinde[268].

---

253 PICK, ALEXANDER a.a.O. (Fn. 248), S. 617, (619 f).

254 SCHWIND, HANS-DIETER a.a.O. (2001) (Fn. 32), S. 465, § 23 Rn. 35; PICK, ALEXANDER a.a.O. (Fn. 248), S. 617, (621); REBMANN, MATTHIAS a.a.O. (Fn. 29), S. 223; DANNENFELDT, EVA: Weitere strafrechtliche und -prozessuale Probleme von ausländischen Beschuldigten vor deutschen Gerichten. In: Wolf, Gerhard (Hrsg.): Kriminalität im Grenzgebiet. Bd. 3: Ausländer vor deutschen Gerichten. Berlin, Heidelberg, New York u. a. 2000, S. 255, (256). Vgl. aber auch einschränkend VILLMOW, BERNHARD a.a.O. (1995) (Fn. 113), S. 155, (160), der darauf hinweist, daß aus den Arbeitsunterlagen der Staatsanwaltschaften zu entnehmen sei, daß 1990 lediglich 0,27 % und 1991 0,28 % der Einstellungen gem. § 154b Abs. 1 bis 3 StPO erfolgt seien. Dies läßt den Schluß zu, daß angesichts hunderttausender ausländischer Tatverdächtiger die Möglichkeit der Verfahrenseinstellung gem. § 154b Abs. 3 StPO nur einen geringen Teil des Schwundes von den ausländischen Tatverdächtigen zu den ausländischen Verurteilten zu erklären vermag.

255 SCHWIND, HANS-DIETER a.a.O. (2001) (Fn. 32), S. 465, § 23 Rn. 35.

256 REICHERTZ, JO / SCHRÖER, NORBERT a.a.O. (Fn. 248), S. 755, (759).

257 Früheres Bundesgebiet ohne Bremen.

258 Diese enthielt Angaben zu der Zahl der tatverdächtigen, abgeurteilten und verurteilten jugendlichen und heranwachsenden Deutschen und Nichtdeutschen.

259 REICHERTZ, JO / SCHRÖER, NORBERT a.a.O. (Fn. 248), S. 755, (759).

260 REICHERTZ, JO / SCHRÖER, NORBERT a.a.O. (Fn. 248), S. 755, (759).

261 REICHERTZ, JO / SCHRÖER, NORBERT a.a.O. (Fn. 248), S. 755, (759).

262 REICHERTZ, JO / SCHRÖER, NORBERT a.a.O. (Fn. 248), S. 755, (759).

263 REICHERTZ, JO / SCHRÖER, NORBERT a.a.O. (Fn. 248), S. 755, (760).

264 REICHERTZ, JO / SCHRÖER, NORBERT a.a.O. (Fn. 248), S. 755, (760).

265 REICHERTZ, JO / SCHRÖER, NORBERT a.a.O. (Fn. 248), S. 755, (760).

266 MANSEL, JÜRGEN a.a.O. (1988c) (Fn. 235), S. 349, (355 ff.).

267 REICHERTZ, JO / SCHRÖER, NORBERT a.a.O. (Fn. 248), S. 755, (760).

268 REICHERTZ, JO / SCHRÖER, NORBERT a.a.O. (Fn. 248), S. 755, (760).

Neuere Untersuchungen deuten auf einen gegenläufigen Trend in der Entwicklung des Verurteilungsrisikos bei Deutschen und Ausländern hin. So hat STEFFEN[269] in ihrer auf Bayern bezogenen Untersuchung festgestellt, daß das Verurteilungsrisiko[270] von ausländischen Tatverdächtigen in Bayern von 1983 bis 1992 erheblich zugenommen hat[271].
Auch REBMANN[272] ist bei der Gegenüberstellung der ausländischen und deutschen Tatverdächtigen- und der Verurteiltenzahlen[273] der Berichtsjahre 1986 bis 1995 zu dem Ergebnis gelangt, daß die Nichtdeutschen bis zu Beginn der neunziger Jahre bei den Verurteilten anteilsmäßig weniger stark vertreten gewesen sind als bei den Tatverdächtigen, daß sich dieser Trend dann jedoch ab 1993 umgekehrt habe und die jugendlichen Ausländer seit 1993, die erwachsenen Ausländer seit 1994 sogar höhere Anteile an Verurteilten als an Tatverdächtigen aufweisen[274].

Das Verurteilungsrisiko nichtdeutscher Tatverdächtiger in Nordrhein-Westfalen[275] ist, wie aus der nachfolgenden *Tabelle 7* hervorgeht, seit 1993 kontinuierlich angestiegen.

---

269 STEFFEN, WIEBKE a.a.O. (1995b) (Fn. 94), S. 133, (151 f).

270 Straftaten im Straßenverkehr und ausländerrechtliche Verstöße wurden nicht berücksichtigt.

271 Während die Verurteilungsquote der Ausländern von 38,2 % (1983) auf 41,6 % (1992) anstieg, ist die Verurteiltenquote der Deutschen von 38,8 % (1983) auf 33,4 % (1992) zurückgegangen. Die Anteile der Ausländer an den Tatverdächtigen und an den Verurteilten sei im Vergleichzeitraum erheblich gestiegen. Mit Ausnahme der 18- bis 20jährigen habe im Jahr 1992 der Anteil der Ausländer an den Verurteilten mit 33,7 % über ihrem Anteil an den Tatverdächtigen mit 29 % gelegen. Das Verurteilungsrisiko ausländischer Tatverdächtiger habe sich somit vor allem für die 18- bis 24jährigen erhöht, also für die Altersgruppe, die von der „Wende" in der Ausländerkriminalität durch die Grenzöffnung zu den osteuropäischen Ländern am stärksten betroffen sei. Nach STEFFEN scheint die „importierte Kriminalität" von der bayerischen Justiz in höherem Maße geahndet zu werden als die „hausgemachte Kriminalität" der (vermutlich) schon seit längerem in Bayern lebenden und integrierten jungen Nichtdeutschen. Aufgrund dieser Erkenntnisse gelangt STEFFEN zu dem Schluß, daß die Strafverfolgungsstatistik den Eindruck aus der Analyse der polizeistatistischen Daten bestätige: das „Ermittlungs- wie Verurteilungsrisiko haben viel mit – vermuteter oder tatsächlicher – Integration zu tun und wenig mit ausländerspezifischer Selektion oder Stigmatisierung", vgl. STEFFEN, WIEBKE a.a.O. (1995b) (Fn. 94), S. 133, (152);); vgl. auch STEFFEN, WIEBKE: Ausländerkriminalität. Notwendige Differenzierungen. In: Rennele, Wolf-Dieter (Hrsg.): Brennpunkt Kriminalität. München 1996, S. 68, (91) und STEFFEN, WIEBKE: Problemfall „Ausländerkriminalität". In: Albrecht, Hans-Jörg / Dünkel, Frieder / Kerner, Hans-Jürgen et al.: Internationale Perspektiven in Kriminologie und Strafrecht. Festschrift für Günther Kaiser zum 70. Geburtstag am 27. Dezember 1998. 1. Halbband, Berlin 1998, S. 663, (677).

272 REBMANN, MATTHIAS a.a.O. (Fn. 29), S. 214 ff.

273 Jeweils ohne Straftaten im Straßenverkehr.

274 REBMANN, MATTHIAS a.a.O. (Fn. 29), S. 214 f, S. 217.

275 Im Bundesgebiet bestätigt ein Vergleich der Tatverdächtigenzahlen der PKS mit den Verurteiltenzahlen der Strafverfolgungsstatistik (bezogen auf den Zeitraum von 1985 bis 1999) die Ergebnisse von STEFFEN und REBMANN. Seit Beginn der neunziger Jahre hat das Verurteilungsrisiko der ausländischen Tatverdächtigen zugenommen von 13,6 % (1985) auf 34,4 % (1993). Der Anteil der ausländischen Verurteilten lag in den Jahren 1994 bis 1997 sogar über ihrem Anteil an den Tatverdächtigen und im Jahr 1999 um lediglich 0,5 % unter ihrem Anteil an den Tatverdächtigen, vgl. BKA (Hrsg.), PKS a.a.O. (2000) (Fn. 49), S. 105 und STATISTISCHES BUNDESAMT (Hrsg.) a.a.O. (2001a) (Fn. 230), S. 83, eigene Berechnungen.

Allerdings lag lediglich im Jahr 1998 der Anteil der verurteilten Nichtdeutschen um 0,4 % über ihrem Anteil an den nichtdeutschen Tatverdächtigen. Im Berichtsjahr 1999 haben sich die Werte nahezu angeglichen. Der Anteil an allen nichtdeutschen Verurteilten war in Nordrhein-Westfalen mit 26,2 % um 0,4 % niedriger als der Tatverdächtigenanteil von 26,6 %, vgl. *Tabelle 7*.

Tabelle 7: **Vergleich der PKS-Zahlen mit den Zahlen aus der Strafverfolgungsstatistik in Nordhein-Westfalen**

Jahr**	Tatverdächtige Ausländer* absolut	in %	Verurteilte Ausländer* absolut	in %	Differenz zw. tatverdächt. und verurt. Ausländern in %
1993	121.807	31,4	36.473	27,8	- 3,6
1994	106.682	27,6	34.994	27,2	- 0,4
1995	109.193	27,4	33.652	26,3	- 1,1
1996	115.422	27,8	35.604	27,1	- 0,7
1997	119.577	28,0	36.827	27,5	- 0,5
1998	117.273	26,6	37.643	27,0	+ 0,4
1999***	116.430	26,6	35.100	26,2	- 0,4

* Einschließlich Staatenloser und Angehöriger der Stationierungsstreitkräfte. Die Straftaten, auf die sich die Tatverdächtigenzahlen beziehen, sind solche ohne Delikte im Straßenverkehr.

** Seit 1993 werden die verurteilten Ausländer in der Strafverfolgungsstatistik für Nordrhein-Westfalen getrennt von den Deutschen ausgewiesen.

*** Die Strafverfolgungsstatistik für das Berichtsjahr 1999 ist im Februar 2001 veröffentlicht worden; Zahlen für das Jahr 2000 werden erst zu Beginn des Jahres 2002 vorliegen.

Quellen: LKA NRW (Hrsg.), PKS NRW, Düsseldorf 1986, 1991, 1994-2000, STATISTISCHES BUNDESAMT (Hrsg.): Rechtspflege. Fachserie 10. Reihe 3, Strafverfolgung, Wiesbaden 1986, 1991, 1994-2001, S. 14 f., eigene Berechnungen.

In Nordrhein-Westfalen[276] ist der Anteil der verurteilten Nichtdeutschen an den tatverdächtigen Nichtdeutschen in dem Zeitraum von 1993 (29,9 %) bis 1999 (30,1 %) fast konstant geblieben[277]. Demgegenüber ist der Anteil der verurteilten Deutschen an den tatverdächtigen Deutschen von 35,5 % (1993) auf 30,8 % (1999) zurückgegangen

[276] Im Bundesgebiet ist der Anteil der Verurteilten an den Tatverdächtigen in dem Zeitraum von 1993 bis 1999 sowohl bei den Deutschen als auch bei den Nichtdeutschen nahezu konstant geblieben: Bei den Deutschen betrug er 30,5 % (1993) und 30,6 % (1999), bei den Nichtdeutschen 28,2 % (1993) und 29,8 % (1999). Im Berichtsjahr 1999 liegen die Werte ebenso wie auf Landesebene in Nordrhein-Westfalen bei rund 30 %, vgl. BKA (Hrsg.), PKS, Wiesbaden 1994-2000, S. 106 und STATISTISCHES BUNDESAMT (Hrsg.) a.a.O. (2001a) (Fn. 230), S. 83, eigene Berechnungen.

[277] LKA NRW (Hrsg.), PKS NRW, Düsseldorf 1994-2000 und STATISTISCHES BUNDESAMT (Hrsg.) a.a.O. (2001a) (Fn. 230), S. 14 f, eigene Berechnungen.

ist[278]. Im Jahr 1999 betrug in Nordrhein-Westfalen sowohl bei den deutschen als auch bei den nichtdeutschen Tatverdächtigen die Verurteiltenziffer rund 30 %. Von einer erhöhten Verurteilungswahrscheinlichkeit nichtdeutscher Tatverdächtiger kann somit auf Landesebene in Nordrhein-Westfalen nicht ausgegangen werden.

Aufgrund der zahlreichen genannten Ermittlungsschwierigkeiten[279], mit denen die Polizei bei ausländischen Tatverdächtigen konfrontiert wird, überrascht der geringe Täterschwund von 0,4 % (1999) und die nahezu gleich hohe Verurteilungswahrscheinlichkeit bei Deutschen und Nichtdeutschen.

III. Dunkelfeld

Das Dunkelfeld der Kriminaliät bezeichnet die Summe der Straftaten, die den Strafverfolgungsbehörden (Polizei und Justiz) nicht bekannt werden und deshalb in der Kriminalstatistik nicht erscheinen[280]. Wie bereits festgestellt, weist die ausländische Bevölkerung im Vergleich zur deutschen Bevölkerung nach der PKS eine kriminalstatistische Höherbelastung mit Tatverdächtigen auf. Fraglich ist, ob Nichtdeutsche auch im Dunkelfeld ebenso stark kriminalitätsbelastet sind wie im Hellfeld.

1. Delinquenzbelastung Nichtdeutscher aufgrund von Täterbefragungen

In neuerer Zeit haben sich mehrere Studien[281] mit der selbstberichteten Straffälligkeit von nichtdeutschen und deutschen Jugendlichen beschäftigt[282]. Die einzelnen Untersuchungen kommen zu unterschiedlichen Ergebnissen, stimmen jedoch in dem Punkt überein, daß eine ebenso signifikante Höherbelastung der jungen Ausländer

---

278 LKA NRW (Hrsg.), PKS NRW, Düsseldorf 1994-2000 und STATISTISCHES BUNDESAMT (Hrsg.) a.a.O. (2001a) (Fn. 230), S. 14 f, eigene Berechnungen. Ein sog. Täterschwund lag in diesem Zeitraum bei den tatverdächtigen gegenüber den verurteilten Nichtdeutschen in Nordrhein-Westfalen nicht vor.

279 Vgl. oben unter Teil A, Kapitel 2, II. 2.

280 SCHWIND, HANS-DIETER a.a.O. (2001) (Fn. 32), S. 29, § 2 Rn. 34.

281 SCHUMANN, KARL F. / BERLITZ, CLAUS / GUTH, HANS-WERNER / KAULITZKI, REINER: Jugendkriminalität und die Grenzen der Kriminalprävention, Neuwied, Darmstadt 1987, S. 70 ff.; MANSEL, JÜRGEN a.a.O. (1990) (Fn. 186), S. 47-65; KARGER, THOMAS / SUTTERER, PETER: Polizeilich registrierte Gewaltdelinquenz bei jungen Ausländern. In: MschrKrim, Jg. 73, Heft 6, 1990, S. 369, (370 ff.); HEITMEYER, WILHELM: Deutsche und ausländische Jugendliche. Zur Brisanz ethnisch-kultureller Gewaltpotentiale. In: Heitmeyer, Wilhelm / Collmann, Birgit / Conrads, Jutta et al. (Hrsg.): Gewalt. Schattenseiten der Individualisierung bei Jugendlichen aus unterschiedlichen Milieus. 3. Aufl., Weinheim, München 1998, S. 399, (400 ff.). Vgl. auch die Zusammenfassung bei REBMANN, MATTHIAS a.a.O. (Fn. 29), S. 201 ff.; PFEIFFER, CHRISTIAN / WETZELS, PETER a.a.O. (2000a) (Fn. 17).

282 Zu älteren Untersuchungen, die sich allerdings überwiegend nur am Rande mit dem Dunkelfeld der Ausländer- bzw. Gastarbeiterkriminalität beschäftigen, vgl. PITSELA, ANGELIKA: Straffälligkeit und Viktimisierung ausländischer Minderheiten in der Bundesrepublik Deutschland. Dargestellt am Beispiel der griechischen Bevölkerungsgruppe. Diss. Freiburg i. Br. 1986, S. 148 ff.

gegenüber gleichaltrigen Deutschen, wie aus den Kriminalstatistiken hervorgeht, bezogen auf das Dunkelfeld grundsätzlich nicht festgestellt werden konnte.
Die älteren Arbeiten, die in Anbetracht der relativ geringen Anzahl nichtdeutscher Befragter und der örtlichen Begrenzung mit Zurückhaltung interpretiert werden müssen, legen den Schluß nahe, daß zumindest im erfragten Bagatellbereich der Jugenddelinquenz die Belastung von Nichtdeutschen und Deutschen annähernd gleich hoch ist. Kritisch ist zu diesen Untersuchungen anzumerken, daß durch derartige Befragungen in erster Linie leichtere Delikte erhellt werden, während die Befragten Hemmungen haben dürften, schwerere Straftaten mitzuteilen[283]. Insoweit sind die Untersuchungen als nur eingeschränkt verwertbar zu betrachten, da die jungen Nichtdeutschen nach REBMANN[284] primär bei schwereren Delikten eine hohe Tatverdächtigenbelastung aufweisen. Hinzu kommt, daß sich, so KÜRZINGER[285], die Personen, die selbst kriminell auffällig geworden sind, seltener an Dunkelfelduntersuchungen beteiligen als andere Personen. Neben der Angst vor einer drohenden Ausweisung, die für eine größere Zurückhaltung ausländischer Jugendlicher bei diesen Untersuchungen ausschlaggebend sein könnte, spielen auch Verständigungsschwierigkeiten eine nicht zu unterschätzende Rolle bei der Erklärung der Untersuchungsergebnisse. SCHUMANN / BERLITZ / GUTH / KAULITZKI[286] vermuten, daß die jungen Nichtdeutschen durch die relativ komplizierten juristischen Abgrenzungen bei den Befragungen in deutscher Sprache überfordert seien oder daß die Befragungen in besonders hohem Maße Tendenzen der sozialen Erwünschtheit auslösen könnten. Während die jungen Nichtdeutschen, die bereits in der Zweiten oder Dritten Generation in der Bundesrepublik leben, zunehmend weniger Sprachprobleme aufweisen[287], können beispielsweise Asylbewerber und Kriegsflüchtlinge in derartige Befragungen nicht einbezogen werden[288]. Die an den Befragungen beteiligten ausländischen Jugendlichen, die über gute Kenntnisse der deutschen Sprache verfügen und in den meisten Fällen auch eine Schule besucht haben, seien in die Gesellschaft relativ gut integriert und wiesen aus diesem Grunde keine wesentliche oder auffällige Höherbelastung gegenüber gleichaltrigen Deutschen auf[289]. Abschließend läßt sich festhalten, daß die vorliegenden Studien zur selbstberichteten Straffälligkeit ausländischer Jugendlicher nur eine eingeschränkte Aussagekraft besitzen und daß durch sie die Hellfelderkenntnissse zur hohen Tatverdächtigenbelastung der nichtdeutschen Bevölkerung grundsätzlich nicht widerlegt werden können.

---

283 REBMANN, MATTHIAS a.a.O. (Fn. 29), S. 205.
284 REBMANN, MATTHIAS a.a.O. (Fn. 29), S. 119 f, 205.
285 KÜRZINGER, JOSEF a.a.O. (Fn. 41), S. 179, Rn. 260.
286 SCHUMANN, KARL F. / BERLITZ, CLAUS / GUTH, HANS-WERNER / KAULITZKI, REINER a.a.O. (Fn. 281), S. 72 f.
287 SEIFERT, WOLFGANG: Die zweite Ausländergeneration in der Bundesrepublik. Längsschnittbeobachtungen in der Berufseinstiegsphase. In: KZfSS, Jg. 44, Heft 4, 1992, S. 677, (682).
288 REBMANN, MATTHIAS a.a.O. (Fn. 29), S. 119 f, 205. Vgl. dazu auch JUNGER-TAS, JOSINE: Delinquency in thirteen western countries: Some preliminary conclusions. In: Junger-Tas, Josine / Terlouw, Gert-Jan / Klein, Malcolm W. (Hrsg.): Delinquent behavior among young people in the western world. First results of the international self-report delinquency study, Amsterdam, New York 1994, S. 370, (376 f).
289 REBMANN, MATTHIAS a.a.O. (Fn. 29), S. 267.

2. Gewaltkriminalität junger Türken aufgrund von Täterbefragungen

Im Folgenden wird auf die Gewaltkriminalität der jungen Türken, die im Mittelpunkt dieser Arbeit stehen, anhand einer jüngeren Untersuchung näher eingegangen. PFEIFFER / WETZELS[290] sind aufgrund von Täterbefragungen der Frage nachgegangen, ob junge Türken erheblich krimineller als junge Deutsche sind, indem sie im Jahr 1998 in neun deutschen Städten eine repräsentive Stichprobe von ca. 16.000 Schülerinnen und Schülern der 9. Schulklassen danach befragten, ob sie in den vorangegangenen Jahren Täter oder Opfer von Gewalttaten geworden seien. Durch die Schülerbefragung gelang es den Autoren das Dunkelfeld der Straftaten einzubeziehen. Die höchste Rate bei der Frage, wie oft sie im Verlauf der vorangegangenen zwölf Monate mindestens einmal andere beraubt, erpresst, massiv geschlagen oder mit einer Waffe bedroht hatten, wiesen die jungen Türken mit 34,2 %[291] auf, vgl. *Übersicht 2*, gefolgt von den Jugoslawen mit einer Täterrate von 29,2 %[292] und den eingebürgerten früheren Ausländern mit 25,7 %[293]. Die niedrigste Rate ergab sich bei den deutschen Jugendlichen mit 18,6 %[294]. Auch der mögliche Einwand, junge Türken würden bei ihrer selbstberichteten Delinquenz eventuell zu Übertreibungen neigen, kann dieses Ergebnis nicht in Frage stellen, denn die von PFEIFFER / WETZELS[295] ebenfalls gestellten Fragen zu Opfererfahrungen in Bezug auf Gewaltdelikte und der ethnischen Zugehörigkeit der Täter bestätigten die Daten zu der selbstberichteten Delinquenz. Von besonderem Interesse ist im Zusammenhang mit dieser Arbeit, die sich auf junge männliche Türken im Jugendstrafvollzug bezieht, der von PFEIFFER / WETZELS[296] ermittelte Anteil männlicher junger Türken, die in den letzten 12 Monaten vor der Befragung mindestens 10 Gewaltdelikte begangen haben.

Wie aus der nachfolgenden *Übersicht 2* hervorgeht, ist der prozentuale Anteil der männlichen türkischen Jugendlichen unter den massiven Gewalttätern mit 12,0 % dreieinhalb Mal so hoch wie unter den deutschen Jugendlichen (3,5 %), mehr als doppelt so hoch als bei den Aussiedlern und den eingebürgerten ehemaligen Ausländern und 50 % höher als bei den Jugoslawen und anderen Ausländern[297].

---

290 PFEIFFER, CHRISTIAN / WETZELS, PETER a.a.O. (2000a) (Fn. 17), S. 14.

291 PFEIFFER, CHRISTIAN / WETZELS, PETER a.a.O. (2000a) (Fn. 17), S. 14.

292 PFEIFFER, CHRISTIAN / WETZELS, PETER a.a.O. (2000a) (Fn. 17), S. 14.

293 PFEIFFER, CHRISTIAN / WETZELS, PETER a.a.O. (2000a) (Fn. 17), S. 15.

294 PFEIFFER, CHRISTIAN / WETZELS, PETER a.a.O. (2000a) (Fn. 17), S. 14.

295 PFEIFFER, CHRISTIAN / WETZELS, PETER a.a.O. (2000a) (Fn. 17), S. 15: Von den Befragten, die Opfer von Gewaltdelikten geworden waren, konnten 80 % Angaben zu der ethnischen Herkunft des Täters machen. Von diesen gaben 28,9 % an, der oder die Täter seien Türken gewesen. Auch unter den jungen Türken, die über Opfererfahrungen berichteten, nannten 26,9 % ihre Landsleute als Täter. Die Quote von nahezu 30 % ist etwa drei Mal so hoch wie der Anteil der türkischen Jugendlichen unter den befragten Schülern. Demgegenüber waren die einheimischen deutschen Jugendlichen nach den Angaben aller Opfer erheblich unterrepräsentiert.

296 PFEIFFER, CHRISTIAN / WETZELS, PETER a.a.O. (2000a) (Fn. 17), S. 20.

297 Vgl. *Übersicht 4*; PFEIFFER, CHRISTIAN / WETZELS, PETER a.a.O. (2000a) (Fn. 17), S. 20; sowie zu der Interpretation dieser Ergebnisse unter Teil A, Kapitel 4, II., 2 b).

Übersicht 2: **Aktives Gewalthandeln nach ethnischer Herkunft und Geschlecht**
(Täterraten für 10 und mehr Gewaltdelikte in den letzten 12 Monaten)

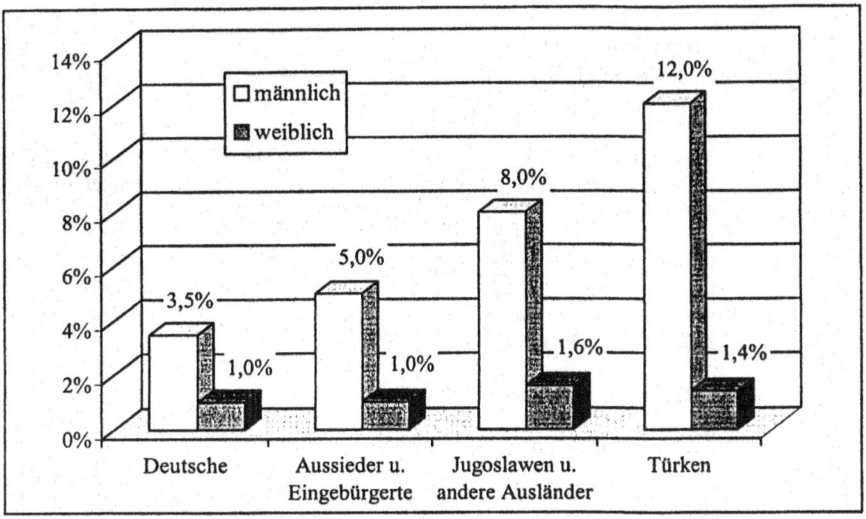

Quelle: PFEIFFER, CHRISTIAN / WETZELS, PETER: Junge Türken als Täter und Opfer von Gewalt. KFN-Forschungsberichte Nr. 81. Hannover 2000, S. 20.

Aufgrund dieser Untersuchungsergebnisse vermag es nicht zu überraschen, daß Ende Mai 1998 der Anteil der jungen Türken in den westdeutschen Jugendstrafanstalten 15 % betrug und damit fast drei Mal so hoch war wie der Bevölkerungsanteil der Türken in der entsprechenden Altersgruppe[298].

IV. Zusammenfassung

Zusammenfassend lassen sich folgende Ergebnisse zur Kriminalität nichtdeutscher, insbesondere türkischer Tatverdächtiger festhalten:

- Die Tatverdächtigenzahlen und – anteile der Nichtdeutschen in Nordrhein-Westfalen sind in der Vergangenheit kontinuierlich von 14,2 % (1985) auf 31,4 % (1993) angestiegen. Trotz eines Rückganges des Anteils ausländischer Tatverdächtiger in den Folgejahren, war im Berichtsjahr 2000 in Nordrhein-Westfalen noch mehr als jeder vierte Tatverdächtige (26,5 %) nichtdeutscher Staatsangehöriger.

- Auch wenn die Straftaten gegen das AuslG und das AsylVfG herausgerechnet werden, ist die ausländische Wohnbevölkerung höher mit Tatverdächtigen belastet als die deutsche, wobei insbesondere beim Taschendiebstahl (68,4 %), dem illegalen Glücksspiel (61,3 %),

[298] PFEIFFER, CHRISTIAN / WETZELS, PETER a.a.O. (2000a) (Fn. 17), S. 13.

bei Raubüberfällen auf Spielhallen (60,0 %), der Urkundenfälschung (44,8 %) und Raubdelikten (37,7 %) hohe Belastungen zu verzeichnen sind.

- Die Delinquenzbelastung der türkischen Tatverdächtigen lag in Nordrhein-Westfalen im Berichtsjahr 2000 um 92,1 % über ihrem Anteil an der Wohnbevölkerung. Zum Vergleich: Bei den Deutschen lag der Tatverdächtigenanteil um 17,0 % unter ihrem Anteil an der Wohnbevölkerung.

- Hohe Anteile bei den nichtdeutschen Tatverdächtigen weisen die Türken beim illegalen Glücksspiel (66,7 %), dem Landfriedensbruch (57,9 %), Körperverletzungsdelikten (42,8 %), Raubdelikten (37,9 %) und Rauschgiftdelikten (37,5 %) auf.

- Differenziert nach ihrer Aufenthaltsdauer in Deutschland, begehen in Bayern und Niedersachsen die türkischen Tatverdächtigen, die in Deutschland geboren wurden (28,0 % aller türkischen Tatverdächtigen), in hohem Maße Rauschgiftdelikte (43,3 %), Diebstähle (39,2 %) und Gewaltdelikte (37,6 %).

- Nach einer sehr umfangreichen Studie des Kriminologischen Forschungsinstitutes Niedersachsen sind die männlichen türkischen Jugendlichen mehr als drei Mal so oft Mehrfachtäter von Gewaltdelikten wie deutsche Jugendliche.

Anhand des Fragebogen der Untersuchungen sollen die Ergebnisse zur Deliktsstruktur, das Bestehen eines Zusammenhanges zwischen der Aufenthaltsdauer in Deutschland und der Begehung von Rauschgift- und Gewaltdelikten bei jungen Türken überprüft werden.

Kapitel 3: Erklärung der Ausländerkriminalität anhand ausgewählter Theorien

Nach einer kurzen Einführung in die Kriminalitätstheorien wird anhand ausgewählter Kriminalitätstheorien untersucht, weshalb eine hohe Anzahl junger Türken straffällig wird und im Jugendstrafvollzug einsitzt. Ob sich die sozialen und kulturellen Probleme, die für die Ausländerkriminalität ursächlich waren, auch im Jugendstrafvollzug fortsetzen und dort in noch verstärktem Maße auftreten, soll anhand der Untersuchung überprüft werden. Die Grundgedanken der erläuterten Kriminalitätstheorien finden in dem Fragebogen Berücksichtigung.

I. Allgemeines

Nicht nur KÜRZINGER[299] ist es mit keiner der bislang in der Kriminologie entwickelten Kausalerklärungen gelungen, „einen einzelnen Faktor als Ursache des Verbrechens zu nennen, der hinreichend und notwendig immer zur Kriminalität führt“[300].

---

[299] KÜRZINGER, JOSEF a.a.O. (Fn. 41), S. 91 f, Rn. 107.
[300] KÜRZINGER, JOSEF a.a.O. (Fn. 41), S. 91 f, Rn. 107.

In Anbetracht der bereits oben genannten zahlreichen Besonderheiten der verschiedenen Ausländergruppen hinsichtlich ihrer Nationalität, ihres Aufenthaltsstatus und ihrer sozialen Situation, erscheint es nahezu unmöglich, einen einheitlichen Erklärungsansatz für die Kriminalität aller Ausländergruppen zu finden[301]. Aus diesem Grunde mußte zunächst eine Differenzierung nach Ausländergruppen (Ausländer mit Wohnsitz in der Bundesrepublik, Gastarbeiter, Asylsuchenden, Touristen / Durchreisenden) erfolgen[302], um anschließend die Übertragbarkeit der einzelnen Kriminalitätstheorien bezogen auf eine spezielle Gruppe von Nichtdeutschen, den Türken der Zweiten und Dritten Generation, zu überprüfen.

In der Kriminologie ist es nicht ungewöhnlich, daß die Kriminalität einer ausgewählten Personengruppe gesondert untersucht wird. Ausgangspunkt für diese Überlegung ist, daß die speziellen persönlichen Merkmale, die den Mitgliedern der zu untersuchenden Gruppe anhaften, in direktem Zusammenhang mit der Kriminalitätsbegehung stehen. Da das einzige gemeinsame Merkmal aller Nichtdeutschen die fehlende deutsche Staatsangehörigkeit ist, die Nichtdeutschen im übrigen aber eine heterogene Gruppe bilden, stellen sie auch keine kriminologisch relevante Gruppe dar. Es kann also davon ausgegangen werden, daß zwischen dem Attribut „Ausländer" und krimineller Neigung höchstens eine Scheinkorrelation besteht[303]. Da nichts darauf hindeutet, daß das Fehlen der deutschen Staatsangehörigkeit sich unmittelbar auf die kriminelle Neigung eines Menschen auswirken könnte, macht es keinen Sinn, „Ausländerkriminalität" allgemein zu thematisieren[304]. Es spricht jedoch nichts gegen die Annahme, daß Angehörigen einer Untergruppe der Nichtdeutschen aufgrund gemeinsamer Merkmale eine kriminologisch relevante Gruppe bilden, deren Legalverhalten eine besondere Qualität besitzt[305]. Aus diesem Grunde ist es naheliegend, sich detailliert mit der Kriminalität einer speziellen, fest umrissenen Untergruppe zu befassen.

II. Theorien zur Ausländerkriminalität

1. Kulturkonflikttheorie

Die Kulturkonflikttheorie wird beschrieben, um die hohe Kriminalitätsbelastung junger Türken, die ursächlich für den hohen Anteil türkischer Insassen im Jugendstrafvollzug ist, zu erklären. Fragestellungen, die in Untersuchungen von

---

301 SCHÖCH, HEINZ / GEBAUER, MICHAEL a.a.O. (Fn. 227), S. 54 f.

302 NIGGLI, MARCEL ALEXANDER a.a.O. (Fn. 38), S. 147; SCHWIND, HANS-DIETER a.a.O. (2001) (Fn. 32), S. 453 f, § 23 Rn. 9.

303 WALTER, MICHAEL / KUBINK, MICHAEL a.a.O. (1993) (Fn. 43); , S. 309 ff.; WALTER, MICHAEL a.a.O. (1993) (Fn. 43), S. 347; WALTER, MICHAEL a.a.O. (1987) (Fn. 43), S. 60, (61); BUKOWSKI, ANNETTE a.a.O. (1998) (Fn. 9), S. 8.

304 BUKOWSKI, ANNETTE a.a.O. (1998) (Fn. 9), S. 9.

305 STÜWE, GERD a.a.O. (1991) (Fn. 44), S. 107, (113); THIELE, ULF a.a.O. (Fn. 44), S. 186, (187); WALTER, MICHAEL a.a.O. (1993) (Fn. 43), S. 347, (350).

Anhängern der Kulturkonflikttheorie verwendet wurden, und sich auf die familiäre Situation in türkischen Familien beziehen, wurden in den Fragebogen aufgenommen.

a) Aussage und Bewertung

Die in den 30er Jahren von SELLIN[306] zur Erklärung der Delinquenz von US-amerikanischen Immigranten entwickelte Kulturkonflikttheorie bezieht sich speziell auf die Kriminalität von Ausländern bzw. Zuwanderern. Bei dem Kulturkonflikt handelt es sich um einen Konflikt von Normen und Werte, der beim Zusammentreffen mit einer fremden Kultur auftritt. Zu Lasten der Zuwanderer wirken sich Kulturkonflikte und sozialstrukturelle Benachteiligungen auf deren soziale Entwicklung, insbesondere bei jungen Ausländern, ungünstig aus[307].

SELLIN[308] definierte seinen Ansatz wie folgt:

„*Conflicts between the norms of divergent cultural codes may arise*
1. *when these codes clash on the border of contiguous cultural areas;*
2. *when, as may be the case with legal norms, the law of one cultural group is extended to cover the territory of another; or*
3. *when members of one cultural group migrate to another*“[309].

Jeder Mensch erlernt die bestimmten Verhaltensregeln, die in der Kultur, in der er aufwächst, gelten[310]. Wandern nun Mitglieder einer bestimmten Kultur in den Bereich einer anderen Kultur ein oder treffen nun zwei sehr unterschiedliche Kulturen aufeinander, ist es möglich, daß die Stellung einer Person oder Gruppe nicht mehr gefestigt ist, sondern randständig wird[311]. Durch den Einfluß der eigenen sowie der fremden Kultur und deren Norm- und Wertesystem ist der Betroffene verunsichert und

---

306 SELLIN, THORSTEN: Culture Conflict and Crime, New York 1938.

307 SCHWIND, HANS-DIETER a.a.O. (1999a) (Fn. 10), S. 323, (330). Zu den Kulturkonflikten, Selektionsmechanismen und sozialen Problemen der Zuwanderer bzw. zu den Ursachen bzw. Einflußfaktoren sozial abweichenden Verhaltens von Ausländern vgl. auch: FINKBEINER, LOTHAR / KARSTEN, RAINER / MEINERS, REINHARD: Deeskalationsgruppen mit Inhaftierten unterschiedlicher Nationalität und Kultur in der Jungtäteranstalt Vechta, in: ZfStrVo, Jg. 42, Heft 6, 1993, S. 343-353; KARGER, THOMAS / SUTTERER, PETER a.a.O. (Fn. 281), S. 369-383; KUBE, EDWIN / KOCH, KARL-FRIEDRICH a.a.O. (1990) (Fn. 193), S. 14-24; SCHÖCH, HEINZ / GEBAUER, MICHAEL a.a.O. (Fn. 227); SCHWIND, HANS-DIETER a.a.O. (2001) (Fn. 32), S. 458 ff, § 23 Rn. 19 ff.; STEFFEN, WIEBKE a.a.O. (1995b) (Fn. 94), S. 133-154; TRAULSEN, MONIKA: Delinquenz und soziale Benachteiligung der Ausländerinnen. In: MschrKrim, Jg. 73, Heft 4, 1990a, S. 256-265; TRAULSEN, MONIKA: Entwarnung. Zur Entwicklung der Kriminalität junger Ausländer. In: DVJJ-Journal, Jg. 11, Heft 4, 2000, S. 398, (400); WALTER, MICHAEL / PITSELA, ANGELIKA: Ausländerkriminalität in der statistischen (Re-)Konstruktion, in: KrimPäd, Jg. 21, Heft 34, 1993, S. 6-19.

308 SELLIN, THORSTEN a.a.O. (Fn. 306), S. 63.

309 SELLIN, THORSTEN a.a.O. (Fn. 306), S. 63.

310 REBMANN, MATTHIAS a.a.O. (Fn. 29), S. 277.

311 KAISER, GÜNTHER a.a.O. (1969) (Fn. 85), S. 251, (252).

desorientiert, kann sich für keines der Normensysteme abschließend entscheiden und fühlt sich zu keiner der Kulturen vollständig zugehörig und somit ausgeschlossen[312]. Diesem Ansatz zufolge wird die Begehung von Straftaten von Einwanderern auf Widersprüche zwischen den Normensystemen und den Kulturen von Heimat- und Gastland zurückgeführt[313]. Nach SELLIN[314] muß der Kulturkonflikt um so gravierender sein, je mehr die Wertvorstellungen der verschiedenen Kulturen voneinander abweichen. Bekannt wurde sein Beispiel eines sizilianischen Einwanderers, der den sechzehnjährigen Entjungferer seiner Tochter tötete, um auf diese Weise die Familienehre zu verteidigen und der diese Tat auch nicht als moralisch verwerflich empfinden konnte[315]. Dieses Beispiel belegt allerdings nicht, daß in anderen Kulturen andere Wertungen in Bezug auf die vorsätzliche Tötung bestehen, sondern lediglich, daß unterschiedliche soziale Umstände im Einzelfall als Rechtfertigung einer grundsätzlich als verwerflich einzustufenden Handlung dienen können[316].

b) Übertragung auf Türken der Zweiten und Dritten Generation

Bezogen auf die in dieser Arbeit im Vordergrund der Untersuchung stehende Kriminalität der Türken der Zweiten und Dritten Generation formulierte KAISER[317] die Hypothese des Kulturkonfliktes wie folgt:

„1. *Der Kulturkonflikt zwischen den Gastarbeitern und der Wirtskultur, speziell in deutschen Normen, äußert sich auch in Verhaltensweisen sozialer Bezugs- und Integrationsstörungen, ablesbar an höheren Kriminalitätsraten.*
2. *Es ist wahrscheinlich, daß der Konflikt im Zeitraum des ersten Zusammentreffens kulturverschiedener Normensysteme größer und folgenreicher ist als nach Ablauf einer gewissen Zeit der Orientierung und der Anpassung.*
3. *Soweit die Zuwanderer der Unterschicht angehören, muß sich der Konflikt verstärken, da die abweichenden kulturellen Muster der Minderheiten subkulturellen Charakter haben*“[318].

Dieser Hypothese des Kulturkonfliktes zufolge müßten die Türken der Zweiten und Dritten Generation, die nicht mehr eng oder gar nicht mit ihrer Heimatkultur verbunden sind, weniger kriminalitätsbelastet sein als die Erste Generation. Dies ist aber nicht der Fall[319].

---

312 KOCH, CLAUDIA / SOMMERER, ERNST-OTTO: Ausländerkriminalität in Bochum. In: SCHWIND, HANS-DIETER / AHLBORN, WILFRIED / WEIß, RÜDIGER (Hrsg.), Empirische Kriminalgeographie. Bestandsaufnahme und Weiterführung am Beispiel von Bochum („Kriminalitätsatlas Bochum"), Wiesbaden 1978, S. 271, (275).

313 BUKOWSKI, ANNETTE a.a.O. (1998) (Fn. 9), S. 12.

314 SELLIN, THORSTEN a.a.O. (Fn. 306), S. 68.

315 SELLIN, THORSTEN a.a.O. (Fn. 306), S. 68.

316 NIGGLI, MARCEL ALEXANDER a.a.O. (Fn. 38), S. 133.

317 KAISER, GÜNTHER a.a.O. (1997) (Fn. 50), S. 358.

318 KAISER, GÜNTHER a.a.O. (1997) (Fn. 50), S. 358.

319 Siehe oben unter Teil A, Kapitel 3, III, 1.

Die Kulturkonflikttheorie erscheint auf den ersten Blick einleuchtend. Denkt man an den auf eine lange Tradition zurückgehenden Ehrbegriff des Mannes in der Türkei, so wird deutlich, daß der türkische Mann aufgrund des Verständnisses von der männlichen Ehre verpflichtet ist, Beleidigungen zu rächen, um sein Gesicht zu wahren[320]. Die statistischen Daten belegen, daß die Nationalitätengruppen mit einem besonders stark von der deutschen bzw. der westlichen Kultur abweichendem Hintergrund, wie beispielsweise Türken als Anhänger des Islam, eine besonders hohe Tatverdächtigenbelastung aufweisen[321]. Bei einzelnen Straftaten und Deliktsgruppen, etwa bei Gewalt- oder beim Glücksspiel, erscheint es naheliegend, daß das Handeln unter anderem auf die Werte und Normen des Heimatlandes zurückgeführt werden kann[322]. So hat auch ARONOWITZ[323] festgestellt, daß die von ihm im Jahr 1988 in Berlin befragten jungen Türken, die bezüglich der deutschen Sprache gut integriert waren, sich aber in ihren Wertvorstellungen noch sehr stark mit ihrer islamischen Heimatkultur verbunden fühlten, in subjektiv erlebten Gefährdungen oder Beschimpfungen der eigenen Person oder der Verletzung der Familienehre einen zwingenden Anlaß für eine körperliche Attacke sahen.

Die Kulturkonflikttheorie weist bezüglich ihrer Tauglichkeit zur Erklärung der Ausländerkriminalität einige Schwächen auf. Da sie einen Wertedissens voraussetzt, müßten Straftaten, bei denen Nichtdeutsche überproportional häufig in Erscheinung treten, in den jeweiligen Heimatländern nicht oder nicht in dem gleichen Ausmaß wie in Deutschland mit Strafe bedroht sein[324]. Dies erscheint, zumindest was den zentralen

---

320 BEHR, VERA: Türkische Kinder und Jugendliche in deutschen Schulen: kulturelle Hintergründe. In: TUMAT, ALFRED J. (Hrsg.), Migration und Integration, Baltmannsweiler 1986, S. 152, (157 f).

321 SCHÖCH, HEINZ / GEBAUER, Michael a.a.O. (Fn. 227), S. 56; KAISER, GÜNTHER a.a.O. (1996) (Fn. 98), S. 679.

322 KAISER, GÜNTHER a.a.O. (1996) (Fn. 98), S. 678 f. mit weiteren Beispielen. Hierbei ist zu beachten, daß bei Hinzutreten bestimmter Umstände ein Fall des vermeidbaren oder unvermeidbaren Verbotsirrtums gem. § 17 StGB bei dem Ausländer vorliegen kann, beispielsweise wenn ihm die Geltung eines Strafgesetzes unbekannt ist und eine vergleichbare Strafnorm auch in seinem Herkunftsland nicht existiert. Darüber hinaus kann die Ausländereigenschaft strafmildernd gewertet werden, wenn sich der Angeklagte trotz eines längeren Aufenthaltes in der Bundesrepublik noch immer zwischen den Kulturen des Gastlandes und seines Herkunftslandes hin und her gerissen fühlt und es ihm aus diesem Grunde schwerer als anderen fällt, sich normgerecht zu verhalten, vgl. hierzug den Beschluß des BGH vom 11.09.1996, abgedruckt in NStZ, Jg. 17, Heft 2, 1997, S. 77. Siehe auch REBMANN, MATTHIAS a.a.O. (Fn. 29), S. 278 f; STRENG, FRANZ a.a.O. (Fn. 132), S. 109, (114 ff.).

323 ARONOWITZ, A.: Assimilation, acculturation und juvenile delinquency among second generation Turkish youth in Berlin, West Germany. Diss. State University of New York, Albany, zit. nach LIPS-DÖRFLINGER, ESTHER a.a.O. (Fn. 175), S. 38, (42).

324 REBMANN, MATTHIAS a.a.O. (Fn. 29), S. 279; zu der Diskussion um einen Wertekonsens bzw. Dissens vgl. BERNARD, THOMAS J.: The consensus-conflict debate: Form and content in social theories, New York 1983, S. 217; CHERKAOUI, MOHAMED: „Consensus or conflict? Return to Durkheim's proteiform theory". In: Theory and Society 1981, Jg. 10, Heft 1, S. 127, (128 ff.); CULLEN, FRANCIS T. / LINK, BRUCE G. / TRAVIS, LAWRENCE F. et al.: Consensus in crime seriousness: Empirical reality or methodological artifact? In: Criminology, Jg. 23, Heft 1, 1985, S. 99, (112); DENNO, DEBORAH W.: Sociological and human developmental explanations of crime: Conflict or consensus. In: Criminology, Jg. 23, Heft 4, 1985, S. 711, (733 ff.); HAGAN,

vom Strafrecht erfaßten Bereich der schweren Kriminalität betrifft, äußerst fraglich. Zwar mag die These, daß in unterschiedlichen Kulturen hinsichtlich des strafrechtlich relevanten Handlungsbereiches andere Vorstellungen vorherrschen, bezüglich einzelner Verhaltensmuster in bestimmten sozialen Situationen, beispielsweise bei dem Glücksspiel oder der Anwendung von Gewalt, zutreffend sein[325]. Allerdings darf dies nicht darüber hinwegtäuschen, daß auch fremde Kulturen, wie beispielsweise der Islam, kein fundamental anderes System an strafrechtlich bewehrten Verhaltensmustern besitzen[326]. Auch wenn nicht jede Kultur allen Verhaltensmustern, die in Deutschland Deliktscharakter besitzen, in allen sozialen Situationen gleich stark ablehnend gegenüberstehen[327]. Es mag in anderen Kulturen allenfalls „unterschiedliche soziale Normen geben, die vorschreiben, auf welche Weise Konflikte gelöst werden sollten“[328]. Allerdings gelten auch in der Türkei Delikte wie Diebstahl, Raub oder Totschlag nicht als sozial akzeptierte Verhaltensweisen[329]. Es kann davon ausgegangen werden, daß die Straftatbestände, aufgrund derer die jungen Türken in der deutschen Statistik als Tatverdächtige erscheinen, in aller Regel auch in der Türkei strafbewehrt sind[330].

So ist auch NIGGLI[331] der Ansicht, daß die Kulturkonflikttheorie in ihrer ursprünglichen Ausgestaltung, als Theorie des unmittelbaren Kulturkonflikts, ein auf den ersten Blick zwar sehr einleuchtendes Modell sei, das sich jedoch mit den statistischen Werten, insbesondere der hohen Kriminalitätsbelastung der Zweiten Ausländergeneration, nicht in Einklang bringen lasse und sich heute, abgesehen von einer Zunahme im Bereich der Gewaltdelikte, als überholt erwiesen habe. Auch BOCK[332] ist der Auffassung, daß sich kaum Anhaltspunkte für einen unmittelbaren Kulturkonflikt

---

JOHN / SILVA, EDWARD T. / SIMPSON, JOHN H.: „Conflict and consensus in the designation of deviance“. In: Social Forces, Jg. 56, Heft 12, 1977, S. 320, (336 f); RAUMA, DENNO: „The context of normative consensus: An expansion of the Rossi/Berk consensus model, with an application to crime seriousness“. In: Sociology and Social Research 1991, S. 1-28; ROSSI, PETER H. / BERK, RICHARD A.: Varieties of normative consensus. In: American Sociological Review, Jg. 50, 1985, S. 333, 334 ff.

325 GÖPPINGER, HANS a.a.O. (1997) (Fn. 41), S. 124; KAISER, GÜNTHER a.a.O. (1997) (Fn. 50), S. 360; NIGGLI, MARCEL ALEXANDER a.a.O. (Fn. 38), S. 133; REBMANN, MATTHIAS a.a.O. (Fn. 29), S. 279; SCHÖCH, HEINZ / GEBAUER, MICHAEL a.a.O. (Fn. 227), S. 47 f und 51 f; VILLMOW, BERNHARD a.a.O. (1993) (Fn. 50), S. 39, (41).

326 KÜRZINGER, JOSEF a.a.O. (Fn. 41), S. 241, Rn. 354; REBMANN, MATTHIAS a.a.O. (Fn. 29), S. 279.

327 NIGGLI, MARCEL ALEXANDER a.a.O. (Fn. 38), S. 135.

328 KÜRZINGER, JOSEF a.a.O. (Fn. 41), S. 241, Rn. 354.

329 NIGGLI, MARCEL ALEXANDER a.a.O. (Fn. 38), S. 135; REBMANN, MATTHIAS a.a.O. (Fn. 29), S. 279.

330 BUKOWSKI, ANNETTE a.a.O. (1998) (Fn. 9), S. 12; KUBINK, MICHAEL a.a.O. (Fn. 50), S. 71; NIGGLI, MARCEL ALEXANDER a.a.O. (Fn. 38), S. 135.

331 NIGGLI, MARCEL ALEXANDER a.a.O. (Fn. 38), S. 136.

332 BOCK, MICHAEL: Kriminologie, 2. Aufl., München 2000, S. 73, Rn. 152.

finden ließen, da die verschiedenen Kulturen bezüglich des „Kerns des strafbaren Unrechts" nicht in erheblicher Weise von einander abwichen[333].
Ein weiterer Kritikpunkt an dem Kulturkonfliktmodell in seiner ursprünglichen Ausgestaltung als Theorie des „äußeren" oder „unmittelbaren" Kulturkonflikts bezieht sich darauf, daß der Wertedissens im Zeitpunkt des ersten Aufeinandertreffens am größten sein und mit zunehmendem Zeitablauf immer weiter abnehmen müßte[334]. Im Gegensatz zu dieser Hypothese, die sich aus der Kulturkonflikttheorie zwingend ableiten läßt, hat sich gezeigt, daß die Gastarbeiter der Ersten Generation in der Bundesrepublik Deutschland keine deutlich erhöhte Kriminalitätsrate aufwiesen. Vielmehr waren die ausländischen Arbeiter in den sechziger und siebziger Jahren sowohl nach den Verurteilten- als auch nach den TVBZ niedriger delinquenzbelastet als die deutsche Vergleichsgruppe, die sich aus Personen gleichen Alters und Geschlechts zusammensetzte[335].
Die Kulturkonflikttheorie wurde daher schon sehr früh kritisch betrachtet[336], denn sie steht in direktem Widerspruch zu der Tatsache, daß „die Mehrheit der jeweiligen Bevölkerungsgruppen nicht kriminell belastet ist, vor allem auch nicht zu einer Zeit,

---

333 Vgl. auch KAISER, GÜNTHER a.a.O. (1996) (Fn. 98), S. 678; REBMANN, MATTHIAS a.a.O. (Fn. 29), S. 279; SCHNEIDER, HANS-JOACHIM a.a.O. (1995) (Fn. 234), S. 199, (206); SCHÜLER-SPRINGORUM, HORST a.a.O. (Fn. 233), S. 529, (533).

334 KÜRZINGER, JOSEF a.a.O. (Fn. 41), S. 241, Rn. 353; NIGGLI, MARCEL ALEXANDER a.a.O. (Fn. 38), S. 136; REBMANN, MATTHIAS a.a.O. (Fn. 29), S. 279.

335 So ermittelte KAISER, GÜNTHER a.a.O. (1997) (Fn. 50), S. 351 anhand der polizeilichen Kriminalitätsbelastungsziffern für 1965, daß von den 860.264 polizeilich ermittelten Tatverdächtigen lediglich 5,5 % Nichtdeutsche waren; vgl. auch KAISER, GÜNTHER: Gastarbeiterkriminalität und ihre Erklärung als Kulturkonflikt. In: Ansay, Tugrul / Gessner, Volkmar (Hrsg.): Gastarbeiter in Gesellschaft und Recht. München 1974, S. 208, (219): Im Einzelnen betrug 1965 die Kriminalitätsbelastungszahl bei den Spaniern 1,4 %, bei den Italienern 2,2 %, bei den Griechen 3,2 %, bei den Türken 3,9 %, bei den Deutschen jedoch 4,5 %. Vgl. zu weiteren kriminalistischen Untersuchungen aus den sechziger und siebziger Jahren, die belegen, daß die Kriminalitätsbelastung der Gastarbeiter nicht wesentlich höher war als die der männlichen Arbeitnehmer aus vergleichbaren Altersgruppen: BINGEMER, KARL / NEUBERT, EDGAR: Kriminalität. In: Bingemer, Karl / Meistermann-Seeger, Edeltrud / Neubert, Edgar (Hrsg.): Leben als Gastarbeiter: Geglückte und mißglückte Integration. 2. Aufl., Opladen 1972, S. 160, (161 ff.); HOLLE, ROLF a.a.O. (Fn. 84), S. 441, (444 f); KIESEBRINK, GERD: Die Gastarbeiter und ihr kriminelles Verhalten. Dargestellt am Beispiel der Kriminalität der Jugoslawen, Griechen, Spanier und Türken im Landgerichtsbezirk Wuppertal in den Jahren 1968-1970. Diss. Bochum 1980, S. 308; REBMANN, MATTHIAS a.a.O. (Fn. 29), S. 48; SCHULTZ-SALKAU, JOACHIM-F. a.a.O. (Fn. 84), S. 134, (135); WEHNER, Bernd a.a.O. (Fn. 84), S. 175, (176); ZIMMERMANN, HEINZ-GÜNTER a.a.O. (Fn. 84), S. 623, (624). Allenfalls aus der besonderen Deliktsstruktur, in der die Nichtdeutschen besonders hohe Tatverdächtigenanteile aufwiesen, lassen sich kulturspezifische Besonderheiten herleiten, so etwa bei dem Glücksspiel, Gewalt- und Sexualstraftaten, vgl. DÖRMANN, UWE a.a.O. (Fn. 52), S. 123, (127); GÖPPINGER, HANS a.a.O. (1997) (Fn. 41), S. 124 f; REBMANN, MATTHIAS a.a.O. (Fn. 29), S. 279.

336 KAISER, GÜNTHER a.a.O. (1969) (Fn. 85), S. 365, (367); KAISER, GÜNTHER a.a.O. (1997) (Fn. 50), S. 360; KIESEBRINK, Gerd a.a.O. (Fn. 335), S. 334 ff.; SCHÜLER-SPRINGORUM, HORST a.a.O. (Fn. 233), S. 529, (533).

wo der Kulturkonflikt besonders belastend sein müßte: in der ersten Phase nach dem Grenzübertritt"[337].

Um die niedrige Kriminalitätsbelastung der Ersten Ausländergeneration zu erklären, lassen sich einige Faktoren finden[338]: Zum einen fand eine strenge Auslese durch die Anwerbekommissionen in den Herkunftsländern statt[339]. Weiterhin verbrachte die Erste Ausländergeneration als vollbeschäftigte Arbeitnehmergeneration den überwiegenden Teil des Tages im Berufsleben und wohnte zu einem Großteil in einem ethnisch homogenen Wohnumfeld, so daß sie kaum Berührungspunkte zu der einheimischen Bevölkerung besaß und es nur selten zu kulturellen Konflikten gekommen sein wird[340]. Auch bestand für diese Personen aufgrund des ungesicherten Aufenthaltsstatus ein erhöhtes Bestreben, nicht straffällig zu werden, aus Angst um den Verlust des Arbeitsplatzes und vor einer Ausweisung[341]. Sie besaßen eine erhöhte Anpassungsbereitschaft, weil sie zur Arbeitsaufnahme eingereist waren und nur eine begrenzte Zeit in der Bundesrepublik Deutschland bleiben wollten[342]. Darüber hinaus besteht die Möglichkeit, daß die Erste Gastarbeitergeneration bereits einen festen Halt in dem Normen- und Wertesystem ihres Heimatlandes gefunden hat, daß ihre Persönlichkeit bereits geformt war, so daß sie sich nicht zwischen zwei Kulturen hin- und hergerissen fühlten[343].

Demgegenüber zeigt sich bei der Zweiten Ausländergeneration eine höhere Kriminalitätsbelastung[344]. Dies ist auffällig, da die Ausländerforschung belegt, daß den Jugendlichen und Heranwachsenden der nachfolgenden Generationen die Alltagskultur und das Wertesystem in Deutschland durch die tägliche Erfahrung wesentlich vertrauter ist als ihren Eltern[345]. Die Kulturkonflikttheorie in ihrer ursprünglichen Ausgestaltung ist folglich nicht gut geeignet, um die Kriminalitätsbelastung der Türken der Zweiten und Dritten Generation zu erklären.

---

337 RICHTER, HELMUT: Kulturkonflikt, soziale Mangellage, Ausländer-Stigma. Zur Kriminalitätsbelastung der männlichen, ausländischen Wohnbevölkerung. In: KrimJ, Jg. 13, Heft 4, 1981, S. 263, (265).

338 SCHÖCH, HEINZ / GEBAUER, MICHAEL a.a.O. (Fn. 227), S. 55.

339 REBMANN, MATTHIAS a.a.O. (Fn. 29), S. 281.

340 REBMANN, MATTHIAS a.a.O. (Fn. 29), S. 280; SCHÖCH, HEINZ / GEBAUER, MICHAEL a.a.O. (Fn. 227), S. 55.

341 SCHÖCH, HEINZ / GEBAUER, MICHAEL a.a.O. (Fn. 227), S. 55.

342 THIELE, ULF a.a.O. (Fn. 44), S. 186, (190).

343 REBMANN, MATTHIAS a.a.O. (Fn. 29), S. 280; Thiehle, ULF a.a.O. (Fn. 44), S. 189; so auch DEN HOLLANDER, A.. N. J.: Der „Kulturkonflikt" als soziologischer Begriff und als Erscheinung. In: KZFSS, Jg. 7, Heft 2, 1955, S. 161, (178) für die Einwanderer in die USA.

344 ALBRECHT, PETER-ALEXIS / PFEIFFER, CHRISTIAN a.a.O. (Fn. 115), S. 31; BERCKHAUER, FRIEDHELM a.a.O. (1980) (Fn. 113), S. 287, (292); CHAIDOU, ANTHOZOE a.a.O. (1984a) (Fn. 22), S. 105 ff.; CHAIDOU, ANTHOZOE a.a.O. (1984c) (Fn. 113), S. 355, (358 ff.); GEBAUER, MICHAEL a.a.O. (1981a) (Fn. 113), S. 2, (6 f); REBMANN, MATTHIAS a.a.O. (Fn. 29), S. 55.

345 BERKENKOPF, BEATRICE: Kindheit im Kulturkonflikt: Fallstudien über türkische Gastarbeiterkinder, Frankfurt a. M. 1984, S. 92; SPENNER, ANITA: Im Spannungsfeld: Sozialarbeit mit türkischen Jugendlichen, Berlin 1986, S. 55.

2. Theorie vom „inneren" Kulturkonflikt (Binnenkonflikte)

a) Aussage und Bewertung

Bereits SELLIN[346] unterschied zwischen „external und internal culture conflicts", also zwischen dem äußeren und inneren Kultur- bzw. Werte- und Normenkonflikt. Nach BOCK[347] realisiert sich der äußere oder unmittelbar kriminogene Kulturkonflikt, wenn der Nichtdeutsche nach bestimmten Normen seines Herkunftslandes handelt, die zu den Normen des aufnehmenden Landes im Widerspruch stehen[348]. Der Kulturkonflikt dürfe jedoch nicht nur auf das kodifizierte Recht beschränkt werden, sondern müsse auch sonstige nebengesetzliche kulturelle Wertvorstellungen[349], beispielsweise unterschiedliche Ehrbegriffe[350] oder Mißverständnisse bezüglich der Einwilligung in sexuelle Handlungen[351] einbeziehen. Der „innere" oder „mittelbar kriminogene" Kulturkonflikt, der aufgrund einer Orientierungslosigkeit über die gültigen Werte und Normen in einer fremden Kultur entstehe, sei von weitaus größerer Bedeutung als der „äußere" Kulturkonflikt[352].

b) Übertragung auf Türken der Zweiten und Dritten Generation

Dieser innere Kulturkonflikt bestand für die in ihrem heimischen Werte- und Normensystem fest verwurzelte Erste Ausländergeneration in geringem Maße[353]. Erst mit zunehmender Dauer des Aufenthaltes im Gastland und der mit ihr einhergehenden zunehmenden Konfrontation mit Normen und Werten der fremden Kultur steigt die Delinquenzrate an[354]. Dies könnte in erster Linie für die jungen Nichtdeutschen, deren Sozialisationsprozeß noch nicht abgeschlossen ist, gelten. LAJIOS[355] spricht in diesem Zusammenhang von einer ‚gebrochenen Identität' der Angehörigen der Zweiten Ausländergeneration, d. h. sie besitzen weder die Identität ihres Herkunftslandes (da ihre Sozialisation unterbrochen wurde) und konnten auch keine ‚deutsche Identiät'

---

346 SELLIN, THORSTEN a.a.O. (Fn. 306), S. 67 f.

347 BOCK, MICHAEL a.a.O. (Fn. 332), S. 73, Rn. 152.

348 BOCK, MICHAEL a.a.O. (Fn. 332), S. 73, Rn. 152. Ebenso SCHÖCH, HEINZ / GEBAUER, MICHAEL a.a.O. (Fn. 227), S. 55.

349 REBMANN, MATTHIAS a.a.O. (Fn. 29), S. 281; SCHÖCH, HEINZ / GEBAUER, MICHAEL a.a.O. (Fn. 227), S. 55.

350 BOCK, MICHAEL a.a.O. (Fn. 332), S. 73, Rn. 152.

351 BOCK, MICHAEL a.a.O. (Fn. 332), S. 73, Rn. 152.

352 BOCK, MICHAEL a.a.O. (Fn. 332), S. 73, Rn. 153; BUKOWSKI, ANNETTE a.a.O. (1998) (Fn. 9), S. 13; REBMANN, MATTHIAS a.a.O. (Fn. 29), S. 281; SAVELSBERG, JOACHIM JOSEF: Ausländische Jugendliche. Assimilative Integration, Kriminalität und Kriminalisierung und die Rolle der Jugendhilfe, München 1982, S. 127 f; SCHÖCH, HEINZ / GEBAUER, MICHAEL a.a.O. (Fn. 227), S. 56; THIELE, ULF a.a.O. (Fn. 44), S. 194.

353 SCHÖCH, HEINZ / GEBAUER, MICHAEL a.a.O. (Fn. 227), S. 56.

354 KAISER, GÜNTHER a.a.O. (1996) (Fn. 98), S. 591; REBMANN, MATTHIAS a.a.O. (Fn. 29), S. 281; SCHNEIDER, HANS JOACHIM a.a.O. (1993) (Fn. 50), S. 73; SCHÖCH, HEINZ / GEBAUER, MICHAEL a.a.O. (Fn. 227), S. 56.

355 LAJIOS, KONSTANTIN a.a.O. (1998) (Fn. 98), S. 13, (17); vgl. auch POLAT, ÜLGER: Zwischen Integration und Desintegration. In: Attia, Iman / Marburger, Helga (Hrsg.): Alltag und Lebenswelten von Migrantenjugendlichen. Frankfurt a. M. 2000, S. 11, (21 ff.).

entwickeln, da sie nach den kulturellen Wertvorstellungen des Heimatstaates erzogen wurden. Folglich müßte bei den Türken der Zweiten Generation, die zwischen den Wertvorstellungen ihrer Eltern und der deutschen Umwelt hin- und hergerissen ist, ein innerer Kulturkonflikt in besonders starkem Maße auftreten[356]. Bereits im Kindergarten und in der Schule werden die Einwandererkinder mit „kulturellen Interaktionsschemata konfrontiert, die sich nicht ohne weiteres mit denen der (Heimat- und) Familienkultur decken“[357]. Durch den Druck zur Assimilation wird oftmals ein Generationenkonflikt ausgelöst, weil die Kinder „schon nach relativ kurzer Zeit andere Werte als ihre Eltern (vertreten), sie versuchen sich von der elterlichen Autorität zu lösen und bringen dem Vater weniger Achtung entgegen, als dies in einer geschlossenen Gemeinschaft der Fall sein würde“[358].
Bezüglich der türkischen Jugendlichen und Heranwachsenden der Zweiten Generation ist zu beachten, daß insbesondere die Zuwanderer aus der Türkei, die häufig aus ländlichen Gebieten stammen, Erziehungsziele verfolgen, die teilweise in erheblichem Maße von den deutschen Norm- und Wertevorstellungen abweichen[359] und in der deutschen Gesellschaft und in ihrem sozialen Umfeld nicht nur abgelehnt, sondern häufig sogar sanktioniert werden[360]. Als Erziehungsmittel der Kinder werden in der türkischen Kultur traditionell die körperliche Züchtigung, Ermahnen, Beschimpfen und Beschämen angewendet[361]. Auch türkische Sprichwörter wie beispielsweise „die Ohrfeige kommt aus dem Paradies“[362] veranschaulichen die Bedeutung der köperlichen Bestrafung als angesehenes und wirksames Mittel in der türkischen Kultur.

Für die in Deutschland aufwachsenden Kinder prallen das traditionelle Weltbild einer familiär organisierten Gesellschaft und das moderne Bild einer Gesellschaft aus eigenverantwortlich handelnden Individuen aufeinander[363]. Dies hat zur Folge, daß sich die Türken der Zweiten Generation, die aufgrund der Identitätsprobleme „entwurzelt“ sind, häufig zur Stärkung des Selbstwertgefühls zu ethnischen Gangs zusam-

---

356 SCHÖCH, HEINZ / GEBAUER, MICHAEL a.a.O. (Fn. 227), S. 56.

357 TILKERIDOY, FOTINI: „Zwischen Tradition und Moderne.“ Identitätsbildung im Spannungsfeld zweier Kulturen am Beispiel der zweiten Generation von Griechen in Deutschland. In: Lajios, Konstantin (Hrsg.): Die ausländische Familie. Ihre Situation und Zukunft in Deutschland. Opladen 1998, S. 25, (43).

358 DEN HOLLANDER, A.. N. J. a.a.O. (Fn. 343), S. 161, (182). Vgl. auch BAUER, MANFRED: Junge ausländische Tatverdächtige – polizeiliche Erkenntnisse und Erfahrungen. In: DVJJ-Journal, Jg. 4, Heft 4, 1993, S. 360, (361); BERKENKOPF, BEATRICE a.a.O. (Fn. 345), S. 91.

359 ÖZKARA, SAMI: Auswirkungen der Migration auf die Norm- und Wertvorstellungen der Migrantenfamilien in der Bundesrepublik Deutschland. In : Lajios, Konstantin (Hrsg.): Die zweite und dritte Ausländergeneration. Ihre Situation und Zukunft in der Bundesrepublik Deuschland, Opladen 1991, S. 91, (92); REBMANN, MATTHIAS a.a.O. (Fn. 29), S. 282.

360 BERKENKOPF, BEATRICE a.a.O. (Fn. 345), S. 91.

361 FOCKEN, ADALBERT / GLEY, CHRISTA a.a.O. (Fn. 22), S. 95.

362 KÜCÜKÖSZKAN, J.: Die Rolle der ausländischen Lehrer für die Erziehung der ausländischen Kinder. In: Forschungsstelle ALFA (Hrsg.): Berichte und Materialien, Heft 7, 1977, S. 43, (48), zit. nach FOCKEN, ADALBERT / GLEY, CHRISTA a.a.O. (Fn. 22), S. 95.

363 LEENEN, WOLF R. / GROSCH, HARALD / KREIDT, ULRICH: Bildungsverständnis, Plazierungsverhalten und Generationenkonflikt in türkischen Migrantenfamilien. In: Zeitschrift für Pädagogik, Jg. 36, 1990, S. 753, (765); REBMANN, MATTHIAS a.a.O. (Fn. 29), S. 282.

menschließen und sich in dem Schutz der „peer group"[364] teilweise aggressiv gegen den Assimilierungsdruck der Mehrheitsbevölkerung und die als ablehnend und feindselig gegenüber Fremden bzw. Migranten erlebte deutsche Außenwelt zu wehren versuchen[365]. Der hohe Tatverdächtigenanteil junger Türken bestätigt die Erwartung der Theorie des inneren Kulturkonfliktes.

Die Untersuchung von PFEIFFER / WETZELS (2000)

Von einem Kulturkonflikt gehen auch PFEIFFER / WETZELS[366] in ihrer 1998 durchgeführten Schülerbefragung aus. Sie sind zu dem Ergebnis gelangt, daß die männlichen türkischen Jugendlichen in Deutschland im Bereich der Gewaltdelinquenz durch Mehrfachtäter eine mehr als drei Mal so hohe Täterrate aufweisen als die deutschen Jugendlichen[367] und führen diese Ergebnisse auf eine erhöhte innerfamiliäre Gewalt in türkischen Familien zurück, die ihren Ursprung in einer stark ausgeprägten Orientierung an traditionellen Rollenmustern für Männer und Frauen hat[368].

Neben einer schlechten sozioökonomischen Lebenslage der jungen Türken, deren Eltern häufiger arbeitslos sind oder von Sozialhilfe leben als die Familien anderer ethnischer Herkunft[369] *und der schlechten Ausbildungssituation der türkischen Jugendlichen, weil diese häufiger als Deutsche die Sonderschule, eine Hauptschule oder ein Berufsvor-*

---

364 Unter der „peer group" versteht man die Gruppe Gleichaltriger (auf der Straße), vgl. SCHWIND, HANS-DIETER a.a.O. (2001) (Fn. 32), S. 177, § 10 Rn. 2.

365 TILKERIDOY, FOTINI a.a.O. (Fn. 357), S. 25, (44); vgl. auch STEINMETZ, MARIA: Simsekler. Zur Entstehung und Entwicklung ausländischer Jugendbanden. Berlin 1987, S. 54 f, die festgestellt hat, daß bei den türkischen Jugendbanden in Berlin die jeweilige nationale Identität keine sehr ausgeprägte Rolle gespielt hat, entscheidend sei der Status des „Ausländerseins". Die Betonung des ‚türkischen Elementes' trete nur in der Auseinandersetzung mit der beobachteten, erlebten, teilweise auch provozierten ‚Ausländerfeindlichkeit' in Erscheinung. Von den türkischen Jugendbanden werde Ausländerfeindlichkeit als ein Übel angesehen, dem man gemeinsam begegnen müsse. In der Türkei gebe es, nach Auskunft von Freunden der Verfasserin, keine ähnlichen Jugendbanden. Vgl. zur Ausländerfeindlichkeit ausführlich SCHWIND, HANS-DIETER: Gedanken zur Ausländerfeindlichkeit in Deutschland. In: Kühne, Hans-Heiner (Hrsg.): Festschrift für Kochi Miyazawa, dem Wegbereiter des japanisch-deutschen Strafrechtsdiskurses. Baden-Baden 1995a, S. 243 ff. Daß die Zweite Einwanderergeneration kriminell auffälliger als die Elterngeneration ist, wurde auch in den USA festgestellt, vgl. CHAIDOU, ANTHOZOE a.a.O. (1984a) (Fn. 22), S. 72 ff.

366 PFEIFFER, CHRISTIAN / WETZELS, PETER a.a.O. (2000a) (Fn. 17), S. 20 f; PFEIFFER, CHRISTIAN / WETZELS, PETER: Junge Türken als Täter und als Opfer von Gewalt. Problematische Vorbilder, Schwächen des Bildungswesens, Mangel an emotionaler Akzeptanz. In: Frankfurter Allgemeine Zeitung vom 30.03.2000b, S. 14.

367 Siehe oben unter Teil A, Kapitel 3, X., 4.

368 PFEIFFER, CHRISTIAN / WETZELS, PETER a.a.O. (2000a) (Fn. 17), S. 21.

369 PFEIFFER, CHRISTIAN / WETZELS, PETER a.a.O. (2000a) (Fn. 17), S. 16: Für alle ethnischen Gruppen gelte, daß die sozial stark benachteiligten Jugendlichen drei- bis vier Mal so oft Mehrfachtäter seien als die Jugendlichen, die sehr privilegiert leben. Die türkischen Jugendlichen gehörten zu 66,5 % zu den aufgrund ihrer sozioökonomischen Lage sehr Benachteiligten und nur zu 9,8 % zu den Privilegierten. Bei den deutschen Jugendlichen ist es umgekehrt, mit 24,7 % sehr Benachteiligten und 40,9 % sehr Privilegierten.

bereitungsjahr besuchen[370] *sei auch der Grad der Akzeptanz durch die Umwelt*[371] *ein entscheidender Faktor für die Höhe der Gewaltrate der Jugendlichen.*

PFEIFFER / WETZELS[372] haben bei einem Vergleich der Gewaltraten der Jugendlichen, die alle sozial relativ privilegiert aufwachsen, festgestellt, daß „die jungen Türken mit einer im Vergleich zu den Deutschen etwa doppelt so hohen Rate (22,9% zu 11,1 %)“[373] immer noch dominieren und messen deshalb der Erfahrung innerfamiliärer Gewalt eine entscheidende kriminalitätsfördernde Bedeutung bei[374]. Um den Einfluß der innerfamiliären Gewalt auf die Kriminalitätsrate der Jugendlichen messen zu können, haben PFEIFFER / WETZELS[375] die Schüler gefragt, ob sie in ihrer Kindheit oder im letzten Jahr Opfer körperlicher Gewalt ihrer Eltern geworden seien oder beobachtet hätten, daß die Eltern sich untereinander geschlagen haben. Die türkischen Jugendlichen berichteten am häufigsten über Gewalterfahrungen in der Familie; fast jeder fünfte türkische Jugendliche ist nach eigenen Angaben im Laufe des vorangegangenen Jahres zu Hause mißhandelt worden durch Faustschläge oder Schläge mit Gegenständen[376]. Die deutschen Jugendlichen haben am seltensten innerfamiliäre Gewalt erfahren; nur jeder achtzehnte junge Deutsche hat über Mißhandlungen durch die Eltern berichtet[377]. Entsprechende Unterschiede zwischen den Angaben der türkischen und der deutschen Jugendlichen zeigten sich auch im Bezug auf die Mißhandlung während der Kindheit und der Beobachtung, daß die Eltern sich gegenseitig geschlagen haben. Im letzten Jahr vor der Befragung hatte fast jeder dritte türkische Jugendliche gegenüber jedem elften Deutschen beobachtet, wie sich seine Eltern geschlagen haben[378]. PFEIFFER / WETZELS sind aufgrund dieser Befunde zu dem Ergebnis gelangt, daß „geschlagene Kinder ein eineinhalb- bis dreimal höheres Risiko haben, selber zu Gewalttätern zu werden als nicht geschlagene“[379].
Die männlichen türkischen Jugendlichen, die auch nach Berücksichtigung der sozialen Faktoren noch doppelt so häufig Mehrfachtäter von Gewalt sind wie Deutsche, seien durch ein traditionelles Männlichkeitskonzept geprägt, das sie in ihrer familiären und kulturellen Sozialisation erlernen und das ihre Gewaltbereitschaft erhöhe[380]. Insbesondere türkische Familien seien auch nach der Einwanderung in Deutschland noch stark in ihrem traditionellen Rollenbild von Männern und Frauen verhaftet, das die Vorherrschaft des Vaters bestimme, der den Gehorsam der Familienmitglieder auch

---

370 PFEIFFER, CHRISTIAN / WETZELS, PETER a.a.O. (2000a) (Fn. 17), S. 16.
371 PFEIFFER, CHRISTIAN / WETZELS, PETER a.a.O. (2000a) (Fn. 17), S. 17.
372 PFEIFFER, CHRISTIAN / WETZELS, PETER a.a.O. (2000a) (Fn. 17), S. 17.
373 PFEIFFER, CHRISTIAN / WETZELS, PETER a.a.O. (2000a) (Fn. 17), S. 17.
374 PFEIFFER, CHRISTIAN / WETZELS, PETER a.a.O. (2000a) (Fn. 17), S. 17 f.
375 PFEIFFER, CHRISTIAN / WETZELS, PETER a.a.O. (2000a) (Fn. 17), S. 18.
376 PFEIFFER, CHRISTIAN / WETZELS, PETER a.a.O. (2000a) (Fn. 17), S. 18 m.w.N.: Bei den jungen Ausländern aus den jugoslawischen Nachfolgestaaten hat fast jeder Neunte über eine Mißhandlung durch die Eltern berichtet, bei den jungen Aussiedlern war es jeder Zwölfte.
377 PFEIFFER, CHRISTIAN / WETZELS, PETER a.a.O. (2000a) (Fn. 17), S. 18.
378 PFEIFFER, CHRISTIAN / WETZELS, PETER a.a.O. (2000a) (Fn. 17), S. 18.
379 PFEIFFER, CHRISTIAN / WETZELS, PETER a.a.O. (2000a) (Fn. 17), S. 19.
380 PFEIFFER, CHRISTIAN / WETZELS, PETER a.a.O. (2000a) (Fn. 17), S. 20 f.

unter Gewaltanwendung erzwingen dürfe[381]. Die Feststellung, daß mit zunehmender Aufenthaltsdauer der türkischen Jugendlichen in Deutschland die Gewaltrate steigt und daß die höchste Gewaltrate die in Deutschland geborenen Türken aufweisen, sei darauf zurückzuführen, daß die jungen Einwanderer mit zunehmender Aufenthaltsdauer nicht mehr bereit seien, Nachteile in Kauf zu nehmen[382]. Sie übernehmen deutsche Ansprüche, denen meist nur geringe Realisierungschancen gegenüberstehen, wodurch Frustrationen hervorgerufen werden, die von manchen mit Gewalttaten beantwortet werden[383]. Insoweit könnte neben der Kulturkonflikttheorie auch die Anomietheorie[384] zur Erklärung der Kriminalität der jungen Türken herangezogen werden. Daß die innerfamiliäre Gewalt mit zunehmender Aufenthaltsdauer in Deutschland ansteige, könne darauf zurückgeführt weden, daß der starke familiäre Zusammenhalt, der in den ersten Jahren nach der Ankunft in Deutschland bestanden habe, mit fortschreitender Anpassung der türkischen Kinder an die deutsche Kultur und Lebensführung abnehme[385]. Ein Teil der türkischen Väter versuche, mit körperlicher Gewalt die traditionelle Ordnung aufrechtzuerhalten. Die hohe Gewaltrate männlicher türkischer Jugendlicher sei also letztlich auf den Kulturkonflikt zurückzuführen, der zwischen dem traditionellen Rollenverständnis von Männern und Frauen, insbesondere der Vorherrschaft des Vaters einerseits und der sozialen Rahmenbedingungen in Deutschland, die seit längerem die Gleichstellung von Mann und Frau favorisieren, andererseits bestehe[386].

Der Erklärungsansatz von PFEIFFER / WETZELS[387] bestätigt die bereits 1982/1983 von FOCKEN / GLEY[388] durchgeführten Untersuchung. Die Autoren sind bei einer Befragung von 47 männlichen jugendlichen und heranwachsenden Inhaftierten zu dem Ergebnis gelangt, daß die Begehung von Straftaten während der Pubertät und Adoleszenz als Ausdruck einer in dieser Phase der Entwicklung auf dem besonderen bikulturellen Sozialisationshintergrund verstärkt einsetzenden Identitätskrise zu sehen"[389] sei.

> FOCKEN / GLEY[390] *fanden heraus, daß der Delinquenzentwicklung junger Türken in vielen Fällen das „normale" Maß eines Generationenkonfliktes weit überschreitende Auseinandersetzungen zwischen den jungen Türken und ihren Vätern vorausgegangen waren. Diese familiären Binnenkonflikte wurden durch ein Festhalten der Väter an traditionellen Autoritätsnormen, die sie oftmals unter Anwendung von körperlicher Gewalt gegenüber ihren Söhnen durchzusetzen versuchten, ausgelöst*[391]. *Die jungen*

381 PFEIFFER, CHRISTIAN / WETZELS, PETER a.a.O. (2000a) (Fn. 17), S. 21.
382 PFEIFFER, CHRISTIAN / WETZELS, PETER a.a.O. (2000a) (Fn. 17), S. 21.
383 PFEIFFER, CHRISTIAN / WETZELS, PETER a.a.O. (2000a) (Fn. 17), S. 21.
384 Siehe unter Teil A, Kapitel 4, II., 3. a).
385 PFEIFFER, CHRISTIAN / WETZELS, PETER a.a.O. (2000a) (Fn. 17), S. 21.
386 PFEIFFER, CHRISTIAN / WETZELS, PETER a.a.O. (2000a) (Fn. 17), S. 21 f.
387 PFEIFFER, CHRISTIAN / WETZELS, PETER a.a.O. (2000a) (Fn. 17), S. 18 ff.
388 FOCKEN, ADALBERT / GLEY, CHRISTA a.a.O. (Fn. 22), S. 118.
389 FOCKEN, ADALBERT / GLEY, CHRISTA a.a.O. (Fn. 22), S. 9, 118.
390 FOCKEN, ADALBERT / GLEY, CHRISTA a.a.O. (Fn. 22), S. 118.
391 FOCKEN, ADALBERT / GLEY, CHRISTA a.a.O. (Fn. 22), S. 95.

Türken, die mit den in der Regel liberaleren Erziehungsstilen der Eltern ihrer deutschen Altersgenossen vertraut seien, hätten oftmals mit einer abrupten Trennung vom Elternhaus reagiert[392]. *So haben 60 % der türkischen Probanden angegeben, aufgrund von Konflikten mit den Eltern, in erster Linie mit dem Vater, zeitweise, teilweise auch für einen längeren Zeitraum von zu Hause „weggelaufen" zu sein*[393]. *Dieser Bruch mit dem Elternhaus sei wiederum häufig der Ausgangspunkt für eine delinquente Entwicklung gewesen*[394].

WALTER[395] hat gegen die Interpretation von PFEIFFER / WETZELS[396] eingewendet, daß seit langem in der Kriminologie bekannt sei, daß „ethnische Minderheiten in Strafanstalten – meist wegen Gewaltdelikten – weit überproportional zur Bevölkerung vertreten sind"[397]. Der Grund für die Höherbelastung der jungen Türken könne nicht ausschließlich auf die familiäre Gewalt zurückgeführt werden, da die Jugendgewalt nicht automatisch nach häuslichen Gewalterfahrungen auftrete[398].

Aus der Gewaltforschung sei bekannt, daß die Bereitschaft zur Begehung von konkreten Gewalttaten durch persönliche Gewalterfahrungen begünstigt werde, daß es aber sehr stark auf die bestimmten äußeren Umstände ankomme, die letztlich das gewaltauslösende Moment darstellten, beispielsweise nach Provokationen oder in Fußballstadien[399]. *Auch würde der Argumentation von* PFEIFFER / WETZELS *entgegenstehen, daß es vielen Menschen gelänge, trotz familiärer Gewalterfahrungen nicht straffällig zu werden*[400]. *Ferner wendet sich* WALTER[401] *gegen die „etikettierende" Herausstellung der Türken und ihrer „personenbezogenen Abqualifizierung"*[402] *als Kern des Problems, obwohl nach der Einschätzung von* PFEIFFER / WETZELS *neben der Staatsangehörigkeit auch die religiöse Erziehung und die Männlichkeitsvorstellungen für die Ausübung der innerfamiliären Gewalt ursächlich seien. Ein Vergleich mit der Scheidung der Eltern, die bei Türken seltener vorkomme als bei Deutschen, mache deutlich, daß die erhöhte Gewaltbereitschaft junger Türken ebensowenig auf ihre Staatsangehörigkeit zurückzuführen sei, wie die der Kinder aus geschiedenen Ehen*[403]. *Der eigentliche Risikofaktor sei in der unzureichenden Aufsicht der Eltern zu sehen, die im Kontext einer Scheidung in*

---

392 FOCKEN, ADALBERT / GLEY, CHRISTA a.a.O. (Fn. 22), S. 118.
393 FOCKEN, ADALBERT / GLEY, CHRISTA a.a.O. (Fn. 22), S. 118.
394 FOCKEN, ADALBERT / GLEY, CHRISTA a.a.O. (Fn. 22), S. 118.
395 WALTER, MICHAEL: Schuldige Minderheiten dringend gesucht. Türken als Gewalttäter: Kulturkampf mit Forschungsergebnissen? In: Frankfurter Rundschau vom 16.05.2000, S. 22.
396 PFEIFFER, CHRISTIAN / WETZELS, PETER a.a.O. (2000a) (Fn. 17), S. 18 ff.; PFEIFFER, CHRISTIAN / WETZELS, PETER a.a.O. (2000b) (Fn. 366), S. 14.
397 WALTER, MICHAEL a.a.O. (2000) (Fn. 395), S. 22: So wie in Deutschland die Türken die größte Gruppe unter den nichtdeutschen Gewalttätern bilden, stellten in den USA die Schwarzen und Hispanics, in Ungarn Sinti und Roma und in Frankreich die Nordafrikaner einen überproportionalen Anteil an den wegen Gewaltdelikten verurteilten Insassen dar.
398 WALTER, MICHAEL a.a.O. (2000) (Fn. 395), S. 22.
399 WALTER, MICHAEL a.a.O. (2000) (Fn. 395), S. 22.
400 WALTER, MICHAEL a.a.O. (2000) (Fn. 395), S. 22.
401 WALTER, MICHAEL a.a.O. (2000) (Fn. 395), S. 22.
402 WALTER, MICHAEL a.a.O. (2000) (Fn. 395), S. 22.
403 WALTER, MICHAEL a.a.O. (2000) (Fn. 395), S. 22.

erhöhten Maße auftrete[404]. *Während der Trennung der Eltern selbst keine kriminalitätsfördernde Wirkung mehr zugeschrieben würde, müsse auch bei den jungen Türken auf die sozialstrukturelle Situation abgestellt werden, die „von der TV- und Videoproduktion über körperliche oder wirtschaftliche Vernichtung von Konkurrenten bis zu Gewaltabenteurern rund um Fußballstadien reichen"*[405] *und alle Bevölkerungsgruppen betreffe.*

Der Kritik WALTERS kann entgegengehalten werden, daß PFEIFFER / WETZELS[406] nicht „nach schuldigen Minderheiten"[407] gesucht haben, sondern ausgehend von dem überproportinal hohen Anteil der türkischen Insassen im Jugendstrafvollzug, der auch den Ausgangspunkt dieser Arbeit bildet, unter dem Gesichtspunkt einer möglichen Erklärung der hohen Kriminalitätsrate junger Türken zu dem Schluß gelangt sind, daß sich das „Risiko der Entstehung von Jugendgewalt (drastisch) erhöht, wenn mindestens zwei der folgendenden drei Faktoren zusammentreffen:

- *die Erfahrung innerfamiliärer Gewalt,*
- *gravierende soziale Benachteiligung der Familie,*
- *schlechte Zukunftschancen des Jugendlichen aufgrund eines niedrigen Bildungsniveaus"*[408].

Die innerfamiliäre Gewalt stellt also lediglich eine von mehreren Erklärungsmöglichkeiten für die hohen Delinquenzbelastung junger Türken dar. Es wird in dieser Arbeit auf die Untersuchung von PFEIFFER / WETZELS[409] Bezug genommen werden, um zu überprüfen, ob sich dieses Ergebnis auf die männlichen türkischen Insassen im Jugendstrafvollzug in Nordrhein-Westfalen, die häufig wegen eines Gewaltdeliktes eine Haftstrafe verbüßen, übertragen läßt. Die Fragen nach innerfamiliären Gewalterfahrungen in der Kindheit und der Beobachtung, daß die Eltern sich untereinander geschlagen haben, wurden in den Fragebogen der eigenen Untersuchung aufgenommen[410]. Ferner fand die in die gleiche Richtung zielende Fragestellung nach einem wiederholten „Weglaufen" von zu Hause nach vorangegangenen Auseinandersetzungen mit dem Vater oder der Mutter aus der Untersuchung von FOCKEN / GLEY[411] Eingang in den Fragebogen dieser Untersuchung. Es soll insoweit neben der sozialstrukturellen Situation der türkischen Insassen auch ihre familiäre Situation, die von ihrer Religion, dem Islam, und ihrer Kultur geprägt ist, näher erforscht werden.

---

404 WALTER, MICHAEL a.a.O. (2000) (Fn. 395), S. 22.

405 WALTER, MICHAEL a.a.O. (2000) (Fn. 395), S. 22.

406 PFEIFFER, CHRISTIAN / WETZELS, PETER a.a.O. (2000a) (Fn. 17), S. 13 ff.; PFEIFFER, CHRISTIAN / WETZELS, PETER a.a.O. (2000b) (Fn. 366), S. 14.

407 WALTER, MICHAEL a.a.O. (2000) (Fn. 395), S. 22.

408 PFEIFFER, CHRISTIAN / WETZELS, PETER: Migration, soziale Lage und die Entwicklung der Jugendgewalt. In: DBH Fachverband für Soziale Arbeit, Strafrecht und Kriminalpolitik (Hrsg.): Ausländische Inhaftierte im Strafvollzug, Dokumentation des 3. Lotse-Forums vom 12.12.1998, Köln 1999, S. 45, (64); so auch PFEIFFER, CHRISTIAN / WETZELS, PETER a.a.O. (2000a) (Fn. 17), S. 16 f; PFEIFFER, CHRISTIAN / WETZELS, PETER a.a.O. (2000b) (Fn. 366), S. 14.

409 PFEIFFER, CHRISTIAN / WETZELS, PETER a.a.O. (2000a) (Fn. 17), S. 18 f.

410 Vgl. den im Anhang abgedruckten Fragebogen sowie unter Teil D, Kapitel 11, II., 12.

411 FOCKEN, ADALBERT / GLEY, CHRISTA a.a.O. (Fn. 22), 118; vgl. auch oben unter Teil D, Kapitel 11, II., 12.

Auf diese Weise soll der Frage nachgegangen werden, ob aufgrund der famililären Situation bei den jungen Türken ein Kulturkonflikt hervorgerufen wird, der, neben anderen Faktoren wie der möglicherweise schlechteren Schul- und Ausbildungssituation, für die erhöhte Kriminalitätsbelastung mitursächlich ist.

Zusammenfassend kann festgehalten werden, daß nicht die Kulturkonflikttheorie in ihrer ganzen Bandbreite, sondern in ihrer Ausprägung als Theorie des inneren Kulturkonfliktes die Entstehung von Delinquenz aufgrund der Orientierungslosigkeit bezüglich der Geltung von miteinander unvereinbaren Normen aus der Kultur des Heimatlandes und der Kultur des Gastlandes sehr anschaulich zu erklären vermag. Kritisch ist anzumerken, daß die Gefahr besteht, daß die Kulturkonflikttheorie wegen der Einbeziehung verschiedener ökonomischer und sozialpsychologischer Problemlagen die Gestalt eines konturenlosen Mehrfaktorenansatzes annehmen könnte. Auch vermag die Theorie des Kulturkonfliktes nicht ausreichend zu begründen, warum sich die psychosoziale Belastung von jungen Nichtdeutschen durch einen inneren Normen- und Wertekonflikt gerade in delinquentem Verhalten äußert, denn ein solcher Konflikt muß nicht notwendigerweise zu kriminellem Verhalten führen[412], sondern kann durch andere Bewältigungsstrategien gelöst werden.

3. Anomietheorie

Nachfolgend wird die Anomietheorie bezüglich ihrer Eignung zur Erklärung der hohen Kriminalitätsbelastung der jungen Türken in Nordrhein-Westfalen überprüft.

a) Aussage und Bewertung

Der Sozialwissenschaftler DURKHEIM[413] entwickelte im Jahr 1893 die Anomietheorie, die kriminelles Verhalten mit Bedingungen der Sozialstruktur zu erklären versucht[414]. Aufgrund instabiler sozialer Verhältnisse trete ein Zustand der Anomie bzw. Normlosigkeit ein, der durch eine Schwächung der gesellschaftlich anerkannten

---

412 DEN HOLLANDER, A.. N. J. a.a.O. (Fn. 343), S. 161, (183); KAISER, GÜNTHER a.a.O. (1996) (Fn. 98), S. 687; KUBINK, MICHAEL a.a.O. (Fn. 50), S. 72; REBMANN, MATTHIAS a.a.O. (Fn. 29), S. 283.

413 DURKHEIM, ÉMILE: Kriminalität als normales Phänomen. In: Sack, Fritz / König, René (Hrsg.): Kriminalsoziologie, 3. Aufl., Wiesbaden 1979, S. 3-8; vgl. auch REBMANN, MATTHIAS a.a.O. (Fn. 29), S. 284; LAMNEK, SIEGFRIED: Neue Theorien abweichenden Verhaltens, München 1994, S. 18.

414 Während DURKHEIM in seiner frühen Arbeit die unzureichende Dauerhaftigkeit der Beziehungen der Gesellschaftsmitglieder untereinander und die in modernen Industriegesellschaften aufgrund starker Arbeitsteilung hervorgerufene Schwächung des Gemeinschaftsbewußtseins zugunsten der Individualwerte als ursächlich für den Zustand der Normlosigkeit der Gesellschaft ansah (DURKHEIM, ÉMILE a.a.O. (1979) (Fn. 413), S. 3, (4), (1. Aufl. 1968); vgl. auch KÜRZINGER, JOSEF a.a.O. (Fn. 41), S. 81, Rn. 92; REBMANN, MATTHIAS a.a.O. (Fn. 29), S. 284), modifizierte er diese Überlegungen später in seiner Studie über den Selbstmord (DURKHEIM, ÉMILE: Der Selbstmord. Neuwied, Berlin 1973; LAMNEK, SIEGFRIED a.a.O. (1990) (Fn. 413), S. 110 ff.; REBMANN, MATTHIAS a.a.O. (Fn. 29), S. 284).

moralischen Überzeugungen und Handlungsmaximen gekennzeichnet sei[415]. Der Mensch neige in einer solchen Situation zu unerfüllbaren Ansprüchen[416]. Diese wiederum führten zu Bedürfnisfrustrationen, die alternativ eine erhöhte Selbstmordrate hervorrufen oder zu vermehrter Kriminalität führen könnten, „denn der Zustand von Verbitterung und gereiztem Überdruß, zu dem die Anomie führt, kann je nach den Umständen sich entweder gegen den Betreffenden selbst oder gegen den Mitmenschen richten"[417].

In Anlehnung an die Arbeiten DURKHEIMS stellte MERTON[418] im Jahr 1938 seine weiterführende Anomietheorie vor, die jedoch nicht nur abweichendes, kriminelles Verhalten, sondern Verhalten überhaupt erklären will[419]. Die Anomietheorie MERTONS, die in der Vergangenheit bereits vielfach als Erklärung für die hohe Kriminalitätsbelastung junger Nichtdeutscher herangezogen wurde[420], läßt sich in eine Gruppe theoretischer Konzepte einordnen, die als „strain theories" bezeichnet werden und die Ursachen delinquenten Verhaltens in dem Zusammenbruch der kulturellen Struktur sehen[421].

Gesellschaftliche Anomie ist das Resultat des Auseinanderklaffens von den innerhalb einer Gesellschaft als allgemein verbindlich definierten kulturellen Zielen und der sozialstrukturell determinierten Verteilung der legitimen Mittel, um diese Ziele zu erreichen[422]. So sei das herausragende Ziel in der amerikanischen Kultur die Erlangung von materiellem Wohlstand, der seinerseits mit Prestige und einem gehobenen sozialen Status verbunden sei[423]. Nun bestünden aber erhebliche, vor allem schicht-

---

415 DURKHEIM, ÉMILE a.a.O. (1973) (Fn. 414), S. 421; vgl. auch REBMANN, MATTHIAS a.a.O. (Fn. 29), S. 284.

416 DURKHEIM, ÉMILE a.a.O. 1973 (Fn. 414), S. 421.

417 DURKHEIM, ÉMILE a.a.O. 1973 (Fn. 414), S. 421.

418 MERTON, ROBERT KING: Soziologische Theorie und soziale Struktur. Meja, Volker / Stehr, Nico (Hrsg.), Berlin, New York 1995, vgl. auch MERTON, ROBERT KING: Sozialstruktur und Anomie. In: Sack, Fritz / König, René (Hrsg.): Kriminalsoziologie, 3. Aufl., Wiesbaden 1979, S. 283-313.

419 MERTON, ROBERT KING a.a.O. (1995) (Fn. 418), S. 156; vgl. auch KÜRZINGER, JOSEF a.a.O. (Fn. 41), S. 81, Rn. 92; REBMANN, MATTHIAS a.a.O. (Fn. 29), S. 284; SCHWIND, HANS-DIETER a.a.O. (2001) (Fn. 32), S. 126, § 7 Rn. 6.

420 BUKOWSKI, ANNETTE a.a.O. (1998) (Fn. 9), S. 13; GEBAUER, MICHAEL a.a.O. 1981b (Fn. 113), S. 83 ff.; für die Schweiz: KILLIAS, MARTIN: Kriminelle Fremdarbeiter-Kinder? Strukturelle Determinanten der Delinquenz bei Fremdarbeitern unter besonderer Berücksichtigung der zweiten Generation. In: Schweizerische Zeitschrift für Soziologie 1977, S. 3 ff., zit. nach REBMANN, MATTHIAS a.a.O. (Fn. 29), S. 57.

421 Dieser Zusammenbruch werde hervorgerufen durch eine scharfe Trennung „zwischen kulturellen Normen und Zielen und den sozial strukturierten Fähigkeiten (...) zu einem normkonformen Handeln" (MERTON, ROBERT KING a.a.O. (1995) (Fn. 418), S. 156). Während einige Vorgänger MERTONS in diesem Zusammenhang von natürlichen, inneren Wünschen ausgehen, stellt er selbst auf die von den verschiedenen Kulturen idealisierten Ziele ab, vgl. MERTON, ROBERT KING a.a.O. (1995) (Fn. 418), S. 156, 160 ff.

422 KAISER, GÜNTHER a.a.O. (1996) (Fn. 98), S. 450; LAMNEK, SIEGFRIED: Theorien abweichenden Verhaltens, 4. Aufl., München 1990, S. 114; SCHWIND, HANS-DIETER a.a.O. (2001) (Fn. 32), S. 126, § 7 Rn. 6.

423 MERTON, ROBERT KING a.a.O. (1995) (Fn. 418), S. 160 ff.

spezifische Unterschiede in den Zugangschancen zu diesem Ziel[424]. Während die Kultur das Streben nach beruflichem Erfolg und Wohlstand idealisiere, würden bestimmte Personengruppen durch die soziale Struktur in den legalen Möglichkeiten der Erlangung von Reichtum beschränkt[425]. Dies habe zur Folge, daß diese Gruppe eher als andere dazu gedrängt werde, die konventionellen Ziele, die auch von diesen Personen akzeptiert werden – zu deren Erlangung ihnen die Gesellschaft jedoch keine ausreichenden institutionellen Zugangschancen zur Verfügung stelle – auf illegalem Wege, beispielsweise durch die Begehung von Eigentumsdelikten, anzustreben[426]. Ein Zustand der Anomie tritt also ein, wenn eine mangelnde Integration der kulturellen und der sozialen Struktur auftritt, die zu einer Spannung führt, die bis zur Normlosigkeit führen kann[427].

Kritiker der Anomietheorie sehen die Schwächen dieser Theorie darin begründet, daß sie lediglich die Kriminalität in der Unterschicht erkläre, andererseits aber offenlasse, warum sich der Großteil dieser Schicht konform verhalte, obgleich auf allen ihren Angehörigen der Druck der Anomie laste[428]. Die Anomietheorie sei nicht in der Lage, Bedingungen zu benennen, „wann und unter welchen Voraussetzungen bei sonst gleichen Ausprägungen der gesellschaftlichen Strukturen der eine sich abweichend, der andere aber konform verhält“[429].

> *Ferner ist kritisch anzumerken, daß die Anomietheorie empirisch bisher nicht bestätigt werden konnte[430]. Dieses dürfte u.a. an der Schwierigkeit liegen, alle relevanten Variablen in einem Untersuchungsansatz zu erfassen[431]. Auch läßt sich gegen den Bezug der Anomietheorie auf die Unterschichtsangehörigen kritisch einwenden, daß den*

---

424 MERTON, ROBERT KING a.a.O. (1995) (Fn. 418), S. 156, 162.

425 MERTON, ROBERT KING a.a.O. (1995) (Fn. 418), S. 160 ff.

426 KAISER, GÜNTHER a.a.O. (1996) (Fn. 98), S. 450; MERTON, ROBERT KING a.a.O. (1995) (Fn. 418), S. 162; vgl auch zu den verschiedenen Weiterentwicklungen der Anomietheorie LAMNEK, SIEGFRIED a.a.O. (1990) (Fn. 422), S. 124 ff.

427 MERTON, ROBERT KING a.a.O. (1979) (Fn. 418), S. 283, (293), MERTON, ROBERT KING a.a.O. (1995) (Fn. 418), S. 156.

428 GÖPPINGER, HANS a.a.O. (1997) (Fn. 41), S. 132.

429 LAMNEK, SIEGFRIED a.a.O. (1990) (Fn. 422), S. 265. Demgegenüber wendet WISWEDE ein, es werde hierbei verkannt, daß es sich bei der Schichthypothese MERTONS lediglich um einen Zusatz handele, der zur Veranschaulichung der Anomietheorie DURKHEIMS diene. Gerade in der Unterschicht seien die besonderen Bedingungen gegeben, die den Anomiedruck begründen bzw. verstärken, ohne eine Übertragbarkeit auf andere Personen oder gesellschaftliche Gruppen (Altersgruppen, Geschlechter, ethnische Zugehörigkeit, soziale Milieus etc.) auszuschließen, vgl. WISWEDE, GÜNTER: Soziologie des abweichenden Verhaltens. 2. Aufl., Stuttgart, Berlin, Köln, Mainz 1979, S. 115.

430 LAMNEK, SIEGFRIED a.a.O. (1990) (Fn. 422), S. 278 m.w.N.; NIGGLI, MARCEL ALEXANDER a.a.O. (Fn. 38), S. 142; VILLMOW, BERNHARD a.a.O. (1993) (Fn. 50), S. 39, (46); zur Uneinigkeit der adäquaten Überprüfung des Modells vgl. BERNARD, THOMAS J.: Control criticism of strain theories. An assessment of theoretical and empirical adequacy. In: Journal of Research in Crime and Delinquency, 1984, S. 353-372; BERNARD, THOMAS J.: Testing structural strain theories. In: Journal of Research in Crime and Delinquency, 1987, S. 262-280.

431 AMELANG, MANFRED: Sozial abweichendes Verhalten: Entstehung – Verbreitung – Verhinderung. Berlin, Heidelberg, New York, London, Paris, Tokyo 1986, S. 163.

gesellschaftlich anerkannten Zielen wie beruflicher Erfolg, Status und Wohlstand bezüglich ihrer Höhe und Ausprägung keine Grenzen gesetzt werden können, d.h. daß die Anomietheorie zu Unrecht völlig unberücksichtigt läßt, daß auch bei normalen oder sogar guten Zugangschancen zu den legitimen Mitteln, die zur Erreichung der gesellschaftlichen Ziele benötigt werden, ein anomischer Druck entstehen kann, wenn lediglich die Ansprüche des Einzelnen entsprechend gesteigert werden[432]. *Unter welchen Umständen eine Person mit ihrem sozialen Standard zufrieden ist und sich beispielsweise als wohlhabend bezeichnet, ist eine Frage des individuellen Anspruchsniveaus und kann nicht für alle Mitglieder einer bestimmten Gesellschaftsgruppe einheitlich festgesetzt werden*[433].

b) Übertragung auf Türken der Zweiten und Dritten Generation

Bei einem Großteil der in der Bundesrepublik Deutschland lebenden Ausländer besteht aufgrund ihrer sozialen Randposition gegenüber den von unserer konsumorientierten Gesellschaft anerkannten Zielen wie Besitz und Konsum eine anomische Situation[434], da vielen von ihnen aufgrund der sozialstrukturellen Benachteiligungen nur eingeschränkte Möglichkeiten zur Verfügung stehen, um mit legitimen Mitteln den gesellschaftlich propagierten Wohlstand zu erlangen[435]. Die in Deutschland geborenen türkischen Jugendlichen und Heranwachsenden orientieren sich an den Lebensstandards gleichaltriger Deutscher, akzeptieren beruflichen Erfolg und Wohlstand auch als ihre persönlichen Lebensziele, die sie zu erreichen versuchen[436]. Die soziale Lage der jungen Türken in Deutschland ist von negativen Faktoren gekennzeichnet[437]: Zu nennen sind hier insbesondere eine geringere Schulbildung[438], hohe Arbeitslosigkeit[439],

---

432 GÖPPINGER, HANS a.a.O. (1997) (Fn. 41), S. 132.

433 REBMANN, MATTHIAS a.a.O. (Fn. 29), S. 287.

434 PFEIFFER, CHRISTIAN: Das Problem der sogenannten „Ausländerkriminalität" – empirische Befunde, Interpretationsangebote und (kriminal-) politische Folgerungen. KFN-Forschungsberichte Nr. 42. Hannover 1995, S. 16.

435 BOOS-NÜNNING, URSULA / NIEKE, WOLFGANG: Orientierungs- und Handlungsmuster türkischer Jugendlicher zur Bewältigung der Lebenssituation in der Bundesrepublik Deutschland. In: Psychosozial, Jg. 5, Heft 16, 1982, S. 63, (66); SAVELSBERG, JOACHIM JOSEF. a.a.O. (Fn. 352), S. 128.

436 KUBINK, MICHAEL: a.a.O. (Fn. 50), S. 73.

437 Zur sozialen Lage der Ausländer vgl. BOOS-NÜNNING, URSULA: Die Lebenssituation junger Ausländer in der Bundesrepublik Deutschland. In: Schäfer, Karl Heinrich / Sievering, Ulrich O. (Hrsg.), Ausländerrecht contra Resozialisierung? Frankfurt a. M. 1984, S. 14, (17); BUKOWSKI, ANNETTE a.a.O. (1998) (Fn. 9), S. 13; DONNER, OLAF / OHDER, CLAUDIUS / WESCHKE, EUGEN et al. a.a.O. (Fn. 113), S. 43, (139); NEUMANN, URSULA: Erziehung ausländischer Kinder, Düsseldorf 1980, S. 65 ff; OPPERMANN, ANTJE: Straffällige junge Ausländer: Kriminalitätsbelastung und soziale Bedingungen. Eine Untersuchung anhand von Daten der Jugendgerichtshilfe in Freiburg i. Br. In: BewHi, Jg. 34, Heft 1, 1987, S. 83, (90); SAVELSBERG, JOACHIM JOSEF a.a.O. (Fn. 352), S. 36 ff.

438 STATISTISCHES BUNDESAMT (Hrsg.) a.a.O. (2001b) (Fn. 45), S. 570: Im Jahr 1996 hatten in Westdeutschland 29 % der Ausländer aus Anwerbeländern im Alter von 16-64 Jahren keinen Schulabschluß gegnüber 4 % der gleichaltrigen Deutschen; einen Hauptschulabschluß hatten 22,0 % der Ausländer und 46 % der Deutschen, die Mittlere Reife besaßen 8,0 % der Ausländer und 25,0 % der Deutschen, das Abitur hatten 6,0 % der Ausländer und 23,0 % der Deutschen;

schlechte Wohnverhältnisse[440] und restriktive Aufenthalts- und Arbeitserlaubnisbestimmungen[441].
Die jugendlichen und heranwachsenden Türken problematisieren ihre als unbefriedigend erlebte Situation und entwickeln Neutralisierungstechniken. Sie erklären ihr deviantes Verhalten damit, daß „sie als Türken benachteiligt werden, weil Deutschland ausländerfeindlich ist, weil ihnen keine legale Chance gegeben wird, ihre Bedürfnisse zu befriedigen"[442].

Allerdings hat sich die Situation der jungen Nichtdeutschen im Vergleich zu den vorangegangenen Jahren inzwischen erheblich verbessert, und die Integration der Gastarbeiter und ihrer Nachkommen scheint erfolgreicher als bisher verlaufen zu sein.

So ergab eine Repräsentativuntersuchung aus dem Jahr 1995, die sich mit der Situation ausländischer Arbeitnehmer und ihren Familienangehörigen beschäftigte, daß fast 87 % der befragten ausländischen Jugendlichen, die in Deutschland zur Schule gegangen sind,

---

vgl. auch DONNER, OLAF / OHDER, CLAUDIUS / WESCHKE, EUGEN et al. a.a.O. (Fn. 113), S. 43, (139); HEßLER, MANFRED: Hintergründe und Entwicklung der Delinquenz der zweiten Ausländergeneration. In: ZAR, Jg. 5, Heft 3, 1985, S. 116, (117); NIEKE, WOLFGANG a.a.O. (Fn. 51), S. 13, (28): 1986 waren 5 % der deutschen Schulabgänger aus allgemeinbildenden Schulen (also aller Schulformen) ohne Hauptschulabschluß und 23 % der nichtdeutschen Schulabgänger; SCHÖCH, HEINZ / GEBAUER, MICHAEL a.a.O. (Fn. 227), S. 33.

439 BEAUFTRAGTE DER BUNDESREGIERUNG FÜR AUSLÄNDERFRAGEN (Hrsg.) a.a.O. (2000b) (Fn. 45), S. 55: Die Arbeitslosenquote betrug in Deutschland im September 1999 insgesamt 11,2 %, bei den Türken jedoch 22,5 %; vgl. auch DONNER, OLAF / OHDER, CLAUDIUS / WESCHKE, EUGEN et al. a.a.O. (Fn. 113), S. 43, (139); SESSAR, KLAUS a.a.O. (1993) (Fn. 186), S. 187, (200); STÜWE, GERD: Zukunftsperspektiven von Migrantenfamilien aus der Perspektive ihrer Kinder. In: Lajios, Konstantin: Die ausländische Familie. Ihre Situation und Zukunft in Deutschland. Opladen 1998, S. 117, (130).

440 BEAUFTRAGTE DER BUNDESREGIERUNG FÜR AUSLÄNDERFRAGEN (Hrsg.) a.a.O. (2000a) (Fn. 51), S. 157 i.V.m. BEAUFTRAGTE DER BUNDESREGIERUNG FÜR AUSLÄNDERFRAGEN (Hrsg.): Bericht der Beauftragten der Bundesregierung für Ausländerfragen über die Lage der Ausländer in der Bundesrepublik Deutschland. Bonn 1997, S. 66-68: Eine Wohnungsstichprobe aus dem Jahr 1993 hat ergeben, daß die nichtdeutsche Bevölkerung im Durchschnitt pro Person weniger Fläche Wohnraum zur Verfügung hat (21 qm Wohnfläche gegenüber 33 qm), ihre Wohnungen eine schlechtere Ausstattung besitzen (75 % der Ausländer bewohnen eine Wohnung mit Zentralheizung gegenüber 90 % der Deutschen) und die Mieten vergleichsweise höher sind als die der deutschen Wohnbevölkerung (die durchschnittliche Kaltmiete ausländischer Mieter betrug 9,82 DM/qm gegenüber 8,56 DM/qm bei deutschen Mietern); vgl. auch SCHÖCH, HEINZ / GEBAUER, MICHAEL a.a.O. (Fn. 227), S. 29 f.

441 BEAUFTRAGTE DER BUNDESREGIERUNG FÜR AUSLÄNDERFRAGEN (Hrsg): Daten und Fakten zur Ausländersituation, 18. Aufl., Bonn, Berlin 1999, S. 28: So besaßen am 31.12.1998 ca. 11 % der türkischen Wohnbevölkerung in der Bundesrepublik weder eine Aufenthaltsberechtigung noch eine Aufenthaltserlaubnis.

442 BUKOWSKI, ANNETTE a.a.O. (1998) (Fn. 9), S. 13; diese Einstellung ist geeignet, abweichendes Verhalten generell zu rechtfertigen, vgl. HAMBURGER, FRANZ / SEUS, LYDIA / WOLTER, OTTO: Zur Delinquenz ausländischer Jugendlicher – Bedingungen der Entstehung und Prozesse der Verfestigung –, Wiesbaden 1981, S. 67 f; CHAIDOU, ANTHOZOE a.a.O. (1984a) (Fn. 22), S. 83 f.

einen deutschen Schulabschluß erreicht hatten[443]*. Weiterhin wurde in der Repräsentativuntersuchung aus dem Jahr 1995 festgestellt, daß immerhin 70 % der nichtdeutschen Schulabgänger eine Berufsausbildung begonnen hatten*[444]*. Diese Angaben relativieren sich jedoch bezüglich ihres Aussagegehalts, wenn man berücksichtigt, daß andererseits im Jahr 1993 an den beruflichen Schulen 32,2 % der Nichtdeutschen und nur 12,8 % der Deutschen die Schule ohne Abschluß verließen*[445] *und daß 1995 27 % der Angehörigen der Zweiten Ausländergeneration als an- oder ungelernte Arbeiter tätig waren, Deutsche derselben Altersgruppe jedoch nur zu 9 %*[446]*.*
In den Fragebogen der Untersuchung wurden auch Fragen zur schulischen und beruflichen Vorbildung der jungen Türken und Deutschen aufgenommen, um ihre Ausbildungssituation vergleichen zu können.

Geht man von höheren (Konsum-)Ansprüchen der Zweiten Generation aus, müßte, folgt man der Anomietheorie, der Ausländeranteil speziell im Eigentums- und Vermögensdeliktsbereich relativ hoch sein[447], weil die Zweite Generation besonders häufig diese Straftaten begehen müßte, um ihren Lebensstandard dem der Deutschen anzupassen. Dies ist jedoch lediglich in den neunziger Jahre der Fall gewesen, zuvor waren Ausländer primär wegen Gewaltstraftaten strafrechtlich in Erscheinung getreten[448]. Nach der Anomietheorie hätte jedoch in Anbetracht der sozialen Randständigkeit der Ersten Ausländergeneration in den sechziger und siebziger Jahren eine extreme Konzentration des Ausländeranteils im Bereich der Eigentumskriminalität, insbesondere der Diebstahlsdelikte, gegeben sein müssen[449]. Da dies nicht der Fall ist, gehen SCHÜLER-SPRINGORUM[450] und NIGGLI[451] davon aus, daß die Anomietheorie im Bereich der Ausländerkriminaität als falsifiziert anzusehen ist.

---

443 HABERLAND, JÜRGEN: Repräsentativuntersuchung 95 zur Situation der ausländischen Arbeitnehmer und ihrer Familienangehörigen in der Bundesrepublik Deutschland. In: ZAR, Jg. 17, Heft 3, 1997, S. 138, (139).

444 HABERLAND, JÜRGEN a.a.O. (1997) (Fn. 443), S. 139.

445 STATISTISCHES BUNDESAMT (Hrsg.) a.a.O. (1995) (Fn. 71), S. 73.

446 REBMANN, MATTHIAS a.a.O. (Fn. 29), S. 182.

447 NIGGLI, MARCEL ALEXANDER a.a.O. (Fn. 38), S. 142; REBMANN, MATTHIAS a.a.O. (Fn. 29), S. 289.

448 REBMANN, MATTHIAS a.a.O. (Fn. 29), S. 289.

449 KUBINK, MICHAEL a.a.O. (Fn. 50), S. 73. Die verhältnismäßig geringe Belastung der Ersten Ausländergeneration kann mit anomietheoretischen Herleitungen kaum überzeugend begründet werden, denn gerade diese Ausländergruppe, die überwiegend als ungelernte oder angelernte Arbeitskräfte in der Bundesrepublik tätig war, hatte in noch erheblich höherem Maße mit der sozio-ökonomischen Randlage zu kämpfen als die nachfolgende Zweite Ausländergeneration, (vgl. HECKMANN, FRIEDRICH: Die Bundesrepublik: Ein Einwanderungsland? Zur Soziologie der Gastarbeiterbevölkerung als Einwandererminorität. Stuttgart 1981, S. 183 ff.). PILGRAM weist in diesem Zusammenhang auf eine Chancenungleichheit bei der Ersten und Zweiten Generation sowie auf eine unterschiedliche Situationswahrnehmung hin, die es den älteren Immigranten ermöglicht habe, sich mit ihrer Situation abzufinden, den jüngeren Immigranten dagegen erlaube, Forderungen zu stellen, (PILGRAM, ARNO a.a.O. (1984) (Fn. 70), S. 16, (26)). Gegen die Argumentation PILGRAMS ist einzuwenden, daß die soziale Lage der Ersten Generation durch einen erheblich niedrigeren Lebensstandard gekennzeichnet war.

450 SCHÜLER-SPRINGORUM, HORST a.a.O. (Fn. 233), S. 529, (534).

451 NIGGLI, MARCEL ALEXANDER a.a.O. (Fn. 38), S. 142.

In Bezug auf die in dieser Arbeit zu untersuchende Gruppe der jugendlichen und heranwachsenden Türken wird eine weitere Schwäche der Anomietheorie deutlich, die darin besteht, daß sie ausschließlich eine am rationalen Ziel-Mittel-Prinzip orientierte Handlungsstruktur als ursächlich für kriminelles Verhalten ansieht[452], obwohl bei Jugendlichen und Heranwachsenden häufig nicht verstandesbezogene Handlungsweisen auftreten, sondern viele Handlungen emotional bedingt sind. Aus diesem Grunde erscheint die Anomietheorie für die Erklärung von Jugendkriminalität im allgemeinen ungeeignet[453].

Abschließend läßt sich festhalten, daß sich die anomietheoretischen Herleitungen zwar nur eingeschränkt für die Türken der Zweiten und Dritten Generation übertragen lassen, aber gut eignen, um die Eigentumskriminalität der neuen Zuwanderungsgruppen, insbesondere der Asylbewerber, Bürgerkriegsflüchtlinge und illegalen Einwanderer in den 80er und 90er Jahren zu erklären. Ein Großteil der Ausländerkriminalität wird von diesen Ausländergruppen, von denen zwei Drittel als einkommensarm zu bezeichnen sind[454] sowie von durchreisenden Ausländern verübt („Kriminaltourismus"[455]), denen die Bundesrepublik Deutschland aufgrund des hohen Lebensstandards als geeigneter Ort für die Begehung von Eigentumsdelikten erscheinen mag[456].
Demgegenüber kann mit der Anomietheorie nicht überzeugend begründet werden, warum die Gruppe der Ausländer der Zweiten Generation nicht nur bei Vermögensdelikten, sondern auch bei den Körperverletzungsdelikten sehr hoch belastet ist. Ebenso bleibt völlig ungeklärt, warum die Erste Ausländergeneration, die sozial wesentlich schlechter gestellt war als die Angehörigen der nachfolgenden Ausländergenerationen in Deutschland, in nur geringem Umfang im Bereich der Diebstahls- und Bereicherungsdelikte allgemein in Erscheinung getreten ist.

4. Sozialisationstheorie

a) Aussage und Bewertung

Die Sozialisationstheorie führt kriminelles Verhalten einer Person auf eine fehlgeschlagene Sozialisation dieser Person zurück[457].

Während der Begriff der Sozialisation definiert wird als „das Eingeführtwerden in sowohl sozial erwünschte als auch in sozial unerwünschte Verhaltsweisen durch

---

452 THIELE, ULF a.a.O. (Fn. 44), S. 192.
453 REBMANN, MATTHIAS a.a.O. (Fn. 29), S. 287.
454 STATISTISCHEN BUNDESAMT (Hrsg.) a.a.O. (2001b) (Fn. 45), S. 575.
455 DEARING, ALBIN: Der sogenannte Kriminaltourismus. Der Ladendiebstahl und die Öffnung der Ostgrenzen. In: Pilgram, Arno (Hrsg.), Grenzöffnung, Migration, Kriminalität. Baden-Baden 1993, S. 181, (182); LAUTON, ALBERT: Das Ausländerrecht und eine Vollzugswirklichkeit. Die Problematik des Kriminaltourismusses aus polizeilicher Praxis. In: Die Polizei, Jg. 81, Heft 8, 1990, S. 201, (202); SCHWIND, HANS-DIETER a.a.O. (1999a) (Fn. 10), S. 323, (334).
456 REBMANN, MATTHIAS a.a.O. (Fn. 29), S. 288.
457 KÜRZINGER, JOSEF a.a.O. (Fn. 41), S. 83, Rn. 94.

Umwelteinflüsse jeder Art"[458]*, besteht die Erziehung „in der bewußten und zielgerichteten Förderung sozial erwünschter Verhaltensweisen durch Erziehungsträger (Eltern, Lehrer)"*[459]*. Sozialisation ist der weitere, Erziehung der engeren Begriff*[460]*. Aus diesem Grunde wird der Begriff der Sozialisation in dieser Arbeit als Oberbegriff verwendet.*

Nach SEITZ[461] stellt sich Straffälligkeit „zu einem hohen Ausmaß als Folge einer in der frühen Sozialisation, speziell durch die elterliche Erziehung, erworbenen Persönlichkeitsstruktur"[462] ein. Werden die Werte und Normen nicht richtig oder nicht vollständig vermittelt, so besteht die Gefahr, daß Norm- und Verhaltenskonflikte ausgelöst werden, die in besonders schweren Fällen zu einer Verletzung des Strafgesetzes führen können[463] sowie zur Übernahme von Neutralisationstechniken, die dazu dienen, das strafrechtlich relevante Verhalten zu rechtfertigen[464].

Da es nicht nachvollziehbar erscheint, daß eine Person gegen Werte handelt, die sie selbst internalisiert hat und an die sie glaubt, geht das Neutralisationsmodell von der These aus, daß diese Wertvorstellungen zuerst „neutralisiert", mit anderen Worten, daß die als allgemeingültig von der Gesellschaft anerkannten Grundwerte abgelegt werden müssen, bevor eine illegale Handlung ausgeführt werden kann[465]. Kritisch ist zu dieser Neutralisierungstheorie anzumerken, daß im Einzelfall nicht nachgewiesen werden kann, ob die Neutralisierung der Wertvorstellungen vor Ausübung der kriminellen Handlung oder erst an deren Anschluß stattgefunden hat, sozusagen zur nachträgliche Rechtfertigung und zur moralischen Entlastung[466]. Nach BUKOWSKI[467] sind für jugendliche und heranwachsende Türken aufgrund ihrer in einigen Lebensbereichen noch immer benachteiligten sozialen Situation besonders zwei Neutralisierungstechniken von großer Bedeutung:

- *„Aufgrund der Umstände sind Türken „gezwungen", gegen Gesetze zu verstoßen, um das zu erreichen, was ihnen zusteht: Ablehnung der eigenen Verantwortung.*

- *Wenn Türken von Deutschen benachteiligt und diskriminiert werden, haben sie das Recht, sich zu „wehren" und gegen die Normen zu verstoßen, die von jenen vertreten werden: Verdammung der Verdammenden"*[468].

---

458 SCHWIND, HANS-DIETER a.a.O. (2001) (Fn. 32), S. 171, Vor § 10, Rn. 2.
459 SCHWIND, HANS-DIETER a.a.O. (2001) (Fn. 32), S. 171, Vor § 10, Rn. 2.
460 SCHWIND, HANS-DIETER a.a.O. (2001) (Fn. 32), S. 171, Vor § 10, Rn. 2.
461 SEITZ, WILLI: Familiäre Erziehung und Delinquenz. In: Seitz, Willi (Hrsg.): Kriminal- und Rechtspsychologie. München, Wien, Baltimore 1983, S. 50.
462 SEITZ, WILLI a.a.O. (1983) (Fn. 461), S. 50.
463 KAISER, GÜNTHER a.a.O. (1997) (Fn. 50), S. 249; REBMANN, MATTHIAS a.a.O. (Fn. 29), S. 290.
464 BUKOWSKI, ANNETTE a.a.O. (1998) (Fn. 9), S. 14; KAISER, GÜNTHER a.a.O. (1997) (Fn. 50), S. 249.
465 NIGGLI, MARCEL ALEXANDER a.a.O. (Fn. 38), S. 143.
466 NIGGLI, MARCEL ALEXANDER a.a.O. (Fn. 38), S. 143.
467 BUKOWSKI, ANNETTE a.a.O. (1998) (Fn. 9), S. 14.
468 BUKOWSKI, ANNETTE a.a.O. (1998) (Fn. 9), S. 14; vgl. auch BIELEFELD, ULI: Die Straffälligkeit junger Ausländer in der Bundesrepublik Deutschland. In: Schäfer, Karl Heinrich / Sievering,

Nachweislich treten Sozialisationsstörungen vermehrt in unteren gesellschaftlichen Schichten auf, die im Vergleich zu den oberen Schichten höhere Scheidungsraten aufweisen, in denen es vermehrt zu innerfamiliären Spannungen zwischen den Ehepartnern oder zwischen Eltern und Kindern kommt[469]:

> *„Delinquente (ausländische)[470] Jugendliche berichten überdurchschnittlich häufig von zerrütteten oder verwahrlosten Familienverhältnissen, von Streitigkeiten zwischen den Eltern, von Alkoholismus, Kriminalität oder Prostitution eines Elternteils, von überfüllten Wohnungen, von Unregelmäßigkeiten im Arbeitsverhalten des Vaters"[471]. Hinzu komme, daß Unterschichteltern häufiger einen inkonsequenten oder autoritären Erziehungsstil praktizieren, der sich nachteilig auf die Identitätsentwicklung der Kinder auswirke[472].*

Kritisch ist gegenüber der Sozialisationstheorie anzumerken, daß sie ergänzungsbedürftig ist, da sie Rechtsbrüche bei Tätern, die der Mittelschicht angehören und folglich eine „normale" Sozialisation erfahren haben, nicht zu erklären vermag.

b) Übertragung auf Türken der Zweiten und Dritten Generation

Da die Sozialisationbedingungen innerhalb der Familie für die Entwicklung der Wertvorstellungen von herausragender Bedeutung sind, stellt besonders für die Türken der Zweiten und Dritten Generation die oft instabile soziale Situation der Familie ein Sozialisationshindernis dar[473]. Unter Heranziehung der Sozialisationstheorien wird darauf hingewiesen, daß bei den jungen Nichtdeutschen die sozialen und familiären Kontrollmechanismen nicht mehr wirken, da die aufgrund der Anpassung an die deutsche Gesellschaft destabilisierten Familienstrukturen die Erziehungsleistung der Eltern beeinträchtigen[474], und auch die zuvor akzeptierten Autoritäten an Bedeutung

---

Ulrich O. (Hrsg.), Ausländerrecht contra Resozialisierung? Frankfurt a. M. 1984, S. 41, (52); HAMBURGER, FRANZ / SEUS, LYDIA / WOLTER, OTTO a.a.O. (Fn. 442), S. 67 f; NIGGLI, MARCEL ALEXANDER a.a.O. (Fn. 38), S. 143.

469 REBMANN, MATTHIAS a.a.O. (Fn. 29), S. 291.

470 Anmerkung der Verfasserin.

471 GEIßLER, RAINER: Soziale Schichtung und Kriminalität. In: Geißler, Rainer (Hrsg.): Soziale Schichtung und Lebenschancen in Deutschland. 2. Aufl., Stuttgart 1994, S. 160, (167).

472 GEIßLER, RAINER a.a.O. (1994) (Fn. 471), S. 160, (169). Ergebnisse der Dunkelfeldforschung belegen, daß fast jeder Mensch einmal in seinem Leben eine strafrechtlich relevante Handlung begeht – eine Erkenntnis, die nur den Schluß zuläßt, daß es keine Sozialisation gibt, die kriminelles Verhalten unter allen Umständen und in sämtlichen Konfliktlagen zu verhindern vermag, vgl. KAISER, GÜNTHER a.a.O. (1997) (Fn. 50), S. 250.

473 BUKOWSKI, ANNETTE a.a.O. (1998) (Fn. 9), S. 14 f.

474 ALBRECHT, PETER-ALEXIS / PFEIFFER, CHRISTIAN a.a.O. (Fn. 115), S. 48 f; BOOS-NÜNNING, URSULA a.a.O. (1984) (Fn. 437), S. 26 ff; LAJIOS, KONSTANTIN: Familiäre Sozialisations-, soziale Intergrations- und Identitätsprobleme ausländischer Kinder und Jugendlicher in der Bundesrepublik Deutschland. In: Lajios, Konstantin (Hrsg.): Die zweite und dritte Ausländergeneration. Ihre Situation und Zunkunft in der Bundesrepublik Deutschland. Opladen 1991b, S. 43, (44); NEUMANN, Ursula a.a.O. (Fn. 437), S. 20; OPPERMANN, ANTJE a.a.O. (Fn. 437), S. 91; SCHÖCH, HEINZ / GEBAUER, MICHAEL a.a.O. (Fn. 227), S. 29.

verloren haben[475]. Im Gegensatz zu den jungen Türkinnen, die einer strengen Kontrolle durch die Eltern unterliegen, ist die Auseinandersetzung mit den Eltern um das Werte- und Normensystem für die männlichen jungen Türken nur von untergeordneter Bedeutung[476].

Davon ausgehend, daß die ausländische Elterngeneration noch in ihren traditionellen Wertvorstellungen des Heimatlandes verwurzelt ist und in der fremden Umgebung häufig besonders darauf geachtet wird, die Kinder nach den traditionellen Werten zu erziehen[477], so daß viele türkische Jugendliche gleichzeitig in zwei Welten leben: „morgens Deutschland – abends Türkei“[478], wird als Folge bei den zugewanderten jungen Ausländern ein „Kulturschock“ erwartet[479]. Dieser kann zu einer Identitätsstörung führen, da sich die Jugendlichen mit den nicht zu vereinbarenden Erwartungen von Kultur und Lebenswelt der Familie einerseits und den diesen wiedersprechenden Erwartungen der Aufnahmekultur andererseits konfrontiert sehen[480]. Die überwiegende Mehrheit der bereits in Deutschland geborenen Türken fühlt sich zwar als Deutsche, wird aber von den Deutschen als Ausländer behandelt, wodurch ebenfalls Identitätskonflikte bei den betroffenen jungen Nichtdeutschen hervorgerufen werden[481].

Nach dem Generationssequenz-Modell des „Drei-Generationen-Assimilationszyklus“[482] ist davon auszugehen, daß die Integrationsschwierigkeiten von zugewanderten Ausländern erst im Verlauf von drei Generationen abnehmen. Bei vielen jungen Türken der Zweiten und Dritten Generation hat sich allerdings gezeigt, daß sie ihre nationale Identität nicht aufgeben wollen und aus diesem Grunde die deutsche Staatsbürgerschaft ablehnen[483]. Die Türken der Dritten Generation scheinen wieder ein verstärktes Identitätsbewußtsein in bezug auf ihr Herkunftsland zu entwickeln, so daß nach SCHWIND[484] die Integrationsfrage der jungen Türken zu einem „Jahrhundertproblem“ werden könnte.

---

475 AHLF, ERNST-HEINRICH: Ausländerkriminalität in der Bundesrepublik Deutschland nach Öffnung der Grenzen. In: ZAR, Jg. 13, Heft 3, 1993, S. 132, (135).

476 STÜWE, GERD a.a.O. (1991) (Fn. 44), S. 131 f.

477 REBMANN, MATTHIAS a.a.O. (Fn. 29), S. 292.

478 BEHR, VERA a.a.O. (Fn. 320), S. 153.

479 NIEKE, WOLFGANG a.a.O. (Fn. 51), S. 13, (15).

480 REBMANN, MATTHIAS a.a.O. (Fn. 29), S. 292.

481 BUKOWSKI, ANNETTE a.a.O. (1998) (Fn. 9), S. 15; SCHRADER, ACHIM / NIKLES, BRUNO W. / GRIESE, HARTMUT M.: Die Zweite Generation. Sozialisation und Akkulturation ausländischer Kinder in der Bundesrepublik. 2. Aufl., Königstein/Taunus 1979, S. 67 ff.; LAJIOS, KONSTANTIN a.a.O. (1991a), (Fn. 474), S. 52; ALBRECHT, PETER-ALEXIS / PFEIFFER, CHRISTIAN a.a.O. (Fn. 115), S. 45 f.

482 SCHWIND, HANS-DIETER: Kriminologie. Eine praxisorientierte Einführung mit Beispielen. 5. Aufl., Heidelberg 1993, § 7 Rn. 36 m.w.N. NIEKE geht demgegenüber davon aus, daß die Schwierigkeiten bei der Identitätsbildung zwischen zwei Kulturen in den folgenden Generationen durch Assimilation und Akkumulation immer weiter abnehmen werden, vgl. NIEKE, WOLFGANG a.a.O. (Fn. 51), S. 13, (15).

483 SCHWIND, HANS-DIETER a.a.O. (1993) (Fn. 482), § 7 Rn. 36.

484 SCHWIND, HANS-DIETER a.a.O. (1993) (Fn. 482), § 7 Rn. 36.

Auch nach psychiatrischer und medizinischer Beobachtung können bei jungen Nichtdeutschen, die im Spannungsfeld zweier Kulturen aufwachsen, Identitätskrisen entstehen. So berichtet FOCKEN[485] *von dissozialen Entwicklungen bei nichtdeutschen Straftätern der Zweiten Generation, die ihren Anfang mit Schuleschwänzen und Diebstählen in der frühen Pubertät genommen haben, deren Ursachen aber vermutlich in der frühesten Kindheit zu finden seien. So war die Sozialisation dieser Jugendlichen gekennzeichnet durch häufig wechselnde Bezugspersonen in der Vorschulzeit, sich ständig abwechselnde Aufenthalte in Deutschland und im Herkunftsland, Berufstätigkeit beider Elternteile, Zerfall des Familienbandes sowie das Fehlen fester religiöser Bindungen*[486].

Demgegenüber stellten BOOS-NÜNNING / NIEKE[487] *bei einer Befragung türkischer Jugendlicher, die im Schulalter nach Deutschland eingewandert sind, fest, daß Identitätsprobleme und Orientierungslosigkeit nicht so stark ausgeprägt waren, wie sie unter Zugrundelegung der Hypothesen zum Kulturkonflikt und zur Identitätsdiffusion angenommen hatten. Für die in Deutschland geborenen Ausländer stelle in erster Linie die schulische und berufliche Chancenlosigkeit (vgl. auch die von* CLOWARD / OHLIN *entwickelte Chancenstruktur-Theorie*[488]*) und der von der deutschen Gesellschaft ausgeübte Anpassungsdruck sowie die vermutlich fehlende Rückkehrperspektive, die den Türken der Ersten Generation geholfen hat, die in Deutschland erlebten Diskriminierungen zu kompensieren, eine erhebliche psychische Belastung dar*[489].

Die Ergebnisse des von MANSEL / HURRELMANN[490] *durchgeführten Jugendsurvey haben gezeigt, daß die psychosozialen Belastungen von nichtdeutschen Jugendlichen weniger aus spezifischen „Ausländerproblematiken" im Zusammenhang mit der familiären, schulischen oder freizeitbezogenen Interaktion resultieren und daß auch die fehlgeschlagene Integration oder das Aufwachsen zwischen zwei Kulturen von weitaus geringerer Bedeutung ist als die Diskriminierungen und Benachteiligungen, denen die jungen Ausländer täglich in ihrem Alltag ausgesetzt sind. Aufgrund der Untersuchung wurde festgestellt, daß sowohl die Freizeitsituation als auch die schulische Situation, trotz der unstreitig geringeren Bildungschancen, von den nichtdeutschen Jugendlichen nicht anders bewertet wurden als durch die deutsche Vergleichsgruppe*[491]*. Die nichtdeutschen Jugendlichen nehmen im Anschluß an die Pflichtschulzeit erstmals eine signifikante Benachteilung gegenüber den deutschen Jugendlichen wahr, denn zu diesem Zeitpunkt wird ihnen bewußt, daß sie ihre beruflichen Vorstellungen und Ziele größtenteils nicht verwirklichen können und in die unteren Statusgruppen abgedrängt werden*[492]*. Infolgedessen waren die ausländischen Jugendlichen emotional angespannter und gewalttätiger als die Deutschen ihrer Altersklasse und auch der Anteil der jungen Ausländer, der im Zeitraum des letzten Jahres vor der Durchführung des Surveys*

---

485 FOCKEN, ADALBERT: Forensisch-psychiatrische Probleme bei ausländischen Jugendlichen. In: StV, Jg. 2, Heft 7, 1982, S. 313, (314).

486 FOCKEN, ADALBERT a.a.O. (Fn. 485), S. 313, (314).

487 BOOS-NÜNNING, URSULA / NIEKE, WOLFGANG a.a.O. (Fn. 434), S. 63, (84 f).

488 Vgl. SCHWIND, HANS-DIETER a.a.O. (2001) (Fn. 32), § 28 Rn. 35c m.w.N.

489 BOOS-NÜNNING, URSULA / NIEKE, WOLFGANG a.a.O. (Fn. 434), S. 63, (86 f).

490 MANSEL, JÜRGEN / HURRELMANN, KLAUS: Psychosoziale Befindlichkeiten junger Ausänder in der Bundesrepublik Deutschland. In: Soziale Probleme , 1993, S. 167 f.

491 MANSEL, JÜRGEN / HURRELMANN, KLAUS a.a.O. (Fn. 490), S. 167, (172 ff.).

492 MANSEL, JÜRGEN / HURRELMANN, KLAUS a.a.O. (Fn. 490), S. 167, (176 ff.)

> *Gewalttaten ausgeführt hat, war bedeutend höher als der Anteil der deutschen Jugendlichen*[493].

Es kann also davon ausgegangen werden, daß den jungen Türken die widersprechenden Norm- und Wertvorstellungen der Heimatkultur und der Kultur des Aufnahmelandes sowie der teilweise nicht gesicherte Rechtsstatus ihrer Eltern, die Diskriminierung durch Teile der deutschen Bevölkerung sowie der fehlende Schulerfolg und schlechte Berufsaussichten erhebliche Schwierigkeiten bereiten[494]. Das Festhalten an der Tradition des Herkunftslandes und der Rückzug in das von der eigenen Kultur geprägte Familienleben mag den türkischen Jugendlichen in Deutschland einerseits zwar Halt und Schutz geben, es engt sie andererseits aber auch sehr stark ein[495].

Abschließend läßt sich festhalten, daß mit Hilfe der Sozialisationstheorien, deren Inhalte sich mit anderen Theorien, beispielsweise der Kulturkonflikt- und der Anomietheorie überschneiden, die erhöhte Kriminalität der Zweiten und Dritten Ausändergeneration gut erklärt werden kann. Zugleich zeigt sich aber auch, daß die Sozialisationsstörungen nicht zwangsläufig kriminelles Verhalten nach sich ziehen, sondern daß die nichtdeutschen Kinder und Jugendlichen verschiedene Problembewältigungsstrategien entwickelt haben.

5. Kontroll- und Bindungstheorie

a) Aussage und Bewertung

Als ein weiterer Erklärungsansatz für die Ausländerkriminalität, insbesondere der türkischen Jugendlichen und Heranwachsenden, kommt die Kontroll- und Bindungstheorie (social bonding theory), deren bis heute bekannteste Formulierung von HIRSCHI[496] stammt, in Betracht. Sie beschäftigt sich mit der Frage, warum sich ein Großteil der Menschen in den meisten Situationen normkonform verhält.

> HIRSCHI[497] *versucht das Phänomen der Konformität in seiner „social bonding theory" mit den Einbindungen des Individuums in die Gesellschaft zu erklären. Als Meßwert für die Integration des Individuums in die Gesellschaft und für die Angepaßtheit seines Verhaltens gelte der Grad seiner Einbindung in die Gesellschaft und deren Institutionen, beispielsweise Familie, Schule, Arbeits- und Freizeitbereich*[498]. *Es seien in erster Linie vier verschiedene Bindungselemente von Bedeutung*[499]*:*

---

493 MANSEL, JÜRGEN / HURRELMANN, KLAUS a.a.O. (Fn. 490), S. 167, (180 f).

494 NIEKE, WOLFGANG a.a.O. (Fn. 51), S. 13, (24), (28 ff.).

495 BRÜNDEL, HEIDRUN / HURRELMANN, KLAUS: Bewältigungsstrategien deutscher und ausländischer Jugendlicher. Eine Pilotstudie. In: Zeitschrift für Sozialisationsforschung und Erziehungssoziologie, Jg. 14, 1994, S. 2, (15).

496 HIRSCHI, TRAVIS: Causes of delinquency, Berkeley, Los Angeles, London 1969, S. 16 ff.

497 HIRSCHI, TRAVIS a.a.O. (Fn. 496), S. 16 ff.

498 KAISER, GÜNTHER a.a.O.1997 (Fn. 50), S. 255; REBMANN, MATTHIAS a.a.O. (Fn. 29), S. 296; SACK, FRITZ: Kriminalitätstheorien, soziologische. In: Kaiser, Günther / Kerner, Hans-Jürgen /

- *Von entscheidender Bedeutung sei die emotionale Beziehung zu anderen Menschen und Institutionen (attachment to meaningful persons)*[500]. *Hierbei komme es nicht auf die Art der Personen oder Gruppen an, zu denen diese Bindungen bestehen, sondern allein auf die Bindung als solche*[501].

- *Als „rationales Element der Konformität" bezeichnet* HIRSCHI[502] *das persönliche Engagement, d. h. die Bindung an die Gesellschaft aufgrund instrumenteller Interessen (commitment to conventional goals). Durch einen Aufwand an Zeit und Energie versuche der Mensch, sich einen bestimmten sozialen Status und Anerkennung zu erarbeiten*[503].

- *Eine Folge des „commitments" sei die Einbindung des Individuums in konventionelle Aktivitäten und damit in einen sozialkonformen Lebensstil (involvement in conventional activities)*[504].

- *Schließlich komme der Billigung und der Akzeptanz der gesellschaftlich anerkannten Wert- und Normvorstellungen (belief in social rules) eine ebenfalls große Bedeutung zu*[505].

Kritisch ist gegenüber der Kontroll- und Bindungstheorie anzumerken, daß sie die schwer nachvollziehbare Hypothese enthält, daß lediglich die Intensität der gesellschaftlichen Bedingungen als solche entscheidend sei, nicht aber die Personengruppen, zu denen sie bestehen, sowie deren Einstellungen und Verhaltensweisen[506].

Die Untersuchung von JOHNSON / MARCOS / BAHR[507] *aus dem Jahr 1987 bestätigt die grundsätzliche Bedeutung der vier Determinanten (attachment, commitment, involvement und beliefs), deutet jedoch zugleich darauf hin, daß den in der jeweiligen Bezugsgruppe vorherrschenden Einstellungen und Verhaltensmustern eine entscheidende Bedeutung zukomme. Abhilfe könnte eine Ergänzung des Konzepts durch lerntheoretische Modelle schaffen*[508]. *Skepsis wird auch gegenüber dem Versuch geäußert, die Erklärung für konformes oder nonkonformes Verhalten auf lediglich vier Determinanten zu beschrän-*

Sack, Fritz / Schellhoss, Hartmut (Hrsg.): Kleines Kriminologisches Wörterbuch, 3. Aufl., Heidelberg 1993, S. 271, (279).

499 HIRSCHI, TRAVIS a.a.O. (Fn. 496), S. 16 ff.; vgl. auch GÖPPINGER, HANS a.a.O. (1997) (Fn. 41), S. 112 f; NIGGLI, MARCEL ALEXANDER a.a.O. (Fn. 38), S. 138; SACK, FRITZ a.a.O. (1993) (Fn. 498), S. 271, (279); REBMANN, MATTHIAS a.a.O. (Fn. 29), S. 297.

500 HIRSCHI, TRAVIS a.a.O. (Fn. 496), S. 16-19.

501 HIRSCHI, TRAVIS a.a.O. (Fn. 496), S. 18 f, vgl. hierzu auch GÖPPINGER, HANS a.a.O. (1997) (Fn. 41), S. 114.

502 HIRSCHI, TRAVIS a.a.O. (Fn. 496), S. 20 f; REBMANN, MATTHIAS a.a.O. (Fn. 29), S. 297.

503 HIRSCHI, TRAVIS a.a.O. (Fn. 496), S. 20.

504 HIRSCHI, TRAVIS a.a.O. (Fn. 496), S. 21 ff.

505 HIRSCHI, TRAVIS a.a.O. (Fn. 496), S. 23 ff.

506 So geht HIRSCHI, TRAVIS a.a.O. (Fn. 496), S. 141 ff. etwa davon aus, daß Jugendliche mit starken Bindungen zu ihren Eltern in der Regel gleichzeitig starke Bindungen zu Peers aufweisen und die Stärke dieser Bindungen in negativem Zusammenhang mit der Delinquenzbelastung steht.

507 JOHNSON, RICHARD E. / MARCOS, ANASTASIOS C. / BAHR, STEPHEN J.: The role of peers in the complex etiology of adolescent drug use. In: Criminology, Jg. 25, Heft 2, 1987, S. 323, (335 ff.).

508 JOHNSON, RICHARD E. / MARCOS, ANASTASIOS C. / BAHR, STEPHEN J. a.a.O. (Fn. 507), S. 323, (335).

ken[509]*. Auch ist noch ungeklärt, ob und gegebenenfalls welche funktionalen Zusammenhänge zwischen dem Ausmaß der inneren und der äußeren sozialen Kontrolle gegeben sind*[510]*. Desweiteren kann die Bindungstheorie nicht erklären, warum von zwei Personen, die die gleiche Sozialisation in derselben Familie erfahren haben, die eine straffällig wird, die andere jedoch strafrechtlich nicht in Erscheinung tritt*[511].

Dagegen liegt die Stärke der Kontrolltheorie darin, daß sie Möglichkeiten der Kombination mit anderen Konzepten, vor allem mit lerntheoretischen Theorien, eröffnet[512].

b) Übertragung auf Türken der Zweiten und Dritten Generation

Die hohe Kriminalitätsbelastung junger Türken kann unter Anwendung der Kontroll- und Bindungstheorie gut erklärt werden. Die Zweite Ausländergeneration hat vielfach erheblich größere Schwierigkeiten als die Erste Generation, sich mit der deutschen Gesellschaft zu identifizieren und engere Bindungen zu den Personen und sozialen Institutionen des Aufnahmelandes aufzubauen.

Rund ein Fünftel der jungen Nichtdeutschen beklagte nach dem SOEP[513] *1984 bis 1989 (1. Längsschnittkohorte) „häufig" oder sogar „sehr häufig" das Gefühl von Heimatlosigkeit*[514]*. Allerdings scheinen Sprachprobleme bei den Ausländern der Zweiten Generation nicht ursächlich für die Eingliederungsprobleme in die deutsche Gesellschaft zu sein, denn bereits 1989 beurteilten 81 %*[515] *und 1997 (2. Längsschnittkohorte 1993 bis 1997) sogar 97 %*[516] *der Angehörigen der Zweiten Generation ihre Fähigkeit, Deutsch zu sprechen, als „gut" oder sogar „sehr gut". Bei der Frage nach der Nationalität der drei wichtigsten Personen des Bekanntenkreises wurden bei 38 %*[517] *der jungen Türken ausschließlich Angehörige der eigenen Nationalität genannt, bei den Angehörigen der Zweiten Generation anderer Nationalitäten lag der Anteil lediglich bei 28 %*[518]*.* SEIFERT[519] *ist der Auffassung, daß der im Verhältnis geringe Anteil junger Türken mit*

---

509 AMELANG, MANFRED a.a.O. (Fn. 431), S. 205; KAISER, GÜNTHER a.a.O. (1997) (Fn. 50), S. 254; REBMANN, MATTHIAS a.a.O. (Fn. 29), S. 297.

510 GÖPPINGER, HANS a.a.O. (1997) (Fn. 41), S. 114.

511 GÖPPINGER, HANS a.a.O. (1997) (Fn. 41), S. 114.

512 AMELANG, MANFRED a.a.O. (1986) (Fn. 431), S. 205.

513 Sozio-ökonomisches Panel. Das Sozio-ökonomische Panel ist eine vom Deutschen Institut für Wirtschaftsforschung in Berlin durchgeführte repräsentative Längsschnitterhebung zur empirischen Beobachtung des sozialen Wandels. Jährlich werden von rund 16.500 Personen in Deutschland Längsschnittinformationen erhoben zu den Bereichen Einkommen und der Erwerbstätigkeit, Bildung, soziale Sicherung und Armut, soziale Netzwerke und in begrenztem Umfang zu subjektiven Bewertungen in Form von Zufriedenheit. Vgl. STATISTISCHES BUNDESAMT (Hrsg.) a.a.O. (2001b) (Fn. 45), S. 418 f m.w.N.

514 SEIFERT, WOLFGANG a.a.O. (Fn. 287), S. 677, (683).

515 SEIFERT, WOLFGANG a.a.O. (Fn. 287), S. 677, (682).

516 STATISTISCHES BUNDESAMT (Hrsg.) a.a.O. (2001b) (Fn. 45), S. 576.

517 SEIFERT, WOLFGANG a.a.O. (Fn. 287), S. 677, (682).

518 SEIFERT, WOLFGANG a.a.O. (Fn. 287), S. 677, (682).

519 SEIFERT, WOLFGANG a.a.O. (Fn. 287), S. 677, (683); vgl. auch NIGGLI, MARCEL ALEXANDER a.a.O. (Fn. 38), S. 139.

interethnischen Kontakten den Schluß auf eine Absonderung der Türken der Zweiten Generation von anderen ethnischen Gruppen zulasse. Allerdings muß auch beachtet werden, daß bei dem SOEP 1997 immerhin 65 %[520] *der Befragten der Zweiten Generation angaben, daß sie interethnische Freundschaften pflegten.*
Sowohl die Frage nach deutschen Sprachkenntnissen, auch im Vergleich zu türkischen Sprachkenntnissen, als auch die Frage nach Freundschaften zu jungen Deutschen, Landsleuten und Ausländern anderer Nationalität in der Anstalt wurden in den Fragebogen aufgenommen.

Gleichzeitig ist von Bedeutung, daß die jungen Nichtdeutschen, während die deutsche Familie von Bindungslosigkeit und Auflösungserscheinungen gekennzeichnet ist[521], größtenteils in einen starken Familienverband eingebunden sind[522]. Andererseits leiden die jungen Ausländer möglicherweise verstärkt unter den Auswirkungen eines Generationenkonflikts, der sich in den ausländischen Familien abspielt, wenn die Kinder andere Werte als ihre traditionsverbundenen Eltern vertreten und versuchen, sich von der elterlichen Autorität zu lösen[523]. Die in der Bundesrepublik aufgewachsene Zweite Ausländergeneration hat im Gegensatz zu ihren Eltern die Entscheidung, das Heimatland z. B. aus wirtschaftlichen Überlegungen zu verlassen, nicht selbst und nicht bewußt getroffen. Es erscheint daher einleuchtend, daß die jungen Nichtdeutschen die Kosten, die infolge strafrechtlicher Auffälligkeit entstehen, nicht in ebenso hohem Maße bei ihrem Handeln berücksichtigen wie die Elterngeneration[524].

Was das dritte der vier Elemente von HIRSCHIS Modell betrifft, die faktische Teilnahme an den Institutionen der Gesellschaft (involvement), so ist festzuhalten, daß es bei den jungen Türken, in noch wesentlich höherem Maße jedoch bei Flüchtlingen und Asylbewerbern[525], nur in wenigen Ausnahmefällen zu einer Einbindung in konforme Strukturen der Gesellschaft kommt, da es bei ihnen oft an Ausbildungs- und Arbeitsplätzen und somit an einer beruflichen Einbindung fehlt und sie aufgrund des weit verbreiteten Schuleschwänzen und der Vorliebe für unorganisierte Freizeitgestaltung an öffentlich zugänglichen Orten eher die Zeit und die Gelegenheit haben, um strafrechtlich auffällig zu werden[526]. Nach NIGGLI[527] müßte das vierte Bindungselement weiter gefaßt werden, d.h. alle Handlungsmöglichkeiten und Gelegenheitsstrukturen einbeziehen.

Schließlich kann davon ausgegangen werden, daß das vierte Bindungselement, die Bindung aufgrund gemeinsam anerkannter Wert- und Normvorstellungen (beliefs), in

520 STATISTISCHES BUNDESAMT (Hrsg.) a.a.O. (2001b) (Fn. 45), S. 576.
521 BRÜNDEL, HEIDRUN / HURRELMANN, KLAUS a.a.O. (Fn. 495), S. 2, (15).
522 REBMANN, MATTHIAS a.a.O. (Fn. 29), S. 299.
523 BAUER, MANFRED a.a.O. (Fn. 358), S. 360, (361); DEN HOLLANDER, A.. N. J. a.a.O. (Fn. 343), S. 161, (182); BERKENKOPF, BEATRICE a.a.O. (Fn. 345), S. 90;
524 BUKOWSKI, ANNETTE a.a.O. (1998) (Fn. 9), S. 14; NIGGLI, MARCEL ALEXANDER a.a.O. (Fn. 38), S. 140.
525 REBMANN, MATTHIAS a.a.O. (Fn. 29), S. 299.
526 BUKOWSKI, ANNETTE a.a.O. (1998) (Fn. 9), S. 14.
527 NIGGLI, MARCEL ALEXANDER a.a.O. (Fn. 38), S. 141.

Anbetracht der in den meisten Fällen schlechten Zukunftsperspektive bei den jungen Türken oftmals fehlen dürfte[528]. Ein mögliches Festhalten an den traditionellen Werten des Heimatlandes weist nach REBMANN[529] aufgrund des damit einhergehenden fehlenden „belief in social rules“ auf mögliche Kulturkonflikte hin, während NIGGLI[530] davon ausgeht, daß gerade dieses Festhalten an traditionellen Wertvorstellungen, die sich in ihrem Kernbereich ja nicht wesentlich von unseren Wertvorstellungen unterscheiden, den einzelnen jungen Ausländer vielmehr sogar einbinde und stabilisiere. Die zuerst genannte Ansicht, die sich auch mit der Kulturkonflikthypothese in Übereinstimmung bringen läßt, erscheint vorzugswürdig. Wie NIGGLI[531] an anderer Stelle zutreffend ausführt, ist sozialisationstheoretisch nachweisbar, daß bei den jungen Ausländern die Konsistenz der Regelbildung durch widersprechende Handlungsmuster in der Familie, in der Gleichaltrigengruppe und in der Gesellschaft erheblich gefährdet wird.

Zusammenfassend läßt sich festhalten, daß die Bindungs- und Kontrolltheorie zur Erklärung der Ausländerkriminalität der Zweiten Generation gut geeignet ist. Allerdings ist erforderlich, daß zwischen der Ersten und der Zweiten Ausländergeneration ebenso unterschieden wird, wie zwischen Ausländern, die dauerhaft in der Bundesrepublik leben wollen und solchen, die sich nur vorübergehend in Deutschland aufhalten.

6. Lerntheoretischer Ansatz

a) Aussage und Bewertung

Fundament der lerntheoretischen Ansätze ist die Annahme, daß jedes soziale – also auch das abweichende – Verhalten grundsätzlich ein erlerntes Verhalten ist, wobei die in der theoretischen Kriminologie wohl meistbeachtete Variante dieses Ansatzes die von SUTHERLAND[532] entwickelte Theorie der differentiellen Assoziation ist. Delinquenz ist danach das Ergebnis eines Lernprozesses, der sich im Rahmen von Interaktionen mit den Angehörigen verschiedener sozialer Gruppen vollzieht[533]. Der Ansatz beinhaltet, daß bestimmte Wertorientierungen, Verhaltensweisen, Definitionen und Reaktionsmuster erlernt und daß innerhalb der verschiedenen Gruppierungen die gesetzlich vorgegebenen Verhaltensregeln als angemessen oder nicht angemessen

---

528 REBMANN, MATTHIAS a.a.O. (Fn. 29), S. 300.

529 REBMANN, MATTHIAS a.a.O. (Fn. 29), S. 300.

530 NIGGLI, MARCEL ALEXANDER a.a.O. (Fn. 38), S. 141.

531 NIGGLI, MARCEL ALEXANDER a.a.O. (Fn. 38), S. 140, vgl. auch BIELEFELD, ULI a.a.O. (Fn. 468), S. 41, (52); BUKOWSKI, ANNETTE a.a.O. (1998) (Fn. 9), S. 14; HAMBURGER, FRANZ / SEUS, LYDIA / WOLTER, OTTO a.a.O. (Fn. 442), S. 54.

532 SUTHERLAND, EDWIN HARDIN / CRESSEY, DONALD RAY: Criminology, 10. Aufl., Philadelphia, New York, San Jose, Toronto 1978, S. 77 ff.; SUTHERLAND, EDWIN HARDIN: Die Theorie der differentiellen Kontakte. In: Sack, Fritz / König, René (Hrsg.): Kriminalsoziologie, 3. Aufl., Wiesbaden 1979, S. 395, (396 f).

533 SUTHERLAND, EDWIN HARDIN / CRESSEY, DONALD EDWIN a.a.O. (1978) (Fn. 532), S. 80.

definiert werden[534]. Delinquenz sei das Resultat eines Überwiegens von Definitionen, die abweichendes Verhalten gegenüber gesetzeskonformem Verhalten als erstrebenswerter beschreiben[535].

Obwohl aufgrund vielfältiger Kritik der Ansatz der differentiellen Assoziation mehrfach modifiziert wurde, weist auch die letzte von SUTHERLAND vorgelegte Version Schwächen auf.

> *Trieb- und Affektverbrechen lassen sich durch sie nicht erklären[536]. Die Lerntheorien belegen zwar, daß das menschliche Verhalten durch soziales Lernen entscheidend mitgeprägt wird, sie lassen aber keine Schlüsse auf die Frage zu, wieso das eine (das kriminelle) und nicht das andere (das sozial angepaßte) Verhalten gelernt bzw. durch die Gesellschaft verstärkt wird[537]. Die durch das Lernen verstärkte Richtung bleibe mehr oder weniger zufallsabhängig bzw. ergänzungsbedürftig[538]. Weiterhin wird dem lerntheoretischen Ansatz eine „Übervereinfachung" in der Beschreibung des Lernvorgangs vorgeworfen, indem sie etwa Unterschiede in der individuellen Lernfähigkeit vernachlässige[539]. Bestimmte Faktoren von offensichtlicher Bedeutung für das Auftreten von Delinquenz, wie die Rolle symbolischer Lernvorgänge – etwa durch Massenmedien[540] –, individuelle Bedürfnisse[541], unterschiedliche Tatgelegenheiten[542] und Einfluß der Reaktionen strafrechtlicher Kontrollinstanzen[543] würden ausgeklammert.*

Sind die lerntheoretischen Ansätze auch mit den oben beschriebenen Schwächen behaftet, konnte in verschiedenen Untersuchungen doch ein Zusammenhang zwischen Variablen der differentiellen Assoziation und dem Auftreten von Delinquenz nachgewiesen werden[544].

---

534 SUTHERLAND, EDWIN HARDIN / CRESSEY, DONALD EDWIN a.a.O. (1978) (Fn. 532), S. 81.

535 SUTHERLAND, EDWIN HARDIN / CRESSEY, DONALD EDWIN a.a.O. (1978) (Fn. 532), S. 81.

536 GÖPPINGER, HANS a.a.O. (1997) (Fn. 41), S. 67.

537 NIGGLI, MARCEL ALEXANDER a.a.O. (Fn. 38), S. 132.

538 NIGGLI, MARCEL ALEXANDER a.a.O. (Fn. 38), S. 132.

539 KAISER, GÜNTHER a.a.O. (1997) (Fn. 50), S. 251.

540 Hierzu aber GLASER, DANIEL: Criminality theories and behavioral images. In: American Journal of Sociology, Jg. 61, 1956, S. 433, (440), der in seiner Theorie der differentiellen Identifikation – einer Weiterentwicklung des SUTHERLANDSCHEN Ansatzes – auf die Identifikation mit wirklichen oder imaginären Personen als entscheidenden Faktor abstellt.

541 EISENBERG, ULRICH a.a.O. (2000a) (Fn. 50), S. 60.

542 KRÄMER, KLAUS: Delinquenz, Suchtmittelumgang und andere Formen abweichenden Verhaltens. Ein Geschlechtervergleich. Freiburg i. Br. 1992, S. 23.

543 KAISER, GÜNTHER a.a.O. (1997) (Fn. 50), S. 251.

544 Etwa JOHNSON, RICHARD E. / MARCOS, ANASTASIOS C. / BAHR, STEPHEN J. a.a.O. (Fn. 507), S. 323, (332 f); PATERNOSTER, RAYMOND / TRIPLETT, RUTH: Disaggregating self-reported delinquency and ist implications for theory. In: Criminology, Jg. 26, Heft 4, 1988, S. 591, (608 ff.).

b) Übertragung auf Türken der Zweiten und Dritten Generation

Der lerntheoretische Ansatz besitzt ein gewisses Erklärungspotential in bezug auf die Kriminalität junger Türken. Der Übergang vom Familiensystem in die Gesellschaft gestaltet sich bei den jungen Türken, bei denen diese beiden Systeme unterschiedlichen Kulturräumen zuzuordnen sind, häufig problematischer als bei deutschen Altersgenossen. In dieser schwierigen Entwicklungsphase, in der es häufig zu einem Bruch mit dem familialen Wertesystem komme, schließen sich viele junge Türken einer „peer group" an, in der sich Identitäts-, Status- und Rollenunterschiede besser bewältigen lassen[545]. Zu einer strafrechtlichen Auffälligkeit der jungen Türken, die infolge ihrer momentanen Identitätsdiffusion zu einer Überanpassung an Gruppennormen neigen, kommt es, wenn sie unreflektiert deviante Verhaltenserwartungen der „peer group" erfüllen und auf diese Weise Verhaltensweisen erlernen, die Verstöße gegen Strafrechtnormen darstellen[546].

Die Lerntheorie ist jedoch für sich genommen nicht in der Lage, das Phänomen Ausländerkriminalität umfassend zu erklären. Davon ausgehend, daß andere Kulturen andere Wertsysteme postulieren und daß die von Ausländern begangenen strafrechtlichen Auffälligkeiten auch auf einen Kulturkonflikt mit den in dem Aufnahmeland geltenden Wertungen zurückzuführen sind, würden die Lerntheorien nur dann eine Alternative zu der Kulturkonflikttheorie darstellen, wenn nachgewiesen werden könnte, daß die Ausländer aufgrund ihrer Situation besonderen Handlungsbeschränkungen und Frustrationen unterliegen (möglicherweise bedingt durch soziale Desorganisation, Anomie, soziale Bindungen), die das Erlernen abweichender Handlungsmuster begünstigen[547]. Doch auch wenn nachgewiesen werden könnte, daß die besondere Situation, in der sich beispielsweise die jungen Türken in Deutschland befinden, ein Lernen devianter Handlungsmuster fördere, so ist nicht das Lernen dieser Handlungsmuster die ausschlaggebende Komponente, sondern die besondere soziale Lage, so daß die Lerntheorien nur im Zusammenspiel mit anderen Kriminalitätstheorien die eigentliche Ursache für die Entstehung kriminellen Verhaltens vollumfänglich erfassen kann.

---

545 BUKOWSKI, ANNETTE a.a.O. (1998) (Fn. 9), S. 15.

546 CHAIDOU, ANTHOZOE a.a.O. (1984a) (Fn. 22), S. 88 f; GRAVALAS, BRIGITTE / BRAUN, FRANK: Die beruflichen und sozialen Chancen ausländischer Jugendlicher – Integration oder Segregation. Eine Dokumentation. Bundesinstitut für Berufbildungsforschung und Deutsches Jugendinstitut (Hrsg.), München 1982, S. 45 f; LAJIOS, KONSTANTIN a.a.O. (1991b) (Fn. 474), S. 43, (45); SCHRADER, ACHIM / NIKLES, BRUNO W. / GRIESE, HARTMUT M. a.a.O. (Fn. 481), S. 167; BUKOWSKI, ANNETTE a.a.O. (1998) (Fn. 9), S. 15; OPPERMANN, ANTJE a.a.O. (Fn. 437), S. 91; SAVELSBERG, JOACHIM JOSEF a.a.O. (Fn. 352), S. 54.

547 Vgl. auch NIGGLI, MARCEL ALEXANDER a.a.O. (Fn. 38), S. 132 f.

7. Theorie der delinquenten Subkultur

a) Aussage und Bewertung

Die Theorie der (delinquenten) Subkultur geht auf WHYTE[548] zurück, der bereits 1943 festgestellt hat, daß die „delinquency areas", also die in besonders hohem Maße kriminalitätsbelasteten Gebiete, primär die Slums, nicht wie von Vertretern der Chicago-Schule[549] behauptet, desorganisiert, sondern mit einem eigenen subkulturellen Normensystem ausgestattet seien. Mit Hilfe dieses Anti-Normen-Systems, das den Moralbegriffen der Gesellschaft entgegenstehe, seien die Angehörigen der Subkultur in der Lage, das Leben innerhalb der subkulturellen Verhältnisse in ihrer eigenen Hierarchie zu organisieren[550].

> COHEN[551] *hat diesen Ansatz weiterentwickelt und aufgrund eigener Untersuchungen festgestellt, daß die Jungen der Unterschicht die traditionellen Werte und Ziele der Mittelschicht für erstrebenswert erachten, aber zugleich die Schwierigkeit sehen, diese aufgrund ihrer sozial und gesellschaftlich benachteiligten Situation niemals erreichen zu können. Eine mögliche Reaktion, die sich nach* COHEN[552] *aus dieser anomischen Situation entwickeln kann, besteht in der Bildung eines eigenen subkulturellen Werte- und Normensystems. Subkulturelle Konventionen können beispielsweise die Maxime enthalten, daß Konflikte nur noch gewaltsam zu lösen sind oder daß eine strafbare Handlung, wie der Diebstahl, eine „hochgeschätzte Tätigkeit (ist), durch die man Ruhm, Überlegenheit und tiefe Befriedigung erlangen kann"*[553]*. Dies bedeutet, daß von der Population der Subkultur durchaus traditionelle Werte vertreten werden, daß diese Werte jedoch im Unterschied zu den Werten der Angehörigen der Mittelschicht keine Allgemeingültigkeit besitzen, sondern nur gegenüber einer kleineren Gruppe vertreten und anerkannt werden, nicht aber gegenüber Fremden oder den Angehörigen einer höheren Schicht*[554].

In den sogenannten Subkulturen besteht folglich, zumindest bezogen auf den Kernbereich strafrechtlich relevanten Handelns, ein Wertekonsens, dessen Anerkennung und Einhaltung allerdings nicht gegenüber allen Mitgliedern der Gesellschaft

---

548 WHYTE, WILLIAM FOOTE: Street corner society. The social structure of an Italian slum. 2. Aufl., Chicago, London 1955, S. 255, 272 ff., (1. Aufl., 1943).

549 Bei der Chicago-Schule handelt es sich um eine Gruppe von Wissenschaftlern die in den 20-er und 30-er Jahren in der sich schnell entwickelnden Großstadt Chicago die Auswirkungen des großen Immigrantenzustroms sowie die Problemlagen Individuen, die sich auf die großstädtischen Verhältnisse in kurzer Zeit einstellen mußten, empirisch erforschten. Die kriminalökologischen Studien der Chicago-Schule führten zu dem Ergebnis, daß zwischen den großen Geschäftszentren im Zentrum und den Wohngebieten am Stadtrand eine Übergangszone befindet, in der Kriminalität in besonders hohem Maße auftritt. Vgl. hierzu BOCK, MICHAEL a.a.O. (Fn. 332), S. 74, Rn. 155 m.w.N.

550 WHYTE, WILLIAM FOOTE a.a.O. (Fn. 548), S. 274 f.

551 COHEN, ALBERT KIRCIDEL: Delinquent boys. The culture of the gang. New York 1955, S. 121.

552 COHEN, ALBERT KIRCIDEL a.a.O. (1955) (Fn. 551), S. 121 ff.

553 MERGEN, ARMAND: Die Kriminologie. Eine systematische Darstellung. 3. Aufl., München 1995, S. 120.

554 NIGGLI, MARCEL ALEXANDER a.a.O. (Fn. 38), S. 136.

praktiziert wird. Die gesellschaftliche Loyalität beschränkt sich auf die Gruppe innerhalb der Subkultur, der der Betroffene angehört. Bezogen auf die jungen Türken bedeutet dies, daß sich die Gültigkeit des Wertekonsenses auf die Mitglieder der „peer group" beschränkt.
Von CLOWARD[555] und OHLIN[556] wurde die Theorie der differentiellen Gelegenheiten entwickelt, durch die mehrere Theorien verbunden und durch den Hinweis ergänzt werden, daß die Chance, kriminelle Verhaltensweisen zu lernen, zum einen in den heruntergekommenen Wohngebieten einer Stadt am größten ist und durch Kulturkonfliktprobleme verschäft werden kann. Hinzu kommt, daß für das Kriminellwerden entscheidend sei, welche speziellen Gelegenheiten sich dem Straftäter bieten, beispielsweise um an illegitime Mittel wie Waffen oder Einbruchwerkzeuge zu gelangen, um eine Tat ausführen zu können[557].

b) Übertragung auf Türken der Zweiten und Dritten Generation

Die Anwendung der Subkulturtheorie bedeutet bezogen auf die Nichtdeutschen, daß die Solidarität unter den Ausländern größer ist als gegenüber der Gastkultur und den Angehörigen des Aufnahmelandes. Mit anderen Worten, der innere Zusammenhalt unter den ausländischen Gruppen, hier den türkischen Jugendlichen und Heranwachsenden insbesondere innerhalb ihrer „peer group", ist größer als ihre Verbundenheit mit der Gastkultur[558]. Es gilt letztlich das bereits oben zu den Lerntheorien Ausgeführte. Die jungen Türken neigen aufgrund ihrer Identititätsunsicherheit zur Überanpassung an die Normen der „peer group", die nur innerhalb dieser Gruppe eingehalten werden und begehen, um den Erwartungen der Gruppe zu entsprechen, Handlungen, die Verstöße gegen Strafrechtsnormen darstellen[559].

8. Theorie der sozialstrukturellen Benachteiligung

a) Aussage und Bewertung

Die Anhänger der Theorie der sozialstrukturellen Benachteiligung (oder „Theorie der geringen Zukunftschancen") sehen in der sozialen Benachteiligung der Nichtdeutschen, die sich in ghettoähnlichen Wohnsituationen, der Schlechterstellung hinsichtlich der Schul- und Berufsausbildung sowie einer höheren Arbeitslosenquote manifestiert, die Ursache für das vermehrte strafrechtliche Inerscheinungtreten dieser

---

555 CLOWARD, RICHARD A.: Illegitime Mittel, Anomie und abweichendes Verhalten. In: Sack, Fritz / König, René (Hrsg.): Kriminalsoziologie, 3. Aufl., Wiesbaden 1979, S. 314, (324 ff.).

556 CLOWARD, RICHARD A. / OHLIN, LLOYD E.: Delinquency and opportunity. A theory of delinquent gangs, Clencoe 1960.

557 Cloward, Richard A. a.a.O. (Fn. 555), S. 314, (331).

558 Vgl. hierzu auch NIGGLI, MARCEL ALEXANDER a.a.O. (Fn. 38), S. 136.

559 CHAIDOU, ANTHOZOE a.a.O. (1984a) (Fn. 22), S. 88 f; GRAVALAS, BRIGITTE / BRAUN, FRANK a.a.O. (Fn. 546), S. 45 f; LAJIOS, KONSTANTIN a.a.O. (1991b) (Fn. 474), S. 43, (45); SCHRADER, ACHIM / NIKLES, BRUNO W. / GRIESE, HARTMUT M. a.a.O. (Fn. 481), S. 167; BUKOWSKI, ANNETTE a.a.O. (1998) (Fn. 9), S. 15; OPPERMANN, ANTJE a.a.O. (Fn. 437), S. 91; SAVELSBERG, JOACHIM JOSEF a.a.O. (Fn. 352), S. 54.

Bevölkerungsgruppe[560]. Daß die Nichtdeutschen zu einem überwiegenden Teil der sozialen Unterschicht angehören, kann auch unter Heranziehung demographischer Daten belegt werden[561]. Die Theorie der sozialstrukturellen Benachteiligung läßt sich sowohl auf deutsche als auch auf nichtdeutsche Straftäter anwenden, da sie die Ursache der Kriminalität auf die sozialen Lage, in der sich der Betroffene befindet, zurückführt[562], die unabhängig von der Nationalität eines Straftäter, seiner Zugehörigkeit zu einer ethnischen Gruppe oder seines kulturellen Hintergrundes festgestellt werden kann.

b) Übertragung auf Türken der Zweiten und Dritten Generation

Da die Vertreter dieses Ansatzes ein Auftreten der sozialen Benachteiligungen als Ursachen für hohe die Kriminalitätsbelastung bei der Zweiten und Dritten Ausländergeneration in verstärktem Maße annehmen[563], stellt sich die Frage, ob das bei den Nichtdeutschen in höherem Maße in Erscheinung tretende deviante Verhalten nicht ethnisch bedingt bzw. auf die Nationalität zurückzuführen, sondern vielmehr schichtbedingt ist[564]. Es liegen kriminologische Erkenntnisse vor[565], die belegen, daß die sozialen Unterschichten, unabhängig von der Nationalität ihrer Angehörigen in den Kriminalstatistiken weitaus stärker vertreten sind als die höheren sozialen Schichten. Dies hat zur Folge, daß der Ansatz der sozialstrukturellen Benachteiligung dahingehend modifiziert werden müßte, daß nicht die allgemeine soziale Lage, zu der auch die Zugehörigkeit zu einer bestimmten ethnischen Gruppe oder Nationalität zu rechnen ist, sondern überwiegend die Schichtzugehörigkeit bei den jungen Türken der Zweiten und Dritten Generation (und bei den Deutschen) das entscheidende Kriterium darstellt, um ein abweichendes Verhalten zu erklären. Legt man die Theorie der sozialstrukturellen Benachteiligung zugrunde, ist die hohe Kriminalitätsbelastung der jungen Türken darauf zurückzuführen, daß sie zu einem höheren Prozentsatz als die gleichaltrigen Deutschen der sozialen Unterschicht angehören, d. h. daß sie zu einem hohen Anteil in ghettoähnlichen Wohnverhältnissen gelebt haben, eine schlechtere Schul- und Berufsausbilung aufweisen und häufiger vor der Begehung der Straftat arbeitslos gewesen sind.

---

560 So bereits SCHWIND, HANS-DIETER: Kriminologie. Eine praxisorientierte Einführung mit Beispielen. 6. Aufl., Heidelberg 1995b, S. 379, § 21 Rn. 25; vgl. auch SCHWIND, HANS-DIETER a.a.O. (2001) (Fn. 32), S. 462, § 23 Rn. 27; EISENBERG, ULRICH a.a.O. (2000a) (Fn. 50), S. 709; HEßLER, MANFRED a.a.O. (Fn. 438), S. 116, (117); SCHÜLER-SPRINGORUM, HORST a.a.O. (Fn. 233), S. 529, (533 f). Vgl. auch zur Chancenstruktur-Theorie oben unter Teil A, Kapitel 3, II. 4. b).

561 HANESCH, WALTER / ADAMY, WILHELM / MARTENS, RUDOLF et al.: Armut in Deutschland, Reinbek bei Hamburg 1994, S. 39; SCHWIND, HANS-DIETER a.a.O. (2001) (Fn. 32), S. 462, § 23 Rn. 27 m.w.N., vgl. auch oben unter Teil A, Kapitel 4, II. 3 b).

562 SCHWIND, HANS-DIETER a.a.O. (2001) (Fn. 32), S. 462, § 23 Rn. 27.

563 Vgl. SCHWIND, HANS-DIETER a.a.O. (2001) (Fn. 32), S. 461 f, § 23 Rn. 27.

564 SCHWIND, HANS-DIETER a.a.O. (1995b) (Fn. 560), S. 379, § 21 Rn. 25; NORTHOFF, ROBERT a.a.O. (Fn. 49), S. 261, (266); SESSAR, KLAUS a.a.O. (1993) (Fn. 186), S. 187, (201); VILLMOW, BERNHARD a.a.O. (1995) (Fn. 113), S. 155, (156).

565 Vgl. VILLMOW, BERNHARD a.a.O. (1995) (Fn. 113), S. 155, (156).

Um zu überprüfen, ob die hohe Kriminalitätsbelastung der jungen Türken auf ihre Zugehörigkeit zu den unteren sozialen Schichten, insbesondere auf Chancendefizite auf dem Ausbildungs- und Arbeitsmarkt zurückzuführen sind, werden anhand des Fragebogens Angaben zu der schulischen und beruflichen Vorbildung und einer vor der Inhaftierung bestehenden Arbeitslosigkeit sowohl bei den jungen Türken als auch bei der Vergleichsgruppe, die aus den jungen Deutschen in der Jugendstrafanstalt Heinsberg besteht, erhoben.

9. Etikettierungsansatz – Labeling Approach

a) Aussage und Bewertung

In Abkehr von den klassischen ätiologischen Theorien stellt nach den Vertretern des labeling approach oder Etikettierungsansatzes sozial abweichendes Verhalten lediglich ein Ergebnis spezieller Definitions- und Zuschreibungsprozesse der sozialen Kontrollinstanzen dar[566]. Ein bestimmtes Verhalten wird danach erst durch eine entsprechende Etikettierung durch die Umwelt zu einem verwerflichen Verhalten[567]: „The young delinquent becomes bad because he is defined as bad“[568]. Delinquenz wird demnach als ein gesellschaftliches Konstrukt gesehen[569].

Bei der Etikettierung spielen neben Definitions- auch Selektionsprozesse der Kontrollinstanzen eine entscheidende Rolle.

---

566 TANNENBAUM, FRANK: Crime and the community, 2. Aufl., London, Toronto, Bombay 1951, S. 17; BECKER, HOWARD S.: Outsiders. Studies in the sociology of deviance. New York 1963, S. 9; KERSCHER, IGNATZ: Sozialwissenschaftliche Kriminalitätstheorien: Eine Einführung. 4. Aufl., Weinheim, Basel 1985, S. 75; SCHWIND, HANS-DIETER a.a.O. (2001) (Fn. 32), S. 136, § 8 Rn. 2; NIGGLI, MARCEL ALEXANDER a.a.O. (Fn. 38), S. 141; REBMANN, MATTHIAS a.a.O. (Fn. 29), S. 301; VILLMOW, BERNHARD: Kriminalität der jungen Ausländer: Ausmaß und Struktur des abweichenden Verhaltens und gesellschaftliche Reaktion. In: Kerner, Hans-Jürgen / GÖPPINGER, HANS / STRENG, FRANZ (Hrsg.): Kriminologie – Psychiatrie – Strafrecht, Festschrift für Heinz Leferenz zum 70. Geburtstag am 15.07.1983, Heidelberg 1983, S. 323, (329); WALTER, MICHAEL / PITSELA, ANGELIKA a.a.O. (Fn. 307), S. 6, (12); vgl. zusammenfassend LAMNEK, SIEGFRIED a.a.O. (1990) (Fn. 422), S. 218; anders KILLIAS, MARTIN: Diskriminierendes Verhalten von Opfern gegenüber Ausländern? In: MschrKrim, Jg. 71, Heft 3, 1988, S. 156, (165) der bestreitet, daß eine erhöhte Anzeigebereitschaft gegenüber nichtdeutschen Tatverdächtigen bestehe; von überragender Bedeutung für das Anzeigeverhalten seien die Schadenshöhe, die Möglichkeit der Schadensdeckung über eine Anzeige sowie die Risiken der Stafverfolgung für das Opfer.

567 BECKER, HOWARD S. a.a.O. (1963) (Fn. 566), S. 9; BECKER, HOWARD S.: Außenseiter. Zur Soziologie abweichenden Verhaltens. Frankfurt a. M. 1981, S. 8.

568 TANNENBAUM, FRANK a.a.O. (Fn. 566), S. 17.

569 LEMERT differenziert zwischen primärer und sekundärer Devianz: Sekundäre Devianz resultiere aus der der handelnden Person anläßlich ihrer primären Devianz zugeschriebenen Rolle, die sie selbst übernehme und entsprechend handele (LEMERT, EDWIN M.: Social pathology. New York, Toronto, London 1951, S. 75 ff.).

SACK[570], der bekannteste Vertreter des Etikettierungsansatzes im deutschsprachigen Raum, geht in seinem sogenannten „radikalen Definitionsansatz" davon aus, daß abweichende Verhaltensweisen allein durch gesellschaftliche Reaktionen als „Abweichung" definiert werden sowie daß die Selektionspraxis der Strafverfolgungsorgane schichtspezifisch bestimmt sei[571]. Ausgangspunkt der Überlegungen ist die durch Dunkelfeldforschung gestützte Ubiquitätsthese, wonach Delinquenz eine normale Erscheinung sei, die über alle sozialen Bevölkerungsgruppen nahezu gleichmäßig verteilt sei[572]. Demgegenüber sei der Großteil der tatsächlich verfolgten und sanktionierten Delinquenz überwiegend in den unteren sozialen Schichten zu finden[573], da den Angehörigen der Unterschicht durch die Mächtigen Kriminalität wie ein „negatives Gut" zugeschrieben werde[574], d. h. durch die Selektionspraxis von Polizei und Justiz werde darüber entschieden, wer das Etikett des Straftäters erhalte[575]. Daß die Kriminalstatistiken ergeben, daß die Unterschichten unter den Straftätern überrepräsentiert sind, sei auf die unterschiedliche Machtverteilung innerhalb der Gesellschaft zurückzuführen[576] und ein Ausdruck schichtspezifischer Ungleichbehandlung, der mit einer „Klassengesetzgebung" beginne[577] und im weiteren Verlauf in der Strafverfolgung und Verurteilung seinen Fortgang finde[578].

Eine Schwäche des Etikettierungsansatzes liegt darin, daß er die Entstehung sozial unerwünschten Verhaltens, das nicht polizeilich registriert und somit formell als Kriminalität gekennzeichnet wird, nicht erklären kann[579]. Weiterhin läßt sich dem Etikettierungsansatz entgegenhalten, daß fraglich ist, ob die in den Kriminalstatistiken zum Ausdruck kommende schichtspezifische Kriminalität – Angehörige der Unterschicht sind insbesondere im Bereich der Diebstahls- , Raub- und Gewaltdelikte höher kriminell belastet als Angehörige der Mittel- und Oberschicht[580] – auf einer schichtspezifischen Kriminalisierung beruht[581]. Die Hypothese der schichtspezifischen Selektion ist angesichts der Ergebnisse der Dunkelfeldforschung kritisch zu betrachten. Während im Bagatellbereich der Kriminalität nahezu alle Jugendlichen

---

570 SACK, FRITZ: Neue Perspektiven in der Kriminologie. In: Sack, Fritz / König, René (Hrsg.): Kriminalsoziologie, 3. Aufl., Wiesbaden 1979, S. 431, (470); vgl. auch LAMNEK, SIEGFRIED a.a.O. (1990) (Fn. 422), S. 229; REBMANN, MATTHIAS a.a.O. (Fn. 29), S. 302.

571 SACK, FRITZ a.a.O. (1979) (Fn. 570), S. 431, (472); vgl. auch SCHWIND, HANS-DIETER a.a.O. (2001) (Fn. 32), S. 136, § 8 Rn. 3; RÜTHER, WERNER: Abweichendes Verhalten und „labeling approach", Köln, Berlin, Bonn, München 1975, S. 33 ff.

572 SCHWIND, HANS-DIETER a.a.O. (2001) (Fn. 32), S. 137, § 8 Rn. 4; REBMANN, MATTHIAS a.a.O. (Fn. 29), S. 302.

573 SACK, FRITZ: Selektion und Kriminalität. In: Kritische Justiz, Jg. 4, Heft 4, 1971a, S. 384, (397).

574 SACK, FRITZ a.a.O. (1979) (Fn. 570), S. 431, (469).

575 SCHWIND, HANS-DIETER a.a.O. (2001) (Fn. 32), S. 137, § 8 Rn. 5.

576 KAISER, GÜNTHER a.a.O. (1997) (Fn. 50), S. 98.

577 SACK, FRITZ a.a.O. (1971a) (Fn. 573), S. 384, (397 ff.); BLANKENBURG, ERHARD: Karl Marx und der „Labeling"-Ansatz. In: KrimJ, Jg. 6, Heft 4, 1974, S. 313, (314 ff.).

578 SCHWIND, HANS-DIETER a.a.O. (2001) (Fn. 32), S. 137, § 8 Rn. 6.

579 KAISER, GÜNTHER a.a.O. (1997) (Fn. 50), S. 99; REBMANN, MATTHIAS a.a.O. (Fn. 29), S. 302.

580 GEIßLER, RAINER a.a.O. (1994) (Fn. 471), S. 160, (162).

581 GEIßLER, RAINER a.a.O. (1994) (Fn. 471), S. 160, (172); SACK, FRITZ a.a.O. (1971a) (Fn. 573), S. 384, (397).

schon einmal auffällig geworden zu sein scheinen[582], wird die gleichmäßige Belastung sowohl im Bereich des Hellfeldes als auch des Dunkelfeldes mit zunehmendem Alter, wachsender Intensivierung und Schwere des kriminellen Verhaltens durch eine Schwerpunktbildung bei den Unterschichtsangehörigen ersetzt[583]. Das läßt den Schluß zu, daß der wiederholte und schwere Rechtsbruch nicht gleichmäßig verteilt in allen Bevölkerungsschichten zu finden ist[584].

b) Übertragung auf Türken der Zweiten und Dritten Generation

Ginge man von der Anwendbarkeit des labeling approach auf die Ausländerkriminalität aus, so wären bei den jungen Türken (und den Deutschen) Definitions- und Zuschreibungsprozesse dafür verantwortlich, daß bestimmte Verhaltensweisen als deviant gekennzeichnet werden.

Ob der Labeling-Ansatz sich als Erklärungsmodell für die Ausländerkriminalität eignet, ist umstritten[585]. Die Vertreter des Ansatzes führen eine erhöhte registrierte Kriminalität von Ausländern auf einen sozialinstanzlichen Definitionsvorgang zurück, in dem strafrechtlich relevantes Verhalten von Nichtdeutschen in stärkerem Maße als bei Deutschen wahrgenommen werde[586]. Folgt man dieser Ansicht, dann ist die

---

582 KAISER, GÜNTHER a.a.O. (1997) (Fn. 50), S. 172.

583 GÖPPINGER, HANS a.a.O. (1997) (Fn. 41), S. 49; KAISER, GÜNTHER a.a.O. (1997) (Fn. 50), S. 157; KÜRZINGER, JOSEF a.a.O. (Fn. 41) S. 107, Rn. 132; KREUZER, ARTHUR: Jugendkriminalität. In: Kaiser, Günther / Kerner, Hans-Jürgen / Sack, Fritz / Schellhoss, Hartmut (Hrsg.), Kleines Kriminologisches Wörterbuch, 3. Aufl., Heidelberg 1993, S. 182, (186).

584 KÜRZINGER, JOSEF a.a.O. (Fn. 41), S. 107, Rn. 132.

585 Für eine Anwendung des Etikettierungsansatzes sind: GEIßLER, RAINER: Das gefährliche Gerücht von der hohen Ausländerkriminalität. In: Aus Politik und Zeitgeschichte, Jg. 45, B 35, 25.08.1995, S. 30, (31); LUDWIG-MAYERHOFER, WOLFGANG / NIEMANN, HEIKE: Gleiches (Straf-)Recht für alle? In: Zeitschrift für Soziologie, Jg. 26, Heft 1, 1997, S. 35; MANSEL, JÜRGEN a.a.O. (1994) (Fn. 245), S. 299, (302); VILLMOW, BERNHARD a.a.O. (1983) (Fn. 50), S. 323, (329); WALTER, MICHAEL / PITSELA, ANGELIKA a.a.O. (Fn. 307), S. 6, (12); WALTER, MICHAEL a.a.O. (1993) (Fn. 43), S. 347, (348 f); HAMBURGER, FRANZ / SEUS, LYDIA / WOLTER, Otto a.a.O. (Fn. 442), S. 147; dagegen sind: KILLIAS, MARTIN a.a.O. (Fn. 566) S. 156, (165); REICHERTZ, Jo: Zur Definitionsmacht der Polizei. In: Kriminalistik, Jg. 48, Heft 10, 1994, S. 610, (612); SCHWIND, HANS-DIETER a.a.O. (2001) (Fn. 32), S. 462 ff., § 23 Rn. 28 ff. vgl. zusammenfassend LAMNEK, SIEGFRIED a.a.O. (1990), (Fn. 422), S. 218.

586 KUBINK, MICHAEL a.a.O. (Fn. 50), S. 75; BUKOWSKI, ANNETTE a.a.O. (1998) (Fn. 9), S. 8; DÜNKEL, FRIEDER a.a.O. (1990) (Fn. 19), S. 57 f; GEIßLER, RAINER / MARIßEN, NORBERT a.a.O. (Fn. 228), S. 663, (664); HEßLER, MANFRED a.a.O. (Fn. 438), S. 116, (121); KUBINK, MICHAEL a.a.O. (Fn. 50), S. 55; LIPS-DÖRFLINGER, ESTHER a.a.O. (Fn. 175), S. 38, (43 f); MANSEL, JÜRGEN: Die unterschiedliche Selektion von jungen Deutschen, Türken und Italienern auf dem Weg vom polizeilichen Tatverdächtigen zum gerichtlich Verurteilten. In: MschrKrim, Jg. 69, Heft 6, 1986, S. 309, (310); REBMANN, MATTHIAS a.a.O. (Fn. 29), S. 267; TRAULSEN, MONIKA: Die Kriminalität der jungen Ausländer nach der Polizeilichen Kriminalstatistik. In: MschrKrim, Jg. 71, Heft 1, 1988, S. 28, (32); VILLMOW, BERNHARD: Polizei, Justiz und Sozialarbeit im Umgang mit mehrfach auffälligen jungen Ausländer. In: DVJJ (Hrsg.), Mehrfach Auffällige – Mehrfach Betroffene. Erlebnisweisen und Reaktonsformen, Bonn 1990, S. 234, (235); WALTER, MICHAEL: Ausländerkriminalität. Gestern – Heute – Morgen. In: Bundeskriminalamt (Hrsg.), Ausländerkriminalität in der Bundesrepublik Deutschland, Wiesbaden 1989, S. 63, (75).

erhöhte Kriminalitätsbelastung der jungen Ausländer bzw. Türken nicht eine unmittelbare Folge ungünstiger sozio-ökonomischer Grundbedingungen, sondern beruht auf einer erhöhten Anzeigebereitschaft der Bevölkerung gegenüber ausländischen Tatverdächtigen sowie auf einem stärkeren Verfolgungsdruck seitens der Strafverfolgungsorgane[587].

Im Rahmen des im Jahr 1998 durchgeführten Dunkelfeldforschungsprojektes von SCHWIND / FETCHENHAUER / AHLBORN / WEIß[588] *wurde auch der Zusammenhang zwischen der Anzeigebereitschaft der mittels einer repräsentativen Stichprobe ausgewählten Bochumer Wohnbevölkerung und der (vermuteten) Nationalität des Täters untersucht. Von den Probanden konnten 37,4 %[589] (102 Personen) aller Opfer Angaben zu der Frage machen, ob es sich bei dem Täter um einen Deutschen oder einen Nicht-Deutschen handelte. Von diesen meinten 65,7 %[590], in dem Täter einen Deutschen erkannt zu haben, entsprechend erklärten 34,3 %[591], es habe sich nach ihrer Einschätzung um einen ausländischen Täter gehandelt, wobei sich keine Unterschiede zwischen den Diebstahls- und Körperverletzungsdelikten zeigten. Allerdings ist bei der Interpretation der Ergebnisse zu berücksichtigen, daß die Einschätzung, ob der Täter Nichtdeutscher ist, auf subjektiven Zuschreibungsprozessen des Opfers beruht[592]. Während von den deutschen Tätern 29,8 % bei der Polizei angezeigt wurden, waren es bei den nichtdeutschen 34,2 %; dieser Unterschied ist jedoch statistisch nicht signifikant (p = 0,35)[593]. Auch bei einer Beschränkung der Analyse auf nicht versicherte Straftaten[594]*

---

587 Vgl. oben unter Teil A, Kapitel 2, II. 2. BLANKENBURG untersuchte 1966/67 die Anzeigehäufigkeit und Sanktionierung von Ladendiebstählen in Freiburger Kaufhäusern und stellte fest, daß von den 398 entdeckten Ladendiebstählen 8 % von Ausländern begangen wurden. Insgesamt wurden von den deutschen Ladendieben lediglich 55 % angezeigt, von den nichtdeutschen Ladendieben allerdings 77 % (BLANKENBURG, ERHARD: Die Selektivität rechtlicher Sanktionen. In: KZfSS, Jg. 21, Heft 4, 1969, S. 805, (819)). REICHERTZ, der nicht nur von einer erhöhten Anzeigebereitschaft, sondern von einer Dramatisierungsbereitschaft der Deutschen ausgeht, weist darauf hin, daß ein solches Verhalten durch eine verminderte Bereitschaft zur Anzeigenaufnahme seitens der Polizei „nach unten korrigiert" werden könne (REICHERTZ, JO a.a.O. (Fn. 585), S. 610, (611 f)); vgl. auch NORTHOFF, ROBERT a.a.O. (Fn. 49) S. 261, (265). Zu einer erhöhten Anzeigebereitschaft der Deutschen gegenüber ausländischen Tatverdächtigen aufgrund von Ausländerfreindlichkeit vgl. STRENG, FRANZ a.a.O. (Fn. 132), S. 109, (110); VILLMOW, BERNHARD a.a.O (1995) (Fn. 113), S. 155, (158).

588 SCHWIND, HANS-DIETER / FETCHENHAUER, DETLEF / AHLBORN, WINFRIED et al.: Kriminalitätsphänomene im Langzeitvergleich am Beispiel einer deutschen Großstadt: Bochum 1975-1986-1998. Neuwied, Kriftel 2001, S. 200 f, 367 f.

589 SCHWIND, HANS-DIETER / FETCHENHAUER, DETLEF / AHLBORN, WINFRIED et al. a.a.O. (Fn. 588), S. 200.

590 SCHWIND, HANS-DIETER / FETCHENHAUER, DETLEF / AHLBORN, WINFRIED et al. a.a.O. (Fn. 588), S. 200.

591 SCHWIND, HANS-DIETER / FETCHENHAUER, DETLEF / AHLBORN, WINFRIED et al. a.a.O. (Fn. 588), S. 200.

592 SCHWIND, HANS-DIETER / FETCHENHAUER, DETLEF / AHLBORN, WINFRIED et al. a.a.O. (Fn. 588), S. 200.

593 SCHWIND, HANS-DIETER / FETCHENHAUER, DETLEF / AHLBORN, WINFRIED et al. a.a.O. (Fn. 588), S. 200 f: Einbezogen wurden nur die deutschen Opfer, denn nur bei ihnen besteht die Möglichkeit, daß sie ausländerfeindliches Verhalten zeigen, indem sie deutsche Täter seltener anzeigen als nichtdeutsche.

zeigten sich keine signifikanten Unterschiede (p = 0,34)[595]. *Die Studie kam zu dem Ergebnis, daß der höhere Anteil der Nichtdeutschen in der PKS nicht (nur) darauf zurückzuführen ist, daß diese nach der Begehung einer Straftat häufiger angezeigt werden als deutsche Täter*[596].

Auch KILLIAS[597], *der in einer schweizerischen Opferbefragung untersucht hat, ob die Nationalität des Täters das Anzeigeverhalten beeinflußt, indem er im Jahr 1987 3.500 mittels einer Stichprobenziehung ausgewählte Haushalte anhand von computergestützten Interviews befragte, hat keinen Zusammenhang zwischen dem Anzeigeverhalten und der (vermuteten) Nationalität des Täters festgestellt.*

Aufgrund dieser empirischen Studien liegt der Schluß nahe, daß Straftäter, wenn sie von dem Opfer als Nichtdeutscher wahrgenommen werden, nicht häufiger angezeigt werden als deutsche Täter.

Fraglich bleibt, ob die jungen Türken einer erhöhten Kontrolle durch die Polizei ausgesetzt, also Opfer des labeling approach geworden sind.
Die Einschätzung des Verhältnisses der Strafverfolgungsorgane zu den jungen Ausländer soll als Parallele zu der Beurteilung des Verhälntnisses der jungen Türken zu den Justizvollzugsbediensteten herangezogen werden. Fragen zu der Beurteilung des Verhaltens der jungen türkischen Insassen wurden in den Fragebogen für die Justizvollzugsbediensteten aufgenommen.

VILLMOW[598] *hält es für möglich, daß bei Polizeibeamten Vorurteile gegenüber jungen Ausländern bestehen, die beispielsweise beim Streifendienst oder hinsichtlich der Intensität polizeilicher Ermittlungen gegenüber nichtdeutschen Tatverdächtigen von Bedeutung seien. Als Beispiel sind vermutete ausländerfeindliche Übergriffe durch*

---

594 Bei Vorliegen eines Versicherungsschutzes erfolgt, unabhängig von der Nationalität des Täter, fast immer eine Anzeigenerstattung, vgl. SCHWIND, HANS-DIETER / FETCHENHAUER, DETLEF / AHLBORN, WINFRIED et al. a.a.O. (Fn. 588), S. 201 m.w.N.

595 SCHWIND, HANS-DIETER / FETCHENHAUER, DETLEF / AHLBORN, WINFRIED et al. a.a.O. (Fn. 588), S. 201.

596 SCHWIND, HANS-DIETER / FETCHENHAUER, DETLEF / AHLBORN, WINFRIED et al. a.a.O. (Fn. 588), S. 201: Es bleibe jedoch unklar, ob tatsächlich kein wesentlicher Zusammenhang zwischen der Anzeigeneigung eines deutschen Opfers und der (vermuteten) Nationalität des Täters besteht, oder ob dieses Ergebnis auf die niedrigen Fallzahlen zurückzuführen sei.

597 Von den befragten Opfern eines Gewaltdeliktes erkannten 172 die Nationalität (Schweizer oder Nicht-Schweizer) eines Täters. Die Untersuchung machte deutlich, daß sich die Opfer von Straftaten bei der Entscheidung, ob sie eine Anzeige erstatten sollen, nicht von der Ausländereigenschaft des Täters beieinflussen lassen, denn die Straftaten von Schweizern und Ausländern wurden jeweils in 41 % der Fälle angezeigt. Eine fremdenfeindliche Diskriminierung der Ausländer konnte also anhand der Anzeigenerstattung nicht festgestellt werden, vgl. KILLIAS, MARTIN a.a.O. (Fn. 566) S. 156, (160 ff.). Diese Befunde werden auch durch eine in Großbritannien durchgeführte Opferbefragung bestätigt, in der ebenfalls kein Zusammenhang zwischen dem Anzeigeverhalten und der Nationalität des Opfers festgestellt wurde, vgl. SMITH, DAVID: Race, crime and criminal justice. In: Maguire, Martin et al. (Hrsg.): The Oxford Handbook of Criminology. Oxford 1994, S. 1041, (1064).

598 VILLMOW, BERNHARD a.a.O. (1983) (Fn. 566), S. 323, (332).

Hamburger und Berliner Polizeibeamte aus dem Jahr 1994 zu nennen, die teilweise zu Suspendierungen vom Dienst, allerdings in einigen Fällen zur Verurteilung der Polizeibeamten geführt haben[599].

Bereits zu Beginn der 80er Jahre wurden Untersuchungen zur Tätigkeit der Polizei mittels Befragungen von Jugendlichen zu ihren Erfahrungen mit der Polizei durchgeführt. Es gibt Gründe, die eine Verbreitung fremdenfeindlicher Einstellungen unter den Polizeibeamten nahelegen. Zum einen werden Polizeibeamte in ihrer Tätigkeit fast ausschließlich mit einer „Negativ-Auswahl" von meist straffälligen Ausländern konfrontiert[600]. Hinzu kommen Frustrationen der Beamten im Umgang mit nichtdeutschen Tätern[601], die das Entstehen von Feindbildern fördern können[602].

Bei einer Befragung von 29 Polizeibeamten in Berlin beschrieben fast alle Beamten ihr Verhältnis zu jungen Ausländern als relativ konfliktfrei[603]. *Bei der Einschätzung der Angehörigen verschiedener Nationalitäten wurden die Jugoslawen und Griechen als überwiegend „unauffällig", die Türken jedoch als „recht aggressiv" und „in letzter Zeit impertinent" beschrieben*[604]. *Diese Untersuchung, die aufgrund der kleinen Probandenzahl nicht repräsentativ ist, verdeutlicht, daß es bei einigen Polizeibeamten, teilweise aufgrund von eigenen Erfahrungen, zur Herausbildung negativer Vorurteile gegenüber jungen Ausländern, insbesondere jungen Türken kommen kann*[605].

Von besonderer Bedeutung für die eigene Untersuchung ist die Einschätzung des Verhaltens der Polizeibeamten durch die jungen Nichtdeutschen, da diese Ergebnisse als Parallele zu der Einschätzung der jungen Türken bzgl. des Verhaltens der Mitarbeiter im Vollzug dienen soll.

Die Autorengruppe HAMBURGER / SEUS / WOLTER[606] *ist bei der Befragung von 100 männlichen Nichtdeutschen im Alter von 15 bis unter 21 Jahren*[607] *zu dem Ergebnis*

---

599 STOCK, JÜRGEN / KLEIN, LUTZ: Hat die Polizei ein Ausländerproblem? Überlegungen zu Konfliktpotential und möglichen Gegenstrategien. In: MschrKrim, Jg. 77, Heft 5, 1994, S. 286, (287); SCHWIND, HANS-DIETER: Zur „Mauer des Schweigens". In: Kriminalistik, Jg. 50, Heft 3, 1996, S. 161, (162), HEUER, HANS-JOACHIM: Fremdenfeindliche Einstellungen und polizeiliches Handeln. In: Kriminalistik, Jg. 52, Heft 6, 1998, S. 401, (402).

600 STOCK, JÜRGEN / KLEIN, LUTZ a.a.O. (Fn. 599), S. 286, (289 ff.).

601 Siehe zu den Ermittlungsschwierigkeiten bei nichtdeutschen Tatverdächtigen oben unter Teil A, Kapitel 3, VI., 2. Vgl. auch PROSKE, MATTHIAS: Ethnische Diskriminierung durch die Polizei. In: KrimJ, Jg. 30, Heft 3, 1998, S. 162, (167 ff.) m.w.N.

602 STOCK, JÜRGEN / KLEIN, LUTZ a.a.O. (Fn. 599), S. 286, (292).

603 DONNER, OLAF: Delinquenz junger Ausländer in der Registrierung und Beurteilung durch die Polizei. In: Weschke, Eugen (Hrsg.): Straftaten Jugendlicher: Verfahren und Rechtsfolgen. Berlin 1986, S. 137, (155).

604 DONNER, OLAF a.a.O. (Fn. 603), S. 137, (156 f).

605 Vgl. auch MLETZKO, MATTHIAS / WEINS, CORNELIA: Polizei und Fremdenfeindlichkeit. In: MschrKrim, Jg. 82, Heft 2, 1999, S. 77, (78). BORNEWASSER / ECKERT: Workshop-Untersuchung, die im Jahr 1996 an der Polizeilichen Führungsakademie in Münster vorgestellt wurde, zit. nach SCHWIND, HANS-DIETER a.a.O. (2001) (Fn. 32), S. 464; § 23 Rn. 32 m.w.N.

606 HAMBURGER, FRANZ / SEUS, LYDIA / WOLTER, Otto a.a.O. (Fn. 442), S. 146 f.

gelangt, daß eine höhere Kontrolle ausländischer Jugendlicher unterstellt und eine im Kern diskriminierende Behandlung, insbesondere in Form einer körperlichen Mißhandlung, durch die Polizei festgestellt wurde.

BIELEFELD / KREISSL / MÜNSTER[608] *haben 30 jungen Türken und Jugoslawen in Interviews unter anderem zu ihren Erfahrungen mit der Polizei befragt. Die Autorengruppe gelangte zu dem Ergebnis, daß sich die Polizeibeamten aus Sicht der Nichtdeutschen in etwa der Hälfte aller Fälle korrekt verhalten haben*[609]*, sich im übrigen aber ein Bild zeigt, „das gekennzeichnet ist durch massiven Einsatz körperlicher Gewalt, diskriminierendes Verhalten und überzogene Verwendung polizeilicher Mittel“*[610].

Die Gruppe der bei den beiden vorgenannten Untersuchungen befragten Nichtdeutschen ist zu klein, um Rückschlüsse auf das Verhalten der Polizei gegenüber nichtdeutschen Tatverdächtigen im allgemeinen ziehen zu können, allerdings bleibt der Eindruck bestehen, daß zumindest einige Polizeibeamte sich diskriminierend und teilweise gewalttätig gegenüber jungen Nichtdeutschen verhalten. Ob dieses Ergebnis auf die Justizvollzugsbediensteten übertragen werden kann, soll anhand des Fragebogens überprüft werden.

Legt man den Etikettierungsansatz zugrunde, erscheint unverständlich, warum sich die Stigmatisierung und Kriminalisierung seitens der Bevölkerung und der Strafverfolgungsorgane zunächst nicht auf die gesamte ausländische Bevölkerung, sondern nur auf die jüngere, äußerlich eher angepaßte Zweite Generation, wie sich aus den besonders hohen Tatverdächtigenbelastungszahlen ergibt, bezogen hat[611]. Die Vertreter des Etikettierungsansatzes versuchen diesen Einwand mit dem Hinweis auf den geringen sozialen Kontakt der Ersten Ausländergeneration zur deutschen Bevölkerung und den Instanzen sozialer Kontrolle zu entkräften[612].
Erklärungsbedürftig ist die Tatsache, daß junge Nichtdeutsche nicht in dem gleichen Maße straffällig (und angezeigt) werden wie junge Deutsche in einer vergleichbaren sozialen Lage[613].

MANSEL[614] *führt dieses Ergebnis auf die spezielle soziale Kontrolle gegenüber den männlichen Jugendlichen in ausländischen Familien zurück, die darin bestehe, daß*

---

607 HAMBURGER, FRANZ / SEUS, LYDIA / WOLTER, Otto a.a.O. (Fn. 442), S. 44: Da nicht alle Interviewbögen ausgewertet werden konnten, bezieht sich die Untersuchung auf 42 Interviews mit straffälligen und 35 Interviews mit noch nicht strafrechtlich erfaßten Ausländern.

608 BIELEFELD, ULI / KREISSL, REINHARD / MÜNSTER, THOMAS: Junge Ausländer im Konflikt, München 1982, S. 10, 160 ff.

609 BIELEFELD, ULI / KREISSL, REINHARD / MÜNSTER, Thomas a.a.O. (Fn. 608), S. 161 f.

610 BIELEFELD, ULI / KREISSL, REINHARD / MÜNSTER, Thomas a.a.O. (Fn. 608), S. 168.

611 GEBAUER, MICHAEL a.a.O. (1981b) (Fn. 113), S. 83; SCHÖCH, HEINZ / GEBAUER, MICHAEL a.a.O. (Fn. 227), S. 56.

612 RICHTER, HELMUT a.a.O. (Fn. 337), S. 263, (272).

613 GEIßLER hat bezogen auf die Tatverdächtigenzahlen aus dem Jahr 1992 im alten Bundesgebiet einschließlich Berlin festgestellt, daß unter Ausländern die Gefahr, daß eine kriminelle Handlungen begangen werde, deutlich niedriger sei als unter Deutschen in einer vergleichbaren Soziallage (GEIßLER, RAINER a.a.O. (1995) (Fn. 585), S. 30, (37)).

insbesondere die türkischen Eltern ihren Söhnen konkrete Vorschriften bezogen auf ihr Verhalten außer Haus machten und bei Abweichungen von den Verhaltenserwartungen mit rigiden Strafen reagierten und versuchten, die Söhne von unseriös wirkenden Personengruppen fernzuhalten. Dieser These kann jedoch entgegengehalten werden, daß Erkenntnisse aus der Ausländerforschung belegen, daß ausländische männliche Jugendliche, im Gegensatz zu ihren weiblichen Altersgenossinnen, kaum Einschränkungen seitens ihrer Eltern bezüglich der Freizeitaktivitäten unterliegen[615].

Bezüglich des Etikettierungsansatzes läßt sich abschließend festhalten, daß junge Türken aufgrund ihrer Sprache, Kleidung oder Hautfarbe eher auffallen als Deutsche und aus diesem Grunde einer höheren sozialen Kontrolle seitens der Bevölkerung und der Strafverfolgungsorgane unterliegen. Auch wenn bei Teilen der Bevölkerung und der Polizei Ausländerfeindlichkeit und Berührungsängste gegeben sind, darf die Benachteiligung der Nichtdeutschen in dem Prozeß strafrechtlicher Sozialkontrolle angesichts der bisherigen Forschungsergebnisse nicht überbewertet werden, insbesondere nicht auf die These von MANSEL[616] reduziert werden, die von einer gezielten Kriminalisierung der Ausländer durch die Bevölkerung und die Organe der Strafverfolgung ausgeht.

10. Zusammenfassung

- Es wird deutlich, daß die herangezogenen ätiologischen Theorien prinzipiell in der Lage sind, einzelne Aspekte der Ausländerkriminalität zu erklären ohne für sich in Anspruch nehmen zu können, alle Erscheinungsformen Kriminalität junger Türken erschöpfend zu erklären. Eine Chance, umfassendere Konzepte zu entwickeln, könnte in einer Theorienintegration liegen.

- Bei den im Kindes- oder Jugendalter nach Deutschland eingereisten oder hier aufgewachsenen jungen Türken entstehen große Probleme bei ihrer Sozialisation und Identitätsentwicklung (Sozialisationstheorien). Ihre Normübernahme wird durch die teilweise widersprüchlichen Kultur- und Normsysteme, zwischen denen sie aufwachsen, geschwächt. Diesen Aspekt der Zweiten und Dritten Ausländergeneration vermag insbesondere die Theorie von dem „inneren" Kulturkonflikt gut zu erklären, da sie sozialisations- und bindungstheoretische Gesichtspunkte einbezieht und auf diese Weise eine multifaktorielle Betrachtungsweise nahelegt.

- Auch gelingt es den jungen Türken infolge von Ablehnungs- und Diskriminierungserfahrungen durch Teile der deutschen Bevölkerung häufig nicht, das konventionelle Werte- und Normensystem der deutschen Gesellschaft vollumfänglich zu akzeptieren. Dies hat wiederum zur Folge, daß eine Bindung aufgrund

---

614 MANSEL, JÜRGEN: Gezielte Produktion von Kriminellen? Das Ausmaß der Kriminalisierung von Gastarbeiternachkommen durch Organe der Strafrechtspflege in der Bundesrepublik Deutschland. In: Kaiser, Günther / Kury, Helmut / Albrecht, Hans-Jörg (Hrsg.): Kriminologische Forschung in den 80er Jahren. Band 2. Freiburg i. Br. 1988a, S. 1059, (1075 f).

615 BRÜNDEL, HEIDRUN / HURRELMANN, KLAUS a.a.O. (Fn. 495), S. 14.

616 MANSEL, JÜRGEN a.a.O. (1988c) (Fn. 235), S. 349, (353).

gemeinsam anerkannter Wert- und Normvorstellungen (Bindungstheorie) nicht entstehen kann.

- Dieser Prozeß der Ausgrenzung wird noch weiter verstärkt durch die Zugehörigkeit zu der unteren Gesellschaftsschicht, die gekennzeichnet ist durch fehlende Ausbildungs- und Berufschancen und einer hohen Arbeitslosenquote (Theorie der sozialstrukturellen Benachteiligung).

- Entsprechend der Anomietheorie erkennen die in Deutschland geborenen Türken, die sich an den Erwartungen und Vorstellungen ihrer deutschen Altersgenossen orientieren, daß für einen Großteil von ihnen die legalen Wege zu Wohlstand und Prestige versperrt sind. Sie wenden verstärkt Neutralisierungstechiken an, um ihr sozial abweichendes Verhalten zu rechtfertigen.

- Aufgrund der Minderheiten- und Außenseitersitutation der türkischen Jugendlichen und Heranwachsenden werden auch subkulturelle Verhaltensweisen gefördert. Die Wahrscheinlichkeit der Begehung einer Straftat wird darüber hinaus durch die Einflüsse einer devianten „peer group“ wesentlich erhöht.

- Auch wenn anzunehmen ist, daß Nichtdeutsche grundsätzlich einer erhöhten sozialen Kontrolle seitens der Bevölkerung und der Strafverfolgungsorgane unterliegen (Etikettierungsansatz), darf der sog. „Anzeige- und Polizeieffekt“, insbesondere vor dem Hintergrund der Schwere der von jungen Türken häufig begangenen Delikte (Rauschgift- und Gewaltdelikte), nicht überbewertet werden.

- Ob sich die sozialen und kulturellen Probleme, die für die Ausländerkriminalität ursächlich waren, auch im Jugendstrafvollzug fortsetzen oder vielleicht sogar verstärkt werden, soll anhand der Untersuchung analysiert werden.

- Aus diesem Grund wurden Fragen zu den Deutschkenntnissen der türkischen Insassen, ihrer schulischen und beruflichen Vorbildung, einer möglichen Arbeitslosigkeit vor der Inhaftierung, ihres Verhältnisses zu deutschen, anderen ausländischen und türkischen Insassen, ihrer Beurteilung des Verhaltens der Mitarbeiter im Vollzug und ihres Verhältnisses zu den Justizvollzugsbediensteten in den Fragebogen aufgenommen.

Teil B: Nichtdeutsche im (Jugend-) Strafvollzug – eine Bestandsaufnahme der bisherigen empirischen Arbeiten

Kapitel 4: Statistische Daten und rechtliche Grundlagen

I. Zahlenmäßige Entwicklung der nichtdeutschen Insassen im (Jugend-) Strafvollzug

Am 31. März 2000 betrug der Anteil der Nichtdeutschen, die in Deutschland eine Freiheitsstrafe verbüßten, 23,7 %[617].

Der Anteil der ausländischen Inhaftierten im Erwachsenenstrafvollzug ist in den vergangenen Jahren kontinuierlich gestiegen von 2,4 %[618] (1966), auf 6,0 %[619] (1976), dann 9,4 %[620] (1986), 22,5 %[621] (1996) und 23,7 %[622] (2000).

Noch deutlich höher hat sich der Anteil der Nichtdeutschen im Jugendstrafvollzug in der Bundesrepublik Deutschland im Laufe der vergangenen Jahre vergrößert, von 2,2 %[623] (1966), auf 4,8 %[624] (1976), 11,5 %[625] (1986), 31,1 %[626] (1996) und 24,2 % (1999)[627]. Seit dem Jahr 1996 hat sich der Anteil der ausländischen Inhaftierten im Jugendstrafvollzug langsam, aber kontinuierlich verringert und betrug am 31. März 2000 noch 21,7 %[628].

In Nordrhein-Westfalen lag im Jahr 2000 der Anteil der Nichtdeutschen im Jugendstrafvollzug mit 29,4 %[629] deutlich über dem Durchschnittswert im Bundesgebiet. Dieser Wert stellt eine Verzehnfachung gegenüber dem Stand von 1978

---

617 STATISTISCHES BUNDESAMT (Hrsg.) a.a.O. (2001c) (Fn. 2), S. 9, vgl. auch die *Tabelle 8*.
618 STATISTISCHES BUNDESAMT (Hrsg.): Fachserie A. Bevölkerung und Kultur. Reihe 9. Rechtspflege III. Strafvollzug, Stuttgart, Mainz 1966, S. 33.
619 STATISTISCHES BUNDESAMT (Hrsg.): Rechtspflege. Fachserie 10. Reihe 4. Strafvollzug, Stuttgart, Mainz 1976, S. 31.
620 STATISTISCHES BUNDESAMT (Hrsg.): Rechtspflege. Fachserie 10. Reihe 4.1. Strafvollzug, Wiesbaden 1987, S. 20 f.
621 STATISTISCHES BUNDESAMT (Hrsg.): Rechtspflege. Fachserie 10. Reihe 4.1. Strafvollzug, Wiesbaden 1997, S. 8 f.
622 STATISTISCHES BUNDESAMT (Hrsg.) a.a.O. (2001c) (Fn. 2), S. 8.
623 STATISTISCHES BUNDESAMT (Hrsg.) a.a.O. (1966) (Fn. 618), S. 33.
624 STATISTISCHES BUNDESAMT (Hrsg.) a.a.O. (1976) (Fn. 619), S. 31.
625 STATISTISCHES BUNDESAMT (Hrsg.) a.a.O. (1987) (Fn. 620), S. 20 f.
626 STATISTISCHES BUNDESAMT (Hrsg.) a.a.O. (1997) (Fn. 621), S. 8 f.
627 STATISTISCHES BUNDESAMT (Hrsg.): Rechtspflege. Fachserie 10. Reihe 4.1. Strafvollzug, Wiesbaden 2000, S. 8 f.
628 STATISTISCHES BUNDESAMT (Hrsg.) a.a.O. (2001c) (Fn. 2), S. 9, vgl. auch die *Tabelle 8*.
629 LANDESAMTES FÜR DATENVERARBEITUNG UND STATISTIK DES LANDES NRW (Hrsg.): Strafvollzugsstatistik NRW, Tabelle ST 4, Teil 2, Düsseldorf 2001, vgl. auch *Tabelle 9*.

(3,0 %[630]) und eine Verdoppelung gegenüber dem Jahr 1988 (13,8 %[631]) dar. Auffallend ist, daß die 408 Nichtdeutschen (darunter lediglich 9 Frauen), die zum Zeitpunkt der von WIRTH[632] durchgeführten Stichtagserhebung am 15.07.1997 im Jugendstrafvollzug in Nordrhein-Westfalen einsaßen, 36 unterschiedlichen Nationalitäten angehörten, von denen die Hälfte der Inhaftierten (49,8 %[633]) die türkische Staatsbürgerschaft besaß[634].

In der Untersuchungshaft liegen die Prozentsätze der nichtdeutschen Insassen noch erheblich über diesen Zahlen. So betrug der Anteil der nichtdeutschen Untersuchungsgefangenen am 30.09.1999 in Nordrhein-Westfalen 45,5 %[635].

Im Folgenden wird die zahlenmäßige Entwicklung der ausländischen und der deutschen Insassen im (Jugend-) Strafvollzug im Bundesgebiet und in Nordrhein-Westfalen dargestellt.

1. Bundesgebiet

Der nachfolgenden *Tabelle 8* ist die zahlenmäßige Entwicklung der nichtdeutschen und der deutschen Insassen im Jugendstrafvollzug und im Erwachsenenstrafvollzug im Bundesgebiet über einen Zeitraum der vergangenen 20 Jahre zu entnehmen.

Wie aus der *Tabelle 8* und der nachfolgenden *Übersicht 3* hervorgeht, ist der prozentuale Anteil ausländischer Insassen im Erwachsenenstrafvollzug im Bundesgebiet in dem Zeitraum von 1978 (6,4 %) bis 1982 (9,6 %) deutlich angestiegen, ist dann von 1983 (9,7 %) bis 1987 (9,9 %) fast konstant geblieben und in den darauf folgenden elf Jahren bis 1998 (24,5 %) erheblich angestiegen. Seit 1998 ist der Anteil nichtdeutscher Insassen im Erwachsenenstrafvollzug nahezu konstant, mit leicht abnehmender Tendenz. Die Anzahl der deutschen und der ausländischen Inhaftierten hat im Jugendstrafvollzug seit Beginn der 90er Jahre zugenommen.

---

630 Daten aus der Strafvollzugsstatistik NRW Tabelle ST 4, Teil 2, 1978, zur Verfügung gestellt von WIRTH, WOLFGANG, Leiter der Arbeitsgruppe Kriminologischer Dienst des Landes Nordrhein-Westfalen.

631 LANDESAMTES FÜR DATENVERARBEITUNG UND STATISTIK DES LANDES NRW (Hrsg.): Strafvollzugsstatistik NRW, Tabelle ST 4, Teil 2, Düsseldorf 2001. Eigene Berechnungen, vgl. auch *Tabelle 9*.

632 WIRTH, WOLFGANG a.a.O. (1998a) (Fn. 14), S. 278; WIRTH, WOLFGANG: Ausländische Gefangene im Jugendstrafvollzug. In: NRW. Justiz intern, Heft 2, 1998b, S. 15 ff.

633 WIRTH, WOLFGANG a.a.O. (1998a) (Fn. 14), S. 278.

634 WIRTH, WOLFGANG a.a.O. (1998a) (Fn. 14), S. 278.

635 Justizministerium NRW (Hrsg.) a.a.O. (2000a) (Fn. 11), S. 65. Im Jahr 1996 betrug der Anteil der ausländischen Untersuchungsgefangenen in NRW beispielsweise bereits 45,1 %, vgl. JUSTIZMINISTERIUM NRW (Hrsg.): Strafvollzug in Nordrhein-Westfalen, 11. Aufl., Düsseldorf 1997, S. 63.

Tabelle 8: **Anzahl der ausländischen und deutschen Insassen im (Jugend-) Strafvollzug 1978 bis 2000 in Deutschland*)**

Jahr**)	Jugendstrafe***)				Freiheitsstrafe****)			
	Deutsche		Nichtdeutsche		Deutsche		Nichtdeutsche	
	Anzahl	(in %)	Anzahl	(in %)	Anzahl	(in %)	Anzahl	(in %)
1978	6.145	(95,7)	276	(4,3)	32.653	(93,6)	2.215	(6,4)
1979	6.101	(95,6)	280	(4,4)	33.269	(93,5)	2.325	(6,5)
1980	6.103	(94,0)	387	(6,0)	32.982	(92,8)	2.555	(7,2)
1981	6.011	(93,1)	445	(6,9)	33.436	(91,7)	3.038	(8,3)
1982	6.212	(91,7)	562	(8,3)	34.897	(90,4)	3.723	(9,6)
1983	6.583	(90,9)	656	(9,1)	36.845	(90,3)	3.974	(9,7)
1984	6.341	(91,5)	591	(8,5)	37.997	(90,2)	4.143	(9,8)
1985	5.765	(90,6)	595	(9,4)	37.785	(90,3)	4.067	(9,7)
1986	5.029	(88,3)	664	(11,7)	35.667	(90,5)	3.740	(9,5)
1987	4.568	(87,0)	683	(13,0)	33.325	(90,1)	3.662	(9,9)
1988	4.267	(85,6)	719	(14,4)	32.344	(89,7)	3.732	(10,3)
1989	3.940	(83,7)	765	(16,3)	32.000	(88,6)	4.101	(11,4)
1990	3.420	(81,5)	777	(18,5)	30.432	(87,5)	4.367	(12,5)
1991	2.959	(76,1)	930	(23,9)	28.757	(86,1)	4.635	(13,9)
1992	2.854	(73,2)	1.044	(26,8)	30.076	(85,0)	5.325	(15,0)
1993	3.010	(70,3)	1.274	(29,7)	30.739	(82,8)	6.389	(17,2)
1994	3.235	(68,0)	1.522	(32,0)	31.447	(80,0)	7.880	(20,0)
1995	3.413	(68,5)	1.567	(31,5)	32.428	(78,4)	8.925	(21,6)
1996	3.620	(68,9)	1.633	(31,1)	33.686	(77,5)	9.789	(22,5)
1997	4.073	(71,2)	1.651	(28,8)	34.720	(75,9)	10.998	(24,1)
1998	4.753	(73,8)	1.685	(26,2)	37.788	(75,5)	12.233	(24,5)
1999	5.421	(75,8)	1.729	(24,2)	39.597	(75,6)	12.754	(24,4)
2000	5.791	(78,3)	1.605	(21,7)	40.555	(76,3)	12.628	(23,7)

* Früheres Bundesgebiet, 1991 einschließlich Berlin-Ost, seit 1992 Deutschland.

** Stichtag jeweils am 31. März.

*** Vollzug von Freiheitsstrafe einschließlich Jugendstrafe bei Verurteilten, die gem. § 92 JGG aus dem Jugendstrafvollzug ausgenommen sind.

**** Vollzug von Jugendstrafe einschließlich Freiheitsstrafe, die gem. § 114 JGG in der Jugendstrafanstalt vollzogen wird.

Quelle: STATISTISCHES BUNDESAMT (Hrsg.): Strafvollzugsstatistik: Strafgefangene und Sicherungsverwahrte nach Art des Vollzugs und Staatsangehörigkeit 1978-2000.

Der Anteil der nichtdeutschen Insassen im Jugendstrafvollzug ist im Bundesgebiet von 1978 (4,3 %) bis 1994 (32,4 %) erheblich angestiegen und anschließend von 1995 (31,5 %) bis 2000 (21,7 %) um etwa ein Drittel zurückgegangen. Bei diesem Zeitreihenvergleich ist zu berücksichtigen, daß die absolute Zahl nichtdeutscher

Insassen, wie aus der *Tabelle 8* zu entnehmen ist, von 1.522 Personen (1994) auf 1.729 (1999) angestiegen ist.

Übersicht 3: **Anteil* der ausländischen Insassen im (Jugend**-) Strafvollzug*** 1978 bis 2000 in Deutschland******

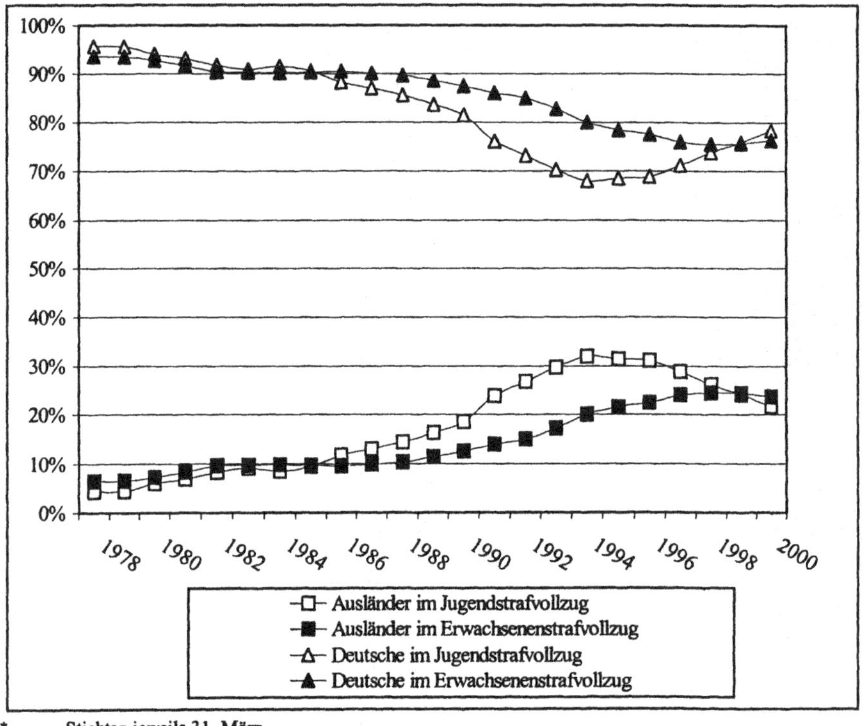

* Stichtag jeweils 31. März.

** Vollzug von Freiheitsstrafe einschließlich Jugendstrafe bei Verurteilten, die gem. § 92 JGG aus dem Jugendstrafvollzug ausgenommen sind.

*** Vollzug von Jugendstrafe einschließlich Freiheitsstrafe, die gem. § 114 JGG in der Jugendstrafanstalt vollzogen wird.

**** Früheres Bundesgebiet, 1991 einschließlich Berlin-Ost, seit 1992 Deutschland.

Quelle: STATISTISCHES BUNDESAMT (Hrsg.): Strafvollzugsstatistik: Strafgefangene und Sicherungsverwahrte nach Art des Vollzugs und Staatsangehörigkeit 1978-2000.

Der Anteil der deutschen Insassen ist entsprechend leicht angestiegen von 68,9 % (1996) auf 78,3 % (2000), vgl. *Tabelle 8* und *Übersicht 3*. Eine mögliche Erklärung für den Anstieg der deutschen Inhaftierten im Jugendstrafvollzug könnte die zunehmend ansteigende Kriminalitätsbelastung der jungen (deutschstämmigen) Aussiedler sein, die seit Anfang der 90er Jahre nach Deutschland eingewandert sind[636]. Hinzu kommt

636 Vgl. oben Teil A, Kapitel 1 VI.

eine steigende Zahl eingebürgerter junger Ausländer, die als deutsche in der Statistik geführt und nicht mehr als „ehemalige“ Nichtdeutsche registriert werden[637].

2. Nordrhein-Westfalen

Der Anteil der nichtdeutschen Insassen im Jugendstrafvollzug in Nordrhein-Westfalen ist, wie aus der nachfolgenden *Tabelle 9* hervorgeht, noch höher als im Bundesdurchschnitt angestiegen, von 3,0 % (1978) auf 40,7 % (1996).

Während der Anteil ausländischer Inhaftierter im Erwachsenenstrafvollzug im Jahr 2000 auf Landesebene mit 22,4 % und auf Bundesebene mit 23,4 % nahezu gleich hoch ist, liegt der Anteil Nichtdeutscher im Jugendstrafvollzug in Nordrhein-Westfalen (29,4 %) um rund ein Drittel über dem Anteil auf Bundesebene (21,7 %).

Der seit 1995 stark angestiegene Anteil der deutschen Insassen im Jugendstrafvollzug in Nordrhein-Westfalen könnte – ebenso wie im gesamten Bundesgebiet – auf einen stetig steigenden Anteil von jungen Aussiedlern und jungen eingebürgerten vormals ausländischen Inhaftierten zurückzuführen sein[638], die die deutsche Staatsangehörigkeit besitzen und der Gruppe der deutschen Inhaftierten angehören[639].

Die (jungen) türkischen Tatverdächtigen sind nicht nur die größte Gruppe unter den nichtdeutschen Tatverdächtigen[640], sondern werden auch prozentual häufiger zu einer Jugendstrafe verurteilt und bilden deshalb innerhalb des deutschen Jugendvollzuges eine beachtliche Untergruppe. Im Jahr 1997 besaßen 49,8 %[641] der Insassen in nordrhein-westfälischen Jugendstrafanstalten die türkische Staatsangehörigkeit. Die Situation der jungen Türken im Jugendstrafvollzug hat in der Literatur bislang wenig Beachtung gefunden. Das ist auffällig, weil der Situation dieser Insassengruppe in den Jugendstrafanstalten für ihr späteres Legalverhalten nach Verbüßung der Jugendstrafe eine sehr große Bedeutung zukommt[642].

---

637 Vgl. oben unter Einleitung, V. 1. a).

638 Vgl. auch PFEIFFER, CHRISTIAN / DELZER, INGO / ENZMANN, DIRK / WETZELS, PETER a.a.O. (Fn. 117), S. 48 zu der wichtigen Rolle der Zuwanderung von Spätaussiedlern für die starke Erhöhung der Tatverdächtigenzahlen bei deutschen Jugendlichen und Heranwachsenden seit 1993.

639 Vgl. oben unter Teil B, V. 1.

640 Vgl. oben unter Teil A, Kapitel 2, II. 1. d).

641 WIRTH, WOLFGANG a.a.O. (1998a) (Fn. 14), S. 278, (281).

642 Vgl. hierzu BUKOWSKI, ANNETTE a.a.O. (1998) (Fn. 9), S. 16 unter Hinweis auf die Frustrations-Aggressions-Hypothese: Die Anhänger der Frustrations-Aggressions-Hypothese gehen davon aus, daß die Wahrscheinlichkeit der Begehung strafbarer Handlungen mit der zunehmenden Erfahrung von Frustrationserlebnissen, beispielsweise in der Form von Benachteiligung und Ablehnung, stetig ansteigt. Ist der Betroffene anschließend im Vollzug erneut und dauerhaft den Empfindungen von Benachteiligung und Ablehnung ausgesetzt, ist anzunehmen, daß bei ihm die bereits vorhandene anomische Tendenz aufgrund subjektiv empfundener Benachteiligungen im Vollzug verstärkt wird. Schließlich entwickelt der Inhaftierte ein abweichendes Selbstbild als ‚Ausländer‘ und Außenseiter, vgl. auch oben unter Teil A, Kapitel 3, II., 2., b).

Tabelle 9: **Anzahl der ausländischen und deutschen Insassen im (Jugend-) Strafvollzug 1978 bis 2000 in Nordrhein-Westfalen**

Jahr*)	Jugendstrafe**)				Freiheitsstrafe***)			
	Deutsche Anzahl	(in %)	Nichtdeutsche Anzahl	(in %)	Deutsche Anzahl	(in %)	Nichtdeutsche Anzahl	(in %)
1978	1.851	(97,0)	58	(3,0)	9.048	(95,1)	470	(4,9)
1979	1.874	(96,9)	60	(3,1)	9.189	(95,3)	458	(4,7)
1980	1.977	(95,6)	90	(4,4)	9.415	(95,4)	453	(4,6)
1981	1.916	(94,8)	106	(5,2)	9.591	(94,9)	520	(5,1)
1982	1.923	(94,0)	122	(6,0)	9.897	(93,2)	722	(6,8)
1983	2.025	(92,6)	163	(7,4)	10.291	(93,0)	779	(7,0)
1984	2.020	(93,3)	145	(6,7)	10.758	(93,0)	805	(7,0)
1985	1.886	(92,1)	161	(7,9)	10.556	(93,3)	759	(6,7)
1986	1.612	(90,8)	164	(9,2)	9.952	(93,6)	684	(6,4)
1987	1.472	(88,6)	190	(11,4)	9.228	(93,1)	686	(6,9)
1988	1.290	(86,2)	207	(13,8)	9.025	(92,5)	731	(7,5)
1989	1.163	(83,9)	223	(16,1)	8.962	(91,7)	806	(8,3)
1990	1.121	(81,6)	252	(18,4)	8.737	(90,7)	897	(9,3)
1991	931	(76,9)	280	(23,1)	8.219	(89,7)	947	(10,3)
1992	865	(71,3)	349	(28,7)	8.391	(88,3)	1.111	(11,7)
1993	818	(65,5)	431	(34,5)	8.366	(85,8)	1.379	(14,2)
1994	839	(61,0)	536	(39,0)	8.552	(83,6)	1.675	(16,4)
1995	820	(61,8)	506	(38,2)	8.455	(81,0)	1.987	(19,0)
1996	725	(59,3)	498	(40,7)	8.472	(79,3)	2.211	(20,7)
1997	822	(62,6)	492	(37,4)	8.549	(78,0)	2.418	(22,0)
1998	935	(66,7)	466	(33,3)	9.361	(77,4)	2.735	(22,6)
1999	1.048	(66,8)	521	(33,2)	9.574	(77,4)	2.792	(22,6)
2000	1.092	(70,6)	454	(29,4)	9.707	(77,6)	2.806	(22,4)

* Stichtag jeweils am 31. März.

** Vollzug von Freiheitsstrafe einschließlich Jugendstrafe bei Verurteilten, die gem. § 92 JGG aus dem Jugendstrafvollzug ausgenommen sind.

*** Vollzug von Jugendstrafe einschließlich Freiheitsstrafe, die gem. § 114 JGG in der Jugendstrafanstalt vollzogen wird.

Quelle: LANDESAMT FÜR DATENVERARBEITUNG UND STATISTIK (Hrsg.): Strafvollzugsstatistik NRW Tabelle ST 4, Teil 2, 1978-2000.

Seit 1997 ist der Anteil der Ausländer im Jugendstrafvollzug wieder zurückgegangen bis auf 29,4 % im Jahr 2000. Mit diesem Wert liegt der Anteil ausländischer Inhaftierter in Nordrhein-Westfalen zum Befragungszeitpunkt im Herbst 2000 noch deutlich über dem Anteil der ausländischen Insassen im Erwachsenenstrafvollzug in Nordrhein-Westfalen von 22,4 %. Der prozentuale Anteil der ausländischen Insassen im Erwachsenenstrafvollzug in Nordrhein-Westfalen ist ebenfalls von 1978 (4,9 %) bis 1997 (22,0 %) erheblich angestiegen und stagniert seither, wie aus der *Übersicht 4* zu entnehmen ist.

Übersicht 4: **Anteil* der ausländischen Insassen im (Jugend**-) Strafvollzug*** 1978 bis 2000 in Nordrhein-Westfalen**

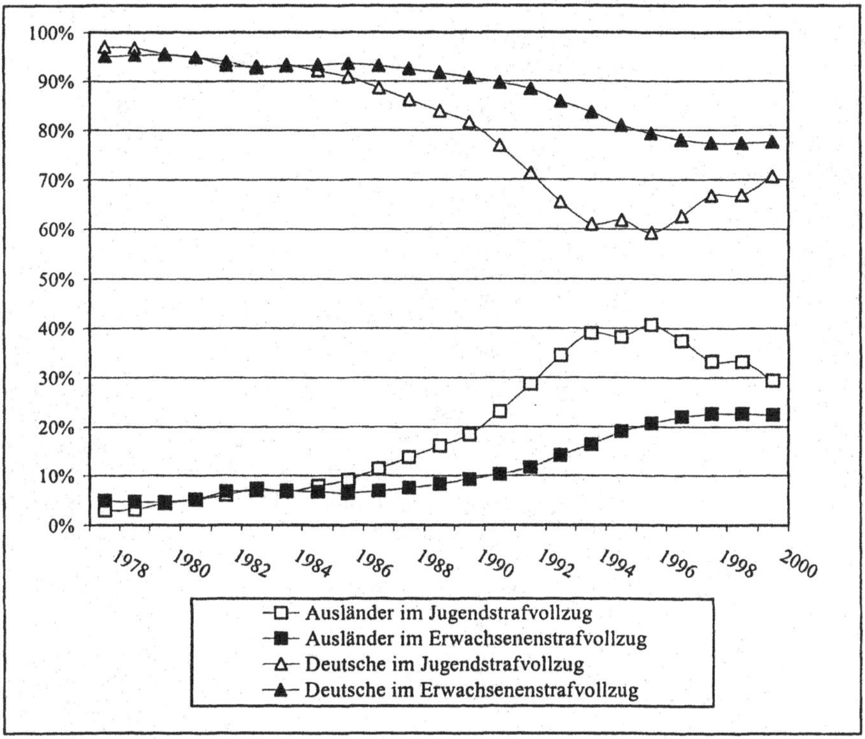

* Stichtag jeweils 31. März.

** Vollzug von Freiheitsstrafe einschließlich Jugendstrafe bei Verurteilten, die gem. § 92 JGG aus dem Jugendstrafvollzug ausgenommen sind.

*** Vollzug von Jugendstrafe einschließlich Freiheitsstrafe, die gem. § 114 JGG in der Jugendstrafanstalt vollzogen wird.

Quelle: LANDESAMT FÜR DATENVERARBEITUNG UND STATISTIK (Hrsg.): Strafvollzugsstatistik NRW Tabelle ST 4, Teil 2, 1978-2000.

Daß bei jungen Türken eine Kette negativer und diskriminierender Erfahrungen, die bereits in ihrem Alltag begonnen haben und sich im Jugendstrafvollzug fortsetzen, zu einer ablehnenden und auf Konfrontation gerichteten Haltung gegenüber den ‚Deutschen' führen kann, die das weitere Legalverhalten nach der Entlassung aus der Jugendanstalt nicht positiv beeinflussen wird, erscheint nachvollziehbar.

Andererseits könnte es auch gelingen, mit Hilfe positiver Erfahrungen im Jugendstrafvollzug diesen Teufelskreis aus ablehnenden Erfahrungen und ansteigender Gewaltbereitschaft zu durchbrechen und die Wahrscheinlichkeit von Gesetzesverstößen zu verringern. Machen die jungen Türken in der Jugendanstalt nicht erneut die Erfahrung benachteiligt und stigmatisiert zu werden, könnte dies zu einer Einstellungsänderung führen und dazu beitragen, die Entwicklung anomischer Tendenzen zu verhindern[643].

II. Überblick über die untersuchungsrelevanten Normen

Um die im weiteren Verlauf der Arbeit vorgestellten, die Untersuchung leitenden Annahmen und deren Grundlagen nachvollziehen und die Vorgänge innerhalb der Jugendanstalten besser verstehen zu können, soll einführend ein Überblick über die diesen Bereich betreffenden gesetzlichen Regelungen und Verwaltungsvorschriften gegeben werden.

1. Gesetzliche Regelungen nach dem JGG, dem StVollzG und dem VVJug

a) JGG (1953)

Die leitenden Grundsätze des Jugendstrafvollzugs sind im Jugendgerichtsgesetz (JGG) vom 04.08.1953[644] geregelt. Durch die Jugendstrafe soll der Verurteilte gem. § 91 Abs. 1 JGG „dazu erzogen werden, künftig einen rechtschaffenen und verantwortungsbewußten Lebenswandel zu führen". Der Jugendstrafvollzug soll in erster Linie einen erzieherischen Auftrag erfüllen. Die Jugendstrafe ist gem. § 92 Abs. 1 JGG in Jugendstrafanstalten zu vollziehen[645].

> *Gem. § 105 JGG kann auch auf Heranwachsende das Jugendstrafrecht Anwendung finden. Diese Regelung ist von großer praktischer Bedeutung. Im Jahr 1999 wurden beispielsweise 60,3 %[646] aller Verurteilten, die zum Tatzeitpunkt zwischen 18 und 21 Jahre alt und somit Heranwachsende i.S.d. § 1 Abs. 2 JGG waren, nach Jugendstrafrecht verurteilt. Die Bejahung der Voraussetzungen des § 105 JGG[647] und der Anwendung von*

---

643 BUKOWSKI, ANNETTE a.a.O. (1998) (Fn. 9), S. 16, vgl. auch oben unter Teil A, Kapitel 3, II. 3., b).

644 BGBl. I, S. 751. Zu der Rechtsentwicklung des JGG vgl. auch SCHINDLER, HOLGER: Jugendstrafvollzug in Sachsen. Diss. Aachen 1998, S. 40 ff. m.w.N.

645 Gem. § 114 JGG kann auch eine Freiheitsstrafe im Jugendstrafvollzug vollzogen werden. Bei Verurteilten über 18 Jahren, die für den Jugendstrafvollzug ungeeignet erscheinen, kann gem. § 92 Abs. 2 JGG von einer Strafvollziehung in der Jugendstrafanstalt abgesehen werden. Bei Verurteilten über 24 Jahren soll Jugendstrafe gem. § 92 Abs. 2 S. 3 JGG nach den Vorschriften des Erwachsenenstrafvollzuges vollzogen werden.

646 Statistisches Bundesamt (Hrsg.) a.a.O. (2001a) (Fn. 230), S. 12: Im Jahr 1999 wurden von den zur Tatzeit Heranwachsenden 44.035 Personen nach Jugendstrafrecht und 28.976 Personen nach allgemeinem Strafrecht verurteilt.

647 Die Anwendung von Jugendstrafrecht auf einen zur Tatzeit Heranwachsenden setzt gem. § 105 Abs. 1 JGG voraus, daß dieser zur Tatzeit *„nach seiner sittlichen und geistigen*

Jugendstrafrecht auf Heranwachsende ist stetig gestiegen: von 20,6 % (1954), über 45,1 % (1975), auf 59,4 % (1998)[648].

Der Vollzug kann nach § 91 Abs. 3 JGG aufgelockert und in freien Formen ausgeführt werden[649] und die Justizvollzugsbeamten sollen gem. § 91 Abs. 4 JGG für die Erziehungsaufgabe geeignet und ausgebildet sein.

In § 91 Abs. 2 JGG wird normiert, wie der Jugendstrafvollzug ausgestaltet sein soll: „Ordnung, Arbeit, Unterricht, Leibesübungen und sinnvolle Beschäftigung in der freien Zeit sind die Grundlagen dieser Erziehung". Berufliche Leistung ist zu fördern, Ausbildungsstellen sind einzurichten, seelsorgerische Betreuung ist zu gewährleisten. Diese Regelungen des JGG sind sehr undetailliert und folglich nur ansatzweise geeignet, um die genaue Ausgestaltung des Vollzugsalltags in den Jugendstrafanstalten festzulegen. Der Bundesminister der Justiz hat im Jahre 1976 auf Beschluß des Bundestages vom 05.06.1975 eine Jugendstrafvollzugskommission einberufen[650], die die Grundlagen eines Gesetzes zur Regelung des Jugendstrafvollzuges schaffen sollte. Allerdings konnte bislang keine endgültige gesetzliche Regelung getroffen werden[651].

b) StVollzG (1977)

Der Jugendstrafvollzug stützt sich somit, abgesehen von den Regelungen in §§ 91, 92, 115 JGG, bis zur Verabschiedung eines entsprechenden Gesetzes auf einige Normen des Strafvollzugsgesetzes vom 16.03.1976[652]. In dem StVollzG, das grundsätzlich lediglich auf erwachsene Strafgefangene und Verwahrte Anwendung findet[653], sind zwei weitere Bereiche für Jugendstrafgefangene geregelt: Die Vorschriften über das Arbeitsentgelt und die Ausfallentschädigung sind über § 176 Abs. 1 i.V.m. §§ 43 Abs. 2-11 StVollzG und § 176 Abs. 2[654] i.V.m. § 45 Abs. 2-6 StVollzG unmittelbar anwendbar. Darüber hinaus gelten im Jugendstrafvollzug gem. § 176 Abs. 4

Entwicklung noch einem Jugendlichen gleich stand" oder daß es sich um eine „*Jugendverfehlung*" handelte.

648 OSTENDORF, HERIBERT: Jugendgerichtsgesetz. Kommentar. 5. Aufl., Köln, Berlin, Bonn, München 2000, Grundlagen zu §§ 105-106, Rn. 5.

649 Lockerungen des Vollzuges sind Außenbeschäftigung, Freigang, Ausführung, Ausgang und Urlaub bzw. Sonderurlaub, vgl. DIEMER, HERBERT / SCHOREIT, ARMIN / SONNEN, BERND-RÜDEGER: Jugendgerichtsgesetz. Kommentar. 3. Aufl., Heidelberg 1999, § 91 Rn. 35.

650 CALLIES, ROLF-PETER: Strafvollzugsrecht, 3. Aufl., München 1992, S. 187.

651 CALLIES, ROLF-PETER a.a.O. (Fn. 650), S. 187; LAUBENTHAL, KLAUS: Strafvollzug. 2. Aufl., Berlin, Heidelberg, New York, Tokio 1998, S. 340 f, Rn. 746 m.w.N..

652 BGBl. I, S. 581.

653 Vgl. den Wortlaut des § 1 StVollzG: „*Dieses Gesetz regelt den Vollzug der Freiheitsstrafe in Justizvollzugsanstalten und der freiheitsentziehenden Maßregeln der Besserung und Sicherung*". Der Vollzug der Jugendstrafe wird grundsätzlich nicht vom Regelungsbereich des StVollzG erfaßt.

654 § 176 Abs. 2 StVollzG wird durch ein besonderes Bundesgesetz in Kraft gesetzt, vgl. § 198 Abs. 3 StVollzG. Die Fassung des § 176 Abs. 3 StVollzG, die die Auszahlung eines Taschengeldes bei Nichterhalt eines Arbeitsentgeltes regelt, gilt gem. § 199 Abs. 1 StVollzG bis zum Inkrafttreten eines besonderen Bundesgesetzes nach § 198 Abs. 3 StVollzG.

i.V.m. §§ 44, 49 bis 52 StVollzG die Regelungen über die Ausbildungsbeihilfe, den Unterhalts- und den Haftkostenbeitrag sowie das Überbrückungs- und Eigengeld entsprechend. Die Vorschriften über den unmittelbaren Zwang sind nach § 178 Abs. 1 i.V.m. §§ 94-101 StVollzG[655] auf den Jugendstrafvollzug ebenfalls direkt anwendbar.

c) VVJug (1977)

Um eine bundeseinheitliche Ausgestaltung des Jugendstrafvollzuges zu gewährleisten, haben die Justizverwaltungen der Bundesländer bundeseinheitlich eine Reihe von „Verwaltungsvorschriften zum Jugendstrafvollzug" (VVJug) vereinbart[656]. Soweit wegen des besonderen Erziehungsauftrages, der dem Gedanken des Jugendstrafvollzuges innewohnt, keine abweichenden Regelungen getroffen werden mußten, lehnen sich diese Verwaltungsvorschriften an die Regelungen des Strafvollzugsgesetzes und die mit ihnen in unmittelbarem Zusammenhang stehenden Verwaltungsvorschriften an[657]. Die VVJug sind bundeseinheitlich am 01.01.1977 in Kraft getreten und zuletzt am 01.04.1999 geändert worden[658].
Durch die VVJug sollte die Übergangszeit bis zum Erlaß umfassender gesetzlicher Regelungen überbrückt werden[659]. Da die bundeseinheitlichen Verwaltungsvereinbarungen keinen Gesetzescharakter haben, wird in der Literatur[660] teilweise die Meinung vertreten, daß der gegenwärtige Vollzug der Jugendstrafe, der seit nunmehr 23 Jahren in seiner praktischen Ausgestaltung fast vollständig auf Verwaltungsvorschriften beruht, wegen des Verstoßes gegen des Rechtsstaatsprinzips verfassungswidrig sei.

Bei der Suche nach gesetzlichen Regelungen, die auf die türkischen Insassen im Jugendstrafvollzug Anwendung finden, wird deutlich, daß die nichtdeutschen Insassen

---

655 Vgl. auch DIEMER, HERBERT / SCHOREIT, ARMIN / SONNEN, BERND-RÜDEGER a.a.O. (Fn. 649), § 91 Rn. 6.

656 CALLIES, ROLF-DIETER / MÜLLER-DIETZ, HEINZ: Strafvollzugsgesetz. Gesetz über den Vollzug der Freiheitsstrafe und der freizeitsentziehenden Maßregeln der Besserung und Sicherung und ergänzenden Bestimmungen. Kommentar. 8. Aufl., München 2000, § 1 Rn. 8 m.w.N.

657 Vgl. das Vorwort der VVJug: *„Diese (Verwaltungsvorschriften) lehnen sich, soweit wegen der Besonderheiten des Jugendstrafvollzugs keine Abweichungen geboten sind, an die Vorschriften des Strafvollzugsgesetzes und die hierzu ergangenen Verwaltungsvorschriften an"*.

658 DIEMER, HERBERT / SCHOREIT, ARMIN / SONNEN, BERND-RÜDEGER a.a.O. (Fn. 649), § 91 Rn. 7.

659 Vgl. das Vorwort der VVJug: *„Ihre Geltungsdauer ist zeitlich begrenzt; sie sollen lediglich die Übergangszeit bis zum Erlaß umfassender gesetzlicher Regelungen überbrücken."*

660 Vgl. zu der Frage, ob die Vollstreckung von Jugendstrafe wegen des Fehlens eines Jugendstrafvollzugsgesetzes verfassungswidrig ist SCHINDLER, HOLGER a.a.O. (Fn. 644), S. 15 ff. m.w.N.; CALLIES, ROLF-DIETER / MÜLLER-DIETZ, HEINZ a.a.O. (Fn. 656), § 91 Rn. 5; DIEMER, HERBERT / SCHOREIT, ARMIN / SONNEN, BERND-RÜDEGER a.a.O. (Fn. 649), § 91 Rn. 8-10; OSTENDORF, HERIBERT a.a.O. (2000) (Fn. 648), § 91 Rn. 7.
Zum Stand der Entwicklung eines Jugendstrafvollzugsgesetzes vgl. SCHINDLER, HOLGER a.a.O. (Fn. 644), S. 48 ff. m.w.N.; DIEMER, HERBERT / SCHOREIT, ARMIN / SONNEN, BERND-RÜDEGER a.a.O. (Fn. 649), § 91 Rn. 11-18; DÜNKEL, FRIEDER a.a.O. (1990) (Fn. 19), S. 471 ff.; OSTENDORF, HERIBERT a.a.O. (2000) (Fn. 648), § 91 Rn. 7.

im JGG keine spezielle Erwähnung finden. Demgegenüber werden Inhaftierte ausländischer Staatsangehörigkeit in den VVJug an zwei Stellen ausdrücklich genannt. So wird in Nr. 19 Abs. 8 und Nr. 23 Abs. 3 VVJug angeordnet, daß der Besuchsverkehr und der Schriftverkehr mit der diplomatischen oder konsularischen Vertretung des Heimatlandes nicht kontrolliert werden darf. Darüber hinaus enthält das VVJug Vorschriften, die sich nicht explizit auf Nichtdeutsche beziehen, faktisch jedoch nur auf Gefangene mit einer nichtdeutschen Staatsangehörigkeit Anwendung finden können, da sie besondere Regelungen für den Fall einer angeordneten oder zu bescheidenden Abschiebung oder Ausweisung vorsehen[661].

Gefangene, gegen die Abschiebungshaft angeordnet worden ist oder gegen die eine vollziehbare Ausweisungsverfügung besteht und die aus der Haft abgeschoben werden sollen, sind gem. Nr. 6 Abs. 8 b), c) und Nr. 8 Abs. 7 b), c) VVJug von Außenbeschäftigung, Freigang, Ausgang und Urlaub ausgeschlossen. Ferner sind Gefangene, gegen die ein Ausweisungsverfahren anhängig ist, gem. Nr. 6 Abs. 11 d) VVJug für die oben genannten Lockerungen und gem. Nr. 8 Abs. 10 e) VVJug für den Urlaub in der Regel ungeeignet. Bei Vorliegen besonderer Umstände und nach Anhörung der Ausländerbehörde können jedoch gem. Nr. 6 Abs. 12 und Nr. 8 Abs. 11 VVJug Ausnahmen zugelassen werden. Als Lockerung kommt, bei Nichtvorliegen eines Ausnahmetatbestandes, lediglich eine Ausführung gem. Nr. 6 Abs. 1, Nr. 2 VVJug, d.h. das Verlassen der Anstalt unter Aufsicht für eine bestimmte Tageszeit in Betracht. Ist demgegenüber kein Ausweisungsverfahren anhängig, orientiert sich die Gewährung von Lockerungen und Urlaub bei türkischen Insassen an denselben Kriterien wie bei den deutschen Gefangenen.

In mehreren Abschnitten der VVJug wird der Tatsache Rechnung getragen, daß die meisten Türken einer nichtchristlichen Religion angehören; sie sind zum überwiegenden Teil Muslime. Nach Nr. 16 Abs. 4 VVJug wird den Gefangenen ermöglicht, die Speisevorschriften ihrer Religionsgemeinschaft einzuhalten: „Unterliegt ein Gefangener religiösen Speisegeboten, sollen auf seinen Antrag Bestandteile der Anstaltsverpflegung, die er nicht verzehren darf, gegen andere Nahrungsmittel ausgetauscht werden". Darüber hinaus kann während hoher Glaubensfeste, für die besondere Speiseregeln gelten, auch nach Nr. 16 Abs. 5 VVJug die Verpflegung durch Glaubensgenossen erlaubt werden. Bei den Regelungen zum Paketempfang und zur Arbeitsbefreiung an Feiertagen wird der andere Festtagskalender bestimmter Religionen berücksichtigt, wie sich den Nr. 28 Abs. 6, Abs. 13 und Nr. 32 Abs. 11 VVJug entnehmen läßt.

---

[661] Die Situation der reinen Abschiebegefangenen, die in Amtshilfe für das jeweilige Innenministerium im Strafvollzug untergebracht sind, ist nicht Gegenstand dieser Untersuchung; zu dieser Problematik vgl. ESCHENBACHER, MANFRED: Nordrhein-Westfalen begeht neue Wege im Bereich der Abschiebehaft. In: ZfStrVo, Jg. 43, Heft 3, 1994, S. 158-161; GÖBEL-ZIMMERMANN, RALF: Die Anordnung und der Vollzug der Abschiebungshaft. In: ZAR, Jg. 16, Heft 3, 1996, S. 110-119.

Auch die Tatsache, daß nichtdeutsche Gefangene im Briefverkehr häufig ihre Muttersprache verwenden, nicht zuletzt, weil der Empfänger, die erste Generation der Gastarbeiter, die deutsche Sprache wesentlich schlechter als die Sprache des Heimatlandes beherrscht, wird in Nr. 24 Abs. 9 VVJug berücksichtigt. Diese Regelung sieht vor, daß die Kosten für die Übersetzung von Schreiben, die in fremder Sprache abgefaßt sind, im Regelfall von der Staatskasse zu tragen sind.

Es bleibt somit festzuhalten, daß den türkischen Insassen im Jugendstrafvollzug aufgrund der gesetzlichen Regelungen nach dem JGG und dem StVollzG sowie den VVJug aufgrund ihrer Staatsangehörigkeit keine Nachteile erwachsen. Allerdings darf nicht außer acht gelassen werden, daß bei den zu Jugend- oder Freiheitsstrafe verurteilten Nichtdeutschen regelmäßig geprüft wird, ob eine Ausweisung anzuordnen ist. Die Gefangenen sind aufgrund eines angestrengten Ausweisungsverfahrens in aller Regel, wie bereits ausgeführt, für Lockerungen und Urlaub als ungeeignet einzustufen.

2. Gesetzliche Regelungen nach dem AuslG

Die Schlechterstellung der nichtdeutschen Gefangenen gegenüber den deutschen Gefangenen aufgrund einer drohenden Ausweisung oder einer Abschiebung ergibt sich aus den Regelungen der §§ 45 ff. des Ausländergesetzes (AuslG). Nach § 47 Abs. 1 AuslG[662] ist ein Nichtdeutscher auszuweisen, wenn er

1. *„wegen einer oder mehrerer vorsätzlicher Straftaten rechtskräftig zu einer Freiheits- oder Jugendstrafe von mindestens drei Jahren verurteilt worden ist", oder*
2. *mehrfach wegen vorsätzlicher Straftaten „zu einer Jugendstrafe von mindestens zwei Jahren oder zu einer Freiheitsstrafe verurteilt oder bei der letzten rechtskräftigen Verurteilung Sicherungsverwahrung angeordnet worden ist".*

---

662 In der Rechtsprechung war früher umstritten, ob die Jugendstrafe von dem Begriff der Freiheitsstrafe im Sinne des § 47 AuslG umfaßt wird: Bejahend: BayVGH, Beschluß v. 24.10.1991. In: InfAuslR, Jg. 14, Heft 2, 1992, S. 45, (46); VG Wiesbaden, Beschluß v. 06.02.1992 In: InfAuslR, Jg. 14, Heft 5-6, 1992, S. 174 f; BayVGH, Beschluß v. 05.11.1992. In: InfAuslR, Jg. 15, Heft 2, 1993, S. 75; verneinend: HambOVG, Beschluß v. 21.10.1992. In: InfAuslR, Jg. 15, Heft 2, 1993, S. 73 ff.; HessVGH, Beschluß v. 20.10.1992, In: InfAuslR, Jg. 15, Heft 2, 1993, S. 50, (51); vgl. auch WOLLENSCHLÄGER, MICHAEL / SCHRAML, ALEXANDER: Zum Recht der Ausweisung im neuen Ausländergesetz. In: ZAR, Jg. 12, Heft 2, 1992, S. 66, (70); WEGNER, JÖRG: Die Behandlung straffällig gewordener Einwanderer im neuen Ausweisungsrecht. In: DÖV, Jg. 46, Heft 23, 1993, S. 1031, (1033); vgl. auch WEGNER, JÖRG: Die Ausweisung von Ausländern mit verfestigtem Aufenthaltsstatus nach dem neuen Ausländergesetz. In: ZAR, Jg. 12, Heft 3, 1992, S. 121, (124). Dies hatte zur Folge, daß es von dem zuständigen Gerichtsbezirk abhing, ob die Verurteilung zu einer Jugendstrafe automatisch zu einer Ausweisung führte oder ob der Entscheidung über eine Ausweisungsverfügung eine Ermessensausübung vorausgehen mußte. Aufgrund des neu gefaßten Wortlauts (Neufassung des § 47 Abs. 1 und Abs. 2 AuslG durch das Gesetz vom 29.10.1997, BGBl. I, S. 2584). in § 47 Abs. 1 und Abs. 2 AuslG findet § 47 AuslG explizit auch auf die zu einer Jugendstrafe verurteilten Anwendung.

a) Ausweisung

In der Regel ist nach § 47 Abs. 2 Nr. 1 AuslG auszuweisen[663], wer erhebliche Straftaten begeht. Dies ist beispielsweise dann der Fall, wenn ein Nichtdeutscher einen Verstoß gegen das Betäubungsmittelgesetz[664] begangen hat oder wenn er „wegen einer oder mehrerer vorsätzlicher Straftaten rechtskräftig zu einer Freiheitsstrafe oder Jugendstrafe von mindestens zwei Jahren verurteilt (wurde) und die Vollstreckung der Freiheitsstrafe nicht zur Bewährung ausgesetzt ist“[665]. Grundsätzlich gilt, wer schwere Straftaten begeht, wird ausgewiesen. In diesen Fällen, in denen die Voraussetzungen einer sog. Ist-Ausweisung vorliegen, hat die Ausländerbehörde keinen Ermessensspielraum, sie muß die Ausweisung anordnen.
In leichteren Fällen kann die Ausländerbehörde von einer Ausweisung absehen (Regelausweisung), wenn im Einzelfall besondere Gründe vorliegen. Wer ausgewiesen wird, hat kein Recht mehr, sich in der Bundesrepublik aufzuhalten und ist verpflichtet, diese zu verlassen.

Nach § 45 AuslG kann ausgewiesen werden, wer die Sicherheit und Ordnung oder sonstige erhebliche Interessen der Bundesrepublik beeinträchtigt. Laut § 46 AuslG erfüllt diese Generalklausel insbesondere, wer „einen nicht nur vereinzelten oder geringfügigen Verstoß gegen Rechtsvorschriften oder gerichtliche oder behördliche Entscheidungen oder Verfügungen begangen oder außerhalb des Bundesgebiets eine Straftat begangen hat, die im Bundesgebiet als vorsätzliche Straftat anzusehen ist“.

Wenn einer der genannten Tatbestände erfüllt ist, wird die Ausländerbehörde die Möglichkeit einer Ausweisung nach eigenem Ermessen prüfen. Zu berücksichtigen sind bei der Ermessensausweisung nach § 45 Abs. 2 Nr. 1 AuslG aber immer auch die Dauer des rechtmäßigen Aufenthaltes und schutzwürdige Bindungen im Bundesgebiet. Auch die Folgen der Ausweisung für Familienangehörige, die im Bundesgebiet rechtmäßig mit dem Nichtdeutschen zusammenleben, sind gem. § 45 Abs. 2 Nr. 2 AuslG abzuwägen.

---

663 Vgl. zur Bedeutung der Ausweisung RENNER, GÜNTER a.a.O. (1998) (Fn. 223), § 40 Rn. 96 ff.: Die Ausweisung ist das schärfste Mittel der Verhaltenskontrolle mit dem Ziel der Entfernung des Ausländers aus dem Staatsgebiet. Sie stellt das Gegenstück zur Aufenthaltsgenehmigung dar und ist in mehrfacher Hinsicht von Bedeutung für die Begründung und die Fortsetzung des Aufenthalts. Erstens bildet die Ausweisung die Grundlage für die Ausweisungsverfügung, die entweder in ein bestehendes Aufenthaltsrecht eingreift oder einen illegalen Aufenthalt beendet. Zweitens enthält die Ausweisungsverfügung nicht nur einen Ausreisebefehl, sondern bewirkt zugleich ein Einreise- und Aufenthaltsverbot. Vgl. zu der rechtlichen Ausgestaltung des Familiennachzuges und der aufenthaltsbeendenden Maßnahmen im Ausländerrecht in den Nachbarländern Schweiz, Österreich und Frankreich: CARONI, MARTINA: Privat- und Familienleben zwischen Menschenrecht und Migration. Eine Untersuchung zu Bedeutung, Rechtsprechung und Möglichkeiten von Art. 8 EMRK im Ausländerrecht. Diss. Berlin 1999, S. 87-167.

664 Vgl. § 47 Abs. 2 Nr. 2 AuslG.

665 Vgl. § 47 Abs. 2 Nr. 1 AuslG.

Nach § 48 AuslG genießen einige Personengruppen einen erhöhten Ausweisungsschutz[666]*. Bei nicht erheblichen Straftaten ist eine Ausweisung nur aus besonders schwerwiegenden Gründen möglich. Einen erhöhten Ausweisungsschutz genießt ein Nichtdeutscher gem. § 48 Abs. 1 AuslG dann, wenn er eine Aufenthaltsberechtigung besitzt, in Deutschland geboren oder aufgewachsen ist, Ehepartner eines geschützten Nichtdeutschen ist, mit deutschen Familienangehörigen zusammenlebt, Asylberechtigter oder anerkannter Flüchtling ist.*
Minderjährige, deren Eltern rechtmäßig im Bundesgebiet leben, können nach § 48 Abs. 2 S. 1 AuslG nur ausgewiesen werden, wenn sie „wegen serienmäßiger Begehung nicht unerheblicher vorsätzlicher Straftaten, wegen schwerer Straftaten oder einer besonders schweren Straftat" verurteilt wurden.

Ein Heranwachsender, der im Bundesgebiet aufgewachsen ist und mit seinen Eltern in häuslicher Gemeinschaft lebt, wird gem. § 48 Abs. 2 S. 2 AuslG nur nach Maßgabe des § 47 Abs. 1 und Abs. 2 Nr. 1 und Abs. 3 AuslG ausgewiesen, d. h. auch bei einer rechtskräftigen Verurteilung zu einer Jugendstrafe von mindestens drei Jahren ist er nicht zwingend auszuweisen und bei der Verurteilung zu einer Jugendstrafe von zwei Jahren ohne Bewährung wird über seine Ausweisung nach pflichtgemäßem Ermessen entschieden. Besitzt der heranwachsende Ausländer, der im Bundesgebiet aufgewachsen ist, eine unbefristete Aufenthaltserlaubnis oder eine Aufenthaltsberechtigung, ergeht gem. § 47 Abs. 3 S. 3 AuslG in den beiden vorgenannten Fällen eine Ermessensentscheidung über eine mögliche Ausweisung.

Nach der Rechtsprechung des Europäischen Gerichtshofes genießen auch türkische Arbeitnehmer diesen Ausweisungsschutz, sofern sie sich vor der Inhaftierung mindestens vier Jahre rechtmäßig in der Bundesrepublik aufgehalten haben und ordnungsmäßig beschäftigt waren[667]. Diese Ansicht findet im Verwaltungshandeln aber noch keinen Niederschlag, so daß sich junge Türken nur auf den in § 48 AuslG gewährten erhöhten Ausweisungsschutz verlassen können.

b) Abschiebung

Von der Ausweisung ist die Abschiebung zu unterscheiden. Die Ausweisung begründet lediglich eine Ausreisepflicht, die mittels einer Abschiebung durchgesetzt wird. Voraussetzung für eine Abschiebung ist nach § 49 AuslG, daß die Ausreisepflicht vollziehbar ist, d. h. daß die Ausweisungsverfügung nach Ablauf der

---

666 Tatbestände, die ansonsten zwingend zur Ausweisung führen, werden in diesen Fällen wie die einer Regelausweisung behandelt, d. h. es wird eine Ermessensentscheidung getroffen.

667 Die Türkei ist mit der EU durch einen Assoziationsvertrag aus dem Jahre 1963 verbunden, vgl. BGBl. 1964 II 509 sowie das Zuatzprotokoll vom 19.05.1972 (BGBl. 1972 II 385). Der Assoziationsrat EWG-Türkei hat zur Ausführung dieses Abkommens mit Beschluß Nr. 1/80 für die zum Arbeitsmarkt eines EG-Staates zugelassene türkische Arbeitnehmer arbeits- und aufenthaltsrechtliche Vergünstigungen eingeführt, die ihnen nach einer vierjährigen ordnungsgemäßen Beschäftigung einen EG-Ausländern vergleichbaren Rechtsstatus gewährt, vgl. auch HUBER, BERTOLD: Straffällig gewordene junge Ausländer im Ausländer- und Jugendhilferecht. In: DVJJ-Journal, Jg. 4, Heft 4, 1993, S. 366, (370) m.w.N.

Widerspruchsfrist oder nach Rechtskraft eines entsprechenden Urteils bestandskräftig geworden ist. Abgeschoben werden darf ein Ausländer erst dann, wenn nicht gesichert ist, daß er freiwillig ausreisen wird oder die Überwachung der Ausreise erforderlich erscheint. Die Voraussetzungen für die Überwachung der Ausreise sind gem. § 49 Abs. 2 S. 1 AuslG bei ausländischen Inhaftierten grundsätzlich erfüllt[668]. Aus welchem Grund sich der Ausländer in Haft befindet, ist unerheblich[669]. Entscheidend ist, daß die Maßnahme richterlich angeordnet wurde[670]. Die Abschiebung aus der Haft wirkt besonders einschneidend, weil ihr keine Androhung vorausgeht; sie wird lediglich gem. § 50 Abs. 5 AuslG mindestens eine Woche vorher angekündigt.

Festzuhalten bleibt also, daß die jungen Türken, die im Jugendstrafvollzug einsitzen, zumindest den Tatbestand des § 45 AuslG erfüllen. Aus diesem Grunde wird die Ausländerbehörde in jedem Fall die Möglichkeit einer Ausweisung prüfen. Gerade bei den hier aufgewachsenen Türken wird wegen des besonderen Ausweisungsschutzes des § 48 AuslG in vielen Fällen keine vollziehbare Ausweisungsverfügung zu erwirken sein[671]. Dennoch wird ihnen für die Dauer des Ausweisungsverfahrens der Zugang zu Lockerungen und Urlaub im Vollzug in aller Regel versperrt bleiben oder stark eingeschränkt sein[672].

Kapitel 5: Stand der empirischen Forschung zur Situation Nichtdeutscher im (Jugend-) Strafvollzug

Die Situation nichtdeutscher Insassen im (Jugend-)Strafvollzug war in der Vergangenheit bereits mehrfach Thema von Forschungsberichten, in denen jedoch lediglich die Besonderheiten aus der Sicht der Gefangenen untersucht wurden und die sich, bis auf wenige Ausnahmen, nur auf eine kleine Anzahl der Insassen einer Justizvollzugsanstalt beziehen.

I. Forschungsberichte zu Nichtdeutschen im Strafvollzug

Forschungsberichte liegen vor zu Nichtdeutschen im Erwachsenen- und im Jugendstrafvollzug.

1. Nichtdeutsche im Erwachsenenstrafvollzug

Die Untersuchungen beziehen sich grundsätzlich auf Ausländer im Vollzug, also nur im Ausnahmefall auf die Gruppe der Türken.

---

668 WOLLENSCHLÄGER, MICHAEL / SCHRAML, ALEXANDER a.a.O. (Fn. 662), S. 66, (69).
669 RENNER, GÜNTHER a.a.O. (1999) (Fn. 26), § 49 Rn. 5.
670 RENNER, GÜNTHER a.a.O. (1999) (Fn. 26), § 49 Rn. 5.
671 HUBER, BERTHOLD a.a.O. (1993) (Fn. 667), S. 366, (369).
672 BAER, INGRID: Die Neuregelungen des Ausländerrechts für Minderjährige. In: ZAR, Jg. 11, Heft 3, 1991, S. 135, (141).

a) NÄHRICH (1975)

Bereits im Jahr 1975 veröffentlichte NÄHRICH[673] die Forschungsergebnisse seiner vergleichenden Untersuchung aus dem Jahr 1973, die sich auf 94 nichtdeutsche Strafgefangene[674] und eine bezüglich ihres Alters, ihrer Delikte und Strafdauer vergleichbare Parallelgruppe von 87 deutschen Gefangenen bezog und die Probleme ausländischer Inhaftierter aufzeigen sollte. NÄHRICH[675] bediente sich in dieser 27 Jahre zurückliegenden Studie des Erhebungsinstrumentes des quantitativen standardisierten Interviews. Er nannte als besondere Problembereiche nichtdeutscher Inhaftierter im Vollzug die Sprachprobleme sowie die daraus resultierenden Abhängigkeitsverhältnisse zu Mitgefangenen, die Benachteiligung ausländischer Inhaftierter in den Bereichen Weiterbildung, Arbeitsplatzvergabe und Freizeitgestaltung sowie Religionsausübung[676]. Als Lösungsvorschlag wird von NÄHRICH[677] die Einrichtung einer speziellen Anstalt in jedem Bundesland genannt, in der neben der überwiegenden Zahl von deutschen Inhaftierten auch ausländische Insassen aus jeweils nur einem bestimmten Sprachbereich einsitzen sollen.

Bei der Heranziehung der Ergebnisse von NÄHRICH[678] aus seiner im Jahr 1973 durchgeführten Untersuchung als Vergleichsgrundlage für die eigene Untersuchung, ist zu berücksichtigen, daß sich seine Arbeit auf die Erste Generation der ausländischen Inhaftierten bezieht, die sich aufgrund ihrer Sozialbiographie und ihrer starken kulturellen Verbundenheit mit ihrem Heimatland, in erheblichem Maße von den Ausländern der Zweiten und Dritten Generation, die zu einem überwiegenden Teil in Deutschland geboren oder aufgewachsen sind, unterscheidet. Hinzu kommt, daß der von NÄHRICH[679] erstellte Fragebogen nicht alle für diese Untersuchung relevanten Problembereiche einbezieht. So werden beispielsweise die für den Umgang mit Behörden wichtigen schriftlichen Deutschkenntnisse und die Stellung der ausländischen Insassen in der Subkultur der Anstalt nicht erfragt. Auch der von NÄHRICH[680] genannte Lösungsvorschlag der Einrichtung reiner Ausländeranstalten wird, wie aus jüngeren Untersuchungen[681] hervorgeht, von dem überwiegenden Teil der

---

673 NÄHRICH, WOLF-DIETER: Zur Situation ausländischer Strafgefangener in deutschen Vollzugsanstalten. Mit der Isolierung von den Landsleuten und Sprachschwierigkeiten beginnen die Probleme. In: ZfStrVo, Jg. 24, Heft 3, 1975, S. 145-152.

674 Die Untersuchung konzentrierte sich auf Ausländergruppen, von denen NÄHRICH meinte, daß ihre ausländerspezifischen Probleme schwerwiegend seien; aus diesem Grunde wurden beispielsweise Österreicher, Schweizer, Niederländer sowie in der Bundesrepublik geborene und hier aufgewachsene Ausländer nicht berücksichtigt.

675 Zu weiteren untersuchten Bereichen und den Ergebnissen dieser Untersuchung vgl. die Tabelle im Anhang S. 425 ff.

676 Zu weiteren untersuchten Bereichen und den Ergebnissen dieser Untersuchung vgl. die Tabelle im Anhang S. 425 ff.

677 NÄHRICH, WOLF-DIETER a.a.O. (Fn. 673), S 145, (151).

678 Vgl. zu den einzelnen Ergebnissen und weiteren Informationen zu dieser Untersuchung die Tabelle im Anhang S. 425 ff.

679 NÄHRICH, WOLF-DIETER a.a.O. (Fn. 673), S. 145, (146 ff.).

680 NÄHRICH, WOLF-DIETER a.a.O. (Fn. 673), S. 145, (151).

681 BOSETZKY, HORST / BORSCHERT, JÜRGEN / HELM, SIEGFRIED a.a.O. (Fn. 22), S. 198, (244).

Vollzugsbediensteten und ausländischen Inhaftierten abgelehnt, da er zu einer Verfestigung von Vorurteilen führen und die Integration der ausländischen Inhaftierten in die deutsche Gesellschaft erschweren würde.

b) Bosetzky / Borschert / Helm (1981)

Sechs Jahre später, im Jahr 1979, untersuchten BOSETZKY / BORSCHERT[682] unter Mitarbeit von HELM die Situation der männlichen ausländischen Insassen in den Berliner Haftanstalten, der Justizvollzugsanstalt Tegel, der Jugendstrafanstalt Plötzensee (einschließlich der Nebenanstalt Neukölln) und der Untersuchungshaft- und Aufnahmeanstalt Moabit. In diesen Anstalten in Berlin wurden teilweise von vereidigten Dolmetschern mit 136 der 386 nichtdeutschen Insassen sowie mit 75 deutschen Inhaftierten quantitative standardisierte Interviews, die jeweils 128 Fragen umfaßten, und ergänzend 15 psychologische Tiefeninterviews durchgeführt. Die Auswahl der nichtdeutschen Probanden erfolgte über eine nicht näher beschriebene Stichprobenauswahl, deren einziges Kriterium offenbar darin bestand, jeweils 25 türkische Inhaftierte pro Anstalt auszuwählen, weil die türkischen Inhaftierten bereits im Jahr 1979 den größten Anteil an den nichtdeutschen Inhaftierten stellten.

Die zentralen Themen dieser Untersuchung waren die Straftat und Verurteilung, die Vorstrafen und Haftdauer, die Lebensbedingungen vor der Inhaftierung, die Sozialisation und ethnische Identifikation der ausländischen Häftlinge, ihre Beziehung zu den Anstaltsbediensteten, Mitinhaftierten, der Familie und den Freunden, die Schul- und Berufsausbildung, die Haftbedingungen sowie Betreuungsangebote, Resozialisierungschancen und Lebensperspektiven für die Zeit nach der Entlassung aus dem Strafvollzug[683].

Der umfangreiche Fragebogen, der in der Untersuchung von BOSETZKY / BORSCHERT / HELM[684] verwendet wurde, und der mit 128 Fragen vermutlich die Konzentrationsfähigkeit eines Großteils der Probanden überfordert hat, enthält eine Anzahl interessanter Fragen, die noch heute von großem Interesse sind, beispielsweise zu dem Verhältnis zu Mitinsassen und der Teilnahme an Weiterbildungsmaßnahmen.
Zu der Frage des Drogenkonsums in der Anstalt konnten aufgrund der allgemein gehaltenen Formulierung „Sind Sie der Ansicht, daß die Drogenproblematik die Haftanstalten schon in dem Maße erreicht hat, wie dies in den Medien dargestellt wird?“ nur sehr vage Antworten erhalten werden. Allerdings muß berücksichtigt werden, daß die Drogenproblematik in den Jugendstrafanstalten im Jahre 1979 noch nicht so aktuell war wie heute.

---

682 BOSETZKY, HORST / BORSCHERT, JÜRGEN / HELM, SIEGFRIED a.a.O. (Fn. 22), S. 198-289.

683 Zu den einzelnen Ergebnissen dieser Untersuchung und weiteren Informationen vgl. die Tabelle im Anhang S. 425 ff.

684 BOSETZKY, HORST / BORSCHERT, JÜRGEN / HELM, SIEGFRIED a.a.O. (Fn. 22), S. 198 ff.

c) Schaffner / Kneip (1983)

SCHAFFNER / KNEIP[685] veröffentlichten im Jahre 1983 die Ergebnisse ihrer Fragebogenuntersuchung, in die alle 663 Insassen der JVA Mannheim, darunter 134 nichtdeutsche Inhaftierte, einbezogen worden sind. Von den 134 ausländischen Insassen gaben 85 Personen (63 %[686]) und 271 der deutschen Insassen (51 %[687]), insgesamt also 54 %[688] aller Befragten einen verwertbaren Fragebogen ab. Aus zeitlichen Gründen wurden Gruppenbefragungen durch die Werks- und Vollzugsbeamten anhand quantitativer standardisierter Fragebögen durchgeführt, die von den Insassen im Selbstbeurteilungsmodus angekreuzt und in einem neutralen Umschlag in eine Urne geworfen werden sollten[689].

Neben demographischen Merkmalen wurden Vorstrafen, Haftzeiten, Sprachprobleme, das Verhältnis zu Mitgefangenen und Bediensteten sowie die Einschätzung der Haftsituation und psychische Reaktionen sowie die Einschätzung des Nutzens der Freiheitsstrafe und deren Abschreckungswirkung erfragt[690].

Es ist davon auszugehen, daß die relativ geringe Rücklaufquote der verwertbaren Fragebögen von nur 54 % auf den Ablauf des Erhebungsverfahrens zurückzuführen ist. Da die Rückgabe der Fragebögen in einem verschlossenen Umschlag erfolgen sollte, um die Anonymität der Angaben zu wahren, wurde möglicherweise ein Großteil der Probanden dazu verleitet, den Fragebogen nicht vollständig ausgefüllt abzugeben. Zu prüfen ist auch, ob die Ergebnisse dieser 18 Jahre zurückliegenden Untersuchung noch heute aktuell sind und ob sie auf die aktuelle Problematik türkischer Inhaftierter im Jugendstrafvollzug übertragbar sind.

2. Nichtdeutsche im Jugendstrafvollzug

Zu den Arbeiten, die sich mit nichtdeutschen Inhaftierten im Jugendstrafvollzug befassen, gehören die folgenden Untersuchungen:

a) Albrecht / Pfeiffer (1979)

ALBRECHT / PFEIFFER[691] gingen in ihrer Untersuchung zur Kriminalisierung junger Nichtdeutscher nur marginal auf die Situation der Nichtdeutschen im Jugendstrafvollzug ein. Befragt wurden in dem Zeitraum von Februar bis April 1978 elf der 21 Anstaltsleiter von Jugendstrafanstalten in der Bundesrepublik Deutschland zu den Deprivationen[692], denen die jungen Ausländer im Strafvollzug ausgesetzt sind.

---

685 SCHAFFNER, PAUL / KNEIP, WOLFGANG a.a.O. (Fn. 22), S. 259-265.
686 SCHAFFNER, PAUL / KNEIP, WOLFGANG a.a.O. (Fn. 22), S. 259, (260).
687 SCHAFFNER, PAUL / KNEIP, WOLFGANG a.a.O. (Fn. 22), S. 259, (260).
688 SCHAFFNER, PAUL / KNEIP, WOLFGANG a.a.O. (Fn. 22), S. 259, (260).
689 SCHAFFNER, PAUL / KNEIP, WOLFGANG a.a.O. (Fn. 22), S. 259, (260).
690 Zu den einzelnen Ergebnissen der Untersuchung vgl. die Tabelle im Anhang S. 425 ff.
691 ALBRECHT, PETER-ALEXIS / PFEIFFER, CHRISTIAN a.a.O. (Fn. 115), S. 85 ff.
692 Unter dem Begriff Deprivationen werden die infolge der Inhaftierung auftretenden Entbehrungen und Benachteiligungen zusammengefaßt.

Als Erhebungsinstrument wurde ein Explorationsleitfaden[693] gewählt, der den Anstaltsleitern zugesandt wurde. Überprüft wurde unter anderem die Anpassung der ausländischen Insassen an die Normen des Strafvollzuges, wobei die Mehrheit der Anstaltsleiter das Verhalten der Ausländer in der Anstalt als „eindeutig besser (bezeichnete) als das der Deutschen“[694], insbesondere „die Türken sind extrem angepaßt, arbeitswillig, bereiten in keinem Bereich eigentlich Schwierigkeiten“[695]. Darüber hinaus wurden die Anstaltsleiter zu den Außenkontakten der ausländischen Insassen, den Sozialprognosen, der Ausweisungspraxis und den Fortbildungsmaßnahmen befragt[696].

Der sehr allgemein gehaltene Explorationsleitfaden von ALBRECHT / PFEIFFER enthält ebenfalls keine Fragen zur Subkultur und zur Drogenproblematik in der Anstalt, da diese Themen damals noch nicht aktuell waren und die Befragung der Anstaltsleiter nur einen Teilbereich der Untersuchung darstellte, deren Schwerpunkt die steigende Kriminalität junger Ausländer in Deutschland bildete. Aufgrund der Wahl sehr offen gehaltener Fragen sind die Antworten häufig sehr unkonkret und nur schwer miteinander vergleichbar. So lautete beispielsweise die Antwort auf die Frage nach der Schulausbildung, die für nichtdeutsche Inhaftierte in der Anstalt angeboten wird, diese sei „nicht sehr gut“. Allerdings kann diese Arbeit als Grundlage dienen, die Anknüpfungspunkte für die eigene Untersuchung bietet, die ebenfalls Fragen zu den Bereichen Schul- und Berufsausbildung enthält, so daß die Ergebnisse aus dieser 22 Jahre zurückliegenden Untersuchung als Vergleichsgrundlage herangezogen werden können.

b) CHAIDOU (1984)

In dem darauffolgenden Jahr hat CHAIDOU[697] in dem Zeitraum von September bis November 1979 im gesamten Bundesgebiet (mit Ausnahme der JVA-Plötzensee/Berlin) 102[698] der damals erst 121[699] männlichen Inhaftierten aus

---

693 Unter „Exploration“ wird fachsprachlich die Untersuchung, Erforschung einer Fragestellung verstanden. Die genaue Formulierung sowie die Reihenfolge der zu stellenden Fragen ist in einem qualitativen Interview nicht vorab festgelegt. Die Aktivität des Interviewers besteht entweder darin, anhand eines (Explorations-)Leitfadens, der stichpunktartig die wichtigsten anzusprechenden Fragen – nicht notwendigerweise wörtlich – enthält, den Probanden zu befragen oder diesem einen „Grundreiz“ zu bieten, auf den der Befragte mit einer möglichst ausführlichen Erzählung reagieren soll. Vgl. dazu ausführlich LAMNEK, SIEGFRIED: Qualitative Sozialforschung. Band 2: Methoden und Techniken. München 1989, S. 65 ff.

694 ALBRECHT, PETER-ALEXIS / PFEIFFER, CHRISTIAN a.a.O. (Fn. 115), S. 89.

695 ALBRECHT, PETER-ALEXIS / PFEIFFER, CHRISTIAN a.a.O. (Fn. 115), S. 90f.

696 ALBRECHT, PETER-ALEXIS / PFEIFFER, CHRISTIAN a.a.O. (Fn. 115), S. 91-102, zu den weiteren Fragenkomplexen und Ergebnissen der Untersuchung vgl. die Tabelle im Anhang S. 425 ff.

697 CHAIDOU, ANTHOZOE a.a.O. (1984a) (Fn. 22); CHAIDOU, ANTHOZOE: Junge Ausländer im deutschen Strafvollzug. In: RdJB, Jg. 32, Heft 4-5, 1984b, S. 345-353.

698 Von den 102 Befragten waren 46 Türken, 26 Italiener, 18 Jugoslawen, 6 Griechen, 4 Spanier und 2 Portugiesen, vgl. CHAIDOU, ANTHOZOE a.a.O. (1984a) (Fn. 22), S. 39.

Gastarbeiterländern im Jugendstrafvollzug über deren Sozialisationsbedingungen, Legalbiographie, Behandlung im Strafvollzug und über die Bedeutung der eventuellen Ausweisung für eine angestrebte Resozialisierung befragt[700]. Die Befragung wurde in kleinen Gruppen anhand eines 93 Fragen umfassenden standardisierten Fragebogens, der von den Insassen im Selbstbeurteilungsmodus angekreuzt wurde, durchgeführt[701]. Die Rücklaufquote betrug 84 %[702].

Auch diese Untersuchung von CHAIDOU, die vor 21 Jahren durchgeführt wurde, enthält Fragestellungen, deren Resultate als Vergleichsgrundlage für die Ergebnisse der eigenen Untersuchung herangezogen werden können, insbesondere soweit die Sozial- und Legalbiographie der ausländischen Inhaftierten ermittelt wurde und allgemeinen Fragen nach dem Leben in der JVA, der Ausbildung im Vollzug, der Vorbereitung auf die Zeit nach der Entlassung und einer abweichenden Behandlung im Vergleich zu den deutschen Inhaftierten nachgegangen wurde. Im übrigen muß berücksichtigt werden, daß der Schwerpunkt der Arbeit von CHAIDOU auf dem Bereich der Sozialisation der Inhaftierten angesiedelt ist.

c) Bielefeld / Kreissl / Münster (1982)

Kurze Zeit später, im Jahr 1982, wurde die Studie von BIELEFELD / KREISSL / MÜNSTER[703] veröffentlicht, die neben den Themen „Die familiäre Situation", „Jugendliche Lebenswelten" und „Kriminalisierung", die Situation der jungen Türken und Jugoslawen im Jugendstrafvollzug, unter besonderer Berücksichtigung ihrer Anpassungs- und Überlebensstrategien, untersuchte[704].

Grundlage dieser Studie sind mindestens zwei qualitative Interviews mit 21 Türken und neun Jugoslawen im Alter zwischen 16 und 21 Jahren, die in drei Jugendstrafanstalten und einer Untersuchungshaftanstalt durchgeführt wurden[705]. Untersucht werden Benachteiligungen im Bereich der Vollzugslockerungen, Ausbildungsmaßnahmen und Außenkontakten sowie das Verhältnis zu den Vollzugsbeamten und deutschen Mitinhaftierten[706].

Die Arbeit erhebt allerdings aufgrund der geringen Anzahl von 21 türkischen und neun jugoslawischen Probanden „keinen Anspruch auf Repräsentativität im *statistischen*

---

699 Insgesamt befanden sich am 31.01.1979 in den Jugendstrafanstalten der Bundesrepublik Deutschland 271 männliche Ausländer, die zu einer Jugendstrafe verurteilt waren. Zu dieser Gruppe gehörten neben den Ausländern aus Gastarbeiterländern auch Staatenlose, Angehörige der Stationierungskräfte, Touristen und Illegale, vgl. zu dem Ganzen CHAIDOU, ANTHOZOE a.a.O. (1984a) (Fn. 22), S. 37.

700 Zu weiteren Einzelheiten und den Ergebnissen dieser Untersuchung vgl. die Tabelle im Anhang S. 425 ff.

701 CHAIDOU, ANTHOZOE a.a.O. (1984a) (Fn. 22), S. 38.

702 CHAIDOU, ANTHOZOE a.a.O. (1984a) (Fn. 22), S. 39.

703 BIELEFELD, ULI / KREISSL, REINHARD / MÜNSTER, THOMAS a.a.O. (Fn. 608).

704 BIELEFELD, ULI / KREISSL, REINHARD / MÜNSTER, THOMAS a.a.O. (Fn. 608), S. 186-211.

705 BIELEFELD, ULI / KREISSL, REINHARD / MÜNSTER, THOMAS a.a.O. (Fn. 608), S. 187.

706 Zu den Ergebnissen dieser Studie vgl. die Tabelle im Anhang S. 425 ff.

Sinne"[707]. Aufgrund der Wahl qualitativer Interviews als Erhebungsmethode, konnten jedoch einerseits eine Vielzahl einzelner Ansichten gesammelt und nebeneinander gestellt werden. Andererseits können die Ergebnisse nicht zueinander in Beziehung gesetzt und in meßbaren Zahlen ausgewertet werden, so daß sie sich nicht als Vergleichsgrundlage für die eigene Untersuchung eignen.

d) DÜNKEL (1990)

DÜNKEL[708] hat im Jahr 1986 im hessischen Jugendstrafvollzug eine Untersuchung durchgeführt, die als rein deskriptive Analyse angelegt war. Es wurden die stationären Maßnahmen des Jugendkriminalrechts anhand einer Auswertung statistischen Materials überprüft sowie eine Analyse der Gefangenenpersonalakten von 73 ausländischen Insassen[709] des hessischen Jugendvollzuges vorgenommen.
In dieser Studie geht DÜNKEL[710] auch auf die Situation nichtdeutscher Insassen ein und stellt dabei fest, daß in bezug auf die Sozialdaten, die Daten zum Haftverlauf und den Vollzugslockerungen keine bemerkenswerten Abweichungen im Vergleich zu den deutschen Insassen vorliegen.

e) WIRTH (1998)

In jüngerer Vergangenheit wurde von WIRTH[711], dem Leiter der Arbeitsgruppe Kriminologischer Dienst des Justizministeriums des Landes Nordrhein-Westfalen, eine Stichtagserhebung in Form einer Aktenanalyse in Nordrhein-Westfalen durchgeführt. In diese Untersuchung wurden alle 408 ausländischen Insassen, die am 15.07.1997 in den fünf Jugendanstalten des Landes[712] inhaftiert waren, einbezogen. In dieser rein deskriptiven Studie wurden Daten zur Herkunft der ausländischen Inhaftierten, der Aufenthaltsdauer und dem Aufenthaltsstatus in Deutschland, der Wohn- und Familiensituation vor der Inhaftierung, der schulischen und beruflichen Entwicklung, der Legalbiographie, zum Strafmaß sowie zu der Frage, ob zum Zeitpunkt der Stichtagserhebung Ausweisungs- oder Abschiebungsentscheidungen ergangen sind, erhoben[713].

Diese vier Jahre zurückliegende und somit noch (relativ) aktuelle Stichtagserhebung bezieht sich auf nichtdeutsche Inhaftierte im Jugendstrafvollzug im allgemeinen und ermöglicht keine spezielle Zuordnung einzelner sozial- oder legalbiographischer Daten

---

707 BIELEFELD, ULI / KREISSL, REINHARD / MÜNSTER, THOMAS a.a.O. (Fn. 608), S. 10.
708 DÜNKEL, FRIEDER a.a.O. (1990) (Fn. 19), S. 583.
709 Darunter 38 Türken, 8 Marokkaner und 6 Italiener.
710 DÜNKEL, FRIEDER a.a.O. (1990a) (Fn. 19), S. 203 f.
711 WIRTH, WOLFGANG a.a.O. (1998a) (Fn. 14), S. 278-286.
712 Heinsberg, Herford, Hövelhof, Iserlohn, Siegburg. In Köln sind lediglich die weiblichen Insassen untergebracht, auf deren spezielle Probleme aufgrund ihrer geringen Anzahl – am Stichtag waren lediglich neuen ausländische Frauen im Jugendstrafvollzug inhaftiert – nicht eingegangen werden konnte.
713 Zu den Ergebnissen dieser Untersuchung vgl. die Tabelle im Anhang S. 425 ff.

zu der Gruppe türkischer Inhaftierter. Die Daten können jedoch sehr gut als Vergleichsgrundlage für die eigene Untersuchung herangezogen werden, um zu überprüfen, ob bzw. inwieweit sich die Sozial- und Legalbiographie der türkischen Insassen von den Insassen anderer ausländischer Nationalität in einigen Bereichen unterscheidet.

II. Forschungsberichte speziell zu Türken im Strafvollzug

Darüber hinaus gibt es auch Forschungsarbeiten, die sich speziell nur auf die Situation türkischer Insassen im Erwachsenen- und Jugendstrafvollzug beziehen.

1. Türken im Erwachsenenstrafvollzug

Mit Türken im Erwachsenenstrafvollzug beschäftigt sich die Arbeit von KOEPSEL[714].

- KOEPSEL (1983)

KOEPSEL[715] hat im Jahr 1981 im Rahmen einer Aktenanalyse die Ergebnisse der Behandlungsuntersuchung von 78 ausländischen Insassen, darunter 40 türkischen Inhaftierten, die in der Einweisungsanstalt Hagen an einer Behandlungsuntersuchung im Sinne des § 6 StVollzG teilgenommen haben, überprüft. Dabei konnte festgestellt werden, daß die türkischen Inhaftierten bereits im Jahr 1981 von den Vollzugsbediensteten und deutschen Mitinhaftierten als zahlenmäßig zu beachtende Minderheit[716] betrachtet wurden. Interessant ist das Ergebnis der Behandlungsuntersuchung zu der Drogenabhängigkeit türkischer Insassen. Obwohl 75 % der Rauschgifthändler die türkische Staatsangehörigkeit besaßen, „konnte bei allen türkischen Gefangenen, die wegen Rauschgifthandels verurteilt waren, eindeutig festgestellt werden, daß eine eigene Drogenabhängigkeit nicht vorlag“[717].
KOEPSEL[718] schlägt in größerem Umfang die sofortige Abschiebung zur Strafverbüßung nach Rechtskraft des Urteils der türkischen Insassen in die Türkei vor, sowie die getrennte Unterbringung der türkischen Inhaftierten von deutschen Inhaftierten innerhalb des deutschen Vollzuges.

---

714 KOEPSEL, KLAUS: Behandlungsuntersuchungen (§ 6 StVollzG) bei ausländischen Strafgefangenen. Erfahrungen aus der westfälischen Einweisungsanstalt Hagen. In: ZfStrVo, Jg. 32, Heft 4, 1983, S. 200-205.

715 KOEPSEL, KLAUS a.a.O. (1983) (Fn. 714), S. 200-205.

716 KOEPSEL, KLAUS a.a.O. (1983) (Fn. 714), S. 200, (205): Von den 508 am 31.03.1981 in Nordrhein-Westfalen inhaftiert gewesenen nichtdeutschen Insassen des Erwachsenenvollzuges waren 172 türkischer Nationalität, das entspricht einem Anteil der türkischen Inhaftierten von 34 %.

717 KOEPSEL, KLAUS a.a.O. (1983) (Fn. 714), S. 200, (202), es wird allerdings nicht näher ausgeführt, auf welcher Grundlage diese Feststellung getroffen wurde. Zu den weiteren Ergebnissen dieser Untersuchung vgl. die Tabelle im Anhang S. 425 ff.

718 KOEPSEL, KLAUS a.a.O. (1983) (Fn. 714), S. 200, (205).

2. Türken im Jugendstrafvollzug

Zu den Arbeiten, die sich mit Türken im Jugendstrafvollzug befassen, gehören die Arbeiten von FOCKEN / GLEY[719] und BUKOWSKI[720].

a) Focken / Gley (1987)

Die spezielle Situation von türkischen Insassen im Jugendstrafvollzug wurde in der jugendpsychiatrisch-psychologischen Studie von FOCKEN / GLEY[721] in dem Zeitraum von September 1982 und Februar 1983 anhand eines standardisierten Fragebogens untersucht. Als Probanden wurden 47[722] türkische und 50[723] deutsche männliche jugendliche und heranwachsende Inhaftierte im Jugendstrafvollzug ausgewählt. Die Auswahl der türkischen Probanden erfolgte nach den Kriterien Freiwilligkeit und ausreichende Deutschkenntnisse[724]. Die deutschen Insassen wurden ebenfalls nach den Kriterien freiwilliger Teilnahme und der beruflichen Qualifikation ihrer Eltern ausgewählt[725]. Die Eltern der deutschen Insassen sollten, um bezüglich der Schichtzugehörigkeit und des sozialen Umfeldes mit den Eltern der türkischen Insassen vergleichbar zu sein, un- oder angelernte Arbeiter sein[726].

Die Befragung erfolgte in Vierergruppen durch GLEY. Ein Interview dauerte ca. 5 bis 7 Stunden, wobei die Antworten von den Probanden im Selbstbeurteilungsmodus angekreuzt wurden[727]. Ergänzend wurden von den Autoren tiefenpsychologische Explorationsgespräche zur Aufklärung der Verwahrlosungssystematik durchgeführt, die ein- bis eineinhalb Stunden dauerten[728].
Diese (psychiatrisch-psychologische) Studie, die bereits vor 18 Jahren durchgeführt wurde, weist Forschungsziele auf, die in erster Linie zur Erhebung sozial- und legalbiographischer Daten und zur Erforschung des Selbstkonzeptes der Probanden, des Grades ihrer Aggressivität und Depressivität sowie zur Analyse des Erziehungsstils ihrer Eltern dienten[729]. Aus diesem Grunde geht die Untersuchung auch nicht auf die Haftsituation der türkischen Inhaftierten näher ein und kann nur in begrenztem Maße zur Interpretation der eigenen Ergebnisse herangezogen werden.

---

719 FOCKEN, ADALBERT / GLEY, CHRISTA a.a.O. (Fn. 22).
720 BUKOWSKI, ANNETTE a.a.O. (1998) (Fn. 9).
721 FOCKEN, ADALBERT / GLEY, CHRISTA a.a.O. (Fn. 22).
722 38 türkische Inhaftierte befanden sich in der JVA Rockenberg, 9 waren Untersuchungshäftlinge in der JVA Frankfurt-Höchst, vgl. FOCKEN, ADALBERT / GLEY, CHRISTA a.a.O. (Fn. 22), S. 18.
723 Die deutschen Inhaftierten waren, ohne Angabe der näheren Zuordnung, Insassen der JVA Rockenberg und der JVA Wiesbaden, vgl. FOCKEN, ADALBERT / GLEY, CHRISTA a.a.O. (Fn. 22), S. 19.
724 FOCKEN, ADALBERT / GLEY, CHRISTA a.a.O. (Fn. 22), S. 19.
725 FOCKEN, ADALBERT / GLEY, CHRISTA a.a.O. (Fn. 22), S. 19.
726 FOCKEN, ADALBERT / GLEY, CHRISTA a.a.O. (Fn. 22), S. 19.
727 FOCKEN, ADALBERT / GLEY, CHRISTA a.a.O. (Fn. 22), S. 19.
728 FOCKEN, ADALBERT / GLEY, CHRISTA a.a.O. (Fn. 22), S. 19.
729 FOCKEN, ADALBERT / GLEY, CHRISTA a.a.O. (Fn. 22), S. 18; zu den Ergebnissen und weiteren Informationen zu dieser Untersuchung vgl. die Tabelle im Anhang S. 425 ff.

b) BUKOWSKI (1998)

Schließlich hat BUKOWSKI[730] sechs türkische Insassen der Jugendstrafanstalt Adelsheim in dem Zeitraum vom 07.08. bis 09.08.1995 mittels eines neun Fragen umfassenden Leitfadeninterviews unter anderem zu ihrem Verhältnis zu den Mitinhaftierten und den Bediensteten, Außenkontakten, seelsorgerischer Betreuung und der drohenden Ausweisung befragt[731].
Die Auswahl der sechs Probanden erfolgte durch den Sozialdienst der Anstalt nach den Kriterien der Vollendung des achtzehnten Lebensjahres und ausreichenden Deutschkenntnissen[732]. Der Zeitaufwand für die einzelnen Interviews, die in einem Büro oder leerstehenden Klassenraum durchgeführt wurden, dauerten etwa eine Stunde[733]. Die zeitweilige Anwesenheit eines Sozialarbeiters führte zu einer zurückhaltenden Reaktion auf die Fragen bei den Probanden[734]. Darüber hinaus stellte BUKOWSKI[735] bei ihrer Untersuchung fest, daß die Fragen nach dem Alter, dem Delikt und dem Strafmaß zu Beginn des Interviews bei den Probanden Unwilligkeit auslösten und die Situation nachteilig beeinflußten, so daß sie für die folgenden Interviews diese Fragen an das Ende des Interviews stellte.

Diese Befragung ist jedoch, wie von der Verfasserin selbst betont wird, „aufgrund der geringen Anzahl der Befragten und des nicht kontrollierbaren Rekrutierungsverfahrens keinesfalls repräsentativ“[736]. Die Wahl eines Leitfadeninterviews als Erhebungsinstrument ermöglicht aufgrund der offenen Fragen nur eine Einzelfallbeschreibung und keine Vergleichbarkeit der Antworten mit den Ergebnissen anderer Untersuchungen. Problematisch ist auch, daß viele türkische Inhaftierte sich möglicherweise durch diese Art der Befragung überfordert fühlen, da sie nicht über ausreichende Deutschkenntnisse verfügen, um differenziert auf die offenen Fragen antworten zu können.

Durch den Verzicht auf eine Zufallsstichprobe und die Auswahl der sechs Probanden durch den Sozialdienst der Anstalt, besteht die Gefahr einer Verzerrung der Ergebnisse aufgrund der Selektion. So ist BUKOWSKI[737] in ihrer Untersuchung zu dem Ergebnis gelangt, daß keine Benachteiligung der türkischen Inhaftierten gegenüber den deutschen Insassen in den Bereichen Arbeit, Ausbildung, Freizeit und sozialer Betreuung bestehe. Ob diese im Vergleich zu den älteren Untersuchungen teilweise überraschenden Ergebnisse auf eine zwischenzeitlich eingetretene erhebliche Verbesserung der Situation türkischer Inhaftierter im Jugendstrafvollzug oder auf die

---

730 BUKOWSKI, ANNETTE a.a.O. (1998) (Fn. 9); BUKOWSKI, ANNETTE: Benachteiligung im Jugendstrafvollzug? Zur subjektiven Perspektive türkischer Insassen. In: ZfStrVo, Jg. 45, Heft 4, 1996, S. 225-232.
731 Zu den Ergebnissen der Untersuchung vgl. die Tabelle im Anhang S. 425 ff.
732 BUKOWSKI, ANNETTE a.a.O. (1998) (Fn. 9), S. 40.
733 BUKOWSKI, ANNETTE a.a.O. (1998) (Fn. 9), S. 44, 47.
734 BUKOWSKI, ANNETTE a.a.O. (1998) (Fn. 9), S. 47.
735 BUKOWSKI, ANNETTE a.a.O. (1998) (Fn. 9), S. 48.
736 BUKOWSKI, ANNETTE a.a.O. (1998) (Fn. 9), S. 41.
737 BUKOWSKI, ANNETTE a.a.O. (1998) (Fn. 9), S. 85.

Auswahlmethode der Probanden zurückzuführen ist, kann nicht abschließend geklärt werden.
Ferner läßt sich aufgrund der geringen Anzahl der Probanden bei den teilweise widersprüchlichen Ergebnissen keine Tendenz der Antworten erkennen. Die interpretationsbedürftigen Ergebnisse wurden von der Untersuchungsleiterin durch die Bestimmung mehrerer Faktoren[738], die sich ihrer Meinung nach auf das subjektive Erleben der türkischen Inhaftierten ausgewirkt haben könnten, erläutert. Diese Auflistung von Beeinflussungsfaktoren beruht jedoch, wie von BUKOWSKI ausgeführt wird, auf „Vermutungen (und) ungesicherten Hypothesen"[739]. Ob die türkischen Insassen im Jugendstrafvollzug in Nordrhein-Westfalen eine Andersbehandlung im Vergleich zu deutschen Insassen feststellen und wenn ja, in welchen Bereichen, soll durch die eigene Untersuchung überprüft werden.

III. Ergänzende Informationen in der Literatur zu der Situation Nichtdeutscher im (Jugend-) Strafvollzug

Darüber hinaus gibt es zahlreiche Veröffentlichungen[740], die die Situation ausländischer Inhaftierter in einzelnen Justizvollzugsanstalten oder ihre Situation im Strafvollzug allgemein beschreiben. Einige dieser Arbeiten beschränken sich inhaltlich darauf, primär bereits veröffentlichte Ergebnisse zusammenzufassen und zu erläutern[741].

---

738 BUKOWSKI, ANNETTE a.a.O. (1998) (Fn. 9), S. 86: Als Einflußfaktoren für die Entstehung von Deprivationen kommen persönliche Hafterlebnisse, individuelle Persönlichkeitsstrategien, die nationale Identität des Inhaftierten sowie bereits vor der Inhaftierung gemachte Erfahrungen mit Ausländerfeindlichkeit, die persönliche Bewertung der Verurteilung, erlebte Stigmatisierungen und schließlich die Integration in die Anstaltssubkultur und die Einstellung gegenüber den Anstaltsnormen in Betracht.

739 BUKOWSKI, ANNETTE a.a.O. (1998) (Fn. 9), S. 86.

740 Vgl. beispielsweise SCHAM, HERMANN a.a.O. (Fn. 23), S. 60-71; BÖHM, ALEXANDER a.a.O. (1984) (Fn. 23), S. 118-134; BÖHM, ALEXANDER a.a.O. (1986) (Fn. 23), S. 140 f; HOVENS, A. a.a.O. (Fn. 23), S. 28-34; KACIRAN, MEHMET ALI: Ehrenamtliche Betreuung im Strafvollzug. In: DBH Fachverband für Soziale Arbeit, Strafrecht und Kriminalpolitik (Hrsg.), Ausländische Inhaftierte im Strafvollzug, Köln 1999, S. 31-32; KREBS, ALBERT a.a.O. (Fn. 23), S. 343-349; NEU, GUIDO a.a.O. (Fn. 23), S. 329-337; SALEWSKI, BARBARA a.a.O. (Fn. 23), S. 37-40; SCHÄFER, KARL HEINRICH: Straffällig gewordene Ausländer zwischen resozialisierendem Behandlungsvollzug und ausländerrechtlicher Gefahrenvorsorge. In: Schäfer, Karl Heinrich / Sievering, Ulrich D. (Hrsg.), Ausländerrecht contra Resozialisierung? Frankfurt a. M. 1984, S. 98-104; SCHÄFER, KARL-HEINRICH: Ausländische Strafgefangene, ihre Probleme und ein Lösungsansatz in einer hessischen Justizvollzugsanstalt. In: KrimPäd, Jg. 11, 1983, S. 25-28; SCHWIND, HANS-DIETER a.a.O. (1999a) (Fn. 10), S. 323-361.

741 Vgl. beispielsweise SEIDLER, JOSEF: Ausländer in Haft. Bilanz und Perspektiven. In: Akademie Bad Boll (Hrsg.), Ausländer in Haft. Bad Boll 1981, S. 112-116; VILLMOW, BERNHARD a.a.O. (1990) (Fn. 586), S. 234-255; VILLMOW, BERNHARD a.a.O. (1995) (Fn. 113), S. 155-169; WALTER, MICHAEL a.a.O. (1993) (Fn. 43), S. 347-359.

1. ROTTHAUS (1968)

Bereits im Jahr 1968 hat ROTTHAUS[742], der in dem Zuchthaus Remscheid-Lüttringhausen tätig war, in einem Aufsatz die Probleme der ausländischen Inhaftierten, deren Anteil am 31.03.1966 im bundesdeutschen Justizvollzug nur 2,7 % betrug, dargestellt. Er nennt als hervorstechende Problembereiche die Vereinsamung des einzelnen ausländischen Inhaftierten, die Sprachschwierigkeiten, die mangelhaften Informationsquellen in der Heimatsprache, die Verpflegung für Moslems, der Briefverkehr, die Überwachung der Besuche und das Ausweisungsverfahren. Dieser Aufsatz macht deutlich, daß ein Großteil der Probleme ausländischer Inhaftierter bereits seit über 30 Jahren besteht.

2. SCHÄFER (1983)

SCHÄFER[743] berichtet von einer Protestaktion, die im Jahr 1983 von 50 ausländischen Inhaftierten unter der Verantwortung einer Gruppe türkischer Insassen in der Justizvollzugsanstalt Butzbach durchgeführt wurde, um auf einen Forderungskatalog aufmerksam zu machen. Die türkischen Insassen stellten mit einem Anteil von demnach 27,6 % an den ausländischen Inhaftierten in der JVA Butzbach die zahlenmäßig größte Gruppierung dar und gründeten in ihrer üblichen Freizeit die „Türkische Gruppe", die einen Forderungskatalog aufstellte, der unter anderem die Themen Abschiebung, Verpflegung, Außenkontakte, Fortbildung, seelsorgerische und soziale Betreuung, vorzeitige Entlassung und Vollzugslockerungen umfaßte[744].

3. GÜR (1990)

Eine weitere Veröffentlichung, die die Situation junger straffälliger Türken analysiert, wurde 1990 von GÜR[745] verfaßt. Der Autor hat mit türkischen Jugendlichen sowohl innerhalb als auch außerhalb des Jugendstrafvollzuges Gespräche über ihre Lebenssituation sowie ihre persönlichen Belastungen, die sie aufgrund der Haftsituation erfahren haben, befragt[746]. Die Ergebnisse dieser Befragung, die aufgrund der offenen Gespräche nicht meßbar sind, können zu Vergleichszwecken insoweit herangezogen werden, als sie auf Problembereiche im Jugenstrafvollzug eingehen.

---

742 ROTTHAUS, KARL PETER: Erfahrungen mit dem Strafvollzug bei ausländischen Verurteilten und der Behandlung ausländischer Untersuchungsgefangener. In: ZfStrVo, Jg. 17, Heft 6, 1968, S. 353-367.

743 SCHÄFER, KARL HEINRICH a.a.O. (1983) (Fn. 740), S. 25-28.

744 SCHÄFER, KARL HEINRICH a.a.O. (1983) (Fn. 740), S. 25, (26 f).

745 GÜR, METIN: Warum sind sie kriminell geworden? Türkische Jugendliche in deutschen Gefängnissen. 2. Aufl., Essen 1991.

746 GÜR, METIN a.a.O. (Fn. 745).

4. SCHÜTZE (1993)

SCHÜTZE[747] beschreibt in seinen Aufsätzen aus dem Jahr 1993 die Situation der Ausländer in der Jugendanstalt Hameln und der Jugendstrafanstalt Göttingen-Leineberg. Insbesondere stellt er die zahlenmäßige Entwicklung der ausländischen Insassen dar, die Deliktsverteilung, das Verhältnis der Ausländer zueinander sowie zu deutschen Mithäftlingen. Die Erfahrung mit rein türkischen Gruppen in der Jugendanstalt Hameln, die Sprachbarrieren sowie die Ausbildung, Arbeit und Freizeit sowie auf die Situation der Untersuchungs- und Abschiebehäftlinge sind weitere Schwerpunkte seiner Arbeit, die sich gut als Vergleichsgrundlage für die eigene Untersuchung eignet.

5. WALTER (1993)

WALTER[748] geht in seinem 1993 erschienen Artikel sowohl auf die Kriminalitätsbelastung der Ausländer als auch auf die sich für die Nichtdeutschen im Jugendstrafvollzug ergebenden Probleme aus der Sicht eines Praktikers ein. Exemplarisch seien an dieser Stelle die nur in Ausnahmefällen gewährten Vollzugslockerungen, ihre Konzentration im geschlossenen Vollzug, ihre untergeordnete Stellung in der Insassenhierarchie sowie rechtsextremistische Einstellungen bei deutschen Mitgefangenen genannt.
Zu Aufsätzen aus der jüngeren Zeit, die sich mit der Ausländerproblematik aus der Sicht der Praktiker auseinandersetzen, vgl. auch SCHWIND[749], OHLE[750], BEITEN[751] und RIEKENBRAUK[752] und FAUPEL[753].

---

747 SCHÜTZE, HELMUT: Probleme der Vollzugsanstalten mit der wachsenden Zahl der ausländischen Gefangenen. In: DVJJ-Journal, Jg. 4, Heft 4, 1993a, S. 381-384; SCHÜTZE, HELMUT: Junge Ausländer im Vollzug der Straf- und Untersuchungshaft. In: Trenczek, Thomas (Hrsg.), Freiheitsentzug bei jungen Straffälligen. Die Situation des Jugendstrafvollzugs zwischen Reform und Alternativen, Bonn 1993b, S. 137-144.

748 WALTER, JOACHIM: Auch wenn Kassandra selten gehört wird. In: DVJJ-Journal, Jg. 4, Heft 3, 1993, S. 245, (248).

749 SCHWIND, HANS-DIETER a.a.O. (1999a) (Fn. 10), S. 323-361.

750 OHLE, KARLHEINZ: Überlegungen zur Situation im Jugendstrafvollzug – dargestellt am Beispiel der Jugendanstalt Hahnöfersand. In: DVJJ (Hrsg.), Mehrfach Auffällige – Mehrfach Betroffene. Bonn 1990, S. 396-406.

751 BEITEN, FRIEDEL: Ausländische Inhaftierte in der JVA Heinsberg. In: DBH Fachverband für Soziale Arbeit, Strafrecht und Kriminalpolitik (Hrsg.), Ausländische Inhaftierte im Strafvollzug, Köln 1999, S. 41-43.

752 RIEKENBRAUK, KLAUS: Ausländerrechtliche Auswirkungen auf den Jugendstrafvollzug. In: DBH Fachverband für Soziale Arbeit, Strafrecht und Kriminalpolitik (Hrsg.), Ausländische Inhaftierte im Strafvollzug, Köln 1999, S. 17-24.

753 FAUPEL, ohne Vornamen (o. V.): Sozialarbeit mit ausländischen Jugendlichen in der Jugendanstalt Hameln, nicht veröffentlichter Bericht 1999, S. 1-2.

Kapitel 6: Sekundäranalyse der Literatur zu speziellen Problembereichen als Grundlage der eigenen Untersuchung

In der oben angeführten Literatur werden eine Reihe von Aspekten aufgezählt, in denen sich die Situation nichtdeutscher Insassen im (Jugend-) Strafvollzug von der deutscher Insassen unterscheidet. Auffallend ist, daß sich diese Abweichungen sowohl positiv als auch negativ auf die erlebten Haftdeprivationen auswirken können.

I. Trendresultate zu den einzelnen Problembereichen

Die in den bereits vorgestellten Forschungsberichten und Veröffentlichungen genannten Problembereiche ausländischer und speziell türkischer Insassen werden zusammengefaßt.

1. Sprachbarrieren

Das „Problem fehlender oder mangelhafter Deutschkenntnisse zieht sich wie ein roter Faden durch alle wichtigen Lebensbereiche des Vollzuges“[754]. Sprachprobleme lösen bei den Betroffenen häufig Ohnmachts- und Isolationsgefühle aus und werden ihnen insbesondere bewußt, wenn es darum geht, in Amtsdeutsch verfaßte Briefe zu lesen, Anträge an die Vollzugsverwaltung zu schreiben, um beispielsweise Gegenstände für den alltäglichen Bedarf wie Zahnpasta oder Briefpapier zu erhalten, Therapiegespräche zu führen, an Gemeinschaftsveranstaltungen teilzunehmen, die Drogen- oder Schuldnerberatung zu verstehen oder um andere erlaubte Außenkontakte zu nutzen[755].

In Nordrhein-Westfalen wird den Inhaftierten bei ihrer Aufnahme in die Anstalt ein kurzes Merkblatt ausgehändigt, das in zehn Sprachen, darunter auch in türkisch, über die in der Anstalt geltenden Regelungen, z. B. die Hausordnung, informiert[756]. Diese Form der Hilfestellung ist geeignet, die ersten Anfangsschwierigkeiten zu bewältigen. Sie kann jedoch nicht verhindern, daß die Sprachunkundigen, deren Anteil je nach Anstalt zwischen 30 %[757] bis 70 %[758] beträgt, in Situationen, die gute deutsche Sprachkenntnisse in Wort und Schrift voraussetzen, beispielsweise beim Ausfüllen von Formularen oder um von einem Rechtsbehelf Gebrauch zu machen, ihre Landsleute, die besser deutsch sprechen können, um Hilfe bitten müssen. Als

---

754 STEINKE, JOACHIM: Ausländer im Untersuchungshaftvollzug. In: BewHi, Jg. 42, Heft 2, 1995a, S. 170, (171).

755 SCHWIND, HANS-DIETER a.a.O. (1999a) (Fn. 10), S. 323, (337); STEINKE, JOACHIM a.a.O. (1995a) (Fn. 754), S. 170, (171).

756 STEINKE, JOACHIM a.a.O. (1995a) (Fn. 754), S. 170, (172).

757 Vgl. FINKBEINER, LOTHAR / KARSTEN, RAINER / MEINERS, REINHARD a.a.O. (Fn. 307), S. 343, (345).

758 HARTMANN, WINFRIED: „Der Vollzug ist darauf einzurichten, daß er dem Gefangenen hilft, sich in das Leben in Freiheit einzugliedern (§ 3 Abs. 3 Strafvollzugsgesetz)“. In: BewHi, Jg. 38, Heft 2-3, 1991, S. 152, (156); SCHÜTZE, HELMUT a.a.O. (1993b) (Fn. 747), S. 137, (138).

Gegenleistung müssen sie in den meisten Fällen einen Ausgleich in „Knastwährung", die in Kaffee, Tabak oder Drogen besteht, entrichten[759].

Die Sprachbarrieren, die im Alltag in den Anstalten durch den Gebrauch der englischen Sprache teilweise erfolgreich überwunden werden, spielen bei jungen Türken der Zweiten Generation, die in Deutschland aufgewachsen sind und in der Regel die deutsche Sprache in Wort und Schrift gut beherrschen, eine wesentlich geringere Rolle als bei den Insassen, die nicht in Deutschland aufgewachsen sind[760]. So hat auch WIRTH[761] bei seiner Stichtagserhebung vom 15.07.1997 festgestellt, daß drei Viertel der ausländischen Inhaftierten im Jugendstrafvollzug in Nordrhein-Westfalen in Deutschland aufgewachsen sind und über ausreichend gute Kenntnisse der deutschen Sprache verfügen. Lediglich bei 4 % der nichtdeutschen Jugendstrafgefangenen sei eine Verständigung in deutscher Sprache völlig unmöglich[762]. Bestätigt werden diese Ergebnisse durch die 13. Shell Jugendstudie „Jugend 2000"[763], bei der die befragten männlichen Türken im Alter von 15 bis 24 Jahren nach eigenen Angaben zu 94,5 %[764] über „gute" oder „sehr gute" deutsche Sprachkenntnisse verfügen.

2. Informationsquellen in türkischer und kurdischer Sprache

In den 70er und 80er Jahren waren die nichtdeutschen Insassen auch bezüglich ihres Zugangs zu den Informationsquellen der Radio- und Fernsehprogramme gegenüber den deutschen Inhaftierten benachteiligt. Dies lag sowohl daran, daß den Inhaftierten damals nicht erlaubt wurde, eigene Geräte zu betreiben und die ausländischen Insassen im anstaltsinternen Programm kaum in den Genuß kamen, Sendungen aus oder über das Heimatland zu sehen[765].

Mit der Neufassung des § 69 Abs. 2 StVollzG im Jahr 1998[766] sowie der Nr. 60 Abs. 2 VVJug, der nunmehr die Zulassung eigener Hörfunk- und Fernsehgeräte, also solcher, die in den eigenen Hafträumen aufgestellt werden, auf eigene Kosten des Inhaftierten unter den Voraussetzungen der Nr. 61 VVJug ermöglicht, also nur dann, wenn nicht gem. Nr. 61 Abs. 2 Nr. 2 VVJug das Erziehungsziel oder die

---

759 SCHWIND, HANS-DIETER a.a.O. (1999a) (Fn. 10), S. 323, (338); STEINKE, JOACHIM a.a.O. (1995a) (Fn. 754), S. 173.

760 BUKOWSKI, ANNETTE a.a.O. (1998) (Fn. 9), S. 29; SCHWIND, HANS-DIETER a.a.O. (1999a) (Fn. 10), S. 323, (340).

761 WIRTH, WOLFGANG a.a.O. (1998a) (Fn. 14), S. 278, (279).

762 WIRTH, WOLFGANG a.a.O. (1998a) (Fn. 14), S. 278, (279).

763 FISCHER, ARTHUR / FRITZSCHE, YVONNE / FUCHS-HEINRITZ, WERNER et al.: (Daten der Grundauszählung zur 13. Shell Jugendstudie „Jugend 2000"). Bd. C. Psydata, Institut für Marktanalysen, Sozial- und Mediaforschung, Frankfurt a. M. 2000b, S. 122.

764 FISCHER, ARTHUR / FRITZSCHE, YVONNE / FUCHS-HEINRITZ, WERNER et al. a.a.O. (2000b) (Fn. 763), S. 122.

765 NÄHRICH, WOLF-DIETER a.a.O. (Fn. 673), S. 145, (147 f); dazu auch NEU, GUIDO a.a.O. (1988) (Fn. 23), S. 329, (332).

766 Die Neufassung des § 69 Abs. 2 StVollzG erfolgte durch das 4. StVollzGÄndG vom 26.08.1998 (BGBl. I S. 2461).

Sicherheit und Ordnung der Anstalt gefährdet werden[767], ist dieses Problem der nichtdeutschen Insassen jedoch nur teilweise gelöst worden. Nach der Rechtsprechung des OLG Koblenz[768] besteht bei eigenen Fernsehgeräten, deren Empfang mittels eines Receivers und einer Satellitenantenne erfolgt, eine Gefahr für die Sicherheit der Anstalt, da ein Receiver Hohlräume enthält, die als Verstecke mißbraucht werden können[769]. Auf diese Weise wird es nur den nichtdeutschen Inhaftierten, die in einer Anstalt untergebracht sind, die über einen Anschluß an das Kabelsystem verfügen, ermöglicht, über einen eigenen Fernseher Programme aus der Heimat zu verfolgen.

Die ausländischen Inhaftierten in den Berliner Haftanstalten bezeichneten im Jahr 1979 das Lesen (74,3 %) noch vor dem Radiohören (28,7 %) und dem Fernsehen (30,9 %) als ihre wichtigste Freizeitbeschäftigung[770]. Aus diesem Grunde stellt das begrenzte Angebot an fremdsprachigen Büchern in den Anstaltsbibliotheken[771] einen Nachteil für die ausländischen Gefangenen dar. Bei der Berliner Untersuchung gaben 43,4 % der ausländischen Inhaftierten an, keine Bücher in ihrer eigenen Sprache in der Anstaltsbibliothek zu erhalten, 33,8 % erhielten zwar Bücher in der eigenen Sprache, beurteilten das Angebot aber als völlig unzureichend[772].

Noch schlechter gestaltete sich das Angebot an Zeitungen und Zeitschriften aus dem Ausland. Der Inhaftierte darf gem. Nr. 59 Abs. 1 VVJug (entspricht § 68 Abs. 1 StVollzG) Zeitungen und Zeitschriften in angemessenem Umfang durch Vermittlung der Anstalt beziehen[773]. Früher waren ausländische Zeitungen und Zeitschriften zuweilen gar nicht oder nur unter großem organisatorischen oder finanziellen Aufwand über die Angehörigen in der Heimat beziehbar[774]. Das offizielle Angebot an Zeitungen und Zeitschriften in ihrer Muttersprache bewerteten nur 6,6 % der ausländischen Gefangenen in Berliner Haftanstalten als ausreichend, 32 % erhielten weder Zeitungen noch Zeitschriften, 30,9 % waren der Ansicht, das Angebot neuer Zeitungen erfolge zu selten[775].

---

767 Schwind / Böhm-SCHWIND, HANS-DIETER: Strafvollzugsgesetz, Kommentar, 3. Aufl., Berlin, New York 1999, § 69 Rn. 8.

768 OLG Koblenz, Beschluß v. 14.11.1994, Az. 2 Ws 679/94. In: ZfStrVo, Jg. 45, Heft 2, 1996, S. 114.

769 Vgl. auch Schwind / Böhm-SCHWIND, HANS-DIETER a.a.O. (Fn. 767), § 69 Rn. 10.

770 BOSETZKY, HORST / BORSCHERT, JÜRGEN / HELM, SIEGFRIED a.a.O. (Fn. 22), S. 198, (251).

771 BÖHM, ALEXANDER a.a.O. (1984) (Fn. 23), S. 118, (129); BOSETZKY, HORST / BORSCHERT, JÜRGEN / HELM, SIEGFRIED a.a.O. (Fn. 22), S. 198, (252 ff.); NÄHRICH, WOLF-DIETER a.a.O. (Fn. 673), S. 145, (148); SCHAM, HERMANN a.a.O. (1981) (Fn. 23), S. 60, (63).

772 BOSETZKY, HORST / BORSCHERT, JÜRGEN / HELM, SIEGFRIED a.a.O. (Fn. 22), S. 198, (252).

773 Die Bestellung, die nicht durch den Gefangenen erfolgen muß, sondern auch gem. Nr. 59 Abs. 3 VVJug durch Freunde oder Verwandte erfolgen kann, setzt einen Antrag an die Anstalt auf Erteilung einer Bezugsgenehmigung durch den Inhaftierten voraus, vgl. Schwind / Böhm-SCHWIND, HANS-DIETER a.a.O. (Fn. 767), § 68 Rn. 4.

774 NÄHRICH, WOLF-DIETER a.a.O. (Fn. 673), S. 145, (148); ROTTHAUS, KARL PETER a.a.O. (1968) (Fn. 742), S. 353, (358).

775 BOSETZKY, HORST / BORSCHERT, JÜRGEN / HELM, SIEGFRIED a.a.O. (Fn. 22), S. 198, (253).

3. Ausübung religiöser Gewohnheiten

Die in Art. 4 Abs. 2 GG garantierte Religionsausübungsfreiheit wird für die Inhaftierten durch die Regelung in Nr. 44 Abs. 1 S. 2 VVJug (entspricht § 53 Abs. 1 S. 2 StVollzG) umgesetzt, die besagt, daß jedem Gefangenen das Recht auf Hilfe bei der Kontaktaufnahme zu einem Seelsorger seiner Religionsgemeinschaft zusteht sowie durch das Recht auf Teilnahme am Gottesdienst und an anderen religiösen Veranstaltungen seines Bekenntnisses, das in Nr. 45 Abs. 1 VVJug (entspricht § 54 Abs. 1 StVollzG) normiert ist. Unter den nichtdeutschen Inhaftierten befindet sich ein hoher Prozentsatz von Anhängern nichtchristlicher Glaubensrichtungen. So gehörten 42 % der im Jahr 1979 von CHAIDOU[776] befragten Insassen im Jugendstrafvollzug dem islamischen[777] Glauben an. Bei den im Jahr 1983 von SCHAFFNER / KNEIP[778] in der Justizvollzugsanstalt Mannheim befragten ausländischen Insassen betrug der Anteil der Inhaftierten, die Moslems[779] waren, sogar 62 %. In diesen bereits längere Zeit zurückliegenden Untersuchungen wurden, so beispielsweise von den nichtdeutschen Insassen der JVA Mannheim, die Möglichkeiten der Religionsausübung schlechter beurteilt als von den Deutschen, wobei diese negative Bewertung auffälligerweise sowohl von den Nichtdeutschen christlicher als auch nichtchristlicher Religionszugehörigkeit abgegeben wurde[780]. BOSETZKY / BORSCHERT / HELM[781] stellten in ihrer Untersuchung aus dem Jahr 1983 fest, daß sich einerseits 54,8 % der türkischen Inhaftierten einen regelmäßigen Besuch eines islamischen Vorbeters oder Religionslehrers (Imam, Hodschah, Mullah) und einen regelmäßigen Gottesdienst wünschen, andererseits jedoch für 27,4 % der türkischen Insassen die religiöse Frage unwichtig ist. In vielen Anstalten wurde in den 80er Jahren für nichtchristliche Inhaftierte keine seelsorgerische Betreuung angeboten[782] oder sie wurden nicht darauf hingewiesen, daß der Besuch ihres Geistlichen nicht von der Besuchszeit abgezogen werden darf[783].

In den 90er Jahren wird den Muslimen, die als Angehörige einer nichtchristlichen Religion einen Anspruch darauf besitzen, zumindest an hohen Feiertagen von einem

---

776 CHAIDOU, ANTHOZOE a.a.O. (1984a) (Fn. 22), S. 209.

777 Islam (arabisch), eigentlich die „Ergebung (in Allahs Willen)", ist die von Mohammed zwischen 610 und 632 gestiftete Religion mit bestimmten politischen, sozialen und kulturellen Auswirkungen.

778 SCHAFFNER, PAUL / KNEIP, WOLFGANG a.a.O. (Fn. 22), S. 259, (261).

779 Der Begriffe „Moslem" (arabisch), eigentlich „derjenige, der sich Gott hingegeben hat", bedeutet „Anhänger des Islams" (Mohammedaner). „Muslim" ist die fachsprachliche Bezeichnung für „Moslem". Die Begriffe Moslem/Muslim sowie moslemisch/muslimisch sind folglich Synonyme und werden in beiden Formen in dieser Arbeit angewendet.

780 SCHAFFNER, PAUL / KNEIP, WOLFGANG a.a.O. (Fn. 22), S. 259, (263).

781 BOSETZKY, HORST / BORSCHERT, JÜRGEN / HELM, SIEGFRIED a.a.O. (Fn. 22), S. 198, (254).

782 BOSETZKY, HORST / BORSCHERT, JÜRGEN / HELM, SIEGFRIED a.a.O. (Fn. 22), S. 198, (283); NEU, GUIDO a.a.O. (Fn. 23), S. 329, (333), RÜSSMANN, L.: Hinweise für Gefängnisseelsorger. In: Wanzura, Werner (Hrsg.), Moslems im Strafvollzug, Altenberge 1982, S. 35; SCHÄFER, KARL HEINRICH a.a.O. (1983) (Fn. 740), S. 25, (26).

783 STEINKE, JOACHIM a.a.O. (1995a) (Fn. 754), S. 170, (174).

Geistlichen ihrer Glaubensrichtung aufgesucht zu werden[784], diese Möglichkeit auch weitgehend gewährt. Daß dies jedoch noch immer nicht in allen Anstalten der Fall ist, zeigt die Untersuchung von BUKOWSKI[785] aus dem Jahr 1995 in der JVA Adelsheim, in der keine seelsorgerische Betreuung durch einen muslimischen Geistlichen angeboten wurde.

Ein Mißbrauch des Rechts auf Teilnahme an einem religiösen Gottesdienst kann weder bei deutschen noch bei ausländischen Inhaftierten ausgeschlossen werden. So wird beispielsweise der in der Justizvollzugsanstalt Werl alle zwei Wochen stattfindende Besuch des Imam[786], der in der Jugendanstalt Hameln sogar wöchentlich zu dem Freitagsgebet in die Anstalt kommt[787], nach der Vermutung einiger Aufsichtsbeamter, von den Gefangenen nicht selten zur Durchführung von (Tausch-) Geschäften mißbraucht[788].

Auch die Freistellung von der Arbeit (auf Antrag) an besonderen religiösen Feiertagen gem. Nr. 32 Abs. 11 VVJug[789], beispielsweise während des Ramadans, die der Islam seinen Glaubensanhängern vorschreibt, wurde als problematisch erlebt[790]. Von den in Deutschland aufgewachsenen Muslimen werden die religiösen Pflichten in zunehmendem Maße weniger ernst genommen. Viele nichdeutsche Inhaftierte im Jugendstrafvollzug, die an ihren religiösen Feiertagen eine Arbeitsfreistellung beantragen könnten, arbeiten lieber, um Geld zu verdienen, so daß dieses Problem der Arbeitsfreistellung an besonderen religiösen Feiertagen nur von geringer praktischer Bedeutung ist[791].

---

784 Schwind / Böhm-SCHWIND, HANS-DIETER a.a.O. (Fn. 767), § 53 Rn. 6; SCHAFFNER, PAUL / KNEIP, WOLFGANG a.a.O. (Fn. 22), S. 259, (263); KÖPCKE-DUTTLER, ARNOLD: Ausländergesetz und Resozialisierung. In: KrimPäd, Jg. 21, Heft 34, 1993, S. 27, (30).

785 BUKOWSKI, ANNETTE a.a.O. (1998) (Fn. 9), S. 69.

786 Der Islam ist nach seinem eigenen Selbstverständnis als „umma“ zu begreifen, d. h. als die juristisch-poitisch-religiöse Gemeinschaft aller Muslime. Die religiöse und die politische Gemeinschaft bilden eine untrennbare Einheit, das bedeutet, das Staatsvolk ist Gottesvolk und das religiöse Gesetz (shari'a) ist Staatsgesetz. Aufgrund dieser Verflechtung von Religion, Ethik und Politik wird der islamische Staat als Theokratie bezeichnet. An der Spitze des islamischen Staates steht der Khalif (Nachfolger des Propheten), der Imam (Vorsteher der Gemeinschaft) oder der Sultan (Machthaber). Vgl. hierzu HAGEMANN, L.: Der Islam in seinem Selbstverständnis und Anspruch. In: Wanzura, Werner (Hrsg.), Moslems im Strafvollzug, Altenberge 1982, S. 44, (62).

787 FAUPEL, o. V. a.a.O. (Fn. 753), S. 4.

788 SCHWIND, HANS-DIETER a.a.O. (1999a) (Fn. 10), S. 323, (342).

789 Nr. 32 Abs. 11 VVJug beinhaltet: *„Gefangenen, die nach den Vorschriften ihres Glaubensbekenntnisses an bestimmten Tagen nicht arbeiten dürfen, können an diesen Tagen auf ihren Wunsch von der Arbeit befreit werden. Sie können dafür an allgemein arbeitsfreien Tagen zu unaufschiebbaren Arbeiten herangezogen werden“*. Vgl. auch VV Nr. 4 zu § 37 StVollzG.

790 SCHÄFER, KARL HEINRICH a.a.O. (1984) (Fn. 740), S. 98, (101); NEU, GUIDO a.a.O. (Fn. 23), S. 329, (333).

791 SCHWIND, HANS-DIETER a.a.O. (1999a) (Fn. 10), S. 323, (342), vgl. hierzu auch FAUPEL, o. V. a.a.O. (Fn. 753), S. 3.

Die Religionsausübung der nichtchristlichen Insassen wird auch durch die Unterbringung in Gemeinschaftszellen gemeinsam mit Angehörigen anderer Glaubensrichtungen erschwert, die den Gebetsgewohnheiten der Muslime mitunter verständnislos begegnen[792]. Sofern eine erhebliche Überbelegung der Anstalt nicht entgegensteht, ist die Anstaltsleitung, wie beispielsweise in der Justizvollzugsanstalt Werl, bemüht, die gemeinsame Unterbringung von Muslimen und Andersgläubigen auf einer Zelle zu vermeiden[793].

4. Verpflegung unter Berücksichtigung religiöser Gewohnheiten

Ferner wurde von den nichtdeutschen Inhaftierten häufig bemängelt, daß die religiösen Speisegebote, deren Befolgung dem Inhaftierten gem. Nr. 16 Abs. 1 S. 3 VVJug (entspricht § 21 S. 3 StVollzG) ermöglicht werden soll, von ihnen nur schwer eingehalten werden können[794]. Gem. Nr. 16 Abs. 4 VVJug soll die Einhaltung religiöser Speisegebote auf Antrag des Inhaftierten durch einen Austausch der Nahrungsmittel, die nicht verzehrt werden dürfen, durch andere Nahrungsmittel ermöglicht werden.

Die Umsetzung dieser Vorschrift erfolgt in der Praxis dadurch, daß in den Anstaltsküchen beispielsweise für die Muslime eine sog. Glaubenskost[795] oder „Moha-Kost" zubereitet wird, die darin besteht, daß das Schweinefleisch durch Geflügel- oder Rindfleisch ersetzt oder auf Diätkost oder auf einen Fleischersatz durch Ei oder Fisch ausgewichen wird[796]. In der Justizvollzugsanstalt Mannheim beurteilten 70 % der befragten Nichtdeutschen im Jahr 1983 das Essen als „schlecht" bzw. „sehr schlecht", während 53 % der deutschen Inhaftierten das Essen als „ausreichend gut" beurteilten[797]. Dieser Situation könne auch nicht durch den Einkauf gem. Nr. 17 Abs. 1 VVJug von entsprechenden Austauschlebensmitteln aus den Heimatländern begegnet werden, da diese aus Kostengründen nicht im vollzugsinternen Einkauf erhältlich seien[798]. Hinzu kommen Probleme muslimischer

---

792 NÄHRICH, WOLF-DIETER a.a.O. (Fn. 673), S. 145, (149).

793 SCHWIND, HANS-DIETER a.a.O. (1999a) (Fn. 10), S. 323, (342).

794 NÄHRICH, WOLF-DIETER a.a.O. (Fn. 673), S. 145, (149).

795 Der Koran ist die heilige Schrift des Islam. Er beinhaltet nicht nur Glaubensaussagen, sondern auch detaillierte gesetzliche Bestimmungen, die das religiöse, ethische, soziale und politische Leben sowohl des einzelnen als auch der Gemeinschaft regeln. Für den gläubigen Muslim ist der Koran das Wort Gottes schlechthin. Im Koran wird den Gläubigen auch der Verzehr gewisser Speisen untersagt: „Verboten ist euch (der Genuß von) Fleisch von verendeten Tieren, Blut, Schweinefleisch" (Koran 5, 3), zit. nach HAGEMANN, L. a.a.O. (Fn. 786), S. 45, 46, 60.

796 NÄHRICH, WOLF-DIETER, a.a.O. (Fn. 673), S. 145, (149).

797 SCHAFFNER, PAUL / KNEIP, WOLFGANG a.a.O. (Fn. 22), S. 259, (264).

798 HOVENS, A.: a.a.O. (Fn. 23), S. 28, (30); NÄHRICH, WOLF-DIETER a.a.O. (Fn. 673), S. 145, (149); KURMANN, ERWIN: „Die Fremdlinge sollt ihr nicht unterdrücken..."!? (2. Mose 23 V.9). Ein sozialethischer Beitrag. In: Evangelische Akademie Bad Boll (Hrsg.): Ausländer in Haft. Bad Boll 7/1981, S. 78, (82); SCHÄFER, KARL HEINRICH a.a.O. (1984) (Fn. 740), S. 98, (101); SCHÄFER, KARL HEINRICH a.a.O. (1983) (Fn. 740), S. 25, (26);. SCHAM, HERMANN a.a.O. (Fn. 23), S. 60, (63).

Insassen, die auftreten, wenn ihnen das aufgrund ihres Glaubens auferlegte Fasten im Ramadan sowie die Ausführung der rituellen Waschungen nicht ermöglicht werden[799].

Es kann also festgehalten werden, daß trotz der Rücksichtnahme auf die Ausübung nichtchristlicher Religionen im (Jugend-) Strafvollzug, von ausländischen Inhaftierten über Schwierigkeiten bei der Umsetzung dieser Regelungen berichtet wurde. In Bezug auf die türkischen Jugendlichen und Heranwachsenden der Zweiten Ausländergeneration, die in Deutschland aufgewachsen sind, wird jedoch vermutet, daß von ihnen die religiösen Pflichten zum Teil nicht mehr so ernst genommen werden wie von ihren Eltern[800]. Dies hätte wiederum zur Folge, daß die bereits dargestellten Einschränkungen und Probleme bei der Religionsausübung von den jungen Türken nicht mehr als sehr belastend und beeinträchtigend wahrgenommen würden.

5. Angebote der schulischen und beruflichen Weiterbildung

Die Ausbildungssituation nichtdeutscher Inhaftierter wird als äußerst problematisch beschrieben[801]. Nach der von BOSETZKY / BORSCHERT / HELM[802] in Berlin durchgeführten Untersuchung nahmen die inhaftierten Ausländer erheblich seltener an einer Berufsausbildung gem. Nr. 32 Abs. 1 VVJug teil und waren lediglich im Sonderschulbereich gem. Nr. 33 Abs. 2 VVJug mit 29,8 %[803] zahlreich vertreten. Bereits NÄHRICH[804] betonte 1975, daß sich Fortbildungsprogramme für Nichtdeutsche oft auf Deutschkurse beschränkten.

WIRTH[805] hat bei seiner Aktenanalyse der nichtdeutschen Inhaftierten im Jugendstrafvollzug in Nordrhein-Westfalen vom 15.07.1997 folgende Ergebnisse erhalten: Fast zwei Drittel der nichtdeutschen Inhaftierten besitzen keinen Schulabschluß, 12,5 % der Gefangenen sind niemals in Deutschland zur Schule gegangen, etwa jeder fünfte ausländische Gefangene (21,3 %) hat eine Sonderschule besucht, zwei Drittel (66,3 %) eine Hauptschule oder weiterführende Schule, wobei allerdings nur etwa 19 % einen Hauptschulabschluß und lediglich 4 % einen höheren Schulabschluß erreicht haben.

Auch die berufliche Bildung ausländischer Inhaftierter ist noch wenig entwickelt. WIRTH[806] hat insoweit festgestellt, daß nur 2 %, d. h. lediglich 9 der 408 nichtdeutschen Gefangenen, über eine berufliche Vollqualifikation verfügten, 11 %

799 BUKOWSKI, ANNETTE a.a.O. (1998) (Fn. 9), S. 32.
800 HOVENS, A. a.a.O. (Fn. 23), S. 28, (30).
801 BOSETZKY, HORST / BORSCHERT, JÜRGEN / HELM, SIEGFRIED a.a.O. (Fn. 22), S. 198, (264 f); vgl. dazu auch BUKOWSKI, ANNETTE a.a.O. (1998) (Fn. 9), S. 31; NICKOLAI, WERNER / WALTER, JOACHIM: Rechtsorientierte gewalttätige Jugendliche in und außerhalb des Strafvollzuges – wie reagiert die Sozialarbeit? In: ZfStrVo, Jg. 43, Heft 2, 1994, S. 69, (70).
802 BOSETZKY, HORST / BORSCHERT, JÜRGEN / HELM, SIEGFRIED a.a.O. (Fn. 22), S. 198, (264 f).
803 BOSETZKY, HORST / BORSCHERT, JÜRGEN / HELM, SIEGFRIED a.a.O. (Fn. 22), S. 198, (264 f).
804 NÄHRICH, WOLF-DIETER a.a.O. (Fn. 673), S. 145, (147).
805 WIRTH, WOLFGANG a.a.O. (1998a) (Fn. 14), S. 278, (279), (282).
806 WIRTH, WOLFGANG a.a.O. (1998a) (Fn. 14), S. 278, (279), (282).

über eine berufliche Teilqualifikation (beispielsweise eine abgebrochene Lehre) aufwiesen und 57 % gar keine Berufsausbildung begonnen hatten. Festzuhalten bleibt, daß 96 %[807] der Nichtdeutschen im Jugendstrafvollzug in NRW bei ihrem Strafantritt keine abgeschlossene Berufsausbildung besaßen. Vor diesem Hintergrund fällt auf, daß 74 %[808] der ausländischen Inhaftierten vor der Inhaftierung arbeitslos gewesen sind. Lediglich 47,6 %[809] der nichtdeutschen Insassen war zu irgendeinem Zeitpunkt vor der Inhaftierung in Deutschland erwerbstätig. Ergänzend sei jedoch darauf hingewiesen, daß die Arbeitslosenquote bei den deutschen Inhaftierten im Jugendstrafvollzug in Herford in den dieser Untersuchung vorangegangenen Jahren ebenfalls 70–80 % an der Gesamtheit der Inhaftierten betrug[810].

Auch BUKOWSKI[811] stellte bei ihrer Untersuchung bei den türkischen Insassen in der JVA Adelsheim eine geringere Teilnahme der türkischen Insassen gegenüber den deutschen Inhaftierten an den schulischen und beruflichen Ausbildungsmaßnahmen im Sinne der Nrn. 32 f VVJug fest. Als eine Ursache für das begrenzte Ausbildungsangebot für die nichtdeutschen Inhaftierten in den Vollzugsanstalten werden Sprachschwierigkeiten der Ausländer genannt[812]. Hinzu kommt, daß die Zugangsvoraussetzungen zu beruflichen Ausbildungsmaßnahmen, beispielsweise ein erreichter Hauptschulabschluß, für den Großteil der nichtdeutschen Jugendlichen nicht erfüllt werden[813]. In diesem Zusammenhang wird das Fehlen von MBSE[814]-Kursen, die exakt auf die Problematik nichtdeutscher Jugendlicher beim Eintritt ins Berufsleben zugeschnitten sind, beklagt[815]. Der Grund für das fehlende Angebot an spezifischen berufsbildenden Maßnahmen sei die Tatsache, daß diese vom Arbeitsamt angebotenen Kurse aus finanziellen Gründen nur von Teilnehmern belegt werden können, die nicht ausgewiesen werden sollen[816]. Nichtdeutschen Gefangenen, denen eine Ausweisung droht, steht mangels Lockerungen nur das begrenzte Angebot der innerhalb der Anstalt angesiedelten Ausbildungsangebote zur Verfügung. Erschwerend kommt die geringere Motivation für eine solche Bildungsmaßnahme bei drohender Ausweisung hinzu[817]. Problematisch ist eine Ausbildung in solchen Fällen auch deshalb, weil die Situation im Heimatland, auf die der Gefangene vorbereitet werden soll, oft völlig unklar ist. Der in § 2 S. 1 StVollzG normierte Resozialisierungsauftrag, der neben dem im Jugendstrafrecht vorherrschenden Erziehungsgedanken aus § 91 Abs. 1 JGG[818], gem.

807 WIRTH, WOLFGANG a.a.O. (1998a) (Fn. 14), S. 278, (279), (282).
808 WIRTH, WOLFGANG a.a.O. (1998a) (Fn. 14), S. 278, (279), (282).
809 WIRTH, WOLFGANG a.a.O. (1998a) (Fn. 14), S. 278, (279), (282).
810 WIRTH, WOLFGANG a.a.O. (1998a) (Fn. 14), S. 278, (280).
811 BUKOWSKI, ANNETTE a.a.O. (1996) (Fn. 14), S. 226.
812 SCHÜTZE, HELMUT a.a.O. (1993b) (Fn. 14), S. 137, (143); HOVENS, A. a.a.O. (Fn. 23), S. 28, (31).
813 WALTER, MICHAEL a.a.O. (1993) (Fn. 43), S. 347, (359).
814 Maßnahmen zur beruflichen und sozialen Eingliederung.
815 BUKOWSKI, ANNETTE a.a.O. (1998) (Fn. 9), S. 31.
816 Vgl. BIELEFELD, ULI / KREISSL, REINHARD / MÜNSTER, THOMAS a.a.O. (Fn. 608), S. 190; HOVENS, A. a.a.O. (Fn. 23), S. 28, (31 f).
817 BUKOWSKI, ANNETTE a.a.O. (1998) (Fn. 9), S. 31.
818 EISENBERG, ULRICH: Jugendgerichtsgesetz, Kommentar, 8. Aufl., München 2000b, Einl. Rn. 5.

§ 2 JGG auch auf den Jugendstrafvollzug und über Art. 1 i.V.m. Art. 2 Abs. 1 GG auch für ausländische Inhaftierte[819] Anwendung findet, kann nicht umgesetzt werden, wenn den Verantwortlichen die Lage in dem Heimatland des von der Ausweisung bedrohten nichtdeutschen Inhaftierten unbekannt ist. Dies hat zur Folge, daß die Ausbildung bei Nichtdeutschen im Jugendstrafvollzug, denen eine Abschiebung droht, oft vollständig unterbleibt[820].

6. Tätigkeiten im Strafvollzug

Die Berliner Untersuchung von BOSETZKY / BORSCHERT / HELM[821] ergab, daß im Jahr 1979 fast zwei Drittel der deutschen Inhaftierten, aber weniger als die Hälfte der nichtdeutschen Insassen, eine Tätigkeit im Strafvollzug ausübten. Ohne eine Arbeitsmöglichkeit steht den nichtdeutschen Inhaftierten auch weniger Haushaltsgeld zur Verfügung, so daß sie sich bei dem anstaltsinternen Einkauf nur in geringem Maße mit Lebens- oder Genußmitteln wie Zigaretten versorgen können und folglich in diesem Bereich im Vergleich zu den deutschen Inhaftierten benachteiligt sind[822].
Auch NÄHRICH[823] gibt an, daß Nichtdeutsche bei der Vergabe von Arbeitsplätzen im Vollzug seltener als deutsche Inhaftierte Berücksichtigung finden. Im Jahr 1975 wurden in Nordrhein-Westfalen mehr als doppelt so viele deutsche Inhaftierte wie Nichtdeutsche in Eigenbetrieben und im Bereich der Eigenbedarfstätigkeiten beschäftigt[824]. In Vertrauensstellungen waren Nichtdeutsche so gut wie nie eingesetzt[825]. Ferner wurden Einsätze in Außenarbeitskommandos nur bei 3 %[826] der ausländischen Inhaftierten gestattet. Im Vergleich erhielten 14 %[827] der deutschen Insassen eine Überweisung in eine Außenarbeitsstelle. Den nichtdeutschen Insassen war somit nur ein stark eingeschränktes Kontingent an Tätigkeiten zugänglich, obwohl sich keinerlei Anhaltspunkte für eine Arbeitsunwilligkeit oder schlechtere Leistungen ergab, die diese ungleiche Verteilung hätten rechtfertigen können[828]. Demgegenüber haben in der Untersuchung von BOSETZKY / BORSCHERT / HELM[829] in den Berliner

---

819 So LAUBENTHAL, KLAUS: Vollzugliche Ausländerproblematik und Internationalisierung der Strafverbüßung. In: Feuerhelm, Wolfgang / Schwind, Hans-Dieter / Bock, Michael (Hrsg.): Festschrift für Alexander Böhm. Berlin, New York 1999, S. 307, (313); BÖHM, ALEXANDER a.a.O. (1984) (Fn. 23), S. 118, (122), (125).

820 BIELEFELD, ULI / KREISSL, REINHARD / MÜNSTER, THOMAS a.a.O. (Fn. 608), S. 190; BÖHM, ALEXANDER a.a.O. (1986) (Fn. 23), S. 141; BUKOWSKI, ANNETTE a.a.O. (1998) (Fn. 9), S. 31; ALBRECHT, PETER-ALEXIS / PFEIFFER, CHRISTIAN a.a.O. (Fn. 115), S. 95 u. 100; SCHÜTZE, HELMUT a.a.O. (1993a) (Fn. 747), S. 381, (382); WALTER, JOACHIM a.a.O. (1993) (Fn. 748), S. 245, (248); WALTER, MICHAEL a.a.O. (1993) (Fn. 43), S. 347, (359); KOEPSEL, KLAUS a.a.O. (1983) (Fn. 714), S. 200, (201).

821 BOSETZKY, HORST / BORSCHERT, JÜRGEN / HELM, SIEGFRIED a.a.O. (Fn. 22), S. 198, (263).

822 BOSETZKY, HORST / BORSCHERT, JÜRGEN / HELM, SIEGFRIED a.a.O. (Fn. 22), S. 198, (263).

823 NÄHRICH, WOLF-DIETER a.a.O. (Fn. 673), S. 145, (147).

824 NÄHRICH, WOLF-DIETER a.a.O. (Fn. 673), S. 145, (147).

825 NÄHRICH, WOLF-DIETER a.a.O. (Fn. 673), S. 145, (147).

826 NÄHRICH, WOLF-DIETER a.a.O. (Fn. 673), S. 145, (147).

827 NÄHRICH, WOLF-DIETER a.a.O. (Fn. 673), S. 145, (147).

828 NÄHRICH, WOLF-DIETER a.a.O. (Fn. 673), S. 145, (147).

829 BOSETZKY, HORST / BORSCHERT, JÜRGEN / HELM, SIEGFRIED a.a.O. (Fn. 22), S. 198, (269).

Haftanstalten im Jahr 1979 von den befragten ausländischen Insassen 42,4 % die Arbeitsmöglichkeiten im Vollzug mit „gut“, 30,9 % mit „es geht“ und lediglich 14,1 % als „schlecht“ beurteilt.

BUKOWSKI[830] ist der Ansicht, daß sich dieses Ergebnis der geringeren Berücksichtigung bei der Vergabe von Arbeitsstellen für nichtdeutsche Inhaftierte im Erwachsenenstrafvollzug nicht auf die Situation im Jugendvollzug übertragen lasse, da dort „in der Regel alle Gefangenen einer Arbeit oder Beschäftigung nachgehen oder ein Ausbildungsangebot in Anspruch nehmen“[831].

7. Soziale Bindungen zur Außenwelt

Die in den Nrn. 18-29 VVJug (entsprechen den §§ 23-36 StVollzG) geregelten Rechte des Gefangenen auf Besuchsverkehr, Schriftwechsel und sonstigen Postverkehr „sollen der Isolation des Gefangenen und den damit verbundenen Gefahren für Realitätssinn, Kommunikation und mitmenschlichen Kontakten entgegenwirken und zugleich zum Aufbau neuer Beziehungen beitragen“[832]. Die (erlaubten) Außenkontakte stellen folglich eine unabdingbare Voraussetzung für erfolgreiche Resozialisierung des Inhaftierten dar[833]. Da nichtdeutschen Gefangenen nur in seltenen Fällen Lockerungen und Urlaub gewährt werden, sind ihre Außenkontakte auf Besuche, Briefverkehr und Telefonate beschränkt[834]. Die gesetzlichen Regelungen des Strafvollzugsgesetzes sehen für sie keine Besonderheiten vor. Wenn ihnen hierbei dennoch Probleme erwachsen, sind diese in erster Linie auf die fehlenden Deutschkenntnisse der ausländischen Insassen oder ihrer Kontaktpersonen zurückzuführen.

a) Briefverkehr

Der Briefverkehr des nichtdeutschen Inhaftierten, der in Nr. 23 VVJug (entspricht § 28 StVollzG) normiert ist[835], kann aufgrund einer angeordneten Überwachung, die eine Übersetzung der Korrespondenz erforderlich macht, erheblich verzögert werden[836]. Grundsätzlich trägt der nichtdeutsche Gefangene nach Nr. 23 Abs. 4 VVJug

---

830 BUKOWSKI, ANNETTE a.a.O. (1998) (Fn. 9), S. 30f.

831 BUKOWSKI, ANNETTE a.a.O. (1998) (Fn. 9), S. 30f.

832 KAISER, GÜNTHER / KERNER, HANS-JÜRGEN /SCHÖCH, HEINZ: Strafvollzug. Ein Lehrbuch. 4. Aufl., Heidelberg 1992, S. 97.

833 SCHWIND, HANS-DIETER a.a.O. (1999a) (Fn. 10), S. 323, (339).

834 BUKOWSKI, ANNETTE a.a.O. (1998) (Fn. 9), S. 34; SCHWIND, HANS-DIETER a.a.O. (1999a) (Fn. 10), S. 323, (339).

835 Vgl. zu dem Briefverkehr eines ausländischen Inhaftierten mit konsularischen und diplomatischen Vertretungen auch Nr. 23 Abs. 3 VVJug sowie Nr. 183 der Richtlinien für den Verkehr mit dem Ausland in strafrechtlichen Angelegenheiten (RiVASt) sowie GRUNAU, THEODOR / TIESLER, EBERHARD: Strafvollzugsgesetz. Kommentar. 2. Aufl., Köln, Berlin, Bonn, München 1982, Vorbemerkung vor §§ 23 ff., Rn. 2 m.w.N.

836 SCHÄFER, KARL HEINRICH a.a.O. (1983) (Fn. 740), S. 25, (26); BÖHM, ALEXANDER a.a.O. (1984) (Fn. 23), S. 118, (129); KURMANN, ERWIN a.a.O. (Fn. 798), S. 78, (82); NEU, GUIDO a.a.O. (Fn. 23), S. 329, (331).

(entspricht VV Nr. 2 S. 1 zu § 28 StVollzG) die Kosten des Schriftverkehrs[837]. Eine Kostentragung in angemessenem Umfange durch die Anstalt kann nur in begründeten Ausnahmefällen in Betracht kommen, beispielsweise wenn der Schriftwechsel für die Behandlung und Eingliederung des Inhaftierten erforderlich ist[838] und der Gefangene nicht über die entsprechenden finanziellen Mittel verfügt[839].
Bei Briefen, die nicht in deutscher Sprache abgefaßt sind und zunächst in die deutsche Sprache übersetzt werden müssen, übernimmt gem. Nr. 24 Abs. 9 VVJug (entspricht VV Nr. 3 zu § 29 StVollzG) in der Regel die Staatskasse die Kosten.
Problematisch ist der Briefverkehr aber auch deshalb, weil viele Angehörige der nichtdeutschen Insassen nicht in der Lage sind, sich schriftlich auszudrücken, so daß für diese der Briefverkehr zur Aufrechterhaltung des Kontaktes nicht in Betracht kommt[840].

b) Telefonate

Telefongespräche sind für die Inhaftierten im geschlossenen Jugendstrafvollzug von besonderer Bedeutung, weil sie zur Aufrechterhaltung und Intensivierung sozialer Kontakte und zum Abbau von Spannungen in Krisensituationen beitragen können[841].
Der Gefangene hat keinen Anspruch darauf, Ferngespräche zu führen oder Telegramme aufzugeben, sondern lediglich gem. Nr. 27 Abs. 1 VVJug (entspricht § 32 Abs. 1 StVollzG) einen Anspruch auf einen fehlerfreien Ermessensgebrauch[842]. Aufgrund der noch stärker eingeschränkten Kommunikationsmöglichkeiten ist die Erlaubnis zum Telefonieren im geschlossenen Vollzug grundsätzlich noch eher als im offenen Vollzug zu erteilen[843]. Hinzu kommt, daß bei der Ermessensentscheidung auch die Entfernung der Bezugspersonen von der Anstalt, insbesondere wenn diese im Ausland leben, sowie die Besuchsmöglichkeiten Berücksichtigung finden müssen[844]. Auch wenn die Rechtsprechung[845] bei Ferngesprächen eher zu einer restriktiven Handhabung neigt, hält sie eine gewisse Besserstellung fremdsprachlicher ausländischer Inhaftierter aufgrund ihrer besonderen Situation für vertretbar[846]. Für die Ferngespräche gelten gem. Nr. 27 Abs. 1 S. 2 VVJug die Vorschriften über den

---

837 Schwind / Böhm-SCHWIND, HANS-DIETER a.a.O. (Fn. 767), § 28 Rn. 9.
838 CALLIESS, ROLF-PETER / MÜLLER-DIETZ, HEINZ a.a.O. (Fn. 656), § 28 Rn. 4.
839 GRUNAU, THEODOR / TIESLER, EBERHARD a.a.O. (Fn. 835), § 28 Rn. 6; Schwind / Böhm-SCHWIND, HANS-DIETER a.a.O. (Fn. 767), § 28 Rn. 9.
840 HOVENS, A. a.a.O., (Fn. 23), S. 28, (29); BUKOWSKI, ANNETTE a.a.O. (1998) (Fn. 9), S. 34.
841 CALLIES, ROLF-DIETER / MÜLLER-DIETZ, HEINZ a.a.O. (Fn. 656), § 32 Rn. 1.
842 OLG Dresden ZfStrVo 1994, S. 306; OLG Koblenz NStZ 1993, S. 558; vgl. auch Schwind / Böhm-SCHWIND, HANS-DIETER a.a.O. (Fn. 767), § 32 Rn. 2; CALLIES, ROLF-DIETER / MÜLLER-DIETZ, HEINZ a.a.O. (Fn. 656), § 32 Rn. 1.
843 AK-JOESTER, ERICH: Wassermann, Rudolf (Hrsg.): Kommentar zum Strafvollzugsgesetz, Reihe Alternativkommentare, 3. Aufl., Darmstadt 1990, § 32 Rn. 2.
844 Schwind / Böhm-SCHWIND, HANS-DIETER a.a.O. (Fn. 767), § 32 Rn. 2; AK-JOESTER, ERICH a.a.O. (Fn. 843), § 32 Rn. 6.
845 OLG Koblenz ZfStrVo 88, S. 110; OLG Koblenz NStZ 93, S. 558.
846 OLG Koblenz NStZ 93, S. 558; CALLIES, ROLF-DIETER / MÜLLER-DIETZ, HEINZ a.a.O. (Fn. 656), § 32 Rn. 1.

Besuch entsprechend. Das bedeutet, daß eine Überwachung der Telefonate nur unter bestimmten Voraussetzungen zulässig ist[847]. Erhält der Inhaftierte die Erlaubnis, ein Ferngespräch zu führen, hat er gem. Nr. 27 Abs. 2 S. 1 VVJug die Kosten zu tragen[848].

c) Besuche

Inhaftierte haben gem. Nr. 19 Abs. 1 S. 1 VVJug (entspricht § 24 Abs. 1 S. 1 StVollzG) das Recht, regelmäßig Besuch zu empfangen[849].
In den Fällen, in denen gem. Nr. 22 Abs. 1 S. 2 VVJug (entspricht § 27 StVollzG) eine akustische Besuchsüberwachung[850] angeordnet wurde, muß, sofern die Gespräche nicht in deutscher Sprache geführt werden können und kein Justizvollzugsbediensteter über ausreichende Kenntnisse in dieser Sprache verfügt, ein (vereidigter) Dolmetscher hinzugezogen werden, der das Gespräch für den überwachenden Anstaltsbediensteten übersetzt[851]. Innerhalb der Besuchszeit kann in diesen Fällen aus zeitlichen Gründen nur noch wenig mitgeteilt werden[852]. Darüber hinaus führe, wie NÄHRICH[853] im Jahr 1984 festgestellt hat, die mangelnde Information der nichtdeutschen Besucher über ihre Rechte und Pflichten relativ häufig zu Konflikten mit Bediensteten.

Das Verhalten der Bediensteten gegenüber Besuchern wurde von einigen türkischen Insassen als ungerecht und unangemessen empfunden. So äußerte sich beispielsweise ein von GÜR[854] befragter Jugendlicher: „Wer zu Besuch kommt, bereut das hinterher, so daß er nicht noch mal kommt. Sie notieren die Namen und üben Druck aus. Viele Aufseher halten auch die Angehörigen der Häftlinge für Kriminelle"[855].
Allerdings wurde in anderen Untersuchungen keine Benachteiligung der ausländischen Befragten in bezug auf Außenkontakte, insbesondere Besuchskontakte, gegenüber den deutschen Inhaftierten, festgestellt. Die Arbeit von NÄHRICH[856] führte zu dem

---

847 Vgl. hierzu Schwind / Böhm-SCHWIND, HANS-DIETER a.a.O. (Fn. 767), § 32 Rn. 3 m.w.N.; NEU, GUIDO a.a.O. (Fn. 23), S. 329, (331); SCHÄFER, KARL HEINRICH a.a.O. (1983) (Fn. 740), S. 25, (26).

848 Ist der Inhaftierte zur Übernahme der Kosten nicht in der Lage, kann die Anstalt gem. Nr. 27 Abs. 2 S. 2 VVJug in begründeten Fällen in angemessenem Umfang die Kosten übernehmen.

849 Zu der Regelung des Besuchsverkehrs ausländischer Insassen mit konsularischen oder diplomatischen Vertretungen in Nr. 184 RiVASt vgl. GRUNAU, THEODOR / TIESLER, EBERHARD a.a.O. (Fn. 835), Vorbemerkung vor §§ 23 ff. Rn. 2.

850 Unter akustischer Kontrolle versteht das Gesetz nur das systematische und gezielte Mithören von Gesprächen. Zu den Voraussetzungen einer akustischen Besuchsüberwachung vgl. CALLIES, ROLF-DIETER / MÜLLER-DIETZ, HEINZ a.a.O. (Fn. 656), § 27 Rn. 5 m.w.N.

851 BUKOWSKI, ANNETTE a.a.O. (1998) (Fn. 9), S. 34; SCHWIND, HANS-DIETER a.a.O. (1999a) (Fn. 10), S. 323, (339); zu dieser Problematik in der Untersuchungshaft vgl. STEINKE, JOACHIM: Ausländer in Untersuchungshaft sprachlos?! In: ZfStrVo, Jg. 44, Heft 4, 1995b, S. 223-227.

852 KURMANN, ERWIN a.a.O. (Fn. 798), S. 78, (82); BÖHM, ALEXANDER a.a.O. (1984) (Fn. 23), S. 118, (129).

853 SCHÄFER, KARL HEINRICH a.a.O. (1984) (Fn. 740), S. 98, (101).

854 GÜR, METIN a.a.O. (Fn. 745), S. 129.

855 GÜR, METIN a.a.O. (Fn. 745), S. 129.

856 NÄHRICH, WOLF-DIETER a.a.O. (Fn. 673), S. 145, (150).

Ergebnis, daß die nichtdeutschen Inhaftierten sogar häufiger Besuche empfangen als die Deutschen: Zum Untersuchungszeitpunkt hatten 18 % der deutschen Gefangenen noch keinen Besuch erhalten, bei den Ausländern waren dies lediglich 8,5 %. Durchschnittlich mehr als einen Besuch pro Monat erhielten 16 %[857] der deutschen und 23 %[858] der ausländischen Gefangenen. Bei der Berliner Untersuchung gaben 89 %[859] der türkischen und 88 %[860] der deutschen Inhaftierten an, „Kontakte nach draußen" zu haben. Ebenso hat in der Untersuchung von BUKOWSKI[861] lediglich einer der sechs Befragten türkischen Insassen der JVA Adelsheim im Zusammenhang mit Außenkontakten eine Benachteiligung erwähnt.

8. Freizeitangebote

Den nichtdeutschen Gefangenen stehen die gleichen Freizeitangebote im Sinne der Nr. 58 Abs. 1 VVJug (entspricht § 67 StVollzG) zur Verfügung wie den deutschen Insassen. Allerdings sind diese Angebote auf die Interessen der Majorität zugeschnitten und infolgedessen nichtdeutschen Inhaftierten mit Sprachdefiziten oft versperrt.

Beschränkungen aufgrund von Sprachdefiziten ausländischer Insassen sind für die in Deutschland geborenen türkischen Inhaftierten, die die deutsche Sprache gut beherrschen, von weitaus geringerer Bedeutung als für die ausländischen Gefangenen der Ersten Ausländergeneration[862]. Das Freizeitangebot kann bei ihnen im Vergleich zu Deutschen allerdings aufgrund der Tatsache begrenzt sein, daß Veranstaltungen außerhalb der Anstalt stattfinden, so daß die Teilnahme von der Gewährung von Lockerungen abhängig ist[863], die ihnen nur in wenigen Ausnahmefällen[864] gewährt werden.

9. Soziale und ärztliche Betreuung

Der Zugang nichtdeutscher Gefangener zu Betreuungs- und Behandlungsangeboten wird als erschwert beschrieben[865]. Gerade bei Gefangenen, die nach Vollstreckung der

---

857 NÄHRICH, WOLF-DIETER a.a.O. (Fn. 673), S. 145, (150).
858 NÄHRICH, WOLF-DIETER a.a.O. (Fn. 673), S. 145, (150).
859 BOSETZKY, HORST / BORSCHERT, JÜRGEN / HELM, SIEGFRIED a.a.O. (Fn. 22), S. 198, (250).
860 BOSETZKY, HORST / BORSCHERT, JÜRGEN / HELM, SIEGFRIED a.a.O. (Fn. 22), S. 198, (250).
861 BUKOWSKI, ANNETTE a.a.O. (1998) (Fn. 9), S. 70.
862 BUKOWSKI, ANNETTE a.a.O. (1998) (Fn. 9), S. 34.
863 BUKOWSKI, ANNETTE a.a.O. (1998) (Fn. 9), S. 34.
864 Vgl. hierzu die Ausführungen unter Kapitel 6 XII. Vollzugslockerungen und Urlaub.
865 CHAIDOU, ANTHOZOE a.a.O. (1984a) (Fn. 22), S. 187; KOEPSEL, KLAUS a.a.O. (1983) (Fn. 714), S. 200, (201); NÄHRICH, WOLF-DIETER a.a.O. (Fn. 673), S. 145, (146); NICKOLAI, WERNER / WALTER, JOACHIM a.a.O. (Fn. 801), S. 69, (70); zu der besonderen Bedeutung von Sprachschwierigkeiten vgl. SCHAM, HERMANN a.a.O. (Fn. 23), S. 60, (64 f); SCHÜTZE, HELMUT a.a.O. (1993a) (Fn. 747), S. 381, (382).

Strafe ausgewiesen werden, ist es schwierig, ein Vollzugsziel zu formulieren[866]. CHAIDOU[867] weist darauf hin, daß die Betreuung ausländischer Inhaftierter aufgrund ihrer speziellen Bedürfnisse und des ausländertypischen sozialen Status besonderen Anforderungen genügen muß, denen die Bediensteten ohne Fortbildung kaum gewachsen seien. Zu selten stehen nichtdeutsche Sozialarbeiter oder Betreuer zur Verfügung[868]. Auch Konsulate und diplomatische Vertretungen engagieren sich bisher nur in geringem Umfang in der Betreuung ihrer inhaftierten Staatsangehörigen[869]. Eine Folge dieses Betreuungsdefizites nichtdeutscher Inhaftierter ist der relativ schlechte Informationsstand dieser Gruppierung über die Hausordnung sowie ihre Rechte und Pflichten im Vollzug[870]. So fanden BOSETZKY / BORSCHERT / HELM[871] beispielsweise bei ihrer Befragung heraus, daß 20 % der nichtdeutschen Insassen der Begriff „Vollzugsplan" völlig unbekannt war.

Kritisiert wurde von den in Berlin befragten nichtdeutschen Gefangenen insbesondere auch die ärztliche Versorgung. Die Anstaltsärzte erhielten von den nichtdeutschen Inhaftierten mit der Durchschnittsnote 3,2 die schlechteste Bewertung innerhalb der Bedienstetengruppen[872]. Angesichts der Tatsache, daß nichtdeutsche Gefangene ihren Gesundheitszustand negativer einschätzen als deutsche Inhaftierte, erscheint dieser Befund besonders problematisch[873].

Inwieweit diese Betreuungsdefizite auch für in Deutschland geborene Türken gelten, ist jedoch fraglich. Bei ihnen dürften sich Sprachschwierigkeiten und Mentalitätsunterschiede in nur noch geringem Maße negativ auf das Betreuungsangebot auswirken. Hinzu kommt, daß die Bediensteten des Vollzugs inzwischen angesichts der hohen Prozentzahlen türkischer Inhaftierter auch einige Erfahrungen im Umgang mit der spezifischen Problemlage türkischer Gefangener gesammelt haben.
Die den nichtdeutschen Inhaftierten grundsätzlich zustehende Betreuung durch die Botschaft oder das Generalkonsulat ihres Landes wird in der Praxis in sehr unterschiedlichem Maße angeboten. So hat STEINKE[874] bei einer „Vorbefragung" von

---

866 NÄHRICH, WOLF-DIETER a.a.O. (Fn. 673), S. 145, (146); NICKOLAI, WERNER / WALTER, JOACHIM a.a.O. (Fn. 801), S. 69, (70).

867 CHAIDOU, ANTHOZOE a.a.O. (1984a) (Fn. 22), S. 187.

868 HOVENS, A. a.a.O. (1982) (Fn. 23), S. 28, (31); SCHÄFER, KARL HEINRICH a.a.O. (1983) (Fn. 740), S. 25, (26).

869 KURMANN, ERWIN a.a.O. (Fn. 798), S. 78, (81); NEU, GUIDO a.a.O. (Fn. 23), S. 329, (333); SCHÄFER, KARL HEINRICH a.a.O. (1983) (Fn. 740), S. 25, (26).

870 Vgl. dazu SCHAFFNER, PAUL / KNEIP, WOLFGANG a.a.O. (Fn. 22), S. 259, (264): nur 18 % der Nichtdeutschen (gegenüber 53 % der Deutschen) kannten die Funktion der Lockerungskonferenz. Derartige Informationsdefizite waren den ausländischen Insassen durchaus bewußt. So gab nur ein Drittel von ihnen an, sich im Haus gut auszukennen (gegenüber zwei Dritteln der Deutschen).

871 BOSETZKY, HORST / BORSCHERT, JÜRGEN / HELM, SIEGFRIED a.a.O. (Fn. 22), S. 198, (272). Vgl. dazu auch Hovens a.a.O. (Fn. 23), S. 29; SCHÄFER, KARL HEINRICH a.a.O. (1984) (Fn. 740), S. 98, (101); SEIDLER, JOSEF a.a.O. (Fn. 741), S. 112, (114 f).

872 BOSETZKY, HORST / BORSCHERT, JÜRGEN / HELM, SIEGFRIED a.a.O. (Fn. 22), S. 198, (231).

873 BOSETZKY, HORST / BORSCHERT, JÜRGEN / HELM, SIEGFRIED a.a.O. (Fn. 22), S. 198, (258 f); zur körperlichen Befindlichkeit vgl. FOCKEN, ADALBERT / GLEY, CHRISTA, a.a.O. (Fn. 22), S. 75.

874 STEINKE, JOACHIM a.a.O. (1995a) (Fn. 754), S. 170, (171 f).

20 Botschaften bzw. Generalkonsulaten festgestellt, daß die Reaktionsweisen breit gefächert sind und „von intensiver persönlicher Betreuung bis zur Nichtbeachtung reichen"[875].

10. Subkultur

Eine Strafvollzugsanstalt ist ein formelles System, das verschiedene Subsysteme umfaßt.

a) Begriff und theoretische Konzepte der Gefangenensubkultur

Eines dieser Subsysteme ist das informelle soziale System der Insassen mit einer ihm eigenen Kultur und eigenen informellen Normen[876].
Was genau unter dieser Gefangenensubkultur zu verstehen ist, ist umstritten[877]. Teilweise werden unter dem Begriff grundsätzlich resozialisierungsfeindliche, illegale Aktivitäten der Gefangenen zusammengefaßt, teilweise wird der Subkultur die Eigenschaft zugeschrieben, menschenwürdiges Leben in einer totalen Institution erst zu ermöglichen, und gelegentlich wird sie sogar als Protestform der „Unterdrückten" verherrlicht[878]. SCHWENDTER[879] definiert Subkultur als „Teil einer konkreten Gesellschaft, der sich in seinen Institutionen, Bräuchen, Werkzeugen, Normen, Wertordnungssystemen, Präferenzen, Bedürfnissen usw. in einem wesentlichen Ausmaß von den herrschenden Institutionen etc. der jeweiligen Gesamtgesellschaft unterscheidet"[880]. Entscheidende Charakteristika einer Gefangenensubkultur stellen nach KREUZER / SCHNEIDER[881] der Insassencode und die Insassenhierarchie dar.

Ebenso umstritten wie der Begriff der Subkultur ist deren theoretisches Konzept. Zwei Ansätze haben in der Literatur die meiste Beachtung gefunden: Die Deprivationstheorie[882] sieht das Entstehen einer Gefangenensubkultur als direkte Folge verschiedener haftbedingter Deprivationen („pains of imprisonment") an, zu denen der Verlust der Freiheit, der Entzug materieller und immaterieller Güter, der Entzug heterosexueller Beziehungen, der Verlust der Selbstbestimmung und der Verlust der

---

875 STEINKE, JOACHIM a.a.O. (1995a) (Fn. 754), S. 170, (172).

876 BONDESON, ULLA V.: Prisoners in prison societies. New Brunswick, Oxford 1989, S. 45. Vgl. auch WEIS, KURT: Die Subkultur der Strafanstalten. In: Schwind, Hans-Dieter / Blau, Günter (Hrsg.): Strafvollzug in der Praxis. 2. Aufl., Berlin, New York 1988, S. 239, (247 ff.).

877 Zur Definitionsunsicherheit SACK, FRITZ: Die Idee der Subkultur. In: KZfSS, Jg. 23, Heft 2, 1971b, S. 261, (262).

878 Zusammenfassend RIEGER, WALTER: Die Subkultur im Strafvollzug. In: ZfStrVo, Jg. 26, Heft 4, 1977, S. 218-221.

879 SCHWENDTER, ROLF: Theorie der Subkultur. 4. Aufl., Hamburg 1993, S. 11.

880 SCHWENDTER, ROLF a.a.O. (Fn. 879), S. 11.

881 KREUZER, ARTHUR / SCHNEIDER, HANS JOACHIM: Gewalt in staatlichen Subsystemen. Gießen 1988, S. 5.

882 SYKES, GRESHAM M.: The society of captives: A study of a maximum security prison. 4. Aufl., Princeton 1966.

persönlichen Sicherheit vor kriminellen Mitinsassen gehören[883]. Die haftbedingten Deprivationen führen zu starken Frustrationen sowie zu einer erheblichen Beeinträchtigung des Selbstwertgefühls[884]. Der Inhaftierte kann nach SYKES[885] die haftbedingten Deprivationen nur durch Interaktionen mit anderen Gefangenen und Herausbildung bestimmter Einstellungen, Normen und Werte kompensieren bzw. lindern.

Nach der kulturellen Übertragungstheorie, die von IRWIN / CRESSEY[886] im Jahre 1964 in die kriminologische Diskussion eingeführt wurde, ist der Insassencode[887] Teil eines kriminellen Codes, der auch außerhalb der Mauern existiert und durch die Insassen von außen in die Anstalt transportiert wird und nicht als spezifische Folge der äußeren Bedingungen einer totalen Institution anzusehen ist.

Sowohl für die Gültigkeit der Deprivationstheorie, die davon ausgeht, daß subkulturelle Einstellungen von Gefangenen erst durch die Hafterfahrung entstehen, als auch für die Gültigkeit der kulturellen Übertragungstheorie, derzufolge die angeblich gefängnistypischen Einstellungen bereits vor der Inhaftierung bestehen und bereits im Laufe der Sozialisation außerhalb der Anstalt erworben wurden, sind Belege gefunden worden[888].

aa) Viktimisierungen

Kennzeichnend für die Subkultur in den (Jugend-)Strafanstalten sind gewalttätige Auseinandersetzungen, die zu Viktimisierungen in den Bereichen Sexualität und Ökonomie, beispielsweise durch das Eintreiben von Schulden, nahezu alltäglich geworden sind[889].

Nach RIEGER[890] sind vier Hauptformen subkultureller Gewalt unterscheidbar:

- *Unterwerfungs- und Integrationszeremonien gegenüber Neuzugängen,*
- *extreme Unterwerfungsverhältnisse einzelnen Gefangenen oder herrschenden*
- *Cliquen gegenüber,*
- *Zwang und Verführung zum Schuldenmachen und Eintreibung der Schulden*
- *durch Gewalt,*
- *Ausplündern unter einfacher Gewaltandrohung.*

---

883 HARBORDT, STEFFEN: Die Subkultur des Gefängnisses, 2. Aufl., Stuttgart 1972, S. 11-14.

884 HÜRLIMANN, MICHAEL: Führer und Einflußfaktoren in der Subkultur des Strafvollzuges. Pfaffenweiler 1993, S. 19.

885 HÜRLIMANN, MICHAEL a.a.O. (Fn. 884), S. 19.

886 IRWIN, JOHN / CRESSEY, DONALD R.: Thieves, convicts and the inmate culture. In: Becker, Howard S. (Hrsg.): The other side. Perspectives on deviance. New York 1964, S. 225.

887 Ein Einstellungs-, Norm- und Wertgefüge, das von dem der übrigen Gesellschaft stark abweicht. Charakteristisch für die Insassensubkultur ist beispielsweise eine feindliche Haltung gegenüber dem Staat, der Justiz, der Polizei und der Anstalt, einschließlich der Bediensteten, vgl. dazu HÜRLIMANN, MICHAEL a.a.O. (Fn. 884), S. 17 m.w.N.

888 Zusammenfassend HÜRLIMANN, MICHAEL a.a.O. (Fn. 884), S. 21-24.

889 HÜRLIMANN, MICHAEL a.a.O. (Fn. 884), S. 18.

890 RIEGER, WALTER a.a.O. (1977) (Fn. 878), S. 218, (219).

Jeder Inhaftierte befindet sich bei seinem Strafantritt in der Jugendstrafanstalt inmitten einer Insassenbevölkerung, von der er annimmt, daß sie Straftaten von nicht unerheblichem Gewicht begangen hat. Durch die Justizvollzugsbediensteten wird ein hohes Maß an Kontrolle und Sicherheit in der Anstalt gewährleistet. Allerdings sind sich die Inhaftierten durch Medienberichte oder aus eigener Erfahrung bewußt, daß in jeder Vollzugsanstalt subkulturelle Strukturen und Übergriffe auf einzelne Mitgefangene bis hin zu Tötungsdelikten existieren und sind deshalb bei Vollzugsantritt im Denken und Handeln sehr verunsichert[891]. In der Gefangenensubkultur scheinen brutale Spiele, Körperverletzungen, und Gewaltdelikte, die von Nötigungen und Erpressungen bis hin zu Vergewaltigungen reichen, akzeptiert zu sein[892].

Das folgende Zitat eines Inhaftierten verdeutlicht in anschaulicher Weise das Ausmaß der Unterdrückung und Mißhandlung, dem einige Insassen täglich im Vollzug ausgesetzt sind:

> *„in fast allen Knästen (müssen) jeden Tag irgendwelche armen Schweine auf den Tischen tanzen, ausgezogen, mit einem Handfegerstiel im Arsch La Paloma pfeifen.*
> *(Knastrealität ist auch), daß man schwächere Knackis zwingt, mit einer Zahnbürste die Zelle zu schrubben, die Ränder vom Klo mit der Zunge sauberzulecken, sie sexuell mißbraucht und sie förmlich an andere weiterverkauft"*[893].

BARTOLLAS / SIEVERDES[894] haben in ihrer Untersuchung in sechs Erziehungsheimen festgestellt, daß etwa 10 % der Insassen Opfer von sexuellem Mißbrauch geworden sind. Auffallend war, daß es sich bei den Opfern um Personen handelte, die nicht aggressiv waren und dem unteren Drittel der Insassenhierarchie angehörten[895]. Durch die Solidarität unter den Inhaftierten werde verhindert, daß diese Vorfälle den Vollzugsbeamten bekannt werden[896].
Erhalten die Vollzugsbeamten dennoch in einzelnen Fällen aufgrund von Hinweisen, die auf eine erfolgte Gewaltanwendung schließen lassen, wie beispielsweise

---

891 RIEGER, WALTER a.a.O. (1977) (Fn. 878), S. 218.

892 KREUZER, ARTHUR / GEBHARDT, CHRISTOPH / MAASSEN, MARCEL: Opfer innerhalb krimineller Strukturen – unter besonderer Berücksichtigung der Drogen-Subkulturen. In: Schneider, Hans Joachim (Hrsg.): Das Verbrechensopfer in der Strafrechtspflege. Berlin, New York 1982, S. 264, (265); RIEGER, WALTER a.a.O. (1977) (Fn. 878), S. 218, (219); SCHWIND, HANS-DIETER: Strafvollzug im Rückwärtsgang? In: Kriminalsitik, Jg. 51, Heft 10, 1997, S. 618, (620).

893 WATTENBERG, HEINZ-H.: Einflußnahme „Knast". Zum Erziehungsgedanken im Jugendstrafvollzug. In: ZfStrVo, Jg. 39, Heft 1, 1990, S. 37, (39).

894 BARTOLLAS, C. / SIEVERDES, C. M.: The sexual victim in a co-educational correctional institution. In: The Prison Journal, Jg. 61, 1983, S. 80-90, zit. nach Hürlimann, Michael a.a.O. (Fn. 884), S. 16.

895 BARTOLLAS, CLEMENS / SIEVERDES, C. M. a.a.O. (Fn. 894) S. 80-90.

896 HÜRLIMANN, MICHAEL a.a.O. (Fn. 884), S. 16. Zu der Viktimisierung von Anstaltsbediensteten durch verschiedene Formen von subkultureller Gewalt, vgl. BABELOTZKY, ALFRED: Aggressive Interaktion im Strafvollzug untersucht in den Vollzugsanstalten Zweibrücken, Nürnberg und Bruchsal, Mainz 1984. Zur Viktimisierung von Inhaftierten durch Vollzugsbedienstete vgl. BOWKER, LEE HARRINGTON: Prison victimization. New York, Oxford 1980, S. 59, 182; BOWKER, LEE HARRINGTON: The victimization of prisoners by staff members. In: Haas, K. C. / Alpert, G. P. (Hrsg.): The dilemmas of punishment. Illinois 1986, S. 134-157.

Andeutungen von Mitinhaftierten, besondere Haarschnitte oder Verletzungen, Kenntnis von Viktimisierungen, kommt nach OTTO[897] in erster Linie die Neuzusammenstellung von Gefangeneneinheiten als Möglichkeit in Betracht, um bestehende Abhängigkeitsstrukturen zu zerstören.

bb) Illegaler Warenhandel

Ferner ist die Insassensubkultur aufgrund des begrenzten Angebotes an Gütern jeder Art gekennzeichnet durch illegalen Warenhandel, der sich primär auf Alkohol, Tabak und Drogen bezieht, sich in einigen Fällen auch auf Waffen erstreckt und starke Abhängigkeitsverhältnisse entstehen läßt[898]. Da vermutet wird, daß in den Justizvollzugsanstalten etwa 40 %[899] der Insassen Drogen konsumieren und die Preise um ein Vielfaches die handelsüblichen Preise übersteigen[900], werden die Warenempfänger in die Beschaffungskriminalität getrieben, um neben der Zurückzahlung der Ware auch Zinsen, die häufig den Tatbestand des Wuchers erfüllen, entrichten zu können[901]. Dieses Warenhandelssystem, das durch „ein brutales und weitverzweigtes Netz von Dealern, Helfern und Mithelfern"[902] organisiert und aufrechterhalten wird, führt zu starken Abhängigkeitsverhältnissen vieler Insassen zu bestimmten Inhaftierten, die diese Abhängigkeitsverhältnisse nutzen, um eine Führerposition in der Insassensubkultur erreichen und ausbauen zu können.

b) Subkultureller Status nichtdeutscher Insassen

In der Vergangenheit wurden in kriminologischen Untersuchungen bereits mehrfach intramurale[903] Über- und Unterordnungsverhältnisses analysiert. Die Ergebnisse dieser Untersuchungen[904] stimmen insoweit überein, als sie über relativ schwache Bindungen der Gefangenen untereinander berichten, die überwiegend zum Zwecke wechselseitiger Hilfe und materiellen Beistandes eingegangen werden. Die äußere Gleichheit der Insassen könne nicht darüber hinwegtäuschen, daß innerhalb der Häftlingssubkultur starke Über- und Unterordnungen existieren, die auf den tatsächlichen Machtverhältnisssen und Abhängigkeiten innerhalb der Häftlingsgesellschaft sowie

---

897 OTTO, MANFRED: Nichtmitarbeitsbereite Gefangene und subkulturelle Haltekräfte. Schädliche Vollzugswirkungen und mögliche Gegenstrategien nicht nur im Jugendstrafvollzug. In: KrimPäd, Jg. 26, Heft 38, 1998, S. 34, (36).

898 HÜRLIMANN, MICHAEL a.a.O. (Fn. 884), S. 18.

899 ORTNER, HELMUT: Gefängnis. Eine Einführung in seine Innenwelt. Weinheim, Basel 1988, S. 80.

900 Nach BÖHM, HORST / MÖBIUS, PETER: Drogenkonsum in bayerischen Justizvollzugsanstalten. In: ZfStrVo, Jg. 39, Heft 2, 1990, S. 94, (97) sollen im bayerischen Strafvollzug beispielsweise für ein Gramm Haschisch 100 DM bezahlt worden sein.

901 HÜRLIMANN, MICHAEL a.a.O. (Fn. 884), S. 17.

902 ORTNER, HELMUT: Strafzeit: Vom Ausgrenzen und Einsperren. Darmstadt 1980, S. 178.

903 Gemeint sind anstaltsinterne Über- und Unterordnungsverhältnisse, vgl. auch „intra muros", lateinisch „innerhalb der Mauern".

904 Vgl. die zusammenfassende Darstellung bei KAUFMANN, HILDE: Kriminologie III. Strafvollzug und Sozialtherapie. Stuttgart, Berlin, Köln, Mainz 1977, S. 14 ff.

auf den Statuskriterien (Delikt, Haftdauer, Vorstrafen, Hafterfahrung) eines Gefangenen beruhen[905].

HÜRLIMANN[906] untersuchte im Jahr 1990 Merkmale von „Führern“ und Einflußfaktoren in der Subkultur des Strafvollzuges und befragte hierzu Beamte sowie Gefangene der Jugendstrafanstalt Rockenberg und der Justizvollzugsanstalt Butzbach. Die Beamten in der Erwachsenenstrafvollzugsanstalt Butzbach waren der Ansicht, daß die Anführer in der Subkultur des Strafvollzugs über eine ausgeprägte kriminelle Erfahrung verfügen, verstärkt an Handelsgeschäften beteiligt und ihren Mitgefangenen physisch überlegen sind[907]. Demgegenüber ist nach Einschätzung der Gefangenen Intelligenz als wichtigstes Merkmal eines „Führers“ anzusehen[908]. Während die Gefangenen der Beteiligung an Handelsgeschäften einen niedrigeren Stellenwert beimessen als die Beamten[909], werden kriminelle Erfahrung und körperlicher Stärke auch von ihnen als hervorstechende Eigenschaften angesehen, um in der Subkultur des Strafvollzuges eine Führerposition einnehmen zu können[910].

Die Fremdeinschätzung der Beamten der Jugendstrafvollzugsanstalt Rockenberg hat ergeben, daß ein äußerst hoher Zusammenhang zwischen der Einflußhierarchie und der Strafverbüßung dahingehend besteht, daß die Gefangenen, die über eine große Stafvollzugserfahrung verfügen, einen hohen subkulturellen Einfluß ausüben[911]. Auch konnte ein eindeutiger Zusammenhang zwischen der körperlichen Stärke und der Einflußhierarchie festgestellt werden[912]. Dies erscheint nicht überraschend, da bekanntermaßen im Jugendstrafvollzug, folgt man den Berichten der Strafvollzugsbediensteten, Auseinandersetzungen meistens nicht verbal, sondern mit der „Faust“ ausgetragen werden[913]. Weiterhin wurde im Bereich der soziodemographischen Merkmale ein relevanter Zusammenhang zwischen der Stellung in der Insassenhierarchie und dem Lebensalter und der Staatsangehörigkeit festgestellt, d. h. Gefangene, die einen hohen subkulturellen Einfluß ausüben, sind tendenziell älter und besitzen häufiger eine ausländische Staatsangehörigkeit[914]. Daß die subkulturellen „Führer“ älter sind als andere Gefangene erscheint verständlich, da ältere Jugendliche bzw. Heranwachsende über eine größere Lebenserfahrung verfügen und in vielen Fällen anderen Mithäftlingen aufgrund ihres höheren Alters an Kraft und Stärke überlegen sind[915].

---

905 KAUFMANN, HILDE a.a.O. (Fn. 904), S. 16 f.
906 HÜRLIMANN, MICHAEL a.a.O. (Fn. 884), S. 91 ff., 171 ff.
907 HÜRLIMANN, MICHAEL a.a.O. (Fn. 884), S. 178 f.
908 HÜRLIMANN, MICHAEL a.a.O. (Fn. 884), S. 187 f.
909 HÜRLIMANN, MICHAEL a.a.O. (Fn. 884), S. 187 f.
910 HÜRLIMANN, MICHAEL a.a.O. (Fn. 884), S. 187 f.
911 HÜRLIMANN, MICHAEL a.a.O. (Fn. 884), S. 164.
912 HÜRLIMANN, MICHAEL a.a.O. (Fn. 884), S. 165.
913 HÜRLIMANN, MICHAEL a.a.O. (Fn. 884), S. 165.
914 HÜRLIMANN, MICHAEL a.a.O. (Fn. 884), S. 132, 167.
915 HÜRLIMANN, MICHAEL a.a.O. (Fn. 884), S. 132.

HÜRLIMANN[916] ist bei seiner Untersuchung in der Jugendstrafanstalt Rockenberg zu dem Ergebnis gelangt, daß der Ausländeranteil bei den „Führern“ der Subkultur bedeutend höher ist als der Anteil der deutschen Inhaftierten. Dieses Ergebnis steht in Widerspruch zu den älteren Untersuchungen[917]. Die Untersuchung von BIELEFELD / KREISSL / MÜNSTER[918] aus dem Jahr 1982 hat ergeben, daß nichtdeutsche Jugendliche in der Sozialstruktur des Jugendvollzuges ganz unten stehen. Dies gelte insbesondere für Türken und Afrikaner, weniger dagegen für die Angehörigen von Nationalitäten, die als integriert und unauffällig gelten[919]. Allerdings muß in diesem Zusammenhang berücksichtigt werden, daß in den älteren Untersuchungen die Situation innerhalb der Subkultur nicht so spezifisch und mit einer so hohen Anzahl detaillierter Fragen analysiert wurde wie in der Untersuchung von HÜRLIMANN[920] aus dem Jahr 1990.

Der hohe Ausländeranteil an den „Führern“ innerhalb der Insassensubkultur ist nach HÜRLIMANN[921] mit dem äußeren Erscheinungsbild der ausländischen Inhaftierten zu begründen. Viele ausländische Gefangene seien kräftiger gebaut und wirkten älter als die übrigen Insassen[922]. Der hohe Ausländeranteil an den „Führern“ der Gefangenensubkultur sei auch auf die Tatsache zurückzuführen, daß einige Ausländer in ihrem Heimatland geboren wurden und ihre Geburt wegen der schlechten Infrastruktur in ihrem Herkunftsland teilweise erst ein bis zwei Jahre später angemeldet wurde, so daß sie nicht nur physisch älter wirken, sondern tatsächlich älter sind als den Angaben in ihrem Ausweis zu entnehmen ist[923]. Nach Angaben eines Gruppenleiters der Jugendstafvollzugsanstalt Rockenberg soll diese unrichtige Altersangabe in den Ausweisen besonders häufig bei türkischen Staatsangehörigen vorkommen[924]. Darüber hinaus wird vermutet[925], daß der Zusammenhalt der nichtdeutschen Inhaftierten, die dieselbe Staatsangehörigkeit besitzen, aufgrund ihres Minderheitenstatus im Jugendstrafvollzug besonders groß sei. Dieser größere Zusammenhalt sowie das Füreinander-Einstehen begünstige nach HÜRLIMANN[926] die Entwicklung von Führerpersönlichkeiten innerhalb der Subkultur des Jugendstrafvollzuges.

---

916 HÜRLIMANN, MICHAEL a.a.O. (Fn. 884), S. 132.
917 Vgl. beispielsweise NÄHRICH, WOLF-DIETER a.a.O. (Fn. 673), S. 145, (146).
918 BIELEFELD, ULI / KREISSL, REINHARD / MÜNSTER, THOMAS a.a.O. (Fn. 608), S. 195; vgl. auch BÖHM, ALEXANDER a.a.O. (1984) (Fn. 23), S. 118, (129); NÄHRICH, WOLF-DIETER a.a.O. (Fn. 673), S. 145, (146); NICKOLAI, WERNER / WALTER, JOACHIM a.a.O. (Fn. 801), S. 70; WALTER, JOACHIM a.a.O. (1993) (Fn. 748), S. 248.
919 ORTNER, HELMUT a.a.O. (1988) (Fn. 899), S. 77.
920 HÜRLIMANN, MICHAEL a.a.O. (Fn. 884).
921 HÜRLIMANN, MICHAEL a.a.O. (Fn. 884), S. 132.
922 HÜRLIMANN, MICHAEL a.a.O. (Fn. 884), S. 132.
923 HÜRLIMANN, MICHAEL a.a.O. (Fn. 884), S. 133.
924 HÜRLIMANN, MICHAEL a.a.O. (Fn. 884), S. 133.
925 HÜRLIMANN, MICHAEL a.a.O. (Fn. 884), S. 133.
926 HÜRLIMANN, MICHAEL a.a.O. (Fn. 884), S. 133.

Zusammenfassend läßt sich festhalten, daß HÜRLIMANN[927] bei seiner Untersuchung herausgefunden hat, daß die Einflußhierarchie der Gefangenensubkultur mit den folgenden Merkmalen in einem positiven Zusammenhang steht:

- *Kriminalität : Länge der Freiheitsstrafe, Gewaltdelikte, Drogenkonsum.*
- *Haftverhalten: Hafterfahrung, Dauer des Stationsaufenthaltes, Aggressivität in der Station, körperliche Stärke, Handelsgeschäfte in der Subkultur, Aktivitäten im Strafvollzug, Mitgliedschaft in der Interessenvertretung der Gefangenen.*
- *Außenkontakte und soziodemographische Merkmale: weniger Brief- und Telefonkontakte nach „draußen", höheres Lebensalter und ausländische Staatsbürgerschaft.*

c) Verhältnis zu deutschen Mitgefangenen

Nachdem auf den Status der nichtdeutschen Inhaftierten in der subkulturellen Insassenhierarchie eingegangen wurde, soll das Augenmerk auf allgemeine Aspekte der Beziehungen von nichtdeutschen Insassen zu ihren Mitgefangenen gerichtet werden. Von besonderem Interesse sind hierbei Maß und Qualität der sozialen Interaktionen mit anderen Häftlingen sowie die Ursachen für ihre Verhaltensmuster.
Nichtdeutschen Gefangenen wird im Vollzug eine Außenseiterrolle zugeschrieben. NÄHRICH[928] betont, daß sich die Rolle des Außenseiters, die die Ausländer bereits außerhalb des Vollzuges innehaben, im Strafvollzug noch verstärke: nichtdeutsche Gefangene seien isoliert und fänden nur langsam oder gar nicht Kontakt zu anderen Gefangenen. Dabei lassen sich die geringen Kontakte zu deutschen Mitgefangenen möglicherweise auf die starke Gruppenbildung unter Nichtdeutschen zurückführen, die es diesen ermöglicht, sich vor Diskriminierung zu schützen und ein gewisses Machtpotential zu entwickeln[929]. Daß die Beziehung nichtdeutscher Inhaftierter zu ihren deutschen Mitgefangenen nicht ganz unproblematisch ist, bestätigt auch die von SCHAFFNER / KNEIP[930] durchgeführte Mannheimer Untersuchung aus dem Jahr 1982, die ergab, daß 64 % der Nichtdeutschen ihre deutschen Mitgefangenen als arrogant bezeichnen. Die deutschen Gefangenen hätten „Vorurteile"[931] und würden auf die Nichtdeutschen als „Menschen zweiter Klasse"[932] nicht selten „herabblicken"[933]. Daß diese Vorbehalte häufig gegenseitig sind, läßt sich daran erkennen, daß beispielsweise in der JVA Mannheim die deutschen Insassen den „Umschluß"[934] nahezu ausschließlich mit deutschen Gefangenen, nicht mit Ausländern verlangen[935].

---

927 HÜRLIMANN, MICHAEL a.a.O. (Fn. 884), S. 170.
928 NÄHRICH, WOLF-DIETER a.a.O. (Fn. 673), S. 145.
929 BIELEFELD, ULI / KREISSL, REINHARD / MÜNSTER, THOMAS a.a.O. (Fn. 608), 196 f.
930 SCHAFFNER, PAUL / KNEIP, WOLFGANG a.a.O. (Fn. 22), S. 259, (261).
931 SCHAFFNER, PAUL / KNEIP, WOLFGANG a.a.O. (Fn. 22), S. 259, (262).
932 SCHAM, HERMANN a.a.O. (Fn. 23), S. 60, (61).
933 SCHAFFNER, PAUL / KNEIP, WOLFGANG a.a.O. (Fn. 22), S. 259, (261).
934 Als „Umschluß" wird die Möglichkeit bezeichnet, einen anderen Gefangenen, zur Verbringung der gemeinsamen Freizeit, auf dessen (abgeschlossener) Zelle zu besuche, vgl. hierzu SCHWIND, HANS-DIETER a.a.O. (1999a) (Fn. 10), S. 323, (343).
935 SCHAFFNER, PAUL / KNEIP, WOLFGANG a.a.O. (Fn. 22), S. 259, (262).

KOEPSEL[936] geht davon aus, daß deutsche Mitgefangene „gegenüber ihren ausländischen Schicksalgenossen selten solidarisches Verhalten" zeigen. Das Verhältnis nichtdeutscher Gefangener zu den deutschen Insassen läßt sich somit zumindest als sehr distanziert beschreiben.

Fraglich ist, worin die Ursachen für die Distanz der türkischen Insassen zu den deutschen Inhaftierten begründet sein könnten. Nach CLEMMERS[937] Typologie des „ungrouped prisoners" lassen sich die Insassen, die ein distanziertes Verhältnis zu den anderen Gefangenengruppen besitzen, in drei große Gruppen einteilen:

- *Die erste Kategorie der Insassen ohne Gruppenbeziehungen verfüge über stabile und bedeutsame Kontakte zur Außenwelt. Diese Beziehungen zu der sogenannten extramuralen*[938] *Primärgruppe, die sich überwiegend aus Angehörigen und Freunden des Inhaftierten zusammensetzt, besitzen einen großen Einfluß auf deren Verhalten im Vollzug und bewirken, daß die Inhaftierten nicht den Wunsch verspüren, sich der Insassengemeinschaft anzuschließen*[939]. *Außerdem sei das distanzierte Verhältnis zu den Insassengemeinschaft für sie ein Mittel, um Unannehmlichkeiten und Ärger zu vermeiden*[940].

- *Eine weitere Untergruppe hat nach* CLEMMER[941] *keine Gruppenbindungen, weil sie ausgegrenzt werde. Sobald sich diese Inhaftierten der Ausgrenzung bewußt werden, nehmen sie selbst eine ablehnende Haltung gegenüber ihren Mitinsassen ein und ziehen sich ihrerseits zurück*[942].

- *Als dritte Untergruppe bezeichnet* CLEMMER[943] *den sozial kühlen „stranger", der mit allen Insassen in gleicher Weise verkehre, keine intensiven Kontakte – weder positiver noch negativer Art – pflege und den meisten Dingen gelassen oder gleichgültig gegenüberstehe.*

In bezug auf die türkischen Inhaftierten ist der zuletzt genannte Typus von untergeordnetem Interesse, da die türkischen Inhaftierten enge Beziehungen zu ihren Landsleuten in der Jugendstrafanstalt pflegen. Die beiden zuerst genannten Kategorien lassen sich jedoch bedingt auf das Verhältnis der türkischen Insassen zu ihren Mitgefangenen anwenden. Die türkischen Insassen haben vor ihrer Inhaftierung zumeist enge Kontakte zu ihren Familienangehörigen unterhalten[944], können diese jedoch nur unter erschwerten Bedingungen im Jugendvollzug in intensiver Form

---

936 KOEPSEL, KLAUS a.a.O. (1983) (Fn. 714), S. 200, (201).
937 CLEMMER, DONALD: The prison community. New York 1965, S. 130 ff.
938 Der Begriff „extramural" bedeutet außerhalb der Anstalt, in Freiheit; vgl. auch „extra muros", lateinisch „außerhalb der Mauern".
939 Clemmer, DONALD a.a.O. (Fn. 937), S. 130.
940 Clemmer, DONALD a.a.O. (Fn. 937), S. 130.
941 Clemmer, DONALD a.a.O. (Fn. 937), S. 131.
942 Clemmer, DONALD a.a.O. (Fn. 937), S. 131.
943 Clemmer, DONALD a.a.O. (Fn. 937), S. 132.
944 REBMANN, MATTHIAS a.a.O. (Fn. 29), S. 299; vgl. auch oben unter Teil A, Kapitel 4, III. 1., d).

pflegen[945]. Sie fühlen sich jedoch von den Insassen anderer Nationalität, insbesondere von den deutschen Insassen ausgegrenzt und ziehen sich ihrerseits von den anderen Inhaftiertengruppen zurück. Dies beruht zum einen auf einem Gefühl der „Andersartigkeit", das SCHRAMKE[946] bereits bei alten Menschen im Strafvollzug als eine Ursache für ihr distanziertes Verhältnis zu den Mithäftlingen festgestellt hat.

Es wird diskutiert, ob dieses Gefühl der Andersartigkeit bei den türkischen Inhaftierten durch fremdenfeindliche Einstellungen von Seiten der deutschen Gefangenen hervorgerufen wird[947]. In der 13. Shell-Jugendstudie „Jugend 2000"[948] wurde festgestellt, daß unter den deutschen Jugendlichen nur eine Minderheit stark ausländerfeindlich eingestellt ist[949]. Auffallend ist, daß gerade hoch-ausländerfeindliche Jugendliche erheblich weniger Kontakte zu Ausländern unterhalten, ihre ausländerfeindliche Einstellung also nicht auf persönlichen Erfahrungen mit Nichtdeutschen beruht[950]. Von den befragten deutschen Jugendlichen, die „sehr häufig" mit ausländischen Jugendlichen zu tun haben, schätzen 48,3 %[951] den Ausländeranteil in Deutschland als „zu hoch" ein. Im Vergleich dazu meinten 64,0 %[952] der deutschen Jugendlichen, die „weniger häufig" mit Ausländern Kontakt haben und sogar 78,0 %[953] der deutschen Jugendlichen, die „überhaupt nicht" mit ausländischen Jugendlichen zu tun haben, der Ausländeranteil sei „zu hoch". Ursächlich für die Fremdenfeindlichkeit scheint „die Furcht (zu sein), in der wachsenden Konkurrenz um Arbeitsplätze und Zukunftschancen (Anerkennung, Mädchen, öffentliche Aufmerksamkeit) zu unterliegen"[954].

Andere Autoren[955] gehen davon aus, daß die Tatsache, daß negative Einstellungen gegenüber Nichtdeutschen in der gesamten Gesellschaft verbreitet sind, den Schluß zulasse, daß sich diese auch im Vollzug bemerkbar machen. WALTER[956] ist der Ansicht, daß die Verhältnisse im Jugendstrafvollzug geradezu geeignet seien, rechtsextremistische Einstellungen zu fördern oder sogar erst zu produzieren.

---

945 Vgl. unter Teil B, Kapitel 6, I., 7. c).

946 SCHRAMKE, HEIN-JÜRGEN: Alte Menschen im Strafvollzug, Bonn 1996, S. 194.

947 SCHAM, HERMANN a.a.O. (Fn. 23), S. 94; SEIDLER, JOSEF a.a.O. (Fn. 741), S. 112, (114).

948 Vgl. auch unter Teil D, Kapitel 12, II.

949 FISCHER, ARTHUR / FRITZSCHE, YVONNE / FUCHS-HEINRITZ, WERNER / MÜNCHMEIER, RICHARD: Hauptergebnissse. In: Fischer, Arthur / Fritzsche, Yvonne / Fuchs-Heinritz, Werner et al. (Konzeption und Koordination, Deutsche Shell (Hrsg.): Jugend 2000. Bd. 1. 13. Shell Jugendstudie. Opladen 2000a, S. 11, (20).

950 FISCHER, ARTHUR / FRITZSCHE, YVONNE / FUCHS-HEINRITZ, WERNER / MÜNCHMEIER, RICHARD a.a.O. (2000a) (Fn. 949), S. 11, (20).

951 MÜNCHMEIER, RICHARD: Miteinander – Nebeneinander – Gegeneinander? Zum Verhältnis zwischen deutschen und ausländischen Jugendlichen. In: Fischer, Arthur / Fritzsche, Yvonne / Fuchs-Heinritz, Werner et al. (Konzeption und Koordination, Deutsche Shell (Hrsg.): Jugend 2000. Bd. 1. 13. Shell Jugendstudie. Opladen 2000a, S. 221, (243).

952 MÜNCHMEIER, RICHARD a.a.O. (Fn. 951), S. 221, (243).

953 MÜNCHMEIER, RICHARD a.a.O. (Fn. 951), S. 221, (243).

954 FISCHER, ARTHUR / FRITZSCHE, YVONNE / FUCHS-HEINRITZ, WERNER / MÜNCHMEIER, RICHARD a.a.O. (2000a) (Fn. 949), S. 11, (20).

955 CHAIDOU, ANTHOZOE a.a.O. (1984a) (Fn. 22), S. 350; SCHAM, HERMANN a.a.O. (Fn. 23), S. 60, (61).

956 WALTER, JOACHIM a.a.O. (1993) (Fn. 748), S. 245, (248).

Demzufolge dürften fremdenfeindliche Haltungen im Vollzug stärker auftreten als in der Gesamtgesellschaft[957]. Angesichts der zunehmenden Anzahl von Verurteilungen wegen fremdenfeindlicher Straftaten[958] ist die Existenz von Strafgefangenen mit rechtsextremen Einstellungen nicht zu leugnen. SCHÜTZE[959] beschreibt außerdem die Tendenz, daß rechtsradikale Gefangene sich nicht länger unauffällig verhalten, sondern zu Gruppen zusammenschließen. Diese Entwicklung hat zur Folge, daß die Anstalten mit einem erhöhten Gewaltpotential rechtsradikaler Insassen konfrontiert werden[960].

In Widerspruch zu diesen in der Literatur vorhandenen Ansichten stehen die Ergebnisse der Berliner Studie von BOSETZKY / BORSCHERT / HELM[961], in der festgestellt wurde, daß das Verhältnis der nichtdeutschen Insassen zu deutschen Mitgefangenen nicht schlechter sei als das zu anderen Nichtdeutschen. Die nichtdeutschen Inhaftierten nehmen nach dieser allerdings mehr als 20 Jahre zurückliegenden Studie keine Außenseiterrolle ein, denn lediglich ein geringer Anteil der ausländischen Probanden von 3,7 %[962] bezeichnete das Verhältnis zu deutschen Mitgefangenen als „schlecht" oder „sehr schlecht". Der Anteil unter den türkischen Probanden lag mit 1,4 %[963] sogar noch deutlich unter diesem Wert. Mit diesem Ergebnis stimmen auch die Äußerungen türkischer Gefangener der JVA Butzbach aus dem Jahr 1983 überein, in denen die Existenz feindseliger Grundeinstellungen von Seiten der deutschen Gefangenen ausdrücklich bestritten wird[964].
Auch NEU[965] weist darauf hin, daß nichtdeutsche Gefangene „von den anderen Verurteilten durchweg anerkannt werden"[966]. Ebenso hat BUKOWSKI[967] in ihrer Untersuchung aus dem Jahr 1995 festgestellt, daß sich das Verhältnis von türkischen Inhaftierten im Jugendstrafvollzug zu deutschen Gefangenen „nicht besonders schwierig" gestalte. Aus Furcht vor einer solidarischen Reaktion aller ausländischen Inhaftierten würden von deutschen Gefangenen keine ausländerfeindlichen Einstellungen geäußert, vielmehr ließen sich sogar Skinheads im Vollzug die Haare wachsen, um ihre rechtsextremistische Gesinnung zu verbergen[968].

---

957 WALTER, JOACHIM a.a.O. (1993) (Fn. 748), S. 245, (248).
958 BEAUFTRAGTE DER BUNDESREGIERUNG FÜR AUSLÄNDERFRAGEN (Hrsg.) a.a.O. (2000a) (Fn. 51), S. 24, 248: Im Jahr 1997 stiegen die fremdenfeindlichen Straftaten gegenüber dem Vorjahr 1996 um 32 % auf insgesamt 2.933 Taten an. Im Jahr 1998 sind sie wieder im Vergleich zu 1997 um 10 % gefallen auf insgesamt 2.644 fremdenfeindliche Straftaten, darunter 9 versuchte Tötungsdelikte, 384 Körperverletzungen, 23 Brandanschläge / Sprengstoffanschläge sowie 2228 weitere fremdenfeindliche Straftaten.
959 SCHÜTZE, HELMUT a.a.O. (1993a) (Fn. 747), S. 381, (384).
960 SCHÜTZE, HELMUT a.a.O. (1993a) (Fn. 747), S. 381, (384).
961 BOSETZKY, HORST / BORSCHERT, JÜRGEN / HELM, SIEGFRIED a.a.O. (Fn. 22), S. 198, (243).
962 BOSETZKY, HORST / BORSCHERT, JÜRGEN / HELM, SIEGFRIED a.a.O. (Fn. 22), S. 198, (243).
963 BOSETZKY, HORST / BORSCHERT, JÜRGEN / HELM, SIEGFRIED a.a.O. (Fn. 22), S. 198, (243).
964 SCHÄFER, KARL HEINRICH a.a.O. (1983) (Fn. 740), S. 25, (26).
965 NEU, GUIDO a.a.O. (Fn. 23), S. 329, (336).
966 NEU, GUIDO a.a.O. (Fn. 23), S. 329, (336).
967 BUKOWSKI, ANNETTE a.a.O. (1998) (Fn. 9), S. 61.
968 BUKOWSKI, ANNETTE a.a.O. (1998) (Fn. 9), S. 61.

Die eklatanten Widersprüche zwischen den einzelnen in der Literatur vertretenen Einschätzungen lassen sich an dieser Stelle nicht auflösen, sollen jedoch durch die Untersuchung erhellt werden. Unterschiedliche Grundstimmungen in den verschiedenen Anstalten wären eine mögliche Erklärung.

d) Verhältnis zu „Landsleuten" und anderen nichtdeutschen Gefangenen

In bezug auf das Verhältnis der nichtdeutschen Gefangenen zueinander und das Verhältnis der türkischen Insassen zu den eigenen Landsleuten, sind in der Literatur folgende Einschätzungen zu finden:

Nichtdeutschen im Vollzug wurde von NÄHRICH[969] aufgrund der bereits im Jahre 1975 durchgeführten Studie eine Außenseiterposition zugeschrieben. Diese Position wird auch von LUNZ[970] geteilt und in erster Linie auf Sprachdefizite und Verständigungsprobleme zurückgeführt. Gegen diese These sprechen aber die Untersuchungsergebnisse der Mannheimer[971] und Berliner Untersuchungen[972], die herausgefunden haben, daß Nichtdeutsche häufiger Freunde unter Mitinsassen finden und seltener ohne Kontakt bleiben als deutsche Insassen. Das Bild des ‚isolierten Ausländers', der sich im Vollzug mit niemandem verständigen kann, kann also nicht aufrechterhalten werden[973].

Auch wenn sich die Inhaftierten der Zweiten Ausländergeneration aufgrund überwiegend guter Deutschkenntnisse nicht mehr in einer isolierten Position innerhalb der Insassenpopulation befinden, so fällt auf, daß in der Literatur[974] an vielen Stellen von häufigen Auseinandersetzungen zwischen einzelnen Nationalitätengruppen wegen nationaler Konflikte, politischer Gegensätze oder anstaltsinterner Machtkämpfe berichtet wird.

Bei nichtdeutschen Inhaftierten gleicher Nationalität werden allgemein „gruppendynamische Prozesse mit hoher Gruppenkohäsion[975]"[976] sowie Absonde-

---

969 NÄHRICH, WOLF-DIETER a.a.O. (Fn. 673), S. 145.

970 LUNZ, REMO: Berichterstattung zu dem Arbeitskreis: Situation der betroffenen Familien – mögliche Hilfen. In: Buttjer, Bernhard (Hrsg.): Katholische Arbeitsgemeinschaft für Straffälligenhilfe. Ausländer im Vollzug – eingesperrt oder ausgeschlossen. Münster 1982, S. 73, (74).

971 SCHAFFNER, PAUL / KNEIP, WOLFGANG a.a.O. (Fn. 22), S. 262.

972 BOSETZKY, HORST / BORSCHERT, JÜRGEN / HELM, SIEGFRIED a.a.O. (Fn. 22), S. 198, (241).

973 BUKOWSKI, ANNETTE a.a.O. (1998) (Fn. 9), S. 29.

974 SCHÜTZE, HELMUT a.a.O. (1993b) (Fn. 747), S. 137, (141); SCHÜTZE, HELMUT a.a.O. (1993a) (Fn. 747), S. 381, (383); SEIDLER, JOSEF a.a.O. (Fn. 741), S. 112, (114); HOVENS, A. a.a.O. (Fn. 23), S. 28, (29); STERNKOPF, FRIEDRICH / BLUM, ROLF: Der Werkmeister / Technischer Dienst. In: Schwind, Hans-Dieter / Blau, Günter (Hrsg.), Strafvollzug in der Praxis. 2. Aufl., Berlin, New York 1988, S. 138, (140).

975 Mit der Formulierung einer „hohen Gruppenkohäsion" ist eine Gemeinschaft mit einem stark ausgeprägten inneren Zusammenhalt gemeint.

rungstendenzen gegenüber deutschen Gefangenen beobachtet[977]. Dabei zeichne sich das Verhalten gegenüber Gefangenen derselben Nationalität durch ein erhöhtes Maß an Solidarität aus, Konfliktpotential existiere zwar auch innerhalb der Nationalitätengruppen, Auseinandersetzungen würden allerdings intern ausgetragen und vor anderen Gefangenen verheimlicht, um das Machtpotential, das durch die Gruppe erreicht wurde, nicht zu gefährden[978]. So hat SCHÜTZE[979] im Jahr 1993 für den Bereich des Jugendstrafvollzuges festgestellt, daß es „auch erhebliche Auseinandersetzungen zwischen den einzelnen Ausländergruppen gibt, (beispielsweise) um die Herrschaft im Drogengeschäft, manchmal wegen Ehrensachen“[980]. Ferner ist BUKOWSKI[981] im Jahr 1995 aufgrund der Befragung von sechs türkischen Insassen in der JVA Adelsheim zu dem Ergebnis gelangt, daß „zwischen den Gefangenen unterschiedlicher Nationalitäten (...) häufig Auseinandersetzungen wegen nationaler Konflikte, politischer Gegensätze oder anstaltsinterner Machtkämpfe“ stattfinden[982]. Dies wird durch die Erfahrungen in der Jugendanstalt Hameln bestätigt, die ergeben haben, daß bei „den großen Streitigkeiten häufig auf der einen Seite die Türken und auf der anderen Seite die Kurden und Libanesen zu finden“ waren[983]. Auch wollen die Türken in der JVA Adelsheim nichts mit Arabern und Albanern zu tun haben; eine Abneigung die gegenseitig zu sein scheint[984]. In der JVA Herford wurde der letzte Platz in der Beliebtheitsskala der Gefangenenpopulation, den in der Vergangenheit die türkischen Inhaftierten eingenommen hatten, in den 90er Jahren von den Rußlanddeutschen belegt[985].

Auffällig erscheint, daß auch von den nichtdeutschen Gefangenen derselben Sprachgruppe eine Zusammenlegung im Strafvollzug von 56,2 %[986] nicht gewünscht wird. Möglicherweise befürchten sie dabei – neben Ausgrenzung und Ghettoisierung – auch Entwicklungen, wie sie in rein türkischen Gruppen des niedersächsischen Jugendvollzuges beobachtet wurden: Dort war ein von Gewalt und Unterdrückung gekennzeichnetes Klima entstanden[987]. SCHÜTZE[988] berichtet über seine Erfahrung mit rein türkischen Gruppen, „daß immer nur bestimmte Insassen die Wohngruppe reinigten, während andere lediglich Aufträge erteilten und deren Erfüllung

---

976 SCHAFFNER, PAUL / KNEIP, WOLFGANG a.a.O. (Fn. 22), S. 261.

977 KOEPSEL, KLAUS a.a.O. (1983) (Fn. 714), S. 200, (201); WEIZSÄCKER, BEATRICE VON: Hameln – Gefühle irgendwann. In: DVJJ (Hrsg.): Mehrfach Auffällige – Mehrfach Betroffene. Erlebnisweisen und Reaktionsformen. Bonn 1990, S. 407, (412).

978 BIELEFELD, ULI / KREISSL, REINHARD / MÜNSTER, THOMAS a.a.O. (Fn. 608), S. 197.

979 SCHÜTZE, HELMUT a.a.O. (1993a) (Fn. 747), S. 381, (383).

980 SCHÜTZE, HELMUT a.a.O. (1993a) (Fn. 747), S. 381, (383).

981 BUKOWSKI, ANNETTE a.a.O. (1996) (Fn. 730), S. 225.

982 BUKOWSKI, ANNETTE a.a.O. (1996) (Fn. 730), S. 225.

983 SCHÜTZE, HELMUT a.a.O. (1993a) (Fn. 747), S. 381, (383).

984 BUKOWSKI, ANNETTE a.a.O. (1996) (Fn. 730), S. 225, (228).

985 SCHWIND, HANS-DIETER a.a.O. (1999a) (Fn. 10), S. 323, (344).

986 BOSETZKY, HORST / BORSCHERT, JÜRGEN / HELM, SIEGFRIED a.a.O. (Fn. 22), S. 198, (244).

987 BOSETZKY, HORST / BORSCHERT, JÜRGEN / HELM, SIEGFRIED a.a.O. (Fn. 22), S. 198, (244); SCHAFFNER, PAUL / KNEIP, WOLFGANG a.a.O. (Fn. 22), S. 259, (262).

988 SCHÜTZE, HELMUT a.a.O. (1993a) (Fn. 747), S. 381, (383).

überwachten"[989]. Dies führte schließlich dazu, daß eine Auseinanderlegung der Gruppenmitglieder unumgänglich wurde[990].

Das Verhältnis der nichtdeutschen Insassen untereinander erscheint daher als ein durchaus ambivalentes. Einerseits ist ein starker Zusammenhalt und eine ausgeprägte Gruppensolidarität unter den Inhaftierter gleicher Nationalität zu beobachten, auf der anderen Seite sind Konflikte zwischen einzelnen Nationalitätengruppen und gruppeninterne Unterdrückungsmechanismen festzustellen.
Es kann also festgehalten werden, daß die türkischen Inhaftierten innerhalb der Subkultur der Jugendstrafvollzugsanstalten eine im Vergleich zu deutschen Inhaftierten gehobene Stellung einnehmen, daß es teilweise zu erheblichen Auseinandersetzungen zwischen einzelnen Ausländergruppen wegen nationaler Konflikte oder „Drogengeschäften" kommt und daß die rußlanddeutschen Insassen seit Beginn der 90er Jahre eine zunehmend höhere Stellung in der Insassensubkultur einnehmen.

11. Verhältnis zu Bediensteten

Das Verhältnis der Gefangenen zu den Bediensteten, d.h. insbesondere zu den Aufsichtsbeamten, Werkdienstbeamten und Fachdiensten, mit denen sie täglich in Kontakt treten, ist ein wesentliches Kriterium, durch das die Atmosphäre in einer Anstalt geprägt wird. Die Beziehung der nichtdeutschen Insassen zu den Bediensteten der Anstalt kann als partiell problematisch eingestuft werden[991]. Dies wurde in der Vergangenheit im wesentlichen auf zwei Ursachen zurückgeführt: zum einen auf Sprachbarrieren[992], die jedoch bei der Zweiten, hier in Deutschland aufgewachsenen Ausländergeneration nicht mehr von großer Bedeutung sind, zum anderen auf die auf beiden Seiten existierenden Vorbehalte[993]. So werden von den nichtdeutschen Inhaftierten fremdenfeindliche Einstellungen bei den Bediensteten, die sich gegenüber ausländischen Insassen im täglichen Umgang in einer schlechteren Behandlung im Vergleich zu deutschen Inhaftierten auswirken, häufig bejaht oder immerhin für möglich gehalten[994]. Auch werden nichtdeutsche Inhaftierte im Jugendstrafvollzug von „manchen Beamten (...) ständig an ihren Sonderstatus erinnert"[995]. Andererseits wurde festgestellt, daß die nichtdeutschen Inhaftierten mit besonders großer Sensibilität und Aufmerksamkeit auf eine ungerechte Behandlung durch die Bediensteten achten. SCHÜTZE[996] hat aufgrund seiner Untersuchung festgestellt, daß bei den nichtdeutschen Gefangenen Tendenzen gegeben seien, die darauf hindeuten, „daß sie mit peinlicher

---

989 SCHÜTZE, HELMUT a.a.O. (1993a) (Fn. 747), S. 381, (383).
990 SCHÜTZE, HELMUT a.a.O. (1993a) (Fn. 747), S. 381, (383).
991 BUKOWSKI, ANNETTE a.a.O. (1998) (Fn. 9), S. 29.
992 SCHWIND, HANS-DIETER a.a.O. (1999a) (Fn. 10), S. 323, (344).
993 STEINKE, JOACHIM a.a.O. (1995a) (Fn. 754), S. 170, (181).
994 WALTER, JOACHIM a.a.O. (1993) (Fn. 748), S. 248; SCHAM, HERMANN a.a.O. (Fn. 23), S. 60, (61); BUKOWSKI, ANNETTE a.a.O. (1998) (Fn. 9), S. 29; ORTNER, HELMUT a.a.O. (1988) (Fn. 899), S. 96; NICKOLAI, WERNER / WALTER, JOACHIM a.a.O. (Fn. 801), S. 70.
995 BUKOWSKI, ANNETTE a.a.O. (1996) (Fn. 730), S. 229.
996 SCHÜTZE, HELMUT a.a.O. (1993b) (Fn. 747), S. 137, (144).

Genauigkeit das Verhalten und die Entscheidungen der Bediensteten beobachten und schnell bereit sind, eine ausländerfeindliche Einstellung bei ihnen zu vermuten"[997]. Ferner haben SCHAFFNER / KNEIP[998] bei ihrer Studie im Jahr 1983 in der JVA Mannheim herausgefunden, daß „der Ausländer bei den Bediensteten seltener eine positive Behandlungsmotivation als der deutsche Mitgefangene vermutet"[999], denn 73 % der nichtdeutschen Befragten stimmten bei dieser Befragung der Einschätzung zu, die Bediensteten „würden am liebsten nichts mit uns zu tun haben"[1000]. Die von BIELEFELD / KREISSL / MÜNSTER[1001] befragten Jugendlichen schilderten keine konkreten Diskriminierungserlebnisse, fühlten sich jedoch von den Justizvollzugsbediensteten als „Ausländer" abgelehnt. Diese Ergebnisse werden auch durch die von BOSETZKY / BORSCHERT / HELM[1002] befragten Berliner Gefangenen gestützt, die das Verhalten der Bediensteten, insbesondere bei Regelverstößen arabischer und türkischer Gefangener, als äußerst aggressiv bezeichneten.
Korrespondierend zu diesem Ergebnis werden in derselben Untersuchung die nichtdeutschen Inhaftierten von 59 % der Berliner Bediensteten negativer beschrieben als ihre deutschen Mitgefangenen[1003].

In diesem Zusammenhang erscheint die Tatsache erklärungsbedürftig, daß in der Berliner Untersuchung[1004] die Bediensteten von den befragten nichtdeutschen Insassen positiver beurteilt wurden als von den deutschen Inhaftierten. Nach BOSETZKY / BORSCHERT / HELM[1005] ist dieses Ergebnis darauf zurückzuführen, daß die Diskriminierung in der Subkultur des Gefängnisses geringer ist als in der Gesellschaft allgemein. Das habe zur Folge, daß sich die Nichtdeutschen auch bei nachteiliger Behandlung im Strafvollzug noch immer besser behandelt fühlen als in ihrem gewohnten Alltag außerhalb der Anstalt[1006].
Auch SCHÄFER[1007] hat bereits 1983 festgestellt, daß den Bediensteten der JVA Butzbach von den türkischen Insassen bescheinigt wurde, daß sie keine ausländerfeindlichen Tendenzen erkennen lassen, sondern im Gegenteil „unter den Bediensteten (...) noch eine größere Toleranz Ausländern gegenüber festzustellen (sei), als bei der übrigen Bevölkerung"[1008].

---

997 SCHÜTZE, HELMUT a.a.O. (1993b) (Fn. 747), S. 137, (144).
998 SCHAFFNER, PAUL / KNEIP, WOLFGANG a.a.O. (Fn. 22), S. 259, (262).
999 SCHAFFNER, PAUL / KNEIP, WOLFGANG a.a.O. (Fn. 22), S. 259, (262).
1000 SCHAFFNER, PAUL / KNEIP, WOLFGANG a.a.O. (Fn. 22), S. 262.
1001 BIELEFELD, ULI / KREISSL, REINHARD / MÜNSTER, THOMAS a.a.O. (Fn. 608), S. 194.
1002 BOSETZKY, HORST / BORSCHERT, JÜRGEN / HELM, SIEGFRIED a.a.O. (Fn. 22), S. 198, (235 f).
1003 BOSETZKY, HORST / BORSCHERT, JÜRGEN / HELM, SIEGFRIED a.a.O. (Fn. 22), S. 198, (238); vgl. auch ORTNER, HELMUT a.a.O. (1988) (Fn. 899), S. 96, der die Aussage eines jugoslawischen Insassen wiedergibt, der ebenfalls Vorbehalte der Anstaltsbediensteten vor allem gegenüber türkischen Inhaftierten festgestellt hat.
1004 BOSETZKY, HORST / BORSCHERT, JÜRGEN / HELM, SIEGFRIED a.a.O. (Fn. 22), S. 198, (234).
1005 BOSETZKY, HORST / BORSCHERT, JÜRGEN / HELM, SIEGFRIED a.a.O. (Fn. 22), S. 198, (234).
1006 BOSETZKY, HORST / BORSCHERT, JÜRGEN / HELM, SIEGFRIED a.a.O. (Fn. 22), S. 198, (234).
1007 SCHÄFER, KARL HEINRICH a.a.O. (1983) (Fn. 740), S. 25, (26).
1008 SCHÄFER, KARL HEINRICH a.a.O. (1983) (Fn. 740), S. 25, (26).

Interessant ist zu überprüfen, ob diese positive Beurteilung der türkischen Inhaftierten noch heute aktuell ist.

Für eine positive Einstellung türkischer Insassen gegenüber den Justizvollzugsbeamten sprechen auch die Ergebnisse der von SCHWIND / FETCHENHAUER / AHLBORN[1009] et al. durchgeführten Untersuchung zu Kriminalitätsphänomenen im Langzeitvergleich[1010], die bei den im Jahr 1998 in Bochum befragten Deutschen und Nichtdeutschen kaum Unterschiede in ihrer Einstellung zur Polizei festgestellt haben[1011]. Auffällig ist, daß bei der Frage nach der persönlichen Bewertung der Polizei bei der Kriminalitätsbekämpfung die nichtdeutschen Befragten mit der Note 2,6 und die deutschen mit der Note 2,7 eine fast übereinstimmende Bewertung abgaben[1012]. In bezug auf die polizeiliche Aufgabenerfüllung im Straßenverkehr vergaben die ausländischen Befragten mit der durchschnittichen Note 2,5 gegenüber den Deutschen (3,0) sogar eine positivere Bewertung ab[1013]. Diese Resultate sind angesichts einiger Berichte über Ausländerfeindlichkeit in der Polizei[1014] bemerkenswert und könnten auf die inzwischen fortgeschrittene Integration ausländischer Bürger in der Bochumer Bevölkerung hinweisen[1015].

Möglich erscheint aber auch, daß das Verhalten und die Einstellung der Vollzugsbediensteten durch das teilweise überangepaßte Verhalten vieler Nichtdeutscher im Vollzug beeinflußt wird[1016]. Viele Mitarbeiter räumen ein, daß die meisten Ausländer, insbesondere die türkischen Insassen, keine großen Ansprüche stellen und wenig Arbeit verursachen[1017].
Andererseits werden Anstaltsbedienstete durch das aufgrund der Blockbildung bei einigen Nationalitätengruppen entstehende Machtpotential unter psychischen Druck gesetzt, der teilweise berechtigte Ängste bei ihnen hervorruft[1018]. Als sehr problematisch werden in diesem Zusammenhang die Inhaftierten aus den Staaten des früheren Ostblocks, insbesondere aus Rumänen und nach neueren Berichten auch die Rußlanddeutschen beschrieben, die eine sehr hohe Gewaltbereitschaft, verbunden mit

---

1009 SCHWIND, HANS-DIETER / FETCHENHAUER, DETLEF / AHLBORN, WILFRIED et al. a.a.O. (Fn. 588).

1010 Zu der Methodik dieser Untersuchung vgl. die Ausführungen oben unter Teil A, Kapitel 3, II. 9. b).

1011 SCHWIND, HANS-DIETER / FETCHENHAUER, DETLEF / AHLBORN, WILFRIED et al. a.a.O. (Fn. 588), S. 340.

1012 SCHWIND, HANS-DIETER / FETCHENHAUER, DETLEF / AHLBORN, WILFRIED et al. a.a.O. (Fn. 588), S. 340.

1013 SCHWIND, HANS-DIETER / FETCHENHAUER, DETLEF / AHLBORN, WILFRIED et al. a.a.O. (Fn. 588), S. 340.

1014 Vgl. auch oben unter Teil A, Kapitel 3, II. 9. b).

1015 SCHWIND, HANS-DIETER / FETCHENHAUER, DETLEF / AHLBORN, WILFRIED et al. a.a.O. (Fn. 588), S. 340.

1016 BIELEFELD, ULI / KREISSL, REINHARD / MÜNSTER, THOMAS a.a.O. (Fn. 608), S. 191; BOSETZKY, HORST / BORSCHERT, JÜRGEN / HELM, SIEGFRIED a.a.O. (Fn. 22), S. 198, (234).

1017 Vgl. SCHWIND, HANS-DIETER a.a.O. (1999a) (Fn. 10), S. 323, (344).

1018 FINKBEINER, LOTHAR / KARSTEN, RAINER / MEINERS, REINHARD a.a.O. (Fn. 307), S. 343, (346).

einer niedrigen Hemmschwelle und somit ein hohes Gefährdungspotential aufweisen[1019].

Schließlich wird in dem Abschlußbericht der Expertenkommission Hessischer Justizvollzug festgestellt, daß „bei den Bediensteten Unkenntnis und Orientierungslosigkeit (vorliegen), die wiederum Isolation und Gruppenbildung der Ausländer mit subkulturellem Charakter“[1020] hervorrufen.

Die von BUKOWSKI[1021] in der JVA Adelsheim befragten sechs türkischen Insassen weisen auf die deutlichen Unterschiede in dem Verhalten der einzelnen Vollzugsbeamten hin, das sowohl von dem Verhalten der einzelnen Gefangenen abhängig sei als auch von der Nationalität des Inhaftierten. Von manchen Bediensteten würden die nichtdeutschen Insassen ständig an ihren Sonderstatus erinnert oder sogar bewußt schikaniert, bei anderen Bediensteten lasse sich die benachteiligende Behandlung lediglich an Kleinigkeiten erkennen, die nur durch gezielte Beobachtung feststellbar seien[1022].

Es bleibt also festzuhalten, daß das Verhältnis der nichtdeutschen Gefangenen zu den Bediensteten durch Vorbehalte auf beiden Seiten geprägt ist und sich in Einzelfällen äußerst problematisch gestaltet.

12. Begehung von Regelverstößen

Die Einhaltung der Anstaltsvorschriften durch die Inhaftierten wird in der Literatur teilweise als das entscheidende Kriterium für ihre Anpassung an das Vollzugsleben gesehen[1023]. In der Untersuchung von NÄHRICH[1024] wurde die Begehung von Regelverstößen indirekt über verhängte Disziplinarmaßnahmen und Hausstrafen erfaßt. Dabei wurde festgestellt, daß die ausländischen Insassen seltener (37 %) mit Hausstrafen einschließlich Verwarnungen belegt wurden als die deutschen Mitgefangenen (51 %)[1025]. Die drei häufigsten Anlässe für die Erteilung einer Hausstrafe bestanden in Beschädigungen des Zelleninventars bzw. einzelner Einrichtungsgegenstände, dem Besitz von nicht zugelassenen Gegenständen und Aggressionen gegenüber Anstaltsbediensteten (Beleidigungen etc.)[1026].
Die Führung nichtdeutscher und insbesondere türkischer Gefangener wird allgemein als sehr positiv beschrieben. Sie gelten als arbeits- und lernwilliger, als weniger

---

1019 SCHWIND, HANS-DIETER a.a.O. (1999a) (Fn. 10), S. 323, (344 f).
1020 EXPERTENKOMMISSION HESSISCHER JUSTIZVOLLZUG: Abschlußbericht der Expertenkommission Hessischer Justizvollzug. In: StV, Jg. 14, Heft 4, 1994, S. 215, (222).
1021 BUKOWSKI, ANNETTE a.a.O. (1998) (Fn. 9), S. 63, 64.
1022 BUKOWSKI, ANNETTE a.a.O. (1998) (Fn. 9), S. 65.
1023 WOLF, SIDNEY / FREINEK, WILFRIED R. / SHAFFER, JOHN W.: Frequency and severity of rule infractions as a criteria of prison maladjustment. In: Journal of Clinical Psychology, 1966, S. 244.
1024 NÄHRICH, WOLF-DIETER a.a.O. (Fn. 673), S. 145, (149).
1025 NÄHRICH, WOLF-DIETER a.a.O. (Fn. 673), S. 145, (149).
1026 NÄHRICH, WOLF-DIETER a.a.O. (Fn. 673), S. 145, (150).

verwahrlost, weniger dissozial und weniger labil[1027] und werden dementsprechend seltener mit einer Disziplinarstrafe belegt[1028].

13. Drogenproblematik

Die Gruppe der türkischen Inhaftierten im Jugendstrafvollzug besteht zu einem hohen Prozentsatz[1029] aus Kurden, die in der Türkei von Drogenschiebern angeheuert und mit großen Mengen Betäubungsmitteln nach Deutschland geschickt und hier entdeckt, verurteilt und inhaftiert wurden[1030].

Entgegen den allgemeinen Erwartungen sind die nichtdeutschen Inhaftierten seltener drogenabhängig als ihre deutschen Mitgefangenen im Strafvollzug[1031]. Schon KOEPSEL[1032] stellte in seiner Untersuchung aus dem Jahr 1981 fest, daß zwar einerseits 75 % der einsitzenden Rauschgifthändler die türkische Staatsangehörigkeit besaßen, andererseits bei fast allen türkischen Inhaftierten, die wegen eines Betäubungsmitteldeliktes verurteilt worden sind, „eindeutig festgestellt werden (konnte), daß eine eigene Drogenabhängigkeit nicht vorlag“[1033].

Der Anteil drogenabhängiger ausländischer Insassen im Justizvollzug stieg in den vergangenen Jahren kontinuierlich an[1034]. SCHLEBUSCH[1035] geht von einem Anteil nichtdeutscher drogenabhängiger Inhaftierter in den Jugendstrafanstalten von etwa 50 %[1036] aus. Allerdings liege bei ausländischen Insassen wesentlich seltener als bei deutschen Jugendlichen ein polytoxikomanisches Abhängigkeitsbild vor, denn nur wenige der ausländischen Inhaftierten seien zugleich auch alkoholabhängig oder konsumierten Ecstasy und auch der Medikamentenkonsum werde höchstens als Ersatzdroge eingesetzt[1037].

1027 FOCKEN, ADALBERT / GLEY, CHRISTA a.a.O. (Fn. 22), S. 136; ALBRECHT, PETER-ALEXIS: Junge Ausländer vor den Kontrollinstanzen der Bundesrepublik. In: Schüler-Springorum, Horst (Hrsg.): Jugend und Kriminalität, Frankfurt a. M. 1983, S. 62, (68); BOSETZKY, HORST / BORSCHERT, JÜRGEN / HELM, SIEGFRIED a.a.O. (Fn. 22), S. 198, (237).

1028 BOSETZKY, HORST / BORSCHERT, JÜRGEN / HELM, SIEGFRIED a.a.O. (Fn. 22), S. 198, (255) u. (282); CHAIDOU, ANTHOZOE a.a.O. (1984a) (Fn. 22), S. 350.

1029 FAUPEL, o. V. a.a.O. (Fn. 753), S. 1 geht von einem Anteil der Kurden von 80 % aus.

1030 SCHÜTZE, HELMUT a.a.O. (1993b) (Fn. 747), S. 137, (138 f).

1031 KOEPSEL, KLAUS a.a.O. (1983) (Fn. 714), S. 200, (202); SCHWIND, HANS-DIETER a.a.O. (1999a) (Fn. 10), S. 323, (338).

1032 KOEPSEL, KLAUS a.a.O. (1983) (Fn. 714), S. 200, (202).

1033 KOEPSEL, KLAUS a.a.O. (1983) (Fn. 714), S. 200, (202).

1034 SCHLEBUSCH, STEPHAN: Drogenabhängige Ausländer im Jugendstrafvollzug – Psychosoziale Hintergründe, Therapiechancen und Folgerungen für die Suchtberatung –. In: ZfStrVo, Jg. 48, Heft 1, 1999, S. 15.

1035 SCHLEBUSCH, STEPHAN a.a.O. (1999) (Fn. 1034), S. 15.

1036 Es wird keine Unterscheidung zwischen harten und weichen Drogen getroffen, SCHLEBUSCH, STEPHAN a.a.O. (1999) (Fn. 1034), S. 15.

1037 SCHLEBUSCH, STEPHAN a.a.O. (1999) (Fn. 1034), S. 15, (17).

Die nichtdeutschen Inhaftierten im Jugendstrafvollzug konsumieren nach SCHLEBUSCH[1038] in erster Linie Haschisch und Heroin, das sie rauchen oder „snifen" (seltener „drücken"). Häufig komme zu den innerfamiliären Kommunikationsschwierigkeiten in bezug auf die Drogenabhängigkeit – die Eltern erfahren zumeist erst nach der Inhaftierung von dem Drogenkonsum ihres Kindes – noch eine religiös bedingte Tabuisierung des Suchtverhaltens hinzu[1039]. Für die Angehörigen des islamischen Glaubens besteht ein „religiös begründetes Suchtmittelverbot. Für Muslime darf Abhängigkeit nur gegenüber Allah bestehen, Sucht wird als Sünde angesehen"[1040]. Wie problematisch es ist, von ausländischen Inhaftierten Angaben über den Drogenkonsum und Drogenimporte im Vollzug zu erhalten, hat die Untersuchung von BOSETZKY / BORSCHERT / HELM[1041] deutlich gezeigt, bei der auf die vergleichsweise unpersönliche Frage „Hat die Drogenwelle die Haftanstalten wirklich schon in dem Maße erfaßt, wie die Medien meinen?" insgesamt 41,9 %[1042] der befragten Ausländer, vermutlich aus Angst oder Vorsicht, mit den Kategorien „kein Urteil" und „weiß nicht, keine Angabe" geantwortet haben. Allerdings haben von den 58 %, die Angaben machten, rund zwei Drittel (37,5 % aller Befragten) die Frage bejaht.

14. Gewährung von Vollzugslockerungen und Urlaub

Die Befragung durch BUKOWSKI[1043] hat ergeben, daß nichtdeutschen Gefangenen deutlich seltener als deutschen Inhaftierten vollzugliche Lockerungen und Urlaub gewährt werden, obwohl Vollzugslockerungen ein wichtiger Bestandteil der Sozialtherapie sind und der Erprobung und Festigung der in der Anstalt angeregten Veränderungen des Verhaltens, der Einstellungen und Gewohnheiten dienen sollen[1044]. Diese Praxis ist unter anderem auf die gesetzlichen Regelungen zurückzuführen. Aus Nr. 6 Abs. 8 VVJug (entspricht VV Nr. 6 Abs. 1 c) zu § 11 StVollzG) ergibt sich ein grundsätzlicher Ausschluß von Außenbeschäftigung, Freigang und Ausgang bei Gefangenen, gegen die eine vollziehbare Ausweisungsverfügung für den Geltungsbereich des Strafvollzugsgesetzes besteht bei zeitgleich angeordneter Abschiebung.

Bei Gefangenen, gegen die eine vollziehbare Ausweisungsverfügung erlassen wurde und zugleich eine Abschiebung droht, bestehe ein konkreter Anlaß für die Befürchtung, für den ausländischen Inhaftierten stelle die Gewährung von Urlaub und Vollzugslockerungen einen Anreiz dar, sich der weiteren Strafverbüßung durch Flucht zu entziehen[1045]. Eine Fluchtgefahr sei zu verneinen, wenn gewichtige konkrete

---

1038 SCHLEBUSCH, STEPHAN a.a.O. (1999) (Fn. 1034), S. 15, (17).

1039 SCHLEBUSCH, STEPHAN a.a.O. (1999) (Fn. 1034), S. 15, (17).

1040 ÖZELSEL, MICHAELA M.: Sucht und Migration – Eine ethno-psychologische Perspektive. In: Rometsch, Wolfgang (Hrsg.): Sucht kennt keine Ausländer, 3. Aufl., Münster 1995, S. 15, (19).

1041 BOSETZKY, HORST / BORSCHERT, JÜRGEN / HELM, SIEGFRIED a.a.O. (Fn. 22), S. 198, (262 f).

1042 BOSETZKY, HORST / BORSCHERT, JÜRGEN / HELM, SIEGFRIED a.a.O. (Fn. 22), S. 198, (262 f).

1043 BUKOWSKI, ANNETTE a.a.O. (1996) (Fn. 730), S. 225.

1044 JUSTIZMINISTERIUM DES LANDES NRW (Hrsg.) a.a.O. (2000a) (Fn. 11), S. 66.

1045 Schwind / Böhm - KÜHLING, PAUL / ULLENBRUCH, THOMAS a.a.O. (Fn. 767), § 13 Rn. 17.

Anhaltspunkte, beispielsweise starke familiäre Bindungen des Inhaftierten in der Bundesrepublik gegen sie sprechen[1046]. Die Begründung einer Ausnahme gem. der mit Wirkung vom 01.01.1994 geänderten Nr. 8 Abs. 11 VVJug (entspricht VV Nr. 3 Abs. 2 S. 2 zu § 13 StVollzG), setzt neben der Anhörung (zuvor Einvernehmen) der zuständigen Ausländerbehörde das Vorliegen besonderer Umstände voraus. Nach einer Ansicht[1047] reichen allgemeine Gesichtspunkte wie ein gutes Vollzugsverhalten, ein positives Persönlichkeitsbild und die Beteuerung des Inhaftierten, er wolle nicht fliehen, für die Begründung eines Ausnahmefalles nicht aus. Nach einer anderen Ansicht[1048] können die Gewährung Urlaub oder Vollzugslockerungen nur versagt werden, wenn konkrete Anhaltspunkte für eine Mißbrauchsbefürchtung vorlägen. Ausgehend von dem Gesetzeswortlaut, der zunächst von einer Versagung von Urlaub und Lockerungen in den Fällen einer vollziehbaren Ausweisungsverfügung ausgeht, erscheint die erste Ansicht vorzugswürdig. Allerdings sollte bei der sorgfältigen Abwägung der wesentlichen Entscheidungskriterien neben der Stellungnahme der Ausländerbehörde selbstverständlich auch die Umstände, die zugunsten des Gefangenen sprechen könnten in ausreichendem Maße berücksichtigt werden, insbesondere starke familiäre Bindungen in Deutschland[1049]. Bei der Entscheidung, ob die Voraussetzungen für einen Ausnahmetatbestand vorliegen, ist insbesondere zu berücksichtigen, das eine rechtskräftige und unbefristete Ausweisungsverfügung nicht generell den Schluß auf das Bestehen einer Fluchtgefahr zuläßt[1050].

Aus Nr. 6 Abs. 11 d) (entspricht VV Nr. 7 Abs. 2 d) zu § 11 StVollzG) folgt, daß für eine Lockerung in der Regel Gefangene ungeeignet sind, gegen die ein Ausweisungs-, Auslieferungs-, Ermittlungs- oder Strafverfahren anhängig ist. Allerdings ist in den Fällen, in denen gegen einen Inhaftierten ausländerrechtliche, den Aufenthalt in Deutschland beendende Maßnahmen drohen, der Gefangene von der Gewährung von Vollzugslockerungen nicht grundsätzlich ausgeschlossen[1051]. Bei einer beabsichtigten Ausweisung, wenn beispielsweise ein Ausweisungsverfahren anhängig ist oder vom Ordnungsamt eine Ausweisungsverfügung für die nahe Zukunft angekündigt wurde, ist eine besondere Prüfung der Ablehnungsgründe, insbesondere der Mißbrauchsgefahr geboten[1052]. Die Möglichkeit, angesichts eines anhängigen Ausweisungsverfahrens dennoch Vollzugslockerungen zu erhalten, ist somit grundsätzlich gegeben. Gem. Nr. 6 Abs. 12 VVJug (entspricht VV 7 Abs. 3 zu § 11 StVollzG) setzt die Gewährung

---

[1046] OLG Celle, ZfStrVo, Jg. 32, 1983, S. 300; OLG Frankfurt, ZfStrVo, Jg. 32, 1983, S. 249; OLG Hamburg, NStZ 1985, Jg. 5, 1985, S. 382; Schwind / Böhm - KÜHLING, PAUL / ULLENBRUCH, THOMAS a.a.O. (Fn. 767), § 13 Rn. 17.

[1047] Schwind / Böhm - KÜHLING, PAUL / ULLENBRUCH, THOMAS a.a.O. (Fn. 767), § 13 Rn. 17 m.w.N.

[1048] LG Hannover, NStZ, Jg. 5, 1985, S. 367.

[1049] Vgl. auch OLG Celle, ZfStrVo, Jg. 32, 1983, S. 301.

[1050] OLG Frankfurt, ZfStrVo, Jg. 32, 1983, S. 249; Schwind / Böhm - KÜHLING, PAUL / ULLENBRUCH, THOMAS a.a.O. (Fn. 767), § 13 Rn. 17.

[1051] CALLIESS / MÜLLER-DIETZ a.a.O. (Fn. 656), § 11 Rn. 19; Schwind / Böhm - KÜHLING, PAUL / ULLENBRUCH, THOMAS a.a.O. (Fn. 767), § 13 Rn. 28 i.V.m. § 11 Rn. 22.

[1052] Schwind / Böhm - KÜHLING, PAUL / ULLENBRUCH, THOMAS a.a.O. (Fn. 767), § 13 Rn. 28 i.V.m. § 11 Rn. 22.

von Vollzugslockerungen in Ausnahmefällen das Vorliegen bestimmter Umstände voraus, die Gründe sind aktenkundig zu machen und es bedarf der Anhörung der zuständigen Ausländerbehörde[1053].

Die These, daß nichtdeutsche Inhaftierte seltener vollzugliche Lockerungen erhalten als deutsche Inhaftierte, wird lediglich von DÜNKEL[1054] in Frage gestellt. Nach seiner empirischen Untersuchung im hessischen Jugendstrafvollzug lassen sich bei der Gewährung von Lockerungen und Urlaub keine gravierenden Unterschiede zwischen Nichtdeutschen und Deutschen feststellen[1055]. DÜNKEL[1056] erklärt dieses Ergebnis mit der liberalen Ausweisungspraxis der hessischen Ausländerbehörde.

Diesen Ergebnissen, die sich evtl. mit einer extrem liberalen Ausweisungspraxis der hessischen Ausländerbehörden erklären lassen, stehen jedoch zahlreiche konträre Untersuchungsergebnisse gegenüber: So gaben 95 % der nichtdeutschen Gefangenen der JVA Mannheim an, keine Lockerungen zu erhalten, während dies nur bei 40 % der Deutschen der Fall war[1057]. Auch die Berliner Untersuchung bestätigt dieses Ergebnis. Dort hatten lediglich 5,7 %[1058] der nichtdeutschen Inhaftierten Vollzugslockerungen erhalten. Auffallend häufig wird kritisiert, daß Lockerungen in vielen Fällen durchaus möglich und begründbar seien, die Anstaltsleiter von dieser Möglichkeit aber keinen Gebrauch machen[1059]. Fehlende Vollzugslockerungen und fehlender Urlaub werden von den Gefangenen, auch wenn diese Entscheidung sorgfältig abgewogen wurde, als sehr belastend und häufig ungerecht empfunden[1060]. Es besteht die Gefahr, daß der Erziehungsauftrag des Jugendstrafvollzuges zur Farce wird, wenn resozialisierende und erzieherische Maßnahmen wie Vollzugslockerungen, die Gewährung von Urlaub oder die Überweisung in offene Vollzugsformen dauerhaft ausgeschlossen sind[1061].

1053 Entsprechende Regelungen bestehen für die Gewährung von Urlaub aus der Haft in Nr. 8 Abs. 7c) und Abs. 10e) (entspricht VV Nr. 3 Abs. 1 c) zu § 13 StVollzG); vgl. auch oben unter Teil B, Kapitel 4, II., 1.

1054 DÜNKEL, FRIEDER a.a.O. (1990) (Fn. 19), S. 203.

1055 DÜNKEL, FRIEDER a.a.O. (1990) (Fn. 19), S. 203.

1056 DÜNKEL, FRIEDER a.a.O. (1990) (Fn. 19), S. 206.

1057 SCHAFFNER, PAUL / KNEIP, WOLFGANG a.a.O. (Fn. 22), S. 259, (264).

1058 BOSETZKY, HORST / BORSCHERT, JÜRGEN / HELM, SIEGFRIED a.a.O. (Fn. 22), S. 198, (256); vgl. dazu auch ALBRECHT, PETER-ALEXIS / PFEIFFER, CHRISTIAN a.a.O. (Fn. 115), S. 100; BÖHM, ALEXANDER a.a.O. (1986) (Fn. 23), S. 140, 162; KOEPSEL, KLAUS a.a.O. (1983) (Fn. 714), S. 200, (201); NEU, GUIDO a.a.O. (Fn. 23), S. 329, (334); NICKOLAI, WERNER / WALTER, JOACHIM a.a.O. (Fn. 801), S. 70; OHLE, KARLHEINZ a.a.O. (1990) (Fn. 750), S. 396, (399); SCHÄFER, KARL HEINRICH a.a.O. (1984) (Fn. 740), S. 98, (102); WALTER, JOACHIM a.a.O. (1993) (Fn. 748), S. 247.

1059 CHAIDOU, ANTHOZOE a.a.O. (1984a) (Fn. 22), S. 186, 350; BIELEFELD, ULI / KREISSL, REINHARD / MÜNSTER, THOMAS a.a.O. (Fn. 608), S. 190; SCHAM, HERMANN a.a.O. (Fn. 23), S. 60, (64); WALTER, MICHAEL: Strafvollzug. Lehrbuch. 2. Aufl., Stuttgart, München, Hannover, Berlin, Weimar, Dresden 1999, S. 303.

1060 GÜR, METIN a.a.O. (Fn. 745), S. 43; SCHÄFER, KARL HEINRICH a.a.O. (1983) (Fn. 740), S. 25, (27).

1061 KOEPSEL, KLAUS a.a.O. (1983) (Fn. 714), S. 200, (201); CHAIDOU, ANTHOZOE a.a.O. (1984a) (Fn. 22), S. 348.

Ob auch in Nordrhein-Westfalen im Jugendstrafvollzug bei türkischen Insassen und deutschen Insassen keine Unterschiede bestehen, wird nicht vollumfänglich überprüft werden können[1062]. Allerdings bestand in der JVA Heinsberg die Möglichkeit, Vergleichsdaten deutscher Insassen zu einzelnen Fragestellungen, beispielsweise zu den Vollzugslockerungen zu erhalten, so daß insoweit interessant sein wird, die in den bisherigen Forschungsberichten enthaltenen Ergebnisse mit der heutigen Situation im Jugendstrafvollzug in Nordrhein-Westfalen zu vergleichen.

15. Ausweisungsverfahren

Wenn nichtdeutsche Inhaftierte Angaben zu den subjektiv empfundenen Benachteiligungen machen sollen, kommt der drohenden Ausweisung eine wesentliche Bedeutung zu. Zu den rechtlichen Voraussetzungen, unter denen ein ausländischer Inhaftierter mit einer Ausweisung rechnen muß, wird auf die Ausführungen in Teil B, Kapitel 4, II. 1. verwiesen. Die drohende Ausweisung und Abschiebung stellt eines der Hauptprobleme nichtdeutscher Insassen dar, wie auch aus der Äußerung eines jungen türkischen Gefangenen hervorgeht: „Die ungleiche Behandlung ist hier im Gefängnis noch stärker als draußen. Unser größtes Problem ist, daß wir ausgewiesen werden, wenn wir die Strafe abgesessen haben“[1063]. Bei der Berliner Befragung von BOSETZKY / BORSCHERT / HELM[1064] gaben 42 % der nichtdeutschen Inhaftierten, über deren Ausweisungsverfahren noch nicht entschieden war, an, Angst vor einer Ausweisung zu haben; bei den befragten erwachsenen Türken waren es sogar 46 %[1065], bei den nichtdeutschen Jugendlichen 53,4 %[1066]. Die Ausweisung stellt eine als sehr stark empfundene Bedrohung dar, den Ausschluß aus dem gewohnten Lebensbereich. Dennoch setzen sich die Betroffenen nach BIELEFELD / KREISSL / MÜNSTER[1067] erst gegen Ende der Haft mit dieser Problematik auseinander. Eine Ausweisung wird von den Betroffenen als doppelte Bestrafung angesehen. Diese Tatsache fällt um so mehr ins Gewicht, als oft bereits die Jugendstrafe als ungerecht erfahren wurde. So gaben bei der Untersuchung von BOSETZKY / BORSCHERT / HELM[1068] rund 75 % der Nichtdeutschen an, daß sie der Ansicht seien, aufgrund ihres Ausländerstatus höher bestraft worden zu sein.

1062 Nur die deutschen Inhaftierten in der Jugendstrafanstalt Heinsberg konnten im Wege einer Aktenanalyse in die Untersuchung einbezogen werden. Da die Befragung deutscher Insassen nicht genehmigt wurde, können lediglich Vergleiche zwischen deutschen und türkischen Insassen bei den Fragen gezogen werden, zu denen Angaben in den Personalakten enthalten sind. Es war also nicht möglich, beispielsweise das Verhältnis der deutschen Insassen zu Mitgefangenen und Bediensteten zu erfragen, vgl. auch oben unter Einleitung IV. 2. a) und unter Teil C, Kapitel 7, II. 4. b).

1063 GÜR, METIN a.a.O. (Fn. 745), S. 145 f.

1064 BOSETZKY, HORST / BORSCHERT, JÜRGEN / HELM, SIEGFRIED a.a.O. (Fn. 22), S. 198, (280).

1065 BOSETZKY, HORST / BORSCHERT, JÜRGEN / HELM, SIEGFRIED a.a.O. (Fn. 22), S. 198, (280).

1066 BOSETZKY, HORST / BORSCHERT, JÜRGEN / HELM, SIEGFRIED a.a.O. (Fn. 22), S. 198, (280).

1067 BIELEFELD, ULI / KREISSL, REINHARD / MÜNSTER, THOMAS a.a.O. (Fn. 608), S. 207.

1068 BOSETZKY, HORST / BORSCHERT, JÜRGEN / HELM, SIEGFRIED a.a.O. (Fn. 22), S. 198, (222); vgl. dazu auch SCHÄFER, KARL HEINRICH a.a.O. (1984) (Fn. 740), S. 98, (101).

WIRTH[1069] hat bei der Stichtagserhebung aus dem Jahr 1997, die sich auf den Jugendstrafvollzug in Nordrhein-Westfalen bezieht, festgestellt, daß etwa ein Drittel (33,6 %) der ausländischen Insassen von einer Ausweisung oder Abschiebung bedroht war. Im Einzelnen setzt sich dieses Drittel wie folgt zusammen: „Bei 15,2 % war eine Ausweisung bisher lediglich beabsichtigt oder angedroht. Bei 11,8 % war die Ausweisung bereits definitiv verfügt und bei weiteren 6,6 % eine Abschiebung angeordnet“[1070]. Andererseits konnte bei jedem zehnten nichtdeutschen Inhaftierten im Jugendstrafvollzug sicher davon ausgegangen werden, daß er nach der Entlassung nicht ausgewiesen oder abgeschoben wird[1071]. Diese Zahlen können jedoch nicht verläßlich darüber Auskunft geben, wie viele ausländische Inhaftierte nach Verbüßung der Haft tatsächlich ausgewiesen werden, denn in etwa 57 % der untersuchten Fälle konnten den Gefangenenpersonalakten keine Angaben über den Stand des Ausweisungsverfahrens entnommen werden[1072]. Zum Zeitpunkt der Stichtagserhebung war das ausländerrechtliche Verfahren entweder noch nicht abgeschlossen oder es lag noch keine Entscheidung über eine mögliche Ausweisung vor[1073].

Die Tatsache, daß bei jungen Nichtdeutschen, die zu einer Jugendstrafe verurteilt wurden, regelmäßig die Frage einer Ausweisung im Raum steht, hat schwerwiegende Probleme zur Folge. Vollzugslockerungen und Urlaub werden nur in Ausnahmefällen gewährt[1074] und die Ausbildungs- und Freizeitangebote können nur in sehr eingeschränktem Maße in Anspruch genommen werden. Solange über die Ausweisung noch keine Entscheidung getroffen wurde, und dies kann bis zum Entlassungszeitpunkt der Fall sein, ist die Zukunft völlig ungewiß. Bei vielen ausländischen Inhaftierten im Jugendstrafvollzug, die seit vielen Jahren oder bereits seit ihrer Geburt ihren Lebensmittelpunkt in Deutschland haben, treten Zukunftsängste auf[1075] und ihre Entlassungsvorbereitung wird häufig vereitelt, wenn die Entscheidung im Ausweisungsverfahren erst kurz vor der Haftentlassung ergeht[1076].

16. Einschätzung der Haftsituation

Aufgrund der ausgewerteten Literatur läßt sich die Frage nach der subjektiven Einschätzung der nichtdeutschen Insassen hinsichtlich einer Andersbehandlung im Vergleich zu deutschen Gefangenen nicht eindeutig beantworten. Die Mehrzahl der Untersuchungen hat zu dem Ergebnis geführt, daß sich die nichtdeutschen Inhaftierten

---

1069 WIRTH, WOLFGANG a.a.O. (1998a) (Fn. 14), S. 278, (280).
1070 WIRTH, WOLFGANG a.a.O. (1998a) (Fn. 14), S. 278, (280).
1071 WIRTH, WOLFGANG a.a.O. (1998a) (Fn. 14), S. 278, (280).
1072 WIRTH, WOLFGANG a.a.O. (1998a) (Fn. 14), S. 278, (280).
1073 WIRTH, WOLFGANG a.a.O. (1998a) (Fn. 14), S. 278, (280).
1074 Vgl. oben unter Teil B, Kapitel 4, II., 1. und Teil B, Kapitel 6, I., 14.
1075 WALTER, JOACHIM a.a.O. (1993) (Fn. 748), S. 248; HOVENS, A. a.a.O. (Fn. 23), S. 28, (31); SCHÜTZE, HELMUT a.a.O. (1993a) (Fn. 747), S. 381; BUKOWSKI, ANNETTE a.a.O. (1998) (Fn. 9), S. 35.
1076 KAISER, GÜNTHER / KERNER, HANS-JÜRGEN / SCHÖCH, HEINZ a.a.O. (Fn. 832), § 9 Rn. 27.

im Vergleich zu den deutschen Mitgefangenen benachteiligt fühlen[1077]. GLEY[1078] ist der Ansicht, daß sich die türkischen Jugendlichen im Strafvollzug diskriminiert fühlen und sich die aufgrund des Ausländerstatus erlebte allgemeine soziale Benachteiligung in der subjektiven Wahrnehmung der Betroffenen fortsetze. So gaben beispielsweise bei der Mannheimer Befragung[1079] 76 %[1080] der ausländischen Inhaftierten an, daß sie schlechter behandelt werden als die deutschen Gefangenen. Auch das Ergebnis der Berliner Untersuchung[1081], bei der lediglich 35 %[1082] der Nichtdeutschen sich von den Bediensteten schlechter behandelt fühlten als die Deutschen – unter den türkischen Insassen fühlten sich jedoch 54 %[1083] schlechter behandelt – steht der Vermutung einer subjektiv erlebten Benachteiligung des überwiegenden Teils der nichtdeutschen Gefangenen nicht zwingend entgegen.

In Anbetracht der Belastungsfaktoren überrascht die von SCHAFFNER / KNEIP[1084] getroffene Feststellung, daß es „eine Reihe von Hinweisen darauf (gebe), daß der Ausländer die Haft trotz im allgemeinen objektiv schwereren Bedingungen leichter verkraftet“[1085]. In der Literatur wird auf einige Aspekte, die sich positiv auf die Befindlichkeit der Nichtdeutschen auswirken könnten, hingewiesen. Die Berliner Untersuchung[1086] betont die größere Solidarität und den stärkeren Gruppenzusammenhalt unter nichtdeutschen Gefangenen, die es ihnen ermöglichen, die Haftsituation leichter zu ertragen[1087]. Ähnlich dürfte sich die Tatsache auswirken, daß Nichtdeutsche während ihrer Inhaftierung verstärkten Rückhalt durch ihre Familien erhalten[1088]. Diesem positiven Aspekt stehen aber auch negative Einflußfaktoren gegenüber. Zum einen bedeutet die engere Familienbindung auch, daß die Trennung von der Familie schmerzhafter erlebt wird, wie durch die Mannheimer Befragung[1089] bestätigt werden konnte.

Die Zukunftsperspektiven werden von nichtdeutscher Inhaftierten überwiegend positiver beschrieben als von ihren deutschen Mitgefangenen. Auch in Anbetracht

---

1077 BUKOWSKI, ANNETTE a.a.O. (1998) (Fn. 9), S. 79; SCHAM, HERMANN a.a.O. (Fn. 23), S. 60, (64).

1078 FOCKEN, ADALBERT / GLEY, CHRISTA a.a.O. (Fn. 22), S. 115.

1079 SCHAFFNER, PAUL / KNEIP, WOLFGANG a.a.O. (Fn. 22), S. 259, (262).

1080 SCHAFFNER, PAUL / KNEIP, WOLFGANG a.a.O. (Fn. 22), S. 259, (262).

1081 BOSETZKY, HORST / BORSCHERT, JÜRGEN / HELM, SIEGFRIED a.a.O. (Fn. 22), S. 198, (236).

1082 BOSETZKY, HORST / BORSCHERT, JÜRGEN / HELM, SIEGFRIED a.a.O. (Fn. 22), S. 198, (236).

1083 BOSETZKY, HORST / BORSCHERT, JÜRGEN / HELM, SIEGFRIED a.a.O. (Fn. 22), S. 198, (236).

1084 SCHAFFNER, PAUL / KNEIP, WOLFGANG a.a.O. (Fn. 22), S. 264.

1085 SCHAFFNER, PAUL / KNEIP, WOLFGANG a.a.O. (Fn. 22), S. 264.

1086 BOSETZKY, HORST / BORSCHERT, JÜRGEN / HELM, SIEGFRIED a.a.O. (Fn. 22), S. 198, (282).

1087 BIELEFELD, ULI / KREISSL, REINHARD / MÜNSTER, THOMAS a.a.O. (Fn. 608), S. 197; BOSETZKY, HORST / BORSCHERT, JÜRGEN / HELM, SIEGFRIED a.a.O. (Fn. 22), S. 198, (282); WEIZSÄCKER, BEATRICE VON a.a.O. (Fn. 977), S. 407, (412).

1088 ALBRECHT, PETER-ALEXIS / PFEIFFER, CHRISTIAN a.a.O. (Fn. 115), S. 92; BOSETZKY, HORST / BORSCHERT, JÜRGEN / HELM, SIEGFRIED a.a.O. (Fn. 22), S. 198, (282); FOCKEN, ADALBERT / GLEY, CHRISTA a.a.O. (Fn. 22), S. 116.

1089 SCHAFFNER, PAUL / KNEIP, WOLFGANG a.a.O. (Fn. 22), S. 259, (263).

einer drohender Abschiebung haben die ausländischen Inhaftierten in den Berliner Haftanstalten größere Hoffnungen und Erwartungen im Hinblick auf ein sinnerfülltes Leben nach der Entlassung und auf eine neue Chance in der Zukunft als ihre deutschen Mithäftlinge[1090].

II. Zusammenfassung

Die Gegenüberstellung der einzelnen Forschungsergebnisse zeigt, daß die Einschätzungen und Ergebnisse der einzelnen Studien in einer Vielzahl der genannten Aspekte in teilweise erheblichem Maße voneinander abweichen. Die auf den ersten Blick sich widersprechenden Resultate sind jedoch, zumindest teilweise, erklärbar:

- Zunächst ist zu beachten, daß diese Untersuchungen innerhalb eines Zeitraumes von mehr als zwei Jahrzehnten durchgeführt wurden. Folglich kann davon ausgegangen werden, daß sich die Verhältnisse in den Justizvollzugsanstalten in diesem Zeitraum in einigen Punkten deutlich verändert haben.

- Auch die Population der nichtdeutschen Insassen hat sich im Laufe der Zeit wesentlich verändert. Unter den nichtdeutschen Inhaftierten, die vor Jahrzehnten noch „als Exoten beschrieben (wurden), die weder mit deutscher Sprache noch Kultur vertraut sind und im Vollzug isoliert ihr Dasein fristen"[1091], stellen die in Deutschland geborenen bzw. hier aufgewachsenen Personen, die mit der deutschen Kultur und Sprache gut vertraut sind, einen immer größer werdenden Anteil an den nichtdeutschen Insassen dar.

- Da die jungen männlichen Türken in der Altersgruppe von 15 bis 24 Jahren nach eigenen Angaben zu 94,5 %[1092] über gute oder sehr gute deutsche Sprachkenntnisse verfügen, ist zu erwarten, daß bei den jungen türkischen Inhaftierten in weitaus geringerem Umfange als in den bereits 20 Jahre zurückliegenden Untersuchungen[1093] Sprachprobleme mit den einhergehenden Schwierigkeiten im Bereich der Außenkontakte, insbesondere der Briefkontakte, Telefonate, bei dem Erwerb von Zeitungen, Zeitschriften sowie Büchern und weitaus seltener Verständigungsprobleme mit den Vollzugsbediensteten und deutschen Mitgefangenen bestehen.

- Letztlich können die Widersprüche zwischen den einzelnen Untersuchungsergebnissen an dieser Stelle nicht vollständig aufgelöst werden. Stellt man jedoch die Schlußfolgerungen, die sich aus den einzelnen Untersuchungen ergeben, nebeneinander, so bleibt festzuhalten, daß in den bereits 20 Jahre zurückliegenden

---

1090 BOSETZKY, HORST / BORSCHERT, JÜRGEN / HELM, SIEGFRIED a.a.O. (Fn. 22), S. 198, (282); vgl. auch VILLMOW, BERNHARD a.a.O. (1990) (Fn. 586), S. 234, (251).

1091 BUKOWSKI, ANNETTE a.a.O. (1998) (Fn. 9), S. 36.

1092 FISCHER, ARTHUR / FRITZSCHE, YVONNE / FUCHS-HEINRITZ, WERNER et al. a.a.O. (2000b) (Fn. 949), S. 122.

1093 NÄHRICH, WOLF-DIETER a.a.O. (Fn. 673); BOSETZKY, HORST / BORSCHERT, JÜRGEN / HELM, SIEGFRIED a.a.O. (Fn. 22); SCHAFFNER, PAUL / KNEIP, WOLFGANG a.a.O. (Fn. 22).

Untersuchungen[1094] zu einem überwiegenden Teil eine Andersbehandlung der ausländischen Insassen in vielen Bereichen im Jugendstrafvollzug festgestellt wurde.

- Demgegenüber wurde in den jüngeren Untersuchungen[1095] lediglich in Teilbereichen, beispielsweise in bezug auf die Gewährung von Vollzugslockerungen sowie Aus- und Weiterbildungsmaßnahmen, eine geringere Berücksichtigung der ausländischen Insassen im Vergleich zu deutschen Inhaftierten festgestellt, die auf der besonderen Gesetzeslage, die für ausländische Inhaftierte Anwendung findet, beruht[1096].

Mit der Mehrzahl der Autoren kann davon ausgegangen werden, daß in den Bereichen der Vollzugslockerungen sowie der Teilnahme an schulischen und beruflichen Weiterbildungsmaßnahmen eine tendenzielle Schlechterstellung der nichtdeutschen Inhaftierten gegeben ist, die von den ausländischen Insassen auch wahrgenommen wird. Ob noch heute eine Benachteiligung von den jungen türkischen Inhaftierten in den Bereichen der Religionsausübung, der Freizeit und der sozialen Außenkontakte aufgrund von Sprachbarrieren erlebt wird, soll durch die Untersuchung überprüft werden. Darüber hinaus sollen Angaben zu dem Verhältnis der türkischen Inhaftierten zu Mitgefangenen und Bediensteten, dem allgemein als sehr hoch eingeschätzten Drogenkonsum in der Anstalt und der Stellung innerhalb der Insassensubkultur erhoben werden.

[1094] BIELEFELD, ULI / KREISSL, REINHARD / MÜNSTER, THOMAS a.a.O. (Fn. 608), S. 186; BÖHM, ALEXANDER a.a.O. (1986) (Fn. 23), S. 140, 162; S. 79; CHAIDOU, ANTHOZOE a.a.O. (1984a) (Fn. 22), S. 189.

[1095] BUKOWSKI, ANNETTE a.a.O. (1998) (Fn. 9), VILLMOW, BERNHARD a.a.O. (1990) (Fn. 586), S. 234, (250f); WALTER, JOACHIM a.a.O. (1993) (Fn. 748), S. 245, (248); WALTER, MICHAEL a.a.O. (1999) (Fn. 1059), S. 81.

[1096] Vgl. oben unter Teil B, Kapitel 4, II., 1. c) und Teil B, Kapitel 6, I., 14.

Teil C: Methodik und Durchführung der Untersuchung

Kapitel 7: Zur Methodik der Untersuchung

Aufgrund der hinzugezogenen Literatur konnte bereits ein Einblick in die Situation der ausländischen und türkischen Insassen im (Jugend-) Strafvollzug gewonnen werden. Um ergänzende und vergleichende Informationen zu erhalten, wurde die eigene Untersuchung in den vier Jugendstrafanstalten in Nordrhein-Westfalen[1097], in denen männliche Insassen Jugendstrafen verbüßen, durchgeführt. Zunächst wird das methodische Vorgehen sowie die Konzeption der Erhebungsbögen erläutert. Anschließend werden in *Kapitel 8* die vier Vollzugsanstalten der Hauptuntersuchung (Heinsberg, Herford, Iserlohn und Siegburg) kurz vorgestellt, bevor in *Kapitel 9* auf die praktische Durchführung der Untersuchung und das Auswertungsverfahren eingegangen wird.

I. Bisherige Forschungsmethoden

Aus dem methodischen Vorgehen der bisherigen Forschungsarbeiten konnten für die eigene Untersuchung die folgenden Erkenntnisse gewonnen werden:

- Der Fragebogen sollte nicht zu umfangreich sein, um Konzentrationsfähigkeit eines Großteils der Probanden nicht zu überfordern.

  So betrug die Bearbeitungszeit des von FOCKEN / GLEY[1098] *verwendeten Fragebogens je nach individuellem Arbeitstempo und Anzahl der Rückfragen zwischen fünf und sieben Stunden.*

- Die Befragung sollte face-to-face durch die Verfasserin, unterstützt durch einen wissenschaftlichen Mitarbeiter des Lehrstuhls durchgeführt werden, die auch die ausgefüllten Fragebögen am Ende der Befragung einsammeln, also nicht durch Aufsichtsbedienstete oder per Post.

  Die geringe Rücklaufquote verwertbarer Fragebögen von nur 54 % in der Untersuchung von SCHAFFNER / KNEIP[1099] *ist vermutlich auf den Ablauf des Erhebungsverfahrens zurückzuführen. Die Inhaftierten wurden in Gruppen durch Werkbeamte und Mitarbeiter des allgemeinen Vollzugsdienstes befragt. Die Rückgabe der Fragebögen erfolgte in einem verschlossenen Umschlag, um die Anonymität der Angaben zu wahren. Durch diese Methode wurde möglicherweise ein Großteil der Probanden dazu verleitet, den Fragebogen nicht vollständig ausgefüllt abzugeben.*

- Die Interviews sollten von den Interviewern in separaten Räumen ohne Anwesenheit weiterer Personen, insbesondere ohne die Anwesenheit eines Mitarbeiters der Anstalt durchgeführt werden, soweit nicht Sicherheitsaspekte dieser Vorgehensweise

---

[1097] Heinsberg, Herford, Iserlohn und Siegburg

[1098] FOCKEN, ADALBERT / GLEY, CHRISTA a.a.O. (Fn. 22), S. 19.

[1099] SCHAFFNER, PAUL / KNEIP, WOLFGANG a.a.O. (Fn. 22), S. 259, (260).

entgegenstehen. Auf diese Weise soll gewährleistet werden, daß die Insassen offen auf die Fragen antworten und sicher sein können, daß, wie ihnen auch im Vorfeld des Interviews zugesichert wurde, niemand in der Anstalt von ihren Antworten Kenntnis erhält.

Die Anwesenheit einer Sozialarbeiterin über weite Strecken des Interviews führte in der Untersuchung von BUKOWSKI[1100] *bei den türkischen Inhaftierten zu einer zurückhaltenden Reaktion auf die Fragen. Die Kommunikation wurde offener, nachdem die Sozialarbeiterin den Raum wieder verlassen hatte*[1101].

- Um repräsentative Ergebnisse zu erhalten, sollte eine Totalerhebung angestrebt werden, falls dies aus personellen und zeitlichen Gründen durchführbar ist.

Die von BIELEFELD / KREISSL / MÜNSTER[1102] *durchgeführte Arbeit erhebt aufgrund der geringen Anzahl von 21 türkischen und neun jugoslawischen Probanden „keinen Anspruch auf Repräsentativität im statistischen Sinne"* [1103]. *Ebenso ist die von* BUKOWSKI[1104] *durchgeführte Befragung von sechs türkischen Insassen, wie von dieser selbst betont wird, „aufgrund der geringen Anzahl der Befragten und des nicht kontrollierbaren Rekrutierungsverfahrens keinesfalls repräsentativ"*[1105].

- Bei der Wahl des empirischen Verfahrens erscheint die Befragung mittels eines standardisierten Fragebogens aus Gründen der Meßbarkeit und Vergleichbarkeit gegenüber einem Leitfadeninterviews vorzugswürdig.

Gegen Leitfadeninterviews wird eingewendet, daß sie aufgrund der offenen Fragen nur eine Einzelfallbeschreibung und keine Vergleichbarkeit der Antworten mit den Ergebnissen anderer Untersuchungen ermöglichen.
Die von ALBRECHT / PFEIFFER[1106], BIELEFELD / KREISSL / MÜNSTER[1107] *und* BUKOWSKI[1108] *aufgrund der Leitfadeninterviews gewonnenen Ergebnisse, die nicht zueinander in Beziehung gesetzt und in meßbaren Zahlen ausgewertet werden konnten, eignen sich nicht als Vergleichsgrundlage für andere Untersuchungen.*

- Problematisch ist auch, daß viele türkische Inhaftierte sich möglicherweise durch diese Art der Befragung überfordert fühlen, da sie nicht über ausreichende Deutschkenntnisse verfügen, um differenziert auf die offenen Fragen antworten zu können.

- Personenbezogene, insbesondere legalbiographische Daten sollten erst am Ende des Interviews, nachdem eine gewisse Vertrauensbasis zwischen dem Interviewer und dem Probanden aufgebaut werden konnte, erfragt werden.

1100 BUKOWSKI, ANNETTE a.a.O. (1998) (Fn. 9), S. 47.
1101 BUKOWSKI, ANNETTE a.a.O. (1998) (Fn. 9), S. 47.
1102 BIELEFELD, ULI / KREISSL, REINHARD / MÜNSTER, THOMAS a.a.O. (Fn. 608), S. 10.
1103 BIELEFELD, ULI / KREISSL, REINHARD / MÜNSTER, THOMAS a.a.O. (Fn. 608), S. 10.
1104 BUKOWSKI, ANNETTE a.a.O. (1998) (Fn. 9), S. 41.
1105 BUKOWSKI, ANNETTE a.a.O. (1998) (Fn. 9), S. 41.
1106 ALBRECHT, PETER-ALEXIS / PFEIFFER, CHRISTIAN a.a.O. (Fn. 115), S. 86 ff., S. 132.
1107 BIELEFELD, ULI /KREISSL, REINHARD / MÜNSTER, THOMAS a.a.O. (Fn. 608), S. 187 ff.
1108 BUKOWSKI, ANNETTE a.a.O. (1998) (Fn. 9), S. 58 ff.

BUKOWSKI[1109] *hat bei der Befragung türkischer Inhaftierter im Jugendstrafvollzug bei der Erhebung personenbezogener Daten zu dem Alter, der Straftat und der Strafhöhe die Erfahrung gemacht, daß die Insassen mit einer gewissen Unwilligkeit auf diese Fragen reagierten. Sie geht davon aus, daß die Stellung dieser Fragen zu Beginn des Interviews die Interviewsituation nachteilig beeinflußen würde*[1110].

- Als ein kleines „Dankeschön" für die Teilnahme an dem Interview sollen die türkischen Insassen nach der Durchführung der Befragung ein Päckchen Tabak erhalten, worauf in dem Informationsblatt zur Erhöhung der Teilnahmebereitschaft bereits hingewiesen werden sollte. Problematisch erscheint, daß nicht ausgeschlossen werden kann, daß es im Rahmen der sozialen Erwünschtheit teilweise zu falschen, verzerrten Antworten kommen kann, falls einige Insassen versuchen, bei der Beantwortung der Fragen den (vermuteten) Erwartungen des Interviewers zu entsprechen, um sich für das versprochene Päckchen Tabak „erkenntlich zu zeigen". Allerdings wurde bereits bei früheren Insassenbefragungen zu anderen Themen ähnliche „Entgelte" als Motivations-Verstärker einsetzt und mit dieser Vorgehensweise positive Erfahrungen gemacht, so daß sich auch die Verfasserin dem Einsatz eines Motivationsmittels nicht entziehen konnte.

HÜRLIMANN[1111] *führt die hohe Beteiligung*[1112] *der Inhaftierten an seiner Untersuchung unter anderem auf die Motivationssteigerung durch Tabak, den die Probanden für die Teilnahme an der Befragung erhalten haben, zurück.*

Zusammenfassend läßt sich festhalten, daß die vorgestellte Auswahl empirischer Forschungsarbeiten verdeutlicht hat, daß als Erhebungsmethode die Durchführung einer Totalerhebung und die Befragung mittels eines standardisierten, nicht mehr als etwa 70 bis 80 Fragen umfassenden Fragebogens eingesetzt werden sollte, um zum einen meßbare und vergleichbare Ergebnisse zu erzielen und zum anderen die Konzentrationsfähigkeit der Probanden nicht durch Ermüdung zu sehr zu beanspruchen. Auch sollte die Befragung in kleinen Gruppen oder Einzelgesprächen durch die Untersuchungsleiter und nicht durch Justizvollzugsbedienstete durchgeführt werden, um die Vertraulichkeit der Behandlung der Angaben zu gewährleisten und den Inhaftierten die Gewißheit zu geben, daß niemand in der Anstalt von ihren Antworten Kenntnis erhält. Bereits in dem Informationsblatt, das die Insassen vor der Befragung erhalten, werden sie darauf hingewiesen, daß sie für die Teilnahme ein Päckchen Tabak erhalten und ihre Angaben absolut vertraulich behandelt werden.

II. Erhebungsmethode der eigenen Untersuchung

Für den methodischen Zugang zu den einzelnen Untersuchungskomplexen wurde ein mehrschichtiges Verfahren gewählt, das qualitative und quantitative Komponenten enthält.

1109 Vgl. hierzu BUKOWSKI, ANNETTE a.a.O. (1998), (Fn. 9), S. 48.

1110 Vgl. hierzu BUKOWSKI, ANNETTE a.a.O. (1998), (Fn. 9), S. 48.

1111 HÜRLIMANN, MICHAEL a.a.O. (Fn. 884), S. 103.

1112 Die Rücklaufquote betrug 80 %.

1. Standardisierte Befragung face-to-face

Im Mittelpunkt steht eine standardisierte Befragung face-to-face[1113] sämtlicher türkischer männlicher Insassen, die im geschlossenen Vollzug in den Jugendstrafanstalten in Nordrhein-Westfalen einsitzen.

2. Alter der Probanden

Die Untersuchungsgruppe wurde auf türkische Inhaftierte, die das 18. Lebensjahr vollendet haben, beschränkt[1114].

Die Einholung einer Einverständniserklärung der Eltern minderjähriger Inhaftierter aufgrund datenschutzrechtlicher Bestimmung hat bereits in anderen Untersuchungen[1115] *zu erheblichen zeitlichen Verzögerungen geführt und Nacherhebungen in den Stationen erforderlich gemacht. Außerdem wurden zusätzliche Fehlerquellen eröffnet, weil einige Inhaftierte die Einverständniserklärung nicht an ihre Erziehungsberechtigten weiterleiteten*[1116].
Der Anteil der nichtdeutschen Inhaftierten im Jugendstrafvollzug in Nordrhein-Westfalen unter 18 Jahren betrug bei der Stichtagserhebung von WIRTH[1117] *lediglich 11,5 %, so daß diese Gruppe auch zahlenmäßig nicht zu einer Einbeziehung in die Untersuchung zwingend Anlaß bietet.*

Die Insassen im offenen Vollzug, die im Alter von 14 bis 17 Jahren in den Justizvollzugsanstalten Heinsberg und Iserlohn und nach Vollendung des 18. Lebensjahres in der Justizvollzugsanstalt Hövelhof untergebracht sind, wurden in der Untersuchung nicht berücksichtigt, und zwar aus Praktikabilitätsgründen:

Der Prozentsatz der inhaftierten Nichtdeutschen im offenen Jugendstafvollzug beträgt lediglich etwa 8 %[1118]*. Hinzu kommt, daß die Insassen im offenen Vollzug sich tagsüber nur selten in ihren Zellen oder den Wohngruppen der Anstalt aufhalten und somit für die Durchführung der Interviews nicht erreichbar gewesen wären.*

3. Unterscheidung zwischen dem quantitativen und qualitativen Verfahren

Zunächst ist eine Unterscheidung zwischen dem quantitativen und qualitativen Verfahren zu treffen.

a) Quantitative Sozialforschung

Unter quantitativer Sozialforschung wird ein methodisches Vorgehen verstanden, das gekennzeichnet ist durch eine „möglichst detaillierte Vorstrukturierung des

---

1113 Von „Angesicht zu Angesicht", also eine direkte Befragung.
1114 Vgl. zu derselben Vorgehensweise BUKOWSKI, ANNETTE a.a.O. (1998) (Fn. 9), S. 40.
1115 Vgl. HÜRLIMANN, MICHAEL a.a.O. (Fn. 884), S. 104 f.
1116 Vgl. HÜRLIMANN, MICHAEL a.a.O. (Fn. 884), S. 104 f.
1117 WIRTH, WOLFGANG a.a.O. (1998a) (Fn. 14), S. 278, (279).
1118 DÜNKEL, FRIEDER a.a.O. (1990) (Fn. 19), S. 204.

Untersuchungsgegenstandes sowie (eine) Standardisierung der Erhebungssituation"[1119].

Bei den quantitativen Interviews werden standardisierte Fragebögen verwendet, die die Reihenfolge der Fragen, deren Wortlaut und die Antwortkategorien genau festlegen[1120]. *Darüber hinaus können Verhaltensanweisungen an die Interviewer ergehen und festgelegt werden, daß jedes Interview mit dem Probanden allein und zum Beispiel in seiner häuslichen Umgebung geführt wird*[1121].

Die quantitative Befragung in standardisierter Form dient neben der Deskription[1122] der Überprüfung von Annahmen[1123].

b) Qualitative Sozialforschung

Zentrale Prinzipien der qualitativen Sozialforschung sind die Offenheit des Forschers gegenüber den Untersuchungspersonen, der Untersuchungssituation und den Untersuchungsmethoden und die Flexibilität der Methode, die auf die Situation und die Beziehung zwischen Forscher und Probanden ständig reagieren und sich Veränderungen anpassen muß[1124].

Die Vertreter des qualitativen Ansatzes wenden sich gegen eine Instrumentalisierung ihrer Erhebungs- und Auswertungstechniken[1125], *so daß es schwer fällt, verbindliche Anwendungsregeln für die qualitative Methode zu nennen.*

In der quantitativen Sozialforschung findet häufig das Leitfadeninterview Anwendung, das durch offene Fragestellungen gekennzeichnet ist, also keine Antwortmöglichkeiten

---

[1119] KROMREY, HELMUT: Empirische Sozialforschung. Modelle und Methoden der Datenerhebung und Datenauswertung. 8. Aufl., Opladen 1998, S. 32: Bei der Wahl des Interviews als Datenerhebungsinstrument muß beachtet werden, daß auch die Einflußfaktoren, die durch den Kontakt des Interviewers mit dem Interviewten entstehen, zu kontrollieren sind. Dies wird üblicherweise dadurch angestrebt, daß man versucht, die Erhebungsstituation, hier den Ablauf des Interviews, für alle Fälle möglichst identisch zu gestalten.

[1120] KROMREY, HELMUT a.a.O. (Fn. 1119), S. 32.

[1121] KROMREY, HELMUT a.a.O. (Fn. 1119), S. 32.

[1122] KROMREY, HELMUT a.a.O. (Fn. 1119), S. 43 ff.

[1123] KAISER, GÜNTHER a.a.O. (1997) (Fn. 50), S. 37. Vgl. auch GARZ, DETLEF / KRAIMER, KLAUS: Qualitativ-empirische Sozialforschung im Aufbruch. In: Graz, Detlef / Kraimer, Klaus (Hrsg.): Qualitativ-empirische Sozialforschung. Konzepte, Methoden, Analysen. Opladen 1991, S. 1, (4): Der Forscher bedient sich in seinem Bemühen um größtmögliche Repräsentativität und Reproduzierbarkeit seiner Befunde bestimmter, dem Vorbild der Naturwissenschaften angelehnter Methoden.

[1124] LAMNEK, SIEGFRIED: Qualitative Sozialforschung. Band 1: Methodologie. 1. Aufl., München, Weinheim 1988, S. 29 f m.w.N. Vgl. auch LAMNEK, SIEGFRIED a.a.O. (1989) (Fn. 693), S. 1: Das qualitative Verfahren fordert eine Anpassungsfähigkeit des methodischen Instrumentariums an die Eigenheiten des Forschungsgegenstandes.

[1125] LAMNEK, SIEGFRIED a.a.O. (1989) (Fn. 693), S. 1.

vorgibt[1126]. Aufgrund der offenen Fragestellung erhält man eine ausführliche Beschreibung von Einzelfällen, jedoch keine meßbaren Ergebnisse, die miteinander vergleichbar sind.

c) Diskussion der Ansätze

Dem quantitativen Ansatz kann entgegengehalten werden, daß der Versuch, die Wirklichkeit zu „messen", angesichts der beschränkten Möglichkeiten, komplexe soziale Zusammenhänge mit vorgegebenen Antwortmöglichkeiten zu erfassen, in manchen Fällen zum Scheitern verurteilt ist[1127].

Demgegenüber ist jedoch gegen die qualitativ orientierte Sozialforschung einzuwenden, daß sie nur eine sehr kleine Zahl von Untersuchungspersonen einbezieht, keine Stichproben nach dem Zufallsprinzip zieht, nicht mit quantitativen Variablen arbeitet und keine statistischen Analysen erstellt[1128].

Der Einsatz von weitgehend standardisierten Fragebögen erschien aus Gründen der Repräsentativität durch die Darstellung von ausgewählten objektiven Daten und aufgrund der Vielzahl der zu befragenden Inhaftierten als besonders gut geeignet, um das Forschungsziel zu verwirklichen, durch eine Totalerhebung in Nordrhein-Westfalen alle türkischen männlichen Inhaftierten im Alter zwischen 18 bis 24 Jahren zu befragen[1129].

1126 Vgl. BUKOWSKI, ANNETTE a.a.O. (1998) (Fn. 9), S. 45; ALBRECHT, PETER-ALEXIS / PFEIFFER, CHRISTIAN a.a.O. (Fn. 115), S. 131 f; BIELEFELD, ULI / KREISSL, REINHARD / MÜNSTER, THOMAS a.a.O. (Fn. 608), S. 10.

1127 LAMNEK, SIEGFRIED a.a.O. (1988) (Fn. 1124), S. 9. Vgl. auch WITZEL, ANDREAS: Das problemzentrierte Interview. In: Jüttemann, Gerd (Hrsg.): Qualitative Forschung in der Psychologie. Grundfragen, Verfahrensweisen, Anwendungsfelder. 2. Aufl., Heidelberg 1989, S. 227, (228); WITZEL, ANDREAS: Verfahren der qualitativen Sozialforschung. Überblick und Alternativen. Diss. Frankfurt a. M., New York 1982, S. 64: Außerdem besteht die Gefahr, daß durch das Ziel, die Überprüfung der zuvor erstellten Annahmen, nur die zuvor festgelegten Zusammenhänge wahrgenommen werden, ohne zugleich gegenüber neu gewonnen Erkenntnissen offen zu sein.

1128 LAMNEK, SIEGFRIED a.a.O. (1988) (Fn. 1124), S. 3. Mittlerweile wird vermehrt auf die Gleichberechtigung der beiden Ansätze und auf die Chancen hingewiesen, die in einem Zusammenspiel qualitativer und quantitativer Analysen liegen, vgl. hierzu WILSON, THOMAS P.: Qualitative oder quantitative Methoden in der Sozialforschung. In: KZfSS, Jg. 34, Heft 3, 1982, S. 487, (504); DIEKMANN, JÖRN: Über qualitative und quantitative Ansätze empirischer Sozialforschung. Diss. Berlin 1983, S. 28; KARDORFF, ERNST VON: Qualitative Sozialforschung – Versuch einer Standortbestimmung. In: FLICK, UWE / KARDORFF, ERNST VON / KEUPP, HEINER / ROSENSTIEL, LUTZ VON / WOLFF, STEPHAN (Hrsg.), Handbuch Qualitative Sozialforschung. München 1991, S. 3, (4).

1129 Demgegenüber würde eine qualitative Befragung, die lediglich eine ausführliche Beschreibung von Einzelfällen ermöglicht, aufgrund der großen Anzahl von Probanden zu einer unübersehbaren Vielzahl von nicht vergleichbaren Antworten führen, jedoch keine meßbaren Ergebnisse ermöglichen und wäre somit nicht in geeigneter Form auswertbar und darstellbar.

4. Erhebungsbögen

Die Fragebögen für die türkischen Insassen wurden in die türkische Sprache übersetzt, um auch die Probanden, die nicht (gut) deutsch sprechen, besser erreichen zu können.

a) Erhebungsbogen für die Insassenbefragung

Der standardisierte Fragebogen[1130] für die Befragung der türkischen Inhaftierten ist unter Berücksichtigung des deskriptiven Charakters der Untersuchung so konzipiert, daß, wie in zahlreichen anderen Untersuchungen, zunächst die sozialbiographischen Daten des Probanden, seine Volkszugehörigkeit[1131], Konfession[1132], seine Schul[1133]- und Berufsausbildung[1134], die Dauer einer möglichen Arbeitslosigkeit vor der Inhaftierung[1135], sein Familienstand[1136] und sein letzter Wohnsitz vor der Inhaftierung[1137] erfragt werden, um die Schichtzugehörigkeit des Probanden ermitteln zu können.

Die Fragen zu der Legalbiographie, die sich häufig an die Sozialbiographie anschließen, wurden aufgrund der von BUKOWSKI[1138] gewonnenen Erfahrungen, daß die Stellung persönlicher Fragen zu Beginn des Gesprächs eine unangenehme Situation auslösen und zu einer Verweigerungshaltung des Probanden führen kann, an das Ende des Fragebogens gestellt. Dies betrifft insbesondere die Fragen nach dem Alter[1139], der der Inhaftierung zugrunde liegenden Anlaßtat[1140] und der Höhe des Strafmaßes[1141].

1130 Vgl. den Abdruck des Fragebogens für die Befragung der türkischen Inhaftierten im Anhang S. 403 ff.

1131 Frage 1 des Insassen-Fragebogens.

1132 Frage 2 des Insassen-Fragebogens, vgl. CHAIDOU, ANTHOZOE a.a.O. (1984a) (Fn. 22), S. 209.

1133 Frage 4 des Insassen-Fragebogens, vgl. BOSETZKY, HORST / BORSCHERT, JÜRGEN / HELM, SIEGFRIED a.a.O. (Fn. 22), S. 198, (225); CHAIDOU, ANTHOZOE a.a.O. (1984a) (Fn. 22), S. 222.

1134 Frage 5 des Insassen-Fragebogens, vgl. BOSETZKY, HORST / BORSCHERT, JÜRGEN / HELM, SIEGFRIED a.a.O. (Fn. 22), S. 198, (225).

1135 Frage 6 des Insassen-Fragebogens, vgl. WIRTH, WOLFGANG a.a.O. (1998a) (Fn. 14), S. 278, (280); BOSETZKY, HORST / BORSCHERT, JÜRGEN / HELM, SIEGFRIED a.a.O. (Fn. 22), S. 198, (225).

1136 Frage 11 des Insassen-Fragebogens, vgl. WIRTH, WOLFGANG a.a.O. (1998a) (Fn. 14), S. 278, (285); CHAIDOU, ANTHOZOE a.a.O. (1984a) (Fn. 22), S. 207, SCHAFFNER, PAUL / KNEIP, WOLFGANG a.a.O. (Fn. 22), S. 259, (261).

1137 Frage 12 des Insassen-Fragebogens, vgl. WIRTH, WOLFGANG a.a.O. (1998a) (Fn. 14), S. 278, (285).

1138 BUKOWSKI, ANNETTE a.a.O. (1998) (Fn. 9), S. 48, vgl. oben unter Teil C, Kapitel 7, I.

1139 Frage 64 des Insassen-Fragebogens, vgl. CHAIDOU, ANTHOZOE a.a.O. (1984a) (Fn. 22), S. 207 u.v.m..

1140 Frage 65 des Insassen-Fragebogens, vgl. SCHAFFNER, PAUL / KNEIP, WOLFGANG a.a.O. (Fn. 22), S. 259, (261) u.v.m..

1141 Frage 66 des Insassen-Fragebogens, vgl. CHAIDOU, ANTHOZOE a.a.O. (1984a) (Fn. 22), S. 225; WIRTH, WOLFGANG a.a.O. (1998a) (Fn. 14), S. 278, (285) u.v.m..

Es folgen Fragen nach der Teilnahme türkischer Inhaftierter an schulischen und beruflichen Weiterbildungsmaßnahmen[1142], den möglichen Ablehnungsgründen[1143] sowie der Art von anstaltsinternen Tätigkeiten[1144], die für die Inhaftierten als die einzige Geldquelle von sehr großer Bedeutung sind.

Danach werden Gewalterfahrungen in der Kindheit erfragt. Zunächst wird auf die Art und Häufigkeit elterlicher Gewalt[1145] und auf die Häufigkeit gewalttätiger Übergriffe der Elternteile[1146], die die Probanden in ihrer Kindheit erlebt bzw. bei den Eltern untereinander beobachtet haben, eingegangen.

> *Die Untersuchung von* PFEIFFER / WETZELS *hat ergeben*[1147]*, daß fast jeder fünfte der von ihnen befragten türkischen Jugendlichen im Laufe des vorangegangenen Jahres zu Hause durch Fausthiebe oder stärkerer Gewalt mißhandelt wurde; fast jeder dritte türkische Jugendliche hatte nach eigener Angabe beobachtet, wie sich die Eltern untereinander geschlagen haben. Die Autoren stellen einen Zusammenhang zwischen diesen Gewalterfahrungen in der Kindheit und dem hohen Anteil türkischer jugendlicher Gewalttäter her*[1148].

Der Fragenkomplex wird durch die Frage nach einem zeitweiligen Weglaufen des Probanden aus dem Elternhaus und den Gründen, insbesondere nach Konflikten mit dem Vater oder beiden Elternteilen[1149] ergänzt.

> FOCKEN / GLEY[1150] *haben festgestellt, daß die Interpretation des Erziehungsstils in türkischen Familien vor dem Hintergrund der türkischen Kultur erfolgen müsse, in der die körperliche Züchtigung als ein wirksames Erziehungsmittel angesehen werde. Aufgrund der türkischen Familienstruktur werden körperliche Strafen eher zur Wahrung und Demonstration von Autorität durch den Vater ausgeübt und werden als solche allgemein anerkannt*[1151]*. So gaben in der Untersuchung von* FOCKEN / GLEY *60 %*[1152] *der*

1142 Fragen 7 und 8 des Insassen-Fragebogens, vgl. BOSETZKY, HORST / BORSCHERT, JÜRGEN / HELM, SIEGFRIED a.a.O. (Fn. 22), S. 198, (264 f).

1143 Frage 9 des Insassen-Fragebogens.

1144 Frage 10 des Insassen-Fragebogens, vgl. BOSETZKY, HORST / BORSCHERT, JÜRGEN / HELM, SIEGFRIED a.a.O. (Fn. 22), S. 198, (263).

1145 Frage 13 des Insassen-Fragebogens, vgl. CHAIDOU, ANTHOZOE a.a.O. (1984a) (Fn. 22), S. 212; PFEIFFER, CHRISTIAN / WETZELS, PETER a.a.O. (2000b) (Fn. 366), S. 14.

1146 Frage 14 des Insassen-Fragebogens, vgl. PFEIFFER, CHRISTIAN / WETZELS, PETER a.a.O. (2000b) (Fn. 366), S. 14; PFEIFFER, CHRISTIAN / WETZELS, PETER a.a.O. (1999) (Fn. 408), S. 45-68.

1147 Vgl. Teil A, Kapitel 3, II., 2.

1148 Kritisch zu dieser These WALTER, MICHAEL a.a.O. (2000) (Fn. 395), S. 22, vgl. auch oben unter Teil A, Kapitel 3, II., 2.

1149 Frage 15 des Insassen-Fragebogens, vgl. FOCKEN, ALBERT / GLEY, CHRISTA a.a.O. (Fn. 22), S. 118.

1150 FOCKEN, ALBERT /GLEY, CHRISTA a.a.O. (Fn. 22), S. 95.

1151 Vgl. FOCKEN, ALBERT /GLEY, CHRISTA a.a.O. (Fn. 22), S. 95.

1152 FOCKEN, ALBERT / GLEY, CHRISTA a.a.O. (Fn. 22), S. 118.

türkischen Probanden an, aufgrund von Konflikten mit den Eltern, besonders dem Vater, zeitweise, teilweise auch längerfristig von zu Hause weggelaufen zu sein[1153].

Durch diesen Fragenkomplex sollen die Thesen von PFEIFFER / WETZELS sowie von FOCKEN / GLEY überprüft werden.

Anschließend wird auf die Situation der türkischen Inhaftierten im Jugendstrafvollzug näher eingegangen. Zunächst wird nach dem Verhältnis der türkischen Insassen zu deutschen Mitgefangenen[1154] und zu Landsleuten[1155] gefragt. In die gleiche Richtung zielt die Frage, welche Mitgefangenen die türkischen Insassen nicht mögen[1156] sowie die Frage nach dem gewünschten Ausgang eines Fußballspiels „Deutschland gegen die Türkei".

Mit dieser eher emtionalen Frage soll versucht werden herauszufinden, ob die türkischen Inhaftierten, die zu einem überwiegenden Teil in Deutschland geboren und aufgewachsen sind, integriert wurden, ob sie sich mit ihrer neuen Heimat identifizieren oder sich noch stärker der Türkei zugehörig fühlen.

HÜRLIMANN[1157] hat in seiner Studie aus dem Jahre 1990 festgestellt, daß der Ausländerstatus, der insbesondere mit dem äußeren Erscheinungsbild begründet wird[1158], ein wichtiges Kriterium für eine gehobene Stellung in der Subkultur ist. Weitere Merkmale sind der gehobene Einfluß auf die Bediensteten[1159], Schulden bei anderen Inhaftierten[1160], die Frage nach den Gläubigern[1161], den eigenen Schuldnern[1162], häufigen Auseinandersetzungen mit den Bediensteten[1163] und der Teilnahme an Freizeitaktivitäten in der Anstalt[1164]. Daran anschließend wird auf heftige verbale und körperliche Auseinandersetzungen eingegangen[1165], um herauszufinden, mit welchen anderen Nationalitätengruppen ein konfliktbelastetes Verhältnis besteht. In

1153 FOCKEN, ALBERT / GLEY, CHRISTA a.a.O. (Fn. 22), S. 118.
1154 Frage 16 des Insassen-Fragebogens, vgl. BOSETZKY, HORST / BORSCHERT, JÜRGEN / HELM, SIEGFRIED a.a.O. (Fn. 22), S. 198, (245 f).
1155 Frage 17 des Insassen-Fragebogens, vgl. BOSETZKY, HORST / BORSCHERT, JÜRGEN / HELM, SIEGFRIED a.a.O. (Fn. 22), S. 198, (245 f).
1156 Fragen 18 des Insassen-Fragebogens, vgl. auch BOSETZKY, HORST / BORSCHERT, JÜRGEN / HELM, SIEGFRIED a.a.O. (Fn. 22), S. 198, (242 f).
1157 HÜRLIMANN, MICHAEL a.a.O. (Fn. 884), S. 170.
1158 HÜRLIMANN, MICHAEL a.a.O. (Fn. 884), S. 132 f, vgl. oben ausführlich unter Teil B, Kapitel 6, I. 10. b).
1159 Frage 20 des Insassen-Fragebogens, vgl. HÜRLIMANN, MICHAEL a.a.O. (Fn. 884), Anhang, S. 22.
1160 Frage 21 des Insassen-Fragebogens, vgl. BOSETZKY, HORST / BORSCHERT, JÜRGEN / HELM, SIEGFRIED a.a.O. (Fn. 22), S. 198, (250).
1161 Frage 22 des Insassen-Fragebogens.
1162 Fragen 23 und 24 des Insassen-Fragebogens, vgl. HÜRLIMANN, MICHAEL a.a.O. (Fn. 884), Anhang, S. 23.
1163 Frage 25 des Insassen-Fragebogens, vgl. auch HÜRLIMANN, MICHAEL a.a.O. (Fn. 884), Anhang, S. 23.
1164 Frage 26 des Insassen-Fragebogens, HÜRLIMANN, MICHAEL a.a.O. (Fn. 884), Anhang, S. 23.
1165 Fragen 27 und 28 des Insassen-Fragebogens.

diesem Zusammenhang werden auch mögliche Viktimisierungserfahrungen ermittelt[1166]. Es wird nach der Art des Übergriffs[1167], der von einer Beleidigung bis zu einer Vergewaltigung reichen kann, und nach den möglichen Tätergruppen unter den Mitinhaftierten[1168] gefragt.

Nach der Beziehung zu den Mitgefangenen wird das Verhältnis der türkischen Insassen zu den Justizvollzugsbediensteten erörtert, insbesondere das Verhalten der Bediensteten bei einem Verstoß gegen die Hausordnung[1169], mögliche Unterschiede im Vergleich zu der Behandlung deutscher Insassen[1170] und die wichtigsten Ansprechpartner, bei denen die türkischen Inhaftierten Hilfe in Problemsituationen suchen[1171].

Es soll herausgefunden werden, ob die türkischen Inhaftierten eine Vertrauensperson in der Anstalt gefunden haben und ob dies in den meisten Fällen ein Mitgefangener oder ein Bediensteter ist oder ob sie sich mit ihren Problemen allein gelassen fühlen.

Es folgen Fragen nach der Einstellung türkischer Inhaftierter zu einem Einsatz von türkischen Betreuern als Mitarbeiter im allgemeinen Vollzugsdienst[1172] und nach den Gründen, die für diesen Einsatz sprechen könnten[1173].

Sollte der Einsatz nicht für notwendig erachtet werden, ließe dies den Schluß zu, daß die türkischen Inhaftierten in ausreichendem Maße integriert werden konnten. Anderenfalls wird aufgrund der mehrheitlich genannten Gründe, die für einen Einsatz türkischer Betreuer angegeben werden, deutlich werden, in welchen Bereichen, beispielsweise aufgrund der unterschiedlichen Sprache, die Integration noch nicht geglückt ist.

Anschließend wird der Bereich der Drogenproblematik näher untersucht. Die Frage nach einer möglichen Drogenabhängigkeit vor der Inhaftierung[1174] soll darüber Aufschluß geben, ob die türkischen Inhaftierten erst in der Anstalt damit begonnen haben.

[1166] Da dieser Bereich ebenfalls nicht Gegenstand der Untersuchungen, die sich mit der Situation ausländischer Inhaftierter beschäftigt haben, war, wurden sie neu entwickelt.

[1167] Frage 29 des Insassen-Fragebogens.

[1168] Frage 30 des Insassen-Fragebogens.

[1169] Frage 31 des Insassen-Fragebogens, vgl. auch BOSETZKY, HORST / BORSCHERT, JÜRGEN / HELM, SIEGFRIED a.a.O. (Fn. 22), S. 198, (235).

[1170] Frage 32 des Insassen-Fragebogens, vgl. auch BOSETZKY, HORST / BORSCHERT, JÜRGEN / HELM, SIEGFRIED a.a.O. (Fn. 22), S. 198, (236).

[1171] Frage 33 des Insassen-Fragebogens, vgl. SCHAFFNER, PAUL / KNEIP, WOLFGANG a.a.O. (Fn. 22), S. 259, (262 f).

[1172] Frage 34 des Insassen-Fragebogens, vgl. BOSETZKY, HORST / BORSCHERT, JÜRGEN / HELM, SIEGFRIED a.a.O. (Fn. 22), S. 198, (240).

[1173] Frage 35 des Insassen-Fragebogens, vgl. BOSETZKY, HORST / BORSCHERT, JÜRGEN / HELM, SIEGFRIED a.a.O. (Fn. 22), S. 198, (240).

[1174] Frage 36 des Insassen-Fragebogens, vgl. auch CHAIDOU, ANTHOZOE a.a.O. (1984a) (Fn. 22), S. 234.

Da in den vorliegenden Untersuchungen nicht explizit nach dem Drogenkonsum in der Anstalt gefragt wurde, sondern lediglich nach der Einschätzung, ob der Drogenkonsum in der Anstalt so hoch sei, wie in den Medien berichtet wurde und die wenigen Angaben, die auf diese unverfängliche Frage gegeben wurden, wenig aussagekräftig sind, soll versucht werden, mit den Fragen nach der Einschätzung des Konsums bestimmter Drogen in der Anstalt[1175] *(bezogen jeweils auf zehn türkische und zehn kurdische Inhaftierte) sowie nach den Wegen, wie die Drogen in die Anstalt gelangen*[1176]*, genauere Angaben zu erhalten.*

Danach werden die Möglichkeiten der Religionsausübung von muslimischen Inhaftierten[1177], der Freistellung von der Arbeit am Ramadan[1178] und der Einhaltung der Fastenzeit[1179] erfragt. Ergänzend wird die Zufriedenheit mit der Qualität des Essens[1180] (Moslemkost) und den hierfür maßgeblichen Begründungen ermittelt.

Diese Fragen, die sich auf die Religionsausübung und die Ernährungsgewohnheiten beziehen, sollen zur Aufklärung der Frage beitragen, ob die Religion und die damit zusammenhängenden Bräuche für die türkischen Inhaftierten der Zweiten Generation überhaupt noch eine große Bedeutung besitzen, oder ob beispielsweise die Religionsausübung hinter der Möglichkeit, am Ramadan durch die Arbeit Geld zu verdienen, zurücktritt.

Weiterhin werden die Sprachkenntnisse in Wort und Schrift sowohl für die Muttersprache[1181] als auch für die deutsche Sprache[1182] erfragt. In diesem Zusammenhang steht auch die Frage nach der Dauer ihres Aufenthaltes in der Bundesrepublik Deutschland[1183].

Es soll überprüft werden, ob die türkischen Insassen, wie aus neueren Untersuchungen[1184] *hervorgeht, zu einem überwiegenden Teil in Deutschland aufgewachsen und hier sprachlich und kulturell gut integriert sind und ob sich die türkischen von den kurdischen Inhaftierten bezüglich ihrer Deutschkenntnisse und ihres Einreisealters unterscheiden.*

1175 Frage 37 des Insassen-Fragebogens.

1176 Frage 38 des Insassen-Fragebogens.

1177 Frage 40 und 41 des Insassen-Fragebogens, SCHAFFNER, PAUL / KNEIP, WOLFGANG a.a.O. (Fn. 22), S. 259, (263).

1178 Frage 42 des Insassen-Fragebogens.

1179 Frage 43 des Insassen-Fragebogens.

1180 Frage 44 des Insassen-Fragebogens, vgl. BOSETZKY, HORST / BORSCHERT, JÜRGEN / HELM, SIEGFRIED a.a.O. (Fn. 22), S. 198, (248).

1181 Frage 46 und 47 des Insassen-Fragebogens, vgl. SCHAFFNER, PAUL / KNEIP, WOLFGANG a.a.O. (Fn. 22), S. 259, (261).

1182 Fragen 48 und 49 des Insassen-Fragebogens, vgl. SCHAFFNER, PAUL / KNEIP, WOLFGANG a.a.O. (Fn. 22), S. 259, (261).

1183 Frage 7 des Insassen-Fragebogens, vgl. CHAIDOU, ANTHOZOE a.a.O. (1984a), (Fn. 22), S. 214.

1184 WIRTH, WOLFGANG a.a.O. (1998a) (Fn. 14), S. 278, (279).

Auch wird auf den in älteren Untersuchungen durchgehend als mit schwerwiegenden Problemen verbundenen Bezug von Zeitungen/Zeitschriften[1185], Büchern[1186], den Empfang von Radio[1187]- und Fernsehsendungen[1188] in der Heimatsprache sowie auf den Briefkontakt[1189] in türkischer Sprache und die Einschränkungen bei den Besuchskontakten[1190] eingegangen.

Ob diese Problembereiche für die jungen Türken noch aktuell sind oder ob sie vorzugsweise deutsche Zeitschriften und Bücher lesen und deutsche Fernsehsendungen sehen wollen und sich problemlos auch bei ihren Briefkontakten und mit ihrem Besuch in deutscher Sprache verständigen können, soll aufgeklärt werden. Auch wenn die jungen Türken überwiegend über gute Deutschkenntnisse verfügen, besteht die Möglichkeit, daß sie in bezug auf Briefkontakte und Besuche auf die türkische Sprache zurückgreifen müssen, weil die Eltern nicht über ausreichend gute deutsche Sprachkenntnisse verfügen.

Anschließend werden die Vollzugslockerungen[1191] und die Gründe für deren Versagung[1192] untersucht.

Auch in jüngeren Untersuchungen[1193] wurde die Versagung von Vollzugslockerungen aus vermeintlich unsachlichen Erwägungen, die jedoch in vielen Fällen auf das laufende Ausweisungsverfahren zurückzuführen sind, von den nichtdeutschen Inhaftierten als sehr belastend empfunden.

Nach der Erfragung des Alters und der Legalbiographie, die erst kurz vor Beendigung des Interviews erfolgt[1194], wird auf die Entscheidung über eine mögliche Ausweisung und Abschiebung[1195] eingegangen sowie nach der persönlichen Einstellung des Inhaftierten zu einer Abschiebung in die Türkei gefragt[1196].

1185 Frage 51 des Insassen-Fragebogens, vgl. NÄHRICH, WOLF-DIETER a.a.O. (Fn. 673), S. 145, (148); BOSETZKY, HORST / BORSCHERT, JÜRGEN / HELM, SIEGFRIED a.a.O. (Fn. 22), S. 198, (252).

1186 Frage 52 des Insassen-Fragebogens, vgl. BOSETZKY, HORST / BORSCHERT, JÜRGEN / HELM, SIEGFRIED a.a.O. (Fn. 22), S. 198, (252).

1187 Frage 53 des Insassen-Fragebogens, vgl. NÄHRICH, WOLF-DIETER a.a.O. (Fn. 673), S. 145, (148).

1188 Frage 54 des Insassen-Fragebogens.

1189 Fragen 55-57 des Insassen-Fragebogens, vgl. zu Außenkontakten auch BOSETZKY, HORST / BORSCHERT, JÜRGEN / HELM, SIEGFRIED a.a.O. (Fn. 22), S. 198, (252).

1190 Fragen 58-60 des Insassen-Fragebogens, vgl. NÄHRICH, WOLF-DIETER a.a.O. (Fn. 673), S. 145, (150).

1191 Fragen 61-62 des Insassen-Fragebogens, vgl. auch SCHAFFNER, PAUL / KNEIP, WOLFGANG a.a.O. (Fn. 22), S. 259, (264); BOSETZKY, HORST / BORSCHERT, JÜRGEN / HELM, SIEGFRIED a.a.O. (Fn. 22), S. 198, (256).

1192 Frage 63 des Insassen-Fragebogens, vgl. BOSETZKY, HORST / BORSCHERT, JÜRGEN / HELM, SIEGFRIED a.a.O. (Fn. 22), S. 198, (256).

1193 BUKOWSKI, ANNETTE a.a.O. (1998) (Fn. 9), S. 48.

1194 Vgl. oben unter Teil C, Kapitel 7, I. und III., 1.

1195 Frage 67 des Insassen-Fragebogens, vgl. BOSETZKY, HORST / BORSCHERT, JÜRGEN / HELM, SIEGFRIED a.a.O. (Fn. 22), S. 198, (280); WIRTH, WOLFGANG a.a.O. (1998a) (Fn. 14), S. 278, (286).

1196 Frage 68 des Insasssen-Fragebogens.

Es kann davon ausgegangen werden, daß bei dem überwiegenden Teil der türkischen Inhaftierten das Ausweisungsverfahren noch nicht abgeschlossen ist[1197] *und insbesondere die Insassen, die in kurzer Zeit entlassen werden, eine drohende Abschiebung als sehr belastend empfinden.*

Danach wird auf die fünf schwerwiegendsten Problemen nach der Entlassung[1198] eingegangen. Die anschließenden drei Fragen beziehen sich auf die Möglichkeit der Überstellung zur Strafverbüßung in das Heimatland[1199], den Wunsch, zur Strafverbüßung in die Türkei überstellt zu werden[1200] und mögliche Gründe, die für und gegen eine Überstellung sprechen könnten[1201]. Sie sollen Aufschluß über die Einstellung der türkischen Inhaftierten zu dem Instrument der Überstellung zur Strafverbüßung in die Türkei sowie über den Grad der Integration in die deutsche Gesellschaft geben.

Als Gründe, die für eine Überstellung sprechen könnten, werden beispielsweise die kürzere Haftzeit, die in der Türkei zu verbüßen ist[1202]*, Probleme mit der deutschen Sprache oder der Lebensmittelpunkt der Familie in der Türkei als Antwortmöglichkeiten angeboten. Gegen eine Überstellung könnten beispielsweise die schlechteren Haftbedingungen in der Türkei und der Lebensmittelpunkt der Familie und Freunde in Deutschland sprechen.*

Abschließend wird erfragt, ob bereits ein Antrag auf Überstellung in den Heimatstaat gestellt wurde und wie dieser beschieden wurde[1203].

Seit dem 01.02.1992 bis Anfang des Jahres 2000 wurden auf der Grundlage des Überstellungsübereinkommens 15 türkische Inhaftierte von Deutschland in die Türkei überstellt[1204].

[1197] Vgl. WIRTH, WOLFGANG a.a.O. (1998a) (Fn. 14), S. 278, (280).

[1198] Frage 69 des Insassen-Fragebogens, vgl. BOSETZKY, HORST / BORSCHERT, JÜRGEN / HELM, SIEGFRIED a.a.O. (Fn. 22), S. 198, (279).

[1199] Diese aktuell in der Politik diskutierte Frage wurde seither noch nicht in die Untersuchungen zur Situation nichtdeutscher im Strafvollzug einbezogen.

[1200] Frage 70 des Insassen-Fragebogens.

[1201] Fragen 71 und 72 des Insassen-Fragebogens.

[1202] Die Haftzeit in der Türkei beträgt, sofern die Tat unter das türkische Anti-Terrorgesetz fällt, nur 20 % der deutschen Haftdauer, vgl. hierzu auch die Ausführungen zu der Möglichkeit der Überstellung zur Strafverbüßung in den Heimatstaat in Teil E, Kapitel 16, VII., 3.

[1203] Frage 73 des Insasse-Fragebogens.

[1204] Dies geht aus den von dem Bundesländern mitgeteilten Zahlenmaterial hervor, das in der Antwort der Bundesregierung auf die Große Anfrage (BT-Drucksache 2827) mitgeteilt wurde, vgl. BT-Drucksache 14/3957 vom 28.07.2000, S. 4. Bei der Interpretationen der Zahlen ist zu beachten, daß zwei Bundesländer erst seit 1994 eine entsprechende Statistik führen und teilweise für das Jahr 1999, insbesondere jedoch für das Jahr 2000 noch keine ausgewertete Statistik vorliegt.
Aus der Überstellungsstatistik des Landes Baden-Württemberg geht hervor, daß bis zum 09.03.1993 lediglich 99 Gesuche auf Überstellung zur Strafvollstreckung in den Heimatstaat von allen nichtdeutschen Inhaftierten des Landes beim Justizministerium gestellt worden sind, von denen 48 negativ beschieden wurden, vgl. WEBER, STEPHAN a.a.O. (1997) (Fn. 15), S. 151 f. Andererseits gaben bei der im Jahr 1983 von WILKITZKI durchgeführten Untersuchung knapp 50 % der befragten türkischen Inhaftierten an, daß sie zur Vollstreckung ihrer Freiheitsstrafe in

Die geringe Anzahl der Überstellungen zur Strafvollstreckung im Herkunftsland könnte in erster Linie auf die Regelung des türkischen „Gesetzes über die Bekämpfung von Terror Nr. 3713" zurückzuführen sein, die zu einer erheblichen Verkürzung der Haftdauer in der Türkei führt[1205].

Hinzu kommt, daß die meisten türkischen Inhaftierten der Zweiten und Dritten Generation, die in Deutschland aufgewachsen sind und nur einen geringen oder gar keinen Bezug zu ihrem Heimatstaat haben – viele kennen die Türkei nur als Urlaubsland – nicht den Wunsch haben werden, zur Strafvollstreckung in die Türkei überstellt zu werden[1206].

b) Erhebungbogen für die Aktenanalyse

Für die Aktenanaylse männlicher deutscher Insassen ab 18 Jahren im geschlossenen Vollzug in der Jugendstrafanstalt Heinsberg konnte nur eine begrenzte Auswahl der Fragen aus dem Insassenfragebogen zu Vergleichszwecken herangezogen werden.
In den Personalakten der Inhaftierten sind folgende Angaben enthalten:

die Volkszugehörigkeit[1207], *die Konfession*[1208], *das Alter bei der Einreise nach Deutschland*[1209], *die schulische und berufliche Vorbildung*[1210], *eine mögliche Arbeitslosigkeit vor der Inhaftierung*[1211], *die Teilnahme an schulischen und beruflichen Bildungsmaßnahmen in der Anstalt*[1212], *die Ausübung einer Tätigkeit in der Anstalt*[1213], *der Familienstand*[1214], *der Wohnort vor der Inhaftierung*[1215], *die Vollzugslockerungen*[1216], *das Alter*[1217], *die Straftat*[1218], *das Strafmaß*[1219], *und – aus den Aufnahmegesprächen oder aufgrund der Aktenvermerke – Angaben zu einem Drogenkonsum oder einer Drogenabhängigkeit vor der Inhaftierung*[1220].

Da die deutschen Inhaftierten nicht nach ihrer Meinung oder Einschätzung, beispielsweise zur Bewertung ihres Verhältnisses zu türkischen und anderen

die Türkei überstellt werden wollen, vgl. WILKITZKI, PETER: Rechtshilfe durch Vollstreckung (§§ 48 ff., 71 IRG). In: JR, Heft 6, 1983, S. 227, (231).

1205 WEBER, STEPHAN a.a.O. (Fn. 15), S. 61.

1206 Vgl. auch BT-Drucksache 14/3957 vom 28.07.2000, S. 7.

1207 Entspricht der Frage 1 des Inassen-Fragebogens.

1208 Entspricht der Frage 2 des Inassen-Fragebogens.

1209 Entspricht der Frage 3 des Inassen-Fragebogens.

1210 Entspricht den Frage 4 und 5 des Inassen-Fragebogens.

1211 Entspricht der Frage 6 des Inassen-Fragebogens.

1212 Entspricht den Frage 7 und 8 des Inassen-Fragebogens.

1213 Entspricht der Frage 10 des Inassen-Fragebogens.

1214 Entspricht der Frage 11 des Inassen-Fragebogens.

1215 Entspricht der Frage 12 des Inassen-Fragebogens.

1216 Entspricht der Frage 61 des Inassen-Fragebogens.

1217 Entspricht der Frage 64 des Inassen-Fragebogens.

1218 Entspricht der Frage 65 des Inassen-Fragebogens.

1219 Entspricht der Frage 66 des Inassen-Fragebogens.

1220 Entspricht der Frage 36 des Inassen-Fragebogens.

ausländischen Inhaftierten oder zu den Bediensteten, befragt werden konnten, war es nur möglich, Vergleichsdaten über 187 deutsche Inhaftierte zu einem Teil der den türkischen Insassen gestellten Fragen zu gewinnen.

c) Erhebungsbogen für die Befragung der Ausländerbeauftragten

Die ersten Fragen des Erhebungsbogens für die Ausländerbeauftragten betreffen die statistischen Daten zur Zusammensetzung der Vollzugspopulation[1221].
Ferner wird auf die Situation türkischer Insassen eingegangen, insbesondere auf die Ausweisung[1222] und die Überstellung zur Strafverbüßung in den Heimatstaat[1223].

Die weiteren Fragen korrespondieren mit den Fragen aus dem Erhebungsbogen für die Insassen. Sie wurden in entsprechend abgewandelter Form übernommen, um eine Fremdeinschätzung der Situation türkischer Inhaftierter im Jugendstrafvollzug aus Sicht der Ausländerbeauftragten zu erhalten und um überprüfen zu können, in welchen Punkten die Einschätzung der Experten mit denen der Inhaftierten übereinstimmt und in welchen Bereichen die Einschätzungen voneinander abweichen. Sie beziehen sich auf:

> *Die Gewährung von Vollzugslockerungen, die Einschätzung der Haftbedingungen für türkische Inhaftierte, das Verhältnis türkischer Inhaftierter zu Mitgefangenen sowie Fragen zur Stellung der türkischen Inhaftierten innerhalb der Insassensubkultur. Es folgt die Beurteilung einer Einrichtung von speziellen Ausländeranstalten, die in älteren Untersuchungen befürwortet[1224], in jüngeren Untersuchungen[1225] sowohl von Vollzugsbediensteten als auch von Inhaftierten abgelehnt wurden.*

Danach werden die Art der Vorbereitung auf die Betreuung türkischer Inhaftierter, die Einstellung der Befragten zu einem Einsatz türkischer Betreuer und ihre Berurteilung des Verhaltens türkischen Inhaftierten im Vergleich zu anderen Insassengruppen sowie Problembereiche, die die türkischen Inhaftierten in besonders hohem Maße belasten, ermittelt.

1221 Die Höhe des Ausländeranteils in der Anstalt, die Anzahl der türkischen und kurdischen Insassen.

1222 Es soll untersucht werden, in wie vielen Fällen zum Zeitpunkt der Befragung bereits eine Entscheidung über eine Ausweisung bzw. Abschiebung vorliegt und wie viele türkische Insassen in den vergangenen zwei Jahren tatsächlich in die Türkei abgeschoben wurden, um einen Anhaltspunkt zu erhalten, in welchem Maße die von den Insassen gefürchtete Abschiebung tatsächlich vollzogen wird. Vgl. auch WIRTH, WOLFGANG a.a.O. (1998a) (Fn. 14), S. 278, (286).

1223 Die Anzahl der türkischen Insassen, die seit 1999 in die Türkei überstellt wurden sowie die Anzahl der Überstellungsanträge und gegebenenfalls die Ablehnungsgründe sollen ermittelt werden. Zunächst soll herausgefunden werden, ob bei den türkischen Inhaftierten ein Interesse an einer Überstellung besteht, und mit der Frage nach der Begründung einer möglichen Ablehnung dieser Anträge soll herausgefunden werden, ob die verweigerte Zustimmung der Inhaftierten der Grund für die vermutlich geringe Anzahl an durchgeführten Überstellungen ist oder die vorzeitige Entlassung nach dem Anti-Terrorgesetz. Vgl. auch oben unter Teil C, Kapitel 7, III., 1.

1224 NÄHRICH, WOLF-DIETER a.a.O. (Fn. 673), S. 145, (151).

1225 BOSETZKY, HORST / BORSCHERT, JÜRGEN / HELM, SIEGFRIED a.a.O. (Fn. 22), S. 198, (244 f); SCHAFFNER, PAUL / KNEIP, WOLFGANG a.a.O. (Fn. 22), S. 259, (262).

Auf den Anteil der drogenabhängigen deutschen, türkischen und anderen ausländischen Inhaftierten wird eingegangen, um herauszufinden, ob der Anteil der drogenabhängigen türkischen Insassen nicht mehr verschwindend gering ist wie noch vor zwanzig Jahren von KOEPSEL[1226] behauptet wurde, sondern, wie von SCHLEBUSCH[1227] im Jahr 1999 festgestellt wurde, bei ungefähr 50 % liegt, mit steigender Tendenz[1228].

Die Möglichkeiten der Religionsausübung sowie der Einhaltung religiöser Sitten und Ernährungsgewohnheiten muslimischer Inhaftierter werden ebenso erörtert wie die Einschätzung der Deutschkenntnisse türkischer und kurdischer Insassen in Wort und Schrift und der Ablauf der Brief-, Telefon-, und Besuchskontakte[1229].

Abschließend wird in offenen Fragestellungen[1230] nach besonderen Schwierigkeiten im Umgang mit türkischen oder kurdischen Insassen gefragt und eine Stellungnahme zu der Praxis der Überstellung zur Strafvollstreckung in den Heimatstaat erbeten.

d) Erhebungsbogen für die Befragung der Justizvollzugsbediensteten

Um den organisatorischen Aufwand für die Anstalten möglichst gering und die befragten Justizvollzugsbediensteten nur für kurze Zeit in Anspruch zu nehmen, mußte eine kleine Auswahl aus dem Fragebogen für die Ausländerbeauftragten getroffen werden, die zu Vergleichszwecken den Bediensteten aus verschiedenen Fachrichtungen gestellt wurden.

Aufgenommen in den Fragebogen für die Bediensteten wurden die Fragen nach:

> *den Haftbedingungen türkischer Insassen im Vergleich zu deutschen Inhaftierten, dem Verhältnis der türkischen Insassen zu Mitgefangenen gleicher und anderer Nationalität, der Einrichtung von speziellen Ausländerhaftanstalten, der Stellung türkischer Inhaftierter innerhalb der Insassensubkultur, der Sprachkenntnisse türkischer und kurdischer Insassen, ihrem Verhältnis zu türkischen Insassen, der Vorbereitung auf die Betreuung türkischer Insassen, dem Einsatz eines türkischen Bediensteten und der Einschätzung des Drogenkonsums in der Anstalt. Abschließend werden zwei offene Fragen zu besonderen Schwierigkeiten im Umgang mit türkischen und kurdischen Inhaftierten gestellt.*

1226 Vgl. KOEPSEL, KLAUS a.a.O. (1983) (Fn. 714), S. 200, (202).

1227 SCHLEBUSCH, Stephan a.a.O. (1999) (Fn. 1034), S. 15.

1228 In diesem Zusammenhang wird auch auf die Art der von türkischen Insassen konsumierten Drogen sowie die Frage nach den Anbietern der Drogen im Vollzug eingegangen.

1229 Es soll festgestellt werden, ob sich für die türkischen Inhaftierten der Zweiten Generation die mit fehlenden Sprachkenntnissen verbundenen Schwierigkeiten im Jugendstrafvollzug überhaupt noch stellen oder ob sie mittlerweile fast ausschließlich in deutscher Sprache, auch mit ihren Familienangehörigen, kommunizieren.

1230 Ohne vorgegebene Antwortmöglichkeiten.

III. Gründe für die Ausklammerung der Frauen im Jugendstrafvollzug

Bei der von WIRTH[1231] durchgeführten Stichtagserhebung am 15.07.1997 befanden sich lediglich neun weibliche türkische Insassen im Jugendstrafvollzug in Nordrhein-Westfalen, die wie alle weiblichen Jugendstrafgefangenen in der Justizvollzugsanstalt Köln untergebracht sind. Eine Einbeziehung der weiblichen türkischen Inhaftierten im Jugendstrafvollzug in Nordrhein-Westfalen hätte aufgrund der geringen Personenzahl erhebliche Schwierigkeiten in datenschutzrechtlicher und methodischer Hinsicht bereitet. Zum einen hätte die Gefahr bestanden, daß es möglich gewesen wäre, Rückschlüsse von den Ergebnissen auf die einzelnen der neun weiblichen türkischen Insassen zu ziehen. Zum anderen hätte sich angesichts einer derart kleinen Fallzahl eine geschlechtsspezifische Differenzierung der Untersuchungsbefunde von vornherein verboten[1232], die Ergebnisse wären aufgrund der geringen Anzahl wenig aussagekräftig gewesen.

IV. Pretest in der Jugendstrafanstalt Hameln

Im Vorfeld der Totalerhebung in den Jugendstrafvollzugsanstalten in Herford, Heinsberg, Siegburg und Iserlohn[1233], wurde am 17. und 18. Juli 2000 ein Pretest mit 20 türkischen Insassen in der Jugendstrafanstalt Hameln-Tündern in Niedersachsen durchgeführt, um bewußt in einem anderen Bundesland als Nordrhein-Westfalen eventuell vorhandene Verständnisschwierigkeiten einzelner Fragestellungen zu eruieren und zu beheben.

Einige Fragen mußten nach der Durchführung des Pretest geringfügig geändert werden. Die folgenden Punkte haben sich als Fazit aus dem Pretest ergeben:

- *Die türkischen Insassen kurdischer Volkszugehörigkeit legen großen Wert darauf, daß bereits in der Überschrift des Fragebogens zwischen türkischen und kurdischen Insassen unterschieden wird. Diese Anregung wurde in den Fragebogen für die Hauptuntersuchung aufgenommen.*

- *Bei der Frage nach dem Drogenkonsum in der Anstalt wird zwischen türkischen und kurdischen Insassen differenziert, da in dem Pretest mehrere Befragte erklärten, es gebe zwischen diesen beiden Gruppen große Unterschiede: Kurden dealen häufiger, nehmen aber selbst keine Drogen.*

- *Besondere Schwierigkeiten bereitete die Frage nach Schulden, die die türkischen Inhaftierten bei Mitgefangenen haben. Die überwiegend abgegebene Erklärung lautete: Landsleuten würde man etwas schenken, ohne es zurückzufordern; sie selbst hätten grundsätzlich keine Schulden bei anderen Gefangenen.*

[1231] WIRTH, WOLFGANG a.a.O. (1998a) (Fn. 14), S. 278.

[1232] Vgl. hierzu auch WIRTH, WOLFGANG a.a.O. (1998a) (Fn. 14), S. 278.

[1233] Die Jugendstrafanstalt Hövelhof in Nordrhein-Westfalen wurde nicht in die Untersuchung einbezogen, da in ihr nur die offene Vollzugsform praktiziert wird.

- *Der Begriff „Schulden" ist aus der Sicht der türkischen Inhaftierten negativ besetzt. Schulden bei anderen zu haben oder Schulden von anderen einzufordern, wird als Verstoß gegen die Ehre angesehen, als etwas, für das sich der Betreffende schämen muß. Aus diesem Grund wurden die Fragen umformuliert: Schulden haben wurde durch die Umschreibung „(bei) anderen etwas leihen, borgen" ersetzt.*

- *Probleme bereitete die Beantwortung der Fragen nach der Häufigkeit, in der die türkischen Insassen Opfer eines Übergriffs geworden sind.*

- *Der Begriff „Opfer" löste bei mehreren Probanden des Pretests eine Abwehrhaltung aus: Sie würden nie angegriffen, die anderen Türken würden sofort zur Hilfe kommen, es würde sich keiner trauen, sie anzugreifen. Auch Schimpfworte, die ab und zu fallen, seien eher freundschaftlich gemeint. Bei einer späteren Frage nach der Reaktion der Aufsichtsbeamten, beispielsweise bei einer Schlägerei, stellte sich heraus, daß die Probanden, die zuvor angegeben hatten, nie Opfer geworden zu sein, häufig an Schlägereien beteiligt gewesen sind. Schlägereien werden aufgrund der Gegenseitigkeit der Angriffe nicht als ehrverletztend erlebt und von den türkischen Insassen nicht unter die Kategorie „Übergriff" eingeordnet.*

- *Die Fragen, die sich auf Viktimisierungserfahrungen beziehen, wurden umformuliert: Gefragt wird nun nach einem Streit mit Worten und nach einem Streit mit körperlicher Auseinandersetzung sowie nach Opfererfahrungen in der Anstalt allgemein.*

- *Der Pretest wurde sowohl in Einzelgesprächen als auch in Gruppeninterviews mit bis zu vier türkischen Inhaftierten durchgeführt. Dabei wurde festgestellt, daß nicht mehr als zwei Insassen zeitgleich interviewt werden sollten, da bei den Gruppeninterviews die Antworten im Selbstbeurteilungsverfahren von den Inhaftierten angekreuzt werden und mit zunehmender Gruppengröße sich die Gefahr erhöht, daß die Insassen ihre Antworten laut nennen oder nicht mehr warten, bis eine Frage von dem Interviewer vorgelesen wird, sondern selbständig möglichst schnell vorgehen und dabei einige Fragen nicht beantworten.*

- *Die Einzel- und Gruppeninterviews wurden überwiegend ohne die Anwesenheit eines Aufsichtsbeamten geführt. Diese Vorgehensweise hat sich für die Gesprächssituation als sehr angenehm erwiesen: Einige Insassen erläuterten ihre Antworten unbefangen und nannten Beispiele aus dem Vollzugsalltag. Ohne die Anwesenheit eines Justizvollzugsbediensteten konnten sie sicher sein, daß niemand in der Anstalt von ihren Antworten Kenntnis erlangt.*

Bezugsanstalten für die Hauptuntersuchung waren Heinsberg, Herford, Iserlohn und Siegburg[1234].

[1234] Die Jugendstrafanstalt Hövelhof wurde nicht in die Untersuchung einbezogen, da sie eine Einrichtung des offenen Vollzuges ist.

Kapitel 8: Vorstellung der an der Untersuchung beteiligten Jugendstrafanstalten

I. Jugendstrafanstalt Heinsberg

Die JVA Heinsberg wurde nach zehnjähriger Bauzeit am 01.04.1978 eröffnet. Die Gebäude sind in zweigeschossiger Bauweise mit einem geschlossenen Ring errichtet worden und die Außenmauer der Anstalt hat eine Länge von 1,3 km und eine Gesamtfläche von 116.000 qm.
Der Gebäudekomplex setzt sich zusammen aus 6 Hafthäusern mit einem Schulungszentrum, einem Verwaltungsgebäude und mehreren Werkhallen. Diese Gebäude befinden sich im geschlossen Bereich der Anstalt. Die Hafthäuser im geschlossenen Bereich sind aufgeteilt in 6 Wohngruppen, darunter: ein Sonderhafthaus für nicht Wohngruppenfähige, eine Therapievorbereitungsgruppe und ein Intensivwohngruppenvollzug für Gewalttäter.

Die Jugendstrafanstalt Heinsberg verfügt insgesamt über 230 Haftplätze im geschlossenen Bereich sowie 30 Haftplätze im Übergangshaus (offener Vollzug) außerhalb des geschlossenen Bereichs.
Der Ausländeranteil an den männlichen jugendlichen und heranwachsenden Inhaftierten, die zwischen 14 und 24 Jahre alt sind, beträgt im Jahresdurchschnitt ca. 40 %.
Neben schulischen Bildungsmaßnahmen (beispielsweise zum Erwerb des Hauptschulabschlusses) und Deutschkursen für junge Ausländer und Aussiedler steht den Inhaftierten ein breites Spektrum an Ausbildungsmöglichkeiten in den folgenden Bereichen zur Verfügung: Hochbaufacharbeiter (Dauer 2 Jahre), Maurergeselle (Dauer 3 Jahre), Teilezurichter (2 Jahre), Industriemechaniker (3 Jahre), Schweißer und Textilausbildung (1-3 Jahre).

> *Ferner besteht die Möglichkeit an Berufsvorbereitungsjahren in den Bereichen Elektro, Gestaltung, Textil oder Metall teilzunehmen. Auch werden arbeitstherapeutische Maßnahmen im Landschafts- und Gartenbau sowie beim „Arbeiten und Lernen an Holz und Metall" angeboten.*

Begleitend erfolgt in allen Maßnahmen Schulunterricht von internen und externen Lehrkräften.

In der Jugendstrafanstalt Heinsberg werden zahlreiche Sportmöglichkeiten zur Freizeitbeschäftigung angeboten: eine Sporthalle mit Kletterwand, ein Kraftraum, und eine Außensportanlage mit einem „Beach Volleyball-Feld". Eine „Half Pipe" zum Skateboardfahren soll in Kürze errichtet werden.

In die Therapievorbereitungsgruppe[1235] für Konsumenten illegaler Drogen (TVG) in der Jugendstrafanstalt Heinsberg werden in 19 Einzelhafträumen und einem Doppelhaftraum bis zu 21 Abhängige von illegalen Drogen oder Politoxikomane[1236] aufgenommen, die zum Zeitpunkt der Aufnahme eine stationäre Therapie anstreben. In den vergangen Jahren ist die Anzahl der stationären Therapievermittlungen von 3 (1993) auf 47 (1998) stark angestiegen.

II. Jugendstrafanstalt Herford

Die im Jahr 1880 errichtete Jugendstrafanstalt Herford, die zur Zeit umfassend renoviert wird, verfügt über 373 Haftplätze für 14- bis 24jährige männliche Untersuchungs- und Jugendstrafgefangene[1237].

In der Anstalt arbeiten etwa 245 Bedienstete[1238]. Den Schwerpunkt der schulischen Bildungsmaßnahmen in der Anstalt bilden Förder- und Vorbereitungsunterrichte, Alphabetisierungs- und Deutschkurse.

1235 Vgl. JVA HEINSBERG, THERAPIEVORBEREITUNGSGRUPPE FÜR KONSUMENTEN ILLEGALER DROGEN: Konzeption. Stand 12/1998. Heinsberg 1998: Ziel der Therapievorbereitungsgruppe (TVG) ist es, die Klienten auf eine stationäre Langzeittherapie vorzubereiten: Eigeninitiative zu entwickeln, sich auf Gruppenprozesse einzulassen, Regeln einzuhalten, den Drogenkonsum zu reduzieren und spätestens zum Therapieantritt einzustellen. Die Mindestaufenthaltsdauer in der TVG beträgt 3 Monate und sollte 9 Monate nicht überschreiten. Die Aufnahmevoraussetzungen sind: Freiwilligkeit, Bereitschaft zur Mitarbeit, Bereitschaft drogenfrei zu leben (der Klient muß mit einem negativen Drogenscreening die Therapie antreten), Anerkennung der in der TVG bestehenden Regeln und Unterzeichnung des Aufnahmevertrages. Ausschlußgründe aus der TVG sind: Das Einbringen von Drogen (in unregelmäßigen Abständen werden Urinkontrollen durchgeführt), das Anbieten von Drogen zum Verkauf oder Handel, keine Motivation zur Mitarbeit, gravierendes Fehlverhalten (z. B. Unterdrückung anderer), und der eigene Wunsch nach Zurückverlegung. Neben der allgemeinen Arbeitspflicht sind die Klienten der TVG verpflichtet an zahlreichen Angeboten aktiv teilzunehmen: Wohngruppenversammlung, Kleingruppe, zwei Sportangeboten, einer Freizeitgruppe, einen „Posten" nach Einteilung (z. B. Spielewart oder Tierpflege). Betreut wird die TVG von 8 Bediensteten des allgemeinen Vollzugsdienstes (AVD), einem Diplom-Psychologen, einem Diplom-Sozialarbeiter mit sozialtherapeutischer Weiterbildung „Sucht", einer Suchtberaterin (AVD) mit sozialtherapeutischer Weiterbildung „Sucht" sowie Honorarkräften, ehrenamtlichen Betreuern und Jahrespraktikanten der Sozialarbeit für Kreativangebote.

1236 Mehrfachkonsumenten, die also verschiedene Rauschmittel konsumieren.

1237 Daß sich auch die Öffentlichkeit für die Probleme junger Inhaftierter interessiert, wird an einem Artikel der Illustrierten STERN Nr. 51, 2000, S. 54-66 deutlich, der über das Einzelschicksal eines jungen Insassen aus der Jugendstrafanstalt Herford berichtet, der von einem jungen türkischen Mitgefangenen unter Druck gesetzt wurde, von seinem Urlaub Drogen in die Anstalt mitzubringen und schließlich Suizid beging. Bei diesem Artikel ist jedoch zu beachten, daß es sich lediglich um ein Einzelschicksal handelt und daß die Bedrohung von einem Mitgefangenen in der Anstalt und mehreren Personen außerhalb der Anstalt begangen wurde und für die Begehung der Suizidhandlung eine Kette einzelner Erlebnisse ursächlich war, und nicht ausschließlich, wie dem Artikel (auf den ersten Blick) entnommen werden kann, die Haftsituation in der JVA Herford.

Für die berufliche Qualifizierung stehen 145 Ausbildungsplätze mit berufsbegleitendem Unterricht zur Verfügung. Ausbildungsmöglichkeiten werden für die Berufe: Bäcker, Elektroinstallateur, Gas- und Wasserinstallateur, Holzmechaniker, Klempner, Konstruktionsmechaniker, Maler und Lackierer, Maurer, Tischler sowie Zentralheizungs- und Lüftungsbauer angeboten[1239].
Darüber hinaus werden Arbeitsplätze zur Verfügung gehalten, die nur eine Anlernphase erfordern und dazu dienen, die Arbeitsfähigkeit zu erzeugen und zu erhalten.

Für sportliche Aktivitäten der Inhaftierten stehen ein Sportplatz mit Kugelstoß-, Weitsprung- und Hochsprunganlage, eine Sporthalle und ein Kraftraum zur Verfügung.

In der JVA Herford kann das Deutsche Sportabzeichen erworben werden. Etwa 20-25 Begegnungen mit externen Mannschaften finden jährlich innerhalb und außerhalb der Mauern statt. Seit 1979 richtet die JVA Herford in der Ernst-Barlach-Schule ein Hallenfußballturnier aus.

Die anstaltsinterne Suchtberatung der JVA Herford[1240] bietet Information und Beratung für drogenabhängige Inhaftierte, teilweise in Zusammenarbeit mit externen Stellen der Suchtkrankenhilfe wie der AIDS-Hilfe und Therapieeinrichtungen. Im Jahr 1999 konnten 51 Inhaftierte[1241] in externe Therapieeinrichtungen vermittelt werden.

III. Jugendstrafanstalt Iserlohn

Die Jugendstrafanstalt Iserlohn, die für die Aufnahme männlicher Jugendstrafgefangener zuständig ist, verfügt über 292 Haftplätze, davon: 160 im geschlossenen Vollzug, 88 in einer Sonderform des geschlossenen Vollzuges[1242], 19

1238 Die größte Gruppe bilden die Angestellten und Beamten des allgemeinen Vollzugsdienstes. Sie sind für die Betreuung, Versorgung und sichere Unterbringung der Gefangenen und die Anleitung und Beaufsichtigung in den Arbeitsbetrieben zuständig. Daneben gibt es Bedienstete verschiedener Fachrichtungen: 1 Arzt, 2 Pfarrer, 5 Psychologen, 8 Pädagogen und 11 Sozialarbeiter.

1239 In einem von der JVA Herford durchgeführten Forschungsprojekt zu den Wirkungen beruflicher Bildungsmaßnahmen im Vollzug konnte nachgewiesen werden, daß die Rückfallquote deutlich absinkt, wenn sich an die vollzugliche Ausbildung eine Arbeitsplatzvermittlung anschließt; die Rückfallquote lag nach dieser Untersuchung bei 42 %. Seit 1998 gibt es in der JVA Herford und in den anderen vier Jugendstrafanstalten in NRW das von der EU, der Bundesanstalt für Arbeit und den Landesministerien für Justiz sowie für Arbeit, Gesundheit und Soziales geförderte Modellprojekt MABiS (Modellprojekt Ausbildungs- und Beschäftigungsintegration für Strafentlassene). Ziel des Projektes ist die Verknüpfung von beruflichen Förderungsmaßnahmen im Strafvollzug und außervollzuglichen Ausbildungs- und Arbeitsplatzangeboten für Haftentlassene in Nordrhein-Westfalen.

1240 In der JVA Herford wird davon ausgegangen, daß bei etwa 30 % der Inhaftierten eine behandlungsbedürftige Suchtproblematik vorliegt.

1241 Teilweise unter Zurückstellung der Strafvollstreckung gem. § 35 BtMG.

1242 Seit dem 01.04.1991 ist die JVA Iserlohn auch für den Vollzug der Untersuchungshaft, Auslieferungs- und Durchlieferungshaft an Jugendlichen und Heranwachsenden zuständig.

im offenen Vollzug und 25 im Übergangshaus[1243]. Die Zahl der ausländischen Inhaftierten betrug im Jahr 1999 bei den zu einer Jugendstrafe verurteilten (im offenen und geschlossenen Vollzug) 56 Personen, bei an Untersuchungshäftlingen waren es 35 Personen.

In der Justizvollzugsanstalt Iserlohn, in der 193 hauptamtliche vollbeschäftigte Bedienstete[1244] tätig sind, ist eine Außenstelle des Berufskollegs des Märkischen Kreises in Iserlohn eingerichtet. Sie dient in erster Linie den folgenden Zielen:

- *Erfüllung der Berufsschulpflicht der 14- bis 17-jährien Inhaftierten,*
- *Vorbereitung auf eine praktische Berufsausübung (Berufsgrundschuljahr, sowie einer Vorklasse und einer Sonderklasse der Vorklasse),*
- *Vermittlung eines dem Hauptschulabschluß bzw. dem Sekundarabschluß I vergleichbaren Bildungsabschluß.*

Darüber hinaus werden für Strafgefangene 100 Ausbildungsplätze gewerblicher Art unterhalten in den Bereichen: Hochbaufacharbeiter, Maurer, Industriemechaniker, Zerspanungsmechaniker, Teilezurichter, Energieelektroniker und Lackierer[1245]. Der begleitende Berufsschulunterricht wird von Lehrkräften der Anstalt und des Berufskollegs des Märkischen Kreises in Iserlohn erteilt.

IV. Jugendstrafanstalt Siegburg

Die Justizvollzugsanstalt Siegburg, die im Jahr 1896 errichtet wurde, ist – neben der JVA Herford – die zweitälteste Jugendstrafanstalt in Nordrhein-Westfalen. Aufgrund des hohen Alters, finden an den Gebäudeteilen immer wieder bauliche Maßnahmen statt; so wurde im Jahr 2000 eine neue Umwehrungsmauer mit integrierter Pforte fertiggestellt.
Bei der Justizvollzugsanstalt Siegburg besteht gegenüber den anderen Anstalten die Besonderheit, daß sie sowohl für den Erwachsenenvollzug als auch für die zu einer Jugendstrafe Verurteilten zuständig ist. Aus diesem Grunde hat sie mit 670 Gefangenen die mit Abstand höchste Insassenzahl im Vergleich zu den drei anderen Anstalten.

[1243] Das einzige Übergangshaus im Jugendstrafvollzug des Landes Nordrhein-Westfalen ist der JVA Iserlohn angeschlossen. Ein wesentliches Element des Übergangshauses ist das freie Beschäftigungsverhältnis.

[1244] Von diesen entfallen 146 auf den allgemeinen Vollzugs- und Werkdienst; in den verschiedenen Fachdiensten (Arzt, Seelsorger, Psychologen, Lehrer, Sozialarbeiter) sind 24 Bedienstete und in der Verwaltung 17 tätig. Hinzu kommen 1 Krankenpfleger und 4 Arbeiter.

[1245] Die Kurzausbildung zum Hochfacharbeiter und Teilezurichter dauert 18 Monate, die Vollausbildungen in den beiden Bereichen 24 Monate. Bei den Lackierern ist die Vollausbildung mit 18 Monaten deutlich kürzer. Die Facharbeiter- und Zwischenprüfungen werden zwei Mal jährlich von der Indurstrie- und Handelskammer Hagen abgenommen.
Im Jahr 1999 (Stand 30.09.1999) hat der MABiS-Beauftragte der Anstalt Iserlohn (vgl. oben Fn. 1239) 101 zur Entlassung anstehende Insassen beraten. Von diesen konnten mehr als 50 % in Arbeit, Ausbildung oder Qualifizierungsmaßnahmen des Arbeitsamtes vermittelt werden.

Etwa die Hälfte der Inhaftierten verbüßt eine Freiheitsstrafe im Erwachsenenvollzug. Diese Insassen sind in dem Haus I untergebracht. Die andere Hälfte der Insassen verbüßt in dem Haus II – einer reinen Jugendstrafanstalt – und in dem B-Flügel des Hauses I (Zugangsabteilung) eine Jugendstrafe.

Die JVA Siegburg verfügt, wie die anderen Anstalten, über ein breit gefächertes Angebot schulischer und beruflicher Bildungsmaßnahmen[1246].

- *Im schulischen Bereichen werden Förderkurse angeboten, die von Kursen, in denen Lesen und Schreiben vermittelt wird, bis zur Vorbereitung auf Schulabschlußmaßnahmen reichen, Deutschkurse für Ausländer, sowie Maßnahmen zum Hauptschulabschluß nach Klasse 9 oder 10 A und zum Abschluß der Sekundarstufe 1.*

- *Die Maßnahmen der beruflichen Bildung umfassen die Ausbildung zum Maler und Lackierer, Fahrzeuglackierer, Kraftfahrzeugmechaniker, Machinenarbeiter Holz und die Metallausbildung (z. B. zum Konstruktionsmechaniker oder Schweißer)*[1247].

Darüber hinaus enthält die Justizvollzugsanstalt Siegburg seit 20 Jahren eine Sozialtherapeutische Abteilung. Das Ziel der therapeutischen Arbeit besteht darin, jungen Strafgefangenen, deren besonders schwerwiegende Straftaten in engem Zusammenhang mit erheblichen psychosozialen Störungen stehen, zu ermöglichen, Defizite in ihrer bisherigen Entwicklung zu erkennen und aufzuarbeiten, ihre Verhaltensmöglichkeiten auszubauen, über eine größere Entscheidungsfreiheit zu verfügen, selbstbewußt und selbständig zu leben[1248].

[1246] Vgl. HARDER, KARLHEINZ / HURNIK, DIETER: Schulische und berufliche Bildung für junge Gefangene in der Justizvollzugsanstalt Siegburg. Neufeind, Wolfgang (Hrsg.). Siegburg 2000.

[1247] In Zusammenarbeit mit dem Arbeitsamt ist die Einrichtung eines Berufsinformationszentrums zur Intensivierung der vorbereitenden Ausbildung oder Umschulung im beruflichen Bereich geplant. Die jungen Strafgefangenen sollen anhand von computergestützten Selbstinformationen Inhalte und Anforderungen der einzelnen Ausbildungsmöglichkeiten kennen lernen, um anschließend mit dem Berufs- oder Arbeitsberater des Arbeitsamtes die weiteren Schritte zu überlegen.
Da die heutigen Ausbildungs- und Prüfungsrichtlinien von Auszubildenden in zunehmendem Maße Kenntnisse in elektronischer Datenverarbeitung verlangen, sollen in der JVA Siegburg acht EDV-Arbeits- und Ausbildungsplätze eingerichtet werden.

[1248] Die beiden Wohngruppen der Sozialtherapeutischen Abteilung (STh) bieten 30 Therapieplätze. Neben Hafträumen (Unterbringung in Einzelzellen) gibt es für jede Wohngruppe Funktions- und Gemeinschaftsräume. Das Team der STh besteht aus elf hauptamtlichen Mitarbeitern aus verschiedenen Fachbereichen und der Abteilungsleiterin. Die Behandlung setzt die Einhaltung von Basisregeln voraus: Drogen- und Alkoholabstinenz, Verzicht auf die Androhung und Ausübung körperlicher Gewalt, pünktliche Essenseinnahme, regelmäßiges Erscheinen zu Arbeit oder Unterricht. Sie gliedert sich in mehrere Phasen und beginnt mit den Mindestanforderungen an das soziale Miteinander in einer Gruppe (Hausordnung, Körperpflege, Zellenordnung, Hausdienste, Teilnahme an themenzentrierten Gruppen) und endet mit der Umsetzungsphase, in der es dem Inhaftierten gelingen soll, sich eine selbständige Lebenssituation aufzubauen (Freigängerstatus erreichen, Ablösungsprozesse von der Sozialtherapie vollziehen, soziale Eingliederung betreiben (Wohnung, Arbeit suchen)). Vgl. TEAM DER SOZIALTHERAPEUTISCHEN EINRICHTUNG: Sozialtherapeutische Abteilung der Justizvollzugsanstalt Siegburg. Neufeind, Wolfgang (Hrsg.), Siegburg 2000.

Kapitel 9: Durchführung der empirischen Untersuchung

I. Erhebungsphase

Für eine quantitative Bestandsaufnahme wurde für das Land Nordrhein-Westfalen eine Totalerhebung angestrebt, d. h. alle zu dem jeweiligen Befragungstermin inhaftierten türkischen, männlichen Insassen, die das 18. Lebensjahr[1249] vollendet haben, im geschlossenen[1250] Jugendstrafvollzug eine Jugendstrafe oder eine Freiheitsstrafe gem. § 114 JGG[1251] verbüßen, sollten in die Untersuchung einbezogen werden.

1. Realisierte Erhebung

Die Anbahnung der Interviews lief in den vier Jugendstrafanstalten ähnlich ab. Zunächst wurde mit dem Anstaltsleiter und dem Ausländerbeauftragten ein Vorgespräch geführt, in dem die Interviewerin das Forschungsprojekt, den ungefähren Ablauf und die Ziele der Befragung nannte und dem Ausländerbeauftragten den Fragebogen für die Inhaftierten vorstellte. Darüber hinaus wurde ein Schreiben[1252] übergeben, das an alle türkischen Insassen verteilt werden sollte, in dem die oben genannten Punkte enthalten sind. Dieses Schreiben sollte neben der Information über die Ziele und das Erhebungsverfahren der Untersuchung, sowie der Zusicherung der rein wissenschaftlichen Dokumentation der erhobenen Antworten, dazu dienen, die zu

1249 Bei Minderjährigen ist aufgrund datenschutzrechtlicher Bestimmung die Einverständniserklärung der Eltern einzuholen. Dieses Erfordernis hat bereits in der Untersuchung von HÜRLIMANN zur Subkultur im Strafvollzug zu einer weiteren Fehlerquelle geführt, „da anzunehmen ist, daß einige Gefangene aus verschiedenen Gründen die Einverständniserklärung nicht (an ihre Eltern) weitergeleitet haben. Es kann vermutet werden, daß der Rücklauf ohne das Einholen des Einverständnisses der Erziehungsberechtigten höher ausgefallen wäre. Zudem trafen einige Einverständniserklärungen mit einer großen zeitlichen Verzögerung ein, was eine Nacherhebung in den Stationen erforderlich machte." (HÜRLIMANN, MICHAEL a.a.O. (Fn. 884), S. 104 f.); vgl. hierzu auch BUKOWSKI, ANNETTE a.a.O. (1998) (Fn. 9), S. 40.

1250 Die Untersuchung beschränkt sich auf die türkischen Insassen des geschlossenen Vollzuges, da Ausländeranteil im offenen Vollzug mit lediglich 8 % der Haftplätze im Jugendstrafvollzug in Nordrhein-Westfalen nur eine untergeordnete Rolle spielt, vgl. dazu DÜNKEL, FRIEDER a.a.O. (1990) (Fn. 19), S. 143 ff.

1251 Gem. § 114 JGG dürfen an Verurteilten, die das 24. Lebensjahr noch nicht vollendet haben und sich für den Jugendstrafvollzug eignen, auch Freiheitsstrafen vollzogen werden, die nach allgemeinem Strafrecht verhängt wurden. Da im Jugendstrafvollzug mehr Wiedereingliederungshilfen als im Erwachsenenstrafvollzug gegeben werden sollen, ist regelmäßig von einer persönlichen Eignung auszugehen. Auch wird eine Einwirkungsmöglichkeit in diesem Altersstadium nicht auszuschließen sein. Allerdings kann im Einzelfall ein älterer Gefangener eine negative Vormachtstellung gegenüber den jüngeren Insassen ausüben, die einer Integration entgegenstehen. Letztlich ist bei der Entscheidung, ob die Freiheitsstrafe in einer Jugendstrafanstalt vollzogen werden soll, auf die Persönlichkeitsstruktur des Gefangenen abzustellen. Vgl. OSTENDORF, HERIBERT a.a.O. (2000) (Fn. 648), § 114 Rn. 3.

1252 Vgl. das Informationsblatt im Anhang auf S. 399.

Befragenden davon zu überzeugen, daß ihre Aussagen anonym behandelt werden[1253], daß also sowohl außerhalb als auch innerhalb der Anstalt niemandem bekannt würde, was sie geantwortet haben. Zusätzlich wurde an alle türkischen Insassen eine Einverständniserklärung[1254] verteilt, die von den Probanden unterschrieben an den Ausländerbeauftragten übergeben werden sollten. In dieser Einverständniserklärung wurde zugleich zugesichert, daß die Angaben streng vertraulich behandelt werden und die Fragebögen nach Eingabe der Daten in den Computer vernichtet werden.

Weiterhin wurden die schriftlichen Einverständniserklärungen des Anstaltsleiters und des Ausländerbeauftragten zu ihrer Befragung eingeholt und der erste Teil des standardisierten Expertenfragebogens[1255] an die Ausländerbeauftragten übergeben. Dieser Teil enthielt Fragen zu statistischen Daten und bedurfte einer eingehenden Vorbereitung der zu Interviewenden vor der Beantwortung.
Schließlich wurde in diesem Gespräch auch ein Termin für die Durchführung der Interviews vereinbart.

Die Erhebungsphase lag in der Zeit von 30.10.2000 bis 22.11.2000. Die Interviews bestanden in ihrem Hauptteil aus einer quantitativen Befragung der Untersuchungspersonen.

a) Totalerhebung der türkischen Insassen

Nach dem Eingang der von den Probanden unterschriebenen Einverständniserklärungen wurde die Befragung in den Jugendstrafanstalten Heinsberg, Herford, Iserlohn und Siegburg durch die Verfasserin und einen wissenschaftlichen Mitarbeiter des Lehrstuhls in zwei Räumen der Anstalt durchgeführt. Auf diese Weise konnten jeweils zwei Probanden in einem Einzelinterview bzw. vier Probanden, aufgeteilt in zwei Zweiergruppen, zeitgleich interviewt werden, so daß der Zeitaufwand, für den ein Aufsichtsbeamter für die Beaufsichtigung des Untersuchungsablaufs von seinen üblichen Vollzugsaufgaben freigestellt werden mußte, gering gehalten werden konnte.

Die Erhebungsbögen wurden direkt an die Untersuchungspersonen, je nach Sprachkenntnissen der zu Interviewenden in deutscher oder türkischer Sprache ausgeteilt. Anschließend wurden die Fragen von den Interviewern laut vorgelesen, um den Probanden bei jeder Frage die Gelegenheit zu geben, bei Verständnisschwierigkeiten um eine Erläuterung zu bitten. Die Antworten wurden bei den Einzelinterviews von den Interviewern, bei der Zweiergruppe von den Probanden im Selbstbeurteilungsmodus angekreuzt. Insgesamt wurden 54 Einzelinterviews und 21

1253 Jedem türkischen Insassen, der sein Einverständnis erklärt hatte, wurde von der Verfasserin eine Nummer zugeteilt, die oben auf der ersten Seite des Fragebogens eingetragen wurde. Auf diese Weise sollte gewährleistet werden, daß nur der Verfasserin bekannt ist, welche Nummer und somit welcher Fragebogen zu welchem Insassen gehört.

1254 Vgl. die Einverständniserklärung im Anhang auf S. 401.

1255 Vgl. zu den Fragen im Fragebogen für die Ausländerbeauftragten unter Teil C, Kapitel 7, II. 4. c) und zu dem Fragebogen für die Justizvollzugsbediensteten oben unter Teil C, Kapitel 7, II. 4. d).

Gruppeninterviews mit jeweils zwei Insassen geführt. Von der Möglichkeit, den Fragebogen in türkischer Sprache auszufüllen, haben 12 Insassen Gebrauch gemacht.

Die Untersuchungsdauer lag pro Befragung bei einer dreiviertel bis einer Stunde. Durch die Sitzanordnung, die sicherstellte, daß immer ein Platz zwischen zwei Probanden frei war, und die ständige Anwesenheit der Interviewer, konnte gewährleistet werden, daß jeder Inhaftierte die Fragen für sich allein beantwortete.

Da eine andere Untersuchung[1256] aus jüngerer Zeit sehr gute Erfahrungen mit dem Einsatz von Tabak zur Motivationssteigerung gemacht hatte, wurde den Befragten, wie bereits in dem Informationsbrief[1257] angekündigt, nach der Rückgabe des ausgefüllten Fragebogens ein Päckchen Tabak ausgehändigt[1258].

Nach der Verabschiedung des Probanden wurde ein kurzes Protokoll erstellt, in dem der Ort und die Dauer des Interviews, besondere Umstände und erste Eindrücke festgehalten wurden.

Auf die ursprünglich geplante Durchführung einer Vergleichsanalyse der in den Anstalten geführten Gefangenenpersonalakten, die im wesentlichen zur Überprüfung der Angaben im Interview, die sich auf das Alter des Inhaftierten sowie die legalbiographischen Aspekte beziehen, hätte dienen sollen, wurde nach Rücksprache mit dem Leiter des Kriminologischen Dienstes des Justizministeriums des Landes Nordrhein-Westfalen verzichtet, um im Hinblick auf den Genehmigungsantrag für die Durchführung der Untersuchung den Verwaltungsaufwand für die Anstalten nicht unverhältnismäßig zu erhöhen. Hierbei mußte auch berücksichtigt werden, daß sich die Gefangenen-personalakten als laufende Akten bei verschiedenen Fachdiensten innerhalb der Anstalt befinden und ihre Einsichtnahme folglich einen hohen Verwaltungsaufwand verursacht hätte, der möglicherweise nicht in einem angemessenen Verhältnis zu dem Ziel der Aktenanalyse, der Überprüfung von Angaben, die bereits durch den Fragebogen erhoben wurden, gestanden hätte.

b) Deutsche Insassen mit ehemals türkischer Staatsangehörigkeit

Nach Abschluß der Befragung der türkischen Insassen in den vier Jugendstrafanstalten, wurde aufgrund der gegenüber früheren Untersuchungen zurückgegangenen Anzahl türkischer Inhaftierter vermutet, daß diese Entwicklung auf eine in der Vergangenheit erhöhte Anzahl eingebürgerter[1259] junger Türken zurückzuführen sein könnte. Diese Annahme beruhte auf der Überlegung, daß möglicherweise viele der ehemals türkischen Staatsangehörigen seit kurzer Zeit die deutsche Staatsangehörigkeit besitzen und folglich nicht als türkische Inhaftierte an der Befragung teilnehmen konnten.

[1256] HÜRLIMANN, MICHAEL a.a.O. (Fn. 884), S. 103, vgl. oben unter Teil C, Kapitel 9, I., 1., a).
[1257] Vgl. den Informationsbrief im Anhang, S. 399.
[1258] Vgl. zu dem Einsatz von Tabak als Motivationsmittel oben unter Teil C, Kapitel 7, I.
[1259] Vgl. zur Einbürgerung auch oben unter Einleitung, V. 1. a) und b).

Aus diesem Grunde wurden in der Zeit vom 28.11.2000 bis 13.12.2000 mittels der Computer in den vier Anstalten nach Inhaftierten mit deutscher Staatsangehörigkeit gesucht, die entweder einen türkisch klingenden Namen tragen oder Moslems sind. Diese Insassen wurden von der Verfasserin zunächst befragt, ob sie in der Vergangenheit die türkische Staatsangehörigkeit besessen haben und inzwischen eingebürgert wurden.

Ein Großteil der auf diese Weise ermittelten Inhaftierten besaß ursprünglich zwar nicht die türkische, aber eine ausländische Staatsangehörigkeit, beispielsweise die Iranische, Algerische, Marokkanische Staatsangehörigkeit, hatte eine deutsche Mutter oder war schon vor vielen Jahren von deutschen Eltern adoptiert worden und folglich nicht vor einem türkischen oder islamischen kulturellen Hintergrund aufgewachsen.

In den vier Jugendstrafanstalten wurden insgesamt fünf Insassen[1260] ermittelt, die ehemals die türkische Staatsangehörigkeit besaßen und in den vergangen Jahren die deutsche Staatsangehörigkeit beantragt und erhalten haben. Die Vermutung, daß ein Großteil des Rückgangs der Anzahl türkischer Insassen auf eine erhöhte Einbürgerung junger Türken in den vergangenen Jahren zurückzuführen ist, hat sich somit nicht bestätigt.
Die fünf ehemals türkischen Insassen wurden jedoch ebenfalls in die Untersuchung einbezogen.

c) Aktenanalyse über deutsche Insassen in der JVA Heinsberg

Um zumindest in einer Justizvollzugsanstalt Vergleichsdaten über deutsche Insassen zu ausgewählten Themenbereichen zu erhalten, wurde der Verfasserin aufgrund der Genehmigung durch den Präsidenten des Justizvollzugsamtes Rheinland ermöglicht, vom 24. bis 26.01.2001 in der JVA Heinsberg im Rahmen einer Aktenanalyse die Personalakten der deutschen Insassen über 18 Jahren im geschlossenen Jugendstrafvollzug einzusehen, um sozial- und legalbiographische Vergleichsdaten sowie Informationen zu den Bereichen der schulischen und beruflichen Situation, den Vollzugslockerungen und der Drogenabhängigkeit zu erhalten.

d) Experteninterviews

Weitere Erkenntnisse gründen auf den begleitend durchgeführten 4 Interviews, die mit den Ausländerbeauftragten sowie 16 Interviews, die mit Justizvollzugsbediensteten der Anstalten im Anschluß an die Insassenbefragungen anhand eines standardisierten Fragebogens durchgeführt wurden. Bei diesen Befragten handelt es sich überwiegend um Personen mit langjähriger Erfahrung im Strafvollzug bzw. mit fundierten Erfahrungen im Umgang mit türkischen Inhaftierten.

[1260] Darunter ein ehemals türkischer Insasse in der JVA Iserlohn und jeweils zwei Insassen in der JVA Heinsberg und der JVA Siegburg.

Die Gruppe der zu befragenden Justizvollzugsbeamten sollte sich aus zwei Angehörigen des allgemeinen Vollzugsdienstes, einem Angehörigen des Fachdienstes und einem Vollzugsabteilungsleiter zusammensetzen. Die Auswahl dieser vier Justizvollzugsbeamten wurde anhand des Personalverzeichnisses getroffen. Aus dem Personalverzeichnis sollten von den dort aufgeführten Mitarbeitern des allgemeinen Vollzugsdienstes der erste und der fünfte ausgewählt werden. Jeweils vier aufeinanderfolgende Probanden aus dem Personalverzeichnis bilden einen sog. „Viererpack". Davon wird der jeweils erste in die Stichprobe aufgenommen. Die restlichen drei sind Ersatz-Probanden, falls der erste Proband aus dem „Viererpack" die Teilnahme an der Befragung verweigert oder nicht über eine etwa fünfjährige Berufserfahrung im Jugendstrafvollzug verfügt. Ebenso sollte bei der Auswahl eines Angehörigen des Fachdienstes und eines Vollzgsabteilungsleiters vorgegangen werden. Aus dem Personalverzeichnis wird in diesem Fall nur jeweils der erste Angehörige des Fachdienstes und der Vollzugsabteilungsleiter ausgewählt. Verfügen diese über eine langjährige Berufserfahrung, so bilden sie zusammen mit den drei nachfolgenden Probanden in dem Personalverzeichnis einen „Viererpack".

Der Fragebogen wurde von der Verfasserin, meist in dem Büro der Justizvollzugsbediensteten, entsprechend dessen Angaben ausgefüllt. Die Rücklaufquote betrug bei den Justizvollzugsbediensteten 100 %.

2. Ausschöpfungsquote

Die Ausschöpfungsquote bei der Befragung der türkischen Insassen liegt bei 71,32 %: es wurden 92 von 129 türkischen Insassen interviewt[1261]. Nicht berücksichtigt wurden bei dieser Berechnung die fünf ehemals türkischen Insassen.

In den einzelnen Anstalten betrug die Ausschöpfungsquote:
77 % in der JVA Heinsberg,
88 % in der JVA Herford,
40 % in der JVA Iserlohn und
72 % in der JVA Siegburg.

Als Grund für die geringe Beteiligung in der Jugendstrafanstalt Iserlohn wurde von der Ausländerbeauftragten das Angebot des Tabaks als Dankeschön genannt. Ein türkischer Insasse, der bei den Mitgefangenen ein hohen Ansehen genießt , habe es abgelehnt, „sich für ein Päkchen Tabak kaufen zu lassen". Eine Vorstellung und Erläuterung des Ablaufs der Untersuchung durch die Verfasserin vor den türkischen Insassen, die in der Jugendstrafanstalt Heinsberg im Vorfeld der Untersuchung durchgeführt wurde, um den Inhaftierten die Möglichkeit zu geben, Fragen zu stellen und mögliche Bedenken auszuräumen, wurde in der Jugendstrafanstalt Iserlohn trotz der unerwartet aufgetretenen Schwierigkeiten, der geringen Bereitschaft zur Teilnahme unter dem Einfluß eines einzelnen türkischen Inhaftierten, nicht ermöglicht.

1261 Nicht berücksichtigt werden fünf türkische Insassen, die ihr Einverständnis zu der Teilnahme erklärt hatten, zum Befragungszeitpunkt allerdings bereits entlassen waren.

Bei der Aktenanalyse in der JVA Heinsberg konnten 187 Akten deutscher Inhaftierter eingesehen werden, dies entspricht einer Ausschöpfungsquote von rund 95 %. Die übrigen Akten befanden sich im Umlauf in der Anstalt und waren für die Verfasserin nicht einsehbar.
Mit diesem Prozentsatz realisierter Interviews bietet diese Untersuchung eine verwertbare Grundlage für Interpretationen.

II. Statistische Methoden der Datenauswertung

Die Daten der 97 Fragebögen der Insassenbefragung, die 187 Fragebögen der Aktenanalyse sowie die Fragebögen der 4 Ausländerbeauftragten und der 16 Justizvollzugsbediensteten wurden im Wege der elektronischen Datenverarbeitung aus Gründen der vielfältigeren Auswertungsmöglichkeiten mittels des Statistikprogramms SPSS[1262] ausgewertet[1263] und analysiert.

In einem ersten Auswertungsschritt wurde eine Häufigkeitsauszählung durchgeführt, um den Anteil der einzelnen Merkmalsausprägungen festzustellen. In einem zweiten Auswertungsschritt wurden Kreuztabellen erstellt, um Zusammenhänge zwischen einzelnen Merkmalen aufzuzeigen.

In der Untersuchung wurden
- *Kennzahlen (wie Mittelwerte und Korrelationsmaße) bestimmt,*
- *für die entsprechenden Kennzahlen Signifikanztests durchgeführt.*

Worum es bei diesen statistischen Methoden zur Datenauswertung geht, soll dem mit statististischen Methoden nicht vertrauten Leser, anhand knapper theoretischer Erklärungen und einigen Beispielen kurz erläutert werden.

1. Kennzahlen

Die Verteilung eines Merkmals (einer Variablen) wird häufig durch einfache Kennzahlen beschrieben.

a) Arithmetisches Mittel

Zu diesen einfachen Kennzahlen zählt vor allem die Berechnung des Mittelwertes, die sog. „Maßzahl der zentralen Tendenz".

Beispiel: Wie viele von zehn türkischen Insassen konsumieren in der Anstalt Drogen?

1262 „Superior Performing Software Systems", ursprünglich „Statistical Package für the Social Sciences", vgl. REGIONALES RECHENZENTRUM FÜR NIEDERSACHSEN / UNIVERSITÄT HANNOVER UND RECHENZENTRUM DER UNIVERSITÄT DES SAARLANDES, SAARBRÜCKEN: SPSS für Windows. Eine Einführung in die Versionen 6 und 7.5, 4. Aufl, Hannover 1998, S. 7.

1263 Im Anschluß an die Eingabe der Daten aus den Fragebögen in den Computer wurden die Fragebögen aus datenschutzrechtlichen Gründen vernichtet.

In der folgenden *Tabelle 10* wird eine Auswahl möglicher Antworten einer Stichprobe von fünf fiktiven türkischen Insassen aufgeführt.

Tabelle 10: **Ein fiktives Beispiel für unterschiedliche Schätzwerte bei dem Drogenkonsum in der Anstalt bei türkischen Insassen**

Name des Inhaftierten	Angegebener Schätzwert
Murat	3 Insassen
Mehmet	4 Insassen
Kemal	5 Insassen
Kaya	8 Insassen
Metin	10 Insassen

Um feststellen zu können, durch welchen Wert sich in dieser Stichprobe die „typische" Einschätzung der Anzahl der Drogenkonsumenten am besten beschreiben läßt, kann das arithmetische Mittel herangezogen werden[1264].

- *Das arithmetische Mittel einer Stichprobe wird errechnet, indem alle Werte einer Variablen in einer Stichprobe zusammengezählt werden und diese Summe anschließend durch die Größe der Stichprobe geteilt wird*[1265].

Für das Beispiel aus *Tabelle 10* ergibt sich bei der Berechnung des arithmetischen Mittels der folgende Wert:

Arithmetisches Mittel = (3 Insassen +4 Ins. + 5 Ins. + 8 Ins. + 10 Ins.) : 5 = 6 Insassen

Der (durchschnittliche) Wert beträgt 6 Insassen.

b) Korrelationskoeffizient

Darüber hinaus ist für die Untersuchung wichtig zu überprüfen, ob bestimmte Variablen (Merkmale) systematisch, also nicht zufällig, miteinander zusammenhängen.

Beispiele:

- *Gibt es bei den Insassen einen Zusammenhang zwischen der Aufenthaltsdauer in Deutschland und der Volkszugehörigkeit?*

[1264] Zu weiteren „Maßen der zentralen Tendenz" vgl. BORTZ, JÜRGEN: Statistik für Sozialwissenschaftler. 5. Aufl., Berlin, Heidelberg, New York u.a. 1999, S. 37 ff.; SCHWIND, HANS-DIETER / FETCHENHAUER, DETLEF / AHLBORN, WILFRIED et al. a.a.O. (Fn. 588), S. 34 f.

[1265] Vgl. OSTERMANN, RÜDIGER / WOLF-OSTERMANN, KARIN: Statistik für Studenten der Sozialarbeit und Sozialpädagogik. Einführung. München, Wien 1994, S. 24.

- *Erhalten türkische Insassen seltener Vollzugslockerungen in der Anstalt als deutsche Inhaftierte?*

In vielen Fällen ist es möglich, den Zusammenhang zwischen zwei Variablen durch eine Maßzahl auszudrücken, die als Korrelationskoeffizient bezeichnet wird.

Die Wahl eines bestimmten unter der Vielzahl verschiedener Korrelationskoeffizienten hängt primär von dem Skalenniveau[1266] *der beiden Variablen ab. Auf diese Unterscheidungskriterien soll jedoch nicht näher eingegangen werden.*

Der Spearman-Rho-Korrelationskoeffizient[1267] (r_S) oder die „Rangkorrelation nach Spearman“ gibt an, wie stark der Zusammenhang zwischen zwei ordinalskalierten Merkmalen ist[1268].

Eine Ordinalskala (auch Rangskala genannt) kann erstellt werden, wenn bei einer Variablen die Merkmale so ausgeprägt sind, daß man sie in eine Rangfolge bringen kann, so daß man sagen kann, welches Merkmal größer als ein anderes ist[1269]*. Die Rangskala ermöglicht jedoch keine Aussage darüber, um wieviel die Merkmale von einander abweichen*[1270].

Die Korrelationskoeffizienten geben die Stärke des Zusammenhangs an und haben einen Wert zwischen - 1 und + 1. Das „Vorzeichen“ des Korrelationskoeffizienten drückt aus, in welcher „Richtung“ die beiden Variablen miteinander zusammenhängen[1271].

1266 Es gibt vier verschiedene Skalenarten (Nominal-, Ordinal-, Intervall- und Verhältnisskala). Bieten sich bei einer Quantifizierung mehrere Skalenarten an, sollte die mit dem höchsten Skalenniveau (Skalendignität) gewählt werden, vgl. hierzu BORTZ, JÜRGEN a.a.O. (Fn. 1264), S. 27 m.w.N.

1267 BORTZ, JÜRGEN a.a.O. (Fn. 1264), S. 223; SACHS, LOTHAR: Angewandte Statistik. Anwendung statistischer Methoden. 7. Aufl., Berlin, Heidelberg, New York u.a. 1992, S. 510 f; OSTERMANN, RÜDIGER / WOLF-OSTERMANN, KARIN a.a.O. (Fn. 1265), S. 58 f.

1268 AHLBORN, WILFRIED / JANY, ULRICH / SCHWIND, HANS-DIETER et al.: Zur Methodik kriminalgeographischer Forschung unter besonderer Berücksichtigung des Bochumer Forschungsprojektes. In: Schwind, Hans-Dieter / Ahlborn, Wilfried / Weiß, Rüdiger (Hrsg.): Empirische Kriminalgeographie. Bestandsaufnahme und Weiterführung am Beispiel von Bochum („Kriminalitätsatlas Bochum“), Wiesbaden 1978, S. 24, (33).
Bei der Anwendung des Rangkorrelationskoeffizienten nach Spearman ist die Prüfung auch bei kleinem Stichprobenumfang und nicht binormalverteilten Meßwerten exakt; außerdem wird die Wirkung von Ausreißern, die die Größe des Produktmoment-Korrelationskoeffizienten (r) stark beeinflussen können, abgeschwächt, vgl. SACHS, LOTHAR a.a.O. (Fn. 1267), S. 510.

1269 Eine Ordinalskala oder auch Rangskala ermöglicht eine Aussage darüber, ob ein Merkmal bei einem Objekt stärker oder schwächer ausgeprägt ist als bei einem anderen, ohne jedoch eine Aussage darüber zu ermöglichen, um wieviel stärker oder schwächer das Merkmal ausgeprägt ist, vgl. hierzu BORTZ, JÜRGEN a.a.O. (Fn. 1264), S. 21.

1270 BORTZ, JÜRGEN a.a.O. (Fn. 1264), S. 21.

1271 Ein positiver Korrelationskoeffizient (zwischen 0 und + 1) bedeutet, daß hohe Werte der einen Varialben tendenziell auch mit hohen Werten der anderen Variablen einhergehen.
Ein negativer Korrelationskoeffizient (zwischen – 1 und 0) bedeutet, daß hohe Werte der einen Varialben tendenziell mit niedrigen Werten der anderen Variablen einhergehen.

Neben dem Vorzeichen ist der Betrag des Korrelationskoeffizienten von Bedeutung. Je näher er an einem Wert von – 1 bzw. + 1 liegt, desto stärker ist der lineare Zusammenhang zwischen den beiden untersuchten Variablen[1272].

c) Kontingenzkoeffizient

Darüber hinaus wurde der Kontingenzkoeffizient nach Pearson in der Untersuchung angewandt. Der Kontingenzkoeffizient (C) gibt den Grad der Abhängigkeit zweier nominalskalierter[1273] Merkmale an[1274].
Der Kontingenzkoeffizient ist, im Gegensatz zu dem Korrelationskoeffizienten[1275], nur positiv definiert (0 bis + 1)[1276]. Je näher der errechnete Wert an 1 liegt, desto größer ist die Abhängigkeit zwischen den beiden Merkmalen[1277].

2. Signifikanztest

Mit Hilfe der beschriebenen Kennzahlen wie arithmetisches Mittel, Korrelations- und Kontingenzkoeffizienten kann die Grundgesamtheit grob beschrieben werden. Über die Größe dieser Kennzahlen besteht oft eine Vermutung. Diese meist auf Erfahrungen, Vermutungen und theoretischen Überlegungen beruhende Vorstellung über die Grundgesamtheit[1278] kann mit Hilfe von Stichproben durch ein statistisches Verfahren, den Signifikanztest, überprüft werden.

Häufig ist es nicht möglich, die Daten der Grundgesamtheit vollständig zu erheben. In diesen Fällen muß man sich auf Stichproben beschränken. Das Stichprobenergebnis stellt eine sog. Prüfgröße dar. Da die Stichprobe nur einen Ausschnitt aus der Grundgesamtheit darstellt, also nur mit Teilinformationen über die Grundgesamtheit auskommen muß, kann ein Irrtum über die tatsächlichen „Verhältnisse" in der Grundgesamtheit nie vollständig ausgeschlossen werden.

1272 SCHWIND, HANS-DIETER / FETCHENHAUER, DETLEF / AHLBORN, WILFRIED et al. a.a.O. (Fn. 588), S. 36.

1273 Bei einer Messung auf Nominalskalenniveau lassen sich innerhalb einer Variable keine „größer-kleiner-Rechnungen" vornehmen. Beispiel: Die Variable „Geschlecht" mit den Ausprägungen „Männer" und „Frauen". Vgl. BORTZ, JÜRGEN a.a.O. (Fn. 1264), S. 20: Eine Nominalskala ordnet den Objekten Zahlen zu, wobei die Objekte mit gleicher Merkmalsausprägung die gleichen Zahlen und Objekte mit verschiedener Merkmalsausprägung verschiedene Zahlen erhalten.

1274 BORTZ, JÜRGEN a.a.O. (Fn. 1264), S. 224; OSTERMANN, RÜDIGER / WOLF-OSTERMANN, KARIN a.a.O. (Fn. 1265), S. 60.

1275 Vgl. oben unter Teil C, Kapitel 9, II. 1. b)

1276 BORTZ, JÜRGEN a.a.O. (Fn. 1264), S. 224 f.

1277 OSTERMANN, RÜDIGER / WOLF-OSTERMANN, KARIN a.a.O. (Fn. 1265), S. 61.

1278 Die Grundgesamtheit bezeichnet die Menge der potentiell untersuchbaren Einheiten, die ein gemeinsames Merkmal aufweisen und über die Informationen gewonnen werden sollen. Sie muß eine eindeutig bestimmbare und zeitlich sowie räumlich abgrenzbare Menge sein. Beispiel: In der Untersuchung sind die männlichen türkischen Insassen über 18 Jahren, die im geschlossenen Jugendstrafvollzug in Nordrhein-Westfalen einsitzen, die Grundgesamtheit. Vgl. BORTZ, JÜRGEN a.a.O. (Fn. 1264), S. 748.

Der Signifikanztest ist ein Verfahren, das angewendet wird, um Nullhypothesen[1279] statistisch zu überprüfen. Das Ziel des Signifikanztests besteht darin, die Irrtumswahrscheinlichkeit, also das Risiko einer irrtümlichen Ablehnung der Nullhypothese möglichst gering zu halten[1280]. Vor der Durchführung eines Signifikanztests muß festgelegt werden, wie hoch die maximale Irrtumswahrscheinlichkeit sein soll, d. h. ab wann ein Ergebnis als „sehr wahrscheinlich" angesehen wird. Diese maximale Irrtumswahrscheinlichkeit wird Signifikanzniveau genannt[1281].

Der p-Wert eines Tests ist die Wahrscheinlichkeit, bei der Gültigkeit der getroffenen Annahme (Nullhypothese) eine mindestens so große Prüfgröße wie die aus den Daten berechnete zu erhalten[1282], d. h. der p-Wert ist die Wahrscheinlichkeit, mit der man sich irrt, wenn man die Nullhypothese ablehnt und somit die wahre aus den Daten gewonnene (empirische) Irrtumswahrscheinlichkeit[1283].
Die Wahl der Höhe des Signifikanzniveaus liegt im Ermessen des Testenden. Vertreter der mathematischen Statistik fordern, daß das Signifikanzniveau vor der Datengewinnung festzusetzen sei[1284]. Die Angabe des p-Wertes im Vorfeld der Untersuchung soll die Manipulation der Testergebnisse einschränken.

*Im allgemeinen bezeichnet man ein **$p > 0,05$** als statistisch nicht signifikant (ns)*[1285].

Auch in dieser Untersuchung wird von einem Signifikanzniveau von $p > 0,05$ als statistisch nicht signifikant ausgegangen.

Um Signifikanztests zur Analyse von Häufigkeitsunterschieden im Auftreten besimmter Merkmale oder Merkmalskombinationen durchzuführen[1286], mit anderen

---

1279 Die Nullhypothese besagt, daß zwei nominalskalierte Merkmale voneinander unabhängig sind, vgl. BORTZ, JÜRGEN a.a.O. (Fn. 1264), S. 751.

1280 Die Nullhypothese wird nur verworfen, wenn sich ein Ergebnis einstellt, das bei Gültigkeit der Nullhypothese unwahrscheinlich ist. Vgl. SACHS, LOTHAR a.a.O. (Fn. 1267), S. 189.

1281 SCHWIND, HANS-DIETER / FETCHENHAUER, DETLEF / AHLBORN, WILFRIED et al. a.a.O. (Fn. 588), S. 429.

1282 SACHS, LOTHAR a.a.O. (Fn. 1267), S. 188; vgl. auch SCHWIND, HANS-DIETER / FETCHENHAUER, DETLEF / AHLBORN, WILFRIED et al. a.a.O. (Fn. 588), S. 41.

1283 SACHS, LOTHAR a.a.O. (Fn. 1267), S. 188.

1284 SACHS, LOTHAR a.a.O. (Fn. 1267), S. 188.

1285 SACHS, LOTHAR a.a.O. (Fn. 1267), S. 188.

1286 BORTZ, JÜRGEN a.a.O. (Fn. 1264), S. 150 m.w.N.: Die Anwendung der Chi-Quadrat-Methode ist nicht auf die Anwendung auf nominale Variablen begrenzt. Sie kann auch eingesetzt werden, wenn für die Kategorien eines ordinalen Merkmals mit vielen Rangbedingungen oder ein intervallskalierendes Merkmal Häufigkeiten vorliegen, für deren Analyse kein skalenspezifisches Verfahren zur Verfügung steht.

Worten um festzustellen, ob die in Kreuztabellen[1287] enthaltenen Unterschiede in der Zellenbesetzung signifikant sind, wird der Chi-Quadrat-Test[1288] angewendet.

> *Beispiel:*
> *Unterscheiden sich türkische und deutsche Insassen bei der Gewährung von Vollzugslockerungen?*

War die Besetzung in der Zelle kleiner als 5 Personen, wurde die Signifikanz über den Kontingenzkoeffizienten[1289] berechnet.

III. Zusammenfassung

- Im Rahmen einer Totalerhebung wurden im Jahr 2000 92 männliche türkische Insassen, die das 18. Lebensjahr vollendet haben und 5 ehemals türkische Insassen, die inzwischen die deutsche Staatsangehörigkeit besitzen, im geschlossenen Jugendstrafvollzug in den Anstalten Heinsberg, Herford, Iserlohn und Siegburg befragt.

- In der Jugendstrafanstalt Heinsberg wurden die Akten von 187 deutschen Insassen ausgewertet.

- Darüber hinaus wurden die vier Ausländerbeauftragten der Anstalten und die mittels einer Stichprobe ermittelten 16 Justizvollzugsbediensten interviewt.

- Die Interviews der türkischen Insassen erfolgte als Totalerhebung. Alle Befragungen wurden mittels standardisierter Fragebögen durchgeführt. Bei der Befragung der türkischen Insassen wurde die Verfasserin von einem wissenschaftlichen Mitarbeiter begleitet.

- Die Fragen beziehen sich sowohl auf die Sozial- und Legalbiographie türkischer Insassen als auch auf ihre Stellung in der Insassensubkultur, ihr Verhältnis zu Mitgefangenen und Bediensteten, eine Drogenabhängigkeit vor der Inhaftierung und der Drogenkonsum in der Anstalt, besondere Schwierigkeiten in den Bereichen der Verständigung, Religionsausübung, Ernährungsgewohnheiten, Außenkontakten, Vollzugslockerungen, Abschiebung und Überstellung in den Heimatstaat.

[1287] In einer Kreuztabelle werden die Fallzahlen angezeigt, die sich für jede Kombination der Kategorien von zwei oder mehr Variablen ergeben. Zusätzlich zu der Anzahl können in der Tabelle Porzentangaben angezeigt werden.

[1288] Der Chi-Quadrat-Test nach Pearson überprüft (bei Kreuztabellen) die Hypothese, daß Zeilen- und Spaltenvariable unabhängig sind, ohne daß dabei die Stärke oder Richtung der Beziehung angegeben wird, vgl. zu der Berechnung des Chi-Quadrat-Tests SACHS, LOTHAR a.a.O. (Fn. 1267), S. 420 ff., 432 ff.

[1289] Vgl. oben unter Teil C, Kapitel 2, II. 1. c).

- Die Datenschutzvorschriften wurden beachtet. Die Auswertung der Fragebögen erfolgte durch das statistische Datenverarbeitungsprogramm SPSS. Es wurden arithmetische Mittelwerte, Korrelations- und Kontingenzkoeffizienten berechnet sowie Signifikanztests durchgeführt.

Teil D: Ergebnisse der Untersuchung

Kapitel 10: Soziobiographische Grobdaten der befragten türkischen Insassen

Zunächst werden die soziobiographischen Daten der Insassen mit türkischer Staatsangehörigkeit dargestellt, teilweise differenziert nach der Volkszugehörigkeit und, soweit Vergleichsdaten aufgrund der Aktenanalyse gewonnen werden konnten, mit den Daten der deutschen Insassen in der JVA Heinsberg verglichen.

Es soll überprüft werden, ob die türkischen Insassen aufgrund von Sprachbarrieren mit zusätzlichen Resozialisierungsproblemen konfrontiert sind, ob sie innerhalb der Gefangenenpopulation aufgrund ihrer kulturellen Verschiedenartigkeit ausgegrenzt werden, beispielsweise bei der Teilnahme an Aktivitäten in der Anstalt, ob die türkischen Inhaftierten in höherem Maße als deutsche Insassen zum Zeitpunkt der Tatbegehung arbeitslos gewesen sind, wodurch die Wirksamkeit der Anomietheorie betätigt würde und schließlich, ob sie häufig aufgrund von Gewalterfahrungen in der Familie selbst straffällig wurden, also in den „Kreislauf der Gewalt" eingetreten sind.

I. Allgemeines

Die gewonnenen Daten beziehen sich auf die 97[1290] türkischen Insassen aus den vier Jugendstrafanstalten[1291] Heinsberg, Herford, Iserlohn und Siegburg, wobei die fünf ehemals türkischen Inhaftierten, die inzwischen die deutsche Staatsangehörigkeit besitzen[1292], zu den türkischen Inhaftierten hinzugerechnet wurden.

Bei einer im Vorfeld durchgeführten Überprüfung konnten keine signifikanten Unterschiede bei den fünf ehemals türkischen Insassen, die inzwischen die deutsche Staatsangehörigkeit besitzen, gegenüber den türkischen Insassen festgestellt werden. Lediglich bei den Fragen zu der Ausweisung in die Türkei oder der Überstellung zur Strafvollstreckung in das Herkunftsland wurden die inzwischen deutschen Insassen nicht berücksichtigt, da diese Regelungen auf die inzwischen deutschen Staatsangehörigen keine Anwendung finden, d.h. bei den Fragen 67 bis 73 besteht die Gesamtheit der türkischen Insassen aus 92 Personen.

[1290] Bei einem Vergleich der Insassen mit türkischer und deutscher Staatsangehörigkeit sind in der Gruppe der 97 türkischen Insassen sowohl die 68 Insassen mit türkischer Volkszugehörigkeit, fünf Insassen mit ehemals türkischer Staatsangehörigkeit und 24 Inhaftierte mit kurdischer Volkszugehörigkeit enthalten.
Wird bei den Ergebnissen der 97 Insassen mit (ehemals) türkischer Staatsangehörigkeit nach der Volkszugehörigkeit (türkisch / kurdisch) differenziert, steht den 24 Insassen mit kurdischer Volkszugehörigkeit eine Gruppe von 73 Insassen mit türkischer Volkszugehörigkeit gegenüber, in der auch die fünf vormals türkischen Staatsangehörigen enthalten sind.

[1291] Aus datenschutzrechtlichen Gründen und weil bei einer Überprüfung der Ergebnisse, die in den einzelnen Jugendstrafanstalten gewonnen wurden, keine signifikanten Unterschiede festgestellt werden konnten, wird bei der Darstellung der Ergebnisse der Insassen-Befragung nicht zwischen den einzelnen Anstalten unterschieden.

[1292] Vgl. oben unter Teil C, Kapitel 9, I., 1. b).

Aufgrund der Befragung der vier Ausländerbeauftragten der Anstalten konnte festgestellt werden, daß der Ausländeranteil in den einzelnen Anstalten zum Befragungszeitpunkt 26,5 % (JVA Iserlohn), 29,6 % (JVA Heinsberg), 35,0 % (JVA Herford) und 45,0 % (JVA Siegburg) betrug.

Der Anteil der türkischen Insassen an allen ausländischen Insassen der Anstalt lag bei:

51,4 % (JVA Iserlohn),
47,7 % (JVA Heinsberg),
36,8 % (JVA Herford),
38,5 % (JVA Siegburg).

Es ist ein leichter Rückgang des Anteils türkischer Insassen im Jugendstrafvollzug in Nordrhein-Westfalen seit Mitte 1997 eingetreten. So hat WIRTH[1293] in seiner Stichtagserhebung vom 15. Juli 1997 festgestellt, daß etwa die Hälfte (49,8 %)[1294] der 408 nichtdeutschen Insassen im Jugendstrafvollzug die türkische Staatsangehörigkeit besaß.

Bei der Interpretation dieser Prozentwerte ist jedoch – neben den ständigen Schwankungen der Insassenzahlen aufgrund von Neuzugängen und Entlassungen – zu berücksichtigen, daß in die Stichtagserhebung von WIRTH[1295] *auch die Insassen im offenen Vollzug und weibliche Inhaftierte einbezogen wurden.*

Festgehalten werden kann, daß der durchschnittliche Anteil der türkischen Insassen an den Nichtdeutschen im geschlossenen Jugendstrafvollzug in Nordrhein-Westfalen bei 43,6 % lag, wobei die Anteile in den einzelnen Anstalten teilweise deutlich voneinander abweichen.

II. Sozialbiographische Daten

Die Ergebnisse der sozialbiographischen Daten beziehen sich sowohl auf die Volkszugehörigkeit, die Altersstruktur der türkischen und deutschen Insassen, ihrer Konfession, die Sprachkenntnisse, die Aufenthaltsdauer in Deutschland, die schulische und berufliche Vorbildung und die familiäre Wohn- und Lebenssituation der Insassen.

1. Volkszugehörigkeit

Von den insgesamt 97 Insassen mit türkischer Staatsangehörigkeit besaßen 75,3 % (73[1296]) die türkische und 24,7 % (24[1297]) die kurdische Volkszugehörigkeit[1298]. Rund ein Viertel der türkischen Insassen gehörte also der kurdischen Volksgemeinschaft an.

[1293] WIRTH, WOLFGANG a.a.O. (1998a) (Fn. 14), S. 278.
[1294] WIRTH, WOLFGANG a.a.O. (1998a) (Fn. 14), S. 278.
[1295] WIRTH, WOLFGANG a.a.O. (1998a) (Fn. 14), S. 278.
[1296] Vgl. oben unter Fn. 1290.
[1297] Vgl. oben unter Fn. 1290.

Die Volkszugehörigkeit hat bei der Beantwortung mehrerer Fragen zu signifikanten Unterschieden geführt, so daß nicht sachdienlich erschien, bei allen Fragen von einer einheitlichen Gruppe türkischer Staatsangehöriger auszugehen.

2. Altersstruktur

Die Altersstruktur[1299] der Insassen mit türkischer und deutscher Staatsangehörigkeit ist nahezu identisch (C=0,706) (p>0,05 ns[1300]): Die Berechnung des arithmetischen Mittelwertes hat ergeben, daß die türkischen Insassen durchschnittlich 20,2 Jahre alt waren; das durchschnittliche Alter der deutschen Inhaftierten in der JVA Heinsberg betrug 20,1 Jahre.

3. Konfession

a) Insassen mit türkischer und kurdischer Volkszugehörigkeit

Auch bei der Frage nach der Religionszugehörigkeit[1301] bestanden zwischen den türkischen und kurdischen Inhaftierten keine signifikanten Unterschiede (C=0,258) (p>0,05 ns): sie gehören zu rund 95 %[1302] dem islamischen Glauben[1303] an.

1298 Vgl. Frage 1 des Insassen-Fragebogens im Anhang. Vgl. zu der Kurdenproblematik in Deutschland oben unter Teil A, Kapitel 1, V., vgl. zu der Geschichte der Kurden STROHMEIER, MARTIN / YALCIN-HECKMANN, LALE: Die Kurden. Geschichte, Politik, Kultur. München 2000, S. 2: „Die Kurden sind ein iranischsprachiges Volk, welches seit alters her in einem Gebiet lebt, das heute vor allem von den Staaten Irak, Iran und Türkei eingenommen wird. Die überwiegende Mehrheit der Kurden bekennt sich zum sunnitischen Islam. Ihre Geschichte ist in den vergangenen tausend Jahren geprägt von den Bestrebungen angrenzender Reiche, ihre Herrschaft in Kurdistan durchzusetzen. Zentralisierung, Modernisierung und das Vordringen Europas in den Vorderen Orient schufen neue Bedingungen. Hierzu gehören vor allem das Aufkommen eines kurdischen Nationalismus und die Grenzziehungen zwischen den im 20. Jahrhundert neu entstandenen Staaten Irak, Iran und Türkei. Seitdem widersetzen sich kurdische Bewegungen staatlichem Homogenisierungsdruck und Repression und kämpfen – teils mit Waffengewalt – um politische und kulturelle Anerkennung. Die strategische Bedeutung der Region und ihre natürlichen Ressourcen wie Wasser und Öl sorgen für zusätzlichen Konfliktstoff". Die Anzahl der in der Türkei lebenden Kurden wird auf 12 Millionen geschätzt; sie hätten somit an der Gesamtbevölkerung in der Türkei (56 Millionen) einen Anteil von 21,4 %, vgl. METZGER, ALBRECHT: Zum Beispiel Kurden. Göttingen 1999, S. 16. Vgl. auch FEIGL, ERICH: Die Kurden. Geschichte und Schicksal eines Volkes. München 1995, S. 41 ff.; KIZILHAN, ILHAN: Der Sturz nach oben. Kurden in Deutschland. Eine psychologische Studie. Frankfurt a. M. 1995, S. 19 ff.; SENOL, SENGÜL: Kurden in Deutschland. Fremde unter Fremden. Frankfurt a. M. 1992, S. 15 ff.; LEUKEFELD, KARIN: „Solange noch ein Weg ist..." Die Kurden zwischen Verfolgung und Widerstand. Göttingen 1996, S. 13 ff.; KIZILHAN, ILHAN: Die Yeziden. Eine anthropologische und sozialpsychologische Studie über die kurdische Gemeinschaft. Frankfurt a. M. 1997, S. 44 ff.

1299 Vgl. Frage 64 des Insassen-Fragebogens im Anhang.

1300 ns = nicht signifikant, vgl. auch oben unter Teil C, Kapitel 9, II., 2.

1301 Vgl. Frage 2 des Insassen-Fragebogens im Anhang.

1302 95,9 % (70) der Insassen mit türkischer Volkszugehörigkeit und 95,8 % (23) der Insassen mit kurdischer Volkszugehörigkeit gehörten dem Islam an.

Demgegenüber hatte CHAIDOU[1304] *in ihrer Untersuchung aus dem Jahr 1979 festgestellt, daß lediglich 42 % der ausländischen, nicht ausschließlich türkischen Insassen, Muslime waren. Vier Jahre später betrug der Anteil der nichtdeutschen Insassen, die dem muslimischen Glauben angehören, bereits 62 %*[1305]*.*
Allerdings ist bei einem Vergleich mit diesen früheren Arbeiten zu berücksichtigen, daß sich die beiden vorgenannten Untersuchungen auf ausländische Insassen verschiedener Nationalitäten beziehen, die teilweise aus traditionell eher christlich geprägten Gastarbeiterländern, wie beispielsweise Italien oder Spanien, nach Deutschland gekommen sind.

b) Insassen mit türkischer und deutscher Staatsangehörigkeit

Allerdings unterscheiden sich die Insassen mit türkischer Staatsangehörigkeit in ihrer Konfession signifikant (C=0,00) ($p<0,05$) von den Inhaftierten mit deutscher Staatsangehörigkeit, wie auch aus der nachfolgenden *Tabelle 11* hervorgeht.

Tabelle 11: **Zusammenhang zwischen der Religionszugehörigkeit und der Staatsangehörigkeit**

Konfession	**Staatsangehörigkeit**	
	türkisch	**deutsch**
islamisch	95,9 % (93)	2,1 % (4)
römisch-katholisch/evangelisch	1,0 % (1)	85,0 % (159)
sonstige	1,0 % (1)	2,1 % (4)
keine	2,1 % (2)	10,7 % (20)
Gesamt	100,0 % (97)	100,0 % (187)

Neben den Prozentwerten stehen in Klammern die absoluten Zahlen.

Erwartungsgemäß gehörten fast alle türkischen Insassen (95,9 %) dem Islam und 85,0 % der deutschen Insassen dem christlichen Glauben an.

Deutlich häufiger sind die deutschen Insassen (10,7 %) konfessionslos, gegenüber 2,1 % der türkischen Inhaftierten.

1303 Zu Problemen der religiösen Sozialisation türkischer Jugendlicher in Deutschland vgl. SWIETLIK, GABRIELE: „Als ob man zwei verschieden Köpfe in einem hätte..." – Religiöse Sozialisation zwischen Islam und Christentum. In: Attia, Iman / Marburger, Helga (Hrsg.): Alltag und Lebenswelten von Migrantenjugendlichen. Frankfurt a. M. 2000, S. 139, (140 ff.); ZENTRUM FÜR TÜRKEISTUDIEN (Hrsg.): Türkische Muslime in Nordrhein-Westfalen. Dialog mit einer neu etablierten religiösen Minderheit in NRW, türkische Muslime und deutsche Christen im Gespräch. 2. Aufl., Pulheim 1995, S. 53 ff.

1304 CHAIDOU, ANTHOZOE a.a.O. (1984a) (Fn. 22), S. 209.

1305 SCHAFFNER, PAUL / KNEIP, WOLFGANG a.a.O. (Fn. 22), S. 259, (261).

Die Religionszugehörigkeit ist als Bestandteil des kulturellen Hintergrundes für die Integration der türkischen Insassen von großer Bedeutung[1306]. Entscheidend ist auch, ob die Religionsausübung für die türkischen Inhaftierten im Alltag und im Jugendstrafvollzug eine wichtige Rolle spielt. Diese Frage wird im Zusammenhang mit anderen potentiellen Belastungsfaktoren in der Anstalt untersucht[1307].

4. Muttersprache

Die Insassen mit türkischer und kurdischer Volkszugehörigkeit unterscheiden sich signifikant bezüglich ihrer Kenntnisse der Muttersprache (Türkisch oder Kurdisch) in Wort[1308] ($C=0,037$) ($p<0,05$) und Schrift[1309] ($C=0,011$) ($p<0,05$).

Während etwa die Hälfte der türkischen (57,5 %) (42) und kurdischen Volkszugehörigen (50,0 %) (12) antwortete, die Muttersprache „sehr gut" (fließend) bis „gut" (kann mich gut unterhalten) sprechen zu können, gaben rund 30 %[1310] beider Gruppen an, die Muttersprache „einigermaßen" (verständlich machen, einige Worte fehlen) zu beherrschen; lediglich 9,6 % (7) der türkischen, aber 20,8 % (5) der kurdischen Insassen meinten, die Muttersprache „schlecht" (kaum verständlich machen) zu sprechen.

Noch höher weichen die Einschätzungen der türkischen und kurdischen Volkszugehörigen bezüglich der schriftlichen Kenntnisse ihrer Muttersprache voneinander ab, vgl. die nachfolgende *Tabelle 12.*

Tabelle 12: **Zusammenhang zwischen den Kenntnissen der Muttersprache und der Volkszugehörigkeit**

Muttersprache (lesen, schreiben)	**Volkszugehörigkeit**		**Gesamt**
	türkisch	**kurdisch**	
gar nicht	6,8 % (5)	33,3 % (8)	13,4 % (13)
schlecht (nur einzelne Worte)	13,7 % (10)	20,8 % (5)	15,5 % (15)
einigermaßen (nur mit Hilfe)	37,0 % (27)	20,8 % (5)	33,0 % (32)
gut (mit wenigen Fehlern)	24,7 % (18)	12,5 % (3)	21,6 % (21)
sehr gut (fehlerfrei)	17,8 % (13)	12,5 % (3)	16,5 % (16)

Neben den Prozentwerten stehen in Klammern die absoluten Zahlen.

Rund ein Drittel (33,3 %) der kurdischen Insassen kann die Muttersprache weder lesen noch schreiben, bei den türkischen Volkszugehörigen sind dies lediglich 6,8 %. Über „gute" bis „sehr gute" Kenntnisse in der türkischen bzw. kurdischen Schriftsprache verfügen demgegenüber 42,5 % der türkischen, aber lediglich 25,0 % der kurdischen

1306 Vgl. oben unter Teil A, Kapitel 3, II., 2.
1307 Vgl. unter Teil D, Kapitel 14, I.
1308 Vgl. Frage 46 des Insassen-Fragebogens im Anhang.
1309 Vgl. Frage 47 des Insassen-Fragebogens im Anhang.
1310 32,9 % (24) der türkischen und 29,2 % (7) der kurdischen Insassen.

Inhaftierten. Die türkischen Volkszugehörigen können ihre Muttersprache eigenen Angaben zufolge besser sprechen und insbesondere wesentlich besser lesen und schreiben als die kurdischen Inhaftierten.

Eine Erklärungsmöglichkeit besteht darin, daß die kurdischen Insassen, die nach Auskunft mehrerer Justizvollzugsbediensteten überwiegend aus ländlichen Gebieten und kleinen Dörfern in der Türkei kommen, in ihrer Heimat keine ausreichende Gelegenheit hatten, eine Schule zu besuchen, um in ihrer Muttersprache lesen und schreiben zu lernen. Andererseits lassen die guten Kenntnisse der Muttersprache bei den Insassen türkischer Volkszugehörigkeit darauf schließen, daß in den türkischen Familien die türkische Sprache gesprochen und den Kindern auch das Lesen und Schreiben der türkischen Sprache vermittelt wird, so daß die jungen Türken den Bezug zu ihrem Herkunftsland, insbesondere auch zu dessen Sprache und Kultur nicht verlieren. Dieses Resultat bestätigt auch die Theorie des „inneren" Kulturkonfliktes[1311]*: Die jungen Türken der Zweiten und Dritten Generation befinden sich „tagsüber in Deutschland und abends (im Familienverband) in der Türkei"*[1312].

5. Deutschkenntnisse

Als nächstes wurden die Deutschkenntnisse in Wort[1313] und Schrift[1314] erfragt. Insgesamt können von allen 97 Insassen mit türkischer Staatsangehörigkeit 59,8 % die deutsche Sprache „sehr gut", 24,7 % „gut", 10,3 % „einigermaßen" und lediglich 5,2 % „schlecht" sprechen.

Während SCHAFFNER / KNEIP[1315] *in ihrer Untersuchung aus dem Jahr 1982 noch festgestellt haben, daß über 30 % der nichtdeutschen Insassen über „schlechte" oder „gar keine" Deutschkenntnisse verfügen, haben neuere Untersuchungen*[1316] *ergeben, daß lediglich bei 4 %*[1317] *der nichtdeutschen Jugendstrafgefangenen eine Verständigung in deutscher Sprache unmöglich ist*[1318].

Diese neueren Ergebnisse werden also bestätigt, denn der Anteil der Insassen mit türkischer Staatsangehörigkeit, die über keine Deutschkenntnisse verfügen, ist mittlerweile mit rund 5 % als sehr gering einzustufen.

[1311] Vgl. oben unter Teil A, Kapitel 3, II., 2. a).

[1312] Vgl. auch oben unter Teil A, Kapitel 3, II., 2. b).

[1313] Vgl. Frage 48 des Insassen-Fragebogens im Anhang.

[1314] Vgl. Frage 49 des Insassen-Fragebogens im Anhang.

[1315] SCHAFFNER, PAUL / KNEIP, WOLFGANG a.a.O. (Fn. 22), S. 259, (261).

[1316] Vgl. auch unter Teil B, Kapitel 6, I., 1.

[1317] WIRTH, WOLFGANG a.a.O. (1998a) (Fn. 14), S. 278, (279); FISCHER, ARTHUR / FRITZSCHE, YVONNE / FUCHS-HEINRITZ, WERNER et al. a.a.O. (2000b) (Fn. 763), S. 122.

[1318] Vgl. auch WEITZ, BERND O.: Sprache und Berufswahl als zentrale Probleme türkischer Schüler in der beruflichen Grundbildung. Ein Beitrag zur Integration türkischer Jugendlicher. Königstein/Ts. 1986, S. 109 f.

a) Sprechen

Differenziert man zwischen den Insassen türkischer und kurdischer Volkszugehörigkeit, so ergibt sich ein signifikanter Unterschied (C=0,000) ($p<0,05$) in bezug auf die Deutschkenntnisse dieser beiden Gruppen:

> *Während ein Fünftel (20,8 %) (5) der kurdischen Insassen die deutsche Sprache nur „schlecht" (kaum verständlich machen) sprechen kann, wie auch aus der nachfolgenden Übersicht 5 hervorgeht, trifft dies auf keinen der türkischen Volkszugehörigen zu. Die Bewertung „einigermaßen" (verständlich machen, einige Worte fehlen) haben 25,0 % (6) der kurdischen, aber lediglich 5,5 % (4) der türkischen Insassen angegeben. „Gut" oder „sehr gut" wird die deutsche Sprache nach eigenen Angaben von 54,2 % (13) der kurdischen, aber 94,6 % (69) der türkischen Volkszugehörigen gesprochen.*

Übersicht 5: **Zusammenhang zwischen den deutschen Sprachkenntnissen und der Volkszugehörigkeit**

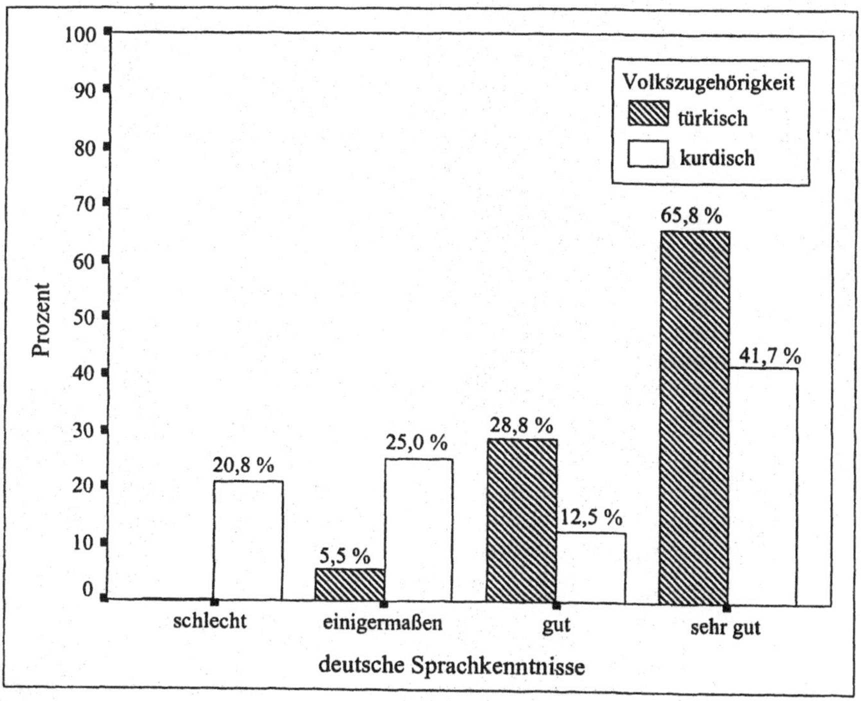

b) Schreiben

Hoch signifikant ist der Unterschied (C=0,000) ($p<0,05$) zwischen türkischen und kurdischen Volkszugehörigen bei der Frage, wie gut sie die deutsche Sprache lesen und schreiben können:

Während 41,7 % (10) der kurdischen Insassen die deutsche Sprache „gar nicht" oder „schlecht" (nur einzelne Worte) lesen und schreiben können, sind dies bei den türkischen Insassen lediglich 4,1 % (3).
Andererseits können 41,6 % (10) der Kurden die deutsche Sprache „gut" bis „sehr gut" lesen und schreiben, dagegen sind dies bei den türkischen Volkszugehörigen 86,3 % (63).

Es kann also festgehalten werden, daß die Insassen mit türkischer Volkszugehörigkeit nach eigenen Angaben über deutlich bessere Deutschkenntnisse in Wort und Schrift als die kurdischen Insassen verfügen. Dies ist von besonderer Bedeutung, da die Kenntnisse der deutschen Sprache eine wesentlichen Voraussetzung zur Integration in die deutsche Gesellschaft darstellen[1319].

Die Ausländerbeauftragten und die Justizvollzugsbediensteten haben die Deutschkenntnisse der türkischen und kurdischen Insassen insgesamt etwas schlechter eingeschätzt. Sie gaben an, daß die türkischen Insassen durchschnittlich (arithmetischer Mittelwert) zu 74,8 % über „gute" bis „sehr gute" deutsche Sprachkenntnisse verfügen, bei den kurdischen Insassen wurde dieser Anteil mit 61,7 % etwas geringer eingeschätzt. Kaum verständlich machen können sich nach Einschätzung der „Experten" lediglich 7,4 % der türkischen Insassen, gegenüber 15,5 % der kurdischen Insassen.

Daß die kurdischen Volkszugehörigen zu einem gegenüber den türkischen Insassen deutlich höheren Anteil von rund 100 % über „schlechte" oder „gar keine" schriftlichen Deutschkenntnisse verfügen, könnte darauf zurückzuführen sein, daß 66,6 % der kurdischen Insassen 11 Jahre oder älter waren, als sie, teilweise als Asylbewerber oder, nach Angaben mehrerer Justizvollzugsbediensteter als Drogenkuriere nach Deutschland eingereist sind, während 82,2 % der Insassen mit türkischer Volkszugehörigkeit bereits in Deutschland geboren wurden und folglich die deutsche Sprache von klein auf gelernt haben[1320].

Diese Ergebnisse überraschen nicht, da bereits WIRTH[1321] *in seiner Untersuchung aus dem Jahr 1997 festgestellt hat, daß ausländische Insassen durchschnittlich über gute Deutschkenntnisse verfügen: Lediglich 4 % der ausländischen Insassen im Jugendstrafvollzug in Nordrhein-Westfalen konnten sich nicht in der deutschen Sprache verständigen.*

1319 TOPRAK, AHMET: Sozialisation und Sprachprobleme. Eine qualitative Untersuchung über das Sprachverhalten türkischer Migranten der zweiten Generation. Frankfurt a. M. 2000a, S. 103 f; vgl. oben unter Teil B, Kapitel 6, I., 1.

1320 Vgl. ausführlich unter Teil D, Kapitel 10, II., 6., a).

1321 WIRTH, WOLFGANG a.a.O. (1998a) (Fn. 14), S. 278, (279).

Daß nahezu alle türkischen Insassen im Jugendstrafvollzug über „sehr gute" bis „gute" Kenntnisse der deutschen Sprache verfügen, bestätigt auch die Resultate der 13. SHELL JUGENDSTUDIE[1322] *„Jugend 2000", die festgestellt hat, daß die befragten 244 männlichen Türken im Alter von 15 bis 24 Jahren nach eigenen Angaben zu 94,5 %*[1323] *über „gute" oder „sehr gute" deutsche Sprachkenntnisse verfügen*[1324].

6. Aufenthaltsdauer in Deutschland

a) Insassen mit türkischer und kurdischer Volkszugehörigkeit

Zwischen dem Einreisealter und der Staatsangehörigkeit besteht bei Insassen mit türkischer und kurdischer Volkszugehörigkeit ein hoch signifikanter Zusammenhang von r_S=0,64[1325] ($p<0,001$[1326]).

Der überwiegende Teil der türkischen Volkszugehörigen (82,2 %) (60) wurde in Deutschland geboren[1327], bei den kurdischen Insassen sind dies lediglich 16,7 % (4), vgl. auch die nachfolgende *Übersicht 6.* Demgegenüber sind zwei Drittel (66,6 %) (16) der kurdischen Insassen erst im Alter von 11 Jahren oder später nach Deutschland eingereist; bei den Türken sind dies lediglich 8,2 % (6).

1322 FISCHER, ARTHUR / FRITZSCHE, YVONNE / FUCHS-HEINRITZ, WERNER et al. a.a.O. (2000b) (Fn. 763), S. 122.

1323 FISCHER, ARTHUR / FRITZSCHE, YVONNE / FUCHS-HEINRITZ, WERNER et al. a.a.O. (2000b) (Fn. 763), S. 122.

1324 Daß sich die Entwicklung der Verbesserung der Deutschkenntnisse nicht auf die jungen Türken beschränkt, verdeutlicht die „Repräsentativuntersuchung 95 zur Situation der ausländischen Arbeitnehmer und ihrer Familienangehörigen in der Bundesrepublik Deutschland", die bei einer Befragung von 595 männlichen Türken im Alter von 15 bis über 50 Jahren in den alten Bundesländern festgestellt hat, daß im Jahr 1995 bereits 45,9 % der befragten türkischen Männern ihre deutschen Sprachkenntnisse als „sehr gut" bis „gut" einschätzten, gegenüber 38,8 % im Jahr 1985, vgl. MEHRLÄNDER, URSULA / ASCHEBERG, CARSTEN / UELTZHÖFFER, JÖRG: Hauptuntersuchung A: Befragte aus der Türkei, dem ehemaligen Jugoslawien, Italien und Griechenland. In: Bundesministerium für Arbeit und Sozialordnung (Hrsg.): Repräsentativuntersuchung 95: Situation der ausländischen Arbeitnehmer und ihrer Familienangehörigen in der Bundesrepublik Deutschland. Berlin, Bonn, Mannheim 1996, S. 1, (271).

1325 Korrelationskoeffizient nach Spearman-Rho, vgl. oben unter Teil C, Kapitel 9, II., 1 b).

1326 Signifikanztest, vgl. oben unter Teil C, Kapitel 9, II., 2.

1327 Vgl. oben unter Teil D, Kapitel 10, II., 5., b). Vgl. auch ZWICK, MARTIN: Drei von vier Kindern ausländischer Familien sind in Deutschland geboren. Zur Altersstruktur der Migrantenbevölkerung. In: Ausländer in Deutschland, Heft 1, 1998, S. 8; ZENTRUM FÜR TÜRKEISTUDIEN (Hrsg.): Die Lebenssituation und Partizipation türkischer Migranten in Nordrhein-Westfalen. Ergebnisse der zweiten Mehrthemenbefragung Juni 2000. Essen 2000, S. 3: In Nordrhein-Westfalen leben 87,1 % der türkischen Bevölkerung länger als zehn Jahre in Deutschland.

Übersicht 6: **Zusammenhang zwischen dem Alter bei der Einreise nach Deutschland und der Volkszugehörigkeit**

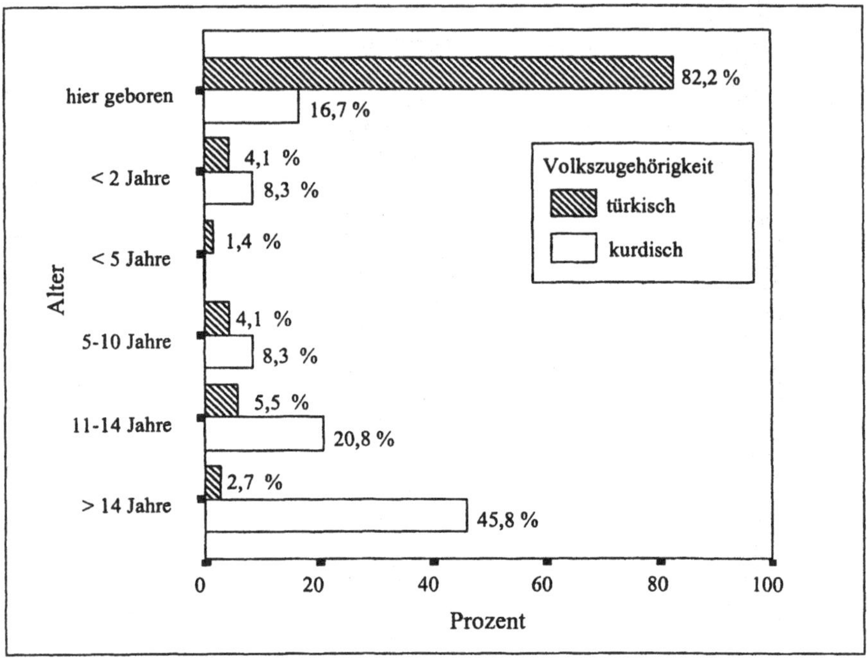

Diese Zahlen legen den Schluß nahe, daß über 80 % der jungen Türken in Deutschland geboren wurden, weil ihre Eltern bereits als Gastarbeiter hier gelebt haben, während zwei Drittel der jungen Kurden aus anderen Gründen nach Deutschland eingereist sind.

> *Eine Erklärungsmöglichkeit besteht darin, daß die jungen Kurden nicht nur im Wege der Familienzusammenführung, sondern auch häufig als Asylbewerber nach Deutschland gekommen sind*[1328]. *Diese Annahme wurde von mehreren Bediensteten geäußert und wird an anderer Stelle überprüft werden*[1329].

Die Ergebnisse zu der Aufenthaltsdauer türkischer Insassen im Jugendstrafvollzug in Nordrhein-Westfalen stehen nur auf den ersten Blick im Widerspruch zu den Ergebnissen aus der Stichtagserhebung von WIRTH[1330] aus dem Jahr 1997, der festgestellt hat, daß 48,8 % der ausländischen Inhaftierten in Deutschland geboren wurden und 40,2 % immer in Deutschland gelebt haben. Da die Eltern der jungen

---

[1328] Vgl. oben unter Teil A, Kapitel 1, II.

[1329] Vgl. Teil D, Kapitel 10., II., 11., a).

[1330] WIRTH, WOLFGANG a.a.O. (1998a) (Fn. 14), S. 278, (279).

Türken als die „klassische" Gastarbeiternation gelten[1331], ist es nicht auffällig, daß die jungen Türken häufiger als der Durchschnitt aller ausländischen Inhaftierten im Jugendstrafvollzug in Deutschland geboren wurden bzw. hier aufgewachsen sind.

b) Insassen mit türkischer und deutscher Staatsangehörigkeit

Erwartungsgemäß unterscheiden sich die Insassen türkischer und deutscher Staatsangehörigkeit signifikant bezüglich ihres Alters bei der Einreise nach Deutschland (C=0,001) ($p<0,05$), denn es konnte angenommen werden, daß nahezu alle deutschen Insassen auch in Deutschland geboren worden sind.
Auffällig ist, daß lediglich 85,0 % (159) der deutschen Insassen aus der JVA Heinsberg, wie aus der nachfolgenden *Tabelle 13* zu entnehmen ist, seit ihrer Geburt in Deutschland leben und immerhin noch 11,8 % (22) erst im Alter von 11 und mehr Jahren nach Deutschland eingereist sind.

Tabelle 13: **Zusammenhang zwischen dem Alter der Einreise nach Deutschland und der Staatsangehörigkeit**

Einreisealter nach Deutschland	**Staatsangehörigkeit**	
	türkisch	**deutsch**
hier geboren	66,0 % (64)	85,0 % (159)
jünger als 2 Jahre	5,2 % (5)	0,0 % (0)
jünger als 5 Jahre	1,0 % (1)	0,5 % (1)
im Alter von 5-10 Jahren	5,2 % (5)	2,7 % (5)
im Alter von 11-14 Jahren	9,3 % (9)	7,0 % (13)
älter als 14 Jahre	13,4 % (13)	4,8 % (9)
Gesamt	100,0 % (97)	100,0 % (187)

Neben den Prozentwerten stehen in Klammern die absoluten Zahlen.

Der Anteil von 15,0 % der deutschen Insassen, die nicht in Deutschland geboren wurden, könnte zu einem Großteil auf die steigende Anzahl von jungen Aussiedlern im Jugendstrafvollzug zurückzuführen sein[1332], die seit Beginn der 90er Jahre nach Deutschland eingewandert sind und in der Kriminal- und der Strafvollzugsstatistik nicht gesondert, sondern als deutsche Tatverdächtige bzw. Inhaftierte erfaßt werden[1333].

1331 Vgl. oben unter Teil A, Kapitel , I., 1.
1332 Vgl. hierzu auch oben unter Teil A, Kapitel 1, VI.
1333 Vgl. oben unter Teil A, Kapitel 1, VI.

7. Schulische Vorbildung

Auch bei der Schulausbildung[1334], die die Insassen vor ihrer Inhaftierung erhalten haben, wird zunächst zwischen Insassen mit türkischer und kurdischer Volkszugehörigkeit und in einem weiteren Schritt zwischen Inhaftierten mit türkischer und deutscher Staatsangehörigkeit differenziert.

a) Insassen mit türkischer und kurdischer Volkszugehörigkeit

Zwischen der schulischen Vorbildung der türkischen und kurdischen Volkszugehörigen besteht ein signifikanter Unterschied (C=0,001) ($p<0,05$).
Wie auch die nachfolgende *Übersicht 7* zeigt, besitzt etwa die Hälfte der Insassen mit türkischer (52,1 %) (38) und kurdischer (54,2 %) (13) Volkszugehörigkeit keinen Schulabschluß.

Allerdings haben fast ein Drittel (29,2 %) (7) der kurdischen Insassen eine Schule in der Türkei besucht, dagegen lediglich 2,7 % (2) der türkischen Volkszugehörigen.

Dieses Ergebnis ist mit dem höheren Alter der kurdischen Insassen bei der Einreise nach Deutschland erklärbar. Die kurdischen Insassen, die teilweise viele Jahre ihrer Kindheit in der Türkei verbracht haben, sind in der Türkei zur Schule gegangen. Dies erklärt auch den höheren Anteil der türkischen Insassen, die einen Hauptschulabschluß besitzen (23,3 %) (17), gegenüber 12,5 % (3) der kurdischen Insassen. Daß 13,7 % (10) der türkischen Insassen die Sonderschule besucht haben, dagegen keiner der kurdischen Insassen, könnte darauf zurückzuführen sein, daß fast 30,0 % der kurdischen Insassen in der Türkei zur Schule gegangen sind, die sich bei einem Schulbesuch in Deutschland auf die anderen Schulformen, einschließlich der Sonderschule, verteilt hätten.

1334 Vgl. auch REICHOW, HARTMUT: Partizipation und Chancen ausländischer Jugendlicher im Bildungssystem. In: Beauftragte der Bundesregierung für die Integration der ausländischen Arbeitnehmer und ihrer Familienangehörigen (Hrsg.): Bericht 99. Zur Situation der ausländischen Arbeitnehmer und ihrer Familien – Bestandsaufnahme und Perspektiven für die 90er Jahre. Bonn 1999, S. 151; ZWICK, MARTIN: Schule und Ausbildung. Der Rückstand wird kleiner. In: Ausländer in Deutschland, Heft 1, 1997, S. 3; AKTAS, CELAL: Zur Situation ausländischer Jugendlicher und ihrer Zukunftsperspektiven. In: Beauftragte der Bundesregierung für die Integration der ausländischen Arbeitnehmer und ihrer Familienangehörigen (Hrsg.): Bericht 99. Zur Situation der ausländischen Arbeitnehmer und ihrer Familien – Bestandsaufnahme und Perspektiven für die 90er Jahre. Bonn 1999, S. 61, (63 ff.); LUCHTENBERG, SIGRID: Schulische und berufliche Situation der zweiten und dritten Ausländergeneration. In: Lajios, Konstantin (Hrsg.): Die ausländische Familie. Ihre Situation und Zukunft in Deutschland. Opladen 1998, S. 71, (78 ff.).

Übersicht 7: **Zusammenhang zwischen schulischer Vorbildung und Volkszugehörigkeit**

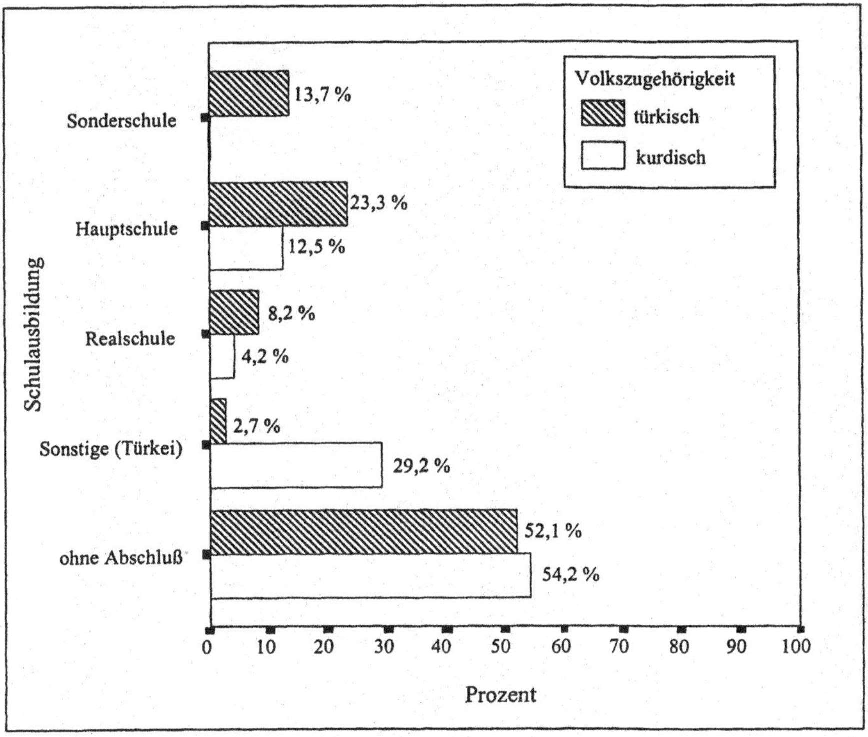

Insgesamt besitzen also rund die Hälfte der türkischen und kurdischen Insassen keinen in Deutschland erworbenen Schulabschluß. Dieser Prozentsatz liegt deutlich unter dem Anteil von 73,9 %[1335] aller nichtdeutschen Insassen im Jugendstrafvollzug, die im Jahr 1997 über keinen Schulabschluß verfügten.

Allerdings ist bei diesem Vergleich zu berücksichtigen, daß die gewonnenen Ergebnisse auf den eigenen Angaben der türkischen Insassen beruhen, während die Angaben aus der Untersuchung im Jahr 1997 aus einer Aktenanalyse gewonnen wurden, so daß eine

---

[1335] WIRTH, WOLFGANG a.a.O. (1998a) (Fn. 14), S. 278, (282). Vgl. auch TAUSS, RAIMUND: Die Veränderung von Selbstkonzeptkomponenten im Inhaftierungsverlauf jugendlicher Strafgefangener. Diss. Freiburg i. Br. 1992, S. 2 f, 121, der festgestellt hat, daß von den 81 befragten Insassen in der Jugendstrafanstalt Berlin-Plötzensee in dem Zeitraum von 1984 bis 1985 lediglich 27 % über einen regulären Schulabschluß verfügten. Vgl. auch GÖPPINGER, HANS: Der Täter in seinen sozialen Bezügen. Heidelberg, New York, Tokio, 1983, S. 8, 67, der festgestellt hat, daß von den 200 befragten männlichen deutschen Inhaftierten, die zwischen 20 und 30 Jahre alt waren, 47,0 % einen Schulabschluß erreicht hatten.

Verzerrung der Ergebnisse im Rahmen der eigenen Angaben, beispielsweise um einen vermeintlich besseren Eindruck gegenüber dem Interviewer zu hinterlassen, nicht vollständig ausgeschlossenen werden kann.

b) Insassen mit türkischer und deutscher Staatsangehörigkeit

Auch zwischen der schulischen Vorbildung der Insassen mit türkischer und deutscher Staatsangehörigkeit bestehen signifikante Unterschiede (C=0,000) ($p<0,05$), wie anhand der nachfolgenden *Tabelle 14* deutlich wird.

Tabelle 14: **Zusammenhang zwischen der schulischen Vorbildung und der Staatsangehörigkeit**

Schulische Vorbildung	**Staatsangehörigkeit**	
	türkisch	**deutsch**
Sonderschule	10,3 % (10)	23,7 % (40)
Hauptschule abgeschlossen	20,6 % (20)	12,4 % (21)
Realschule / Gymnasium ohne Abschluß	0,0 % (0)	2,4 % (4)
Realschule mit Abschluß	7,2 % (7)	1,2 % (2)
Schulausbildung in der Türkei	9,3 % (9)	0,0 % (0)
ohne Abschluß / Schulabbruch	52,6 % (51)	60,4 % (102)
Gesamt	100,0 % (97)	100,0 % (169)

Neben den Prozentwerten stehen in Klammern die absoluten Zahlen.

Auffällig ist, daß der Anteil der Insassen, die die Schule abgebrochen haben, bei deutschen (60,4 %) und türkischen (52,6 %) Staatsangehörigen nicht stark voneinander abweicht, andererseits aber ein deutlich höherer Anteil der türkischen Insassen einen Realschulabschluß (7,2 %) gegenüber 1,2 % bei den deutschen Insassen oder einen Hauptschulabschluß (20,6 %) gegenüber 12,4 % bei den deutschen Insassen erhalten hat. Darüber hinaus ist der Anteil der deutschen Insassen bei den Sonderschülern mit 23,7 % doppelt so hoch wie bei den türkischen Insassen mit 10,3 %.

Bei der Interpretation dieser Ergebnisse ist einschränkend zu berücksichtigen, daß die Antworten der türkischen Insassen auf eigenen Angaben beruhen, während die Antworten der deutschen Inhaftierten aufgrund einer Aktenanalyse gewonnen wurden. Ohne die Richtigkeit der Antworten der türkischen Insassen in Frage stellen zu wollen, von denen immerhin 52,6 % angegeben haben, die Schule abgebrochen zu haben, darf die Gefahr der Verzerrung der Antworten unter dem Gesichtspunkt der sozialen Erwünschtheit[1336] *oder der Scham, nicht zugeben zu wollen, keinen Schulabschluß erreicht zu haben, nicht ganz außer acht gelassen werden.*

[1336] Vgl. oben unter Teil C, Kapitel 7, I.

Insgesamt besitzen die deutschen Insassen im Vergleich zu den Inhaftierten mit türkischer Staatsangehörigkeit im Jugendstrafvollzug eine schlechtere schulische Vorbildung. Die deutschen Insassen haben durchschnittlich häufiger die Sonderschule besucht und seltener einen Hauptschulabschluß erreicht.

8. Berufliche Vorbildung

Ein Vergleich der beruflichen Vorbildung[1337] der türkischen und der deutschen Insassen hat ergeben, wie auch aus der nachfolgenden *Tabelle 15* hervorgeht, daß sich diese beiden Gruppen signifikant (C=0,002) ($p<0,05$) unterscheiden[1338].

Tabelle 15: **Zusammenhang zwischen der beruflichen Vorbildung und der Staatsangehörigkeit**

Berufliche Vorbildung	**Staatsangehörigkeit**	
	türkisch	**deutsch**
noch in der Ausbildung	16,5 % (16)	9,5 % (16)
abgebrochene Berufsausbildung	22,7 % (22)	36,1 % (61)
abgeschlossene Berufsausbildung	5,2 % (5)	0,0 % (0)
keine	55,7 % (54)	54,4 % (92)
Gesamt	100,0 % (97)	100,0 % (69)

Neben den Prozentwerten stehen in Klammern die absoluten Zahlen.

Einerseits stimmen die beiden Insassengruppen darin überein, daß gut die Hälfte der türkischen (55,7 %) und der deutschen (54,4 %) Staatsangehörigen vor der Inhaftierung keine Berufsausbildung begonnen hat. Andererseits unterscheiden sie sich deutlich darin, daß über ein Drittel (36,1 %) der deutschen Insassen eine Berufsausbildung abgebrochen hat, dagegen lediglich 22,7 % der türkischen Insassen. Bei den türkischen Insassen besaßen 5,2 % eine abgeschlossene Lehre, dagegen keiner der Deutschen.

Da insgesamt 94,8 % der türkischen Inhaftierten über keine abgeschlosssene Berufsausbildung verfügen, unterscheiden sie sich nicht von dem Durchschnitt der ausländischen Insassen aller Nationalitäten, die, wie die Untersuchung von WIRTH[1339] *im*

1337 Vgl. Frage 5 des Insassen-Fragebogens im Anhang. Vgl. auch zur Ausbildungssituation der jungen Türken der Zweiten und Dritten Generation: ATTIA, IMAN / AZIZ, LEILA / MARBURGER, HELGA et al.: Auf Ausbildungssuche. In: Attia, Iman / Marburger, Helga (Hrsg.): Alltag und Lebenswelten von Migrantenjugendlichen. Frankfurt a. M. 2000, S. 71, (72 ff.); BENDIT, RENÉ: Junge Arbeitsmigranten in Deutschland: Die Bedeutung von beruflicher Ausbildung und sozialpolitischer Unterstützung bei der Entwicklung produktiver Formen der Lebensbewältigung im Jugendalter. Diss. Kassel 1994, S. 193 ff.

1338 Zwischen den türkischen und kurdischen Insassen besteht bei der beruflichen Vorbildung kein signifikanter Unterschied (C=0,370) ($p>0,05$).

1339 WIRTH, WOLFGANG a.a.O. (1998a) (Fn. 14), S. 278, (282).

Jahr 1997 ergeben hat, ebenfalls zu 96 % bei Strafantritt keine abgeschlossenen Berufsausbildung vorweisen konnten.

Auch unter Berücksichtigung der bereits genannten Einschränkungen bezüglich des Vergleichs der eigenen Angaben der türkischen Insassen einerseits und der aufgrund einer Aktenanalyse gewonnenen Ergebnisse andererseits, bleibt festzuhalten, daß die türkischen Insassen durchschnittlich eine höhere berufliche Vorbildung aufweisen als die deutschen Inhaftierten.

9. Arbeitslosigkeit vor der Inhaftierung

Auch bezüglich der Arbeitslosigkeit vor der Inhaftierung[1340] bestehen zwischen türkischen[1341] und deutschen[1342] Insassen im Jugendstrafvollzug in Nordrhein-Westfalen signifikante Unterschiede (C=0,000) ($p<0,05$).

Rund die Hälfte der türkischen (54,6 %) (53) und der deutschen Insassen (52,7 %) (89) war vor der Inhaftierung nicht arbeitslos.

Dieses Ergebnis ist auffällig, da die Stichtagserhebung von WIRTH[1343] *aus dem Jahr 1997 ergeben hat, daß 74 %*[1344] *der nichtdeutschen Insassen im Jugendstrafvollzug in Nordrhein-Westfalen vor der Inhaftierung arbeitslos gewesen sind.*

Eine Erklärungsmöglichkeit für die geringere Arbeitslosigkeit türkischer Insassen in der etwa dreieinhalb Jahre später durchgeführten Untersuchung könnte darin zu sehen sein, daß die ausländischen Inhaftierten, die nicht die türkische Staatsangehörigkeit besitzen, zu über 80 % vor ihrer Inhaftierung arbeitslos waren, so daß WIRTH[1345]*, bei einem Anteil der türkischen Insassen an allen ausländischen Insassen von 49,8 %*[1346]*, einen Mittelwert von 74 % erhalten hat.*

Auch unter Berücksichtigung der Möglichkeit, daß einige Insassen nicht angeben wollten, vor ihrer Inhaftierung arbeitslos gewesen zu sein, kann festgehalten werden, daß der Anteil der Insassen mit türkischer Staatsangehörigkeit, die vor ihrer Inhaftierung arbeitslos gewesen sind, mit 45,4 % deutlich niedriger ist, als der Anteil der Arbeitslosen an allen nichtdeutschen Insassen aus der Stichtagserhebung[1347] aus dem Jahr 1997.

1340 Vgl. Frage 6 des Insassen-Fragebogens im Anhang.

1341 Zwischen türkischen und kurdischen Insassen besteht kein signifikanter Zusammenhang (C=0,481) ($p>0,05$ ns).

1342 Von den 187 Akten deutscher Insassen enthielten 169 (90,4 %) Angaben zu einer möglichen Arbeitslosigkeit vor der Inhaftierung.

1343 WIRTH, WOLFGANG a.a.O. (1998a) (Fn. 14), S. 278, (282).

1344 WIRTH, WOLFGANG a.a.O. (1998a) (Fn. 14), S. 278, (282).

1345 WIRTH, WOLFGANG a.a.O. (1998a) (Fn. 14), S. 278, (282).

1346 WIRTH, WOLFGANG a.a.O. (1998a) (Fn. 14), S. 278.

1347 WIRTH, WOLFGANG a.a.O. (1998a) (Fn. 14), S. 278, (282).

Differenziert man zwischen der Dauer der Arbeitslosigkeit bei türkischen und deutschen Insassen, so ergibt sich, daß rund ein Viertel (24,7 %) (24) der türkischen Staatsangehörigen bereits bis zu einem halben Jahr arbeitslos gewesen ist, bei den Deutschen waren dies 17,8 % (30), daß von den türkischen Insassen 12,4 % (12) bereits mehr als ein halbes Jahr bis zwei Jahre arbeitslos waren, bei den Deutschen lag dieser Anteil mit 29,0 % (49) allerdings mehr als doppelt so hoch. Mehr als zwei Jahre arbeitslos waren 8,2 % (8) der türkischen und lediglich 0,6 % (1) der deutschen Insassen.

Festzuhalten bleibt, daß rund die Hälfte der Insassen mit türkischer und deutscher Staatsangehörigkeit vor der Inhaftierung nicht arbeitslos gewesen ist. Während allerdings bei einem Viertel aller türkischen Insassen die Arbeitslosigkeit weniger als ein halbes Jahr andauerte, waren 29,0 % der deutschen Insassen deutlich länger, bis zu zwei Jahre, arbeitslos.

Dieses Ergebnis spricht, unter Einbeziehung der Ergebnisse zu der schulischen und beruflichen Vorbildung der türkischen und deutschen Insassen für eine bessere berufliche Ausgangssituation der türkischen im Vergleich zu den deutschen Insassen.

10. Familienstand

Ein Vergleich des Familienstandes[1348] bei türkischen und deutschen Insassen hat ergeben, daß 91,8 % (89) der türkischen und 98,9 % (185) der deutschen Staatsangehörigen ledig waren.

Dieses Ergebnis zeigt, daß die türkischen Insassen später heiraten als noch vor zwanzig Jahren, denn CHAIDOU[1349] *hat in ihrer Untersuchung aus dem Jahr 1979 festgestellt, daß 76 % der befragten Ausländer im Jugendstrafvollzug noch ledig waren, also rund 20 % weniger als heute bei den türkischen Insassen.*
Diese Entwicklung könnte auf eine Annäherung der jungen Türken an die Lebensumstände in der deutschen Gesellschaft schließen lassen.

Demgegenüber waren 7,2 % (7) der türkischen Insassen verheiratet, dagegen lediglich 0,5 % (1) der deutschen Insassen, und jeweils ein türkischer (1,0 %) und ein deutscher (0,5 %) Insasse war geschieden.

Festzuhalten bleibt, daß über 90 % der türkischen und fast 100 % der deutschen Insassen ledig waren und die Zahl der verheirateten türkischen Insassen in den vergangenen zwei Jahrzehnten deutlich zurückgegangen ist.

[1348] Vgl. Frage 11 des Insassen-Fragebogens im Anhang.
[1349] CHAIDOU, ANTHOZOE a.a.O. (1984a) (Fn. 22), S. 207.

11. Wohnsituation zur Tatzeit

a) Insassen mit türkischer und kurdischer Volkszugehörigkeit

Als nächstes wurde vor dem Hintergrund der Theorie der sozialstrukturellen Benachteiligung[1350] die Wohnsituation[1351] der Insassen mit türkischer und kurdischer Volkszugehörigkeit vor ihrer Inhaftierung untersucht. Wie sich aus der nachfolgenden *Übersicht 8* entnehmen läßt, haben drei Viertel (76,7 %) (56) der türkischen Volkszugehörigen vor der Inhaftierung bei den Eltern gewohnt, bei den Kurden waren dies lediglich 33,3 % (8).

Übersicht 8: **Zusammenhang zwischen dem Wohnsitz vor der Inhaftierung und der Volkszugehörigkeit**

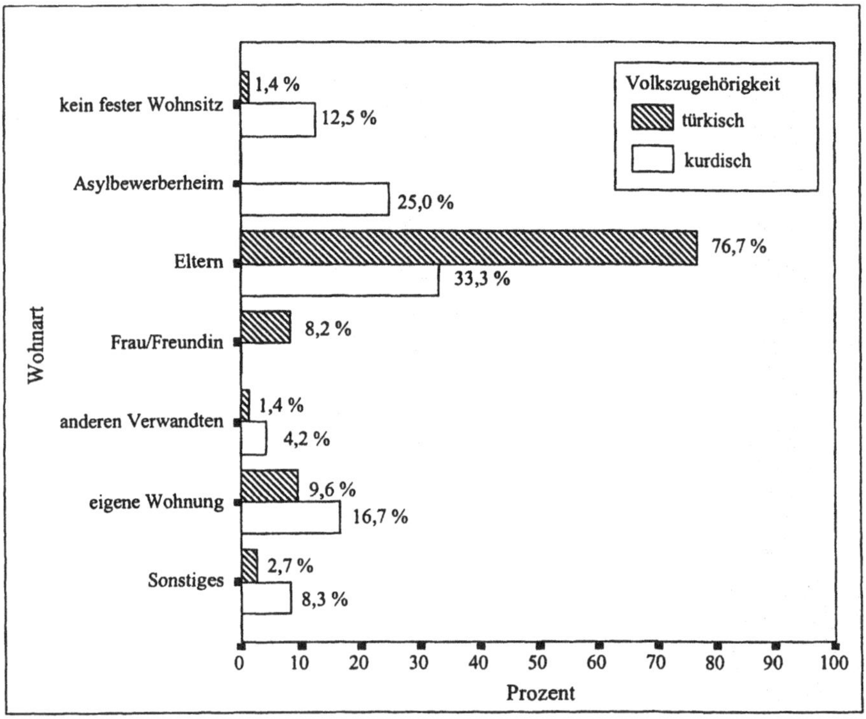

Auffällig ist auch, daß von den kurdischen Insassen rund ein Viertel (25,0 %) (6) zuletzt in einem Asylbewerberheim gelebt hat, dagegen keiner der türkischen Insassen.

1350 Vgl. Teil A, Kapitel 3, II., 8. b).

1351 Vgl. Frage12 des Insassen-Fragebogens im Anhang.

Auch ohne einen festen Wohnsitz waren immerhin 12,5 % (3) der kurdischen Inhaftierten, aber lediglich 1,4 % (1) der türkischen Insassen.

Unterscheidet man zwischen den Türken und Kurden, die zuletzt einen festen Wohnsitz und denen, die vor der Inhaftierung keinen festen Wohnsitz (einschließlich Asylbewerberheim) hatten, so zeigt sich ein hoch signifikanter Unterschied (C=0,000) ($p<0,05$), da nahezu alle türkischen Insassen (98,6 %) (70) zuletzt einen festen Wohnsitz hatten, dagegen nur 59,1 % (13) der kurdischen Inhaftierten.

Die Ergebnisse bezüglich des Wohnsitzes der jungen Türken und Kurden widersprechen nur auf den ersten Blick den Resultaten, die WIRTH[1352] *bei seiner Stichtagserhebung im Jahr 1997 erhalten hat, daß 72,1 % der untersuchten Nichtdeutschen im Jugendstrafvollzug in Nordrhein-Westfalen vor der Haft bei ihren Eltern lebten. Berücksichtigt man, daß sich die Ergebnisse von* WIRTH[1353] *auf alle Nichtdeutschen sämtlicher Nationalitäten beziehen, wird deutlich, daß er einen Durchschnittswert erhalten hat, in den die türkischen Insassen und die Angehörigen anderer Gastarbeiternationen wie beispielsweise Spanier und Griechen ebenso eingeflossen sind, wie die kurdischen Insassen und viele Asylbewerber, beispielsweise aus Rumänien, dem ehemaligen Jugoslawien oder aus afrikanischen Ländern.*

Es kann also festgehalten werden, daß bezüglich des letzten Wohnsitzes zwischen den Insassen mit türkischer und kurdischer Volkszugehörigkeit ein signifikanter Unterschied besteht, daß rund 40 % der Kurden vor der Inhaftierung im Asylbewerberheim lebten oder keinen festen Wohnsitz hatten, während 98,6 % der jungen Türken zuletzt einen festen Wohnsitz, und zwar zu fast 80 % bei den Eltern, hatten.

Dieser Unterschied macht auch deutlich, daß die jungen Türken zu einem überwiegenden Teil in sozial stabilen Verhältnissen innerhalb der Familie gelebt haben und ihre Wohnsituation möglicherweise eher mit der der deutschen Insassen vergleichbar ist, während die Wohnsituation der jungen Kurden, von denen rund 40 % keinen festen Wohnsitz hatten oder im Asylbewerberheim lebten, auf eine sozialstrukturelle Benachteiligung schließen läßt.

b) Insassen mit türkischer und deutscher Staatsangehörigkeit

Allerdings unterscheidet sich auch die Wohnsituation der Insassen mit türkischer Staatsangehörigkeit von der der deutschen Insassen signifikant (C=0,000) ($p<0,05$):

Besonders hohe Abweichungen bestehen bei den Antwortkategorien „Wohnsitz bei den Eltern", den 76,7 % der türkischen Insassen, aber lediglich 59,9 % (112) der deutschen Insassen angaben und entsprechend bei der „eigenen Wohnung", die den letzten Wohnort von rund einem Drittel (33,2 %) (62) der deutschen Insassen darstellte, aber lediglich von 9,6 % der türkischen Staatsangehörigen.

1352 WIRTH, WOLFGANG a.a.O. (1998a) (Fn. 14), S. 278, (281).
1353 WIRTH, WOLFGANG a.a.O. (1998a) (Fn. 14), S. 278, (281).

Diese Unterschiede verdeutlichen, daß die deutschen Insassen, die sich in ihrem durchschnittlichen Alter nicht von den türkischen Insassen unterscheiden[1354], häufiger bereits vor der Inhaftierung das Elternhaus verlassen hatten und in einer eigenen Wohnung lebten. Dieser Unterschied bezüglich der letzten Wohnsituation deutet zum einen auf eine höhere Selbständigkeit der deutschen Insassen, andererseits aber auch auf einen größeren Familienzusammenhalt und eine erhöhte Anpassungsbereitschaft bei den türkischen Insassen hin.

12. Gewalterfahrungen in der Familie

Als letzter Punkt innerhalb der Sozialbiographie werden die Ergebnisse zu den Fragen[1355] nach den Gewalterfahrungen in der Familie[1356] dargestellt. Da bei diesen Fragen zwischen Insassen mit türkischer und kurdischer Volkszugehörigkeit keine signifikanten Unterschiede bestehen, werden die Ergebnisse dieser beiden Gruppen im Folgenden zusammengefaßt dargestellt.

Wie aus der *Tabelle 16* hervorgeht, haben rund 42,3 % der Inhaftierten mit türkischer Staatsangehörigkeit als Kind zu Hause gelegentlich eine Ohrfeige erhalten, 12,4 % erhielten sogar einmal pro Woche oder öfter Ohrfeigen und immerhin 17,5 % wurden nach eigenen Angaben mindestens einmal in der Woche mit Gegenständen geschlagen.

Tabelle 16: **Gewalterfahrungen als Kind durch die Eltern***

Gewalterfahrungen durch die Eltern	**türkische Insassen**
gelegentlich Ohrfeigen (etwa einmal im Monat)	42,3 % (41)
gelegentlich Fausthiebe	4,1 % (4)
gelegentlich Schläge mit Gegenständen	5,2 % (5)
häufig Ohrfeigen (einmal pro Woche oder öfter)	12,4 % (12)
häufig Fausthiebe	3,1 % (3)
häufig Schläge mit Gegenständen	17,5 % (17)
nie	20,6 % (20)

* Mehrfachnennungen waren möglich.

1354 Vgl. oben unter Teil D, Kapitel 10, II., 2.: Das durchschnittliche Alter beider Gruppen beträgt rund 20 Jahre.

1355 Vgl. die Fragen 13-15 des Insassen-Fragebogens im Anhang.

1356 Zu der strafrechtlichen Einordnung familialer Gewalt vgl. BUSSMANN, KAI-DETLEF: Verbot familialer Gewalt gegen Kinder. Zur Einführung rechtlicher Regelungen sowie zum (Straf-) Recht als Kommunikationsmedium. Köln, Berlin, Bonn, München 2000, S. 443 f.

Diese Ergebnisse bestätigen die Resultate der Untersuchung von PFEIFFER / WETZELS[1357] *aus dem Jahr 1998, die ergeben hat, daß fast jeder Fünfte der befragten türkischen Jugendlichen im Laufe des vorangegangenen Jahres zu Hause mittels Fausthieben oder durch noch stärkerer Gewalt mißhandelt worden ist.*

Allerdings sind diese Resultate auch vor dem kulturellen Hintergrund in türkischen Familien zu sehen, die auch nach ihrer Einwanderung nach Deutschland dem traditionellen Rollenbild von Männern und Frauen verhaftet sind, das eine Vorherrschaft des Vaters beinhaltet, der den Gehorsam seiner Familienmitglieder auch durch die Anwendung von Gewalt erzwingen darf und die körperliche Züchtigung als ein geeignetes Erziehungsmittel betrachtet[1358]. Die Gewaltbereitschaft der jungen Türken der Zweiten und Dritten Generation wurde also, folgt man dieser Theorie[1359], auch durch das in ihrer familiären und kulturellen Sozialisation erlernte traditionelle Männlichkeitskonzept geprägt.

Auch ein weiteres Ergebnis der Untersuchung von PFEIFFER / WETZELS[1360] wurde durch die eigene Untersuchung bestätigt.

PFEIFFER / WETZELS[1361] *haben herausgefunden, daß fast jeder dritte türkische Jugendliche von der Beobachtung berichtet, daß die Eltern sich untereinander geschlagen haben.*

Von den 35,1 % (34) türkischen Insassen, die die Frage „Haben Sie zu Hause gesehen, wie Ihre Eltern sich geschlagen haben?" bejahten, erklärten bezüglich der Häufigkeit dieser Beobachtung 44,1 % (15) dies sei „selten" (etwa einmal im Jahr) geschehen, 29,4 % (10) gaben an, die Eltern hätten sich „gelegentlich" (etwa einmal im Monat) geschlagen und 26,5 % (9) antworteten, dies sei „häufig" (etwa einmal pro Woche oder öfter) vorgekommen.

Diese Ergebnisse, die die Resultate aus der Untersuchung von PFEIFFER / WETZELS *bestätigen, können als ein Hinweis auf die Richtigkeit der von den beiden Autoren aufgestellten These, daß ein Zusammenhang zwischen den Gewalterfahrungen in der Kindheit und dem hohen Anteil der türkischen jugendlichen Gewalttäter bestehe, gewertet werden, da die türkischen Inhaftierten im Jugendstrafvollzug über die gleiche Anzahl und Art der Ausprägung innerfamiliärer Gewalt berichten wie die Probanden aus der KFN-Untersuchung in Niedersachsen.*

1357 PFEIFFER, CHRISTIAN / WETZELS, PETER a.a.O. (2000a) (Fn. 17), S. 18, vgl. auch oben Teil A, Kapitel 3, II., 2. b).

1358 PFEIFFER, CHRISTIAN / WETZELS, PETER a.a.O. (2000a) (Fn. 17), S. 20 f; FOCKEN, ADALBERT / GLEY, CHRISTA a.a.O. (Fn. 22), S. 95; vgl. auch oben Teil A, Kapitel 3, II., 2. b).

1359 PFEIFFER, CHRISTIAN / WETZELS, PETER a.a.O. (2000a) (Fn. 17), S. 20 f.

1360 PFEIFFER, CHRISTIAN / WETZELS, PETER a.a.O. (2000a) (Fn. 17), S. 18, vgl. auch oben Teil A, Kapitel 3, II., 2. b).

1361 PFEIFFER, CHRISTIAN / WETZELS, PETER a.a.O. (2000a) (Fn. 17), S. 18, vgl. auch oben unter Teil A, Kapitel 3, II., 2. b).

Auch die Fragestellung „Sind Sie schon einmal von zu Hause weggelaufen?“ knüpft an die innerfamiliäre Situation an. Die Frage wurde von 56,7 % (55) der Insassen mit türkischer Staatsangehörigkeit bejaht. Als häufigsten Grund für das Weglaufen von zu Hause nannten 60,0 % (33) „Konflikte mit dem Vater“, 27,3 % (15) „Probleme in der Schule“ und 16,4 % (9) „Konflikte mit der Mutter“ (Mehrfachnennungen waren möglich).

Diese Resultate bestätigen die Ergebnisse der Untersuchung von FOCKEN / GLEY[1362] aus dem Jahr 1978, die festgestellt haben, daß 60 % der türkischen Insassen im Jugendstrafvollzug aufgrund von Konflikten mit den Eltern, besonders häufig mit dem Vater, zeitweise von zu Hause weggelaufen sind.

Darüber hinaus verdeutlichen diese Ergebnisse, daß zwischen türkischen Vätern und ihren Söhnen häufig kulturell bedingte Konflikte entstehen[1363], die von den jungen Türken oft nicht anders als durch die (vorübergehende) Flucht aus dem Elternhaus bewältigt werden können.

Die Ergebnisse zu den Gewalterfahrungen in den türkischen Familien bestätigen die Theorie des „inneren“ Kulturkonfliktes, da sie einen Zusammenhang aufzeigen zwischen der (Gewalt-) Kriminalität, die von Türken der Zweiten und Dritten Generation verübt wird, und ihrem kulturell bedingten traditionellen Männlichkeitskonzept, das die Gewaltanwendung durch den Vater gegenüber den Familienmitgliedern einschließt und in einem Gegensatz zu dem Rollenverständnis in der deutschen Gesellschaft steht, das die jungen Türken bei deutschen Freunden erleben.

1362 FOCKEN, ADALBERT / GLEY, CHRISTA a.a.O. (Fn. 22), S. 118; vgl. auch oben unter Teil A, Kapitel B, II., 2. b) und Teil C, Kapitel 7, II., 4. a).

1363 CIL, NEVIM: Überlegungen zum intergenerativen Verhältnis in türkischen Familien im Migrationsprozeß. In: Attia, Iman / Marburger, Helga (Hrsg.): Alltag und Lebenswelten von Migrantenjugendlichen. Frankfurt a. M. 2000, S. 127, (131 ff.); NAUCK, BERNHARD: Intergenerative Konflikte und gesundheitliches Wohlbefinden in türkischen Familien. Ein interkultureller und interkontextueller Vergleich. In: Nauck, Bernhard / Schönpflug, Ute (Hrsg.): Familien in verschiedenen Kulturen. Stuttgart 1997b, S. 324, (329 ff.); SAUER, MARTINA: Kulturell-religiöse Einstellungen und sozioökonomische Lage junger türkischer Migranten in Deutschland. In: ZAR, Jg. 20, Heft 2, 2000, S. 51, (59); JOHN, BARBARA: Ausländische Jugendliche zwischen Koranschule und Diskothek – eine Generation im Umbruch. In: Beauftragte der Bundesregierung für die Integration der ausländischen Arbeitnehmer und ihrer Familienangehörigen (Hrsg.): Bericht 99. Zur Situation der ausländischen Arbeitnehmer und ihrer Familien – Bestandsaufnahme und Perspektiven für die 90er Jahre. Bonn 1999, S. 79, (80 ff.); KAGITCIBASI, CIGDEM / SUNAR, DIANE: Familie und Sozialisation in der Türkei. In: Nauck, Bernhard / Schönpflug, Ute (Hrsg.): Familien in verschiedenen Kulturen. Stuttgart 1997, S. 145, (156 f.).

Kapitel 11: Legalbiographische Daten der befragten türkischen Insassen

I. Deliktsstruktur der Anlaßtat

Die auf die Angaben in der PKS[1364] gestützte Vermutung, daß die Insassen mit türkischer Staatsangehörigkeit sehr häufig wegen eines Raubes oder Betäubungsmitteldeliktes verurteilt worden sind, wurde durch die Untersuchung bestätigt.

1. Insassen mit türkischer und kurdischer Volkszugehörigkeit

Vergleicht man die Deliktsstruktur der Anlaßtat bei den Insassen türkischer und kurdischer Volkszugehörigkeit, fallen jedoch bei den Betäubungsmittel- und den Raubdelikten deutliche Unterschiede auf.
Wie aus der nachfolgenden *Übersicht 9* hervorgeht, werden die kurdischen Inhaftierten mit 62,5 % (15) häufiger als die türkischen Volkszugehörigen (41,1 %) (30) wegen eines Betäubungsmitteldeliktes verurteilt.

Allerdings ist dieser Zusammenhang nicht signifikant ($p=0{,}068$, also $p>0{,}05$ ns). Die Tendenz geht jedoch, insbesondere unter Berücksichtigung der kleinen Anzahl der Probanden, in die Richtung der Signifikanz.

Ob ein von vielen Justizvollzugsbediensteten angesprochener Zusammenhang zwischen dem höheren Einreisealter der kurdischen Insassen und der Begehung von Rauschgiftdelikten[1365] besteht, wurde anhand dieser Ergebnisse überprüft:

Während die Insassen mit türkischer Volkszugehörigkeit zu einem sehr hohen Prozentsatz (82,2 %) in Deutschland geboren wurden, sind die Kurden zu 66,0 % mit 11 oder mehr Jahren nach Deutschland eingereist[1366]. Da, wie die nachfolgende *Übersicht 9* zeigt, die Kurden zu einem höheren Prozentsatz (62,5 %) Rauschgiftdelikte begangen haben als Türken (41,1 %), könnte angenommen werden, daß die Volkszugehörigkeit und das Einreisealter ein Indiz für die Drogenkriminalität sind. Folglich hätte der Einreisegrund bei einem Großteil der Kurden in der Absicht bestanden, in Deutschland mit Drogen zu handeln.

Diese Annahme hat sich lediglich für die türkischen und kurdischen Insassen, die im Alter unter 11 Jahren nach Deutschland gekommen sind, bestätigt. Von den türkischen Volkszugehörigen wurden 37,3 % (25) wegen eines Rauschgiftdeliktes verurteilt, dagegen war bei 50,0 % (4) der Kurden mit dem Einreisealter von unter 11 Jahren die Anlaßtat für die Inhaftierung ein Rauschgiftdelikt.

1364 Vgl. oben unter Teil A, Kapitel 2, II., 1. e).
1365 Vgl. oben unter Teil D, Kapitel 10, II., 6.
1366 Vgl. oben unter Teil D, Kapitel 10, II., 6.

Übersicht 9: **Zusammenhang zwischen der Begehung eines Betäubungsmitteldeliktes und der Volkszugehörigkeit**

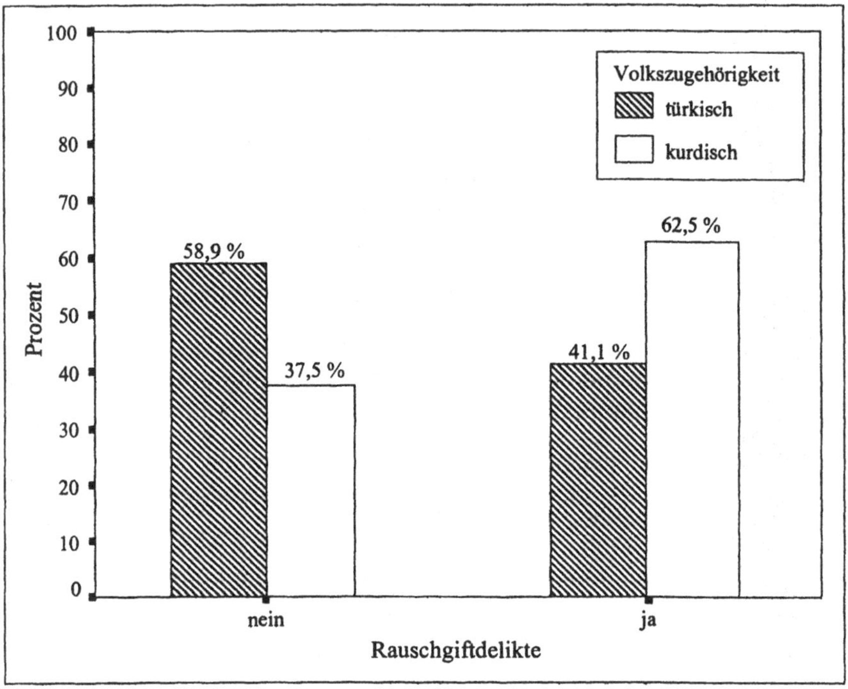

Auffällig ist, daß türkische Inhaftierte, die mindestens 11 Jahre alt waren bei ihrer Einreise nach Deutschland, sogar zu 83,3 % (5) wegen eines Rauschgiftdeliktes verurteilt wurden, bei den Kurden waren es 68,8 % (11). Allerdings ist bei dieser Berechnung die relativ kleine Anzahl von 24 kurdischen Insassen zu berücksichtigen.

Die Annahme, daß die Kurden, die im Altern von 11 oder mehr Jahren nach Deutschland einreisen, häufiger als die Insassen mit türkischer Volkszugehörigkeit wegen eines Rauschgiftdeliktes verurteilt werden, also bereits zum Zwecke des Drogenhandels nach Deutschland gekommen sind, hat sich, möglicherweise aufgrund der geringen Anzahl von lediglich 6 türkischen und 16 kurdischen Insassen mit einem Einreisealter von mindestens 11 Jahren, nicht bestätigt.

Ein signifikanter Zusammenhang wurde demgegenüber zwischen der Volkszugehörigkeit und der Verurteilung wegen eines Raubes oder einer Erpressung festgestellt: Raub oder Erpressung waren für 39,7 % (29) der türkischen Volkszugehörigen, aber lediglich für 12,5 % (3) der kurdischen Inhaftierten die Anlaßtat für die Verurteilung zu einer Jugendstrafe (C=0,014) ($p<0,05$).

Es kann also festgehalten werden, daß die Insassen mit türkischer Volkszugehörigkeit signifikant häufiger wegen eines Raubes oder einer Erpressung, kurdische Insassen hingegen häufiger wegen eines Betäubungsmitteldeliktes zu einer Jugendstrafe verurteilt wurden.

2. Insassen mit türkischer und deutscher Staatsangehörigkeit

Vergleicht man die Deliktsstruktur der Insassen türkischer und deutscher Staatsangehörigkeit, so werden, wie aus der nachfolgenden *Tabelle 17* hervorgeht, die Ergebnisse aus der Untersuchung von BUKOWSKI[1367] bestätigt, daß türkische Gefangene häufiger als deutsche Insassen wegen Betäubungsmitteldelikten (C=0,000) ($p<0,05$) und Raubdelikten (dieser Unterschied ist allerdings nicht signifikant (C=0,193) ($p>0,05$ ns)), aber seltener wegen Diebstahls (C=0,000) ($p<0,05$) verurteilt wurden.

Tabelle 17: **Zusammenhang zwischen der Deliktstruktur der Anlaßtat und der Staatsangehörigkeit**

Delikt	**Staatsangehörigkeit**	
	türkisch	**deutsch**
ausländerspezifisches Delikt	3,1 % (3)	0,0 % (0)
Betrug	2,1 % (2)	1,1 % (2)
Diebstahl	14,4 % (14)	36,4 % (68)
Körperverletzung	17,5 % (17)	12,3 % (23)
Raub, Erpressung	33,0 % (32)	25,7 % (48)
Rauschgiftdelikt	46,6 % (45)	14,4 % (27)
Sexualdelikt	3,1 % (3)	3,2 % (6)
Tötungsdelikt	8,2 % (8)	7,0 % (13)
Verkehrsdelikt	7,2 % (7)	2,1 % (4)
Verstoß gegen das Waffengesetz	4,1 % (4)	0,0 % (0)
sonstiges Delikt	6,2 % (6)	0,5 % (1)

Neben den Prozentwerten stehen in Klammern die absoluten Zahlen.

Darüber hinaus wurden türkische Insassen signifikant häufiger wegen ausländerspezifischen Delikten (C=0,016) ($p<0,05$) und wegen eines Verstoßes gegen das Waffengesetz (C=0,005) ($p<0,05$) verurteilt.

[1367] BUKOWSKI, ANNETTE a.a.O. (1998) (Fn. 9), S. 39.

II. Höhe der Jugendstrafe

Auch bei einem Vergleich der Höhe der Jugendstrafe[1368] ergibt sich zwischen den Inhaftierten mit türkischer[1369] und deutscher Staatsangehörigkeit im Jugendstrafvollzug ein signifikanter Unterschied (C=0,000) (p<0,05).
Die deutschen Insassen verbüßen insgesamt deutlich häufiger eine Jugendstrafe unter zwei Jahren:

Eine Jugendstrafe von 6 Monaten bis zu 1 Jahr wiesen 16,0 % (30) der deutschen, dagegen lediglich 4,1 % (4) der türkischen Insassen auf; 37,9 % (71) der deutschen und 24,7 % (24) türkische Inhaftierte besaßen ein Strafmaß von 13 bis 24 Monaten.

Mit zunehmender Strafdauer übersteigt der Anteil der türkischen Insassen den der deutschen:

Eine Strafhöhe von 25 bis 36 Monaten weisen 37,1 % (36) der Türken, dagegen 31,0 % (58) der Deutschen auf; 18,6 % (18) der türkischen Insassen und lediglich 5,9 % (11) der deutschen haben ein Strafmaß von über drei bis vier Jahren. Ein Strafmaß von über vier bis zehn Jahren weisen 15,4 % (15) der türkischen und 9,1 % (17) der deutschen Insassen auf.

Dieses Ergebnis entspricht weitgehend den von WIRTH[1370] *gewonnen Resultaten, nach denen 32,6 % der nichtdeutschen Insassen im Jugendstrafvollzug in Nordrhein-Westfalen ein Strafmaß von 13 bis 24 Monaten und 37,3 % ein Strafmaß von 25 bis 36 Monaten erhalten haben, und kann als ein Hinweis auf die Richtigkeit der von den türkischen Insassen gegebenen Antworten auf diese sensible Frage[1371] gewertet werden.*

Als Erklärungsmöglichkeit für das deutlich höhere Strafmaß der türkischen Insassen sollte Etikettierungsansatz[1372], der davon ausgeht, daß Ausländer einer erhöhten Kontrolle seitens der Bevölkerung und der Strafverfolgungsorgane unterliegen, nicht überbewertet werden. Vielmehr könnte die Deliktsstruktur ausschlaggebend sein, denn bei einem Großteil der deutschen Insassen war die Anlaßtat für die Verurteilung zu einer Jugendstrafe ein Diebstahlsdelikt, während die türkischen Insassen auffallend häufiger wegen eines Betäubungsmitteldeliktes oder wegen eines Raubes oder einer Erpressung verurteilt worden sind, also wegen Taten, die aufgrund ihrer Schwere, beispielsweise aufgrund der begangenen Gewaltanwendung, zu einem höheren Strafmaß führen.

1368 Vgl. Frage 66 des Insassen-Fragebogens im Anhang.

1369 Zwischen der Höhe der Jugendstrafe bei den Insassen türkischer und kurdischer Volkszugehörigkeit besteht kein signifikanter Unterschied (C=0,420) (p>0,05).

1370 WIRTH, WOLFGANG a.a.O. (1998a) (Fn. 14), S. 278, (282).

1371 Vgl. BUKOWSKI, ANNETTE a.a.O. (1998) (Fn. 9), S. 48; vgl. auch oben Teil C, Kapitel 7, I. und II., 4. a).

1372 Vgl. unter Teil A, Kapitel A, Kapitel 3, II., 9., a) und Kapitel A, Kapitel 3, II., 10.

Kapitel 12: Türkische Inhaftierte als Teil der Subkultur

I. Subkultureller Status türkischer Insassen

Die Ausländerbeauftragten und die Justizvollzugsbediensteten haben geschätzt, daß 11,3 % (arithmetischer Mittelwert) der Inhaftierten mit türkischer Staatsangehörigkeit innerhalb der Insassensubkultur[1373] eine Führerposition einnehmen. Rechnet man den arithmetischen Mittelwert für die türkischen und kurdischen Isassen in einer gehobenen Position (16,9 %) und in der mittleren Position (36,8 %) hinzu, nehmen zwei Drittel (rund 65,0 %) in den Jugendstrafanstalten eine mittlere bis eine Führerposition ein, lediglich 30,2 % (arithmetischer Mittelwert) der jungen Türken und Kurden haben nach Einschätzung der Ausländerbeauftragten und der Justizvollzugsbediensteten eine untergeordnete oder unterste Position in der Insassensubkultur.

> *Diese Einschätzung bestätigt das Ergebnis von* HÜRLIMANN[1374]*, daß ausländische Insassen in der Insassensubkultur häufig eine Führerposition oder eine gehobene Position einnehmen*[1375].

HÜRLIMANN[1376] führt die gehobene Stellung innerhalb der Insassensubkultur unter anderem auf das äußere Erscheinungsbild der ausländischen Insassen, aber auch auf eine hohe Beteiligung an den Aktivitäten des Jugendstrafvollzuges, auf die Begehung von Gewaltdelikten, eine lange Haftstrafe, die Teilnahme an Handelsgeschäften in der Subkultur und einen hohen Drogenkonsum zurück[1377].

> *Die Insassen mit türkischer Staatsangehörigkeit wurden signifikant häufiger als die deutschen Insassen wegen Raubes oder Erpressung, also wegen eines Gewaltdeliktes verurteilt*[1378] *und erhielten durchschnittlich eine höhere Haftstrafe als die deutschen Mitgefangenen*[1379]*. Diese Ergebnisse sprechen nach* HÜRLIMANN[1380] *bereits für eine gehobene Stellung der Türken in der Insassensubkultur.*
>
> *Auf die Frage, wie häufig sie an Aktivitäten des Jugendstrafvollzuges (Sport*[1381]*, Freizeitveranstaltungen*[1382]*, Gesprächsgruppen) teilnehmen*[1383]*, haben 71,1 % (69)*

1373 Vgl. oben unter Teil C, Kapitel 6, I., 10.

1374 HÜRLIMANN, MICHAEL a.a.O. (Fn. 884), S. 170.

1375 Vgl. oben unter Teil C, Kapitel 6, I., 10.

1376 HÜRLIMANN, MICHAEL a.a.O. (Fn. 884), S. 132 f., vgl. auch unter Teil C, Kapitel 7, II., 4. a).

1377 HÜRLIMANN, MICHAEL a.a.O. (Fn. 884), S. 132 f., vgl. auch unter Teil C, Kapitel 7, II., 4. a).

1378 Vgl. Teil D, Kapitel 11, I.

1379 Vgl. Teil D, Kapitel 11, II.

1380 HÜRLIMANN, MICHAEL a.a.O. (Fn. 884), S. 132 f., vgl. auch unter Teil C, Kapitel 7, II., 4. a).

1381 Vgl. zur Bedeutung des Sports für die Resozialisierung: RÖSSNER, DIETER: Resozialisierung durch Sport im Jugendstrafvollzug. In: Feuerhelm, Wolfgang / Schwind, Hans-Dieter / Bock, Michael (Hrsg.): Festschrift für Alexander Böhm zum 70. Geburtstag am 14. Juni 1999, Berlin, New York 1999, S. 453, (457); DÖLLING, DIETER: Die resozialisierende Wirkung des Sports im Strafvollzug. In: Nickolai, Werner / Rieder, Hermann / Walter, Joachim (Hrsg.): Sport im Strafvollzug. Pädagogische und therapeutische Modelle. Freiburg i. Br. 1992, S. 67 ff.; NICKOLAI, WERNER: Soziale Aspekte des Sports im Strafvollzug. In: ZfStrVo, Jg. 41, Heft 4,

geantwortet, „mehrmals in der Woche", 19,6 % (19) „mehrmals im Monat" und lediglich 3,1 % (3) „mehrmals im Jahr" und 6,2 % (6) „nie".

Dieses Ergebnis, daß 90,7 % der türkischen Insassen mindestens mehrmals im Monat an Aktivitäten des Jugendstrafvollzuges teilnehmen, deutet zum einen darauf hin, daß sie nicht isoliert im Jugendstrafvollzug sind und bestätigt, folgt man der These HÜRLIMANNS[1384], daß die häufige Teilnahme an Freizeitaktivitäten in der Anstalt als ein Merkmal für eine gehobene Stellung innerhalb der Insassensubkultur anzusehen ist, die Einschätzung der Ausländerbeauftragten und Justizvollzugsbediensteten, daß die türkischen Insassen eine gehobene Position unter den Mitgefangenen einnehmen.

Als ein weiteres Kriterium zur Bestimmung der Position türkischer Staatsangehöriger innerhalb der Insassensubkultur wurde überprüft, ob und mit wem die jungen Türken in der Anstalt „Handelsgeschäfte betreiben"[1385], wem sie etwas leihen und von wem sie selbst etwas entleihen, da durch die Art von Verschuldung Abhängigkeitsverhältnisse unter den Inhaftierten begründet und aufrechterhalten werden und die „Knasthierarchie hierin ihre Wurzeln hat"[1386].
Auf die Frage „Leihen oder borgen Sie sich Kaffee, Tee, Tabak oder Drogen von anderen Gefangenen?"[1387], antworteten lediglich 7,2 % (7) der Insassen mit türkischer Staatsangehörigkeit „ja, ständig", immerhin 30,9 % (30) „gelegentlich" und 38,1 %

1992, S. 228, (229 ff.); ASSELBORN, GERD / LÜTZENKIRCHEN, MICHAEL: Sport als Medium in einer personenzentrierten Arbeit mit delinquenten Jugendlichen. In: ZfStrVo, Jg. 40, Heft 5, 1991, S. 269, (274); GOTTSCHALK, WOLFGANG: Erlebnispädagogik im Strafvollzug. In: Nickolai, Werner / Rieder, Hermann / Walter, Joachim (Hrsg.): Sport im Strafvollzug. Pädagogische und therapeutische Modelle. Freiburg i. Br. 1992, S. 92, (95 ff.).
Vgl. zu der Ausgestaltung des Sports im Justizvollzug: SCHRÖDER, JÜRGEN: Vom Kraftsport zum Fitneß- und Gesundheitssport im Justizvollzug. In: ZfStrVo, Jg. 50, Heft 1, 2001, S. 21, (25); SCHRÖDER, JÜRGEN: Zur Situation des Sports in den Niedersächsischen Vollzugsanstalten. In: ZfStrVo, Jg. 46, Heft 3, 1997, S. 143, (144 ff.); MERKEL, REINER: Sport in der Vollzugsanstalt Mannheim. Der Sportleitplan für den Strafvollzug in Baden-Württemberg. In: ZfStrVo, Jg. 38, Heft 1, 1989, S. 37, (38 ff.); NICKOLAI, WERNER: Sport als Gemeinwesenarbeit. In: Nickolai, Werner u.a. (Hrsg.): Sozialpädagogik im Jugendstrafvollzug. Erfahrungen aus der Praxis. Freiburg i. Br. 1985, S. 119, (125 ff.).

1382 Vgl. zu verschiedenen Formen der Freizeitveranstaltungen im Justizvollzug: BODE, LOTHAR: Freizeitgestaltung im Strafvollzug – Möglichkeiten der Freizeitgestaltung. In: Schwind, Hans-Dieter / Blau, Günter (Hrsg.): Strafvollzug in der Praxis. Eine Einführung in die Probleme unter Realitäten des Strafvollzuges und der Entlassenenhilfe. 2. Aufl., Berlin, New York 1988, S. 313 ff.; BIERSCHWALE, PETER / DETMER, BERND / KÖHLER, WOLFGANG / KRAMER, JÖRG: Freizeitgestaltung im niedersächsischen Justizvollzug. 10 Punkte für ein „Projekt Freizeit". In: ZfStrVo, Jg. 44, Heft 2, 1995, S. 83, (84 ff.); NICKOLAI, WERNER / SPERLE, FRITZ: Erlebnispädagogik mit Jugendlichen im Strafvollzug. In: ZfStrVo, Jg. 42, Heft 3, 1993, S. 162, (164 ff.).

1383 Vgl. Frage 26 des Insassen-Fragebogens im Anhang.

1384 HÜRLIMANN, MICHAEL a.a.O. (Fn. 884), S. 132 f.; vgl. auch oben Teil C, Kapitel 7, II., 4. b).

1385 HÜRLIMANN, MICHAEL a.a.O. (Fn. 884), S. 170.

1386 BOSETZKY, HORST / BORSCHERT, JÜRGEN / HELM, SIEGFRIED a.a.O. (Fn. 22), S. 198, (250); vgl. auch oben unter Teil B, Kapitel 6, I., 10. a), bb).

1387 Vgl. Frage 21 des Insassen-Fragebogens im Anhang.

(37) „selten". Entsprechend erklärten etwa ein Viertel (23,7) (23) der türkischen Insassen, sie würden sich nie etwas von anderen Gefangenen leihen.

Bei der Interpretation dieses Ergebnisses ist zu berücksichtigen, daß, wie bereits BOSETZKY / BORSCHERT / HELM[1388] *festgestellt haben, zu vermuten ist, daß das Eingeständnis von Schulden dem Interviewer gegenüber vermieden wird, weil die Gefangenen anderenfalls die eigene Demütigung und den niederen Rang in der Insassenhierarchie zugeben und ihr Gesicht verlieren würden.*
Aus diesem Grunde wurde der Begriff „Schulden" nach der Durchführung des Pretests in der Jugendstrafanstalt in Hameln-Tündern durch die Formulierung „bei anderen etwas leihen, borgen" ersetzt[1389].

Auffällig ist, daß im Gegensatz zu der Untersuchung von BOSETZKY / BORSCHERT / HELM[1390], in der 86,8 % der befragten ausländischen Insassen angegeben hatten, keinerlei Schulden in Form von Kaffee, Tee oder Tabak bei Mitgefangenen zu haben, lediglich 23,7 % der türkischen Insassen geantwortet, sich „noch nie" bei anderen Mitgefangenen etwas geliehen zu haben. Dieses Ergebnis spricht für die Offenheit der türkischen Insassen und die Richtigkeit ihrer Angaben.

Dadurch, daß die Insassen mit türkischer Staatsangehörigkeit am häufigsten von ihren Landsleuten (64,9 %) (63) etwas ausleihen[1391], vermeiden sie zumindest teilweise, in Abhängigkeitsverhältnisse zu anderen Insassengruppen zu geraten.

Von vielen türkischen Insassen wurde darauf hingewiesen, daß es selbstverständlich sei, daß man unter Landsleuten alles teile und sich gegenseitig aushelfe, ohne sofort etwas zurückzufordern.

Am zweithäufigsten (32,0 %) (31) leihen sie sich etwas von deutschen Insassen, selten (13,4 %) (13) von anderen ausländischen Mitgefangenen.

Für eine gehobene Stellung der türkischen Insassen in der Insassensubkultur spricht, daß sie deutlich häufiger anderen Mitgefangenen etwas leihen, als selbst etwas von anderen zu borgen:
94,8 % (92) der Türken gaben an, anderen Gefangenen Kaffee, Tee, Tabak oder Drogen zu leihen[1392].

28,9 % (28) verleihen ständig etwas, 42,3 % (41) gelegentlich, 23,7 % (23) selten und lediglich 5,2 % (5) nie.

Auffällig ist auch, daß die Insassen mit türkischer Staatsangehörigkeit einerseits etwa ebenso häufig (69,1 %) (67) türkischen Mitgefangenen etwas ausleihen[1393], wie sie

---

1388 BOSETZKY, HORST / BORSCHERT, JÜRGEN / HELM, SIEGFRIED a.a.O. (Fn. 22), S. 198, (250).
1389 Vgl. oben unter Teil C, Kapitel 7, IV.
1390 BOSETZKY, HORST / BORSCHERT, JÜRGEN / HELM, SIEGFRIED a.a.O. (Fn. 22), S. 198, (250).
1391 Vgl. Frage 22 des Insassen-Fragebogens im Anhang.
1392 Vgl. Frage 23 des Insassen-Fragebogens im Anhang.

sich selbst etwas von ihren Landsleuten borgen (64,9 %) (63), andererseits aber deutlich häufiger etwas an deutsche Gefangene (53,6 %) (52) und andere ausländische Insassen (29,9 %) (29) verleihen als von diesen etwas auszuleihen. Durch die Verschuldung der anderen Insassengruppen werden Abhängigkeitsverhältnisse gegenüber den türkischen Insassen begründet und aufrechterhalten, die auf eine gehobene, wenn nicht sogar hohe Position eines hohen Anteils der jungen Türken in der Insassensubkultur schließen lassen.

II. Verhältnis zu deutschen Inhaftierten

Das Verhältnis der ausländischen Insassen zu ihren deutschen Mitgefangenen wurde bereits in älteren Untersuchungen[1394] erforscht, mit unterschiedlichen Ergebnissen:

> *In der Mannheimer Untersuchung vor rund 20 Jahren haben* SCHAFFNER / KNEIP[1395] *festgestellt, daß 64 % der ausländischen Insassen ihre deutschen Mitgefangenen als arrogant bezeichneten und davon ausgingen, daß deutsche Gefangene Vorurteile gegenüber Ausländern besitzen und auf diese herabblicken.*
>
> *Demgegenüber hat die Berliner Untersuchung von* BOSETZKY / BORSCHERT / HELM[1396] *aus dem Jahr 1981 ergeben, daß lediglich 3,7 % der befragten nichtdeutschen Inhaftierten ihr Verhältnis zu den deutschen Mitgefangenen als „schlecht" oder „sehr schlecht" bezeichneten.*
> *Auch* BUKOWSKI[1397] *hat bei ihrer jüngeren Untersuchung aus dem Jahr 1995 festgestellt, daß sich das Verhältnis der türkischen Insassen zu den deutschen Gefangenen im Jugendstrafvollzug „nicht besonders schwierig"[1398] gestaltet.*

Über die Hälfte 52,6 % (51) der türkischen[1399] Insassen haben ihr Verhältnis zu deutschen Mithäftlingen als „sehr gut" (verbringen fast die ganze Freizeit zusammen) oder „gut" (verbringen viel Zeit miteinander) bezeichnet. Etwa ein Drittel (36,1 %) (35) hat das Verhältnis zu deutschen Insassen mit „es geht" (nur mit wenigen enge Freundschaft) beschrieben und lediglich 5,2 % (5) als „schlecht" (mögen uns gegenseitig nicht) oder „sehr schlecht" (haben ständig Streit). Ein Anteil von 6,2 % (6) hat „keinen Kontakt" zu deutschen Insassen.

> *Demgegenüber hat die* 13. SHELL JUGENDSTUDIE *„Jugend 2000"*[1400] *ergeben, daß lediglich 8,7 %*[1401] *der deutschen Jugendlichen „sehr häufig", 22,3 %*[1402] *„häufig",*

1393 Vgl. Frage 24 des Insassen-Fragebogens im Anhang.

1394 BOSETZKY, HORST / BORSCHERT, JÜRGEN / HELM, SIEGFRIED a.a.O. (Fn. 22), S. 198, (283); SCHAFFNER, PAUL / KNEIP, WOLFGANG a.a.O. (Fn. 22), S. 259, (261).

1395 SCHAFFNER, PAUL / KNEIP, WOLFGANG a.a.O. (Fn. 22), S. 259, (261).

1396 BOSETZKY, HORST / BORSCHERT, JÜRGEN / HELM, SIEGFRIED a.a.O. (Fn. 22), S. 198, (283).

1397 BUKOWSKI, ANNETTE a.a.O. (1998) (Fn. 9), S. 61.

1398 BUKOWSKI, ANNETTE a.a.O. (1998) (Fn. 9), S. 61.

1399 Zwischen den Insassen türkischer und kurdischer Volkszugehörigkeit wurde kein signifikanter Unterschied festgestellt (C=0,350) (p>0,05).

1400 Vgl. auch oben unter Teil B, Kapitel 6, I., 10., c).

jedoch rund die Hälfte (46,9 %[1403]*) „weniger häufig" und 22,0 %*[1404] *„überhaupt nicht" mit ausländischen Jugendlichen Kontakt haben.*
Dieser Unterschied in den Ergebnissen verdeutlicht, daß der Kontakt zwischen jungen Türken und Deutschen im Jugendstrafvollzug enger ist als zwischen ausländischen und deutschen Jugendlichen außerhalb der Anstalt. Die Erklärung für diese unterschiedlichen Ergebnisse könnte in der „Zwangsgemeinschaft", die in der Anstalt besteht und die zu „Zwangskontakten" zwischen den Insassen führt, zu sehen sein. Auch in der Studie „Jugend 2000" wurde festgestellt, daß Begegnungen zwischen ausländischen und deutschen Jugendlichen überwiegend in der Schule, sonst aber kaum stattfinden[1405]*. So werden beispielsweise in der Arbeitswelt, also bei Auszubildenden, Berufstätigen, aber auch bei Arbeitslosen, Erfahrungen mit Nichtdeutschen seltener als im Durchschnitt gemacht*[1406]*. Festzuhalten bleibt, daß ohne Berücksichtigung der Auszubildenden, für die die Pflichtberufsschule zu Begegnungen mit Ausländern führt, für „weniger als ein Viertel der berufstätigen Jugendlichen Kontakte mit ausländischen Jugendlichen normal, weil häufig sind"*[1407].

Diese Ergebnisse bestätigen die Resultate von BOSETZKY / BORSCHERT / HELM[1408] und BUKOWSKI[1409] und verdeutlichen, daß aus der Sicht der türkischen Insassen ein überwiegend gutes Verhältnis zu deutschen Mitgefangenen besteht und immerhin rund ein Drittel der Befragten von einem „mittelmäßigen" Verhältnis ausgeht.

Daß die türkischen Insassen jedoch isoliert seien, wie NÄHRICH[1410] *in seiner Untersuchung aus dem Jahr 1975 festgestellt hat, oder die deutschen Gefangenen bewußt meiden, wurde in dieser Untersuchung nicht festgestellt*[1411].

Während 35 % (7) der Ausländerbeauftragten und Justizbediensteten von häufigen Streitigkeiten zwischen Insassen mit türkischer und deutscher Staatsangehörigkeit berichten, beurteilen die türkischen und kurdischen Insassen ihr Verhältnis zu deutschen Gefangenen als überwiegend konfliktfrei. Lediglich 7,2 % (7) der türkischen Staatsangehörigen gaben an, daß es zwischen ihnen und deutschen Inhaftierten häufig zu Auseinandersetzungen komme.

1401 MÜNCHMEIER, RICHARD a.a.O. (Fn. 951), S. 221, (223).
1402 MÜNCHMEIER, RICHARD a.a.O. (Fn. 951), S. 221, (223).
1403 MÜNCHMEIER, RICHARD a.a.O. (Fn. 951), S. 221, (223).
1404 MÜNCHMEIER, RICHARD a.a.O. (Fn. 951), S. 221, (223).
1405 MÜNCHMEIER, RICHARD a.a.O. (Fn. 951), S. 221, (223).
1406 MÜNCHMEIER, RICHARD a.a.O. (Fn. 951), S. 221, (223).
1407 MÜNCHMEIER, RICHARD a.a.O. (Fn. 951), S. 221, (223).
1408 BOSETZKY, HORST / BORSCHERT, JÜRGEN / HELM, SIEGFRIED a.a.O. (Fn. 22), S. 198, (283).
1409 BUKOWSKI, ANNETTE a.a.O. (1998) (Fn. 9), S. 61.
1410 NÄHRICH, WOLF-DIETER a.a.O. (Fn. 673), S. 145.
1411 Vgl. auch die Untersuchungen von BOSETZKY, HORST / BORSCHERT, JÜRGEN / HELM, SIEGFRIED a.a.O. (Fn. 22), S. 198, (241) und SCHAFFNER, PAUL / KNEIP, WOLFGANG a.a.O. (Fn. 22), S. 259, (262), aus denen hervorgeht, daß die nichtdeutschen Inhaftierten häufiger Freunde finden und seltener ohne Kontakt bleiben als deutsche Insassen.

Bei dieser stark abweichenden Einschätzung ist zum einen zu berücksichtigen, daß der Prozentwert, der auf den Angaben der Bediensteten beruht, aufgrund ihrer geringen Anzahl weniger aussagekräftig ist wie der Prozentwert der Insassen. Andererseits könnten die türkischen Insassen ihr Verhältnis zu deutschen Insassen positiver bewerten, weil für sie bestimmte Verhaltensformen wie Beleidigungen und leichtere körperliche Übergriffe nicht als Streit gewertet werden, sondern zu den normalen Umgangsformen in der Anstalt zählen.

Ein Insasse erklärte, Beleidigungen wie „Arschloch" oder „Verpiß' dich, du Wichser" gehören zum normalen Umgangston und würden ständig ausgesprochen. Weniger Verständnis zeigen türkische Insassen allerdings, wenn die Ehre ihrer Familie angegriffen wird.
Mehrere Bedienstete berichteten, daß Formulierungen, durch die Mitglieder der Familie beleidigt oder abgewertet werden, beispielsweise „Ich ficke deine Mutter" oder „du Hurensohn", für türkische Insassen eine grobe Beleidigung und Verletzung des Ehrgefühls darstellen, die zwingend zu einer Verteidigungshandlung durch den Beleidigten führen, um die Familienehre zu retten.

III. Verhältnis zu Landsleuten

Bei der Beschreibung des Verhältnisses der nichtdeutschen Insassen untereinander muß zwischen der Beziehung der Insassen mit türkischer Staatsangehörigkeit zu ihren Landsleuten und zu Ausländern anderer Nationalitäten differenziert werden.

Bereits in der Untersuchung von BOSETZKY / BORSCHERT / HELM[1412] *aus dem Jahr 1981 bezeichneten 52,1 % der türkischen Inhaftierten ihr Verhältnis zu den Landsleuten im Vollzug als „gut" bzw. „sehr gut".*
Auch in der Mannheimer Studie von SCHAFFNER / KNEIP[1413] *gaben 64 % der ausländischen Insassen an, daß ihnen der Kontakt zu den Landsleuten sehr wichtig sei.*

Das Verhältnis der türkischen Insassen zu ihren Landsleuten wird sowohl von den Inhaftierten als auch von den Bediensteten als fast konfliktfrei beschrieben.

Auf die Frage[1414] nach ihrem Verhältnis zu ihren Landsleuten, gaben 66,0 % (64) der türkischen[1415] Insassen an, das Verhältnis sei „sehr gut" oder „gut". Dieser Prozentsatz liegt über dem entsprechenden Wert bei der Bewertung des Verhältnisses zu deutschen Insassen mit „sehr gut „ oder „gut" (52,6 %[1416]). Etwas weniger als ein Drittel 28,9 % (28) haben nur mit wenigen Landsleuten eine enge Freundschaft. „Schlecht" oder „sehr schlecht" ist das Verhältnis zu den türkischen Mitgefangenen nur bei 3,1 % (3) der türkischen Insassen, und keinen Kontakt haben 2,1 % (2).

1412 BOSETZKY, HORST / BORSCHERT, JÜRGEN / HELM, SIEGFRIED a.a.O. (Fn. 22), S. 198, (243).
1413 SCHAFFNER, PAUL / KNEIP, WOLFGANG a.a.O. (Fn. 22), S. 259, (262).
1414 Vgl. Frage 17 des Insassen-Fragebogens im Anhang.
1415 Der Unterschied zwischen den Insassen türkischer und kurdischer Volkszugehörigkeit war nicht signifikant (C=0,485) (p>0,05).
1416 Vgl. oben unter Teil D, Kapitel 12 II.

Insgesamt wird das Verhältnis der türkischen Insassen zu ihren Landsleuten also etwas besser bewertet als ihr Verhältnis zu den deutschen Mitgefangenen.

Auf die Frage[1417], mit wem die türkischen Insassen häufig in der Anstalt einen Streit haben, gaben nur 9,3 % (9) der türkischen Insassen und 15,0 % (3) der Ausländerbeauftragten und Justizvollzugsbediensteten an, daß es zwischen türkischen Insassen häufig zu Auseinandersetzugen komme.

Von Streitigkeit zwischen Insassen mit türkischer und kurdischer Volkszugehörigkeit berichten demgegenüber 23,7 % (23) der türkischen Staatsangehörigen und 20 % (4) der Ausländerbeauftragten und Bediensteten.

Im Zusammenhang mit einer erhöhten Berichterstattung in den Medien über Kurdenkrawalle und Aktivitäten der PKK[1418] *kommt es nach Auskunft mehrerer Justizvollzugsbediensteter häufig zu Auseinandersetzungen zwischen türkischen und kurdischen Volkszugehörigen in den Anstalten. Ein Ausländerbeauftragter berichtet, daß immer dann, wenn über Kurdendemonstrationen in den Medien berichtet wird, mit türkischen und kurdischen Insassen Gespräche geführt werden, um im Vorfeld von möglichen gewalttätigen Auseinandersetzungen durch Informationen aufzuklären und beschwichtigend auf türkische und kurdische Insassen einzuwirken.*

Insgesamt schätzen über 90 % der befragten Insassen ihr Verhältnis zu türkischen Mitgefangen als positiv ein, über 75 % beurteilen auch ihr Verhältnis zu kurdischen Insassen als konfliktfrei.

Ein überwiegend gutes Verhältnis zu den Landsleuten wurde bei nichtdeutschen Gefangenen bereits in der 20 Jahre zurückliegenden Mannheimer Untersuchung von SCHAFFNER / KNEIP[1419] *festgestellt: 64 % der befragten ausländischen Insassen hatten angegeben, daß ihnen der Kontakt zu ihren Landsleuten sehr wichtig sei*[1420].

Auffällig sind in diesem Zusammenhang die Antworten, die auf die Frage „Stellen Sie sich vor, Deutschland spielt gegen die Türkei Fußball. Wer soll gewinnen?" abgegeben wurden. Obwohl 82,2 % der Insassen mit türkischer Volkszugehörigkeit in Deutschland geboren wurden bzw. hier aufgewachsen sind, also nahezu ihr gesamtes Leben in Deutschland verbracht haben und zu 94,6 % über „sehr gute" bis „gute" Deutschkenntnisse verfügen, und aus diesen Tatsachen auf eine gute Integration der jungen Türken in der deutschen Gesellschaft geschlossen werden könnte, hoffen, wie aus der nachfolgenden *Übersicht 10* hervorgeht, über drei Viertel (77,5 %) (55) der türkischen Volkszugehörigen, daß die Türkei bei einem Fußballspiel gegen Deutschland gewinnt. Bei einem eher emotional besetzten Thema wie einem Fußball-Länderspiel wird deutlich, daß sich die jungen Türken der Zweiten und Dritten

---

1417 Vgl. Frage 18 des Insassen-Fragebogens im Anhang.

1418 Vgl. auch oben unter Teil A, Kapitel 1, V.

1419 SCHAFFNER, PAUL / KNEIP, WOLFGANG a.a.O. (Fn. 22), S. 259, (262).

1420 SCHAFFNER, PAUL / KNEIP, WOLFGANG a.a.O. (Fn. 22), S. 259, (262).

Generation noch sehr stark mit ihrem Herkunftsland bzw. mit dem Herkunftsland ihrer Eltern identifizieren.

Dieses Ergebnis kann auch als ein Beleg für das Generationensequenz-Modell des „Drei-Generationen-Assimilationszyklus“[1421] dienen, der davon ausgeht, daß die Integrationsschwierigkeiten der zugewanderten Ausländer erst im Verlauf von mindestens drei Generationen abnehmen und daß inzwischen sogar eine verstärkte Hinwendung der jungen Türken der Dritten Generation zu der Kultur ihres Herkunftslandes, in diesem Fall also der Türkei, zu beobachten ist[1422].

Übersicht 10: **Wer soll bei einem Fußballspiel Deutschland gegen die Türkei gewinnen?**

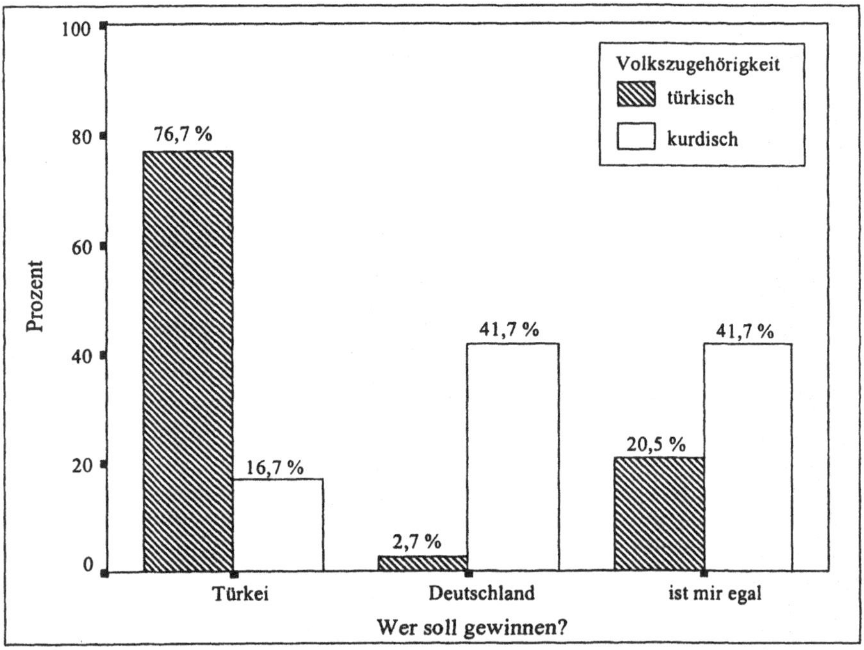

Ebenfalls auffällig ist, daß sich, im Gegensatz zu den Türken, fast die Hälfte (45,5 %) (10) der kurdischen Insassen einen Sieg der Deutschen wünscht, lediglich 13,6 % (3) für einen Sieg der türkischen Mannschaft gestimmt haben und immerhin noch 40,9 % (9) der Befragten sich neutral verhalten und mit „ist mir egal“ geantwortet haben.

1421 Vgl. oben unter Teil A, Kapitel 3, II., 4. b); vgl. auch SCHWIND, HANS-DIETER a.a.O. (1993) (Fn. 482), § 7 Rn. 36 m.w.N.

1422 Vgl. oben unter Teil A, Kapitel 3, II., 4. b).

Es wäre wahrscheinlich falsch, von dem Wunsch nach einem Sieg der deutschen Fußballmannschaft auf die gelungene Integration der jungen Kurden in die deutsche Gesellschaft zu schließen. Näher liegt vielmehr die Vermutung, daß für einen Großteil der befragten Kurden wichtig ist, daß die türkische Mannschaft verliert. Als mögliche Begründung für dieses Ergebnis kann die Kurdenproblematik[1423] *in der Türkei angesehen werden, die im Alltag in der Anstalt normalerweise keine große Rolle spielt*[1424]*, es sei denn, in den Medien wird über die Kurdendemonstrationen berichtet, aber bei einem emotional besetzten Thema, wie dem Ausgang eines Fußball-Länderspiels, wieder zum Tragen kommt.*

IV. Verhältnis zu Nichtdeutschen anderer Nationalität und Rußlanddeutschen

Das Verhältnis der Insassen türkischer Staatsangehörigkeit zu ausländischen Insassen ist teilweise von häufigen Auseinandersetzungen gekennzeichnet. Auffallend hoch ist sowohl bei den türkischen Insassen mit 51,5 % (50) als auch bei den Ausländerbeauftragten und Bediensteten mit 80,0 % (16) der Anteil derer, die von häufigen Auseinandersetzungen zwischen türkischen Insassen und Aussiedlern bzw. Rußlanddeutschen[1425] berichten.

Da eine Unterscheidung zwischen Aussiedlern bzw. Rußlanddeutschen und Russen sowohl von den türkischen Insassen als auch von den Justizvollzugsbediensteten häufig nicht getroffen werden konnte, wurde auch das Verhältnis zwischen türkischen Insassen und russischen Gefangenen ähnlich beantwortet: 49,5 % (48) der türkischen Insassen und 60,0 % (12) der Ausländerbeauftragten und Bediensteten berichteten auch von häufigen Auseinandersetzungen zwischen türkischen und russischen Insassen.

Ein Justizvollzugsbediensteter erklärte: *„Es gibt hier drei dominierende Gefangenengruppen, das sind Türken, Rußlanddeutsche und Nordafrikaner. Bei Schlägereien geht es meist um Schulden und Drogen. Mit jedem Transport kommt ein Aussiedler. Die werden bald zur stärksten Gruppe in der Anstalt".*[1426]

1423 Vgl. hierzu ausführlich Teil A, Kapitel 1, V. und Teil D, Kapitel 10, II., 1. m.w.N.

1424 Vgl. auch unter Teil D, Kapitel 12, III.

1425 Zu dem gehobenen Status der „Rußlanddeutschen" im Jugendstrafvollzug vgl. GRÜBL, GÜNTER / WALTER, JOACHIM: „Rußlanddeutsche" im Jugendstrafvollzug. In: BewHi, Jg. 46, Heft 4, 1999, S. 360 ff. m.w.N.; WALTER, JOACHIM: Jugendstrafvollzug. Die Situation junger Aussiedler. In: Neue Kriminalpolitik, Jg. 10, Heft 4, 1998, S. 5, (6 ff.); PAWLIK-MIERZWA, KRYSTYNA / OTTO, MANFRED: Wer beeinflußt wen? Über die Auswirkungen subkultureller Bindungen auf die pädagogische Beziehung unter Lernprozesse bei inhaftierten Aussiedlern. In: ZfStrVo, Jg. 49, Heft 4, 2000, S. 227 ff.. Vgl. auch zu Problemen bei der Integration der jungen Rußlanddeutschen SASSE, GEORG: Integrationsprobleme junger Aussiedler. Eine höchst aktuelle gesamtgesellschaftliche Aufgabe. In: Kriminalistik, Jg. 53, Heft 4, 1999, S. 225, (226 ff.); REICH, KERSTIN / WEITEKAMP, ELMAR G. M. / KERNER, HANS-JÜRGEN: Jugendliche Aussiedler. Probleme und Chancen im Integrationsprozeß. In: BewHi, Jg. 46, Heft 4, 1999, S. 335, (345 ff.).

1426 Vgl. zur Stellung der türkischen Inhaftierten in der Insassensubkultur oben unter Teil D, Kapitel 12, I.

Und ein anderer Bediensteter befürchtet: *„Bald wird es einen Kampf zwischen Russen (Rußlanddeutschen[1427]) und Türken um die Vormachtstellung im Knast geben. Die Russen haben die Position als Sittenwächter, obwohl sie in der Minderzahl sind. Sie schlagen schneller und härter zu. Viele Türken haben vor den Russen Angst und sind nicht so einig wie die Russen untereinander. Es wird bereits vermieden, zwei Russen auf eine Zelle zu legen, lediglich als Notgemeinschaft." „Die Russen halten zusammen, da dringt nichts nach außen. Wenn ein Russe angegriffen wird, müssen alle Russen mitmachen. Es gibt bei den Russen eine Opferkasse für den, dem es dreckig geht." „Die Russen dürfen nicht dealen, besitzen Drogen nur zum Eigenkonsum. Haben keine Hemmschwelle, greifen auch Vollzugsbeamte an. Je mehr Tätowierungen[1428] ein Russe hat, desto höher steht er in der Hierarchie. Zur Zeit ist ein „Ring" als Tattoo in."*
„Bestimmte Beleidigungen, z. B. der Mutter, bei denen Türken explodieren, werden bei Machtkämpfen von Russen eingesetzt, um zu sehen, wie stark der Rückhalt in der türkischen Gruppe ist".

Ein Ausländerbeauftragter faßt die zunehmenden Probleme, die im Jugendstrafvollzug mit den Rußlanddeutschen auftreten, mit den Worten zusammen: *„Seit wir die Russen haben, weiß ich erst, wie gut wir es mit den Türken hatten"*.

Darüber hinaus berichten 54,6 % (53) der türkischen Insassen von häufigen Auseinandersetzungen mit Albanern, Arabern 17,5 % (17) und Afrikanern 11,3 % (11).

Auch die Justizvollzugsbediensteten berichten über häufige Auseinandersetzungen von Türken mit Albanern (40 %) (8), mit Arabern (10 %) (2) und mit Afrikanern (20 %) (4).

Diese Resultate bestätigen teilweise die Ergebnisse der Untersuchung von BUKOWSKI[1429], die bei der Befragung von sechs türkischen Inhaftierten in der JVA Adelsheim im Jahr 1995 festgestellt hat, daß es zwischen Gefangenen unterschiedlicher Nationalitäten häufig zu Auseinandersetzungen wegen nationaler Konflikte, politischer Gegensätze und anstaltsinterner Machtkämpfe, beispielsweise um die Herrschaft im Drogengeschäft oder wegen „Ehrensachen"[1430] komme, insbesondere zwischen Türken einerseits und Arabern und Albanern andererseits.

V. Viktimisierungsrisiko

Da in den älteren Untersuchungen nicht nach Opfererfahrungen gefragt wurde und nur aufgrund von Einzelberichten ein Einblick in die Viktimisierungserfahrungen einzelner Insassen gegeben wurde, ist gezielt nach einzelnen Angriffsarten gefragt

---

1427 Anmerkung der Verfasserin.

1428 Vgl. auch WACHTER, DIETMAR: Tätowierungen als Sinnbilder. Symbole und Hinweise in Tätowierungen aus den Nachfolgestaaten der UdSSR. In: Kriminalistik, Jg. 53, Heft 11, 1999, S. 733, (735 ff.) m.w.N.

1429 BUKOWSKI, ANNETTE a.a.O. (1996) (Fn. 730), S. 225.

1430 Vgl. Schütze, Helmut a.a.O. (1993a) (Fn. 747), S. 381, (383).

worden[1431], denen die türkischen Insassen durch Mitgefangene im Jahr der Befragung ausgesetzt waren.

Die *Tabelle 18* gibt einen Überblick über die Häufigkeit der von 97 türkischen Insassen genannten Opfererfahrungen (Mehrfachnennungen waren möglich) im Jahr 2000.

Tabelle 18: **Viktimisierungserfahrungen türkischer Insassen im Jahr 2000**

Art des Angriffs	türkische Insassen	
Beschimpfung / Beleidigung	89,7 %	(87)
Sachbeschädigung	14,4 %	(14)
Diebstahl	21,6 %	(21)
Körperverletzung	70,1 %	(68)
sexuelle Nötigung	2,1 %	(2)
Vergewaltigung	0,0 %	(0)

Neben den Prozentwerten stehen in Klammern die absoluten Zahlen.

Bei der Interpretation dieser Ergebnisse ist zu berücksichtigen, daß es viele (türkische) Insassen als ehrverletzend und beschämend empfinden, gegenüber dem Interviewer eingestehen zu müssen, daß sie von anderen angegriffen wurden und sich in der Opferrolle befunden haben[1432]. Vor diesem Hintergrund kann davon ausgegangen werden, daß die Prozentzahlen bezüglich der Viktimisierungserfahrungen etwas zu niedrig angegeben wurden und somit nur eine Tendenz abbilden können. Dies gilt insbesondere für die Ergebnisse zu den erfragten sexuellen Übergriffen[1433], die mit 2,1 % bei sexueller Nötigung und 0 % bei der Vergewaltigung vermutlich zu selten angegeben wurden, weil das Eingeständnis für einen jungen Türken, in der Anstalt Opfer eines Sexualdeliktes geworden zu sein, als besonders ehrverletzend und demütigend empfunden wird[1434].

Andererseits ist bei der Interpretation der Ergebnisse auch zu beachten, daß die türkischen Insassen aufgrund ihrer großen Anzahl, ihres engen Zusammenhaltes und ihres Ausländerstatus, der hohen Anzahl der von ihnen begangenen Gewaltdelikte und ihrer hohen Beteiligung an Handelsgeschäften in der Anstalt eine insgesamt gehobene

[1431] Vgl. Frage 29 des Insassen-Fragebogens im Anhang.

[1432] Vgl. oben unter Teil D, Kapitel 12, I. zu den ähnlichen Situation bei der Frage nach den Schulden bei anderen Insassen, vgl. oben unter Teil C, Kapitel 7, IV. zu der negativen Besetzung des Begriffes „Opfer“, der aufgrund der Erfahrungen bei dem Pretest in der Jugendstrafanstalt in Hameln durch die Formulierung „angegriffen worden sein“ ersetzt wurde.

[1433] Vgl. zur Sexualität in Männerstrafvollzug WITT, ARMIN: Sexualität im Männerknast. In: Ortner, Helmut (Hrsg.): Normalvollzug. Die geplante Zerstörung der Mitmenschlichkeit. Berichte und Dokumente aus westdeutschen Gefängnissen. Tübingen 1978, S. 110 ff.

[1434] Vgl. oben unter Teil D, Kapitel 12, II.

Position innerhalb der Insassensubkultur[1435] einnehmen und aus diesem Grund seltener als vielleicht andere Insassengruppen Opfer von Übergriffen geworden sind.

Die hohen Werte bei der Beleidigung (89,7 %) und der Körperverletzung (70,1 %) dürfen nicht überbewertet werden, da die türkischen Insassen fast ausnahmslos erklärt haben, sie hätten sich selbstverständlich gegen diese Angriffe gewehrt, so daß nicht in jedem der genannten Fälle von einer reinen Opfersituation ausgegangen werden kann, weil den Angriffen in der Mehrzahl der Fälle mit einer Verteidigungshandlung durch die türkischen Insassen begegnet wurde.

Der Großteil der Angriffe auf türkische Insassen wurde von ihren Landsleuten verübt (53,6 %) (52), so daß es vermutlich um bestimmte Postionen innerhalb der eigenen Gruppe oder um die bereits angesprochenen Geschäfte innerhalb der Anstalt ging, die in erster Linie zwischen türkischen Landsleuten abgeschlossen werden[1436].
Wie aufgrund der in den vergangenen Jahren stetig angestiegenen Position der Aussiedler bzw. Rußlanddeutschen innerhalb der Insassensubkultur, über die mehrere Ausländerbeauftragte und Justizvollzugsbedienstete berichtet haben, vermutet werden konnte, wurden die oben beschriebenen Angriffe auf die türkischen Insassen am zweithäufigsten (45,4 %) von jungen Aussiedlern bzw. Russen[1437] verübt. Möglicherweise sind diese Auseinandersetzungen die ersten Anzeichen für den bereits angesprochenen Kampf zwischen den Türken und Rußlanddeutschen um die Vormachtstellung innerhalb der Insassensubkultur[1438].

Es folgen Angriffe von deutschen Insassen mit 38,1 % (37), Kurden mit 34,0 % (33), Arabern (24,7 %) (24), Afrikanern (18,6 %) (18) und Albanern (17,5 %) (17).

Kapitel 13: Verhältnis zu den Justizvollzugsbediensteten

I. Behandlung durch die Justizvollzugsbediensteten

Da der Beziehung der Insassen zu den Justizvollzugsbediensteten im Hinblick auf den Resozialisierungserfolg große Bedeutung beigemessen werden kann[1439], wurde das

[1435] Vgl. auch oben unter Teil D, Kapitel 12 I.

[1436] Vgl. oben unter Teil D, Kapitel 12, I.

[1437] Wie bereits ausgeführt, wurde von den Insassen nicht zwischen Rußlanddeutschen bzw. Aussiedlern und Russen unterschieden.

[1438] Vgl. oben Teil B, Kapitel 6, I., 10. d) und Teil D, Kapitel 12, IV., vgl. auch SCHÜTZE, HELMUT a.a.O. (1993a) (Fn. 747), S. 381, (383).

[1439] DINSE, HARTMUT: Resozialisierung im Strafvollzug: Zum Zusammenhang von Aspekten des Anstaltsklimas und den Beziehungen und Personal aus der Sicht der Insassen. In: Kerner, Hans-Jürgen / Kury, Helmut / Sessar, Klaus (Hrsg.): Deutsche Forschungen zur Kriminalitätsentstehung und Kriminalitätskontrolle. Köln, Berlin, Bonn, München 1983, S. 1818, (1820); MOLITOR, ALWIN: Rollenkonflikte des Personals im Strafvollzug. Heidelberg 1989, S. 99; MEY, HANS-GEORG / MOLITOR, ALWIN: Arbeitsplatzbezogene Rollenanforderungen an die Beamten des Allgemeinen Vollzugsdienstes und die Sozialarbeiter im Strafvollzug. In: ZfStrVo, Jg. 38,

Verhältnis der Insassen mit türkischer Staatsangehörigkeit zu den Aufsichtsbeamten untersucht.

Auf die Frage, ob sie glauben, von den Aufsichtsbeamten gleich gut behandelt zu werden wie die deutschen Insassen[1440], haben über die Hälfte der türkischen Insassen (54,6 %) (53) geantwortet, daß sie „gleich gut" behandelt werden.

Diese positive Bewertung des Verhaltens der Justizvollzugsbediensteten bestätigt das Ergebnis der Untersuchung von SCHÄFER[1441]*, der bereits 1983 festgestellt hat, daß die türkischen Insassen bei Justizvollzugsbediensteten eine größere Toleranz gegenüber Ausländern erleben als bei der übrigen Bevölkerung. Ferner wird durch die positive Einschätzung der Arbeit und des Verhaltens der Justizvollzugsbediensteten in gewisser Weise auch das Resultat der Studie von* SCHWIND / FETCHENHAUER / AHLBORN *et al.*[1442] *bestätigt, die bei der im Jahr 1998 in Bochum durchgeführten Befragung festgestellt haben, daß bei der nichtdeutschen und der deutschen Bevölkerung keine Unterschiede in ihrer Bewertung der Arbeit der Polizei bestehen: Die Kriminalitätsbekämpfung durch die Polizei wurde von den Nichtdeutschen mit der Note 2,6 und von den Deutschen mit der Note 2,7 übereinstimmend positiv bewertet*[1443].

Immerhin fühlten sich aber auch 40,2 % der türkischen Insassen gegenüber deutschen Mitgefangenen „schlechter" behandelt[1444].

So berichtete ein Insasse, es sei bekannt, daß einige Aufsichtsbeamte ausländerfeindlich eingestellt seien und Ausländer benachteiligen und schikanieren würden. Als Beispiel nannte er die folgende Situation: „Wenn es Essen gibt oder Freistunde werden zuerst die Türen der deutschen Gefangenen aufgeschlossen". Ein anderer berichtete von Beschimpfungen: „Daß die uns ‚Kanaken' nennen, ist ganz normal".

Diese Beschreibungen geben lediglich Einzelfallbeispiele wieder. Auch sollte das besonders stark ausgeprägte Ehrgefühl türkischer bzw. muslimischer Insassen berücksichtigt werden. Nach Angaben mehrerer Justizvollzugsbediensteter achten die jungen Türken sehr stark darauf, nicht gegenüber Mitgefangenen benachteiligt zu werden, neigen dazu, sehr schnell eine ausländerfeindliche Einstellung bei den

Heft 4, 1989, S. 215, (221 f); RIEGER, WALTER: Probleme der Zusammenarbeit im Jugendstrafvollzug. In: ZfStrVo, Jg. 39, Heft 1, 1990, S. 34 f.

1440 Vgl. Frage 32 des Insassen-Fragebogens im Anhang.

1441 SCHÄFER, KARL HEINRICH a.a.O. (1983) (Fn. 740), S. 25, (26).

1442 SCHWIND, HANS-DIETER / FETCHENHAUER, DETLEF / AHLBORN, WILFRIED et al. a.a.O. (Fn. 588), S. 340.

1443 SCHWIND, HANS-DIETER / FETCHENHAUER, DETLEF / AHLBORN, WILFRIED et al. a.a.O. (Fn. 588), S. 340; Vgl. oben Teil B, Kapitel 6, I., 11.

1444 Allerdings gaben 5,2 % (5) an, besser als deutsche Insassen behandelt zu werden und nannten als Beispiele Gespräche mit Aufsichtsbeamten, zu denen sie ein besonders gutes Verhältnis haben.

Bediensteten zu vermuten[1445] und reagieren aufgrund dieser Sensibilität sehr schnell verletzt und beleidigt[1446].

Bei näherer Betrachtung des Verhältnisses der türkischen Insassen zu den Aufsichtsbeamten wird deutlich, daß rund ein Drittel (34,0 %) (33) auf die Frage[1447] nach ihrem Einfluß auf die Aufsichtsbeamten, wenn sie selbst etwas wollen oder etwas nicht tun wollen, geantwortet hat, sie hätten „wenig Einfluß" auf die Aufsichtsbeamten, aber etwa die Hälfte der Insassen gab an, „viel Einfluß auf einige Aufsichtsbeamte" (26,8 %) (26) oder „mindestens ebenso viel Einfluß wie die anderen Insassen" zu haben (20,6 %) (20). Lediglich 15,5 % (15) antworteten, keinen Einfluß auf die Aufsichtsbeamten zu haben, 3,1 % (3) hatte „sehr viel Einfluß auf fast alle Aufsichtsbeamten".

Insgesamt kommt es bei den türkischen Insassen eher selten zu Problemen mit den Aufsichtsbeamten, beispielsweise weil sie die Anstaltsregeln verletzt haben[1448]:

Nach eigenen Angaben der türkischen Insassen sei dies lediglich bei 7,2 % (7) täglich, bei ebenfalls 7,2 % (7) mehrmals in der Woche, bei 21,6 % (21) mehrmals im Monat, bei 25,8 % (25) mehrmals im Jahr und bei 38,1 % (37) nie der Fall.

Auf eine Verletzung der Hausordnung oder ein anderes Fehlverhalten der türkischen Insassen, zeigen die Aufsichtsbeamten allerdings sehr unterschiedliche Reaktionen[1449] (Mehrfachnennungen waren möglich):

Während 30,9 % (30) der türkischen Insassen die Reaktion als „unfreundlich, aber korrekt" beschrieben, bezeichneten sie ebenso häufig das Verhalten der Beamten als „sind heftig und schreien mich an" (29,9 %) (29) und „sind sehr aggressiv und gewalttätig" (23,7 %) (23).
Andererseits werden aber auch positive Bewertungen vorgenommen, immerhin 15,5 % (15) erklärten, die Beamten seien „besonnen, versuchen den Streit zu schlichten", 12,4 % (12) sagten, sie seien „sehr nachsichtig, wollen ihre Ruhe haben" und 7,2 % (7) meinten, die Beamten „seien gelassen, haben ein wenig Verständnis für meine Situation".

Diese sehr unterschiedlichen und sich teilweise widersprechenden Einschätzungen beruhen auf der Vielzahl unterschiedlicher Charaktere der Aufsichtsbeamten und den unterschiedlichen Erfahrungen, die jeder türkische Insasse mit mehreren Aufsichtsbeamten gesammelt hat.

Da es den Insassen nicht möglich war, sich bezogen auf alle Aufsichtsbeamten auf eine Antwortmöglichkeit festzulegen, wurden Mehrfachnennungen zugelassen, die dazu

---

1445 Vgl. auch SCHÜTZE, HELMUT a.a.O. (1993b) (Fn. 747), S. 137, (144).

1446 Vgl. auch oben unter Teil B, Kapitel 6, I., 11. Zur Kommunikation zwischen Aufsichtsbeamten und Jugendstrafgefangenen vgl. auch BOTTENBERG, E. H. / GAREIS, B.: Zur Kommunikation und Interaktion zwischen Aufsichtspersonal und jugendlichen Strafgefangenen. Eine empirische Untersuchung. In: MschKrim, Jg. 54, Heft 2, 1971, S. 106 ff.

1447 Vgl. Frage 20 des Insassen-Fragebogens im Anhang,

1448 Vgl. Frage 25 des Insassen-Fragebogens im Anhang.

1449 Vgl. Frage 31 des Insassen-Fragebogens im Anhang.

geführt haben, daß von einem Großteil der Insassen zwei sich widersprechende Reaktionsformen genannt wurden, da sie sowohl sehr positive als auch einige negative Verhaltensweisen bei Aufsichtsbeamten in Konfliktsituationen erlebt hatten.

Allerdings haben 77,3 % (75) der türkischen Insassen auch in Konfliktsituation oder bei Problemen, die in der Anstalt auftreten, einen oder mehrere Ansprechpartner[1450], an die sie sich wenden können.

Am häufigsten sind dies Landsleute unter den Mitgefangenen 43,3 % (42), gefolgt von Sozialarbeitern (33,0 %) (32), Psychologen (16,5 %) (16), deutschen Mitgefangenen (15,5 %) (15), Stockwerksbeamten (11,3) (11), Pfarrer/Imam 10,3 % (10) und anderen ausländischen Mitgefangenen 10,3 % (10).

Etwa jeder fünfte (22,7 %) (22) türkische Gefangene hat bei Problemen in der Anstalt keinen Ansprechpartner.

II. Einsatz eines türkischen Betreuers

Vor diesem Hintergrund, daß fast 80 % der türkischen Insassen in der Anstalt einen Ansprechpartner in einer Problemsituation gefunden haben, ist auffällig, daß immerhin rund die Hälfte (49,5 %) (48) der türkischen Insassen[1451] dafür sind, daß als Betreuer (Stationsbeamte bzw. Gruppenbetreuer) auch Türken eingesetzt werden[1452].

Allerdings ist 38,1 % (37) der türkischen Insassen die Herkunft des Betreuungspersonals egal, 7,2 % (7) haben sich gegen den Einsatz von türkischen Betreuern ausgesprochen und 5,2 % (5) halten den Einsatz von türkischen Betreuern für nicht durchführbar.

Als Gründe, die für einen Einsatz türkischer Betreuer sprechen könnten[1453], wurden bei möglichen Mehrfachnennungen etwa gleich häufig die gleiche Sprache und Mentalität (34,0 %) (33), besseres Verständnis (34,0 %) (33), bessere Information und Beratung (33,0 %) (32) und mit 19,6 % (19) eine bessere Behandlung genannt.

Ein Inhaftierter ist der Ansicht, daß die türkischen Gefangenen von einem türkischen Bediensteten eine bevorzugte Behandlung erwarten würden, weil er ein Glaubensbruder von ihnen ist: „Die türkischen Insassen würden sagen: ‚Bringen Sie mir türkisches Essen von draußen'. Man würde sehr viel von einem türkischen Beamten verlangen – das funktioniert nicht."
Zwei andere Insassen, die bereits Erfahrungen mit einem türkischstämmigen Justizvollzugsbeamten, der inzwischen deutscher Staatsangehöriger ist, gesammelt haben, berichten übereinstimmend, dieser Beamte sei strenger als die deutschen Kollegen: „Türkische Beamte sind noch schlechter für uns, weil sie sich für ihre Landsleute schämen." „Wir

---

1450 Vgl. Frage 33 des Insassen-Fragebogens im Anhang.

1451 Darunter 54,8 % (40) der Insassen mit türkischer und 33,3 % (8) mit kurdischer Volkszugehörigkeit.

1452 Vgl. Frage 34 des Insassen-Fragebogens im Anhang.

1453 Vgl. Frage 35 des Insassen-Fragebogens im Anhang.

> *verletzen ihr Ehrgefühl, ihnen ist das peinlich. Der türkische Beamte sagt: ‚Ihr mißbraucht hier das Gastrecht. Ihr solltet euch schämen'." „Türkische Beamte dürfen nicht Türkisch mit uns sprechen, wollen sich vor den deutschen Kollegen profilieren'."*

Auch die Ausländerbeauftragten und Justizvollzugsbediensteten, von denen 90 % (18) für den Einsatz eines türkischen Bediensteten im allgemeinen Vollzugsdienst sind, teilen in Einzelfällen die Bedenken, die von einigen Insassen bezüglich des Einsatzes eines türkischen Justizvollzugsbediensteten geäußert wurden:

> *„Würde ein türkischer Kollege mit türkischen Insassen Türkisch sprechen, hätte er einen schwierigen Stand bei den deutschen Kollegen und bei den anderen Gefangenen. Die Kollegen würden sich ausgegrenzt fühlen", da sie die Gespräche nicht verstehen und die Vorgänge zwischen den türkischen Insassen und dem türkischen Betreuer nicht überprüfen können.*
> *„Um die Integration zu fördern, war hier ein türkischer Betreuer, der mittlerweile die deutsche Staatsangehörigkeit hat. Das Problem ist, die türkischen Insassen erwarten eine bevorzugte Behandlung von Glaubensbrüdern. Aber der türkische Kollege ist souverän damit umgegangen."*

Ein weiterer Justizvollzugsbediensteter berichtet von größeren Problemen bei jungen Rußlanddeutschen mit einem Betreuer, der ebenfalls ein Aussiedler ist:

> *„Ein türkischer Betreuer ist hier in der Anstalt als Dolmetscher und Anlaufstelle für türkische Insassen, er erfährt wenig Ablehnung. Aber wir haben auch einen Beamten, der Rußlanddeutscher ist und häufig als Dolmetscher eingesetzt wird. Der wird von vielen Aussiedlern, die hier Insassen sind, sehr angegriffen und als Verräter beschimpft".*

III. Vorbereitung auf die Betreuung türkischer Insassen

Auf die Frage, ob und in welcher Weise die Justizvollzugsbediensteten auf die Betreuung türkischer Insassen vorbereitet werden, haben die Ausländerbeauftragten und Bediensteten (bei möglichen Mehrfachnennungen) wie folgt geantwortet:

> *70 % (14) „informieren sich selbst über die Ausländerproblematik", 55 % (11) wurden „nicht in besonderer Weise" vorbereitet, 30 % (6) „erhalten schriftliche Informationen", 30 % (6) „erhalten Sprachkurse in türkischer Sprache" und schließlich 15 % (3) „brauchen keine besondere Vorbildung für die Arbeit mit türkischen Inhaftierten".*
> *Aus Kostengründen können in den Anstalten keine Sprachkurse angeboten werden, allerdings wird in einer Anstalt die Bemühung eines Bediensteten um die Teilnahme an einem Sprachkurs „Türkisch", der von der Volkshochschule angeboten wird, durch die Freistellung von der Arbeit und die Übernahme der Kosten für diesen Kurs gefördert. In einer anderen Anstalt nehmen zwei Beamte an einem von dem Land Nordrhein-Westfalen geförderten Sprachkurs (Crash-Kurs) in türkischer Sprache teil. Anschließend soll ein Russisch-Kurs angeboten werden.*

Während einige Bedienstete der Meinung sind, daß ein größeres Angebot an Sprachkursen in türkischer Sprache wichtig sei, um zu verstehen, worüber sich die türkischen Insassen untereinander unterhalten und was sie in ihren Briefen schreiben, wurde von fast allen Ausländerbeauftragten und Justizvollzugsbediensteten hervorgehoben, daß aufgrund des anderen kulturellen Hintergrundes und der anderen Mentalität der jungen Türken, Kurse, die eine Einführung in die Kultur, insbesondere in den Ehrenkodex der Moslems bieten und das Rollenverständnis und die Hierarchie innerhalb der Familien verdeutlichen, von großer Bedeutung für ein besseres Verständnis des Verhaltens der türkischen Insassen wären und den Umgang mit ihnen wesentlich erleichtern würden. Aus diesen Gründen halten sie einen solchen „kulturellen" Einführungskurs mehrheitlich für erforderlicher als einen Kurs in türkischer Sprache.

IV. Besonderheiten im Umgang mit türkischen Insassen

Auf die Frage nach dem besonderen Schwierigkeiten im Umgang mit Inhaftierten türkischer Staatsangehörigkeit wurden von den Ausländerbeauftragten und Justizvollzugsbediensteten die folgenden Bereiche häufig genannt[1454]:

- *andere Mentalität (stark ausgeprägtes Ehrgefühl[1455]) 70 % (14);*
- *(drohende) Abschiebung 60 % (12);*
- *Entscheidungen der Ausländerbehörde (ergehen häufig erst gegen Ende der Haftzeit) 55 % (11);*
- *Ernährungsgewohnheiten (kein Schweinefleisch) (55 %) (11);*
- *Religionsausübung (Islam, Gebetszeiten während der Unterrichts- oder Arbeitszeit, Einhaltung der Fastenzeit) 50 % (10);*
- *ein im Vergleich zu deutschen Insassen erhöhtes Schamgefühl 45 % (9);*
- *Probleme bei der Familienarbeit (keine ausreichenden Deutschkenntnisse der türkischen Eltern, teilweise Verweigerung der Mitarbeit durch die Väter aus Scham über die Straffälligkeit des Sohnes, mangelnde Akzeptenz weiblicher Sozialarbeiter oder Psychologen, die die Familienarbeit durchführen) 40 % (8); ein anderes Frauenbild, fehlende Akzeptanz weiblicher Bediensteter in gehobenen Positionen[1456] bei türkischen Insassen (vgl. auch oben „Familienarbeit") 40 % (8);*

1454 Mehrfachnennungen waren möglich.

1455 TOPRAK, AHMET: Ehre, Männlichkeit und Freundschaft. Auslöser für Gewaltbereitschaft Jugendlicher und Heranwachsender türkischer Herkunft in München? In: DVJJ-Journal, Jg. 11, Heft 2, 2000b, S. 174 f; ATABAY, ILHAMI: Zwischen Tradition und Assimilation. Die zweite Generation türkischer Migranten in der Bundesrepublik Deutschland. Diss. Freibug i. Br. 1998, S. 28; TERTILT, HERMANN: Turkish Power Boys. Frankfurt a. M. 1996, S. 211; NINOW, WOLFGANG: Von Aufschluß bis Einschluß. Münster 1998, S. 124.

1456 Vgl. zu dem traditionellen Rollenverständnis in türkischen Familien Teil A, Kapitel 3, II., 2., b); vgl. auch THEWALT, MICHAEL: Frauen im Männervollzug. In: Walter, Michael / Rotthaus, Karl-Peter / Geiter, Helmut (Hrsg.): Bruchstücke, Strafvollzugsprobleme aus der Sicht der Beteiligten.

- *geringere Anzahl an Vollzugslockerungen als deutsche Insassen 35 % (7);*

- *führende Position im Drogenhandel in der Anstalt 30 % (6);*

- *andere Rechtsauffassung (Ladendiebstahl, Körperverletzung oder Vergewaltigung wird teilweise nicht als ein sehr schwerwiegendes Delikt bewertet, beispielsweise wenn der Körperverletzung eine Ehrverletzung[1457] vorausgegangen ist) 30 % (6);*
- *Stellung innerhalb der Subkultur, häufige Konfrontationen mit Rußlanddeutschen bzw. „Russen" 25 % (5); erhöhte Gewaltbereitschaft 25 % (5);*

- *als eine Schande für die Familie wird allerdings die Begehung eines Betäubungsmitteldeliktes angesehen, von der die Eltern, besonders die Väter, häufig erst nach der Festnahme oder nach der Inhaftierung Kenntnis erlangen. Teilweise brechen die türkischen Väter in diesen Fällen den Kontakt zu den inhaftierten Söhnen zunächst ganz ab, wodurch die Situation für die jungen türkischen Inhaftierten und auch die Familienarbeit erschwert werden 20 % (4).*
  Ein Bediensteter erklärt: „Die türkischen Eltern würden einen Mord aus Blutrache[1458] z. B. eher verstehen, als Drogendelikte oder die Beschaffungskriminalität".

Da nach Angaben von 65 % (13) der befragten Ausländerbeauftragten und Justizvollzugsbediensteten die kurdische Abstammung den Bediensteten häufig gar nicht bekannt ist, wurde bei der Frage nach den Problembereichen grundsätzlich nicht zwischen den Insassen mit türkischer und kurdischer Volkszugehörigkeit unterschieden:

> *Lediglich jeweils 10 % (2) nannten die größeren deutschen Sprachprobleme bei kurdischen Insassen sowie die Angabe eines falschen (jüngeren) Geburtsdatums, um noch als Minderjähriger zu gelten bzw. um als Heranwachsender unter die Anwendung des Jugendstrafrechts zu fallen[1459] als besonderes Problem im Umgang mit kurdischen Inhaftierten im Jugendstrafvollzug.*

Pfaffenweiler 1992, S. 54 f; KRÜGER, GUDRUN: Als Bedienstete im geschlossenen Männervollzug. In: Walter, Michael / Rotthaus, Karl-Peter / Geiter, Helmut (Hrsg.): Bruchstücke, Strafvollzugsprobleme aus der Sicht der Beteiligten. Pfaffenweiler 1992, S. 45, (48 f).

1457 SCHIFFAUER, WERNER: Die Gewalt der Ehre. Erklärungen zu einem türkisch-deutschen Sexualkonflikt. Frankfurt a. M. 1983, S. 74 ff.

1458 Vgl. auch WAHL, ADOLF: ...ganz andere Ehrbegriffe. Türkische Blutrache in der Bundesrepublik. In: Kriminalistik, Jg. 39, Heft 2, 1985, S. 103 ff; KAYA, HALUK: Blutrache. In: Der Kriminalist, Jg. 32, Heft 9, 2000, S. 370 f.

1459 Vgl. hierzu auch HÜRLIMANN, MICHAEL a.a.O. (Fn. 884), S. 132 f, der auf das teilweise tatsächlich höhere Alter der ausländischen Insassen ihre höhere Stellung innerhalb der Insassensubkultur ableitet.

V. Einrichtung spezieller Ausländerabteilungen

Während in älteren Untersuchungen[1460] teilweise die Einrichtung spezieller Ausländeranstalten oder Ausländerabteilungen in den Anstalten vorgeschlagen wurde, um auf die sprachlichen, religiösen und kulturellen Besonderheiten ausländischer Insassen besser eingehen zu können, haben sich alle (100 %) (20) befragten Ausländerbeauftragten und Justizvollzugsbediensteten gegen eine Zusammenlegung der türkischen Insassen in einer speziellen Ausländerabteilung ausgesprochen.

Als Gründe, die gegen die Einrichtung spezieller Ausländerabteilungen sprechen, nannten sie die Gefahr der Isolation / Ghettobildung (95 %) (19), fehlende Integrationshilfen (85 %) (17), kein Abbau von Vorurteilen (80 %) (16), Förderung nationalistischer Tendenzen (60 %) (12), kein Erlernen der deutschen Sprache aufgrund fehlender Kontakte zu deutschen Insassen (60 %) (12), die verstärkte Diskriminierung (50 %) (10), das Erfordernis einer besonderen Ausbildung für die Bediensteten, insbesondere das Erlernen von Fremdsprachen (Türkisch) (35 %) (7), Sicherheitsprobleme, geringere Einflußmöglichkeiten der Bediensteten (20 %) (4), häufigeres Auftreten von Aggressionen, Konflikten bei den Insassen (15 %) (3).

In der rund 20 Jahre zurückliegenden Untersuchung von BOSETZKY / BORSCHERT / HELM[1461] *haben sich noch 17,0 % der Bediensteten für eine Zusammenlegung der einzelnen Ausländergruppen getrennt von deutschen Insassen in den Haftanstalten ausgesprochen. Von den immerhin 77,7 % der Bediensteten, die gegen eine Zusammenlegung gestimmt haben, wurden als Begründung bereits damals die Annahme, daß damit das Konzept der Ausländerintegration nicht zu verwirklichen sei und zum anderen die Befürchtung genannt, daß „das Machtpotential der Ausländer bei Konflikten mit ihnen zu groß werden könnte"*[1462].

Daß sich innerhalb dieser zwei Jahrzehnte der Anteil der Justizvollzugsbediensteten und Ausländerbeauftragten, die sich gegen eine Zusammenlegung in speziellen Ausländerabteilungen aussprechen um 33,0 % auf 100 % angestiegen ist, macht deutlich, daß den Integrations(hilfen) für ausländische Insassen eine besondere Bedeutung zukommt und die Ausübung von Sitten und Gebräuchen, auch aus der Sicht der türkischen Insassen, bereits in der praktizierten Vollzugsform weitgehend gewährleistet ist, so daß auch dieses Argument, anders als noch in der Untersuchung von BOSETZKY / BORSCHERT / HELM[1463] aus dem Jahr 1981, nicht die Einrichtung von Ausländerabteilungen erforderlich macht.

1460 NÄHRICH, WOLF-DIETER a.a.O. (Fn. 673), S. 145, (151); BOSETZKY, HORST / BORSCHERT, JÜRGEN / HELM, SIEGFRIED a.a.O. (Fn. 22), S. 198, (245), vgl. auch oben unter Teil B, Kapitel 6, I., 10., d).

1461 BOSETZKY, HORST / BORSCHERT, JÜRGEN / HELM, SIEGFRIED a.a.O. (Fn. 22), S. 198, (244).

1462 BOSETZKY, HORST / BORSCHERT, JÜRGEN / HELM, SIEGFRIED a.a.O. (Fn. 22), S. 198, (245).

1463 BOSETZKY, HORST / BORSCHERT, JÜRGEN / HELM, SIEGFRIED a.a.O. (Fn. 22), S. 198, (244).

Der Vorschlag von NÄHRICH[1464] *aus dem Jahr 1975, eine Anstalt einzurichten, die „neben deutschen Gefangenen ausschließlich türkischen Delinquenten vorbehalten sein“*[1465] *sollte, ist nicht mehr erstrebenswert; vielmehr wird auf die Integration der zu 82,2 %*[1466] *in Deutschland geborenen türkischen Inhaftierten besonderer Wert gelegt.*

Kapitel 14: Drogenproblematik

Da die Zahl der drogenabhängigen Insassen und das Ausmaß des Drogenkonsums türkischer Insassen in den Anstalten bislang nur grob geschätzt werden konnte[1467], wurden die türkischen Insassen sowohl zu ihren Erfahrungen mit Drogen vor der Inhaftierung als auch zu dem Drogenkonsum in der Anstalt befragt.

I. Drogenabhängigkeit

Die Drogenabhängigkeit[1468] vor der Inhaftierung wurde bei Inhaftierten mit türkischer und kurdischer Volkszugehörigkeit und anhand der Aktenanalyse auch bei den deutschen Insassen in der JVA Heinsberg untersucht.

1. Insassen mit türkischer und kurdischer Volkszugehörigkeit

Auf die Frage, ob sie vor der Inhaftierung schon einmal Erfahrungen mit Drogen gemacht haben[1469], antworteten, wie aus der nachfolgenden *Übersicht 11* zu entnehmen ist, 39,7 % (29) der türkischen Volkszugehörigen, aber nur 20,8 % (5) der kurdischen Insassen von Drogen abhängig gewesen zu sein. Der Anteil derer, die nicht regelmäßig Drogen genommen haben, war bei beiden Gruppen fast gleich groß: 46,6 % (34) der türkischen und 45,8 % (11) der kurdischen Insassen[1470].

1464 NÄHRICH, WOLF-DIETER a.a.O. (Fn. 673), S. 145, (151).

1465 NÄHRICH, WOLF-DIETER a.a.O. (Fn. 673), S. 145, (151).

1466 Vgl. oben unter Teil D, Kapitel 10, II., 6. a).

1467 BOSETZKY, HORST / BORSCHERT, JÜRGEN / HELM, SIEGFRIED a.a.O. (Fn. 22), S. 198, (262 f); vgl. auch oben unter Teil C, Kapitel 7, II., 4. a).

1468 Nach THAMM, BERNDT GEORG / KATZUNG, WALTER: Drogen – legal – illegal. Von Kaffee bis Koks, von Alkohol bis Amphetamin. Daten, Fakten, Hintergründe. 2. Aufl., Hilden-Rhld. 1994, S. 20 m.w.N. ist „Drogenabhängigkeit“ ein „Zustand psychischer (seelischer) und / oder physischer (körperlicher) Abhängigkeit von Drogen.

1469 Vgl. Frage 36 des Insassen-Fragebogens im Anhang.

1470 Vgl. auch HABSCHICK, KLAUS: Suchtprobleme junger Migranten. In: Kriminalistik, Jg. 54, Heft 6, 2000, S. 371, (372 ff.); DIETRICH, ANNE: Besonderheiten und Probleme ausländischer jugendlicher Drogenabhängiger. In: Heinemann, Horst / Dietrich, Anne (Hrsg.): Drogenkonsum. Fakten, Hintergründe, Prävention, Ausblicke. 3. Veranstaltung in der Reihe Migration und Justiz vom 11. November 1996 im Berufsförderungszentrum Essen, Essen 1997, S. 22 f; KORAY, SIBEL: Risikofaktoren bei der Entstehung einer Drogenabhängigkeit am Beispiel eines jungen Migranten. In: Heinemann, Horst / Dietrich, Anne (Hrsg.): Drogenkonsum. Fakten, Hintergründe, Prävention, Ausblicke. 3. Veranstaltung in der Reihe Migration und Justiz vom 11. November 1996 im Berufsförderungszentrum Essen, Essen 1997, S. 27, (28); KREUZER, ARTHUR: Drogen, Drogenkriminalität und Drogenpolitik: Kriminologische und kriminalpolitische Aspekte.

Übersicht 11: **Zusammenhang zwischen den Erfahrungen mit Drogen und der Volkszugehörigkeit**

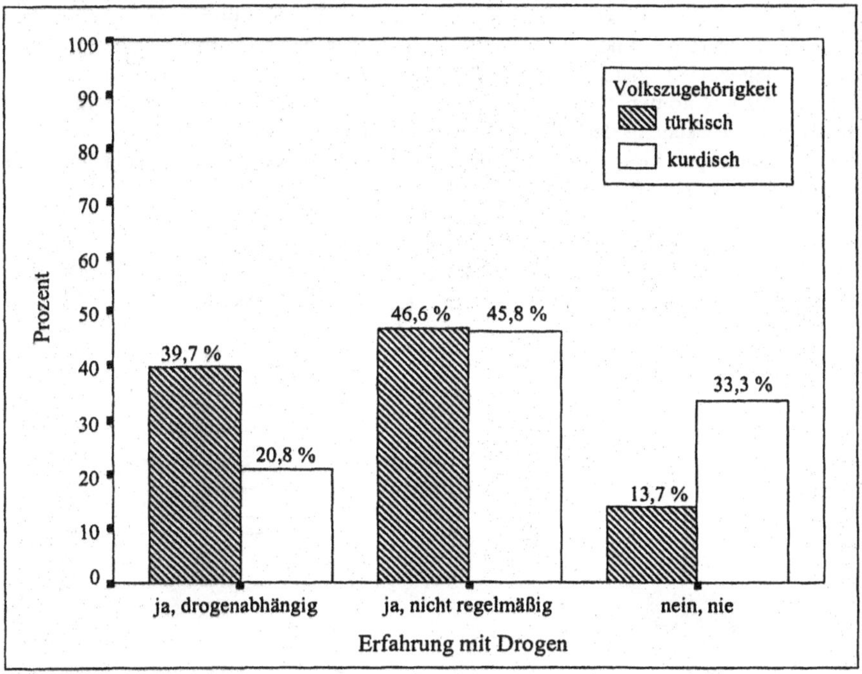

Größere Unterschiede gab es wiederum bei der Anwort, vor der Inhaftierung noch nie Drogen genommen zu haben. Dies erklärten 13,7 % (10) der türkischen, aber immerhin ein Drittel (33,3 %) (8) der kurdischen Volkszugehörigen. Es besteht ein signifikanter Unterschied zwischen türkischen und kurdischen Inhaftierten bezüglich ihres Drogenkonsums vor der Inhaftierung (p=0,026)[1471].

In: Kanitscheider, Bernulf (Hrsg.): Drogenkonsum – bekämpfen oder freigeben. Stuttgart, Leipzig 2000, S. 147, (175 f); GRUNDMANN, ANTJE: Drogenkonsum und Suchtprävention bei Jugendlichen. Sinngehalt von Prävention und Intervention an einem ausgewählten Beispiel. Frankfurt a. M., Berlin, Bern, New York, Paris, Wien 1998, S. 32 ff.; ARM, HARALD: Rauschgiftlage 1990. In: Deutsche Hauptstelle gegen die Suchtgefahren e.V. (Hrsg.): Jahrbuch Sucht 2001. Geesthacht 2000, S. 80, (81); HURRELMANN, KLAUS / BRÜNDEL, HEIDRUN: Drogengebrauch / Drogenmißbrauch: Eine Gratwanderung zwischen Genuß und Abhängigkeit. Darmstadt 1997, S. 38 f.

1471 Der durch den Chi-Quadrat-Test nach Pearson berechnete Wert der zweiseitigen Signifikanz beträgt p=0,052 und wäre nur nährungsweise signifikant, ebenso wie der Kontingenzkoeffizient (C=0,052). Da die Richtung jedoch im Vorfeld durch die Annahme „Türkische Insassen nehmen häufiger Drogen als kurdische Insassen" bestimmt worden ist, die, wie auch aus der *Übersicht 11* hervorgeht, bestätigt wurde, muß der Wert p=0,052 durch 2 geteilt werden, um die Signifikanz

Die kurdischen Insassen sind also, folgt man den Angaben der Insassen, seltener als die türkischen Gefangenen selbst drogenabhängig, obwohl sie häufig wegen eines Betäubungsmitteldeliktes verurteilt wurden[1472].
Für die Annahme, die von mehreren türkischen Insassen und auch von einigen Ausländerbeauftragten und Justizvollzugsbediensteten geäußert wurde, daß kurdische Insassen seltener drogenabhängig seien als türkische Insassen, aber häufiger nach Deutschland gekommen seien, um mit Drogen zu „dealen", spricht der signifikante Unterschied zwischen der Drogenabhängigkeit vor der Inhaftierung und der Verurteilung wegen eines Rauschgiftdeliktes bei türkischen und kurdischen Insassen im Jugendstrafvollzug (C=0,010) (p<0,05).

Übersicht 12; **Zusammenhang zwischen den Erfahrungen mit Drogen vor der Inhaftierung und der Verurteilung wegen eines Betäubungsmitteldeliktes bei türkischen und kurdischen Insassen**

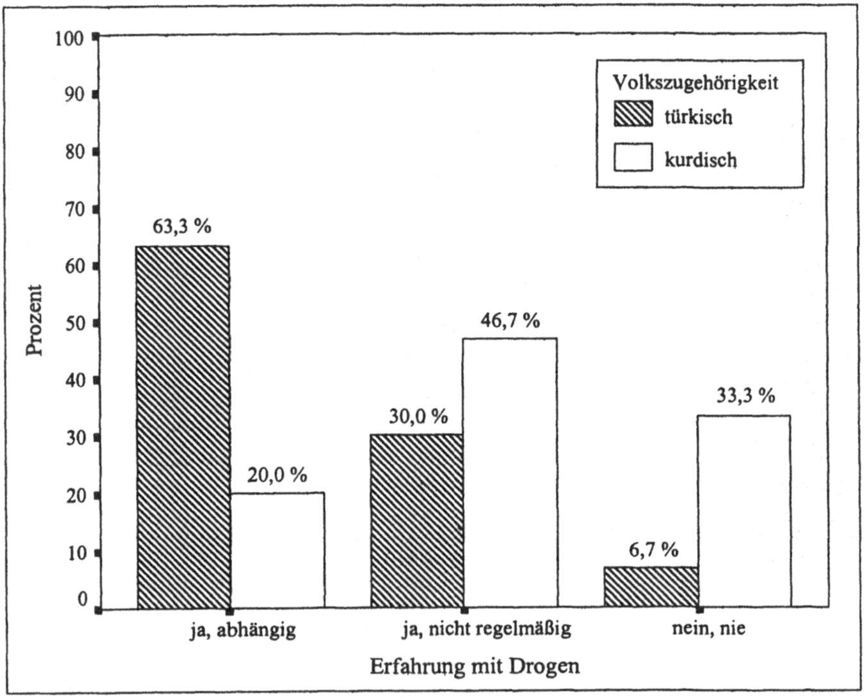

(einseitig) bestimmen zu können. Auf diese Weise erhält man einen signifikanten Unterschied von p=0,026.

1472 Vgl. oben unter Teil D, Kapitel 11, I., 1.

Wie der *Übersicht 12* zu entnehmen ist, sind von allen Inhaftierten türkischer Volkszugehörigkeit, die wegen eines Betäubungsmitteldeliktes verurteilt wurden, 63,3 % (19) von Drogen abhängig, bei den Kurden sind dies lediglich 20,0 % (3), noch nie Drogen genommen haben nach eigenen Angaben 6,7 % (2) der jungen Türken, aber immerhin ein Drittel (33,3 %) (5) der wegen eines Rauschgiftdeliktes verurteilten Kurden.

Einschränkend ist jedoch zu berücksichtigen, daß zum einen nur eine geringe Personenzahl dieser Berechnung zugrunde liegt: 30 türkische und 15 kurdische Insassen, die wegen eines Betäubungsmitteldeliktes verurteilt worden sind. Und zum anderen können diese Angaben auch aus verschiedenen Gründen verzerrt sein, beispielsweise weil die kurdischen Insassen die als ehrverletzend und beschämend empfundene Drogenabhängigkeit vor dem Interviewer nicht zugeben wollten.

Andererseits haben 46,7 % (7) der kurdischen Insassen, gegenüber 30,0 % (9) der türkischen Volkszugehörigen, angegeben, vor der Inhaftierung unregelmäßig Drogen konsumiert zu haben. Dieser hohe Prozentsatz könnte als Indiz dafür gewertet werden, daß die unregelmäßige Einnahme von Drogen als weniger beschämend als die Drogenabhängigkeit angesehen wird und deshalb häufiger genannt wurde.

Es kann also festgehalten werden, daß die wegen eines Betäubungsmitteldeliktes verurteilten kurdischen Insassen seltener als türkische Insassen vor der Inhaftierung drogenabhängig gewesen sind und zu rund einem Drittel ausschließlich mit Drogen gehandelt haben, ohne selbst drogenabhängig gewesen zu sein.

2. Insassen mit türkischer und deutscher Staatsangehörigkeit

Vergleicht man den Anteil der drogenabhängigen Insassen mit türkischer Staatsangehörigkeit mit dem Anteil der drogenabhängigen deutschen Inhaftierten in der Jugendstrafanstalt Heinsberg, so kann man feststellen, daß diese beiden Gruppen sich hoch signifikant (C=0,000) ($p<0,05$) unterscheiden. Wie aus der nachfolgenden *Übersicht 13* hervorgeht, sind fast zwei Drittel der deutschen Insassen (62,5 %) (105), aber lediglich rund ein Drittel der türkischen Insassen (35,1 %) (34) vor der Inhaftierung drogenabhängig gewesen.

Unregelmäßig haben allerdings nach eigenen Angaben 46,4 % (45) der türkischen Inhaftierten Drogen konsumiert, dagegen lediglich 17,9 % (30) der Deutschen. Über keine Erfahrungen mit Drogen verfügen die türkischen Insassen mit 18,6 % (18) und die deutschen Insassen mit 19,6 % (33) nahezu gleich häufig.

Einschränkend ist bei der Interpretation der Ergebnisse zu berücksichtigen, daß die Antworten der türkischen Insassen auf ihren eigenen Angaben beruhen, während die Ergebnisse zu den deutschen Insassen aufgrund einer Aktenanalyse gewonnen wurden, so daß bei Letzteren Verzerrungsfaktoren weitgehend ausgeschlossen werden können[1473].

[1473] Auch HASENPUSCH, BURKHARD: Zum Drogenproblem im Strafvollzug – Versuche einer Erfassung der Zahl drogenabhängiger Gefangener. In: ZfStrVo, Jg. 30, Heft 5, 1981, S. 270,

Eine weitere Erklärungsmöglichkeit für die seltenere Drogenabhängigkeit der jungen Türken könnte in dem im Islam geltenden Verbot des Drogenkonsums zu sehen sein.

Hinzu kommt, daß die Angaben in den Akten der deutschen Insassen über den unregelmäßigen Konsum nur vage sind. Sie beruhen auf den Informationen in der Personalakte, also auf dem Protokoll des Aufnahmegespräches, der Diagnose der ärztlichen Zugangsuntersuchung oder den Ausführungen in dem Urteil. Außerdem konnten nur die deutschen Insassen aus der Jugendstrafanstalt Heinsberg einbezogen werden und es steht nicht fest, ob diese Gruppe deutscher Inhaftierter repräsentativ für alle deutschen Insassen im geschlossenen Jugendstrafvollzug in Nordrhein-Westfalen ist.

Übersicht 13: **Zusammenhang zwischen den Erfahrungen mit Drogen vor der Inhaftierung und der Staatsangehörigkeit**

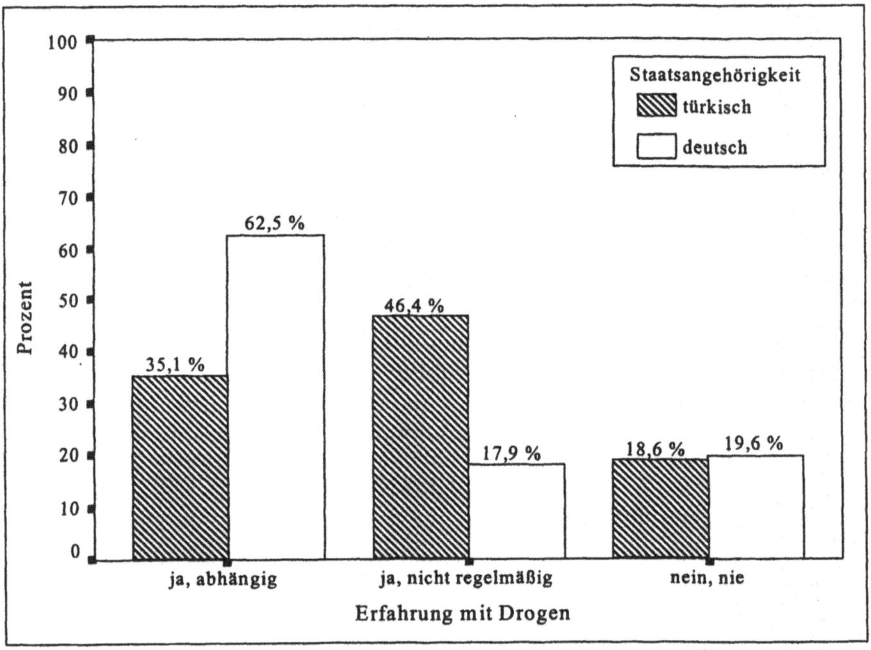

(275) hat bei der Untersuchung zur Erfassung der Anzahl drogenabhängiger Gefangener im Jahr 1981 festgestellt, daß die Informationen über die Drogenabhängigkeit in der Personalakte um 5 % bis 8 % höher als die Ergebnisse der Fragebogenerhebung der Insassen waren.

HASENPUSCH[1474] hat in seiner Fragebogenuntersuchung festgestellt, daß im Jahr 1980 der Anteil der drogenabhängigen männlichen jugendlichen Inhaftierten in Nordrhein-Westfalen bei ca. 20 % lag. Das bedeutet, daß sich der Anteil der drogenabhängigen jungen männlichen Insassen in Nordrhein-Westfalen in den vergangenen 20 Jahren verdoppelt, bezogen auf die deutschen Insassen sogar verdreifacht hat.

Vergleicht man den Anteil der Insassen mit türkischer und deutscher Staatsangehörigkeit, die vor der Inhaftierung „noch nie Drogen genommen haben" mit dem Anteil, der „drogenabhängig war oder unregelmäßig Drogen konsumiert" hat, so bestehen keine Unterschiede zwischen den türkischen und deutschen Insassen: 81,5 % der türkischen Inhaftierten und 80,4 % der deutschen Insassen waren vor der Inhaftierung von Drogen abhängig oder haben unregelmäßig Drogen konsumiert.

Festgehalten werden kann, daß die deutschen Insassen zu einem höheren Prozentsatz als die türkischen Insassen bereits vor der Inhaftierung drogenabhängig gewesen sind.

II. Drogenkonsum in der Anstalt

Neben dem Drogenkonsum vor der Inhaftierung wurde auch der Drogenkonsum in der Anstalt bei den Insassen mit türkischer und kurdischer Volkszugehörigkeit erfragt[1475].

1. Insassen mit türkischer und kurdischer Volkszugehörigkeit

Neben „weichen"[1476] Drogen wie Haschisch, das nach Einschätzung der türkischen Insassen von 75 %[1477] der Türken in der Anstalt konsumiert wird, ist die Einschätzung des Konsums „harter"[1478] Drogen wie Kokain und Heroin für die Feststellung des Drogenkonsums von Bedeutung.

1474 HASENPUSCH, BURKHARD a.a.O. (Fn. 1473), S. 270, (275).

1475 Vgl. Fragen 37 und 38 des Insassen-Fragebogens im Anhang.

1476 Vgl. SIMON, ROLAND / TAUSCHER, MARTIN / PFEIFFER, TIM: Suchtbericht. Deutschland 1999. Hohengehren 1999, S. 138 und 122: Zu den „weichen" Drogen zählt Cannabis, das in Deutschland heute vor allem als Haschisch gebräuchlich ist, das neben dem Harz der Blütenstände auch Teile von Blüten und Blattspitzen der Cannabispflanze enthält. Inzwischen wird in Deutschland auch in zunehmendem Maße Marihuana konsumiert, das aus getrockneten Blatt- und Blütenteilen der Cannabispflanze besteht.

1477 Der Konsum von anderen berauschenden Mitteln wurde durchschnittlich (arithmetischer Mittelwert) von den türkischen Insassen (jeweils bezogen auf die türkischen Insassen) wie folgt eingeschätzt (Schätzung der Kurden in Klammern): Haschisch: 7,5 (7,8); Marihuana: 6,67 (7,1); Ecstasy: 0,9 (0,7); Alkohol: 5,1 (5,5); Medikamente: 0,9 (1,3); Sonstige (Klebstoff, Lösungsmittel, Pilze): 0,3 (0,2).

1478 Vgl. SIMON, ROLAND / TAUSCHER, MARTIN / PFEIFFER, TIM a.a.O. (Fn. 1476), S. 267: Zu den „harten" Drogen gehören außer Heroin und Kokain auch Opiate, Amphetamine, Psychedelika und Ecstasy.

Übersicht 14: **Türkische und kurdische Schätzungen zu dem Konsum von Heroin und Kokain in der Jugendstrafanstalt**

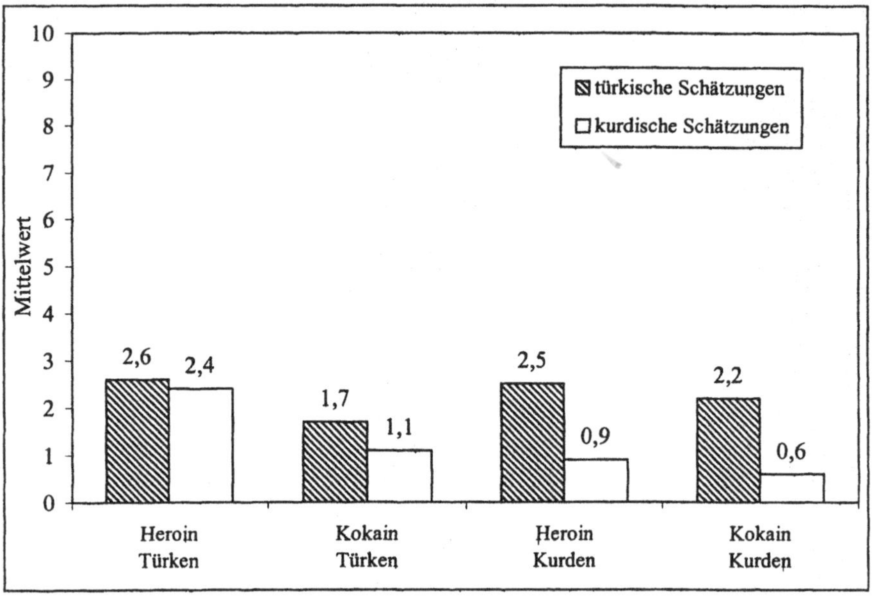

Wie die *Übersicht 14* zeigt, unterscheiden sich die Türken und Kurden nicht (signifikant) in ihrer Schätzung, wie viele von zehn Türken Heroin oder Kokain in der Anstalt nehmen.

Die Insassen mit türkischer Volkszugehörigkeit schätzten durchschnittlich (arithmetischer Mittelwert), daß 2,6 von 10 Türken in der Anstalt Heroin konsumieren, die Kurden schätzten durchschnittlich, daß dies bei 2,4 von 10 Türken der Fall sei (p=0,73).

Der Kokainkonsum bei 10 türkischen Insassen wurde von den türkischen Volkszugehörigen durchschnittlich auf 1,7 eingeschätzt, von den Kurden auf 1,1 (p=0,35).

Vergleicht man diese Prozentwerte mit den Ergebnissen der „Bundesstudie zum Konsum und Mißbrauch von Alkohol, Medikamenten, Tabakwaren und illegalen Drogen"[1479], so wird deutlich, daß der Anteil der in der Anstalt Drogen konsumierenden türkischen Insassen, den Anteil der 18 bis 39 Jahre alten Bundesbürger, die diese Drogen bei der letzten Erhebung im Jahr 1997[1480] konsumierten, um ein Vielfaches übersteigt:

1479 SIMON, ROLAND / TAUSCHNER, MARTIN / PFEIFFER, TIM a.a.O. (Fn. 1476).

1480 Diese Bundesstudie wird durch das Institut für Therapieforschung München seit 1982 im Abstand von 4 Jahren mit Förderung durch das Bundesministerium für Gesundheit durchgeführt. SIMON, ROLAND / TAUSCHNER, MARTIN / PFEIFFER, TIM a.a.O. (Fn. 1476), S. 200.

Der Konsum von Heroin lag in der Altersgruppe der 18- bis 39-Jährigen im Jahr 1997 in den alten Bundesländern bezogen auf den Lebenszeitraum bei 0,6 %[1481], *bezogen auf das vorangegangene Jahr bei 0,3 %*[1482]*;*
der Konsum von Kokain betrug bezogen auf den Lebenszeitraum 2,2 %[1483], *bezogen auf das vorangegangene Jahr 1,2 %*[1484].

Allerdings unterscheiden sich die türkischen und kurdischen Insassen signifikant in ihrer Schätzung, wie viele von 10 Kurden Heroin oder Kokain in der Anstalt nehmen. Die Kurden schätzen sowohl den Heroinkonsum der kurdischen Insassen mit durchschnittlich 0,9 von 10 Kurden (Schätzung der Türken: 2,5) als auch den Kokainkonsum der Kurden in der Anstalt mit 0,6 von 10 Kurden (Schätzung der Türken: 2,2) deutlich niedriger ein als die türkischen Insassen. Diese Unterschiede sind sowohl bei Schätzung des Heroinkonsums der Kurden (p=0,027) als auch des Kokainkonsums (p=0,049) signifikant.

Fast keine Unterschiede bestehen bei der Einschätzung der Ausländerbeauftragten und Justizvollzugsbediensteten bezüglich des Anteils der deutschen, türkischen, kurdischen und anderer ausländischer Insassen, die in der Anstalt Drogen konsumieren, wobei keine Unterscheidung zwischen weichen und harten Drogen getroffen wurde:

Alle 20 Ausländerbeauftragten und Bediensteten sagten durchschnittlich (arithmetischer Mittelwert), daß 57,0 % der deutschen Insassen, 61,0 % der türkischen Insassen, 61,3 % der kurdischen Inhaftierten und 58,6 % der anderen ausländischen Insassen in der Anstalt (weiche oder harte) Drogen konsumieren.

Diese arithmetischen Mittelwerte verdeutlichen, daß aus Praktikersicht rund 60 % der Inhaftierten – unabhängig von der Nationalität – im geschlossenen Jugendstrafvollzug Drogen konsumieren. Dieses Ergebnis stimmt mit der im Jahr 1999 von SCHLEBUSCH[1485] abgegebenen Einschätzung nahezu überein, daß rund 50 % der Inhaftierten im Jugendstrafvollzug weiche oder harte Drogen zu sich nehmen.

Dieser Prozentsatz ist nicht zu hoch angesetzt, wenn man berücksichtigt, daß nach eigenen Angaben der Insassen 39,7 % der türkischen und 20,8 % der kurdischen Gefangenen der Inhaftierung drogenabhängig waren und 46,6 % der jungen Türken (45,8 % der jungen Kurden) unregelmäßig Drogen konsumiert haben[1486]. *Die Aktenanalyse hat ergeben, daß der Anteil der drogenabhängigen deutschen Inhaftierten mit rund 62,5 % den Anteil der türkischen Insassen übersteigt*[1487].

1481 SIMON, ROLAND / TAUSCHNER, MARTIN / PFEIFFER, TIM a.a.O. (Fn. 1476), S. 221.
1482 SIMON, ROLAND / TAUSCHNER, MARTIN / PFEIFFER, TIM a.a.O. (Fn. 1476), S. 221.
1483 SIMON, ROLAND / TAUSCHNER, MARTIN / PFEIFFER, TIM a.a.O. (Fn. 1476), S. 200 f.
1484 SIMON, ROLAND / TAUSCHNER, MARTIN / PFEIFFER, TIM a.a.O. (Fn. 1476), S. 200 f.
1485 SCHLEBUSCH, STEFAN a.a.O. (1999) (Fn. 1034), S. 15.
1486 Vgl. oben unter Teil D, Kapitel 13, I. 1. (*Übersicht 11*).
1487 Vgl. oben unter Teil D, Kapitel 13, I. 2. (*Übersicht 13*).

In Anbetracht des Verbotes, in der Anstalt Drogen zu besitzen, erscheint der Anteil der drogenkonsumierenden Insassen auffällig hoch. Allerdings müssen diese Zahlen vor dem Hintergrund gesehen werden, daß bereits Drogenabhängige versuchen, in der Anstalt weiter Drogen zu konsumieren und andere Insassen in der Jugendstrafanstalt beginnen, regelmäßig Drogen zu konsumieren, wegen des Gruppenzwanges oder um die Haftsituation leichter zu ertragen[1488], die gekennzeichnet ist durch „Isolierung, Langeweile, Passivität und Verwaltet-Sein und zahlreiche Verbote (z. B. Alkohol, Drogen, Geld, heterosexuelle Beziehungen)“[1489].

Nirgendwo in der Freiheit sind Anbieter und Konsumenten von Drogen mit entsprechenden Zwischenhändlern auf so engem Raum untergebracht wie in der „knasteigenen" Drogenszene; weitgehend unkontrolliert von Bediensteten, aber mit festen Regeln für den Kauf und Verkauf, für Schuldeneintreibung mit Mitteln des Raubes und der Erpressung sowie mit Körperverletzungen und Morddrohungen[1490]. *Auf diese Weise wird eine Atmosphäre der Angst verbreitet, in der neue Abhängigkeiten entstehen und der dringende Wunsch nach Flucht in den Drogenkonsum verstärkt wird*[1491].

[1488] Vgl. hierzu auch: TILLACK, JÜRGEN / HARI, MICHAEL: Rauschgiftproblematik. Dargestellt am Beispiel der Jugendanstalt, in der die jüngsten Gefangenen Bayerns untergebracht sind. In: ZfStrVo, Jg. 49, Heft 6, 2000, S. 353 ff.; WALTER, JOACHIM: Drogen im Jugendstrafvollzug. In: Reindl, Richard / Nickolai, Werner (Hrsg.): Drogen und Strafjustiz, Freiburg i. Br. 1994, S. 115, (119 ff.); OHLE, KARLHEINZ: Drogen im Jugendstrafvollzug – Vollzug als Suchtverstärker? In: Trenczek, Thomas (Hrsg.): Freiheitsentzug bei jungen Straffälligen. Die Situation des Jugendstrafvollzugs zwischen Reform und Alternativen. Bonn 1983, S. 152, (154 ff.); BÖHM, HORST / MÖBIUS, PETER a.a.O. (Fn. 900), S. 94, (96); KERN, JOHANNES: Zum Ausmaß des Drogenmißbrauchs in den Justizvollzugsanstalten und den Möglichkeiten seiner Eindämmung. In: ZfStrVo, Jg. 46, Heft 2, 1997, S. 90 ff.; HOFFMEISTER, ELISABETH: Drogensüchtige im Strafvollzug. In: DBH Fachverband für Soziale Arbeit, Strafrecht und Kriminalpolitik (Hrsg.): Drogensüchtige im Strafvollzug. Dokumentation des 2. Lotse-Forums vom 06.12.1997, Köln 1997, S. 40 ff.; STUHLMANN, JENS: Drogenkonsum im Gefängnis – Innenansichten aus dem Strafvollzug. In: Jacob, Jutta / Keppler, Karlheinz / Stöver, Heino (Hrsg.): Drogengebrauch und Infektionsgeschehen (HIV, AIDS und Hepatitis) im Strafvollzug. Berlin 1997, S. 31, (32 ff.); KREUZER, ARTHUR: Drogenabhängige im Strafverfahren und Strafvollzug – Realitäten und Perspektiven. In: Reindl, Richard / Nickolai, Werner (Hrsg.): Drogen und Strafjustiz, Freiburg i. Br. 1994, S. 27, (44 f); KREUZER, ARTHUR / THAMM, BERNDT GEORG: § 4: Erscheinungsformen von Drogenkriminalität und verwandtem abweichendem Verhalten. In: Kreuzer, Arthur (Hrsg.): Handbuch des Betäubungsmittelstrafrechts. München 1998, Rn. 67; KRUMSIEK, ROLF: Das Drogenproblem im Strafvollzug. In: ZfStrVo, Jg. 41, Heft 5, 1992, S. 306 ff.; BORKENSTEIN, CHRISTOPH: Drogenabhängige im Strafvollzug. In: Egg, Rudolf (Hrsg.): Drogentherapie und Strafe. Wiesbaden 1988, S. 235, (236 ff.); HASENPUSCH, BURKHARD a.a.O. (Fn. 1473), S. 270, (274 f); JACOB, JUTTA / STÖVER, HEINO: Zur gesundheitlichen und sozialen Lage Drogenkonsumierender im Strafvollzug. In: Jacob, Jutta / Keppler, Karlheinz / Stöver, Heino (Hrsg.): Drogengebrauch und Infektionsgeschehen (HIV, AIDS und Hepatitis) im Strafvollzug. Berlin 1997a, S. 43-57; KOOP, GERD: Drogenabhängige im Gefängnis. Möglichkeiten und Grenzen der Betreuung. In: KrimPäd, Jg. 13, 1985, S. 20, (22 ff.).

[1489] KREUZER, ARTHUR / THAMM, BERNDT GEORG a.a.O. (Fn. 1488), § 4 Rn. 67.

[1490] KREUZER, ARTHUR / THAMM, BERNDT GEORG a.a.O. (Fn. 1488), § 4 Rn. 54.

[1491] KREUZER, ARTHUR / THAMM, BERNDT GEORG a.a.O. (Fn. 1488), § 4 Rn. 54.

2. Wege der Drogenbeschaffung in der Anstalt

Auf die Frage, wer die Drogen mit in die Anstalt bringt[1492], wurden von den Insassen mit türkischer Staatsangehörigkeit (bei möglichen Mehrfachnennungen) am häufigsten die deutschen Insassen (77,3 %) (75), Freunde, die als Besucher in die Anstalt kommen (72,2 %) (70) und türkische Insassen (71,1 %) (69) genannt.
Es folgen mit einigem Abstand die türkischen Insassen kurdischer Volkszugehörigkeit (62,9 %) (61) und andere ausländische Insassen (60,8) (59). 45,4 % (44) haben die Familie, die zu Besuch kommt und schließlich 20,6 % (20) Vollzugsbeamte genannt.

Zu berücksichtigen ist, insbesondere bei dem hohen Prozentsatz, der sich auf die deutschen Insassen bezieht, daß diese Zahl nichts darüber aussagt, ob die deutschen Insassen freiwillig oder möglicherweise aufgrund von Drohungen durch andere Mitgefangene gezwungen werden, beispielsweise aus dem Urlaub Drogen mit in die Anstalt zu bringen[1493].

Hinzu kommt, daß diese Zahl auf der Einschätzung einer anderen Insassengruppe beruht, die möglicherweise mit diesen Angaben von der eigenen Gruppe ablenken möchte. Andererseits hat auch ein fast ebenso hoher Anteil der türkischen Insassen die türkischen Insassen benannt, die Drogen in die Anstalt bringen[1494].

Dies spricht einerseits für die Aufrichtigkeit bei der Beantwortung dieser Fragen, andererseits wurden die türkischen Insassen möglicherweise deshalb so oft genannt, weil, wie bereits ausgeführt[1495], viele Türken sich in erster Linie von den eigenen Landsleuten etwas leihen.

Auffällig ist auch, daß auf die Frage nach den Überbringern der Drogen, die Familie, die zu Besuch in die Anstalt kommt, von 45,4 % der türkischen Insassen genannt wurde, obwohl der Drogenkonsum der Kinder von den meisten türkischen Eltern als sehr beschämend und als Sünde angesehen wird[1496].

In diesem Zusammenhang wurde jedoch von mehreren jungen Türken berichtet, daß insbesondere die Mütter dadurch, daß sie selbst etwas mitbringen oder von Freunden der Inhaftierten zu einem Besuch mitnehmen lassen, ihrem Sohn den Aufenthalt in der Anstalt etwas erträglicher machen wollen: „Bringen Sie dem Jungen ein bißchen Hasch / Alkohol, das ist besser als Heroin, um den Knast leichter zu überstehen". Insoweit ist ein-

---

1492 Vgl. Frage 39 des Insassen-Fragebogens im Anhang.

1493 Vgl. auch oben unter Teil C, Kapitel 8, II., Fn. 1237.

1494 Von den zahlreichen Möglichkeiten, wie die Drogen in die Anstalt gelangen, sollen nur einige exemplarisch genannt werden: Die Drogen werden verpackt und an einen Faden oder Schnur geknotet, der vor der Rückkehr in die Anstalt geschluckt und auf der Zelle wieder herausgezogen wird. Für die Insassen, die in der Anstalt Gartenarbeiten verrichten, besteht häufig die Möglichkeit während der Säuberung der Außenanlagen dort zuvor selbst oder von anderen deponierte Päckchen mit Drogen aus dem Versteck zu holen und auf die Zelle zu bringen. Vgl. auch KREUZER, ARTHUR / THAMM, BERNDT GEORG a.a.O. (Fn. 1488), § 4 Rn. 71.

1495 Vgl. oben unter Teil D, Kapitel 12, I.

1496 Vgl. oben unter Teil B, Kapitel 6, I., 13.

schränkend zu berücksichtigen, daß es sich lediglich um Aussagen einzelner Insassen handelt.

Immerhin 20,6 % der türkischen Insassen haben die Vollzugsbeamten als Überbringer der Drogen genannt.

Auf die Nachfrage der Verfasserin nannten sie als vermuteten Grund für das Verhalten dieser einzelnen Vollzugsbeamten, den hohen Gewinn, der durch den Verkauf von Drogen an die Gefangenen erzielt werden kann; eine Gefälligkeit aufgrund einer freundschaftlichen Beziehung, die bereits „draußen", also vor der Inhaftierung zu einem Beamten bestanden hat, aber auch, so wurde von drei Insassen berichtet, eine von Gefangenen durchgeführte Erpressung: „Wenn man mal auf Urlaub draußen ist, erfährt man schnell, wo einer wohnt. Und wenn man dann wieder drin ist, sagt man halt: ‚Ich hab deine Tochter gesehen. Wenn du mir nicht was mitbringst, wird deine Tochter morgen vergewaltigt'."

Auch bei diesen Begründungen ist zu berücksichtigen, daß es sich nur um einzelne Aussagen handelt, die lediglich einen kleinen Einblick in die Wege, wie die Drogen in die Anstalt gelangen, bieten können.

Zu den Preisen, die in der Anstalt im Vergleich zu „draußen" gezahlt werden, haben die türkischen Insassen übereinstimmend angegeben, daß die Preise in der Anstalt wesentlich höher seien:

1 g Heroin hat in der Anstalt einen Gegenwert von umgerechnet etwa 100,- bis 150,- DM, außerhalb der Anstalt von etwa 46,- bis 88,- DM[1497]*,*

1 g Kokain kostet in der Anstalt etwa 200,- bis 400,- DM, außerhalb der Anstalt etwa 76,- bis 131,- DM[1498] *und*

1 g Haschisch hat in der Anstalt einen Gegenwert von 50,- DM, außerhalb der Anstalt werden etwa 12,- DM[1499] *bezahlt.*

Auffällig ist auch, daß es zwischen den einzelnen Anstalten keine deutlichen Preisunterschiede gibt. Allerdings variieren die Preise häufig, je nachdem, wer der Käufer ist: „Deutsche Insassen zahlen 50,- bis 100,- DM für 1 g Haschisch, Türken zahlen 20,- bis 30,- DM. Meistens dealen ausländische Gefangene mit Drogen, deutsche Gefangene sind nur die Kuriere und konsumieren".

Die Bezahlung erfolgt nach Angabe der türkischen Insassen durch Geld, das entweder aus dem Urlaub oder von Besuchern mitgebracht oder durch Bekannte „draußen"

1497 SIMON, ROLAND / TAUSCHNER, MARTIN / PFEIFFER, TIM a.a.O. (Fn. 1476), S. 217. Vgl. auch NEUFELD, WALTER: Die Überfüllung der Gefängnisse und ihre negativen Folgen. In: StraFo, Jg. 6, Heft 3, 2000, S. 73, (76).

1498 SIMON, ROLAND / TAUSCHNER, MARTIN / PFEIFFER, TIM a.a.O. (Fn. 1476), S. 197.

1499 SIMON, ROLAND / TAUSCHNER, MARTIN / PFEIFFER, TIM a.a.O. (Fn. 1476), S. 126.

weitergeleitet wird oder durch Tauschmittel, beispielsweise Goldkettchen, oder durch die Überlassung eines Teils des Einkaufs.

Es bleibt also festzuhalten, daß von den türkischen Insassen rund ein Viertel Heroin, über 10 % Kokain und rund drei Viertel Haschisch in der Anstalt konsumieren, die in erster Linie von deutschen und türkischen Insassen, die Urlaub oder Freigang haben, mit in die Anstalt gebracht wird[1500], aber auch von Freunden, seltener von Familienangehörigen, die zu Besuch in die Anstalt kommen, in Einzelfällen auch von Justizvollzugsbediensteten.

> *Auch die Mitarbeiter in den Anstalten berichten über die zahlreichen Möglichkeiten, wie die Drogen in den Knast gelangen: Drogen werden von Besuchern in Kaugummis verpackt und dem Insassen durch einen Kuß übergeben. Wenn die jungen Insassen vom Ausgang zurückkommen, „schleppen sie die Drogen ein, trotz der Urinproben. (Die Drogen werden) in allen Körperöffnungen versteckt, eingeschweißt und geschluckt und hinterher ausgeschieden"*[1501].
> *Um zu vermeiden, daß der Drogenkonsum durch die angesprochenen Urinkontrolle*[1502] *nachgewiesen werden kann, haben die Insassen bestimmte Techniken entwickelt, beispielsweise in dem insbesondere türkische oder andere muslimische Insassen unter dem Vorwand, aus Scham die Urinprobe nicht vor den Augen Dritter abgeben zu können, diese auf der Toilette mit Wasser verdünnen. Auf Nachfrage erklären sie den hohen Wassergehalt in der abgegebenen Probe damit, zuvor viel Tee getrunken zu haben.*

Die Mitarbeiter der Therapievorbereitungsgruppe für Konsumenten illegaler Drogen (TVG) der JVA Heinsberg haben eine in den vergangenen Jahren eingetretene Veränderung der Klientel im Hinblick auf Suchterkrankungen besonders aufgrund der folgenden Punkten festgestellt[1503]:

- *die Anzahl der von illegalen Drogen Abhängigen ist in den letzten Jahren deutlich angestiegen. Es ist davon auszugehen, daß ca. 45 % bis 50 % der Inhaftierten von illegalen Drogen abhängig sind;*
- *der Anteil der abhängigen Migranten ist in den letzten Jahren ebenfalls deutlich angestiegen und unterscheidet sich heute nicht wesentlich vom Gesamtklientel;*

1500 KREUZER, ARTHUR / THAMM, BERNDT GEORG a.a.O. (Fn. 1488), § 4 Rn. 71.

1501 SCHAAF, EDITH: Drogenabhängige und ehrenamtliche Straffälligenhilfe aus Sicht eines Anstaltsbeirates. In: DBH Fachverband für Soziale Arbeit, Strafrecht und Kriminalpolitik (Hrsg.): Drogensüchtige im Strafvollzug. Dokumentation des 2. Lotse-Forums vom 06.12.1997, Köln 1997, S. 19, (21); vgl. auch KREUZER, ARTHUR / THAMM, BERNDT GEORG a.a.O. (Fn. 1488), § 4 Rn. 71.

1502 HECKLER, ROLF: Praxis und Aussagefähigkeit von Urinkontrollen. In: Jacob, Jutta / Keppler, Karlheinz / Stöver, Heino (Hrsg.): Drogengebrauch und Infektionsgeschehen (HIV, AIDS und Hepatitis) im Strafvollzug. Berlin 1997, S. 91 ff.); BÜHRING, ULRIKE: Rechtsprobleme der Urinkontrolle auf Drogenmißbrauch. In: ZfStrVo, Jg. 43, Heft 5, 1994, S. 271 ff.

1503 JVA HEINSBERG, THERAPIEVORBEREITUNGSGRUPPE FÜR KONSUMENTEN ILLEGALER DROGEN: Konzeption. Therapievorbereitungsgruppe für Konsumenten illegaler Drogen (TVG). Heinsberg Stand 12/1998, S. 4 f. Vgl. auch oben unter Teil C, Kapitel 8, I.

- *eine deutliche Verlagerung zu einem polytoxikomanen Abhängigkeitsbild mit dem Schwerpunkt der Opiatabhängigkeit ist festzustellen;*
- *der Zeitpunkt des erstmaligen Drogenkonsums verschiebt sich lebensgeschichtlich immer weiter nach vorne; psycho-soziale Verelendungsprozesse sind bereits vor der ersten Inhaftierung weit fortgeschritten; eine deutliche Verschlechterung der Lebenslage der jungen Drogenabhängigen ist eingetreten;*
- *fast alle Jugendstrafgefangenen hatten bereits vor ihrer Inhaftierung Kontakt zu illegalen Drogen;*
- *das Konsumverhalten in bezug auf (illegale) Drogen im Jugendstrafvollzug hat in den vergangen Jahren deutlich zugenommen*[1504].

[1504] Vgl. zu der Konzeption der Therapievorbereitungsgruppe für Konsumenten illegaler Drogen in der JVA Heinsberg oben unter Teil C, Kapitel 8, I. Fn. 1235. Vgl. zu den Behandlungsmaßnahmen für Drogenabhängige im (Jugend-)Strafvollzug auch: KREUZER, ARTHUR: Spritzenvergabe im Strafvollzug. Forschung zwischen den Fronten in einem kriminalpolitischen Glaubenskrieg. In: Feuerhelm, Wolfgang / Schwind, Hans-Dieter / Bock, Michael (Hrsg.): Festschrift für Alexander Böhm zum 70. Geburtstag am 14. Juni 1999. Berlin, New York 1999, S. 379, (391 ff.); KREUZER, ARTHUR: HIV-Prävention im Strafvollzug und Entlassung AIDS-kranker Gefangener. In: Schlüchter, Ellen (Hrsg.): Kriminalistik und Strafrecht. Festschrift für Friedrich Geerds zum 70. Geburtstag am 29.08.1995. Lübeck 1995, S. 317, (322 ff.); KALINOWSKI, HERMANN / SCHARPER, GANGOLF: Vollzugsinterne medizinische und psychosoziale Hilfen für drogengebrauchende Gefangene. In: Jacob, Jutta / Keppler, Karlheinz / Stöver, Heino (Hrsg.): Drogengebrauch und Infektionsgeschehen (HIV, AIDS und Hepatitis) im Strafvollzug. Berlin 1997, S. 61, (68 ff.); HEUDTLASS, JAN-HENDRIK / STÖVER, HEINO: Harm reduction – ein Trainingsprogramm für inhaftierte Drogengebrauchende und für Bedienstete des Justizvollzugs. In: Jacob, Jutta / Keppler, Karlheinz / Stöver, Heino (Hrsg.): Drogengebrauch und Infektionsgeschehen (HIV, AIDS und Hepatitis) im Strafvollzug. Berlin 1997, S. 197, (201 ff.); HEUDTLASS, JAN-HENDRIK / STÖVER, HEINO: „Harm reduction-Strategien" für intravenös applizierende Drogenkonsumenten und Bedienstete – auch im Strafvollzug. Ein safer-use-Trainingsprogramm. In: ZfStrVo, Jg. 47, Heft 3, 1998, S. 155, (158 ff.); JACOB, JUTTA / STÖVER, HEINO: Minimierung gesundheitlicher Risiken bei Drogenkonsum unter Haftbedingungen – eine theoretische Einführung. In: Jacob, Jutta / Stöver, Heino (Hrsg.): Minimierung gesundheitlicher Risiken bei Drogenkonsum unter Haftbedingungen. Ein methodisch-didaktisches Arbeitsbuch für die Praxis im Strafvollzug. Oldenburg 1998, S. 24 ff.; JACOB, JUTTA / STÖVER, HEINO: Infektionsprophylaxe im Niedersächsischen Strafvollzug. Zur Abgabe steriler Einwegspritzen in einem niedersächsischen Modellprojekt. In: Jacob, Jutta / Keppler, Karlheinz / Stöver, Heino (Hrsg.): Drogengebrauch und Infektionsgeschehen (HIV, AIDS und Hepatitis) im Strafvollzug. Berlin 1997b, S. 135 (136 ff.); KEPPLER, KARLHEINZ: Die Substitutionsbehandlung mit Methadon im Justizvollzug der Bundesrepublik Deutschland. In: Jacob, Jutta / Keppler, Karlheinz / Stöver, Heino (Hrsg.): Drogengebrauch und Infektionsgeschehen (HIV, AIDS und Hepatitis) im Strafvollzug. Berlin 1997, S. 73, (80 ff.); GRIES, HANS JOACHIM: Sozialtherapeutische Abteilung für drogenabhängige und verhaltensauffällige Gefangene in der JVA Siegburg. In: Suchtgefahren. Hamburg 1983a, S. 111 ff.); GRIES, JOACHIM: Behandlung Drogenabhängiger im Justizvollzug. In: Suchtgefahren. Hamburg 1983b, S. 135 f; BUCHTA, ANNA-MARIA / SCHÄFER, KARL HEINRICH: Substitution hinter Gittern. Ein Bericht über die Verordnung, Abgabe und Verabreichung von Methadon zum Zwecke der Substitution heroinabhängiger Gefangener in hessischen Justizvollzugsanstalten. In: ZfStrVo, Jg. 45, Heft 1, 1996, S. 21, (22 f); SCHIRRMACHER, GESA: Heroinabgabe an Strafgefangene – eine Chance? In: ZRP, Jg. 30, Heft 6, 1997, S. 242 f; ASPIRION, PETER: Interne Drogenberatung im Justizvollzug. Grenzen des Vollzugs, Erwartungen an freie Träger. In: Reindl, Richard / Nickolai, Werner (Hrsg.): Drogen und Strafjustiz, Freiburg i. Br. 1994, S. 75, (79 ff.); BOLLONIA, RUDOLF: Drogenhilfe im Jugendstrafvollzug. In: Reindl,

Kapitel 15: Potentielle Belastungsfaktoren und Bewältigungshilfen

Auf die Frage „Wie würden Sie die Haftbedingungen der türkischen Inhaftierten im Vergleich zu denen der deutschen Insassen beurteilen?" antworteten 85 % (17) der befragten Ausländerbeauftragten und Justizvollzugsbediensteten, die Haftbedingungen seien für deutsche und türkische Insassen gleich gut. Lediglich 10 % (2) meinten, die Haftbedingungen für die türkischen Insassen seien etwas schlechter, weil sie aufgrund des häufig noch nicht abgeschlossenen Ausweisungsverfahrens seltener Vollzugslockerungen und Urlaub erhalten als die deutschen Insassen.

5 % (1) der Bediensteten schätzten die Haftbedingungen für türkische Insassen besser ein als für deutsche Inhaftierte, da auf deren spezielle Belange, beispielsweise ihre Ernährungsgewohnheiten und ihre Religionsausübung in höherem Maße Rücksicht genommen werde, beispielsweise sei einem türkischen Inhaftierten erlaubt worden, einen Gebetsteppich an der Zellenwand aufzuhängen, während deutschen Insassen verboten ist, einen Wandbehang in der entsprechenden Größe anzubringen.

Nach Einschätzung der Ausländerbeauftragten und Justizvollzugsbediensteten gibt es keine wesentlichen Unterschiede in den Haftbedingungen für die türkischen Insassen und deutschen Insassen.

Um zu überprüfen, ob die in älteren Untersuchungen[1505] angesprochenen speziellen Schwierigkeiten für ausländische Insassen, beispielsweise im Zusammenhang mit der Religionsausübung oder den Ernährungsgewohnheiten, noch heute für die türkischen Insassen von Bedeutung sind, wurden sie zu diesen möglichen Problembereichen befragt.

I. Ausübung religiöser Gewohnheiten muslimischer Insassen

Daß 95,9 %[1506] der türkischen Insassen dem Islam angehören, gibt noch keine Auskunft darüber, ob ihnen auch die Möglichkeit zur Religionsausübung in der Anstalt wichtig ist[1507]. Zwei Drittel (66,6 %) (64) der türkischen Insassen haben diese Frage bejaht.

Richard / Nickolai, Werner (Hrsg.): Drogen und Strafjustiz, Freiburg i. Br. 1994, S. 90, (95 ff.); BURGHEIM, JOACHIM: Zur Frage der Methadonsubstitution Drogenabhängiger im Strafvollzug. In: ZfStrVo, Jg. 43, Heft 2, 1994, S. 74, (75 ff.); BUNDESMINISTERIUM FÜR GESUNDHEIT (Hrsg.): Drogen- und Suchtbericht 1998 der Drogenbeauftragten der Bundesregierung. Bonn 1999, S. 1, (13 f); LESCHHORN, WALTER: Erfahrungsbericht über Behandlung Drogenabhängiger im Strafvollzug am Beispiel der Jugendstrafanstalt Plötzensee-Berlin. In: Suchtgefahren. Hamburg 1983, S. 105 f.; DEUTSCHE AIDS-HILFE e.V. (Hrsg.): Substitution in Haft. Berlin 1999, S. 13.

1505 Vgl. oben unter Teil B, Kapitel 6, I., 3. und 4.

1506 Vgl. oben unter Teil D, Kapitel 10, II., 3. b).

1507 Vgl. Frage 40 des Insassen-Fragebogens im Anhang. Vgl. auch BOTHGE, RALF: Zur Teilnahme Strafgefangener an religiösen Veranstaltungen. In: ZfStrVo, Jg. 48, Heft 6, 1999, S. 352 f, EICK-WILDGANS, SUSANNE: Anstaltsseelsorge. Möglichkeiten und Grenzen des Zusammenwirkens von Staat und Kirche im Strafvollzug. Berlin 1993, S. 146 ff.

Daß die Religionsausübung für junge Türken von großer Bedeutung ist, hat auch die 13. SHELL JUGENDSTUDIE *„Jugend 2000"*[1508] *ergeben, in der festgestellt wurde, daß die türkischen Jugendlichen mit dem größten Anteil (35 %) den Gottesdienst besuchen, bei den italienischen Jugendlichen ist der Anteil (21 %) etwas geringer, am seltensten besuchen die deutschen Jugendlichen (14 %) einen Gottesdienst.*

In den 90er Jahren wird den muslimischen Insassen im Jugendstrafvollzug die Teilnahme an einem Gottesdienst ihrer Glaubensrichtung, meistens durch einen Imam[1509], der die Anstalt jede Woche oder alle zwei Wochen aufsucht, ermöglicht[1510].

Allerdings gibt es auch Ausnahmen, so wurde beispielsweise, wie BUKOWSKI[1511] *in ihrer Untersuchung festgestellt hat, in der JVA Adelsheim keine seelsorgerische Betreuung durch einen muslimischen Geistlichen angeboten.*

Auf die Frage, ob sie regelmäßig (mindestens alle zwei Wochen) einen Geistlichen ihrer Glaubensrichtung in der Anstalt aufsuchen können[1512], erklärten von den 64 türkischen Staatsangehörigen, die zuvor geantwortet hatten, daß ihnen die Religionsausübung wichtig sei, 45,3 % (29), daß mindestens alle zwei Wochen freitags der Imam in die Anstalt kommt, bei weiteren 40,6 % (26) konnte der Geistliche nur einmal im Monat aufgesucht werden, lediglich 14,1 % (9) sagten, der Imam sei noch nie in der Anstalt gewesen[1513].
Es kann also festgehalten werden, daß 85,9 % der türkischen Insassen die Gelegenheit erhalten, einmal im Monat oder öfter einen Geistlichen ihrer Glaubensrichtung aufzusuchen.

Ob die Möglichkeit besteht, wie in Nr. 32 Abs. 11 VVJug vorgesehen, als ausländischer Inhaftierter an bestimmten religiösen Feiertagen[1514] (Ramadan), von der Arbeit freigestellt zu werden[1515], war 20,3 % (13) der türkischen Insassen nicht bekannt, rund zwei Drittel (64,1 %) (41) antworteten, dies sei nicht möglich, 7,8 % (5) erklärten,

---

[1508] FUCHS-HEINRITZ, WERNER: Religion. In: Fischer, Arthur / Fritzsche, Yvonne / Fuchs-Heinritz, Werner et al. (Konzeption und Koordination), Deutsche Shell (Hrsg.): Jugend 2000. Bd. 1. 13. Shell Jugendstudie. Opladen 2000, S. 157, (163).

[1509] „Imam", arabisch für „Vorbeter in der Moschee", Titel für Gelehrte des Islams, vgl. auch WERLE, RAINER / KREILE, RENATE: Renaissance des Imam. Das Beispiel Türkei. Hamburg 1987, S. 9 ff., 131 ff.

[1510] SCHWIND, HANS-DIETER a.a.O. (1999a) (Fn. 10), S. 323, (342); vgl. auch BÖHM, ALEXANDER: Kirche im Strafvollzug – Gefängnisseelsorge im Wandel der Zeit. In: ZfStrVo, Jg. 44, Heft 1, 1995, S. 3, (9).

[1511] BUKOWSKI, ANNETTE a.a.O. (1998) (Fn. 9), S. 21.

[1512] Vgl. Frage 41 des Insassen-Fragebogens im Anhang.

[1513] Auf Nachfrage erklärten diese Insassen, die sich erst seit kurzer Zeit in der Jugendstrafanstalt befanden, sie hätten den Imam noch nicht in der Anstalt gesehen, sich aber auch noch nicht nach dem Besuch des Imam erkundigt.

[1514] STEVENS, WILLI: Feiertagskalender von Migranten. Nationale und kulturelle Fest- und Feiertage in Deuschland. In: Ausländer in Deutschland, Heft 4, 1996, S. 9.

[1515] Vgl. auch oben unter Teil B, Kapitel 6, I., 3. und Frage 42 des Insassen-Fragebogens im Anhang.

lieber arbeiten und Geld verdienen zu wollen, während weitere 7,8 % (5) angaben, von dieser Arbeitsfreistellung Gebrauch zu machen.

Aufgrund der geringen Anzahl von knapp 8 % der türkischen Insassen, die von dieser Möglichkeit Gebrauch machen wollen, kann davon ausgegangen werden, daß die Bedeutung der Regelung der Freistellung von der Arbeit an bestimmten religiösen Feiertagen für muslimische Insassen in der Praxis nur sehr gering ist[1516].

Von weitaus größerer Relevanz für die türkischen Insassen ist die Möglichkeit, in der Anstalt die Fastenzeit einzuhalten, z. B. erst abends zu essen[1517]. Von den türkischen Insassen, für die die Religionsausübung in der Anstalt wichtig ist, erklärte etwa ein Viertel (28,1 %) (18) nicht zu fasten, 37,5 % (24) sagten, sie machen von dieser Regelung Gebrauch und rund ein Drittel (34,4 %) (22) meinte, sie hätten diese Möglichkeit nicht.

Mehrere Insassen gaben an, da sie das Mittagessen nicht abends erhalten könnten, bestehe nur die Möglichkeit, das Mittagessen aufzuheben und abends kalt zu essen. Mehrere Insassen in einer anderen Anstalt berichteten dagegen, daß sie das Essen abends aufwärmen könnten.

Es bestehen also Unterschiede zwischen den einzelnen Anstalten, inwieweit den muslimischen Insassen, die Einhaltung der Fastenzeit erleichtert wird.

II. Ernährungsgewohnheiten muslimischer Insassen

Die Einhaltung der religiösen Speisegebote wird den muslimischen Insassen mittlerweile in jeder Anstalt durch das Angebot der Moha- oder Moslem-Kost, die kein Schweinefleisch enthält, ermöglicht[1518].

Allerdings wurde die Qualität des Essens in der Untersuchung von SCHAFFNER / KNEIP[1519] *aus dem Jahr 1983 von 70 % der befragten Nichtdeutschen als „schlecht" bzw. „sehr schlecht" bewertet.*

Auf die Frage, wie sie das Essen in der Anstalt finden[1520], antworteten (bei möglichen Mehrfachnennungen) lediglich 10,3 % (10) der türkischen Insassen, sie seien mit dem Essen in der Anstalt zufrieden. Der Hauptkritikpunkt von jeweils rund zwei Dritteln der türkischen Insassen (67,0 %) (65) lautete, das Essen sei „überwiegend geschmacklos" und „zu einseitig, zu viele Kartoffeln".

1516 Vgl. auch SCHWIND, HANS-DIETER a.a.O. (1999a) (Fn. 10), S. 323, (342).

1517 Vgl. Frage 43 des Insassen-Fragebogens im Anhang.

1518 Vgl. auch oben unter Teil B, Kapitel 6, I., 4.

1519 SCHAFFNER, PAUL / KNEIP, WOLFGANG a.a.O. (Fn. 22), S. 259, (264): Hierbei muß berücksichtigt werden, daß auch 56 % der deutschen Insassen diese negative Bewertung des Essens abgegeben haben.

1520 Vgl. Frage 44 des Insassen-Fragebogens.

22,7 % (22) waren der Ansicht, die Speisen seien ungewohnt und 12,4 % (12) äußerten, die Moslemkost sei zu einseitig, sie enthalte zu häufig Eier statt Fleisch.

Im Zusammenhang mit der Qualität des Essens, berichteten mehrere Insassen einer Anstalt, sie hätten auf dem Hof einen Kartoffelsack mit der Aufschrift „Für Viehzucht und JVA" gesehen. Eine Begebenheit, die sich auf Nachfrage bei dem Anstaltsleiter allerdings nicht bestätigt hat.

Festgehalten werden kann, daß für alle türkischen Insassen die Möglichkeit besteht, die sog. Moslem-Kost zu erhalten und somit ihre religiösen Speisegebote befolgen zu können. Allerdings sind rund 90 % der türkischen Insassen mit dem Essen in der Anstalt unzufrieden, also ein deutlich höherer Prozentsatz als noch bei der Befragung von SCHAFFNER / KNEIP[1521] vor rund 20 Jahren.

III. Informationsquellen in der Heimatsprache

Um festzustellen, wie wichtig für türkische Insassen die Möglichkeit ist, Informationsquellen in türkischer Sprache zu erhalten, wurden sie zunächst gefragt, in welcher Sprache sie sich in der Anstalt überwiegend unterhalten[1522]:

Am häufigsten wurde die deutsche Sprache genannt (50,5 %) (49), gefolgt von „türkisch/deutsch gemischt" (37,1 %) (36), „türkisch" (12,4 %) (12), aufgrund der geringen Anzahl türkischer Insassen kurdischer Volkszugehörigkeit folgten „kurdisch" mit lediglich 6,2 % (6) und „kurdisch/deutsch gemischt" mit 5,2 % (5).

Ausgehend von dem Ergebnis, daß sich zwar die Hälfte der türkischen Insassen in der Anstalt überwiegend in der deutschen Sprache unterhält, soll herausgefunden werden, ob bei den türkischen Insassen überhaupt ein Interesse besteht, Zeitungen / Zeitschriften[1523] und Bücher in türkischer Sprache zu lesen und türkische Radio- und Fernsehsender zu empfangen.

1. Zeitungen, Zeitschriften

In der Untersuchung von BOSETZKY / BORSCHERT / HELM[1524] aus dem Jahr 1981 gaben 32 % der ausländischen Insassen an, sie erhielten weder Zeitungen noch Zeitschriften in ihrer Heimatsprache und 30,9 % waren der Ansicht, das Angebot neuer Zeitungen erfolge zu selten[1525].

[1521] SCHAFFNER, PAUL / KNEIP, WOLFGANG a.a.O. (Fn. 22), S. 259, (264).

[1522] Vgl. Frage 50 des Insassen-Fragebogens im Anhang.

[1523] Vgl. zu Zeitungen und Zeitschriften im Justizvollzug auch: BEAUCAMP, GUY: Zeitungen im Gefängnis zwischen Pressefreiheit und Anstaltsordnung. In: ZfStrVo, Jg. 48, Heft 4, 1999, S. 206, (207 f).

[1524] BOSETZKY, HORST / BORSCHERT, JÜRGEN / HELM, SIEGFRIED a.a.O. (Fn. 22), S. 198, (252).

[1525] Vgl. auch oben unter Teil B, Kapitel 6, I., 2.

Auf die Frage, ob sie hier in der Anstalt Zeitungen/Zeitschriften in türkischer Sprache erhalten[1526], antwortete ein Drittel (35,1 %)[1527] (34) der befragten türkischen Insassen, sich nur für deutsche Zeitungen zu interessieren. Dagegen gaben 20,6 % (20) an, sie erhielten leider gar keine türkischen Zeitungen/Zeitschriften.

Bei der 13. SHELL JUGENDSTUDIE *„Jugend 2000"*[1528] *erklärte ein deutlich höherer Anteil der türkischen Jugendlichen (58,6 %*[1529]*), daß sie überwiegend deutsche Zeitungen / Zeitschriften lesen, lediglich 8,8 %*[1530] *lasen überwiegend türkische Zeitungen und bei 28,5 %*[1531] *„hielt es sich die Waage"; 4,2 %*[1532] *lasen beides nicht. Bei einem Vergleich dieser Zahlen mit den Angaben der türkischen Insassen ist jedoch zu berücksichtigen, daß auch die türkischen Jugendlichen zu fast 60 % häufiger deutsche als türkische Zeitungen lesen („überwiegend") und nicht „ausschließlich". Auch sie wollen also auf türkische Zeitungen nicht ganz verzichten.*

17,5 % waren der Ansicht, sie erhielten zu selten türkische Zeitungen, während etwa gleich viele Insassen (16,5 %) (16) das Angebot als ausreichend bezeichneten.

Lediglich 10,3 % (10) der Insassen läßt sich türkische Zeitungen/Zeitschriften in die Anstalt schicken und 2,1 % (2) leiht sie bei anderen aus. In einer Anstalt bringt beispielsweise ein Sozialarbeiter, der jeden zweiten Freitag in die Anstalt kommt, eine türkische Zeitung, meistens die Hürriyet, mit.

Festzuhalten bleibt, daß der Anteil der Insassen, der keine türkischen Zeitungen / Zeitschriften erhält, in den vergangen Jahren deutlich zurückgegangen ist, und zwar von 32 % auf rund 20 %. Dagegen interessiert sich über ein Drittel der türkischen Insassen nur für deutsche Zeitungen und weitere 17 % beurteilen das Angebot an türkischen Zeitungen als ausreichend.

2. Bücher

Auch die Ergebnisse aus der Untersuchung von BOSETZKY / BORSCHERT / HELM[1533], die die Zufriedenheit der ausländischen Insassen mit dem Angebot an fremdsprachigen Büchern[1534] betreffen, konnte durch die Untersuchung nicht bestätigt werden.

[1526] Vgl. Frage 51 des Insassen-Fragebogens im Anhang.

[1527] Bei den Insassen türkischer Volkszugehörigkeit interessieren sich 39,7 % (29) nur für deutsche Zeitungen / Zeitschriften, bei den Insassen mit kurdischer Volkszugehörigkeit dagegen lediglich 20,8 % (5). Dieser Unterschied ist jedoch nicht signifikant (p=0,92).

[1528] Vgl. auch oben unter Teil B, Kapitel 6, I., 10., c).

[1529] FISCHER, ARTHUR / FRITZSCHE, YVONNE / FUCHS-HEINRITZ, WERNER et al. a.a.O. (2000b) (Fn. 763), S. 282.

[1530] FISCHER, ARTHUR / FRITZSCHE, YVONNE / FUCHS-HEINRITZ, WERNER et al. a.a.O. (2000b) (Fn. 763), S. 282.

[1531] FISCHER, ARTHUR / FRITZSCHE, YVONNE / FUCHS-HEINRITZ, WERNER et al. a.a.O. (2000b) (Fn. 763), S. 282.

[1532] FISCHER, ARTHUR / FRITZSCHE, YVONNE / FUCHS-HEINRITZ, WERNER et al. a.a.O. (2000b) (Fn. 763), S. 282.

[1533] BOSETZKY, HORST / BORSCHERT, JÜRGEN / HELM, SIEGFRIED a.a.O. (Fn. 22), S. 198, (252).

Während BOSETZKY / BORSCHERT / HELM[1535] festgestellt haben, daß 43,4 % der ausländischen Befragten, keine Bücher in der eigenen Sprache erhalten und 33,8 % zwar Bücher erhielten, aber das Angebot als völlig unzureichend bezeichneten, haben auf die Frage, ob sie Bücher aus der Anstaltsbibliothek in türkischer Sprache erhalten, 25,8 % der türkischen Insassen geantwortet, daß sie grundsätzlich keine Bücher lesen. Weitere 27,8 % (27) gaben an, sich nur für deutsche Bücher zu interessieren.

Differenziert nach der Volkszugehörigkeit setzt sich diese Prozentzahl aus einem Anteil von 32,9 % der Insassen mit türkischer Volkszugehörigkeit und 12,5 % der Insassen mit kurdischer Volkszugehörigkeit zusammen, die sich aufgrund ihrer durchschnittlich schlechteren deutschen Sprachkenntnisse seltener für deutsche Bücher interessieren. Dieser Unterschied ist mit C=0,053 (p>0,05) knapp nicht signifikant.

Weitere 10,3 % (10) sind mit dem Angebot an Büchern in türkischer Sprache zufrieden, während 15,5 % (15) bedauern, keine türkischen Bücher aus der Anstalt zu bekommen[1536].

Auch bei dieser Antwortkategorie besteht ein deutlicher Unterschied zwischen den Insassen mit türkischer (11,0 %) (8) und kurdischer (29,2 %) (7) Volkszugehörigkeit. Der Anteil der Kurden, die es bedauern, keine Bücher in türkischer Sprache zu erhalten, ist bedingt durch ihre durchschnittlich schlechteren Deutschkenntnisse[1537], fast drei Mal so hoch wie der Anteil der türkischen Insassen. Dieser Unterschied ist signifikant (C=0,032) (p<0,05).

Weitere 12,4 % (12) der türkischen Insassen sind der Ansicht, daß sie zu wenige Bücher in türkischer Sprache erhalten und 11,3 % (11) beurteilen die vorhandenen Bücher als überwiegend uninteressant. Lediglich 4,1 % (4) erhalten türkische Bücher von außerhalb der Anstalt.

Es bleibt also festzuhalten, daß 53,6 % der türkischen Insassen gar keine Bücher lesen oder sich nur für deutsche Bücher interessieren und weitere 10,3 % mit dem Angebot in der Anstalt zufrieden sind, wobei allerdings zwischen türkischen und kurdischen Insassen teilweise erhebliche Unterschiede bestehen. Lediglich 15,5 % bedauern, daß sie gar keine türkischen Bücher aus der Anstalt bekommen.
Die im Vergleich zu früheren Untersuchungen größere Zufriedenheit der türkischen Insassen mit dem Angebot an Büchern ist wahrscheinlich auf die inzwischen verbesserten Deutschkenntnisse zurückzuführen oder aber auf die Tatsache, daß der Anteil der Insassen, die keine Bücher mehr lesen, sondern andere Medien, wie beispielsweise das Fernsehen bevorzugen, inzwischen stark angestiegen ist.

1534 Zur Bedeutung der resozialisierungsfördernden Wirkung der Gefangenenbücherei vgl. NEDDEN, DIRK: Gefangenenbücherei – Medium zur Förderung der allgemeinen Weiterbildung. In: ZfStrVo, Jg. 34, Heft 1, 1985, S. 9 f.

1535 BOSETZKY, HORST / BORSCHERT, JÜRGEN / HELM, SIEGFRIED a.a.O. (Fn. 22), S. 198, (252).

1536 Zum Befragungszeitpunkt war, nach Angaben der Insassen, die Anstaltsbibliothek bereits seit mehreren Wochen geschlossen.

1537 Vgl. oben unter Teil D, Kapitel 10, II., 5., b).

3. Rundfunksendungen

Mit der Neufassung des § 69 Abs. 2 StVollzG im Jahr 1998[1538], der die Zulassung eigener Hörfunk- und Fernsehprogramme ermöglicht, ist das Problem der zuvor nicht empfangbaren Sendungen aus dem Heimatland nur teilweise gelöst worden, denn nach der Rechtsprechung[1539] darf der Empfang nicht mittels eines Receivers und einer Satellitenantenne erfolgen, denn die Hohlräume des Receivers könnten als Verstecke mißbraucht werden, so daß der Empfang türkischer Sender nur den Insassen ermöglicht wird, die in einer Anstalt untergebracht sind, die über einen Anschluß an ein Kabelsystem verfügt.

Auf die Frage, ob sie Radiosendungen aus der Türkei in ihrer Zelle empfangen können[1540], antwortete ein Viertel (26,8 %) (26) der türkischen Insassen, daß dies möglich sei.

Einmal in der Woche kann nach Auskunft der Insassen von 19.30 bis 20.30 Uhr ein aus Deutschland gesendetes türkischsprachiges Radioprogramm empfangen werden.

Die Hälfte (51,5 %) (50)[1541] der türkischen Insassen bedauerte, daß sie keine türkischen Sender – abgesehen von der einen türkischsprachigen Radiosendung einmal pro Woche – empfangen können.

Lediglich 20,6 % (20)[1542] der Befragten interessierten sich nur für deutsche Programme.

4. Fernsehsendungen

Auf die Frage, ob sie Fernsehsendungen aus der Türkei empfangenen können, antworteten 17,5 % (17) der türkischen Insassen, daß sie sich nur für deutsche Fernsehsendungen interessieren, dagegen 82,5 % (80), daß dies leider nicht möglich sei.

Außer Nachrichtensendungen aus der Türkei vermissen sie, nach eigenen Angaben, besonders die türkischen Spielfilme und die türkischen Musiksendungen.

1538 Vgl. oben unter Teil B, Kapitel 6, I., 2.

1539 OLG Koblenz, Beschluß v. 14.11.1994, Az. 2 Ws 679/94. In: ZfStrVo, Jg., 45, Heft 2, 1996, S. 114, vgl. auch oben unter Teil B, Kapitel 6, I., 2.

1540 Vgl. Frage 53 des Insassen-Fragebogens im Anhang.

1541 Der Anteil der kurdischen Insassen, der bedauert, keinen türkischen Radiosender empfangenen zu können, ist aufgrund der durchschnittlich schlechteren Deutschkenntnisse der kurdischen Insassen mit 62,6 % (15) deutlich höher als der Anteil der türkischen Insassen (47,9 %) (35). (C=0,216) (p>0,05 ns).

1542 Dieser Prozentsatz setzt sich aus 23,3 % (17) der türkischen und 12,5 % (3) der kurdischen Insassen zusammen. (C=0,257) (p>0,05 ns).

Auch in der 13. SHELL JUGENDSTUDIE *„Jugend 2000" wurden die Fernsehgewohnheiten der türkischen Jugendlichen erfragt: Von den 244 befragten männlichen türkischen Jugendlichen gaben 39,7 %*[1543] *an, überwiegend oder zumindest in einem ausgewogenen Verhältnis türkische Fernsehsendungen anzusehen. Auch die 58,2 %*[1544] *der türkischen Jugendlichen, die „überwiegend" deutsche Programme sehen, verzichten nicht ganz auf Fernsehsendungen aus der Türkei, lediglich 2,1 %*[1545] *sehen beides nicht.*

Wie groß das Bedürfnis nach dem Empfang eines türkischen Fernsehsenders ist, wird anhand der Bemühungen deutlich, die in den Anstalten von den türkischen Insassen unternommen wurden, um die Anstaltsleitung auf ihr Anliegen aufmerksam zu machen:

In einer Anstalt wurden Unterschriften für die Einspeisung eines türkischen Fernsehkanals gesammelt. Ein Insasse erklärt: „Der Receiver hat 12 Kanäle, aber das türkische Fernsehen wurde von der Anstaltsleitung abgelehnt, weil dann auch Russen, Rumänen usw. ihre Sender sehen wollten. Auf Nachfrage wurde erklärt, daß die Einspeisung des türkischen Kanals TRT-INT aus technischen Gründen in der Anstalt nicht möglich sei.
In einer anderen Anstalt haben die Insassen den Vorschlag gemacht, sich an den Kosten für die Installation des Kabelfernsehens zu beteiligen.

Ein nachahmenswertes Beispiel, um gutes Verhalten der Insassen zu „belohnen" und nicht nur negatives Verhalten zu sanktionieren, stellt die Praxis in einer Anstalt dar, ausgewählten Insassen, die über die Hausantenne nur drei Programme erhalten (ARD, ZDF, WDR), bei guter Führung eine mobile Satellitenanlage („Camping-Satellitenschüssel") zur Verfügung zu stellen, um eine größere Anzahl von Programmen empfangen zu können.

Über 80 % der türkischen Insassen würden also gerne einen türkischen Fernsehsender empfangen und haben bereits verschiedene Anstrengungen unternommen, um auf dieses Anliegen aufmerksam zu machen.

IV. Soziale Kontakte zur Außenwelt

Aufgrund der besonderen Bedeutung, die den sozialen Außenkontakten der Insassen im Hinblick auf ihre Integration zukommt[1546], wurde die Regelung von Brief- und Telefonkontakten sowie Besuchen bei türkischen Insassen untersucht.

1543 FISCHER, ARTHUR / FRITZSCHE, YVONNE / FUCHS-HEINRITZ, WERNER et al. a.a.O. (2000b) (Fn. 763), S. 282.

1544 FISCHER, ARTHUR / FRITZSCHE, YVONNE / FUCHS-HEINRITZ, WERNER et al. a.a.O. (2000b) (Fn. 763), S. 282.

1545 FISCHER, ARTHUR / FRITZSCHE, YVONNE / FUCHS-HEINRITZ, WERNER et al. a.a.O. (2000b) (Fn. 763), S. 282.

1546 Vgl. oben unter Teil B, Kapitel 6, I., 7. Vgl. auch: SCHWIND, HANS-DIETER a.a.O. (1999a) (Fn. 10), S. 323, (339); AEMMER, HEINZ-CLAUDE: Außenkontakte. In: Deutsche AIDS-Hilfe e. V. (Hrsg.): Betreuung im Strafvollzug. Ein Handbuch. 2. Aufl., Berlin 1998, S. 40.

1. Briefkontakte

Von den befragten türkischen Insassen besaßen 86,6 % (84) Briefkontakte nach „draußen"[1547].

Dieses Ergebnis ist nicht auffällig, da bereits im Jahr 1981 BOSETZKY / BORSCHERT / HELM[1548] *festgestellt haben, daß 89 % der türkischen Insassen „Kontakte nach draußen" hatten.*

Auf die daran anschließende Frage, mit wem sie einen Briefkontakt unterhalten[1549], wurden am häufigsten Freunde (60,8 %) (59), die Mutter (59,8 %) (58), Geschwister (53,6 %) (52), der Vater (50,5 %) (49), die Ehefrau/Freundin (46,6 %) (45), andere Verwandte (20,6 %) (20) und schließlich „Sonstige" (beispielsweise der Anwalt) (9,3 %) (9) genannt.

Ein signifikanter Unterschied zwischen Insassen mit türkischer und kurdischer Volkszugehörigkeit wurde bei der Frage festgestellt, ob die Briefe, die sie schreiben oder erhalten, übersetzt werden[1550]:
Während (bei möglichen Mehrfachnennungen) über zwei Drittel (68,5 %) (50) der türkischen Insassen angaben, Briefe in deutscher Sprache schreiben und lesen, beträgt dieser Anteil bei den kurdischen Insassen lediglich ein Viertel (25,0 %) (6), (C=0,000) ($p<0,05$).

Erwartungsgemäß werden die Briefe von kurdischen Insassen häufiger übersetzt, sowohl durch Mitgefangene (ohne Gegenleistung) (12,5 %) (3), gegenüber lediglich 2,7 % (2) bei türkischen Insassen (C=0,061) ($p>0,05$ ns) oder durch fremdsprachige Bedienstete (8,3 %) (2) gegenüber 1,4 % (1) bei den türkischen Insassen (C=0,087) ($p>0,05$ ns).

Demgegenüber schreiben nahezu übereinstimmende Anteile türkischer (37,0 %) (27) und kurdischer Insassen (41,7 %) (10) die Briefe in türkischer bzw. kurdischer Sprache, ohne daß die Briefe übersetzt werden.

Die kurdischen Insassen sind aufgrund ihrer schlechteren deutschen Sprachkenntnisse bei den Briefkontakten häufiger auf die Hilfe von Bediensteten oder Mitgefangenen angewiesen. Allerdings schreiben rund zwei Drittel (66,7) der kurdischen Inhaftierten die Briefe in deutscher Sprache, ohne daß diese übersetzt werden, bei den türkischen Insassen beträgt dieser Anteil sogar 95,9 %[1551].

1547 Vgl. Frage 55 des Insassen-Fragebogens im Anhang.

1548 BOSETZKY, HORST / BORSCHERT, JÜRGEN / HELM, SIEGFRIED a.a.O. (Fn. 22), S. 198, (250): Der Anteil der deutschen Insassen mit Außenkontakte war fast identisch mit 88 %.

1549 Vgl. Frage 56 des Insassen-Fragebogens im Anhang.

1550 Vgl. Frage 57 des Insassen-Fragebogens im Anhang.

1551 Lediglich 4,1 % der türkischen Insassen benötigen die Hilfe Dritter zur Übersetzung der Briefe.

2. Telefonate

Zwischen den einzelnen Anstalten bestehen deutliche Unterschiede in der Ausgestaltung der Gewährung von Telefonkontakten gem. Nr. 27 Abs. 1 VVJug. Während in einer Jugendstrafanstalt für alle Insassen Telefonkontakte nur in Notfällen erlaubt werden, besteht in einer anderen Anstalt für (türkische) Insassen, die Probleme haben, Briefe zu schreiben, grundsätzlich die Möglichkeit zu telefonieren. Bei wichtigen Gesprächen müssen die Insassen die Telefonate nicht bezahlen. Etwas anderes gilt, wenn das Telefonat nur dazu dient, den Kontakt aufrecht zu erhalten.
In der dritten Anstalt legt der Betreuer fest, daß jeder Insasse etwa zwei Mal im Monat telefonieren darf. Das Geld für das Telefonat wird vom Hausgeld abgezogen.

Schließlich wird die Regelung praktiziert, daß nur über den Sozialdienst, in Ausnahmefällen über Abteilungsbeamte, die Erlaubnis für ein Telefonat eingeholt werden kann. Grundsätzlich gilt: Einmal im Monat kann jeder türkische Insasse auf eigene Kosten mit Angehörigen in der Türkei telefonieren. Die Insassen können auch mehrmals im Monat kostenlos in das deutsche Festnetz telefonieren, falls dieses Gespräch notwendig ist. Über die Notwendigkeit des Telefongesprächs entscheidet wieder der Sozialarbeiter.

Grundsätzlich wird den türkischen Insassen in allen Anstalten ermöglicht, in Notfällen ein kostenfreies Telefonat zu führen. Im übrigen sind die Regelungen innerhalb der Anstalten sehr unterschiedlich ausgestaltet[1552].

3. Besuche

Bezüglich der Besuchskontakte[1553] hat NÄHRICH[1554] bereits im Jahr 1975 festgestellt, daß rund ein Viertel (23 %) der ausländischen Inhaftierten mehrmals im Monat besucht werden.
Der Anteil der türkischen Insassen, die häufiger als einmal im Monat Besuch erhalten, ist mit 47,4 % (46) fast doppelt so hoch wie der Anteil aus der Untersuchung[1555] vor 36 Jahren[1556].

[1552] Vgl. zu der von den Ausländerbeauftragten nicht genannten Möglichkeit der Einrichtung eines öffentlichen Telefons im Justizvollzug, EBERT, KLAUS ROCHUS: Das öffentliche Telefon im geschlossenen Vollzug. Ende oder Beginn einer Entwicklung?! (Eine Untersuchung im Hinblick auf den geschlossenen Erwachsenenstrafvollzug in Hessen und Rheinland Pfalz.) Diss. Hamburg 1999, S. 346 ff.; EBERT, KLAUS ROCHUS: Kartentelefone im geschlossenen Vollzug – Kommunikationsmittel sui generis. In: ZfStrVo, Jg. 49, Heft 4, 2000, S. 213, (214 ff.).

[1553] Vgl. zu der resozialisierenden Wirkung oben unter Teil B, Kapitel 6, I., 7. Vgl. auch ORTNER, HELMUT: Manfred: „ganze 60 Minuten ...". Besuch im Knast. In: Ortner, Helmut (Hrsg.): Hinter Schloß und Riegel. Szenen aus dem Knast. Frankfurt a. M. 1983, S. 151 f.

[1554] NÄHRICH, WOLF-DIETER a.a.O. (Fn. 673), S. 145, (150).

[1555] NÄHRICH, WOLF-DIETER a.a.O. (Fn. 673), S. 145, (150).

[1556] Vgl. Frage 58 des Insassen-Fragebogens im Anhang.

Rund ein Viertel (26,8 %) (26) der türkischen Insassen erhält einmal im Monat Besuch, 7,2 % (7) alle drei bis sechs Monate, 2,1 % (2) einmal im Jahr und 16,5 % (16) haben zum Befragungszeitpunkt noch keinen Besuch in der Anstalt erhalten.

Auffällig ist, daß bei der Frage, von wem sie Besuch erhalten[1557], signifikante Unterschiede zwischen den Insassen mit türkischer und kurdischer Volkszugehörigkeit bestehen.

Während 72,6 % (53) der türkischen Volkszugehörigen regelmäßig von ihrer Mutter besucht werden, sind dies bei den kurdischen Insassen lediglich 37,5 % (9), (C=0,002) (p<0,05).
Von dem Vater erhalten 64,4 % (47) der türkischen und 29,2 % (7) der kurdischen Inhaftierten in der Anstalt Besuch, (C=0,003) (p<0,05).

Diese Unterschiede deuten darauf hin, daß bei etwa zwei Dritteln der kurdischen Insassen die Eltern nicht zu Besuch kommen können, weil sie möglicherweise noch in der Türkei leben. Für diese Annahme spricht auch, daß 37,5 %[1558] der kurdischen Insassen vor der Inhaftierung keinen festen Wohnsitz hatten bzw. im Asylbewerberheim wohnten.

Bei den Angaben zu den übrigen Besuchern bestehen keine erheblichen Unterschiede zwischen türkischen und kurdischen Insassen[1559].

Die Sprache, in der sich die Insassen mit ihrem Besuch unterhalten[1560], ist (bei möglichen Mehrfachnennungen) bei 76,7 % (56) der türkischen und 54,2 % (13) der kurdischen Insassen „Türkisch", bei 56,2 % (41) der türkischen und 25,0 % (6) der kurdischen Insassen „Deutsch" und bei 50,0 % (12) der kurdischen Insassen „Kurdisch".

V. Weiterbildungsmöglichkeiten

Bezüglich der Weiterbildungsmöglichkeiten in den Jugendstrafanstalten, die einen wesentlichen Beitrag für die Resozialisierung der Insassen leisten[1561], wird sowohl

1557 Vgl. Frage 59 des Insassen-Fragebogens im Anhang.

1558 Vgl. oben unter Teil D, Kapitel 10, II., 11., a).

1559 64,4 % (47) der türkischen und 58,3 % (14) der kurdischen Insassen erhalten Besuch von Geschwistern; 45,2 % (33) der türkischen und 37,5 % (9) der kurdischen Insassen erhalten von ihrer Ehefrau/Freundin, 23,3 % (17) der türkischen und 41,7 % (10) der kurdischen Insassen von anderen Verwandten und 30,1 % (22) der türkischen und 20,8 % der kurdischen Insassen erhalten von „Sonstigen", beispielsweise Freunden, Besuch.

1560 Vgl. Frage 60 des Insassen-Fragebogens im Anhang.

1561 Vgl. auch BÖSE, GEORG / SCHIFFER, JOCHEN: Möglichkeiten interkultureller Weiterbildung im Strafvollzug. In: ZfStrVo, Jg. 49, Heft 1, 2000, S. 12 ff.; ZITZER, HEINZ-GÜNTHER: Aspekte der Aus- und Weiterbildung der Gefangenen im niedersächsischen Justizvollzug. In: ZfStrVo, Jg. 49, Heft 5, 2000, S. 265, (270); MÜLLER-DIETZ, HEINZ: Bildungsarbeit im Strafvollzug – grenzübergreifend. In: ZfStrVo, Jg. 42, Heft 5, 1993, S. 259, (264 ff.); MEY, HANS-GEORG: Auswirkungen schulischer und beruflicher Bildungsmaßnahmen während des Strafvollzuges. In: ZfStrVo, Jg. 35, Heft 5, 1986, S. 265, (268 f).

zwischen Insassen mit türkischer und kurdischer Volkszugehörigkeit als auch zwischen Insassen mit türkischer und deutscher Staatsangehörigkeit unterschieden.

1. Sprachkurse zur Verbesserung der Deutschkenntnisse

Aufgrund der hohen Bedeutung, die den deutschen Sprachkenntnissen für die Intergration der jungen Türken in Deutschland zukommt[1562], wurde neben den Sprachkenntnissen die Teilnahme an Deutschkursen in den Jugendstrafanstalten untersucht. Vergleicht man die Anteile der Insassen türkischer und kurdischer Volkszugehörigkeit sowie die der deutschen Insassen aus der JVA Heinsberg, die zum Befragungszeitpunkt in der Anstalt einen Deutschkurs besuchten[1563], so ist auffällig, daß 41,7 % (10) der kurdischen Insassen an einem Deutschkurs teilnahmen, dagegen 2,7 % (2) der türkischen und immerhin 3,7 % (7) der deutschen Insassen.

Der hohe Anteil der kurdischen Insassen ist auf die vergleichsweise schlechteren Deutschkenntnisse der jungen Kurden zurückzuführen[1564], da die türkischen Insassen zu 94,6 % über „sehr gute" bis „gute" Deutschkenntnisse verfügen, ist der geringe Anteil türkischer Insassen, die einen Deutschkurs besuchen, nicht auffällig. Der Anteil von 3,7 % bei den deutschen Insassen kann auf den stetig ansteigenden Anteil junger Aussiedler in Deutschland zurückgeführt werden. Wie bereits ausgeführt[1565], waren 11,8 % der deutschen Insassen bei ihrer Einreise nach Deutschland älter als 11 Jahre, d. h. die Mehrheit dieser Insassen mußte wahrscheinlich die deutsche Sprache, ebenso wie die Kurden oder andere ausländische Insassen, erst kurz vor der Inhaftierung erlernen, falls sie nicht bereits in ihrem Herkunftsland die Möglichkeit hatten, die deutsche Sprache zu erlernen.

Erwartungsgemäß ist der Anteil der kurdischen Insassen, die in der Anstalt einen Deutschkurs besuchen, mit 41,7 % sehr hoch.

2. Schulische Weiterbildung

a) Insassen mit türkischer und kurdischer Volkszugehörigkeit

Zwischen der Art der resozialisierungsfördernden schulischen Bildungsmaßnahmen in der Anstalt[1566] und der Volkszugehörigkeit konnte bei den Insassen türkischer und

---

[1562] Vgl. auch SCHWIND, HANS-DIETER a.a.O. (1999a) (Fn. 10), S. 323, (339): „Sprache als Schlüssel zur Integration".

[1563] Vgl. Frage 7 des Insassen-Fragebogens im Anhang. Vgl. zu den ansteigenden Teilnehmerzahlen an Deutschkursen für Ausländer bei den Jugendstrafgefangenen JUSTIZMINISTERIUM DES LANDES NORDRHEIN-WESTFALEN (Hrsg.): Justiz in Zahlen, Düsseldorf 2000b, Tabelle 8.4.

[1564] Vgl. oben unter Teil D, Kapitel 10, II., 5.

[1565] Vgl. oben unter Teil D, Kapitel 10, II., 6., b).

[1566] Vgl. zur Schulausbildung im Justizvollzug auch CORNEL, HEINZ / TEICHMANN, HELFRED: Schulausbildung im Vollzug. In: Neue Kriminalpolitik, Jg. 6, Heft 2, 1994, S. 9 f; MYSCHKER, NORBERT / HOFFMANN, MANFRED: Unterricht mit jugendlichen Inhaftierten. Hagen 1994, S. 13, 23 ff., 73; DÜNKEL, FRIEDER: Schulbildung im Strafvollzug. In: RdJB, Jg. 30, Heft 2, 1982, S.

kurdischer Volkszugehörigkeit ein signifikanter Unterschied festgestellt werden (C=0,000) (p<0,05).

Die nachfolgende *Übersicht 15* zeigt, daß der Anteil der kurdischen Insassen, wie bereits aufgeführt, lediglich bei der Teilnahme an einem Deutschkurs deutlich gegenüber dem Anteil der türkischen Insassen überwiegt, andererseits der Anteil der türkischen Volkszugehörigen bei der Teilnahme an Hauptschulklassen mit 16,4 % (12) gegenüber 4,2 % (1) und bei dem berufsbildenden Unterricht mit 21,9 % (16) gegenüber 12,5 % (3) deutlich überwiegt.

Daß ein deutlich höherer Anteil (54,8 %) (40) der Insassen mit türkischer Volkszugehörigkeit als kurdischer Inhaftierter (33,3 %) (8) an keiner Maßnahme teilnimmt, ist auf den hohen Anteil der Kurden, die einen Deutschkurs besuchen, zurückzuführen:

Würde man den Deutschkurs nicht zu den schulischen Maßnahmen zählen, weil er streng genommen lediglich eine Vorstufe darstellt, um an schulischen Bildungsmaßnahmen in Deutschland teilnehmen zu können, würde der Anteil der kurdischen Insassen, die an keiner Maßnahme teilnehmen mit rund 75,0 % (18) den Anteil der Türken deutlich übersteigen.

Übersicht 15: **Zusammenhang zwischen der Art der schulischen Bildungsmaßnahmen in der Anstalt und der Volkszugehörigkeit**

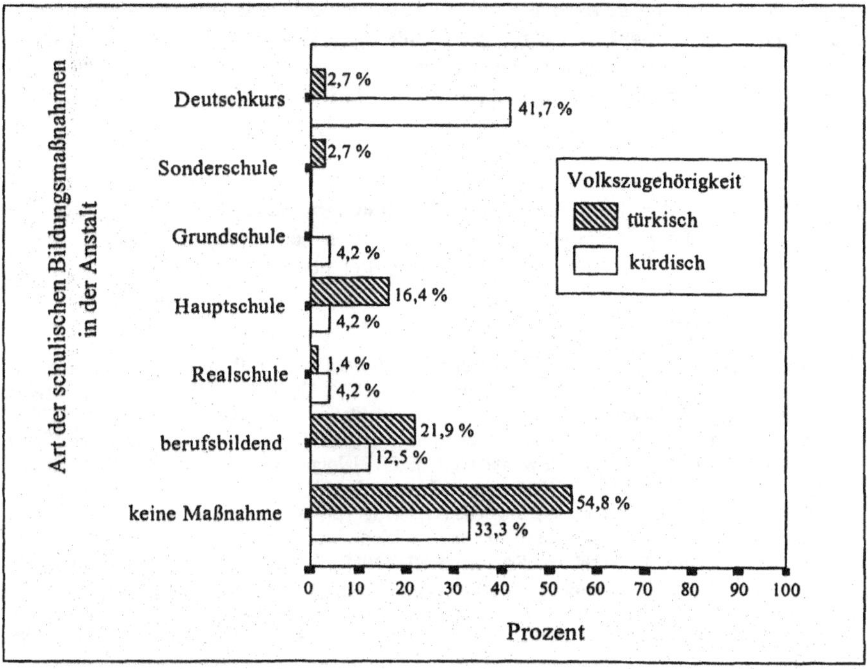

Abgesehen von der Teilnahme an einem Deutschkurs, nehmen die türkischen Insassen signifikant häufiger an schulischen Bildungsmaßnahmen in der Anstalt teil als die kurdischen Inhaftierten.

b) Insassen mit türkischer und deutscher Staatsangehörigkeit

Darüber hinaus wurde untersucht, ob zwischen Deutschen und Türken bezüglich der Teilnahme an schulischen Maßnahmen in der Anstalt ein Unterschied besteht.
Die türkischen und deutschen Insassen (der JVA Heinsberg) unterscheiden sich nicht nur bei der Teilnahme an Deutschkursen[1567]. Der Anteil der türkischen Insassen, die an einer Form des schulischen Unterrichts (Grundschul-, Haupt- oder Realschulunterricht) teilnehmen, ist mit 18,6 % (18) fast doppelt so hoch wie der Anteil der deutschen Insassen (10,1 %) (15). Andererseits nehmen mit 42,2 % (79) über doppelt so viele deutsche wie türkische Insassen (19,6 %) (19) an einem Berufsschulunterricht teil.

> *Der Anteil der Insassen, die an keiner schulischen Maßnahme teilnehmen, ist mit 49,5 % (48) bei den türkischen und 43,9 % (82) bei den deutschen Insassen etwa gleich groß. Nicht bestätigt werden konnten die Ergebnisse der Untersuchung von* BUKOWSKI[1568]*, die für das erste Halbjahr 1995 festgestellt hat, daß der Anteil der nichtdeutschen Insassen, die am Schulunterricht teilgenommen haben, mit 23 % deutlich unter dem Anteil der deutschen Insassen mit 38 % lag.*

Die türkischen und die deutschen Insassen unterscheiden sich bei der Teilnahme an schulischen Bildungsmaßnahmen in der Anstalt signifikant (C=0,000) ($p<0{,}05$), denn die türkischen Insassen nehmen häufiger an einem schulischen Unterricht teil, die deutschen Inhaftierten häufiger an einer Form des Berufsschulunterrichts.

3. Berufliche Weiterbildung

Den Maßnahmen der beruflichen Weiterbildung im Jugendstrafvollzug kommt, insbesondere für die Resozialisierung und Integration der türkischen Insassen in die Gesellschaft nach der Haftentlassung, eine wesentliche Bedeutung zu[1569].

[1567] Vgl. oben unter Teil D, Kapitel 14, V., 1.

[1568] BUKOWSKI, ANNETTE a.a.O. (1998) (Fn. 9), S. 40.

[1569] PENDON, MANUEL: Von der Berufsausbildung im Vollzug zur beruflichen Integration nach der Entlassung. In: ZfStrVo, Jg. 46, Heft 2, 1997, S. 81, 83 f; GEISSLER, ISOLDE: Ausbildung und Arbeit im Jugendstrafvollzug. Haftverlaufs- und Rückfallanalyse. Diss. Freiburg i. Br. 1991a, S. 6 ff., 302 ff.; GEISSLER, ISOLDE: Stellenwert und Effektivität schulischer und beruflicher Bildungsmaßnahmen im Jugendstrafvollzug. In: DVJJ-Journal, Jg. 2, Heft 3, 1991b, S. 211, (217); WIRTH, WOLFGANG: Wiedereingliederung durch Ausbildung? Zur Wirkungsweise berufsfördernder Maßnahmen im Jugendstrafvollzug. In: Kaiser, Günther / Kury, Helmut / Albrecht, Hans-Jörg (Hrsg.): Kriminologische Forschung in den 80er Jahren. Projektberichte aus der Bundesrepublik Deutschland. Freiburg i. Br. 1988, S. 419, (421 f); LUZIUS, FRANZ J.: Möglichkeiten der Resozialisierung durch Ausbildung im Jugendstrafvollzug. Heidelberg, Karlsruhe 1979, S. 18 ff.; BONN, HARALD: Berufliche Ausbildung. In: Nickolai, Werner u.a. (Hrsg.): Sozialpädagogik im Jugendstrafvollzug. Erfahrungen aus der Praxis. Freiburg i. Br. 1985,

BUKOWSKI[1570] *hatte festgestellt, daß im ersten Halbjahr 1995 in der JVA Adelsheim lediglich 14 % der nichtdeutschen, aber 31 % der deutschen Insassen an einer beruflichen Ausbildung teilgenommen haben.*

a) Insassen mit türkischer und deutscher Staatsangehörigkeit

Die Annahme, daß die türkischen Insassen seltener als deutsche Insassen an beruflichen Weiterbildungsmaßnahmen in der Anstalt teilnehmen, wurde in der Untersuchung bestätigt. Von den insgesamt 97 Insassen mit türkischer Staatsangehörigkeit haben 30,9 % (30) an einer beruflichen Bildungsmaßnahme (Berufsausbildung / Lehre oder Umschulung) teilgenommen. In der JVA Heinsberg haben von 187 deutschen Insassen 49,7 % (93) eine beruflichen Bildungsmaßnahme erhalten.

Entsprechend nahmen 69,1 % (67) der türkischen und 50,3 % (94) der deutschen Insassen an keiner beruflichen Bildungsmaßnahme teil.

Die türkischen und deutschen Insassen unterscheiden sich signifikant (C=0,000), ($p<0,05$) in bezug auf die Teilnahme an beruflichen Bildungsmaßnahmen in der Anstalt.

b) Ablehnungsgründe für Weiterbildungsmaßnahmen

Bezüglich der möglichen Gründe für eine geringe Teilnahme an den Weiterbildungsmaßnahmen[1571] machten die türkischen und kurdischen Insassen teilweise sehr unterschiedliche Angaben, wie sich aus der nachfolgenden *Tabelle 19* entnehmen läßt.

Auffällig ist, daß rund ein Viertel (25,0 %) der kurdischen Insassen das laufende Ausweisungsverfahren als Begründung für die geringe Teilnahme an Weiterbildungsmaßnahmen nannte, dagegen nur 5,5 % der türkischen Insassen (C=0,06) ($p<0,05$). Diese Einschätzung deutet darauf hin, daß die kurdischen Insassen häufiger von einer Ausweisung bedroht sind und diese als sehr belastend und benachteiligend empfinden. Erwartungsgemäß werden die schlechten Deutschkenntnisse von 29,2 % der Kurden, dagegen von keinem der türkischen Volkszugehörigen als Grund genannt.

Dies ist verständlich, da rund 41 % der kurdischen Insassen aufgrund ihrer schlechten Deutschkenntnisse an einem Deutschkurs teilnehmen, um eventuell anschließend darauf aufbauend eine weitere Bildungsmaßnahme zu erhalten.

S. 37, (38 f); BÖNTE, ERHARD: Die Bedeutung der Weiterbildung innerhalb meiner Haftzeit. In: ZfStrVo, Jg. 37, Heft 3, 1988, S. 154, (156); KAULITZKI, REINER: Berufsausbildung im Jugendstrafvollzug. In: MschrKrim, Jg. 64, Heft 4, 1981, S. 240 ff.

1570 BUKOWSKI, ANNETTE a.a.O. (1998) (Fn. 9), S. 40.

1571 Vgl. Frage 9 des Insassen-Fragebogens im Anhang.

Tabelle 19: **Gründe für die geringe Teilnahme an Weiterbildungsmaßnahmen**

Ablehnungsgrund	Volkszugehörigkeit	
	türkisch	kurdisch
laufendes Ausweisungsverfahren	5,5 % (4)	25,0 % (6)
zu kurze Haftzeit	15,1 % (11)	4,2 % (1)
Diskriminierung der Ausländer	5,5 % (4)	8,3 % (2)
schlechte Deutschkenntnisse	0,0 % (0)	29,2 % (7)
schlechter psychischer Zustand	1,4 % (1)	12,5 % (3)
Prüfung nicht bestanden	2,7 % (2)	4,2 % (1)
Schwierigkeiten mit Ausbilder	4,1 % (3)	8,3 % (2)
Ablehnung des Arbeitsamtes	0,0 % (0)	4,2 % (1)
keine Lust	5,5 % (4)	4,2 % (1)

Neben den Prozentwerten stehen in Klammern die absoluten Zahlen.

Rund 12,5 % der kurdischen, dagegen nur 1,4 % der türkischen Insassen nannten den schlechten psychischen Zustand als Grund für eine geringe Beteilung an Weiterbildungsmaßnahmen.

Dieser Unterschied läßt auf eine höhere Belastung und eine schlechtere Verarbeitung der Haftsituation bei den kurdischen Insassen schließen, die mit einem Anteil von rund 66,6% nicht in Deutschland aufgewachsen sind, und vor der Inhaftierung zu rund 40 % ohne festen Wohnsitz oder im Asylbewerberheim gelebt haben und in höherem Maße von einer Ausweisung und ungewissen Zukunft bedroht sind.

Die türkischen Volkszugehörigen nannten am häufigsten (15,5 %) die „zu kurze Haftzeit“ als Grund, eine realistische Einschätzung, da eine schulische oder berufliche Bildungsmaßnahme nur sinnvoll ist, wenn sie sich über mehrere Monate erstreckt.

Auffällig ist auch, daß lediglich ein geringer Anteil der türkischen (5,5 %) und kurdischen (8,3 %) Insassen als Ursache für die geringe Teilnahme an Weiterbildungsmaßnahmen eine generelle Diskriminierung der ausländischen Insassen vermutet und überwiegend nachvollziehbare Gründe (fehlende Deutschkenntnisse, schlechter psychischer Zustand, zu kurze Haftzeit) genannt wurden. Dieses Ergebnis macht auch deutlich, daß die Anstalten sich erfolgreich bemüht haben, den türkischen und kurdischen Insassen die Zusammenhänge und die Ursachen, mit denen die Ablehnung einer Maßnahme zusammenhängt, zu erklären.

VI. Arbeitsmöglichkeiten

Auch bezüglich der Ausübung einer Tätigkeit in der Anstalt[1572] wurden zwischen den Insassen mit türkischer und deutscher Staatsangehörigkeit signifikante Unterschiede festgestellt (C=0,000) ($p<0,05$).

Das Ergebnis aus der Untersuchung von BOSETZKY / BORSCHERT / HELM[1573]*, die ergeben hat, daß weniger als die Hälfte (44,1 %) der nichtdeutschen Insassen im Vollzug eine Tätigkeit ausüben, wurde nicht bestätigt.*

Insgesamt übt gut ein Drittel (37,1 %) (36) der türkischen Insassen in der Anstalt keine Tätigkeit aus, bei den deutschen Insassen der JVA Heinsberg ist dieser Anteil allerdings fast doppelt so hoch (65,2 %) (122).

Bei den Hilfstätigkeiten aller Art (z. B. in der Wäscherei) sind die Türken mit 19,6 % (19) und die Deutschen mit 19,3 % (36) gleich stark vertreten. Bei den übrigen Tätigkeiten (beispielsweise Zellenarbeit, Küchendienst) übersteigt der Anteil der türkischen Insassen mit 43,3 % (42) deutlich den Anteil der deutschen Insassen (15,5 %) (29)[1574].

Die türkischen Insassen nehmen also etwas seltener als die deutschen Insassen an Weiterbildungsmaßnahmen teil (läßt man die Deutschkurse unberücksichtigt), üben dafür jedoch zu einem höheren Prozentsatz eine Tätigkeit in der Anstalt aus.

Eine Erklärungsmöglichkeit könnte in der durchschnittlich höheren schulischen Vorbildung der türkischen Insassen zu sehen sein oder aber – dies gilt insbesondere für die Insassen mit kurdischer Volkszugehörigkeit – auf die teilweise nicht ausreichend guten Deutschkenntnisse zurückzuführen sein. Im letzteren Fall könnte eine Voraussetzung für die Teilnahme an einer Weiterbildungsmaßnahme nicht erfüllt werden, so daß zunächst die Teilnahme an einem Deutschkurs angeboten wird.

VII. Vollzugslockerungen und Urlaub

Aufgrund der besonderen Bedeutung, die den Vollzugslockerungen und dem Urlaub für die Resozialisierung der Insassen zukommt[1575], und der in älteren Untersuchun-

---

1572 Zu der Bedeutung der Arbeit für die Resozialisierung der Gefangenen vgl. SOHNS, ERNST-OTTO: Die Gefangenenarbeit im Jugendstrafvollzug. Einstellung und Verhalten der Gefangenen dargestellt anhand einer Untersuchung in der Jugendstrafanstalt Hameln. Göttingen 1973, S. 10 ff.

1573 BOSETZKY, HORST / BORSCHERT, JÜRGEN / HELM, SIEGFRIED a.a.O. (Fn. 22), S. 198, (263).

1574 Bei der Interpretation dieser Zahlen ist jedoch zu berücksichtigen, daß die Anzahl der türkischen Insassen, die in der Anstalt einer Tätigkeit nachgehen, möglicherweise etwas überhöht ist, weil nicht ausgeschlossen werden kann, daß einige türkische Insassen, die eine Lehre in der Anstalt absolvieren, diese Maßnahme auch bei der Frage nach einer Tätigkeit in der Anstalt angegeben haben. Da die Angaben zu den deutschen Insassen in der JVA Heinsberg aufgrund einer Aktenanalyse gewonnen wurden, ist das Risiko der „Doppelzählungen" bezüglich der Tätigkeiten in der Anstalt bei den deutschen Insassen wesentlich geringer.

1575 CALLIES, ROLF-PETER / MÜLLER-DIETZ, HEINZ a.a.O. (Fn. 656), § 11 Rn. 2; JUSTIZMINISTERIUM DES LANDES NRW (Hrsg.) a.a.O. (2000a) (Fn. 11), S. 66; GROSCH, OLAF: Lockerungen im Jugendstrafvollzug. Grundlagen und Praxis. Eine haftverlaufsorientierte Untersuchung anhand

gen[1576] von ausländischen Insassen als besonders belastend empfundenen geringeren Anzahl an Vollzugslockerungen gegenüber deutschen Mitgefangenen[1577], wird die Anzahl der Vollzugslockerungen türkischer Insassen[1578], insbesondere im Vergleich zu der Gewährung von Vollzugslockerungen bei deutschen Inhaftierten in der JVA Heinsberg untersucht.

1. Insassen mit türkischer und kurdischer Volkszugehörigkeit

Wie die nachfolgende *Übersicht 16* zeigt, hatten 81,4 % (79) der türkischen Insassen zum Befragungszeitpunkt noch keine Vollzugslockerung (Ausgang, Außenbeschäftigung, Freigang, Ausführung) oder Urlaub[1579] erhalten.

---

des baden-württembergischen Jugendstrafvollzugs. Diss. Freiburg . Br. 1994, S. 19 ff.; FREIMUND, BETTINA: Vollzugslockerungen – Ausfluß des Resozialisierungsgedankens? Diss. Frankfurt a. M., Bern, New York, Paris 1990, S. 14 ff.; MÜLLER, THOMAS / WULF, RÜDIGER: Offener Vollzug und Vollzugslockerungen (Ausgang, Freigang) – Zugleich eine Besprechung des Beschlusses des BVerfG in NStZ, Jg. 18, Heft 8, 1998, S. 430 f –. In: ZfStrVo, Jg. 48, Heft 1, 1999, S. 3, (6 f); FIEDLER, HARALD: Wohltat, Behandlungsmaßnahme, Risiko? Zur ideologischen und pragmatischen Einordnung des Urlaubs aus dem Vollzug. In: ZfStrVo, Jg. 45, Heft 6, 1996, S. 326, (327 ff.); BEYER, WILLIBALD: Vollzugslockerungen – aus der Sicht eines Anstaltspsychologen. In: Walter, Michael / Rotthaus, Karl-Peter / Geiter, Helmut (Hrsg.): Bruchstücke, Strafvollzugsprobleme aus der Sicht der Beteiligten. Pfaffenweiler 1992, S. 85, (86); ROTTHAUS, KARL-PETER: Vollzugslockerungen: Chance oder Ärgernis? Kommentierende Bemerkungen. In: Walter, Michael / Rotthaus, Karl-Peter / Geiter, Helmut (Hrsg.): Bruchstücke, Strafvollzugsprobleme aus der Sicht der Beteiligten, Pfaffenweiler 1992, S. 98 f; PFANNENSCHMIDT, OTTO: Vollzugslockerungen – einige Aspekte aus der Sicht der Polizei. In: Walter, Michael / Rotthaus, Karl-Peter / Geiter, Helmut (Hrsg.): Bruchstücke, Strafvollzugsprobleme aus der Sicht der Beteiligten, Pfaffenweiler 1992, S. 89, (93).

1576 SCHAFFNER, PAUL / KNEIP, WOLFGANG a.a.O. (Fn. 22), S. 259, (264); BOSETZKY, HORST / BORSCHERT, JÜRGEN / HELM, SIEGFRIED a.a.O. (Fn. 22), S. 198, (256); BUKOWSKI, ANNETTE a.a.O. (1996) (Fn. 730), S. 225; vgl. oben unter Teil B, Kapitel 6, I., 14.

1577 GÜR, METIN a.a.O. (Fn. 745), S. 43; SCHÄFER, KARL HEINRICH a.a.O. (1983) (Fn. 740), S. 25, (27); vgl. oben unter Teil B, Kapitel 6, I., 14.

1578 Vgl. Frage 61 des Insassen-Fragebogens im Anhang.

1579 Der Urlaub zählt nicht zu den Vollzugslockerungen, vgl. CALLIES, ROLF-PETER / MÜLLER-DIETZ, HEINZ a.a.O. (Fn. 656), § 11 Rn. 3: „Die Lockerungen unterscheiden sich vom Urlaub nach § 13 dadurch, daß bei ihnen Inhalt und Zweck sowie Art und Weise der Durchführung von der Vollzugsbehörde vorgegeben werden, während dagegen die inhaltliche Gestaltung des Urlaubs in der Regel dem Gefangenen als Feld seiner Erprobung in Freiheit selbst überlassen bleibt. Da diese strenge Unterscheidung zwischen Vollzugslockerungen und Urlaub einem Großteil der Insassen nicht bekannt ist und für sie die Gemeinsamkeit, die Anstalt für eine bestimmte Zeitdauer verlassen zu können, im Vordergrund steht, werden die Gewährung von Vollzugslockerungen und von Urlaub zusammen untersucht und beschrieben.

Übersicht 16: **Anzahl der Vollzugslockerungen türkischer Insassen**

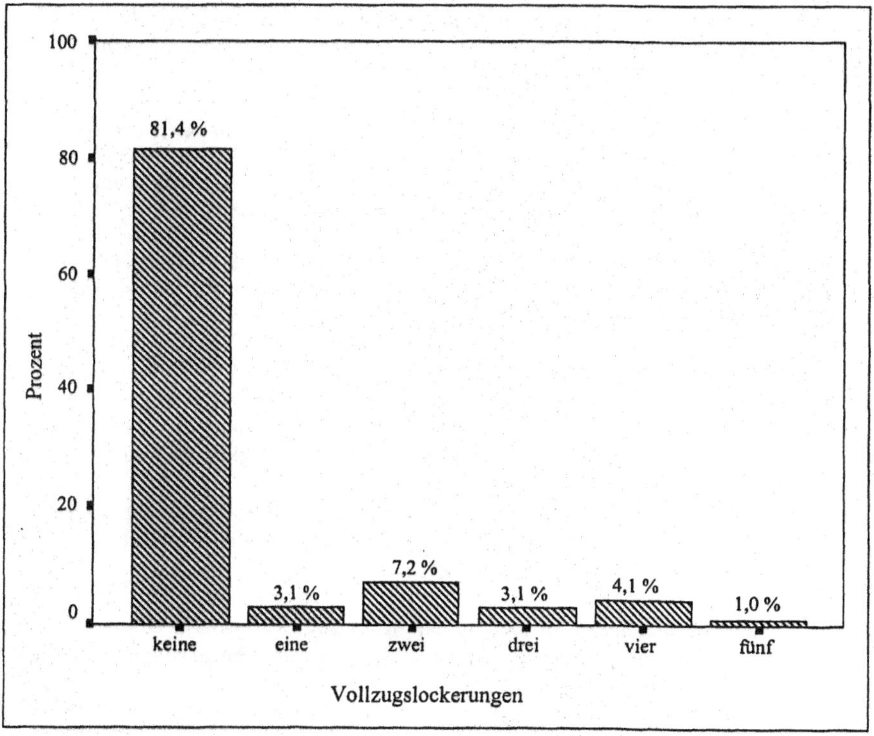

Die türkischen und kurdischen Insassen unterscheiden bei der Anzahl der erhaltenen Vollzugslockerungen signifikant (C=0,007) (p<0,05), da 100,0 % (24) der kurdischen Insassen zum Befragungszeitpunkt noch keine Vollzugslockerungen erhalten haben, dagegen 75,3 % (55) der Insassen mit türkischer Volkszugehörigkeit.

2. Insassen mit türkischer und deutscher Staatsangehörigkeit

Aufgrund der Ergebnisse älterer Untersuchungen[1580], in denen festgestellt worden war, daß ausländische Inhaftierte aufgrund gesetzlicher Regelungen seltener als deutsche Mitgefangene Vollzugslockerungen und Urlaub erhalten, wurde vermutet, daß auch die türkischen Insassen seltener eine Vollzugslockerung oder Urlaub erhalten haben als die deutschen Inhaftierten in der JVA Heinsberg.

1580 SCHAFFNER, PAUL / KNEIP, WOLFGANG a.a.O. (Fn. 22), S. 259, (264); BOSETZKY, HORST / BORSCHERT, JÜRGEN / HELM, SIEGFRIED a.a.O. (Fn. 22), S. 198, (256); BUKOWSKI, ANNETTE a.a.O. (1996) (Fn. 730), S. 225; vgl. oben unter Teil B, Kapitel 6, I., 14.

Auf die Frage, ob sie genauso viele Vollzugslockerungen wie deutsche Inhaftierte erhalten[1581], gaben 61,6 % (45) der türkischen Insassen, aber 83,3 % (20) der kurdischen Insassen an, sie erhielten weniger Vollzugslockerungen als die deutschen Insassen. Die Einschätzung der türkischen und kurdischen Insassen unterscheidet sich wiederum signifikant (C= 0,050) ($p<0,05$).

Mehrere Justizvollzugsbedienstete berichteten von Verzögerungen der Lockerungspraxis bei türkischen Insassen, weil die Ausländerbehörden häufig über einen längeren Zeitraum keine Stellungnahme bezüglich der (drohenden) Ausweisung eines Insassen abgeben: „Weil die Stellungnahmen oft erst nach langer Zeit abgegeben werden, bleiben die Insassen lange im Ungewissen und erhalten auch erst viel später Lockerungen als deutsche Insassen". Allerdings bestehen zwischen den einzelnen Ausländerbehörden, nach Auskunft der Ausländerbeauftragten einer Anstalt, „sehr große Unterschiede in der Bearbeitungszeit der Ausweisungsverfahren".

Ob die türkischen Staatsangehörigen tatsächlich weniger Vollzugslockerungen als deutsche Insassen erhalten oder diese mehrheitlich von ihnen abgegebene Einschätzung falsch ist, sollte durch einen Vergleich der Gewährung von Vollzugslockerungen und Urlaub bei allen Insassen mit türkischer Staatsangehörigkeit und den deutschen Insassen der JVA Heinsberg festgestellt werden.
Tatsächlich ist der Anteil der türkischen Insassen, die keine Vollzugslockerungen oder Urlaub erhalten haben, mit (81,4 %) (79) signifikant höher als der Anteil (57,8) (108) der deutschen Insassen ($p=0,000$, also $p<0,05$).

Aufgrund der Aktenanalyse in der Jugendstrafanstalt Heinsberg konnten genaue Angaben zu der Vollzugslockerung „Ausgang" sowie zu der Gewährung von „Urlaub" bei deutschen Insassen gewonnen werden.
Ein Vergleich der Anteile der türkischen und der deutschen Insassen, die bereits mindestens einmal Ausgang oder Urlaub erhalten haben, hat ergeben, daß sich diese beiden Gruppen bezüglich der Gewährung des Ausgangs signifikant ($p=0,000$), also $p<0,05$) unterscheiden. Wie die nachfolgende *Übersicht 17* zeigt, haben 35,8 % (67) der deutschen, aber lediglich 15,5 % (15) der türkischen Insassen Ausgang erhalten.

Diese Ergebnisse bestätigen zumindest tendenziell die Resultate aus der Untersuchung von BUKOWSKI[1582]*, die im Jahr 1994 festgestellt hat, daß in der JVA Adelsheim nur 40,0 % der entlassenen Nichtdeutschen Ausgang erhalten haben, dagegen 74,0 % der Deutschen.*

[1581] Vgl. Frage 62 des Insassen-Fragebogens im Anhang.
[1582] BUKOWSKI, ANNETTE a.a.O. (1998) (Fn. 9), S. 40.

Übersicht 17: **Zusammenhang zwischen der Gewährung eines Ausgangs und der Staatsangehörigkeit**

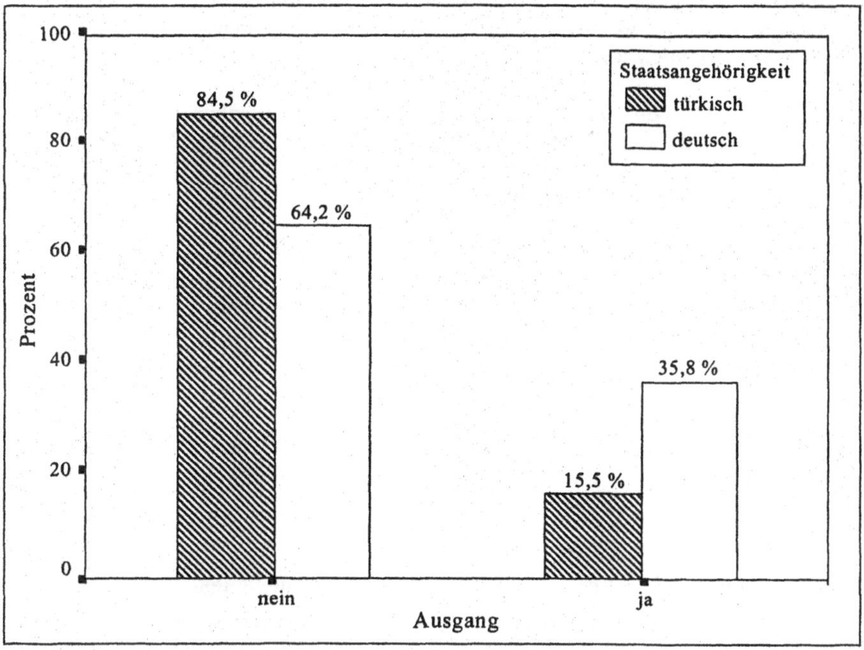

Urlaub war bereits 19,8 % (37) der deutschen und 17,5 % (17) der türkischen Insassen gewährt worden. Dieser Unterschied ist nicht signifikant (p=0,65 ns).

Bezüglich der Urlaubsgewährung lag also kein deutlicher Unterschied zwischen deutschen und türkischen Insassen vor; anders als bei der Untersuchung von BUKOWSKI[1583]*, bei der lediglich 24,7 % der Nichtdeutschen mindestens einmal im Urlaub waren, dagegen 44,4 % der deutschen Inhaftierten im Jugendstrafvollzug. Bei dem Vergleich der Ergebnisse ist jedoch zu berücksichtigen, daß sich die Resultate von* BUKOWSKI[1584] *auf den Entlassungszeitpunkt der Insassen beziehen, so daß die Prozentsätze entsprechen höher ausgefallen sind, da die Lockerungen und Urlaub zur Erprobung des Lebens außerhalb der Anstalt in höherem Maße vor dem Entlassungszeitpunkt gewährt werden.*

[1583] BUKOWSKI, ANNETTE a.a.O. (1998) (Fn. 9), S. 40.
[1584] BUKOWSKI, ANNETTE a.a.O. (1998) (Fn. 9), S. 40.

3. Ablehnungsgründe für Vollzugslockerungen

Ergänzend zu der Frage nach den Vollzugslockerungen, sollten die türkischen Insassen angeben, welche Gründe nach ihrer Ansicht für das geringe Maß an Vollzugslockerungen ursächlich sind.

Als Gründe wurde von den Insassen mit türkischer Staatsangehörigkeit das laufende Ausweisungsverfahren (32,0 %) (31), die Befürchtung des Mißbrauchs (Fluchtgefahr) (29,9 %) (29), die generelle Diskriminierung der Ausländer (17,5 %) (17) und anstaltsinterne, organisatorische Gründe (6,2 %) (6) genannt.

Die türkischen und kurdischen Insassen unterscheiden sich lediglich bei der Häufigkeit des Grundes der mit Sicherheit erfolgenden Abschiebung. Diese wurde von 41,7 % (10) der kurdischen und lediglich 16,4 % (12) der türkischen Volkszugehörigen genannt (C=0,010) (p<0,05).

VIII. Ausweisungsverfahren

Die (drohende) Ausweisung und Abschiebung stellt, wie auch ältere Untersuchungen[1585] ergeben haben, für die ausländischen Insassen ein Hauptproblem des (Jugend-) Strafvollzuges dar[1586].

1. Insassen mit türkischer und kurdischer Volkszugehörigkeit

Da zwischen dem Einreisealter nach Deutschland bei türkischen und kurdischen Insassen deutliche Unterschiede bestehen[1587], wurde untersucht, ob die kurdischen Insassen häufiger als die türkischen Volkszugehörigen nach der Strafverbüßung abgeschoben werden[1588].

Wie bereits ausgeführt[1589], ist in der Regel auszuweisen, wer erhebliche Straftaten begeht, beispielsweise gem. § 47 Abs. 2 Nr. 2 AuslG als Nichtdeutscher gegen das Betäubungsmittelgesetz verstoßen hat oder gem. § 47 Abs. 2 Nr. 1 AuslG rechtskräftig zu einer Jugendstrafe von mindestens zwei Jahren verurteilt wurde, deren Vollstreckung nicht zur Bewährung ausgesetzt worden ist.

[1585] Vgl. oben unter Teil B, Kapitel 6., I., 15, vgl. auch BOSETZKY, HORST / BORSCHERT, JÜRGEN / HELM, SIEGFRIED a.a.O. (Fn. 22), S. 198, (280).

[1586] KERSTEN, JOACHIM / WOLFFERSDORFF-EHLERT, CHRISTIAN VON: Jugendstrafe. Innenansichten aus dem Knast. Frankfurt a. M. 1980, S. 360.

[1587] Vgl. oben unter Teil D, Kapitel 10, II. 6., a).

[1588] Vgl. auch BUKOWSKI, ANNETTE a.a.O. (1998) (Fn. 9), S. 39 f, die in ihrer Untersuchung aus dem Jahr 1995 festgestellt hat, daß der Anteil an den 50 in Deutschland geborenen Türken, die nach ihrer Entlassung aus der JVA Adelsheim in den Jahren 1993 und 1994 abgeschoben werden, mit 2 Personen bei lediglich 4 % lag, bei den im Ausland geborenen türkischen Insassen lag der Anteil derer, die abgeschoben wurden, jedoch bei ca. 40 %.

[1589] Vgl. oben unter Teil B, Kapitel 4, II., 2., a).

Allerdings genießt nach § 48 Abs. 2 S. 2 AuslG ein Heranwachsender (auf Minderjährige findet § 48 Abs. 2 S. 1 AuslG Anwendung) einen erhöhten Ausweisungsschutz, wenn er in der Bundesrepublik aufgewachsen ist und mit seinen Eltern in häuslicher Gemeinschaft lebt. Er wird nur nach Maßgabe des § 47 Abs. 1 und Abs. 2 Nr. 1, Abs. 3 AuslG ausgewiesen, d. h. auch bei einer rechtskräftigen Verurteilung zu einer Jugendstrafe von mindestens drei Jahren ist er nicht zwingend auszuweisen und bei einer Verurteilung zu einer Jugendstrafe von zwei Jahren ohne Bewährung wird über seine Ausweisung nach pflichtgemäßem Ermessen entschieden.

Da rund 80 %[1590] *der heranwachsenden Insassen mit türkischer Volkszugehörigkeit in Deutschland geboren wurden bzw. hier aufgewachsen sind und vor der Inhaftierung mit ihren Eltern in häuslicher Gemeinschaft gelebt haben, erhalten sie den erhöhten Ausweisungsschutz aus § 48 Abs. 2 S. 2*[1591]*. Es konnte also davon ausgegangen werden, daß die türkischen Volkszugehörigen aufgrund ihrer durchschnittlich längeren Aufenthaltsdauer in Deutschland und der stabileren Wohnsituation vor der Inhaftierung im Durchschnitt seltener als die kurdischen Insassen ausgewiesen werden.*

Bezüglich der (drohenden) Ausweisung konnten entsprechend der gesetzlichen Regelungen zwischen Insassen mit türkischer und kurdischer Vokszugehörigkeit signifikante Unterschiede festgestellt werden (C=0,002) ($p<0,05$):
Wie die nachfolgende *Tabelle 20* zeigt, haben auf die Frage, ob schon feststehe, daß sie nach Verbüßung der Jugendstrafe aus Deutschland ausgewiesen und abgeschoben werden[1592], 29,2 % der kurdischen Insassen geantwortet, daß ihnen mitgeteilt worden sei, daß sie nach Verbüßung der Jugendstrafe aus Deutschland ausgewiesen werden, dagegen nur 4,4 % der türkischen Volkszugehörigen.

Tabelle 20: **Zusammenhang zwischen der (drohenden) Ausweisung und der Volkszugehörigkeit**

Ausweisung	Volkszugehörigkeit		Gesamt
	türkisch	kurdisch	
ja	4,4 % (3)	29,2 % (7)	10,9 % (10)
ist noch offen	50,0 % (34)	33,3 % (8)	45,7 % (42)
kann keine Angaben machen	19,1 % (13)	29,2 % (7)	21,7 % (20)
werde nicht ausgewiesen	26,5 % (18)	8,3 % (2)	21,7 % (20)

Neben den Prozentwerten stehen in Klammern die absoluten Zahlen.

Demgegenüber stand für 26,5 % der türkischen Volkszugehörigen bereits fest, daß sie in Deutschland bleiben können, aber nur für 8,3 % der kurdischen Insassen. Offen war das Verfahren bei der Hälfte (50,0 %) der türkischen und einem Drittel (33,3 %) der kurdischen Inhaftierten.

1590 Vgl. oben unter Teil D, Kapitel 10, II., 6., a) und Teil D, Kapitel 10, II., 11., a).
1591 Vgl. oben unter Teil B, Kapitel 4, II., 2., a).
1592 Vgl. Frage 67 des Insassen-Fragebogens im Anhang.

Wie aus der *Tabelle 20* hervorgeht, stand zum Befragungszeitpunkt für rund 10 % aller Insassen mit türkischer Staatsangehörigkeit fest, daß sie ausgewiesen werden, für etwa 20 % war sicher, daß sie nicht ausgewiesen werden und bei rund 45 % war das Verfahren noch nicht abgeschlossen[1593].

Die Ergebnisse von WIRTH[1594], *die sich auf alle 408 ausländischen Insassen im Jugendstrafvollzug in Nordrhein-Westfalen beziehen, weisen einen fast doppelt so hohen Anteil an Insassen auf, für die bereits feststeht, daß sie ausgewiesen bzw. abgeschoben werden und einen halb so großen Anteil, für den expliziert keine Ausweisung verfügt wird: Für 18,4 %*[1595] *der ausländischen Insassen im Jugendstrafvollzug in Nordrhein-Westfalen war bei der Stichtagserhebung am 15.07.1997 eine Ausweisung verfügt bzw. eine Abschiebung angeordnet, bei weiteren 15,2 % war die Ausweisung beabsichtigt. Für 9,8 % stand fest, daß sie nicht ausgewiesen werden und in 56,6 % der untersuchten Fälle war das Verfahren noch nicht abgeschlossen.*

Diese Abweichungen im Vergleich mit der Untersuchung von WIRTH[1596] lassen den Schluß zu, daß die Insassen mit türkischer Volkszugehörigkeit etwas seltener als der Durchschnitt aller ausländischen Insassen im Jugendstrafvollzug in Nordrhein-Westfalen aus Deutschland ausgewiesen und abgeschoben werden.

Als mögliche Begründung kommen stabile Familienverhältnisse, insbesondere bei den zu 82,2 %[1597] *in Deutschland geborenen und aufgewachsenen Insassen türkischer Volkszugehörigkeit in Betracht. Dagegen haben sich von den ausländischen Insassen im nordrhein-westfälischen Jugendstrafvollzug durchschnittlich 18,2 %*[1598] *als Asylbewerber und 6,6 %*[1599] *illegal in Deutschland aufgehalten. Hinzu kommt, daß 94,6 % der türkischen Insassen über „sehr gute" bis „gute" Deutschkenntnisse verfügen, die für die Integration von großer Bedeutung sind.*

Zu der Ausweisungspraxis bei kurdischen Insassen erklärt ein Ausländerbeauftragter: „Viele kurdische Gefangene werden zum Drogenhandel eingeschleußt und häufiger ausgewiesen und abgeschoben wegen fehlender Bindungen in Deutschland".

Die meisten Ausländerbeauftragten differenzieren jedoch nicht zwischen Türken und Kurden. Ihre Einschätzungen fielen bei beiden Gruppen identisch aus. Nach der Berechnung des arithmetischen Mittelwertes steht nach den Angaben der Ausländerbeauftragten bei 23,8 % der türkischen und kurdischen Inhaftierten fest, daß sie nach der Vollstreckung der Jugendstrafe aus Deutschland ausgewiesen werden.

1593 Vgl. zu Ausweisungen Jugendlicher auch BORNEMANN, EBERHARD: Dokumentation von Ausweisungen Jugendlicher. In: Jünschke, Klaus / Tekin, Ugur (Hrsg.): Jugendkriminalität. Gegen die Kriminalisierung von Jugendlichen. Köln 1997, S. 65 ff.

1594 WIRTH, WOLFGANG a.a.O. (1998a) (Fn. 14), S. 278, (280).

1595 WIRTH, WOLFGANG a.a.O. (1998a) (Fn. 14), S. 278, (280).

1596 WIRTH, WOLFGANG a.a.O. (1998a) (Fn. 14), S. 278, (280).

1597 Vgl. oben unter Teil D, Kapitel 10, II., 6., a).

1598 WIRTH, WOLFGANG a.a.O. (1998a) (Fn. 14), S. 278, (281).

1599 WIRTH, WOLFGANG a.a.O. (1998a) (Fn. 14), S. 278, (281).

2. Angst vor der Ausweisung

Zwischen den Insassen mit türkischer und kurdischer Volkszugehörigkeit wurden keine signifikanten Unterschiede in bezug auf ihre Angst, ausgewiesen und abgeschoben zu werden, festgestellt (C=0,091) (p>0,05):

Fast die Hälfte (47,2 %) (34) aller Insassen mit türkischer Staatsangehörigkeit hat „sehr große" Angst vor einer Ausweisung; rund ein Drittel (33,3 %) (24) hat „ziemlich große" Angst.

Demgegenüber haben 9,7 % (7) „eigentlich keine Angst, ist mir egal" und 2,8 % (2) „hoffen, abgeschoben zu werden; weitere 6,9 % (5) haben ihre Meinung nicht geäußert („weiß nicht").

Die meisten Insassen sind der Ansicht, daß es keine Ausweisung für die ausländischen Insassen geben sollte, die in Deutschland geboren wurden. So äußerte ein Insasse: „Ich bin dafür, daß Ausländer, die hier geboren wurden, nicht ausgewiesen werden. Wir sprechen besser deutsch als türkisch und kennen die Türkei nur aus dem Urlaub. Für die Türken dort heißt es: ‚Die „Deutschen" kommen'".

Dieses Ergebnis, daß rund 80,5 % der türkischen Insassen „sehr große" bis „ziemlich große" Angst vor der Ausweisung haben, macht deutlich, daß die Angst vor einer Ausweisung bei den türkischen Insassen innerhalb der vergangenen zwanzig Jahre deutlich zugenommen hat.

In der Untersuchung von BOSETZKY / BORSCHERT / HELM[1600] *aus dem Jahr 1981 bezeichneten 46,5 % der türkischen Insassen ihre Angst vor einer möglichen Ausweisung als „groß" bzw. „sehr groß".*

Die deutlich erhöhte Angst vor einer Ausweisung im Vergleich zu der älteren Untersuchung[1601], kann unter anderem auf die inzwischen teilweise besser gelungene Integration der jungen Türken, die zu 82,2 % in Deutschland geboren wurden oder aufgewachsen sind, und nach eigenen Angaben die Türkei nur noch aus dem Urlaub kennen, zurückgeführt werden.

3. Zusammenhang zwischen (drohender) Ausweisung und Lockerungen

Auch der bereits aufgrund der gesetzlichen Regelungen[1602] vermutete Zusammenhang zwischen der geringeren Anzahl von Vollzugslockerungen und Urlaub bei türkischen gegenüber deutschen Insassen und dem bei türkischen Inhaftierten häufig noch nicht

---

[1600] BOSETZKY, HORST / BORSCHERT, JÜRGEN / HELM, SIEGFRIED a.a.O. (Fn. 22), S. 198, (280).

[1601] BOSETZKY, HORST / BORSCHERT, JÜRGEN / HELM, SIEGFRIED a.a.O. (Fn. 22), S. 198, (280).

[1602] Vgl. oben unter Teil B, Kapitel 4, II., 1. c) und Teil B, Kapitel 6, I., 14.

abgeschlossenen Ausweisungsverfahren[1603], sollte in dieser Untersuchung überprüft werden.

> *Gefangene, gegen die eine vollziehbare Ausweisungsverfügung besteht bei zeitgleich angeordneter Abschiebung, sind gem. Nr. 6 Abs. 8, b) und c) VVJug und Nr. 8 Abs. 7, b) und c) VVJug von Außenbeschäftigung, Freigang, Ausgang und Urlaub ausgeschlossen[1604]. Ist ein Ausweisungsverfahren anhängig, ist der Gefangene gem. Nr. 6 Abs. 11, d) VVJug für die oben genannten Lockerungen und gem. Nr. 8 Abs. 10, e) VVJug für den Urlaub in der Regel ungeeignet. Die Gewährung einer Vollzugslockerung setzt angesichts eines anhängigen Ausweisungsverfahrens gem. Nr. 6 Abs. 12 VVJug und Nr. 8 Abs. 11 VVJug das Vorliegen besonderer Umstände, die aktenkundig zu machen sind und die Anhörung der zuständigen Ausländerbehörde voraus.*

Zwischen den Insassen, die nicht ausgewiesen werden, und den übrigen türkischen Insassen wurden bezüglich der Gewährung eines Ausgangs oder eines Urlaubs signifikante Unterschiede festgestellt.

Wie sich aus der *Übersicht 18* entnehmen läßt, erhalten die türkischen und kurdischen Inhaftierten, bei denen feststeht, daß sie ausgewiesen werden bzw. bei denen das Ausweisungsverfahren noch nicht abgeschlossen wurde, zu 88,9 %[1605] (64) keinen Ausgang.

> *Demgegenüber haben die türkischen Insassen, bei denen das Ausweisungsverfahren bereits abgeschlossen ist und für die feststeht, daß sie nach Verbüßung der Jugendstrafe nicht ausgewiesen werden, zu 30,0 % (6) bereits mindestens einmal Ausgang erhalten.*

Zwischen dem Merkmal der (drohenden) Ausweisung und der Gewährung der Vollzugslockerung des Ausgangs besteht ein signifikanter Zusammenhang (p=0,037). Die Annahme, daß die türkischen Inhaftierten aufgrund des noch nicht abgeschlossenen Ausweisungsverfahrens oder der bereits feststehenden Ausweisung seltener Vollzugslockerungen, hier Ausgang, erhalten, wurde also bestätigt.

[1603] Vgl. hierzu auch oben unter Teil D, Kapitel 14, VIII., 1., vgl. auch WIRTH, WOLFGANG a.a.O. (1998a) (Fn. 14), S. 278, (280) und Teil B, Kapitel 6, I., 15.

[1604] Vgl. auch oben unter Teil B, Kapitel 4, II., 1. c) und Teil B, Kapitel 6, I., 14.

[1605] Da bei den fünf ehemals türkischen Inhaftierten, die inzwischen die deutsche Staatsangehörigkeit besitzen, kein Ausweisungsverfahren durchgeführt wird, wurden sie in die Fragen zu der Ausweisung nicht mit einbezogen, so daß bei der Überprüfung eines Zusammenhangs zwischen der (drohenden) Ausweisung und den Vollzugslockerungen nur die 92 türkischen Insassen einbezogen wurden.

Übersicht 18: **Zusammenhang zwischen einer (drohenden) Ausweisung und der Gewährung eines Ausgangs**

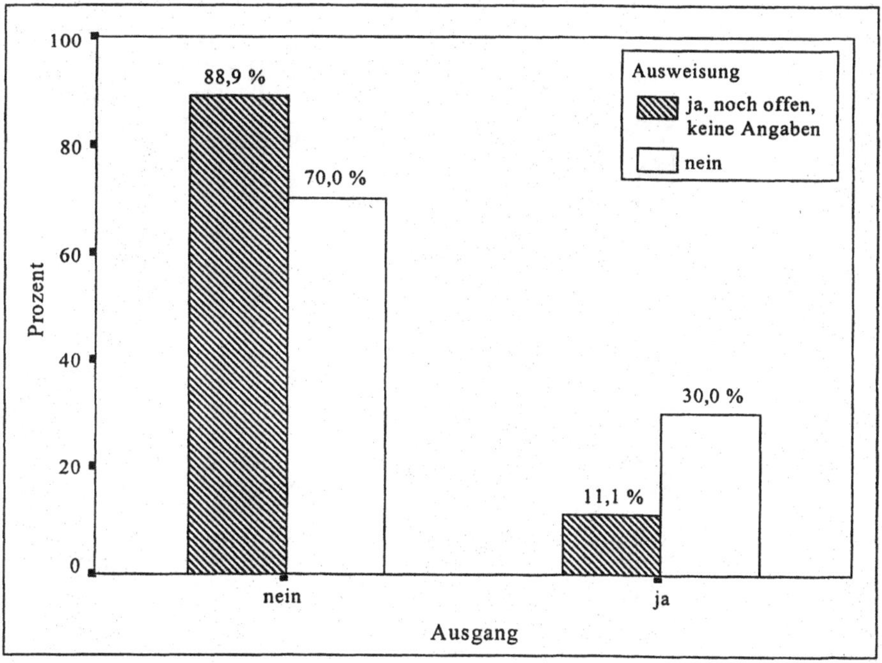

Das gleiche Ergebnis konnte für einen Zusammenhang zwischen der (drohenden) Ausweisung und der Urlaubsgewährung festgestellt werden. Wie sich aus der nachfolgenden *Übersicht 19* ergibt, haben die türkischen Insassen, für die feststeht, daß sie nicht ausgewiesen werden, zu 30,0 % (6) bereits mindestens einmal Urlaub erhalten, dagegen lediglich 13,9 % (10) der türkischen Insassen, die ausgewiesen werden bzw. deren Ausweisungverfahren noch nicht abgeschlossen ist.

Es wurde also auch für die Gewährung von Urlaub die Annahme bestätigt, daß die türkischen Insassen, die ausgewiesen werden oder deren Ausweisungsverfahren noch nicht abgeschlossenen ist, seltener Urlaub erhalten. Der Unterschied zwischen den türkischen Insassen, die nicht ausgewiesen werden und den übrigen türkischen Insassen in bezug auf die Gewährung von Urlaub ist ebenfalls signifikant (p=0,046).

Übersicht 19: **Zusammenhang zwischen einer (drohenden) Ausweisung und der Gewährung eines Urlaubs**

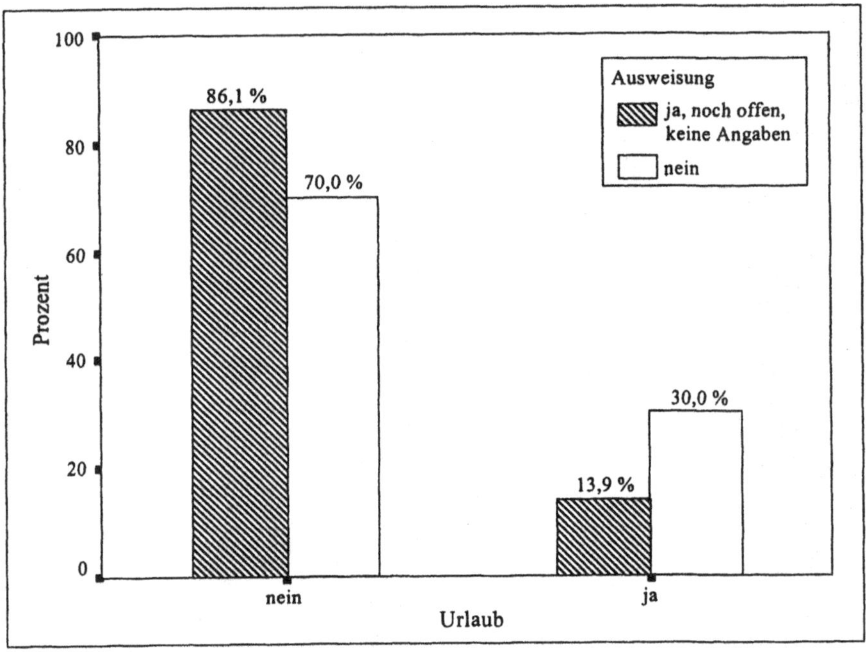

4. Zusammenhang zwischen (drohender) Ausweisung und schulischen Maßnahmen

Auch der von vielen türkischen Gefangenen geäußerte Annahme, daß sie mehr schulische Maßnahmen in der Anstalt erhalten würden, wenn feststünde, daß sie nicht abgeschoben werden und in Deutschland bleiben dürfen, wurde nachgegangen.

Es hat sich jedoch gezeigt, wie der nachfolgenden *Tabelle 21* zu entnehmen ist, daß von den 20 Insassen mit türkischer Staatsangehörigkeit, für die zum Befragungszeitpunkt bereits feststand, daß sie nicht ausgewiesen werden, 70 % keine schulischen Maßnahmen in der Anstalt erhalten, während 55,6 % der Insassen, für die noch nicht feststeht, ob sie nach der Entlassung aus der Haft in Deutschland bleiben können, schulische Bildungsmaßnahmen bekommen. Die Annahme hat sich folglich nicht bestätigt, der Spearman-Rho Korrelationskoeffizient ist mit r_S= - 0,221 in die andere Richtung signifikant[1606].

[1606] Vgl. oben unter Teil C, Kapitel 9, II., 1., b).

Tabelle 21: **Zusammenhang zwischen der (drohenden) Ausweisung und der Teilnahme an schulischen Weiterbildungsmaßnahmen**

Teilnahme an Schulungsmaßnahmen	Ausweisung	
	nein	ja, noch offen, keine Angaben
ja	30,0 % (6)	55,6 % (40)
nein	70,0 % (14)	44,4 % (32)
Gesamt	100,0 % (20)	100,0 % (92)

Neben den Prozentwerten stehen in Klammern die absoluten Zahlen.

Als mögliche Erklärung für dieses auffällige Ergebnis wurde überprüft, ob ein Zusammenhang zwischen der Vergabe der schulischen Maßnahmen und den Deutschkenntnissen in Wort und Schrift besteht. Wie aus der nachfolgenden *Tabelle 22* hervorgeht, verfügen die Insassen, bei denen feststeht, daß sie in Deutschland bleiben werden, durchschnittlich über deutlich bessere Deutschkenntnisse und nehmen deshalb seltener an den schulischen Bildungsmaßnahmen, insbesondere an Deutschkursen in der Anstalt, teil.

Tabelle 22: **Zusammenhang zwischen der (drohenden) Ausweisung und den deutschen Sprachkenntnissen in Wort und Schrift**

Deutsch Sprachkenntnisse in Wort und Schrift	Ausweisung		Gesamt
	nein	ja, noch offen, keine Angaben	
gar nicht	0,0 % (0)	4,2 % (3)	3,3 % (3)
schlecht (nur einzelne Worte)	10,0 % (2)	11,1 % (8)	10,9 % (10)
einigermaßen (nur mit Hilfe Brief lesen)	5,0 % (1)	12,5 % (9)	10,9 % (10)
gut (mit wenigen Fehlern Brief lesen und schreiben)	20,0 % (4)	25,0 % (18)	23,9 % (22)
sehr gut (fehlerfrei Brief auf deutsch lesen und schreiben)	65,0 % (13)	47,2 % (34)	51,1 % (47)

Neben den Prozentwerten stehen in Klammern die absoluten Zahlen.

> *Von den Insassen mit türkischer Staatsangehörigkeit, die in Deutschland bleiben werden, verfügen 85,0 % (17) über „gute" bis „sehr gute" Deutschkenntnisse in Wort und Schrift. Bei den türkischen Insassen, bei denen noch nicht feststeht, ob sie ausgewiesen werden, besitzen 28,8 % (20) „gar keine" oder „schlechte" Deutschkenntnisse, so daß sie nicht ohne Hilfe einen Brief in deutscher Sprache lesen oder schreiben können.*

Es ist also davon auszugehen, daß die Anstalt die Deutschkurse und schulischen Maßnahmen den türkischen Inhaftierten nach dem Grad ihrer Deutschkenntnisse und ihrer schulischen Vorbildung zuteilt und aus diesem Grunde kein Zusammenhang zwischen der (drohenden) Ausweisung und der Teilnahme an schulischen Maßnahmen festgestellt wurde.

IX. Probleme nach der Entlassung

Da rund 80 %[1607] der türkischen Insassen Angst vor einer möglichen Abschiebung haben, spielt die Ausweisung / Abschiebung, wie auch der nachfolgenden *Tabelle 23* zu entnehmen ist, bei der Frage nach den schwerwiegendsten Problemen nach der Entlassung eine große Rolle.

Tabelle 23: **Zusammenhang zwischen den schwerwiegendsten Problemen nach der Entlassung und der Volkszugehörigkeit**

Probleme nach der Entlassung	Volkszugehörigkeit		Gesamt
	türkisch	kurdisch	
Arbeitslosigkeit	45,2 % (33)	50,0 % (12)	46,4 % (45)
Ausweisung / Abschiebung	53,4 % (39)	70,8 % (17)	57,7 % (56)
finanzielle Probleme	31,5 % (23)	20,8 % (5)	28,9 % (28)
Wiedereingliederung in Familie	23,3 % (17)	45,8 % (11)	28,9 % (28)
Beziehungsprobleme	19,2 % (14)	20,8 % (5)	19,6 % (19)
Einsamkeit	12,3 % (9)	29,2 % (7)	16,5 % (16)
erneute Straffälligkeit	38,4 % (28)	20,8 % (5)	34,0 % (33)
gesundheitliche Probleme	9,6 % (7)	25,0 % (6)	13,4 % (13)
weitere Inhaftierung i. d. Türkei	5,5 % (4)	29,2 % (7)	11,3 % (11)
Militärdienst in der Türkei	31,5 % (23)	54,2 % (13)	37,1 % (36)
Wohnungssuche	9,6 % (7)	8,3 % (2)	9,3 % (9)
Suchtgefahr (Drogen, Alkohol)	21,9 % (16)	16,7 % (4)	20,6 % (20)
Sonstiges	6,8 % (5)	4,2 % (1)	6,2 % (6)

Neben den Prozentwerten stehen in Klammern die absoluten Zahlen.

Als schwerwiegende Probleme für die Zeit nach der Entlassung werden von allen Insassen mit türkischer Staatsangehörigkeit am häufigsten die Ausweisung / Abschiebung (57,7), an zweiter Stelle die Arbeitslosigkeit (46,4 %) und an dritter Stelle der Militärdienst in der Türkei (37,1 %) genannt. Es folgen die erneute Straffälligkeit (34,0 %), finanzielle Probleme und die Wiedereingliederung in die Familie (jeweils 28,9 %) und die Suchtgefahr (20,6 %).

Von den kurdischen Insassen wurden im Vergleich zu den Insassen mit türkischer Volkszugehörigkeit signifikant häufiger die „weitere Inhaftierung in der Türkei"

1607 Vgl. oben unter Teil D, Kapitel 14, VIII., 2.

(C=0,001) (p<0,05), der Militärdienst in der Türkei (C=0,046) (p<0,05) und Probleme bei „der Wiedereingliederung in die Familie" (C=0,034) (p<0,05) angegeben[1608].

Zusätzlich zu der Situation in den Jugendstrafanstalten in Nordrhein-Westfalen wurden die türkischen Inhaftierten auch zu den aktuell wieder in der Diskussion stehenden Alternativen zu einer Strafvollstreckung in Deutschland befragt.

X. Überstellung in die Türkei zur Strafvollstreckung gem. Art. 3 ÜberstÜbk

Als eine Alternative zur Strafverbüßung in Deutschland kommt die Überstellung zur Strafvollstreckung in die Türkei (das Herkunftsland) gem. Art. 3 ÜberstÜbk in Betracht[1609].

1. Insassen mit türkischer und kurdischer Volkszugehörigkeit

Da in der Vergangenheit von dieser Möglichkeit nur in sehr geringem Umfang Gebrauch gemacht wurde[1610], sollte anhand der vorliegenden Untersuchung herausgefunden werden, ob die türkischen und kurdischen Insassen die Jugendstrafe oder einen Teil der Jugendstrafe in der Türkei verbüßen wollen[1611].

Die Einstellung der Inhaftierten ist insbesondere deshalb von großer Bedeutung für die praktische Umsetzung der Überstellung zur Strafvollstreckung ins Herkunftsland, weil zur Zeit den Ländern ein Gesetzentwurf des Bundesjustizministeriums vorliegt, der ein Änderungsgesetz zu dem Zusatzprotokoll vom 18.12.1997 zu dem ÜberstÜbk vom 21.03.1983 dargestellt[1612]. *Eine geplante Änderung, die in diesem Änderungsgesetz enthalten ist, stellt das Entfallen der Einverständniserklärung des in Deutschland Inhaftierten zu seiner Überstellung in das Herkunftsland dar*[1613].

Zwischen den Insassen mit türkischer und kurdischer Volkszugehörigkeit wurde bzgl. ihrer Einstellung zur Überstellung in die Türkei zur Verbüßung der Jugendstrafe ein signifikanter Unterschied (C=0,003) (p>0,05) festgestellt, denn wie auch aus der nachfolgenden *Übersicht 20* zu entnehmen ist, wollten ausnahmslos alle türkischen Insassen[1614] (100,0 %) (68) die (Rest-)Jugendstrafe in Deutschland verbüßen, bei den kurdischen Insassen waren dies immerhin noch 83,3 % (20).

1608 Vgl. zu der Situation der Kurden in der Türkei oben unter Teil D, Kapitel 10, II., 1. (Fn. 1298).

1609 Vgl. oben unter Teil C, Kapitel 7, II., 4., a); vgl. auch unter Teil E, Kapitel 16, XII.

1610 Vgl. oben unter Teil C, Kapitel 7, II., 4., a).

1611 Vgl. Frage 73 des Insassen-Fragebogens im Anhang.

1612 Vgl. auch unter Teil C, Kapitel 7, II., 4., a); vgl. auch unter Teil E, Kapitel 16, XII.

1613 So die telefonische Auskunft von Herrn Brachthäuser vom Justizministerium des Landes Nordrhein-Westfalen vom 06.07.2001. Nach Mitteilung des Bundesministeriums der Justiz vom 05.11.2001 ist die Ausgestaltung des Ausführungsgesetzes sowie der zeitliche Rahmen, binnen dessen das Gesetz dem Bundestag zugeleitet werden wird, derzeit noch nicht absehbar.

1614 Zu der Möglichkeit der Strafvollstreckung wurden nur die türkischen und kurdischen Insassen befragt, nicht die ehemals türkischen Inhaftierten, die inzwischen die deutsche Staatsangehörigkeit erhalten haben, da diese Möglichkeiten der Strafvollstreckung im Herkunftsland für sie

Übersicht 20: **Zusammenhang zwischen dem Antrag auf Überstellung und der Volkszugehörigkeit**

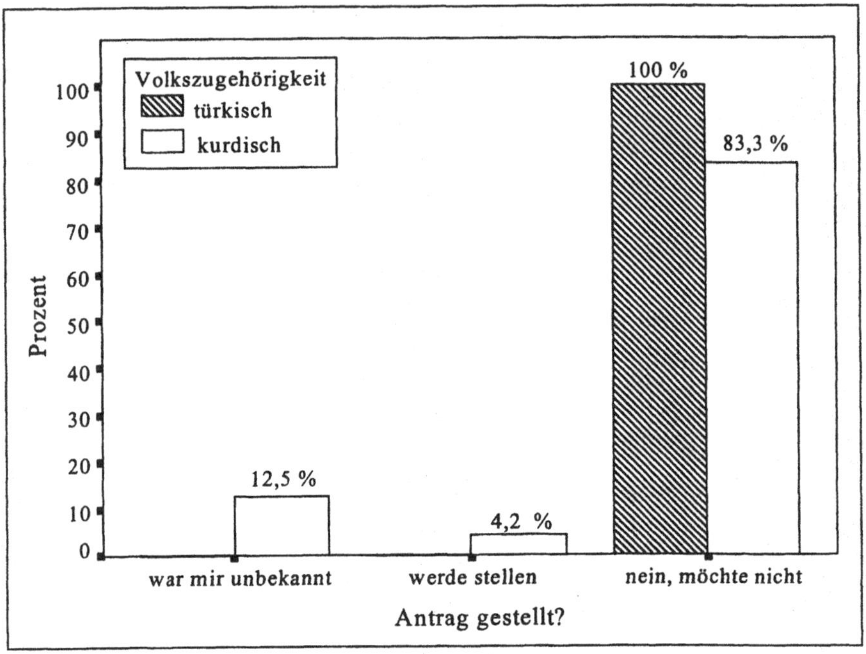

Nach Auskunft der Ausländerbeauftragten sind seit dem 01.01.1999 bis zum Befragungszeitpunkt, also in einem Zeitraum von etwa zwei Jahren, in allen vier Jugendstrafanstalten lediglich zwei Anträge auf Überstellung zur Strafvollstreckung in die Türkei gestellt worden. Auch aufgrund dieser Ergebnisse wird die bereits angesprochene geringe Praxisrelevanz dieses Rechtsinstituts deutlich.

Diese Angaben bestätigen die geringe Bedeutung des Instituts der Überstellung zur Strafvollstreckung in den Herkunftsstaat, die auch von der Bundesregierung festgestellt worden ist: Seit dem 01.02.1992 bis Anfang des Jahres 2000 wurden auf der Grundlage dieses Übereinkommens 15 türkische Inhaftierte von Deutschland in die Türkei überstellt[1615].

als deutsche Staatsangehörige keine Anwendung findet. Diese Fragestellungen wurden folglich nur von insgesamt 92 Insassen, 68 türkischen und 24 kurdischen Insassen beantwortet.

1615 BT-Drucksache 14/3957 vom 28.07.2000, S. 4, vgl. auch oben unter Teil C, Kapitel 7, II., 4., a).

Nicht bestätigt werden die Ergebnisse einer Umfrage aus dem Jahr 1983, bei der knapp 50 %[1616] der befragten türkischen Inhaftierten angaben, zur Vollstreckung ihrer Freiheitsstrafe in die Türkei überstellt werden zu wollen.

Allerdings erklärten 12,5 % (3) der kurdischen Insassen, daß sie die Möglichkeit, einen Antrag auf Überstellung zur Strafvollstreckung ins Herkunftsland stellen zu können, nicht gekannt hätten, und sich überlegen wollten, eventuell von dieser Möglichkeit Gebrauch zu machen. Lediglich 4,2 % (2) der kurdischen Inhaftierten, also ein Kurde, wollte den Antrag demnächst stellen, vor dem Hintergrund, daß er auf diese Weise eine Verkürzung seiner mehrjährigen Haftstrafe erreichen könnte[1617].

2. Gründe für und gegen die Überstellung

Als Gründe, die für eine Verbüßung der Jugendstrafe in der Türkei sprechen könnten[1618], nannten 16,7 % (4) der kurdischen Insassen, daß die „Familie und die Verwandten in der Türkei" leben, für jeweils 8,3 % (2) war die „verkürzte Haftzeit in der Türkei" oder daß sie „keine Sprachprobleme in der Türkei" haben, von großer Bedeutung.
Dafür, die Jugendstrafe in Deutschland zu verbüßen, spricht nach Ansicht der türkischen und kurdischen Insassen, daß sie „nach der Entlassung in Deutschland leben wollen" (70,1 %) (68), daß die „Familie und Verwandte in Deutschland" leben (64,9 %) (63), daß die „Haftbedingungen in der Türkei schlechter als in Deutschland" sind (55,7 %) (54) und daß die „Freunde in Deutschland" leben (51,5 %) (50).

Zu den Haftbedingungen in der Türkei erklärten türkische Insassen: „Im Knast in der Türkei gibt es 50-Mann-Zellen, keinen Fernseher oder für 10 Leute einen Fernseher. Hat man da mit einem ein Problem, hat man mit allen ein Problem." „Es gibt weniger Sport, man kann seltener duschen und die Vollzugsbeamten schlagen sofort zu." „In Deutschland, das ist kein Knast für mich, mehr wie eine Jugendherberge. Hier versucht man, uns zu helfen. Man sollte hier zufrieden sein. Der Knast hier ist ein Königreich im Vergleich zur Türkei".

Dieses auffällige Ergebnis, daß immerhin 16,7 % (4) der kurdischen Insassen in Erwägung ziehen, ihre (Rest-)Jugendstrafe in der Türkei zu verbüßen, bezieht sich allerdings auf nur 4 Personen und kann daher lediglich als Indiz dafür gewertet werden, daß ein kleiner Teil der kurdischen Inhaftierten, deren Familie möglicherweise in der Türkei lebt, noch nicht so sehr in Deutschland verwurzelt und integriert ist wie der überwiegende Teil der türkischen Volkszugehörigen.
Dennoch spricht bei den Angehörigen beider Volkszughörigkeiten der hohe Anteil derjenigen, die die Jugendstrafe in Deutschland verbüßen wollen, dafür, daß von der Möglichkeit der Überstellung zu Strafverbüßung ins Herkunftsland auch in Zukunft

---

[1616] WILKITZKI, PETER a.a.O. (Fn. 1204), S. 227, (231). Vgl. auch oben unter Teil C, Kapitel 7, II., 4., a).

[1617] Vgl. auch oben unter Teil C, Kapitel 7, II., 4., a); Teil E, Kapitel 17, X., 1.; WEBER, STEPHAN a.a.O. (Fn. 15), S. 161.

[1618] Vgl. Frage 71 des Insassen-Fragebogens im Anhang.

nur in sehr geringem Umfang Gebrauch gemacht werden wird, wenn nicht, wie in dem Entwurf des Änderungsgesetzes vorgesehen, das Zustimmungserfordernis des Inhaftierten entfallen wird.

Nach der vom Bundesjustizministerium vorgelegten Denkschrift vom 06.06.2001, die den Entwurf eines Gesetzes zur Ausführung des Überstellungsübereinkommens enthält, soll das Zustimmungserfordernis der Inhaftierten in Fluchtfällen, wenn der Insasse bereits in sein Heimatland geflohen ist sowie bei Vorliegen einer bestandskräftigen Ausweisungsverfügung entfallen[1619].

Allerdings sind in § 3 des Entwurfs des Ausführungsgesetzes Ausnahmetatbestände vorgesehen, bei deren Vorliegen das Zustimmungserfordernis auch weiterhin Bestand haben soll[1620]. *Das Zustimmungserfordernis soll beispielsweise bestehen bleiben, wenn der Betroffene im Inland aufgewachsen und als Minderjähriger nach Deutschland eingereist ist oder wenn er seit drei Jahren seinen legalen Lebensmittelpunkt in Deutschland hat, wenn er im Besitz einer unbefristeten Aufenthaltserlaubnis ist oder mit einer deutschen Staatsangehörigen verheiratet ist*[1621].

Die Anwendung dieses Ausführungsgesetzes wäre in der Praxis sehr stark eingeschränkt, da rund 82,2 % der befragten jungen Türken der Zweiten und Dritten Generation in Deutschland geboren bzw. aufgewachsen sind. Dies trifft auch auf 33,4 % der befragten kurdischen Insassen zu. Das Zustimmungserfordernis würde, sollte der Entwurf in dieser Fassung als Gesetz verabschiedet werden, nur bei den Straftätern entfallen, die sich illegal in Deutschland aufgehalten haben oder, beispielsweise als Asylbewerber, nicht im Besitz einer unbefristeten Aufenthaltserlaubnis sind.

Aufgrund der vorgesehenen Ausnahmetatbestände werden also weder die jungen Türken der Zweiten und Dritten Generation, noch der überwiegende Teil der jungen Kurden von der Regelung des entfallenden Zustimmungserfordernisses betroffen sein. Auch würde die Zustimmung zur Strafvollstreckung in der Türkei von keinem der befragten türkischen Insassen und von 83,3 % der kurdischen Insassen nicht erteilt werden. Es erscheint daher angebracht, die Strafvollstreckung in Deutschland auch bei türkischen und kurdischen Insassen, soweit feststeht, daß sie nicht nach der Strafverbüßung ausgewiesen werden, auf die Integration in der deutschen Gesellschaft auszurichten.

1619 So die Auskunft des Justizministeriums des Landes Nordrhein-Westfalen vom 06.07.2001 (vgl. Fn. 1613); der Entwurf des Ausführungsgesetzes konnte der Verfasserin nicht zur Verfügung gestellt werden, da er lediglich als Diskussionsgrundlage dient und in diesem Stadium noch nicht der Öffentlichkeit zugänglich gemacht werden soll. Zu den Flucht-, Ausweisungs- und Abschiebungsfällen, in denen das Zustimmungserfordernis entfällt, vgl. Art. 2 Abs. 3 und Art. 3 Abs. 1 des Zusatzprotokolls zum Überstellungsübereinkommen, in: Council of Europe: Additional protocol to the European convention on the transfer of sentenced persons. European Treaty Series – No. 167. Strasbourg, 18.12.1997, S. 2. Vgl. auch ausführlich Teil E, Kapitel 17, XII., 1.

1620 Auskunft des Justizministeriums des Landes Nordrhein-Westfalen vom 06.07.2001 (Fn. 1613).

1621 Auskunft des Justizministeriums des Landes Nordrhein-Westfalen vom 06.07.2001 (Fn. 1613).

Kapitel 16: Gesamtzusammenfassung der Ergebnisse

- Der durchschnittliche Anteil der türkischen Insassen an allen ausländischen Inhaftierten im geschlossenen Jugendstrafvollzug in Nordrhein-Westfalen lag bei 43,6 %.

- Von den 97 Insassen mit türkischer Staatsangehörigkeit besaß zum Befragungszeitpunkt rund ein Viertel (24,7 %) die kurdische Volkszugehörigkeit.

- Das durchschnittliche Alter der türkischen und deutschen Insassen beträgt rund 20 Jahre.

- Erwartungsgemäß gehörten fast alle türkischen Insassen (95,9 %) dem islamischen Glauben an, dagegen 85,0 % der deutschen Insassen dem christlichen Glauben.

- Die türkischen Insassen besitzen bessere Kenntnisse ihrer Muttersprache als die kurdischen Inhaftierten: Rund ein Drittel (33,3 %) der Kurden kann die Muttersprache weder lesen noch schreiben, bei den türkischen Volkszugehörigen sind dies lediglich 6,8 %.

- Die türkischen Insassen verfügen zu 86,3 % über „sehr gute" bis „gute" schriftliche Deutschkenntnisse, bei den kurdischen Insassen sind dies 41,6 %. Immerhin 41,7 % der jungen Kurden können nach eigenen Angaben die deutsche Sprache nicht lesen und schreiben.

- Der überwiegende Anteil (82,2 %) der türkischen Volkszugehörigen wurde in Deutschland geboren, dagegen 16,7 % bei den kurdischen Insassen. Demgegenüber sind zwei Drittel (66,6 %) der Kurden erst im Alter von 11 Jahren oder später nach Deutschland eingereist, bei den Türken sind dies lediglich 8,2 %. Auffällig ist, daß lediglich 85,0 % der deutschen Insassen aus der JVA Heinsberg seit der Geburt in Deutschland lebt, immerhin 11,8 % sind, möglicherweise als Aussiedler, erst im Alter von 11 und mehr Jahren nach Deutschland eingereist.

- Die deutschen Insassen in der JVA Heinsberg besitzen im Vergleich zu den Inhaftierten mit türkischer Staatsangehörigkeit eine schlechtere schulische Vorbildung; sie haben durchschnittlich häufiger die Sonderschule besucht (23,7 %) gegenüber 10,3 % der Türken, und seltener einen Hauptschulabschluß erreicht, 12,4 % gegenüber 20,6 % der türkischen Insassen. Die Schulausbildung abgebrochen hatten 60,4 % der deutschen und 52,6 % der türkischen Inhaftierten.

- Bezüglich der beruflichen Vorbildung unterscheiden sich die türkischen und deutschen Insassen, weil 5,2 % der Türken, aber kein deutscher Insasse eine abgeschlossene Berufsausbildung besaß, eine Berufsausbildung abgebrochen hatten 22,7 % der Türken und 36,1 % der Deutschen. Keine Berufsausbildung hatte jeweils etwas mehr als die Hälfte der beiden Gruppen: 55,7 % der türkischen und 54,4 % der deutschen Insassen.

- Rund die Hälfte der türkischen (54,6 %) und der deutschen Insassen in der JVA Heinsberg (52,7 %) waren vor der Inhaftierung arbeitslos.

- Fast alle deutschen Inhaftierten (98,9 %) und immerhin 91,8 % der türkischen Insassen waren ledig. Die Zahl der verheirateten türkischen Insassen ist in den vergangenen zwei Jahrzehnten um rund 20 % zurückgegangen.

- Bezüglich des letzten Wohnsitzes besteht zwischen den Insassen mit türkischer und kurdischer Volkszugehörigkeit ein signifikanter Unterschied. Rund 40 % der Kurden lebten vor der Inhaftierung in einem Asylbewerberheim oder hatten keinen festen Wohnsitz, während 98,6 % der jungen Türken einen festen Wohnsitz hatten, zu 76,7 % bei ihren Eltern.
  Demgegenüber hatten lediglich 59,9 % der deutschen Insassen den letzten Wohnsitz bei den Eltern, rund ein Drittel (33,2 %) wohnte in einer eigenen Wohnung, dagegen nur 9,6 % der Insassen mit türkischer Staatsangehörigkeit.

- Die Ergebnisse aus der Untersuchung von PFEIFFER / WETZELS[1622] zu Gewalterfahrungen junger Türken in der Familie, von denen jeder Fünfte mittels Fausthieben oder noch stärkerer Gewalt mißhandelt worden ist und jeder Dritte beobachtet hat, daß sich die Eltern untereinander geschlagen haben, wurden bestätigt:

  42,3 % der Inhaftierten mit türkischer Staatsangehörigkeit hatten als Kind zu Hause gelegentlich eine Ohrfeige erhalten, 12,4 % erhielten sogar mindestens einmal pro Woche eine Ohrfeige, immerhin 17,5 % wurden mindestens einmal wöchentlich mit Gegenständen geschlagen;
  35,1 % der türkischen Insassen hatte mindestens einmal im Jahr oder öfter beobachtet, daß die Eltern sich gegenseitig geschlagen haben, davon 26,5 % einmal in der Woche und 29,4 % etwa einmal im Monat.

- Von zu Hause weggelaufen sind 56,7 % der türkischen Insassen, davon 60 % wegen Konflikten mit dem Vater.

- Die Inhaftierten mit türkischer Staatsangehörigkeit wurden signifikant häufiger als die deutschen Insassen wegen Betäubungsmitteldelikten (46,6 % gegenüber 14,4 % bei den Deutschen) und deutlich häufiger wegen Raubdelikten (33,0 % gegenüber 25,7 %), aber seltener wegen Diebstahls (14,4 % gegenüber 36,4 % bei den deutschen Insassen) verurteilt.

  Die Insassen mit türkischer Volkszugehörigkeit wurden mit 39,7 % (gegenüber 12,5 % bei den Kurden) signifikant häufiger wegen eines Raubes oder einer Erpressung, die

---

[1622] PFEIFFER, CHRISTIAN / WETZELS, PETER a.a.O. (2000a) (Fn. 17), S. 18 ff.

kurdischen Inhaftierten mit 62,5 % (gegenüber 41,1 % der türkischen Volkszugehörigen) häufiger wegen eines Betäubungsmitteldeliktes verurteilt.

- Die türkischen Insassen verbüßen, vermutlich aufgrund der Schwere der von ihnen häufiger begangenen Raub- und Betäubungsmitteldelikten, eine durchschnittlich höhere Jugendstrafe als die deutschen Insassen.

- Nach Einschätzung der Ausländerbeauftragten und Justizvollzugsbediensteten nehmen rund zwei Drittel der türkischen Insassen innerhalb der Insassensubkultur eine mittlere, gehobene oder Führerposition ein.
  Für eine überwiegend gehobene Position in der Insassensubkultur sprechen nach den von HÜRLIMANN[1623] entwickelten Kriterien auch das hohe Maß der von türkischen Insassen begangenen Gewaltdelikte, das hohe Strafmaß, die häufige Teilnahme (mehrmals in der Woche oder im Monat) an Freizeitaktivitäten in der Anstalt (90,7 %) und die hohe Beteiligung an „Handelsgeschäften" in der Anstalt. 94,8 % der türkischen Insassen gaben an, anderen Gefangenen häufig Kaffee, Tee, Tabak oder Drogen zu leihen, andererseits leihen sie sich deutlich seltener etwas bei anderen aus (76,3) und zwar zu 64,9 % von ihren Landsleuten. Sie selbst verleihen entsprechend häufig etwas an ihre Landsleute (69,1 %), am zweithäufigsten an deutsche Insassen (53,6 %).
  Durch die Verschuldung der anderen Insassengruppen werden Abhängigkeitsverhältnisse gegenüber türkischen Insassen begründet und aufrechterhalten, die ebenfalls auf eine hohe oder gehobene Position des überwiegenden Anteils der Türken innerhalb der Insassensubkultur schließen lassen.

- Rund die Hälfte (52,6 %) der türkischen Insassen hat das Verhältnis zu deutschen Mithäftlingen als „sehr gut" bis „gut" bezeichnet, ein ebenso gutes Verhältnis besteht bei 66,0 % der Türken zu ihren Landsleuten. Rund 75 % der türkischen Volkszugehörigen beurteilen auch das Verhältnis zu kurdischen Mitgefangenen als konfliktfrei. Auffällig war bei der Frage nach dem gewünschten Ausgang eines Fußball-Länderspiels Deutschland gegen die Türkei, daß 76,7 % der türkischen Volkszugehörigen für ein Sieg des türkischen Teams stimmten, aber lediglich 16,7 % der Kurden. Dieses Ergebnis könnte als Beleg für den „Drei-Generationen-Assimilationszyklus" gewertet werden, da es den Schluß auf eine Hinwendung der jungen Türken zu ihrem Herkunftsland nahelegt, mit dem sie sich deutlich stärker als mit dem Gastland identifizieren.

- Nach Angaben von 51,5 % der türkischen Insassen und sogar 80,0 % der Ausländerbeauftragten und Justizvollzugsbediensteten kommt es häufig zu Auseinandersetzungen zwischen türkischen Insassen und Aussiedlern bzw. Rußlanddeutschen in den Anstalten, wobei es meistens um die Herrschaft im Drogengeschäft und die Vormachtstellung innerhalb der Insassensubkultur geht.

[1623] HÜRLIMANN, MICHAEL a.a.O. (Fn. 884), S. 132 f.

- Über die Hälfte (54,6 %) der türkischen Insassen haben keinen Unterschied in der Behandlung durch die Justizvollzugsbediensteten im Vergleich zu deutschen Inhaftierten festgestellt, immerhin 40,2 % fühlen sich von einzelnen Bediensteten schlechter behandelt. Allerdings haben in Konfliktsituationen lediglich 22,7 % der türkischen Insassen keinen Ansprechpartner in der Anstalt, die übrigen knapp 80 % können mit Landsleuten (43,3 %) unter den Mitgefangenen, Sozialarbeitern (33,0 %) und Psychologen (16,5 %) über ihre Probleme reden.

- Für den Einsatz eines türkischen Betreuers hat sich die Hälfte (49,5 %) der türkischen Insassen ausgesprochen, wobei als Begründung am häufigsten die gleiche Sprache und Mentalität (34,0 %), ein besseres Verständnis (34,0 %), bessere Information und Beratung (33,0 %) und eine bessere Behandlung (19,6 %) genannt wurden.

- Die Ausländerbeauftragten und Justizvollzugsbediensteten haben mehrheitlich betont, daß aufgrund des anderen kulturellen Hintergrund und der anderen Mentalität der jungen Türken Kurse für Bedienstete angeboten werden sollten, die auf die Kultur, insbesondere den Ehrbegriff und das Rollenverhalten innerhalb der türkischen Familien eingehen.

  Besonderheiten im Umgang mit türkischen Insassen bestehen nach Auskunft der Bediensteten aufgrund der anderen Mentalität, des stark ausgeprägten Ehrgefühls, Problemen mit weiblichen Bediensteten in Führungspositionen bei den Insassen und deren Vätern, so daß auch die Familienarbeit erschwert wird. Die (drohende) Ausweisung und Abschiebung würden von den türkischen Insassen als sehr belastend empfunden. Die Entscheidungen der Ausländerbehörde ergehen häufig erst gegen Ende der Haftzeit und somit zu spät, insbesondere weil in diesen Fällen die türkischen Insassen über einen langen Zeitraum keine Lockerungen erhalten. Hinzu kommen eine andere Rechtsauffassung bei türkischen Insassen, ihre führende Position im Drogenhandel und in der Subkultur sowie zunehmende Auseinandersetzungen mit Rußlanddeutschen.

- Bezogen auf die Drogenabhängigkeit vor der Inhaftierung wurde festgestellt, daß die Insassen mit kurdischer Volkszugehörigkeit mit 20,8 % seltener drogenabhängig waren als die türkischen Volkszugehörigen (39,7 %), und zu rund einem Drittel ausschließlich mit Drogen gehandelt haben, ohne selbst drogenabhängig gewesen zu sein.
  Die deutschen Inhaftierten in der JVA Heinsberg waren mit einem Anteil von 62,5 % signifikant häufiger vor der Inhaftierung drogenabhängig als die Insassen mit türkischer Staatsangehörigkeit. Demgegenüber haben übereinstimmend etwa 19 % der deutschen und türkischen Insassen vor der Inhaftierung keine Drogen konsumiert; die übrigen haben unregelmäßig Drogen genommen.

- In den Anstalten werden nach Einschätzung der türkischen und kurdischen Insassen von rund 75 % der Türken Haschisch, von 25 % Heroin und von etwa 15 % Kokain konsumiert.

Die Ausländerbeauftragten und Justizvollzugsbediensteten haben durchschnittlich den Drogenkonsum der Insassen auf rund 60 % geschätzt.

- Die Drogen werden von den Insassen, die Lockerungen oder Urlaub erhalten mitgebracht, am häufigsten von deutschen Insassen (77,3 %), von Freunden, die als Besucher in die Anstalt kommen (72,2 %), deutlich seltener wurde die Familie (45,4 %) und schließlich Vollzugsbeamte (20,6 %) genannt. Die Preise für die Drogen liegen deutlich über den Preisen, die außerhalb der Anstalt bezahlt werden.

- Bezüglich der Religionsausübung wurde festgestellt, daß 85,9 % der türkischen Insassen die Gelegenheit erhalten, einmal im Monat oder öfter einen Geistlichen ihrer Glaubensrichtung in der Anstalt aufzusuchen; die Einhaltung der Fastenzeit, beispielsweise das Mittagessen erst abends zu erhalten, wurde einem Drittel (34,4 %) der Insassen nicht ermöglicht. In diesem Bereich bestehen Unterschiede zwischen den einzelnen Anstalten.

- Für alle türkischen Insassen besteht die Möglichkeit, die sog. Moslem- oder Moha-Kost in den Anstalten zu erhalten. Allerdings sind rund 90 % mit der Qualität des Essens unzufrieden, vor 20 Jahren lag dieser Prozentsatz noch bei 70 %[1624].

- Während lediglich 17,5 % der türkischen Insassen der Ansicht sind, zu selten türkische Zeitungen und keine türkischen Bücher (15,5 %) in der Anstalt zu erhalten, lesen über die Hälfte (53,6 %) gar keine Bücher oder interessieren sich nur für deutsche Bücher. Demgegenüber hat die Hälfte (51,5 %) der türkischen Insassen bedauert, keinen türkischen Radiosender (außer einmal in der Woche) empfangen zu können und 82,5 % hätten gerne einen türkischen Fernsehsender, insbesondere um außer Nachrichtensendungen auch türkische Spielfilme und Musiksendungen sehen zu können.

- Die türkischen Insassen verfügen über ein hohes Maß an Außenkontakten:
  86,6 % haben regelmäßig Briefkontakt nach „draußen“ und 47,4 % erhalten häufiger als einmal im Monat Besuch.
  In allen Anstalten wird den Insassen ermöglicht, in Notfällen ein kostenfreies Telefonat zu führen. Die Einzelheiten dieser Regelungen sind in den einzelnen Anstalten sehr unterschiedlich ausgestaltet.

- Deutschkurse erhielten durchschnittlich 41,7 % der Insassen mit kurdischer Volkszugehörigkeit und erwartungsgemäß aufgrund der durchschnittlich besseren Deutschkenntnisse lediglich 2,7 % der türkischen Volkszugehörigen. Auffällig ist, daß immerhin 3,7 % der deutschen Insassen an einem Deutschkurs teilnahmen. Dieser Anteil ist wahrscheinlich auf den stetig ansteigenden Anteil junger Aussiedler zurückzuführen, denn 11,8 % der deutschen Insassen waren bei ihrer Einreise nach Deutschland bereits 11 Jahre alt oder älter.

[1624] Vgl. SCHAFFNER, PAUL / KNEIP, WOLFGANG a.a.O. (Fn. 22), S. 259, (264).

- Bezüglich der schulischen Weiterbildungsmaßnahmen in den Anstalten wurde festgestellt, daß die türkischen Staatsangehörigen häufiger an schulischem Unterricht und die deutschen Inhaftierten häufiger an einer Form des Berufsschulunterrichts teilnehmen. Entsprechend haben die deutschen Insassen zu einem höheren Anteil (49,7 %) an einer beruflichen Bildungsmaßnahme teilgenommen, gegenüber 30,9 % der türkischen Inhaftierten, die dafür öfter eine sonstige Tätigkeit in der Anstalt, beispielsweise Zellenarbeit, ausübten.

  Als (vermuteter) Ablehnungsgrund für Weiterbildungsmaßnahmen wurden von den Kurden am häufigsten schlechte Deutschkenntnisse (29,2 %) und ein laufendes Ausweisungsverfahren (25,0 %), von den Türken dagegen die zu kurze Haftzeit (15,1 %) genannt.

- 81,4 % der türkischen Insassen hatten zum Befragungszeitpunkt noch keine Vollzugslockerung oder Urlaub erhalten, gegenüber 57,8 % der deutschen Inhaftierten. Während die deutschen Insassen signifikant häufiger (35,8 %) Ausgang erhalten hatten (bei den Türken waren dies 15,5 %), erhielten beide Gruppen nahezu gleich häufig Urlaub: 19,8 % der deutschen und 17,5 % der türkischen Insassen.

  Als Gründe für das geringere Maß an Vollzugslockerungen wurden von den türkischen Insassen das laufende Ausweisungsverfahren (32,0 %), die Befürchtung des Mißbrauchs (Fluchtgefahr) (29,9 %) und die generelle Diskriminierung der Ausländer (17,5 %) genannt.

- Die Insassen mit kurdischer Volkszugehörigkeit waren signifikant häufiger von einer Ausweisung bedroht: Während für 29,2 % der Kurden bereits feststand, daß sie ausgewiesen werden, war dies lediglich bei 4,4 % der Türken der Fall. Offen war das Verfahren bei 50,0 % der türkischen und 33,3 % der kurdischen Insassen. Daß sie in Deutschland bleiben dürfen, wußten bereits 26,5 % der türkischen, dagegen lediglich 8,3 % der kurdischen Volkszugehörigen.

  Die Angst vor einer Ausweisung war bei 80,5 % aller Insassen mit türkischer Staatsangehörigkeit „sehr groß" bis „ziemlich groß". Dieses Ergebnis stellt einen deutlichen Anstieg der Ausweisungsangst gegenüber dem Anteil von 46,5 %[1625] in der Untersuchung aus dem Jahr 1981 dar und deutet auf ein höheres Maß an Integration der jungen Türken hin, die inzwischen über gute Deutschkenntnisse verfügen und die Türkei nur noch aus dem Urlaub kennen.

- Die Annahme, daß die türkischen Insassen aufgrund des noch nicht abgeschlossenen Ausweisungsverfahrens oder der bereits feststehenden Ausweisung seltener Ausgang und Urlaub erhalten, wurde bestätigt.

1625 BOSETZKY, HORST / BORSCHERT, JÜRGEN / HELM, SIEGFRIED a.a.O. (Fn. 22), S. 198, (280).

Kein Zusammenhang wurde zwischen dem laufenden Ausweisungsverfahren bzw. der Ausweisung und der Teilnahme an schulischen Maßnahmen in der Anstalt festgestellt. Diese erfolgt nach Deutschkenntnissen und schulischer Vorbildung.

- Als schwerwiegende Probleme nach der Entlassung wurden besonders häufig die Ausweisung und Abschiebung (57,7 %), die Arbeitslosigkeit (46,4 %) und der Militärdienst in der Türkei (37,1 %) genannt.

- Alle Insassen mit türkischer Volkszugehörigkeit und 83,3 % der kurdischen Insassen wollen ihre (Rest-)Jugendstrafe in Deutschland verbüßen. Als Gründe für die Strafverbüßung in Deutschland nannten die Insassen mit türkischer Staatsangehörigkeit (bei möglichen Mehrfachnennungen) besonders häufig, daß sie „nach der Entlassung in Deutschland leben wollen" (70,1 %), daß die „Familie und Verwandte in Deutschland" leben (64,9 %) und daß die „Haftbedingungen in der Türkei schlechter als in Deutschland" sind (55,7 %).

Teil E: Kriminalpolitische Diskussion im Kontext der Ergebnisse der Untersuchung

Kapitel 17: Konsequenzen der Untersuchung für die Zukunft türkischer Insassen im Jugendstrafvollzug

Die Konsequenzen, die sich aus dem Ergebnissen der Untersuchung für die türkischen Insassen im Jugendstrafvollzug ergeben, werden vorgestellt und diskutiert.

I. Resozialisierung als Vollzugsziel für türkische Insassen

Es ist zu überlegen, ob die Ausgestaltung des Jugendstrafvollzuges für die türkischen Insassen, insbesondere unter Berücksichtigung des Gesichtspunktes der Gleichbehandlung aller Inhaftierten, noch der Vollzugswirklichkeit entspricht[1626]. Bereits 1984 forderte SCHOBER[1627], daß die Resozialisierungsmaßnahmen den jungen ausländischen Inhaftierten in dem gleichen Maße wie den deutschen Insassen zur Verfügung stehen sollten.

FEHRE[1628] gibt in bezug auf die Maßnahmen zur Wiedereingliederung türkischer und ausländischer Insassen im allgemeinen zu bedenken, daß die Resozialisierungskonzepte fast ausschließlich an deutschen Normen und deutschen Erziehungs- und Bildungsidealen orientiert sind[1629].

> *Ein Ausländerbeauftragter berichtete in diesem Zusammenhang von den Schwierigkeiten bei der Familienarbeit mit türkischen Insassen und deren Angehörigen: „In der Familienarbeit mit türkischen Insassen und ihren Familien gibt es häufig Probleme, weil des Integrationsziel, die Insassen zur Selbständigkeit anzuleiten und ihnen zu helfen, sich vom Elternhaus zu lösen, von den türkischen Familien nicht gewünscht wird. Wohin sollen wir die türkischen Insassen integrieren, in die deutsche oder in die türkische Kultur?"*

Der hohe Anteil (34,0 %)[1630] der nichtdeutschen Gefangenen an der Insassenpopulation und der noch deutlich höhere Anteil der türkischen Staatsangehörigen an allen nichtdeutschen Inhaftierten in Höhe von 43,6 %[1631] im Jugendstrafvollzug in Nordrhein-Westfalen sagen für sich genommen noch nichts darüber aus, wie viele dieser Insassen sich nur zu dem Zweck der Straftatbegehung in der Bundesrepublik

---

1626 Vgl. auch SCHWIND, HANS-DIETER a.a.O. (1999a) (Fn. 10), S. 323, (355).

1627 SCHOBER, THEODOR: Für eine gerechte und menschliche Behandlung straffälliger junger Ausländer. In: ZfStrVo, Jg. 33, Heft 5, 1984, S. 299, (301).

1628 FEHRE, E.: Unveröffentlichtes Manuskript aus dem Jahre 1996, S. 2, zit. nach SCHWIND, HANS-DIETER a.a.O. (1999a) (Fn. 10), S. 323, (355).

1629 FEHRE, E. a.a.O. (Fn. 1628), S. 323, (355).

1630 Vgl. oben unter Teil D, Kapitel 10, I.

1631 Vgl. oben unter Teil D, Kapitel 10, I.

Deutschland aufgehalten haben und wie viele hier aufgewachsen und sozial integriert sind und beispielsweise die deutsche Sprache besser als ihre Muttersprache sprechen.

Von zahlreichen türkischen Insassen[1632], einigen Ausländerbeauftragten und Justizvollzugsbediensteten und teilweise auch in der Literatur[1633] wird gefordert, bei in Deutschland geborenen bzw. aufgewachsenen ausländischen Insassen, die in Deutschland straffällig geworden sind, von einer Ausweisung generell abzusehen:

> SCHOBER[1634] *hat gefordert, daß junge Ausländer, die ihren Lebensmittelpunkt in der Bundesrepublik haben, also hier aufgewachsen sind oder bei ihren sich rechtmäßig in der Bundesrepublik aufhaltenden Eltern wohnen und nur noch über geringe Bindungen an das Heimatland verfügen, grundsätzlich nicht ausgewiesen werden: „Die ausländischen Jugendlichen sind hier straffällig geworden und sollten deshalb auch hier resozialisiert werden"*[1635]*. Dieser Ausweisungsschutz geht über die gesetzliche Regelung in § 48 AuslG*[1636] *hinaus, der, wie von* SCHOBER[1637] *bereits 1984 gefordert, für heranwachsende straffällige Ausländer insoweit einen besonderen Ausweisungsschutz darstellt, als er für Fälle, in denen zwingend eine Ausweisung erfolgen würde, unter den genannten Voraussetzungen*[1638] *eine Regelausweisung bzw. eine Ermessensentscheidung vorsieht.*
> BUKOWSKI[1639] *fordert „tiefgreifende Änderungen des Ausländerrechts. Kriminalität und abweichendem Verhalten ist mit strafrechtlichen Sanktionen ausreichend zu begegnen, Ausweisung als zusätzliche Strafe daher unnötig"*[1640].

Die uneingeschränkte Forderung, Ausländer, die in Deutschland eine Straftat begangen haben, nicht auszuweisen, erscheint problematisch, weil sie nicht nach dem Zweck des Aufenthaltes differenziert. Bei türkischen Straftätern, die lediglich zu dem Zweck einer Straftatbegehung, beispielsweise zur Ausübung des Drogenhandels, nach Deutschland eingereist sind und somit zu keinem Zeitpunkt die Bereitschaft besaßen, in die deutsche Gesellschaft integriert zu werden, ist es nahezu unmöglich, sie gegen ihren Willen mit Resozialisierungsmaßnahmen in der Anstalt auf ein straffreies Leben in der deutschen Gesellschaft vorzubereiten. Für diese Straftäter ist eine Ausweisung gem. § 47 Abs. 1 Nr. 1 AuslG, beispielsweise bei der Begehung einer oder mehrerer vorsätzlicher Straftaten und einer Verurteilung zu einer Jugendstrafe von mindestens

---

1632 Vgl. oben unter Teil D, Kapitel 15, VIII., 2.

1633 BUKOWSKI, ANNETTE a.a.O. (1998) (Fn. 9), S. 88; SCHOBER, THEODOR a.a.O. (Fn. 1627), S. 299, (301); vgl. auch KIRPES, REINHARD: Ausweisung und Abschiebung. Damoklesschwert für straffällige und nicht straffällige Ausländerinnen und Ausländer. In: BewHi, Jg. 47, Heft 1, 2000, S. 102, (103 ff.); VENTZKE, KLAUS-ULRICH: Ausweisung von Inländern – eine nicht bedachte Folge strafgerichtlicher Verurteilungen? In: StV, Jg. 14, Heft 6, 1994, S. 337, (338 ff.).

1634 SCHOBER, THEODOR a.a.O. (Fn. 1627), S. 299.

1635 SCHOBER, THEODOR a.a.O. (Fn. 1627), S. 299, (301), vgl. auch oben unter Teil D, Kapitel 15, VIII., 2.

1636 Vgl. oben unter Teil B, Kapitel 4, II., 2.

1637 SCHOBER, THEODOR a.a.O. (Fn. 1627), S. 299.

1638 Vgl. oben unter Teil B, Kapitel 4, II., 2.

1639 BUKOWSKI, ANNETTE a.a.O. (1998) (Fn. 9), S. 88.

1640 BUKOWSKI, ANNETTE a.a.O. (1998) (Fn. 9), S. 88.

drei Jahren, vorgesehen[1641]. Demgegenüber genießen die in Deutschland aufgewachsenen türkischen Insassen, die hier mit ihrer Familie gelebt haben, ihre Lebensperspektive in Deutschland sehen und für die die Türkei ein fremdes Land ist, den erhöhten Ausweisungsschutz aus § 48 AuslG[1642].

Da 66,0 %[1643] der Insassen mit türkischer Staatsangehörigkeit im geschlossenen Jugendstrafvollzug in Nordrhein-Westfalen in Deutschland geboren wurden, 76,7 %[1644] ihren letzten Wohnsitz vor der Inhaftierung bei den Eltern hatten und 84,5 %[1645] über „gute" bis „sehr gute" Deutschkenntnisse verfügen, erhält ein Großteil der türkischen Insassen den besonderen Ausweisungsschutz aus § 48 AuslG[1646].

Für rund 26,5 % der Insassen mit türkischer Volkszugehörigkeit, dagegen für lediglich 8,3 % der kurdischen Insassen, stand zum Befragungszeitpunkt bereits fest, daß sie nach der Strafverbüßung nicht in die Türkei ausgewiesen werden[1647]. Für diese Insassen müßte das Resozialisierungsziel aus § 2 S. 1 StVollzG, der gem. § 2 JGG neben dem Erziehungsauftrag aus § 91 Abs. 1 JGG[1648] auch auf den Jugendstrafvollzug Anwendung findet[1649], auf eine Integration in die deutsche Gesellschaft ausgerichtet sein. Sie haben, ebenso wie die deutschen Inhaftierten, ihren Lebensmittelpunkt in der Bundesrepublik und können mit den gleichen sozialarbeiterischen Mitteln erreicht und resozialisiert werden wie die deutschen Gefangenen[1650].

II. Entscheidung über Abschiebung durch das Ausländeramt zu Beginn des Vollzuges

Die Anwendung der unterschiedlichen Resozialisierungsziele hängt davon ab, ob der türkische Insasse nach der Strafverbüßung in Deutschland bleiben kann und die Resozialisierungsbemühungen darauf ausgerichtet sein sollten, ihn in die deutsche Gesellschaft zu integrieren oder ob er ausgewiesen wird und somit auf das Leben in der Türkei vorbereitet werden sollte.

Der späte Zeitpunkt der Entscheidung der Ausländerbehörde im Ausweisungsverfahren führt zu einer als sehr belastend empfundenen Ungewißheit bei den türkischen Insassen[1651] und schränkt die Anwendung von Resozialisierungsmaßnahmen, da

---

[1641] Vgl. oben unter Teil B, Kapitel 4, II., 2.

[1642] Vgl. oben unter Teil B, Kapitel 4, II., 2.

[1643] Vgl. oben unter Teil D, Kapitel 10, II., 6., b).

[1644] Vgl. oben unter Teil D, Kapitel 10, II., 11., b).

[1645] Vgl. oben unter Teil D, Kapitel 10, II., 5.

[1646] Vgl. oben unter Teil B, Kapitel 4, II., 2.

[1647] Vgl. oben unter Teil D, Kapitel 15, VIII, 1.

[1648] Vgl. oben unter Teil B, Kapitel 4, II., 1., a).

[1649] Vgl. oben unter Teil B, Kapitel 6, I., 5.

[1650] WALTER, ARNO: Probleme des Strafvollzugs und Abhilfemöglichkeiten. In: BewHi, Jg. 45, Heft 1, 1998, S. 54, (58).

[1651] Vgl. oben unter Teil D, Kapitel 15, VIII., 2.; BUKOWSKI, ANNETTE a.a.O. (1996) (Fn. 730), S. 225, (227).

beispielsweise gem. Nr. 6 Abs. 11 d) VVJug Lockerungsmaßnahmen seltener als bei deutschen Insassen gewährt werden[1652], stark ein.

Von 55 % der befragten Ausländerbeauftragten und Justizvollzugsbediensteten wurde bei der Frage nach besonderen Problemen bei türkischen Insassen die späte Entscheidung der Ausländerbehörde im Ausweisungsverfahren genannt, die häufig erst gegen Ende der Haftzeit ergeht[1653].

Aufgrund des oben dargestellten Zusammenhangs zwischen der (drohenden) Ausweisung und dem geringeren Maß an Vollzugslockerungen (Ausgang[1654]) und Urlaub[1655] ist eine Beschleunigung des Ausweisungsverfahrens dringend geboten, um den türkischen Insassen, die überwiegend „Inländer mit ausländischer Nationalität" sind, weil sie in Deutschland geboren und aufgewachsen sind[1656], die gleichen Resozialisierungsmöglichkeiten, insbesondere im Bereich der Vollzugslockerungen und Urlaub sowie bei den Ausbildungsmaßnahmen[1657] zukommen zu lassen.

Auch türkische Gefangene, denen ausländerrechtliche, ihren Aufenthalt in Deutschland beendende Maßnahmen drohen, sind von der Gewährung von Vollzusglockerungen gem. Nr. 6 Abs. 11 d) VVJug nicht grundsätzlich ausgeschlossen; bei ihnen ist lediglich eine besonders sorgfältige Prüfung der Ablehnungsgründe, insbesondere der Mißbrauchsgefahr geboten[1658]. BUKOWSKI[1659] *ist der Ansicht, daß die Anstaltsleitungen „hier gefordert (sind), den rechtlichen Rahmen der VVJug voll auszuschöpfen"*[1660].
Selbst bei Vorliegen einer vollziehbare Ausweisungsverfügung besteht zwar ein konkreter Anlaß für die Befürchtung, daß für den Gefangenen ein Anreiz besteht, sich der weiteren Strafverbüßung durch Flucht ins Ausland oder Untertauchen zu entziehen (Nr. 6 Abs. 8 c) sowie Nr. 8 Abs. 7 c) VVJug), allerdings sind Ausnahmen möglich, die gem. Nr. 6 Abs. 9 S. 1 bzw. Nr. 8 Abs. 8 S. 1 VVJug die Zustimmung der Aufsichtsbehörde voraussetzen[1661]. *Nach überwiegender Meinung*[1662] *bindet ein fehlendes „Benehmen" mit der Ausländerbehörde im Sinne der Nr. 6 Abs. 9 S. 3 VVJug (entspricht VV Nr. 6 Abs. 2 S. 2*

1652 Vgl. oben unter Teil B, Kapitel 4, II., 1., c); Teil D, Kapitel 15, VIII., 3.; BUKOWSKI, ANNETTE a.a.O. (1996) (Fn. 730), S. 225, (227).
1653 Vgl. oben unter Teil D, Kapitel 13, IV.
1654 Vgl. oben unter Teil D, Kapitel 15, VIII., 3.
1655 Vgl. oben unter Teil D, Kapitel 15, VIII., 3.
1656 WALTER, MICHAEL a.a.O. (1993) (Fn. 43), S. 347, (356).
1657 BUKOWSKI, ANNETTE a.a.O. (1996) (Fn. 730), S. 225, (227); WALTER, MICHAEL a.a.O. (1993) (Fn. 43), S. 347, (359).
1658 Schwind / Böhm – KÜHLING, PAUL / ULLENBRUCH, THOMAS a.a.O. (Fn. 767), § 11 Rn. 20 m.w.N. Vgl. auch oben unter Teil B, Kapitel 4, II., 1., c). Nr. 8 Abs. 10 e) VVJug enthält die entsprechende Regelung für die Urlaubsgewährung.
1659 BUKOWSKI, ANNETTE a.a.O. (1998) (Fn. 9), S. 87.
1660 BUKOWSKI, ANNETTE a.a.O. (1998) (Fn. 9), S. 87.
1661 Schwind / Böhm – KÜHLING, PAUL / ULLENBRUCH, THOMAS a.a.O. (Fn. 767), § 11 Rn. 20 m.w.N.
1662 OLG Frankfurt, in: NStZ 1983, S. 93; OLG Hamm, in: NStZ 1985, S. 382; OLG Celle, in: ZfStrVo 1984, S. 251; NEU, GUIDO a.a.O. (Fn. 23), S. 329, (334 f); Schwind / Böhm – KÜHLING, PAUL / ULLENBRUCH, THOMAS a.a.O. (Fn. 767), § 11 Rn. 21 m.w.N.; a. A.: CALLIES, ROLF-PETER / MÜLLER-DIETZ, HEINZ a.a.O. (Fn. 656), § 13 Rn. 18.

zu § 11 StVollzG) bzw. Nr. 8 Abs. 8 S. 3 VVJug (entspricht VV Nr. 3 Abs. 2 S. 2 zu § 13 StVollzG) den Anstaltsleiter bei der Entscheidung über ein Vollzugslockerungs- oder Urlaubsbegehren nicht, so daß er frei nach den Voraussetzungen der Nr. 6 Abs. 2 und Nr. 8 Abs. 1 S. 2 VVJug (entspricht §§ 13 Abs. 1 S. 2 und 11 Abs. 2 StVollzG) entscheiden kann[1663].

Von einigen Ausländerbeauftragten in den Jugendstrafanstalten[1664] und auch in der Literatur[1665] wird seit längerer Zeit gefordert, daß möglichst frühzeitig, also im Idealfall schon zu Beginn des Vollzuges, eine verbindliche Entscheidung des Ausländeramtes im Ausweisungsverfahren über die Abschiebung getroffen wird.

Bezüglich der Lockerungspraxis bei nichtdeutschen Inhaftierten weist WALTER[1666] *auf den Druck hin, der durch die Ausländerbehörden ausgeübt wird, „die den Vollzug gern (contra legem) als Erfüllungsgehilfen betrachten“*[1667].

Auch wenn nach Auskunft der Ausländerbeauftragten zwischen den einzelnen Ausländerbehörden große Unterschiede bezüglich der Bearbeitungszeit des Ausweisungsverfahrens bestehen[1668], sollte eine einheitliche verbindliche Regelung getroffen werden, die vorsieht in welchem zeitlichen Rahmen eine Entscheidung der Ausländerbehörde ergehen soll. Bei dieser Regelung ist insbesondere zu berücksichtigen, daß eine erst am Ende der Haftzeit ergehenden Entscheidung über die Ausweisung eine sinnvolle Entlassungsvorbereitung nahezu vereitelt[1669] und daher dringend vermieden werden sollte. Hinzu kommt, daß bereits die drohende Abschiebung in das Heimatland dem Behandlungsgedanken häufig zuwider läuft[1670]. Aus diesen Gründen erscheint es dringend geboten, die Entscheidung über eine Ausweisung spätestens nach vier bis

---

1663 WEBER, STEPHAN a.a.O. (Fn. 15), S. 49; BAISCH, GERHARD: Strafvollzug – Büttel einer Ausländer-raus-Politik. In: KrimPäd, Jg. 21, Heft 34, 1993, S. 33, (34).

1664 Vgl. oben unter Teil D, Kapitel 15, VII., 2.

1665 SCHOBER, THEODOR a.a.O. (Fn. 1627), S. 299, (301); BÖHM, ALEXANDER a.a.O. (1986) (Fn. 23), S. 140; BUKOWSKI, ANNETTE a.a.O. (1996) (Fn. 730), S. 225, (227); SCHWIND, HANS-DIETER a.a.O. (1999a) (Fn. 10), S. 323, (356); BIELEFELD, ULI / KREISSL, REINHARD: Ausländische Jugendliche und Kriminalisierung. Die Bedeutung qualitativer Ergebnisse für die kriminalpolitische Diskussion. In: Schüler-Springorum, Horst (Hrsg.): Jugend und Kriminalität. Kriminalpolitische Beiträge zur kriminalpolitischen Diskussion. Frankfurt a. M. 1983, S. 78, (90); REIF, WOLFGANG: Zur Situation nichtdeutscher Inhaftierter in den Justizvollzugsanstalten. In: Jünschke, Klaus / Tekin, Ugur (Hrsg.): Jugendkriminalität. Gegen die Kriminalisierung von Jugendlichen. Köln 1997, S. 47, (51).

1666 WALTER, MICHAEL a.a.O. (1993) (Fn. 43), S. 347, (359).

1667 WALTER, MICHAEL a.a.O. (1993) (Fn. 43), S. 347, (359): Die Ausländerbehörde sehe beispielsweise die Untersuchungshaft, die auch am Wochenende zu haben ist, als eine Art „Vor-Abschiebehaft“ an.

1668 Vgl. oben unter Teil D, Kapitel 15, VII., 2.

1669 ROTTHAUS, KARL-PETER a.a.O. (1968) (Fn. 742), S. 353, (362); KAISER, GÜNTHER: Vollstreckungsplan und Anstaltsarten – Differenzierung bei Nichtdeutschen im Strafvollzug der Bundesrepublik. In: Kaiser, Günther / Kerner, Hans-Jürgen / Schöch, Heinz (Hrsg.): Strafvollzug, 4. Aufl., Heidelberg 1992, § 9 Rn. 27.

1670 CHAIDOU, ANTHOZOE (a.a.O.) (1984a) (Fn. 22), S. 192 f; KREBS, ALBERT a.a.O. (Fn. 23), S. 343, (346); KAISER, GÜNTHER a.a.O. (1992) (Fn. 1669), § 9 Rn. 27.

sechs Wochen Haftdauer zu treffen[1671]. Außerdem sollten sich bevor die Entscheidung ergeht, „die polizeilichen Ordnungsbehörden möglichst in den Vollzugsanstalten von den jeweiligen Fällen ein genaues Bild verschafft haben“[1672].

III. Vernetzung der Zusammenarbeit zwischen Anstalt, Ausländeramt und Vollstreckungsbehörde

Weiterhin wurde bereits von SCHWIND[1673] angeregt, die Zusammenarbeit zwischen der Anstalt, dem Ausländeramt und der Vollstreckungsbehörde enger zu verknüpfen oder aus diesen drei Einrichtungen ein gemeinsames Gremium zu bilden, um eine Beschleunigung des Ausweisungsverfahrens zu erreichen.
Um eine rasche Entscheidung im Ausweisungsverfahren herbeizuführen und um die Zeitspanne zu verkürzen, in der keine Lockerungen genehmigt werden und die Zunkunft ungewiß ist, besteht in der derzeitigen Situation lediglich die Möglichkeit der Intervention des vollzugsinternen Sozialdienstes, der durch wiederholte Nachfrage bei der Ausländerbehörde auf eine rasche Entscheidung im Ausweisungsverfahren hinzuwirken versucht[1674].

IV. Resozialisierungsprogramme für Inhaftierte mit Ausweisungsverfügung

Auch ein wirksamer Ausweisungsbeschluß muß nicht den Ausschluß des Inhaftierten aus dem Resozialisierungsprogramm bedeuten. Vielmehr sollten auch für Inhaftierte, gegen die bereits eine Ausweisungsverfügung erlassen worden ist, Resozialisierungsangebote zur Verfügung gestellt werden, die allerdings nicht auf die Integration in die deutsche Gesellschaft ausgerichtet sind, sondern alternativ auf die Rückkehr in das Heimatland vorbereiten[1675].

Dieser Vorschlag wird teilweise[1676] als unrealistisch abgelehnt. Nach anderer Ansicht können türkische Inhaftierte, die in Deutschland straffällig geworden sind und nach der Strafverbüßung aus Deutschland ausgewiesen werden, nicht in gleicher Weise auf ein Leben in Freiheit vorbereitet werden wie Straftäter, die nach ihrer Haftentlassung in

---

[1671] KAISER, GÜNTHER a.a.O. (1992) (Fn. 1669), § 9 Rn. 27; vgl. auch SCHOBER, THEODOR a.a.O. (Fn. 1627), S. 299 ff.; BÖHM, ALEXANDER a.a.O. (1986) (Fn. 23), S. 141.

[1672] KAISER, GÜNTHER a.a.O. (1992) (Fn. 1669), § 9 Rn. 27. Vgl. auch SCHLEBUSCH, STEPHAN: Ausweisung von zu Jugendstrafe verurteilten ausländischen Inhaftierten. In: Jünschke, Klaus / Tekin, Ugur (Hrsg.): Jugendkriminalität. Gegen die Kriminalisierung von Jugendlichen. Köln 1997, S. 55, (63), der eine gutachterliche Beteiligung der JVA fordert.

[1673] SCHWIND, HANS-DIETER a.a.O. (1999a) (Fn. 10), S. 323, (357).

[1674] BUKOWSKI, ANNETTE a.a.O. (1998) (Fn. 9), S. 87.

[1675] KAISER, GÜNTHER a.a.O. (1992) (Fn. 1669), § 9 Rn. 27, der ergänzend die Festlegung eines unpfändbaren Mindestentgelts zur Deckung der Reisekosten vorschlägt; SCHWIND, HANS-DIETER a.a.O. (1999a) (Fn. 10), S. 323, (358); SCHMÜLLING, K. / WALTER, MICHAEL: Rechtliche Programme im Konflikt: Resozialisierung junger Straftäter unter den Bedingungen des Ausländerrechts. In: StV, Jg. 18, Heft 6, 1998, S. 313, (319); ZIEGER, MATTHIAS: Benachteiligung der Ausländer im Strafvollzug. Eine Herausforderung für Rechtsanwälte und Politiker. In: Der Lichtblick, Jg. 21, 1989, S. 4 ff.

[1676] FINKBEINER, LOTHAR / KARSTEN, RAINER / MEINERS, REINHARD a.a.O. (Fn. 307), S. 343, (346).

Deutschland bleiben werden, da sich die Zielvorgaben des Gesetzgebers, die auf eine Integration der Inhaftierten in die deutsche Gesellschaft ausgerichtet sind, sich nicht für die türkischen Insassen eignen, die nach der Strafverbüßung in die Türkei ausgewiesen werden[1677]*. Deshalb wird vorgeschlagen, daß bei inhaftierten Nichteuropäern „wahrscheinlich das Einsperren zum Programm werden müsse und allenfalls eine Vorbereitung auf die Ausweisung erfolgen könne"*[1678]*. Als ein Erfolg dieser Art des ‚Einsperr'-Strafvollzuges" würde gewertet werden können, wenn die Rückkehr nach Deutschland und somit ein erneutes Straffälligwerden in Deutschland immer unwahrscheinlicher wird, je öfter der Täter erwischt worden und je älter er geworden ist*[1679].

Daß es notwendig ist, bei der Auswahl der Resozialisierungsangebote zwischen den Insassen, die nach der Haftentlassung in Deutschland bleiben können und denen, die ausgewiesen werden, zu differenzieren, muß allerdings nicht zwingend dazu führen, daß letztere keine Resozialisierungsangebote erhalten. Vielmehr erscheint das Angebot alternativer Resozialisierungsmaßnahmen nicht nur vor dem Hintergrund der gesetzlich normierten Regelungen in § 2 Abs. 1 StVollzG, der über § 2 JGG Anwendung findet, und § 91 Abs. 1 JGG, die die Vorbereitung auf ein straffreies Leben für jeden Inhaftierten vorschreibt, sinnvoll, sondern auch deshalb, weil den ausländischen Insasssen, die ausgewiesen werden, Kenntnisse vermittelt werden können, beispielsweise die Grundkenntnisse eines Maurers, Tischlers oder Kfz-Mechanikers, Schneiders oder in metallverarbeitenden Berufen, die sie in ihrem Herkunftsland, beispielsweise der Türkei, beruflich einsetzen können, um sich eine eigene Existenzgrundlage aufzubauen[1680]. Auch das Angebot dieser Resozialisierungsmaßnahmen, die auf das Leben in der Heimat vorbereiten, können nur dann in ausreichendem Maße und zeitlicher Dauer angeboten werden, wenn möglichst frühzeitig, kurz nach Antritt der Jugendstrafe, die Entscheidung über die Ausweisung getroffen worden ist[1681].

V. Fortbildungsmaßnahmen für Bedienstete der Anstalten

Um den Mitarbeitern des Vollzuges den Umgang mit den nichtdeutschen Inhaftierten zu erleichtern, sollten ihnen Fortbildungsmaßnahmen in größerem Umfang als bislang angeboten werden.

1. Sprachkurse

Um die Sprachbarrieren zwischen Bediensteten und Insassen abzubauen, sollten auch weiterhin Sprachkurse für die Vollzugsbediensteten, beispielsweise in Zusammen-

---

1677 KOEPSEL, KLAUS: Resozialisierungsziele auf dem Prüfstand. In: Kriminalistik, Jg. 53, Heft 2, 1999, S. 81, (82).

1678 KOEPSEL, KLAUS a.a.O. (1999) (Fn. 1677), S. 81, (84).

1679 KOEPSEL, KLAUS a.a.O. (1999) (Fn. 1677), S. 81, (84).

1680 SCHWIND, HANS-DIETER a.a.O. (1999a) (Fn. 10), S. 323, (358); FEHRE, E. a.a.O. (Fn. 1628), S. 6; SCHMÜLLING, K. / WALTER, MICHAEL a.a.O. (Fn. 1675), S. 313, (319); SEEBODE, MANFRED: Behandlungsvollzug für Ausländer. In: KrimPäd, Jg. 25, Heft 37, 1997, S. 52 f.

1681 Vgl. auch oben unter Teil D, Kapitel 15, VII., 2.; Teil E, Kapitel 17, II.

arbeit mit der Volkshochschule[1682], insbesondere in Türkisch und Russisch, angeboten werden[1683].
Die Ausländerbeauftragten und Justizvollzugsbediensteten haben das Angebot von Kursen in türkischer Sprache aufgrund der großen Anzahl türkisch sprechender Insassen im Jugendstrafvollzug begrüßt, gleichzeitig aber aufgrund der inzwischen mehrheitlich „guten“ bis „sehr guten“ Deutschkenntnisse der jungen Türken auf das dringende Erfordernis einer Fortbildungsmaßnahme hingewiesen, die auf den kulturellen Hintergrund der türkischen Insassen eingeht[1684].

2. Interkulturelle Fortbildungsmaßnahmen

Der Wunsch nach Fortbildungsveranstaltungen, die auf die Ausländerproblematik eingehen und auch über kulturspezifische Besonderheiten der einzelnen Ausländergruppen informieren[1685] erscheint verständlich, da die Ausländerbeauftragten und Justizvollzugsbediensteten bei der Frage nach Besonderheiten und Schwierigkeiten im Umgang mit türkischen Inhaftierten besonders häufig den anderen kulturellen Hintergrund und das besondere Ehrgefühl (70 %) sowie die islamische Religion (50 %) genannt haben[1686]. Ebenfalls häufig wurde von Schwierigkeiten bei der Familienarbeit berichtet, weil ein von der deutschen Gesellschaft abweichendes Erziehungsziel angestrebt wird (40 %)[1687] oder weil, insbesondere von den türkischen Vätern, teilweise aber auch von den männlichen türkischen Insassen, weibliche Bedienstete in einer gehobenen Situation nicht akzeptiert werden (40 %)[1688].

Im Jahr 1998 wurde von dem Projektbereich UNIvation, der dem Lehrstuhl für Erwachsenenbildung/Weiterbildung der Universität zu Köln angegliedert ist, in Zusammenarbeit mit dem Justizministerium des Landes Nordrhein-Westfalen, der Justizakademie Recklinghausen sowie den Justizvollzugsanstalten Köln, Siegburg und Willich unter dem Titel „Möglichkeiten interkultureller Weiterbildung im Strafvollzug“ ein Probjekt ins Leben gerufen, um durch die Entwicklung und Durchführung eines Pilotseminars mit 13 Mitarbeitern des allgemeinen Vollzugsdienstes fehlendes Praxiswissen über allgemeine interkulturelle Bildungsinhalte, schwerpunktmäßig Normen- und Wertvorstellungen vor allem türkischer Migranten zu vermitteln[1689]. Die Themenfelder des Pilotseminars beinhalteten die Migrationsbewegungen in Deutschland; interkulturelle Grundlagen (z. B. Umgang mit Vorurteilen); die Türkei zwischen Vergangenheit und Moderne; eine Einführung in den Islam, die Gebetsriten und die muslimische

---

[1682] FINKBEINER, LOTHAR / KARSTEN, RAINER / MEINERS, REINHARD a.a.O. (Fn. 307), S. 343, (353).
[1683] SCHWIND, HANS-DIETER a.a.O. (1999a) (Fn. 10), S. 323, (356); vgl. auch oben unter Teil D, Kapitel 13, III.
[1684] Vgl. oben unter Teil D, Kapitel 13, III.
[1685] Vgl. oben unter Teil D, Kapitel 13, III., vgl. auch FINKBEINER, LOTHAR / KARSTEN, RAINER / MEINERS, REINHARD a.a.O. (Fn. 307), S. 343, (353); SCHWIND, HANS-DIETER a.a.O. (1999a) (Fn. 10), S. 323, (356).
[1686] Vgl. oben unter Teil D, Kapitel 13, IV.
[1687] Vgl. oben unter Teil D, Kapitel 13, IV.
[1688] Vgl. oben unter Teil D, Kapitel 13, IV.
[1689] BÖSE, GEORG / SCHIFFER, JOCHEN a.a.O. (Fn. 1561), S. 12.

Organisation in der Bundesrepublik Deutschland; interkulturelle Konflikte türkischer Jugendlicher in Deutschland am Fallbeispiel der Polizei; Ehrbegriffe im interkulturellen Vergleich, insbesondere Reflexionen zum türkischen Ehrverständnis; türkische Feste, Gebräuche und Musik; sowie abschließend landeskundliche Informationen zu dem Kosovo/Albanien und den G.U.S.[1690].

Unter dem Gesichtspunkt, daß der (Jugend-)Strafvollzug dem Vollzugsziel der Resozialisierung verpflichtet ist, und zur Verwirklichung dieses Ziels das Engagement motivierter Mitarbeiter unentbehrlich ist, sind Fortbildungskurse, die interkulturelle Bildungsangebote enthalten, gut geeignet, um die berufliche Motivationslage der Mitarbeiter des allgemeinen Vollzugsdienstes positiv zu beeinflussen. Beispielsweise werden die interkulturell geschulten Justizvollzugsbediensteten um Rat gefragt, wenn es um Entscheidungen geht, die ausländische Inhaftierte betreffen[1691]. Auf diese Weise erfahren die Bediensteten eine größere Anerkennung durch Kollegen und Vorgesetzte[1692] und werden zugleich von Seiten der ausländischen Gefangenen als „interkulturell geschulter (oder zumindest interessierter) Bediensteter als kompetent und vertrauenwürdig wahrgenommen"[1693]. Das Angebot von Fortbildungsmaßnahmen mit interkulturellen Inhalten ist, insbesondere aufgrund der durchschnittlichen Migrantendichte von 34,0 %[1694] im Jugendstrafvollzug in Nordrhein-Westfalen dringend geboten, um das Vertrauensverhältnis zwischen ausländischen Insassen und Mitarbeitern des allgemeinen Vollzugsdienstes zu verbessern[1695], das nicht selten von „Unverständnis, Interpretationsfehlern, Angst und Stressymptomen" [1696] geprägt ist und „zum Teil zu Übergriffen auf Mitgefangene wie Bedienstete"[1697] führt sowie um die eigene Wertschätzung des beruflichen Handelns zu erhöhen und den Status im Vollzugsalltag zu festigen[1698].

Es kann also festgehalten werden, daß interkulturelles Lernen zu einem festen Bestandteil im Rahmen der Aus- und Weiterbildung von Bediensteten des allgemeinen Vollzugsdienst werden sollte[1699], da aufgrund der Anforderungen, die an diese Berufsgruppe gestellt sind, die Kenntnis interkultureller Zusammenhänge eine Grundvoraussetzung für die berufliche Tätigkeit darstellt.

1690 BÖSE, GEORG / SCHIFFER, JOCHEN a.a.O. (Fn. 1561), S. 12, (13).
1691 BÖSE, GEORG / SCHIFFER, JOCHEN a.a.O. (Fn. 1561), S. 12, (15).
1692 BÖSE, GEORG / SCHIFFER, JOCHEN a.a.O. (Fn. 1561), S. 12, (15).
1693 BÖSE, GEORG / SCHIFFER, JOCHEN a.a.O. (Fn. 1561), S. 12, (16).
1694 Vgl. oben unter Teil E, Kapitel 17, I.; Teil D, Kapitel 10, I.
1695 Vgl. BÖSE, GEORG / SCHIFFER, JOCHEN a.a.O. (Fn. 1561), S. 12, (18): „Im März 1999 traf sich die projektbegleitende Arbeitsgruppe. Bei dieser Gelegenheit berichtete ein Vertreter der JVA Köln von positiven Auswirkungen des Pilotseminars in seiner Anstalt. Er wies darauf hin, daß sich nach Abschluß der Maßnahme ausländische Inhaftierte mit ihren Anliegen gezielt an die Teilnehmerinnen und Teilnehmer des Pilotseminars wenden würden. Es sei ein verbessertes Vertrauensverhältnis sowie ein entspannterer Umgang festzustellen".
1696 BÖSE, GEORG / SCHIFFER, JOCHEN a.a.O. (Fn. 1561), S. 12.
1697 BÖSE, GEORG / SCHIFFER, JOCHEN a.a.O. (Fn. 1561), S. 12.
1698 BÖSE, GEORG / SCHIFFER, JOCHEN a.a.O. (Fn. 1561), S. 12, (16).
1699 BÖSE, GEORG / SCHIFFER, JOCHEN a.a.O. (Fn. 1561), S. 12, (17).

VI. Bestellung (hauptamtlicher) Ausländerbeauftragter

Ferner sollten hauptamtliche Ausländerbeauftragte in jeder (Jugend-)Strafanstalt eingestellt werden[1700]. Zur Zeit sind die Ausländerbeauftragten der vier Jugendstrafvollzugsanstalten als Sozialarbeiter, Psychologen oder Abteilungsleiter in den Anstalten tätig und nehmen die Aufgabe des Ausländerbeauftragten zusätzlich zu ihren beruflichen Hauptaufgaben wahr.
Aufgrund der wachsenden Anzahl junger Aussiedler in den Jugendstrafanstalten und der zunehmenden Probleme, die mit dieser Insassengruppe auftreten[1701], sollten in den Anstalten zusätzlich Aussiedlerbeauftragte eingesetzt werden[1702], die über gute „Russischkenntnisse" verfügen und mit der Mentalität dieser Insassen vertraut sind[1703].

VII. Einstellung eingebürgerter Ausländer als Bedienstete

Ein weiterer Vorschlag zielt auf die Einstellung nicht in Deutschland geborener Bediensteter, also eingebürgerter Ausländer, um beispielsweise den türkischen Insassen von der Justizvollzugsanstalt modellhaft zu zeigen, daß sie nicht als Ausländer diskriminiert, sondern als gleichberechtigte Menschen akzeptiert werden[1704].

> *Von dieser Möglichkeit wird beispielsweise in der JVA Lingen bereits mit Erfolg Gebrauch gemacht. Dort sind drei Ärzte, ein Araber, eine Inderin und eine Russin, sowie ein ehemaliger Iraker als Mitarbeiter des allgemeinen Verwaltungsdienstes tätig, die auch ab und zu Dolmetschertätigkeiten ausüben*[1705].

Sowohl 49,5 % der türkischen Insassen als auch 90 % der befragten Ausländerbeauftragten und Justizvollzugsbediensteten haben sich für einen Einsatz deutschstämmiger Türken als Betreuer in den Anstalten ausgesprochen[1706]. Als Gründe wurden am häufigsten die gleiche Sprache und Mentalität sowie ein besseres Verständnis genannt (von 34,0 % der türkischen Inhaftierten), eine bessere Information und Beratung erhofften sich 33,0 % und eine bessere Behandlung 19,6 % der türkischen Insassen[1707].
Allerdings wurde sowohl von einigen Insassen[1708] als auch von Justizvollzugsbediensteten[1709] auf die bereits in der Literatur[1710] angesprochenen Schwierigkeiten bei

---

1700 FEHRE, E. a.a.O. (Fn. 1628), S. 4; SCHWIND, HANS-DIETER a.a.O. (1999a) (Fn. 10), S. 323, (356).
1701 Vgl. oben unter Teil D, Kapitel 12, IV.; vgl. auch GRÜBL, GÜNTER / WALTER, JOACHIM a.a.O. (Fn. 1425), S. 360, (371).
1702 SCHWIND, HANS-DIETER a.a.O. (1999a) (Fn. 10), S. 323, (356).
1703 Vgl. auch oben unter Teil D, Kapitel 12, IV. und Kapitel 13, III.
1704 FINKBEINER, LOTHAR / KARSTEN, RAINER / MEINERS, REINHARD a.a.O. (Fn. 307), S. 343, (353); REIF, WOLFGANG a.a.O. (Fn. 1665), S. 47, (53).
1705 SCHWIND, HANS-DIETER a.a.O. (1999a) (Fn. 10), S. 323, (357).
1706 Vgl. oben unter Teil D, Kapitel 13, II.
1707 Vgl. oben unter Teil D, Kapitel 13, II.
1708 Vgl. oben unter Teil D, Kapitel 13, II.
1709 Vgl. oben unter Teil D, Kapitel 13, II.
1710 SCHWIND, HANS-DIETER a.a.O. (1999a) (Fn. 10), S. 323, (357).

dem Einsatz eingebürgerter Ausländer als Vollzugsbedienstete hingewiesen, die insbesondere dann auftreten können, wenn die Loyalität gegenüber dem Staat hinter dem Zusammengehörigkeitsgefühl mit den inhaftierten Glaubensbrüdern zurücktritt. Diese Befürchtung ist sicherlich berechtigt, hat sich aber in der Anstalt, in der ein türkischstämmiger Bediensteter beschäftigt war, nicht bestätigt, vielmehr war der inzwischen eingebürgerte Justizvollzugsbedienstete gegenüber türkischen Insassen besonders streng, weil er sich, wie von den türkischen Inhaftierten vermutet wurde[1711], für seine straffällig gewordenen Landsleute schäme, sich vor den deutschen Kollegen profilieren möchte und nicht den Verdacht einer bevorzugten Behandlung seiner ehemaligen Landsleute aufkommen lassen wolle.

Grundsätzlich ist der Einsatz eines türkischstämmigen Bediensteten in jeder Anstalt zu befürworten, wenn aufgrund seiner persönlichen Einstellung und seiner Ausbildung sichergestellt ist, daß die Verbundenheit mit seinen Glaubensbrüdern keine negativen Auswirkungen auf die Erfüllung seiner dienstlichen Pflichten hat.

VIII. Deeskalations- und Anti-Gewalt-Programme im Vollzug

Auch sollten insbesondere im Jugendstrafvollzug Deeskalationsprogramme zur Bearbeitung von Konflikten zwischen Inhaftierten unterschiedlicher Nationalität, wie sie beispielsweise in der Jungtäteranstalt Vechta bereits angeboten wurden[1712], und Anti-Aggressions-Trainings, die in der Jugendanstalt Hameln für junge Gewalttäter entwickelt worden sind[1713], durchgeführt werden. Sie sollen den Inhaftierten gewaltfreie Konfliktlösungsmöglichkeiten aufzeigen und ihnen helfen, Aggressionen abzubauen[1714].

1711 Vgl. oben unter Teil D, Kapitel 13, II.

1712 FINKBEINER, LOTHAR / KARSTEN, RAINER / MEINERS, REINHARD a.a.O. (Fn. 307), S. 343, (353).

1713 WEIDNER, JENS: Das Anti-Gewalttraining für inhaftierte Körperverletzer („Antagonisten-Training"). In: ZfStrVo, Jg. 38, Heft 5, 1989, S. 295 ff.; WEIDNER, JENS: Anti-Aggressivitäts-Training für junge Gewalttäter. 3. Aufl., Bonn 1995, vgl. auch DÜNKEL, FRIEDER: Jugendstrafvollzug zwischen Erziehung und Strafe – Entwicklungen und Perspektiven im internationalen Vergleich. In: Feuerhelm, Wolfgang / Schwind, Hans-Dieter / Bock, Michael (Hrsg.): Festschrift für Alexander Böhm zum 70. Geburtstag am 14. Juni 1999, Berlin, New York 1999, S. 99, (123).

1714 Vgl. zu der Ausgestaltung des sozialen Trainings in Form von mehrtätigen Ausflügen mit jugendlichen Straftätern in der JVA Rockenberg VOLP, STEPHAN: Soziales Training mit jugendlichen Straftätern der JVA Rockenberg. In: ZfStrVo, Jg, 47, Heft 6, 1998, S. 352 f. Zu erlebnispädagogischen Maßnahmen, die dem Bedürfnis nach Abwechslung, Nervenkitzel, Kräfteerprobung und Abenteuer gerecht zu werden versuchen und Vollzugslockerungen, pädagogische Betreuung und Erlebnis miteinander verbinden, indem sie beispielsweise bei Kletter-, Rad- und Kanutouren das Ziel verfolgen, intensive Gruppenerlebnisse, gegenseitiges Verantwortungsgefühl und Vertrauen zu vermitteln, vgl. DÜNKEL, FRIEDER a.a.O. (1999) (Fn. 1713), S. 99, (122); vgl. auch GOTTSCHALK, WOLFGANG a.a.O. (Fn. 1381), S. 92 ff. Zu den auf sozio-moralisches Lernen abzielenden Just-Community-Projekten, die auf die Schule Lawrence Kohlbergs zurückgehen, aber in Europa nur in sehr begrenztem Umfang Anwendung finden, vgl. SUTTER, HANS-JÖRG / BAADER, MEIKE / WEYERS, STEFAN: Die „Demokratische Gemeinschaft" als Ort sozialen und moralischen Lernens. Der Modellversuch in der

Dies ist insbesondere vor dem Hintergrund der zahlreichen gewalttätigen Auseinandersetzungen, über die die türkischen Insassen berichtet haben[1715], von besonderer Bedeutung. Hinzu kommt, daß in den vergangenen Jahren das Gewaltpotential in den Anstalten nach Auskunft der Bediensteten deutlich angestiegen ist und aufgrund der ständig wachsenden Anzahl von Rußlanddeutschen eine Eskalation des Konfliktes zwischen Rußlanddeutschen und anderen Insassengruppen, insbesondere türkischen Mitgefangenen, befürchtet wird[1716].

Daß zwischen den eigenen passiven Gewalterfahrungen und eigener aktiver Gewaltanwendung ein Zusammenhang besteht, der durch Lernprozesse, einen sog. „Kreislauf der Gewalt", vermittelt wird, ist heute im Grundsatz unstreitig[1717]. „Prügeln" als Mittel der Konfliktbewältigung ist ein angelerntes Verhalten[1718]. Um dieses angelernte Verhalten wieder zu verlernen, müssen positive emotionale Beziehungen zu anderen Personen aufgebaut werden, durch die dem Inhaftierten sowohl Zuwendung als auch Vertrauen entgegengebracht werden[1719]. Außerdem sollten die Insassen von den Bezugspersonen ein konsequent gewaltloses Vorbildverhalten erfahren[1720].

1. Deeskalationsprogramm

Das Deeskalationsmodell zur Bearbeitung von Konflikten zwischen Inhaftierten unterschiedlicher Nationalität setzt sich aus sieben Komponenten zusammen[1721]:

- *Kontextkomponenten der Konfliktbearbeitung mit Deeskalations- und Verständigungszielen;*
- *Konfliktwahrnehmung eines latenten oder aktuellen Konfliktes;*
- *Entscheidung über die Handlungsstrategie (repressiv durch strikte Trennung der Konfliktparteien, Disziplinarmaßnahmen oder deeskalierend durch Gruppengespräche oder eine Mischform aus beiden Methoden);*

Justizvollzugsanstalt Adelsheim – eine Zwischenbilanz. In: Neue Praxis, 1998, S. 383 ff. Vgl. auch WALTER, JOACHIM: Akuelle kriminalpolitische Strömungen und ihre Auswirkungen auf den Jugendstrafvollzug. In: DVJJ-Journal, Jg. 11, Heft 3, 2000, S. 251, (258).

1715 Vgl. oben unter Teil D, Kapitel 12, IV.

1716 Vgl. oben unter Teil D, Kapitel 12, V.

1717 PFEIFER, CHRISTIAN / DELZER, INGO / ENZMANN, DIRK / WETZELS, PETER a.a.O. (Fn. 117) S. 87 ff.; SCHWIND, HANS-DIETER / BAUMANN, JÜRGEN / SCHNEIDER, URSULA et al.: Gewalt in der Bundesrepublik Deutschland. Endgutachten der Unabhängigen Regierungskommission zur Verhinderung und Bekämpfung von Gewalt (Gewaltkommission) auf der Grundlage der Zwischengutachten der Arbeitsgruppen. Bochum 1989, Rn. 231 f; WALTER, JOACHIM: Anti-Gewalttraining im Jugendstrafvollzug – Tummelplatz für ‚crime fighter'? In: ZfStrVo, Jg. 48, Heft 1, 1999, S. 23, (25) m.w.N.

1718 WALTER, JOACHIM a.a.O. (1999) (Fn. 1717), S. 23, (25).

1719 PFEIFER, CHRISTIAN / DELZER, INGO / ENZMANN, DIRK / WETZELS, PETER a.a.O. (Fn. 117) S. 101; WALTER, JOACHIM a.a.O. (1999) (Fn. 1717), S. 23, (26).

1720 WALTER, JOACHIM a.a.O. (1999) (Fn. 1717), S. 23, (26).

1721 FINKBEINER, LOTHAR / KARSTEN, RAINER / MEINERS, REINHARD a.a.O. (Fn. 307), S. 343, (347).

- *Entscheidung über die Realisierung der Deeskalationsstrategie;*
- *Konfliktbearbeitung in der Gruppe;*
- *Realisierung der konkreten Maßnahmen und Beobachtung der Effekte;*
- *Beobachtung der Wirkungen und deren Konsequenzen auf die Kontextkomponenten.*

FINKBEINER / KARSTEN /MEINERS[1722] haben einen Katalog präventiver Maßnahmen entwickelt, um bereits bei drohenden Konflikteskalationen zwischen ausländischen Insassen unterschiedlicher Nationalität sowie zwischen nichtdeutschen und deutschen Gefangenen deeskalierend eingreifen zu können:

> *Deeskalationsmoderatoren*[1723] *sollen durch die Anhebung ihres sozialen Status in der Anstalt gefördert werden, beispielsweise indem die Anstaltsleitung bei Ermessensentscheidungen den potentiellen Deeskalationsmoderatoren einen größeren Handlungsspielraum einräumt; keine Trennung zwischen deutschen und ausländischen Inhaftierten, um keine unnötige Distanz zu schaffen; Sensibilisierung der Bediensteten für die Ausländerproblematik durch Fortbildungsmaßnahmen; die potentiellen Deeskalationsmoderatoren*[1724] *müssen vor einem ausbrechenden Konflikt Kontakte zur Gefangenensubkultur und den möglichen Konfliktparteien aufbauen; Beteiligung ausländischer Gefangener an der Gefangenenmitverantwortung; Einstellung von Justizvollzugsbediensteten, die nicht in Deutschland geboren wurden; Förderung der kulturellen Identität ausländischer Gefangener durch gezielte Veranstaltungen; Zusammenarbeit mit der Ausländerbehörde; Förderung der deutschen Sprachkenntnisse bei ausländischen Inhaftierten, um eine nationale Gangbildung zu verhindern, weil es den Insassen aufgrund ihrer verbesserten Deutschkenntnisse möglich ist, mit Mitgefangenen anderer Nationalitäten Umschluß zu machen und normale mitmenschliche Kontakte zu pflegen.*

Festzuhalten bleibt, daß deeskalierende Maßnahmen im Justizvollzug immer Vorrang vor der Gewaltanwendung haben sollten, da sie den ausländischen Inhaftierten signalisieren, daß die Bediensteten bemüht sind, nur dann instrumentelle Gewalt anzuwenden, wenn es zur Aufrechterhaltung der Sicherheit und Ordnung notwendig ist[1725]. Gleichzeitig werden die Ängste der nichtdeutschen Insassen, plötzlich Objekt überzogener Gewalt zu werden, reduziert und ihre Bereitschaft gefördert, mit den Bediensteten zusammenzuarbeiten[1726].

1722 FINKBEINER, LOTHAR / KARSTEN, RAINER / MEINERS, REINHARD a.a.O. (Fn. 307), S. 343, (353).

1723 Personen, die in der Lage und willens sind, Deeskalationsmaßnahmen durchzuführen, vgl. FINKBEINER, LOTHAR / KARSTEN, RAINER / MEINERS, REINHARD a.a.O. (Fn. 307), S. 343, (348).

1724 Personen, die in der Lage und willens sind, Deeskalationsmaßnahmen durchzuführen, vgl. FINKBEINER, LOTHAR / KARSTEN, RAINER / MEINERS, REINHARD a.a.O. (Fn. 307), S. 343, (348).

1725 FINKBEINER, LOTHAR / KARSTEN, RAINER / MEINERS, REINHARD a.a.O. (Fn. 307), S. 343, (353).

1726 FINKBEINER, LOTHAR / KARSTEN, RAINER / MEINERS, REINHARD a.a.O. (Fn. 307), S. 343, (353).

2. Anti-Gewalt-Training

Die Anforderungen, die an die Durchführung eines Anti-Gewalt-Trainings im Jugendstrafvollzug zu stellen sind, hat WALTER[1727], in Abgrenzung zu den „konfrontativ provokativen Trainingskursen“[1728] zusammengestellt:

- *Der aktuelle Forschungsstand über die Entstehungsbedingungen, Präventions- und Kontrollmöglichkeiten von Gewalt müssen bei der Planung und Durchführung von Anti-Gewalt-Programmen im (Jugend-)Strafvollzug Berücksichtigung finden. Auch sollten zur Überprüfung der Effizienz der Modelle Rückfallanalysen durchgeführt werden.*

- *Da die Gewaltlosigkeit der Erziehung ein wesentlicher Bestanteil der Erziehung zur Gewaltlosigkeit ist, sollten Anti-Gewalt-Programme auf ihre Gewaltfreiheit umfassend überprüft werden.*

- *Schon während des Freiheitsentzuges sollte ein Schwerpunkt auf gewaltfreies Alltagsverhalten und dessen praktische Einübung während des Freiheitsentzuges gelegt werden. Um dies zu erreichen, ist eine Verknüpfung mit sporttherapeutischen oder gruppentherapeutischen Ansätzen gut geeignet. Auch sollte das gewaltfreie Alltagsverhalten nach der Entlassung aus der Haft, beispielsweise im Rahmen der Bewährungshilfe, fortgesetzt werden.*

- *Um das persönliche und moralische Wachstum der Inhaftierten anzuregen, müßte in der Anstalt eine Gerechtigkeitsstruktur aufgebaut werden, die von den Inhaftierten als gerecht und legitim wahrgenommen wird. Dies ist jedoch ohne eine weitreichende Beteiligung der Insassen an alltäglichen Entscheidungen nicht zu erreichen.*

- *Das Anti-Gewalt-Training sollte in einen Täter-Opfer-Ausgleich einmünden. Es sollen Lernprozesse im Bereich der Empathie einsetzen, wobei es keiner „Konfrontation“ des Opfers oder Trainers mit dem Täter bedarf. Allerdings sollen seine Gewalttaten und ihre Folgen uneingeschränkt angesprochen werden.*

- *Feindbilder sollen abgebaut und der eigenen moralischen Erhöhung gegenüber Außenseitern und Nichtangepaßten sollte besondere Aufmerksamkeit geschenkt werden*[1729],

---

[1727] WALTER, JOACHIM a.a.O. (1999) (Fn. 1717), S. 23, (25 ff.).

[1728] Vgl. WALTER, JOACHIM a.a.O. (2000) (Fn. 1714), S. 251, (258) m.w.N.: In dem konfrontativ-provokativen Trainingskursen wird auf dem sog. „Heißen Stuhl“ mittels „leichter Belästigungen bis zu aggressivitätsauslösenden Provokationen“ versucht, „den Tätern Betroffenheit über Gewalt zu vermitteln“ und sie zu zwingen, sich mit der Einstellung potentieller Gegner auseinanderzusetzen. WALTER weist darauf hin, daß fast alle Jugendstrafgefangenen vor der Inhaftierung bereits hinreichend von Gewalt „betroffen“ gewesen sind, nämlich in der Position des Opfers und daß „gewaltlose Erziehung zur Gewaltlosigkeit“ der „Bekämpfung der Gewalt mit Gewalt“ vorzuziehen ist.

[1729] MÜLLER-DIETZ, HEINZ: Zum strafrechtlichen Umgang mit rechtsextremistischen Jugendlichen. In: Busch, Max / Müller-Dietz, Heinz / Wetzstein, Hans (Hrsg.): Zwischen Erziehung und Strafe. Zur Praxis der Jugendstrafrechtspflege und ihrer wissenschaftlichen Begründung. Pfaffenweiler 1995, S. 25.

indem die Trainer nicht dominant auftreten, sondern die Toleranz des Stärkeren zeigen, „der gerade aus seiner Position der Stärke heraus nachgeben kann“[1730].

- *Entscheidend ist, daß das Anti-Gewalt-Programm in der Lage ist, die Würde und Eigenständigkeit der jungen Insassen zu respektieren und zu fördern und daß es sich nicht um menschenverachtende gewalttätige Konzepte handelt.*

Die prinzipielle Schwierigkeit, im (Jugend-)Strafvollzug Anti-Gewalt-Programme erfolgreich durchzuführen, ist nach WALTER[1731] darauf zurückzuführen, daß in den Anstalten Gewalt und Degradierung als Konfliktlösungsstrategien zu sehr betont werden.
Wie erste Erfahrungen mit Deeskalationsgruppen im Heranwachsendenvollzug in der JVA Vechta zeigen[1732], müssen die Justizvollzugsbediensteten in besonderem Maße auf die Konfliktbewältigung mit Inhaftierten vorbereitet werden[1733], d. h. sie müssen in die Lage versetzt werden, bei Problemen mit Inhaftierten nicht sofort eine Disziplinarmaßnahme zu verhängen bzw. die Anstaltsleitung einzuschalten[1734], sondern die Konflikte grundsätzlich selbst lösen zu können[1735].

Deshalb sollten die Justizvollzugsbediensteten Techniken im Umgang mit den immer wieder schwierigen und teilweise aggressiven Insassen erlernen, beispielsweise indem sie sich bewußt machen, daß die jeweilige Grundeinstellung des Bediensteten gegenüber dem Inhaftierten sich sowohl durch das Verhalten als auch durch die Sprache offenbart und lernen, sich als Erzieher von den Insassen abzugrenzen, sich ihrer Vorbildfunktion bewußt sind und erkennen, daß die jungen Inhaftierten sehr genau unterscheiden, zwischen dem, was die Bediensteten „predigen“ und dem, was sie tun[1736].

1730 WALTER, JOACHIM a.a.O. (1999) (Fn. 1717), S. 23, (27).

1731 WALTER, JOACHIM a.a.O. (2000) (Fn. 1714), S. 251, (258).

1732 FINKBEINER, LOTHAR / KARSTEN, RAINER / MEINERS, REINHARD a.a.O. (Fn. 307), S. 343, (344 ff.).

1733 Die Bediensteten haben wie eine Befragung von 74 Beamten aus 9 nordrhein-westfälischen Jugendvollzugsanstalten von Januar 1992 bis Mai 1994 gezeigt hat, Interesse an strafvollzugsinternen Fortbildungsmaßnahmen, bedauern aber, daß die Veranstaltungen nicht hinreichend in das Arbeitsfeld integriert sind. Aus diesem Grunde sehen sie den Ansatzpunkt für die Umsetzung des Fortbildungswissens, also den Nutzen, ausschließlich für sich selbst. Damit das Fortbildungswissen in höherem Maße als bisher in den Arbeitsalltag der Justizvollzugsbediensteten integriert werden kann, müssen die Mitarbeitern im Justizvollzug mehr Entfaltungsmöglichkeiten erhalten, vgl. MOLITOR, ALWIN / STEFFENS, GEORG: Evalutation einer strafvollzugsinternen Fortbildung für Bedienstete. In: ZfStrVo, Jg. 47, Heft 1, 1998, S. 30, (35) m.w.N.

1734 WALTER, JOACHIM / OSTHEIMER, WILFRIED: Zusatzausbildung für Bedienstete des Jugendstrafvollzugs in Baden-Württemberg. In: ZfStrVo, Jg. 48, Heft 2, 1999, S. 92, (93).

1735 Zu den unterschiedlichen Vorgehensweisen bei Alltagskonflikten in den Abteilungen innerhalb einer Anstalt vgl. WALKENHORST, PHILIPP: Sicherheit, Ordnung und Disziplin im Jugendstrafvollzug – einige pädagogische Überlegungen. In. DVJJ-Journal, Jg. 10, Heft 3, 1999, S. 247, (254): „Es ist ein offenes Geheimnis, daß manche Abteilungen mit Erfolg sehr konsequent kooperative und wenig repressionsorientierte Vorgehensweisen bei Alltagskonflikten verwirklichen, andere hingegen lediglich durch formelle und informelle Repression ohne Gesprächs- und Reflexionsangebot die Ordnung aufrechterhalten wollen“.

1736 WALTER, JOACHIM / OSTHEIMER, WILFRIED a.a.O. (Fn. 1734), S. 92, (93).

Vor dem Hintergrund, daß durch das Sanktionieren von unerwünschtem bzw. normwidrigem Verhalten ohne ein nachträgliches, erläuterndes Gespräch über die Gründe für die Bestrafung, die Abwehr und Abneigung der Insassen gegenüber den Bediensteten verstärkt werden, weist WALKENHORST[1737] auf die Möglichkeit der Verfahrensweisen der „Metakommunikation" hin. Gemeinsam mit anderen Gruppenmitgliedern und Abteilungsmitarbeitern wird überlegt, warum ein Insasse sein Verhalten ändern sollte und welche Hilfestellungen, nicht Sanktionsandrohungen, er von anderen zur Erreichung dieses Ziels benötigt[1738]. Wendet der Insasse das erwartete prosoziale Verhalten an, muß er auch einen klar definierten, „in den Hausnormen beschriebenen Statusgewinn, Privilegien und besondere Freiheiten"[1739] erhalten.

Zusätzlich zu den interkulturellen Fortbildungskursen sollten also auch im Bereich der Deeskalations- und Anti-Gewalt-Programme in verstärktem Maße Fortbildungsmaßnahmen für Bedienstete im Jugendstrafvollzug angeboten werden.

IX. Rechtsvorschriften und Hausordnungen in der Landessprache

Weiterhin sollten den türkischen Insassen, insbesondere den Kurden, die teilweise nicht über ausreichend gute Deutschkenntnisse verfügen[1740], ebenso wie auch allen anderen ausländischen Inhaftierten die Rechtsvorschriften und Hausordnungen in ihrer Heimatsprache zur Verfügung gestellt werden[1741]. Diese Forderung, die bereits 1981 von BOSETZKY / BORSCHERT / HELM[1742] aufgestellt wurde, ist nach Auskunft der Ausländerbeauftragten in den vier Anstalten bezüglich der Hausordnung erfüllt: Die Hausordnung wird den ausländischen Inhaftierten bei ihrer Aufnahme in den Anstalten in mehreren Sprachen, darunter auch in Türkisch, ausgehändigt.

Auch wenn für türkische Insassen wichtige Gesetzestexte nicht in ihrer Heimatsprache übersetzt vorliegen, waren sie zu einem großen Teil sehr gut über den Inhalt der gesetzlichen Vorschriften, die im Zusammenhang mit der Gewährung von Vollzugslockerungen oder der Ausweisung stehen, informiert. Allerdings darf nicht unberücksichtigt bleiben, daß auch mehrsprachige Informationsschriften und Gesetzestexte nicht ausreichend sind, um die türkischen Insassen oder ihre anderen ausländischen Mitgefangenen umfassend über ihre Rechte zu informieren. Sie bedürfen in jedem Fall der Beratung, um über ihre rechtliche Situation, insbesodnere die Regelungen, die eine Ausweisung betreffen, umfassend aufgeklärt zu werden. Diese könnte nicht nur durch den Ausländerbeauftragten, sondern auch durch regelmäßige Sprechstunden in den Jugendstrafanstalten erfolgen, die von Mitarbeitern des Ausländeramtes oder durch einen im Ausländerrecht bewanderten Rechtsanwalt angeboten werden.

1737 WALKENHORST, PHILIPP a.a.O. (Fn. 1735), S. 247, (259).

1738 WALKENHORST, PHILIPP a.a.O. (Fn. 1735), S. 247, (259).

1739 WALKENHORST, PHILIPP a.a.O. (Fn. 1735), S. 247, (259).

1740 Vgl. oben unter Teil D, Kapitel 10, II., 5.

1741 KAISER, GÜNTHER a.a.O. (1992) (Fn. 1669), § 9 Rn. 26; SCHWIND, HANS-DIETER a.a.O. (1999a) (Fn. 10), S. 323, (356); FEHRE, E. a.a.O. (Fn. 1628), S. 5.

1742 BOSETZKY, HORST / BORSCHERT, JÜRGEN / HELM, SIEGFRIED a.a.O. (Fn. 22), S. 198, (286).

X. Besonderheiten bei der Anwendung des § 105 JGG

In Anbetracht der Überbelegung im Jugendstrafvollzug[1743], wird teilweise, insbesondere von Praktikern, vorgeschlagen, daß durch den Wortlaut des § 105 JGG deutlicher als bisher zum Ausdruck gebracht werden sollte, daß der Anwendung von Jugendstrafrecht auf Heranwachsende ein Ausnahmecharakter zukommt:

> *So waren beispielsweise in der Jugendanstalt Hameln im März 1998 über 70 % der Insassen über 20 Jahre alt und somit Heranwachsende, wobei kein erheblicher Unterschied zwischen Deutschen und Nichtdeutschen bestand[1744]. Dies hat die negative Auswirkung, daß infolge der Überbelegung die Wohngruppen nicht mehr in ausreichendem Maße betreut werden können und infolgedessen nicht die Resozialisierung der Insassen in ausreichendem Maße gefördert werden kann, sondern kriminelles Verhalten, insbesondere von jüngeren Insassen durch den Kontakt mit älteren Mitgefangenen, erlernt wird[1745].*

Demgegenüber wird nach einer anderen Ansicht[1746] gefordert, daß die Heranwachsenden generell wie Jugendliche entsprechend dem JGG behandelt werden sollten.

Aufgrund des Wortlauts und der Entstehungsgeschichte des § 105 JGG ergibt sich, daß die Vorschriften des allgemeinen Strafrechts zu denen des Jugendstrafrechts in einem Regel-Ausnahme-Verhältnis stehen[1747]. Nach einer anderen Ansicht sei im Normalfall

---

1743 WALTER, JOACHIM a.a.O. (2000) (Fn. 1714), S. 251 berichtet über die Belegungssituation in den Jugendstrafanstalten, daß die vorhandenen Haftplätze nicht ausreichen, „um die ständig wachsende Zahl der Jugendstrafgefangenen ordnungsgemäß unterzubringen. Die meisten müssen sich zu zweit einen knapp 9 qm kleinen Einzelhaftraum teilen. Bedenken hinsichtlich der Wahrung der Menschenwürde drängen sich auf, weil die Jugendlichen und Heranwachsenden in diesem gemeinsam bewohnten Raum sich nicht nur für lange Zeiträume aufhalten, schlafen und essen, sondern auch ihre Notdurft verrichten müssen".

1744 SCHWIND, HANS-DIETER a.a.O. (1999a) (Fn. 10), S. 323, (357).

1745 SCHWIND, HANS-DIETER a.a.O. (1999a) (Fn. 10), S. 323, (357).

1746 OSTENDORF, HERIBERT a.a.O. (Fn. 648) Grdl. z. §§ 105-106, Rn. 10f m.w.N.; DIEMER, HERBERT / SCHOREIT, ARMIN / SONNEN, BERND-RÜDEGER a.a.O. (Fn. 649), § 105 Rn. 10 m.w.N.

1747 Vgl. OSTENDORF, HERIBERT a.a.O. (Fn. 648) Grdl. z. §§ 105-106, Rn. 10f m.w.N.: „Nach dem Wortlaut des § 105 Abs. 1 (JGG) ist die Anwendung von Jugendstrafrecht eigentlich die Ausnahme. Dies entspricht auch dem Willen des Gesetzgebers: ‚Die Reaktion auf Verfehlungen geistig und charakterlich normal entwickelter Heranwachsender wird sich dagegen wie bisher nach den Vorschriften des allgemeinen Strafrechts richten' (Begründung zu dem Entwurf eines Gesetzes zur Änderung des Reichsjugendgerichtsgesetzes, BT-Drucks. 1/3264, S. 44)". Vgl. auch das aktuelle Urteil des BGH vom 09.08.2001 – 1 StR 211/01, abgedruckt in NJW 2001, Heft 36, S. XII und NJW 2002, Heft 1, S. 73-77, das die Anwendung von Jugendstrafrecht bei einem zur Tatzeit 18 ½ jährigen Heranwachsenden kroatischer Nationalität nicht akzeptiert und die Sache zur erneuten Überprüfung, ob Jugend- oder Erwachsenenstrafrecht Anwendung findet, an eine andere Jugendkammer des LG München I zurückverwiesen hat. Allerdings wurde eine im Zusammenhang mit der Ausländereigenschaft des Angeklagten stehende Reifeverzögerung nicht thematisiert. Vielmehr wurde auf die in der Vergangenheit hervorgetretene massive Gewaltbereitschaft des Angeklagten sowie auf eine bereits ergangene Verurteilung wegen versuchten Totschlags näher eingegangen. Dieses Urteil des BGH macht deutlich, daß es entscheidend auf die Umstände des Einzelfalles ankommt und nicht generell von der

Jugendstrafrecht anzuwenden, um „flexibel und altersgemäß auf Straftaten junger Volljähriger reagieren zu können“[1748]. Dieser weiten Auslegung steht jedoch entgegen, daß der Gesetzeswortlaut bereits die Möglichkeit einräumt, bei Vorliegen einer Reifeverzögerung auch auf einen jungen Volljährigen das Jugendstrafrecht anzuwenden, also flexibel und altersgemäß zu reagieren.

Bei jungen Türken ergeben sich Besonderheiten bei der Feststellung des Entwicklungsstandes gem. § 105 Abs. 1 Nr. 1 JGG:

Häufig treten Sozialisationsschwierigkeiten bei Türken der Zweiten Generation auf, also bei Heranwachsenden, die in der Bundesrepublik aufgewachsen sind, die deutsche Sprache sprechen, aber geringere schulische, berufliche und soziale Entfaltungsmöglichkeiten haben als gleichaltrige Deutsche[1749]*. Die kulturellen Unterschiede zwischen dem Aufenthalts- und dem Heimatland, dem sie durch den familiären Einfluß verbunden sind, führen nicht selten zu Identifizierungsproblemen, die in Verbindung mit allgemeinen Formen der altersspezifischen Orientierungsunsicherheit, zu Reifeverzögerungen führen können*[1750]*, so daß Jugendstrafrecht gem. § 105 JGG häufig auf die jungen Türken Anwendung findet.*

Auch bei der Beurteilung des persönlichen Reifegrades der jungen Türken, die nicht oder nur teilweise in Deutschland aufgewachsen sind, beispielsweise die Kurden, die erst mit elf und mehr Jahren nach Deutschland eingereist sind, ist zu beachten, daß allein die selbständig betriebene Einreise bzw. der eigenständige Aufenthalt in Deutschland, während die Familie in der Türkei lebt, kein Anzeichen von Reife im Sinne des § 105 Abs. 1 Nr. 1 JGG darstellt, sondern vielmehr auf das Gegenteil, die fehlende Reife, schließen lassen könnte[1751].

Bei Problemen, die in der Praxis häufig auftreten, wenn hinreichende Daten zum Alter und zur Lebensgeschichte nicht vorliegen, ist zu berücksichtigen, daß die heranwachsenden Türken aufgrund ihres südländischen Erscheinungsbildes häufig älter und erwachsener wirken als gleichaltrige Deutsche[1752].

Insgesamt ist also aufgrund von Sozialisations- und Identifizierungsproblemen, die infolge des Kulturkonfliktes auftreten und im Einzelfall zu Reifeverzögerungen führen können, bei heranwachsenden türkischen Straffälligen von einer gegenüber gleichaltri-

---

Ausländereigenschaft eines Heranwachsenden auf eine Reifeverzögerung geschlossen werden kann, die die Anwendung von Jugendstrafrecht nahelegt.

[1748] DIEMER, HERBERT / SCHOREIT, ARMIN / SONNEN, BERND-RÜDEGER a.a.O. (Fn. 649), § 105 Rn. 9 m.w.N.

[1749] EISENBERG, ULRICH a.a.O. (2000b) (Fn. 818), § 105 Rn. 22; OSTENDORF, HERIBERT a.a.O. (Fn. 648) § 105 Rn. 10.

[1750] TOKER, MEHMET: Die Beurteilung der Reife gem. § 105 JGG in der interkulturellen Begutachtung. In: DVJJ-Journal, Jg. 10, Heft 1, 1999, S. 41, (42); EISENBERG, ULRICH a.a.O. (2000), § 105 Rn. 22; OSTENDORF, HERIBERT a.a.O. (Fn. 648) § 105 Rn. 10.

[1751] EISENBERG, ULRICH a.a.O. (2000b) (Fn. 818), § 105 Rn. 22.

[1752] EISENBERG, ULRICH a.a.O. (2000b) (Fn. 818), § 105 Rn. 22; OSTENDORF, HERIBERT a.a.O. (Fn. 648) § 105 Rn. 10.

gen Deutschen erhöhten Anwendung des Jugendstrafrechts gem. § 105 Abs. 1 Nr. 1 JGG auszugehen.

XI. Einrichtung spezieller Ausländeranstalten oder entsprechender Abteilungen

In der Vergangenheit wurde von einigen Praktikern über die Einrichtung spezieller Ausländeranstalten oder entsprechender Abteilungen innerhalb einer Anstalt nachgedacht[1753].

Einerseits würde die Einrichtung reiner Ausländeranstalten oder die Einrichtung von Ausländerabteilungen in jeder Anstalt, in denen neben der Mehrheit deutscher Insassen jeweils nur Nichtdeutsche aus einem bestimmten Sprachbereich einsitzen, eine den Bedürfnissen ausländischer Inhaftierter besser entsprechende Betreuung ermöglichen: Es könnten Kurse in deutscher Sprache für türkische Insassen angeboten werden, muslimische Ernährungsgewohnheiten werden berücksichtigt, Religionsausübung und Beachtung dieser Feiertage, sprachliche und landeskundliche Fortbildung für die Bediensteten bezogen auf lediglich einen Sprach- und Kulturbereich sowie eine spezifisch verbesserte Betreuung für die von der Abschiebung bedrohten Ausländer[1754].

Andererseits stößt dieser Vorschlag mittlerweile bei den Praktikern im Strafvollzug auf nahezu einhellige Ablehnung[1755], weil er dem Gleichbehandlungsgrundsatz zuwiderläuft und die angestrebte Integration der ausländischen Inhaftierten nach ihrer Entlassung in die deutsche Gesellschaft erschweren oder nahezu verhindern würde[1756]. Bezüglich der konkreten Auswirkungen, die die Einrichtung von Ausländeranstalten oder Ausländerabteilungen auf die Situation im Vollzug hätten, wird die Ablehnung spezieller Ausländeranstalten im einzelnen wie folgt begründet:

Die Kommunikationsmöglichkeiten würden für die Bediensteten erheblich erschwert, denn diese würden „nichts mehr mitbekommen", von dem was die ausländischen Inhaftierten, die alle dieselbe Heimatsprache sprechen, miteinander bereden und verabreden[1757]. *Auch würde die verbindende Funktion der deutschen Gefangenen, die häufig zwischen den ausländischen Inhaftierten, die sich Rat suchend an sie wenden, und den Bediensteten vermitteln oder Nachrichten überbringen, entfallen*[1758]. *Die Einrichtung spezieller Ausländeranstalten oder Ausländerabteilungen würde somit ein rechtzeitiges Eingreifen der Anstaltsleitung und der Bediensteten bei sich ankündigenden Krisen im*

[1753] CHAIDOU, ANTHOZOE a.a.O. (1984a) (Fn. 22), S. 187; NÄHRICH, WOLF-DIETER a.a.O. (Fn. 673), S. 145, (151); ROTTHAUS, KARL PETER a.a.O. (1968) (Fn. 742), S. 353, (357 f); KAISER, GÜNTHER a.a.O. (1992) (Fn. 1669), § 9 Rn. 28; NEU, GUIDO a.a.O. (Fn. 23), S. 329, (330 ff.).

[1754] NÄHRICH, WOLF-DIETER a.a.O. (Fn. 673), S. 145, (151), ROTTHAUS, KARL PETER a.a.O. 1968 (Fn. 742), S. 353, (357 f); KAISER, GÜNTHER a.a.O. 1992 (Fn. 1669), § 9 Rn. 28.

[1755] BOSETZKY, HORST / BORSCHERT, JÜRGEN / HELM, SIEGFRIED a.a.O. (Fn. 22), S. 198, (284 f); vgl. auch SCHWIND, HANS-DIETER a.a.O. (1999a) (Fn. 10), S. 323, (357).

[1756] BOSETZKY, HORST / BORSCHERT, JÜRGEN / HELM, SIEGFRIED a.a.O. (Fn. 22), S. 198, (285); vgl. hierzu auch KAISER, GÜNTHER a.a.O. (1992) (Fn. 1669), § 9 Rn. 28.

[1757] SCHWIND, HANS-DIETER a.a.O. (1999a) (Fn. 10), S. 323, (357).

[1758] SCHWIND, HANS-DIETER a.a.O. (1999a) (Fn. 10), S. 323, (357).

Planungsstadium, von dem sie aufgrund der Sprachbarrieren keine Kenntnis erlangen können, wesentlich erschweren, wenn nicht sogar unmöglich machen.

Auch die Ausländerbeauftragten und die Justizvollzugsbediensteten haben sich zu 100 %[1759] gegen die Einrichtung spezieller Ausländeranstalten bzw. gegen die Bildung von reinen Ausländerabteilungen innerhalb der Anstalten ausgesprochen. Als Gründe, die gegen die Zusammenlegung nichtdeutscher Insassen sprechen, nannten sie besonders häufig die Gefahr der Isolation / Ghettobildung (95,0 %), fehlende Integrationshilfen (85,0 %), die Verhinderung des Abbaus von Vorurteilen (80,0 %) und die fehlende Möglichkeit zum Erlernen der deutschen Sprache aufgrund des fehlenden Kontakts zu deutschen Gefangenen (60,0 %)[1760].

Die Einrichtung spezieller Ausländeranstalten oder entsprechenden Abteilungen innerhalb der Anstalten würde zu erheblichen (Sicherheits-) Problemen im Vollzugsalltag führen, zur Isolation der ausländischen Insassen beitragen, den Abbau von Vorurteilen auf Seiten der ausländischen und deutschen Inhaftierten erschweren und die Integration der türkischen Insassen, die nicht ausgewiesen werden, in die deutsche Gesellschaft verhindern. Sie ist aus diesen Gründen, mit der inzwischen übereinstimmenden Meinung in der Literatur und der Praktiker im (Jugend-)Strafvollzug, als nicht erstrebenswert abzulehnen.

XII. Überstellung zur Verbüßung der (Rest-) Jugendstrafe in die Türkei gem. Art. 3 ÜberstÜbk

1. Entstehungsgeschichte und Ratifikationsstand des ÜberstÜbk und ÜAG

In der Bundesrepublik Deutschland wurde das Überstellungsübereinkommen (ÜberstÜbk) durch das „Gesetz zu dem Übereinkommen vom 21. März 1983 über die Überstellung verurteilter Personen“ vom 26.09.1991 gemäß Art. 59 Abs. 2 GG in Bundesrecht transformiert[1761]. Am 31. Oktober 1991 wurde es durch Hinterlegung der Ratifikationsurkunde bei dem Generalsekretär des Europarats ratifiziert und ist gem. Art. 18 Abs. 3 ÜberstÜbk seit dem 01.02.1992 in Kraft[1762]. Das Überststellungsübereinkommen soll der Reintegration eines Verurteilten in seinem Heimatstaat sowie der Entlastung der Vollzugsanstalten von Ausländern dienen[1763].

[1759] Vgl. oben unter Teil D, Kapitel 13, V.

[1760] Vgl. zu den weiteren Begründungen oben unter Teil D, Kapitel 13, V.

[1761] BGBl. 1991 II, S. 1006 ff.

[1762] Bekanntmachung über das Inkrafttreten vom 19.12.1991, BGBl. 1992 II, S. 98 ff.

[1763] KLEINKNECHT, THEODOR / MEYER-GOßNER, LUTZ: Strafprozeßordnung, Gerichtsverfassungsgesetz, Nebengesetze und ergänzende Bestimmungen. Kommentar. 44. Aufl., München 1999, Einl 215c; BARTSCH, HANS-JÜRGEN: Strafvollstreckung im Heimatstaat. In: NJW, Jg. 36, Heft 10, 1984, S. 513, (514).

Die §§ 48 ff., § 71 IRG und die gemeinsamen Vorschriften dieses Gesetzes bilden grundsätzlich die innerstaatliche Ermächtigungsgrundlage für die Vollstreckungshilfe der Bundesrepublik Deutschland[1764]. *Gem. § 1 Abs. 3 IRG geht eine völkerrechtliche Vereinbarung über einen Regelungsgegenstand des IRG, die im Wege der Transformation (Art. 59 Abs. 2 GG) unmittelbar anwendbares innerstaatliches Recht wird, als lex specialis dem IRG vor*[1765]. *Mit dem Inkrafttreten des Vertragsgesetzes zum Überstellungsübereinkommen liegt hinsichtlich der Vollstreckungshilfe zum ersten Mal ein solches vorrangiges Spezialgesetz vor, daß die Vorschriften des IRG verdrängt*[1766].

Nationale verfahrensrechtliche Vorschriften zu dem Überstellungsübereinkommen enthält das vom Deutschen Bundestag parallel verabschiedete Überstellungsausführungsgesetz (ÜAG) vom 26.09.1991[1767].

Das Ausführungsgesetz modifiziert Bestimmungen des IRG im Sinne des Überstellungsübereinkommens, indem beispielsweise § 1 ÜAG den § 71 Abs. 3 und Abs. 4 IRG verdrängt[1768]. *Darüber hinaus bildet das Ausführungsgesetz eine rechtliche Grundlage für eine richterliche Festhalteanordnung, falls der in den Heimatstaat überstellte Verurteilte vor Ablauf der Hälfte der Strafzeit wieder in Deutschland angetroffen wird, ohne einen Nachweis über seine rechtmäßige Entlassung führen zu können, vgl. §§ 4-13 ÜAG.*

Das Überstellungsübereinkommen ist in der Türkei am 01.01.1988 in Kraft getreten[1769]. Darüber hinaus gilt es auch in zahlreichen Europaratsstaaten und den mit diesen Ländern verbundenen europäischen und außereuropäischen Territorien, darüber

---

1764 Nach § 71 des Gesetzes über die Internationale Rechtshilfe in Strafsachen vom 23. Dezember 1982 (IRG) (BGBl. 1982 I, S. 2071 ff., (2085) kann ein ausländischer Staat ersucht werden, die Vollstreckung einer in Deutschland gegen einen Staatsbürger dieses Staates verhängten Strafe (oder Reststrafe) zu übernehmen, mit anderen Worten im Interesse des Verurteilten, der beispielsweise in der Heimat von seinen Familienangehörigen und Freunden häufiger besucht werden kann, Vollstreckunghilfe zu gewähren, vgl. KLEINKNECHT, THEODOR / MEYER-GOßNER, LUTZ a.a.O. (Fn. 1763), Vor § 449 Rn. 7.

1765 WEBER, STEPHAN a.a.O. (Fn. 15), S. 168.

1766 WEBER, STEPHAN a.a.O. (Fn. 15), S. 168: Da das Überstellungsübereinkommen primär die völkerrechtliche Beziehung der Vertragsparteien untereinander regelt, das IRG aber andererseits in erster Linie das innerstaatliche Verfahren ordnet, kommt es nur zu einer teilweisen Überlagerung des IRG. Da das Überstellungsübereinkommen als Rahmenvereinbarung der Vollstreckungshilfe eine Ausgestaltung durch innerstaatliche Normen voraussetzt, kommt dem IRG eine bedeutende, allerdings nur subsidiär-ergänzende Funktion in den Bereichen zu, zu denen das Überstellungsübereinkommen schweigt.

1767 BGBl. 1991 I, S. 1954 f.

1768 WEBER, STEPHAN a.a.O. (Fn. 15), S. 169: Dies hat zur Folge, daß die Bundesrepublik Deutschland auf die Gewährleistung des Vollstreckungsstaates, eine spätere Rücknahme oder die Beschränkung des Vollstreckungsersuchens zu beachten, ebenso verzichtet wie auf eine vorherige gerichtliche Zulässigkeitsüberprüfung durch die Strafvollstreckungskammer des zuständigen Landgerichts. Vgl. auch KLEINKNECHT, THEODOR / MEYER-GOßNER, LUTZ a.a.O. (Fn. 1763), Vor § 449 Rn. 8 m.w.N.

1769 Vgl. die Bekanntmachung über das Inkrafttreten des Übereinkommens über die Überstellung verurteilter Personen vom 19. Dezember 1991, BGBl. 1992 II, S. 98, (101). Vgl. auch KLEINJANS, RALF: Straffälligkeit türkischer Staatsangehöriger in Deutschland: Rechtsfolgen in Deutschland und in der Türkei. Diss. Baden-Baden 1997, S. 167 f.

hinaus in den Vereinigten Staaten von Amerika und in Kanada, die sich als Nichtmitgliedsstaaten an der Ausarbeitung gem. Art. 18 Abs. 1 ÜberstÜbk beteiligt haben[1770].

Das Zusatzprotokoll zum Übereinkommen über die Überstellung verurteilter Personen vom 21.03.1983, das am 18.12.1997 unterschriftsreif vorlag und den Verzicht auf das Einverständnis der verurteilten Personen zu einer Überstellung enthält, falls der Betroffene in sein Heimatland geflohen ist (Art. 2 Abs. 3 des Zusatzprotokolls[1771]) sowie in Ausweisungs- bzw. Abschiebungsfällen (Art. 3 Abs. 1 des Zusatzprotokolls[1772]), ist bislang (Stand 25.06.2001) in den Ländern Dänemark, Estland, Frankreich, Island, Litauen, Norwegen, Österreich, Polen, Schweden, Ungarn, Zypern und der ehemaligen Republik Mazedonien in Kraft getreten[1773].

2. Voraussetzungen für die Überstellung gem. Art. 3 ÜberstÜbk

In Art. 3 Abs. 1 a)-f) ÜberstÜbk sind sechs Voraussetzungen festgelegt, die erfüllt sein müssen, damit die Überstellung einer verurteilten Person zustande kommen kann[1774]:

- *der Verurteilte ist Staatsangehöriger des Vollstreckungsstaates,*
- *das Urteil ist rechtskräftig,*
- *es verbleibt eine Mindestvollzugsdauer von sechs Monaten oder von unbestimmter Dauer,*
- *der Verurteilte stimmt zu,*
- *die Bedingung der „beiderseitigen Strafbarkeit" ist erfüllt,*
- *Urteils- und Vollstreckungsstaat haben sich geeinigt[1775].*

1770 WEBER, STEPHAN a.a.O. (Fn. 15), S. 149 m.w.N. Die Bundesrepublik Deutschland hat dem Übereinkommen vom 13.11.1991 zwischen den Mitgliedstaaten der Europäischen Gemeinschaft mit Gesetz vom 07.07.1997 zugestimmt, vgl. BGBl. 1997 II, S. 1350.

1771 COUNCIL OF EUROPE: Additional protocol to the European convention on the transfer of sentenced persons. European Treaty Series – No. 167. Strasbourg, 18.12.1997, S. 2.

1772 COUNCIL OF EUROPE a.a.O. (1997) (Fn. 1771), S. 2.

1773 COUNCIL OF EUROPE: Additional protocol to the convention on the transfer of sentenced persons, No. 167. Treaty open for signature by the member states and the other states signatories to treaty ETS 112 and for accession by the non-member states which have acceeded to the treaty ETS 112. Status as of 25/06/01, S. 1 f.

1774 Vgl. auch WEBER, STEPHAN a.a.O. (Fn. 15), S. 171 ff.

1775 Darüber hinaus hat die Bundesrepublik Deutschland an die Überstellung ausländischer Verurteilter weitere Bedingungen geknüpft, um sicherzustellen, daß der Verurteilte, der in das Ausland überstellt wurde, nur wegen der Tat verfolgt und bestraft werden darf, wegen der er in das betreffende Land verbracht worden ist („Grundsatz der Spezialität") und daß der Verurteilte in dem Vollstreckungsstaat nicht mehr wegen der dem Urteil zugrunde liegenden Tat einer erneuten Strafverfolgung oder Strafvollstreckung ausgesetzt wird (Grundsatz „ne bis in idem"), vgl. hierzu ausführlich WEBER, STEPHAN a.a.O. (Fn. 15), S. 193 f.

3. Praktische Bedeutung aus der Sicht der Bundesrepublik Deutschland

In der Präambel des Überstellungsübereinkommens wird der Vertragszweck festgelegt: Neben der generellen Weiterentwicklung der internationalen Zusammenarbeit in strafrechtlichen Angelegenheiten, soll die „soziale Wiedereingliederung verurteilter Personen" gefördert werden, d. h. der Verurteilte soll die Gelegenheit erhalten, seine Strafe in einer ihm bekannten Umgebung verbüßen zu können, ohne sprachliche und kulturelle Probleme, die mit der Vollstreckung in einem fremden Land einhergehen, er soll Kontakte zu seinen im Herkunftsland lebenden Familienangehörigen unterhalten können und somit bessere Wiedereingliederungschancen als in der Bundesrepublik erhalten[1776].

Im Jahr 1983 wurde von den Landesjustizverwaltungen auf Veranlassung des Bundesjustizministeriums eine Befragung nichtdeutscher Strafgefangener durchgeführt, die am Stichtag (16.02.1983) im deutschen Strafvollzug eine Freiheitsstrafe von mehr als noch sechs Monaten zu verbüßen hatten[1777]*. Bei der Frage, ob sie an einer eventuellen Überstellung zur Strafverbüßung in ihr Heimatland interessiert wären, lag der Anteil der türkischen Strafgefangenen, die überstellt werden wollten, mit fast 50 % weit über dem Durchschnitt*[1778].

Gemäß einer im Oktober 1983 in deutsch-türkischen Konsultationsgesprächen getroffenen Vereinbarung haben Konsularbeamte des ersuchten Staates (Türkei) im Juli 1984 von ihrer Möglichkeit Gebrauch gemacht, türkische Inhaftierte in deutschen Justizvollzugsanstalten aufzusuchen und mit ihnen das Rechtsinstitut der Vollstreckung der Strafe im Heimatland, der Türkei, erörtert[1779]*. Von den 75 türkischen Strafgefangenen, die in der Justizvollzugsanstalt Tegel in Anwesenheit eines türkischen Konsularbeamten und eines Staatsanwalts angehört worden sind, haben 54 türkische Insassen, also 72 %, ihre Zustimmung zur weiteren Strafvollstreckung in der Türkei erklärt*[1780].

Der hohe Anteil der überstellungswilligen türkischen Inhaftierten könnte, wie von WEBER[1781] vermutet wurde, auf die großzügige Handhabung der vorzeitigen Entlassung in der Türkei zurückzuführen sein:

Wenn die der Verurteilung zugrunde liegende Tat unter den Anwendungsbereich des türkischen „Gesetzes über die Bekämpfung von Terror Nr. 3713"[1782] *fällt, so hat der Verurteilte in der Türkei nur noch 20 % der verhängten Strafe zu verbüßen*[1783].

1776 WALTER, ARNO a.a.O. (Fn. 1650), S. 54, (55); WEBER, STEPHAN a.a.O. (Fn. 15), S. 153.

1777 WILKITZKI, PETER a.a.O. (1983) (Fn. 1204), S. 227, (231), vgl. auch oben unter Teil C, Kapitel 7, II., 4., a)

1778 WILKITZKI, PETER a.a.O. (1983) (Fn. 1204), S. 227, (231) m.w.N.; vgl. auch WEBER, STEPHAN a.a.O. (Fn. 15), S. 61.

1779 Senator für Justiz in Berlin: Vollstreckung deutscher Strafurteile im Ausland – Türkische Strafgefangene wollen Strafvollstreckung in ihrem Heimatland. Pressemitteilung Nr. 35/1984 vom 12.07.1984, abgedruckt in: ZStrVo, Jg. 33, Heft 5, 1984, S. 298.

1780 Senators für Justiz in Berlin a.a.O. (Fn. 1779), S. 298.

1781 WEBER, STEPHAN a.a.O. (Fn. 15), S. 61.

1782 Das türkische Antiterrorgesetz (Gesetz Nr. 3713 vom 12.04.1991) soll in erster Linie der Terrorismusbekämpfung dienen, es enthält darüber hinaus auch „eine breite Amnestie, die

Allerdings wurde von diesen Vorschriften in den vergangenen Jahren in sehr geringem Umfange Gebrauch gemacht[1784]. In der Bundesrepublik wurden, wie aus der Antwort des Bundesregierung vom 28.07.2000 auf die Große Anfrage im Bundestag[1785] hervorgeht, in dem Zeitraum von 1992 bis 2000 lediglich 15 Überstellungen in die Türkei durchgeführt[1786]. Nach Auskunft der Ausländerbeauftragten wurden aus den vier Jugendstrafanstalten in Nordrhein-Westfalen in den Jahren 1999 und 2000 lediglich zwei Inhaftierte in die Türkei überstellt[1787].

Da den verurteilten Personen nach dem Überstellungsübereinkommen kein formelles Antragsrecht zusteht, sondern sie lediglich gem. Art. 2 Abs. 2 ÜberstÜbk den Wunsch äußern können, zur Strafvollstreckung in ihr Herkunftsland überstellt zu werden, wird von den zuständigen Landesjustizverwaltungen keine einheitliche statistische Erhebung über die Anzahl der Überstellungswilligen durchgeführt, so daß der Bundesregierung keine aussägekräftigen Zahlen über die ausländischen Gefangenen vorliegen, die seit 1992 den Wunsch geäußert haben, in ihr Heimatland zur Strafvollstreckung überstellt zu werden[1788].

Auffällig ist, daß trotz der Aufklärungspflicht, die sich aus Art. 4 Abs. 1 ÜberstÜbk ergibt, der die Mitgliedstaaten verpflichtet, verurteilte Ausländer über das bislang weitgehend unbekannte Rechtsinstitut der Überstellung zur Strafverbüßung im Herkunftsland zu informieren[1789]*, rund 12,5 % der befragten kurdischen Inhaftierten dieses Rechtsinstitut nicht bekannt war*[1790].

4. Ablehnungsgründe

Die Gründe, aus denen die Überstellung abgelehnt wird, sind bei den ausländischen Vollstreckungsstaaten, der Bundesrepublik Deutschland als Urteilsstaat und den Insassen teilweise sehr unterschiedlich.

---

rechtstechnisch in einer sehr frühen Aussetzung des Strafrests zur Bewährung besteht", vgl. TELLENBACH, SILVIA: Das türkische Antiterrorgesetz. In: ZAR, Jg. 11, Heft 4, 1991, S. 162.

1783 WEBER, STEPHAN a.a.O. (Fn. 15), S. 161; SCHOMBURG, WOLFGANG / LAGODNY, OTTO: Neuere Entwicklungen im Recht der internationalen Rechtshilfe in Strafsachen. In: StV, Jg. 14, Heft 7, 1994, S. 393, (400), vgl. auch oben unter Teil D, Kapitel 15, X., 1.

1784 WEBER, STEPHAN a.a.O. (Fn. 15), S. 151; WALTER, ARNO a.a.O. (Fn. 1650), S. 54, (55).

1785 DEUTSCHER BUNDESTAG: Bundestags-Drucksache Nr. 14/2827 vom 22.02.2000, S. 1 ff.

1786 DEUTSCHER BUNDESTAG a.a.O. (2000) (Fn. 1785), S. 1, (4): Die statistischen Angaben beruhen auf dem von den Bundesländern mitgeteilten Zahlenmaterial, wobei zu beachten ist, daß zwei Bundesländer erst seit 1994 eine entsprechende Statistik führen und für das Jahr 2000 noch keine ausgewertete Statistik vorlag. Zum Vergleich: Im gleichen Zeitraum wurden in die 25 Überstellungen nach Dänemark, vier nach Frankreich, fünf nach Großbritannien, 22 nach Italien, 120 in die Niederlande, sechs nach Österreich, 31 nach Polen, eine nach Rumänien, acht in die Schweiz, 20 nach Spanien, fünf in die Tschechische Republik und drei Überstellungen nach Ungarn vorgenommen.

1787 Vgl. oben unter Teil D, Kapitel 15, X., 1.

1788 DEUTSCHER BUNDESTAG a.a.O. (2000) (Fn. 1785), S. 1, (3).

1789 Vgl. auch WEBER, STEPHAN a.a.O. (Fn. 15), S. 202.

1790 Vgl. oben unter Teil D, Kapitel 15, X., 1.

a) Ablehnungsgründe der ausländischen Vollstreckungsstaaten

Als Gründe, die allerdings mangels statistischer Erfassung keinen Anspruch auf Vollständigkeit erheben, aus denen der Antrag auf Überstellung vom Vollstreckungsstaat zurückgewiesen wurde, hat die Bundesregierung unter anderem genannt[1791]:

- *die im Urteilsstaat ausgesprochene Strafe werde als unangemessen hoch erachtet;*
- *die noch zu verbüßende Strafe sei zu gering und angesichts dessen der Aufwand für das Überstellungsverfahren zu hoch;*
- *der Verurteilte würde im Falle einer Überstellung in die Türkei gemäß dem Antiterrorgesetz Nr. 3713 wegen Strafminderung sofort freigelassen, so daß das Hauptziel des Überstellungsübereinkommens, die Resozialisierungschancen durch Strafverbüßung im Herkunftsland zu verbessern, nicht durchgesetzt werden könnte;*
- *der Verurteilte habe bald mit einer für ihn günstigeren Strafaussetzung zur Bewährung oder mit einem Absehen von der Vollstreckung nach § 456a StPO zu rechnen;*
- *dem Urteil lägen Delikte zugrunde, die im Vollstreckungsstaat nicht strafbar seien;*
- *es sei nicht erkennbar, ob der ausländische Verurteilte tatsächlich noch soziale Kontakte und demnach eine bessere Resozialisierungschance in seinem Herkunftsland habe.*

b) Ablehnungsgründe der Bundesrepublik Deutschland als Urteilsstaat

Nach den der Bundesregierung vorliegenden Erkenntnissen wird seitens der zuständigen deutschen Behörden eine Überstellung zur Strafvollstreckung im Herkunftsland häufiger als von den Vollstreckungsstaaten abgelehnt[1792]. Aus der Sicht der deutschen Behörden stand in der Vergangenheit einer Überstellung häufig das besondere öffentliche Interesse an der weiteren Strafvollstreckung in Deutschland und die Besorgnis entgegen, die Strafe könne infolge der Überstellung nicht nachdrücklich vollstreckt werden[1793]. Die Vollstreckungsbehörden haben bisher überwiegend die Auffassung vertreten, daß zur Einwirkung auf den Täter, also aus spezialpräventiven Gründen, aber auch aus generalpräventiven Gründen, um andere mögliche Täter abzuschrecken, deutsche Strafurteile zumindest für einen gewissen Zeitraum in Deutschland vollstreckt werden müssen, bevor eine Überstellung überhaupt erwogen wird[1794].

> *Darüber hinaus wurden von den deutschen Behörden in Einzelfällen Anträge auf Überstellung abgelehnt, weil in Deutschland noch ein weiteres Ermittlungs- oder Strafverfahren anhängig war, die Gefahr der Doppelverfolgung im Heimatstaat*

[1791] DEUTSCHER BUNDESTAG a.a.O. (2000) (Fn. 1785), S. 1, (3).
[1792] DEUTSCHER BUNDESTAG a.a.O. (2000) (Fn. 1785), S. 1, (4).
[1793] DEUTSCHER BUNDESTAG a.a.O. (2000) (Fn. 1785), S. 1, (4).
[1794] DEUTSCHER BUNDESTAG a.a.O. (2000) (Fn. 1785), S. 1, (6).

bestanden hätte oder weil die Dauer der noch zu vollstreckenden Freiheitsstrafe zu kurz gewesen wäre[1795].

Neben den bereits erwähnten generalpräventiven Gründen stehen einer Überstellung von Deutschland ins Ausland nach Ansicht der Bundesregierung insbesondere folgende Gründe entgegen[1796]:

- *Bei der Überstellung nach dem Überstellungsübereinkommen handelt es sich um ein langwieriges Verfahren, so daß in der Praxis eine Anwendung des § 456a StPO vorzuziehen ist, wonach die Vollstreckungsbehörde von der Vollstreckung der Freiheits- oder Jugendstrafe ganz oder teilweise absehen kann, wenn der Verurteilte aus dem Bundesgebiet ausgewiesen wird;*

- *die teilweise sehr unterschiedliche Strafzumessungs- und Strafvollstreckungspraxis in den Mitgliedstaaten, insbesondere in der Türkei, in der regelmäßig relativ hohe Strafen ausgesprochen werden, und verurteilte Türken generell damit rechnen können, bereits nach Verbüßung von 42 % der gegen sie verhängten Strafe entlassen zu werden*[1797]. *Da eine Entlassung nach Verbüßung von lediglich 42 % der Strafe dem deutschen Strafverfolgungsinteresse regelmäßig nicht genügt, scheitert häufig eine Überstellung in die Türkei*[1798].

c) Ablehnungsgründe der türkischen Insassen

Die in Deutschland lebenden Türken haben wie viele Ausländer der Zweiten und Dritten Generation, deren Zustimmung zu einer Überstellung gem. Art. 3 Abs. 1 d) ÜberstÜbk erforderlich ist, keinen oder nur einen geringen Bezug zu ihrem „Heimatstaat" und haben, weil sich ihr Lebensmittelpunkt in Deutschland befindet, regelmäßig keinen Überstellungswunsch[1799].

Rund 100 % der Insassen mit türkischer Volkszughörigkeit und 83,3 % der jungen Kurden wollten nicht zur Strafverbüßung in die Türkei überstellt werden[1800].

Teilweise ziehen ausländische Häftlinge die Vollzugsbedingungen in Deutschland denen in ihrem Heimatland vor und stimmen deshalb einer Überstellung nicht zu[1801].

1795 DEUTSCHER BUNDESTAG a.a.O. (2000) (Fn. 1785), S. 1, (4).

1796 DEUTSCHER BUNDESTAG a.a.O. (2000) (Fn. 1785), S. 1, (7).

1797 DEUTSCHER BUNDESTAG a.a.O. (2000) (Fn. 1785), S. 1, (8).

1798 DEUTSCHER BUNDESTAG a.a.O. (2000) (Fn. 1785), S. 1, (8).

1799 Vgl. auch SCHWIND, HANS-DIETER a.a.O. (1999a) (Fn. 10), S. 323, (359); MÜLLER, JOACHIM: Zwischen Integration und Desintegration: Türkische Jugendliche in Deutschland. In: Deutsche Vereinigung für Jugendgerichte und Jugendgerichtshilfen (Hrsg.): Kinder und Jugendliche als Täter und Opfer: Prävention und Reaktion. Mönchengladbach 1999, S. 331, (335).

1800 Vgl. oben unter Teil D, Kapitel 15, X., 1.

1801 Vgl. auch SCHWIND, HANS-DIETER a.a.O. (1999a) (Fn. 10), S. 323, (359).

Ein Grund, den 55,7 %[1802] der türkischen Insassen gegen eine Überstellung zur Verbüßung der (Rest-)Jugendstrafe angaben, waren die schlechteren Haftbedingungen in türkischen Gefängnissen.

d) Haftbedingungen in der Türkei

Nach Angaben der Liga für Menschenrechte sind in türkischen Gefängnissen und Polizeistationen zwischen 1990 und 1996 mindestens 6.066 Menschen gefoltert worden, davon wurden 238 sexuell belästigt bzw. vergewaltigt[1803]. Die Dunkelziffer wird sehr viel höher angesetzt[1804].

Auch die Menschenrechtsorganisation „Amnesty International" nannte im März 2000 Folter als ein Hauptproblem der Türkei[1805]. Zu den wiederholt berichteten Formen zählen auch „Vergewaltigungen und sexueller Mißbrauch in Haft sowie durch Folter verursachte Todesfälle" [1806].

Da Vergewaltigung ein Tabuthema in der Türkei ist, konnte die Foltermethode bisher gezielt wirken[1807]. Lediglich eine Minderheit der Gefolterten geht an die Öffentlichkeit, vorwiegend die aus politischen Gründen Festgenommenen[1808].

1802 Vgl. oben unter Teil D, Kapitel 15, X., 2.

1803 STERNBURG, JUDITH VON: Wenn Opfer und Ärzte nicht mehr stillhalten. Menschenrechtler geißeln Vergewaltigung in türkischen Gefängnissen. In: Lotse Info, Nr. 19, Juni 2000, S. 6.

1804 STERNBURG, JUDITH VON a.a.O. (Fn. 1803), S. 6.

1805 AMNESTY INTERNATIONAL: Länderbericht. Übersetzung der Koordinationsgruppe Türkei vom 20.03.2000. Türkei. Folter – ein Hauptproblem des Jahres 1999, S. 1: Der Bericht des von der Europäischen Anti-Folter-Konvention eingesetzten Ausschusses zur Verhütung der Folter und unmenschlicher oder erniedrigender Behandlung oder Strafe (ECPT) vom 23.09.1999 stellt eine erhebliche Anzahl von Foltervorwürfen fest und kritisiert erneut die gesetzlich legitimierte Möglichkeit, Gefangene vier Tage in „incommunicado-Haft", also ohne Kontakt zur Außenwelt, zu halten. Der Ausschluß äußert in seinem Bericht auch die Sorge über die Haftbedingungen in den Gefängnissen, über Mißhandlungen von Gefangenen bei Transporten in ein anderes Gefängnis oder ein Krankenhaus sowie über unangemessene Methoden bei der Bewältigung von Unruhen im Gefängnis. Vgl. auch Amnesty International a.a.O. (2000), S. 1, (5) m.w.N.: „Der Europäische Gerichtshof für Menschenrechte hat entschieden, daß es gegen Art. 6 der Europäischen Konvention über Menschenrechte verstößt, wenn ein Festgenommener nicht innerhalb der ersten 48 Stunden der Haft Zugang zu einem Anwalt erhält". AMNESTY INTERNATIONAL: Länderbericht Koordinationsgruppe Türkei vom 24.02.1999. Zur Menschenrechtslage in der Türkei. Anliegen amnesty internationals, S. 1, (2).

1806 AMNESTY INTERNATIONAL a.a.O. (2000) (Fn. 1805), S. 1, (3 ff.). Vgl. auch AMNESTY INTERNATIONAL a.a.O. (1999) (Fn. 1805)), S. 1, (4): „1995 erhielt amnesty international Kenntnis von mindestens 15 Todesfällen in Haft, die allem Anschein nach auf Folterungen zurückgingen. 1996 starben 11 Gefangene in Polizeihaft und 15 in Untersuchungs- und Strafhaft. am 24. September 1996 wurden 10 politische Gefangene bei einer Razzia von Soldaten, Mitgliedern der Sondereinheiten und Gefängniswärten im Gefängnis von Diyarbakir zu Tode geprügelt (...). 1997 kamen mindestens drei Personen in der Haft ums Leben, 1998 mindestens vier".

1807 STERNBURG, JUDITH VON a.a.O. (Fn. 1803), S. 6.

1808 STERNBURG, JUDITH VON a.a.O. (Fn. 1803), S. 6.

Auch im Jahr 2000 waren nach Angaben von Amnesty International Folterungen in der Türkei nach wie vor weit verbreitet und blieben weitgehend ungeahndet[1809]. So wurden bei der gewaltsamen Niederschlagung von Protesten gegen die Einführung kleiner Zellen anstelle der bisherigen Gemeinschaftsschlafsäle am 19.12.2000 in den türkischen Haftanstalten mindestens 30[1810] Gefangene getötet[1811]. Die Gefangenen hatten befürchtet, daß sie sich in den neuen kleineren Zellen in größerer Gefahr befinden, gefoltert zu werden[1812]. Daß sie alleine oder in kleinen Gruppen untergebracht sind und sogar isoliert werden können, würde einer grausamen, unmenschlichen und erniedrigenden Behandlung gleichkommen[1813].

> *„Zu den meistgenannten (Folter-)Methoden zählten Schläge, das Tragen von Augenbinden über lange Zeiträume hinweg, das Aufhängen an den Armen oder den Handgelenken, Elektroschocks, sexueller Mißbrauch sowie Nahrungs- und Schlafentzug.“[1814]*
>
> *Auch Mediziner, die Atteste über Anzeichen von Folter, Vergewaltigungen oder sexuellen Übergriffen gegen Verhaftete ausstellen, müssen in der Türkei mit massiver Einschüchterung rechnen[1815]. Die Liga für Menschenrechte berichtet, daß in dem Zeitraum von Oktober 1999 bis Juni 2000 mehrere Ärzte des Behandlungszentrums der Menschenrechtsstiftung Türkei in Izmir angeklagt worden seien[1816]. Ihnen sei vorgeworfen worden, „Kriminelle“ behandelt und „illegale Organisationen“ unterstützt zu haben[1817]. Ein Arzt sei verhaftet und tagelang gefoltert worden, bevor er wegen mangelnder Beweise freigesprochen wurde; eine Anzeige wegen Folter wurde von der Staatsanwaltschaft nicht verfolgt[1818].*

Auffällig ist in diesem Zusammenhang, daß Teilnehmer einer Studienreise in die Türkei von guten Verhältnissen in einer Jugendstrafanstalt bei Ankara im Mai 1986 berichteten[1819]. Die Besichtigung der Jugendstrafanstalt wurde anläßlich des Besuchs

---

1809 AMNESTY INTERNATIONAL: Jahresbericht 2001a Türkei, S. 1.

1810 AMNESTY INTERNATIONAL: Urgent Action (UA-Nr. UA-010/2001) vom 16.01.2001b. Sorge um Sicherheit / Gewaltlose politische Gefangene, S. 1.

1811 AMNESTY INTERNATIONAL a.a.O. (2001a) (Fn. 1809), S. 1.

1812 AMNESTY INTERNATIONAL a.a.O. (2001a) (Fn. 1809), S. 1.

1813 AMNESTY INTERNATIONAL a.a.O. (2001a) (Fn. 1809), S. 1: „Obwohl zu den im Dezember 1999 von der Europäischen Union gestellten Bedingungen für die Aufnahme der Türkei in den Kreis der Beitrittskandidaten auch die Verbesserung der Menschenrechtslage im Land gehörte, waren im Berichtsjahr (2000) keine wesentlichen Reformen oder Verbesserungen zu verzeichnen. Zwar verpflichtete sich die Regierung zur Erstellung eines Zeitplans für Reformen, doch nennenswerte rechtliche Veränderungen waren erst für 2001 beziehungsweise 2002 vorgesehen“.

1814 AMNESTY INTERNATIONAL a.a.O. (2001a) (Fn. 1809), S. 1.

1815 STERNBURG, JUDITH VON a.a.O. (Fn. 1803), S. 6.

1816 STERNBURG, JUDITH VON a.a.O. (Fn. 1803), S. 6.

1817 STERNBURG, JUDITH VON a.a.O. (Fn. 1803), S. 6.

1818 STERNBURG, JUDITH VON a.a.O. (Fn. 1803), S. 6.

1819 KÜHLING, PAUL / BEHRENS, HARALD / REINHARDT, WERNER: Strafvollzug in der Türkei. In: ZfStrVo, Jg. 37, Heft 1, 1988, S. 38.

einer Studiengruppe im Türkischen Ministerium der Justiz in Ankara von dem Vize-Staatssekretär und zwei Vize-Ministerialdirektoren gestattet und vermittelt[1820].

Die Jugendstrafanstalt wurde 1941 erbaut und lag in einem großzügig gestalteten Areal mit mehreren Gebäudekomplexen neuerer Bausubstanz und besaß neben Sportplätzen auch ein Schwimmbecken[1821]. Die Anstalt verfügte über eine Aufnahmekapazität von 300 Gefangenen, war jedoch nur mit rund 150 Insassen belegt, die auf drei Schlafräume verteilt waren[1822]. Nach Angaben der Gefängnisleitung waren weder Drogen- noch Alkoholprobleme bekannt; letztere entfielen bereits wegen des Alkoholverbotes des Islams[1823].

Dieser Bericht könnte, aufgrund der zahlreichen aktuellen negativen Darstellungen der Haftsituation in der Türkei, den Schluß nahelegen, daß die Teilnehmer der Studienreise eine Musteranstalt besichtigt haben, die aus nicht näher genannten Gründen nur zur Hälfte belegt war. Hinzu kommt, daß von der Besichtigung einer Anstalt im Jahr 1986 keine gesicherten Rückschlüsse auf die Verhältnisse in anderen Gefängnissen im Jahr 2001 gezogen werden können.

5. Verzicht auf das Zustimmungserfordernis bei Ausweisung

Nach Einschätzung der Bundesregierung ist die in Art. 2 Abs. 3 und Art. 3 Abs. 1 des Zusatzprotokolls zum Überstellungsübereinkommen enthaltene Beschränkung des Verzichts auf das Einverständnis der verurteilten Personen auf Flucht- und Ausweisungsfälle[1824] „sachgerecht und geeignet, bisherige Regelungslücken des Mutterübereinkommens zu schließen"[1825].

Die praktische Bedeutung des Überstellungsübereinkommens ist für die türkischen Insassen im Jugenstrafvollzug gering, da 100 % der türkischen Volkszugehörigen und 83,3 % der kurdischen Volkszughörigen nicht zur Verbüßung ihrer (Rest-) Jugendstrafe in die Türkei überstellt werden wollten und somit die gem. Art. 3 Abs. 1 d) ÜberstÜbk erforderliche Zustimmung des Verurteilten nicht erteilen würden.

1820 KÜHLING, PAUL / BEHRENS, HARALD / REINHARDT, WERNER a.a.O. (Fn. 1819), S. 38.

1821 KÜHLING, PAUL / BEHRENS, HARALD / REINHARDT, WERNER a.a.O. (Fn. 1819), S. 38.

1822 KÜHLING, PAUL / BEHRENS, HARALD / REINHARDT, WERNER a.a.O. (Fn. 1819), S. 38.

1823 KÜHLING, PAUL / BEHRENS, HARALD / REINHARDT, WERNER a.a.O. (Fn. 1819), S. 38, (39).

1824 Vgl. oben unter Teil E, Kapitel 17, XII., 1. Vgl. auch LEMKE, MICHAEL: Überstellung straffälliger Strafgefangener ohne deren Einwilligung. In: ZRP, Jg. 33, Heft 5, 2000, S. 173 ff.

1825 DEUTSCHER BUNDESTAG a.a.O. (2000) (Fn. 1785), S. 1, (9): „Der von den Bundesländern überwiegend geforderte generelle Verzicht auf das Einverständnis der verurteilten Person auch in Fällen, in denen wegen der der Verurteilung zugrunde liegenden Tat keine Ausweisungsverfügung ergangen ist, würde das Grundkonzept des Mutterübereinkommens in sein Gegenteil verkehren und wohl auch verfassungsrechtlichen Bedenken begegnen. Das Bundesverfassungsgericht hat in seiner Entscheidung vom 18. Juni 1997 (BVerfGE 96, 100) klargestellt, daß dem Verurteilten im Überstellungsverfahren nicht eine reine Objektstellung zukommt, sondern daß seine Grundrechtsposition bei der Entscheidung zu berücksichtigen ist."

Nach Art. 3 Abs. 1 des Zusatzprotokolls zu dem Überstellungsübereinkommen ist das Einverständnis der türkischen Insassen entbehrlich, falls feststeht, daß sie ausgewiesen und abgeschoben werden. Dies hätte zur Folge, daß 4,4 % der türkischen und 29,2 % der kurdischen Volkszugehörigen[1826], für die zum Befragungszeitpunkt bereits feststand, daß sie ausgewiesen werden, ohne ihre Zustimmung zur weiteren Strafverbüßung in die Türkei überstellt werden könnten. Wie bereits ausgeführt[1827], sieht der Gesetzentwurf des Bundesjustizministeriums jedoch vor, daß auch im Falle einer Ausweisung das Zustimmungserfordernis des Verurteilten bestehen bleiben soll, wenn der Verurteilte in Deutschland geboren wurde bzw. hier aufgewachsen ist. Dies trifft auf rund 82,2 % der türkischen Volkszugehörigen, aber lediglich auf 33,4 % der jungen Kurden im Jugendstrafvollzug zu[1828].

Rund zwei Drittel der kurdischen Insassen könnten folglich, sobald feststeht, daß sie ausgewiesen werden, ohne ihre Zustimmung in die Türkei zur weiteren Strafverbüßung überstellt werden. Dies erscheint vor dem Hintergrund der schlechteren Haftbedingungen und der zahlreichen Berichte von Amnesty International[1829] über Folter in türkischen Haftanstalten, von der insbesondere kurdische Insassen betroffen sind[1830], problematisch.

> *Die Bundesregierung hat darauf hingewiesen, daß eine deutlich spürbare Intensivierung des Überstellungsverkehrs von den Landesjustizverwaltungen eher zurückhaltend beurteilt wird, unter anderem im Hinblick auf „die Haftbedingungen in manchen Vertragsstaaten, die den Mindestanforderungen der Europäischen Menschenrechtskonvention nicht immer zu entsprechen scheinen“*[1831].

Auch im Falle einer bereits feststehenden Abschiebung sollten vor der Überstellung zur Strafvollstreckung türkischer und kurdischer Volkszugehöriger ohne deren Zustimmung die Haftbedingungen in türkischen Gefängnissen darauf überprüft werden, ob sie den Anforderungen der Europäischen Konvention über Menschenrechte entsprechen, denn dies war, wie bereits ausgeführt[1832] in der Vergangenheit teilweise nicht der Fall[1833].

[1826] Vgl. oben unter Teil D, Kapitel 15, VIII., 1.

[1827] Vgl. oben unter Teil D, Kapitel 15, X., 2.

[1828] Vgl. oben unter Teil D, Kapitel 15, X., 2.

[1829] Vgl. oben unter Teil E, Kapitel 17, XII., 4., d).

[1830] AMNESTY INTERNATIONAL a.a.O. (1999) (Fn. 1805), S. 1: „Opfer von Übergriffen (...) sind vor allem Kurden, aber auch Oppositionelle. Von der weitverbreiteten Praxis der Folter sind auch unpolitische Gefangene betroffen“.

[1831] DEUTSCHER BUNDESTAG a.a.O. (2000) (Fn. 1785), S. 1, (11).

[1832] Vgl. oben unter Teil E, Kapitel 17, XII., 4., d).

[1833] Zu den Bemühungen des türkischen Parlaments, den Vorwürfen der Folter in türkischen Gefängnissen nachzugehen bzw. diese zu dokumentieren, vgl. Amnesty International a.a.O. (2001a), (Fn. 1809), S. 1, (2): „Der Menschenrechtsausschuß des türkischen Parlaments veröffentlichte im Jahr 2000 neun Berichte über seine Untersuchungen zur Folter und Mißhandlung. Die Mitglieder des Ausschusses hatten Gefängnisinsassen in verschiedenen Provinzen des Landes befragt und anschließend in den Haftanstalten unangekündigte Inspek-

XIII. Absehen von Strafvollstreckung bei bevorstehender Abschiebung gem. § 456a StPO

Der § 456a Abs. 1, 2. Fall StPO eröffnet der Vollstreckungsbehörde die Möglichkeit, bei einem türkischen Inhaftierten, der aus Deutschland ausgewiesen werden soll bzw. bei dem eine vollziehbare Ausweisungsverfügung mit Abschiebungsandrohung der zuständigen Ausländerbehörde vorliegt, ohne dessen Zustimmung auf Antrag der Justizvollzugsanstalt von der Vollstreckung der Freiheits- oder Jugendstrafe[1834] abzusehen, ohne daß die (Rest-)Strafe in der Türkei vollstreckt werden wird[1835].

Der Zweck dieser Vorschrift besteht nicht ausschließlich in der Entlastung der Justizvollzugsanstalten von der Vollstreckung von Strafen gegen Nichtdeutsche, sondern berücksichtigt darüber hinaus, daß die Strafvollstreckung gegen Ausländer, die demnächst ausgeliefert oder ausgewiesen werden sollen, weder unter dem Gesichtspunkt der Resozialisierung noch unter dem Aspekt der Sicherung vor gefährlichen Straftätern erforderlich ist[1836]*. Falls die Möglichkeit besteht, die Strafe nach dem Überstellungsübereinkommen oder nach § 71 IRG im Ausland zu vollstrecken, findet § 456a StPO keine Anwendung*[1837].

---

tionen durchgeführt. In Istanbul entdeckte der Ausschuß zum Beispiel Gerätschaften zum Aufhängen der Häftlinge an den Armen. Seine Berichte, die Bilder der Haftanstalten, Vernehmungszimmer und Folterinstrumente sowie Abschriften der mit den Häftlingen geführten Interviews enthielten, waren für die offiziellen Kreise in der Türkei ein großer Schritt nach vorn in Richtung Dokumentierung und Anerkennung der Folter".

1834 Die Regelung für die zeitige Freiheitsstrafe gilt in Nordrhein-Westfalen ausdrücklich auch für die Jugendstrafe, vgl. GIEHRING, HEINZ: Das Absehen von der Strafvollstreckung bei Ausweisung und Auslieferung ausländischer Strafgefangener nach § 465a StPO. In: Ostendorf, Heribert (Hrsg.): Strafverfolgung und Strafverzicht. Festschrift zum 125jährigen Bestehen der Staatsanwaltschaft Schleswig-Holstein. Köln, Berlin, Bonn, München 1992, S. 469, (507).

1835 Die Ermessensentscheidung der Vollstreckungsbehörde (§ 451 Abs. 1 StPO) ergeht von Amts wegen oder auf Antrag des Verurteilten und muß die Interessen des Verurteilten gegen die Gründe abwägen, die gegen ein Absehen von der Vollstreckung sprechen, insbesondere die Umstände der Tat, die Schwere der Schuld, der Anteil der bereits verbüßten Strafe sowie das öffentliche Interesse an einer nachhaltigen Vollstreckung, vgl. KLEINKNECHT, THEODOR / MEYER-GOßNER, LUTZ a.a.O. (Fn. 1763), § 456a StPO Rn. 5; vgl. auch GIEHRING, HEINZ a.a.O. (Fn. 1834), S. 469, (482 ff.) m.w.N.

1836 KLEINKNECHT, THEODOR / MEYER-GOßNER, LUTZ a.a.O. (Fn. 1763), § 456a StPO Rn. 1; GROß, KARL-HEINZ: Zum Absehen von der Strafvollstreckung gegenüber Ausländern nach § 456a StPO. In: StV, Jg. 7, Heft 1, 1987, S. 36.

1837 Nach den Regelungen in Nordrhein-Westfalen soll ein Vollstreckungshilfeersuchen nach § 71 IRG Vorrang vor der Möglichkeit des Absehens von der Strafvollstreckung nach § 456a StPO haben, wenn ein Rechtshilfeersuchen in Betracht kommt und ausreichende Aussicht auf Erfolg hat, vgl. zu der Regelung in Nordrhein-Westfalen GIEHRING, HEINZ a.a.O. (Fn. 1834), S. 469, (477); KLEINKNECHT, THEODOR / MEYER-GOßNER, LUTZ a.a.O. (Fn. 1763), § 456a StPO Rn. 1; GROß, KARL-HEINZ a.a.O. (Fn. 1836), S. 36, (39), a. A. Giehring, Heinz a.a.O. (Fn. 1834), S. 469, (500), der § 456a StPO den Vorrang vor § 71 Abs. 1 IRG einräumt, weil justizökonomische und sonstige staatliche Interessen gerade aufgrund der Ausweisung, die für § 71 IRG keine Rolle spielt, und somit durch die Anwendung des § 456a StPO in erheblich weiterem Umfange realisiert werden können als durch die Vollstreckungshilfe.

Obwohl in Nordrhein-Westfalen[1838] wie in allen Bundesländern Richtlinien erlassen wurden, die aus Gründen des öffentlichen Interesses an einer Vollstreckung der Strafe das Absehen von der Vollstreckung grundsätzlich erst nach der Verbüßung der Hälfte der Strafe vorsehen[1839], wird eine möglichst frühzeitige Abschiebung der ausländischen Insassen aus dem (Jugend-)Strafvollzug gem. § 465a StPO gefordert, um den Belegungsdruck in den Anstalten zu verringern[1840], um die vielfach erschwerte Haftsituation ausländischer Inhaftierter auszugleichen[1841] oder weil es weder unter präventiven, noch unter kriminalpädagogischen Gesichtspunkten sinnvoll sei, ausländischen Jugendstrafgefangene, für die feststeht, daß sie abgeschoben werden, länger als bis zur Verbüßung von einem Drittel, höchstens der Hälfte ihrer Strafe im Jugendstrafvollzug zu belassen[1842].

Die Ursache für den seltenen Gebrauch des § 456a StPO liegt in vielen Fällen darin begründet, daß die Ausländerbehörde zum Zeitpunkt der Verbüßung der Halbstrafe die erforderlichen Identitätsnachweise bzw. Personalpapiere noch nicht beschafft hat, was wiederum oft mit dem fehlenden Kooperationswillen der Herkunftsländer zusammenhängt[1843]. Hinzu kommen Bedenken der Strafvollstreckungsbehörden, die aus generalpräventiven Gründen, um also weitere potentielle Täter von einer möglichen Straftatbegehung abzuhalten, von der Möglichkeit des § 456a StPO keinen Gebrauch machen[1844].

Wird von der Strafvollstreckung aufgrund der bevorstehenden Abschiebung abgesehen, so muß der ausgewiesene Straftäter, dessen Strafe ausgesetzt wurde, bei einer Rückkehr in die Bundesrepublik Deutschland damit rechnen, daß gem. § 456a Abs. 2 StPO die Vollstreckung seiner Strafe, gesichert durch einen Vollstreckungshaftbefehl, in Deutschland nachgeholt wird.

In Nordrhein-Westfalen und den meisten anderen Bundesländern[1845] hat sich auf der Ebene der verwaltungsinternen Entscheidungsvorgaben eine Haltung festgesetzt, die

---

[1838] GIEHRING, HEINZ a.a.O. (Fn. 1834), S. 469, (476).

[1839] KLEINKNECHT, THEODOR / MEYER-GOßNER, LUTZ a.a.O. (Fn. 1763), § 456a StPO Rn. 5. Von der Vollstreckung kann gem. Punkt I 2. der Rechtsverordnung des Justizministeriums des Landes Nordrhein-Westfalen völlig oder vor Verbüßung der Hälfte abgesehen werden, wenn neben der Verurteilung eine in dem Verfahren erlittene Freiheitsentziehung, die Auslieferung oder die Ausweisung zur Einwirkung auf den Verurteilten und zur Verteidigung der Rechtsordnung ausreichend erscheint. Dabei ist auch eine etwa zu erwartende weitere Bestrafung des Verurteilten in seinem Heimatland mit zu berücksichtigen, vgl. auch GIEHRING, HEINZ a.a.O. (Fn. 1834), S. 469, (476).

[1840] WALTER, ARNO a.a.O. (Fn. 1650), S. 54, (55); so auch die ministeriellen Anordnungen in Nordrhein-Westfalen, vgl. GIEHRING, HEINZ a.a.O. (Fn. 1834), S. 469, (473).

[1841] BÖHM, ALEXANDER a.a.O. (1986) (Fn. 23), S. 141; GIEHRING, HEINZ a.a.O. (Fn. 1834), S. 469, (474); GROß, KARL-HEINZ a.a.O. (Fn. 1836), S. 36.

[1842] WALTER, JOACHIM a.a.O. (Fn. 1714) (2000), S. 251, (256).

[1843] SCHWIND, HANS-DIETER a.a.O. (1999a) (Fn. 10), S. 323, (359).

[1844] GROß, KARL-HEINZ a.a.O. (Fn. 1836) S. 36, (39); SCHWIND, HANS-DIETER a.a.O. (1999a) (Fn. 10), S. 323, (359).

[1845] GIEHRING, HEINZ a.a.O. (Fn. 1834), S. 469, (509).

mit dem Absehen von der Vollstreckung zum Halbstrafen-Zeitpunkt aus generalpräventiven Erwägungen, gut vertretbar ist.

Allerdings bleibt noch zu fragen, ob diese Form der Anwendung des § 456a StPO auch von den zuständigen Staatsanwälten inhaltlich bejaht wird oder gegen ihren Widerstand von den Landesjustizverwaltungen vorgegeben wurde[1846]. Die Vorgabe der Landesjustizverwaltungen könnte ebenfalls nur als „Haftplatzeinsparungsinstrument"[1847] unter dem Druck der Überbelegungen in den Justizvollzugsanstalten entstanden sein oder auf der Absicht beruhen, mit den Mitteln des Vollstreckungsrechts zur Verringerung überflüssigen Strafleides ausländischer Inhaftierter beizutragen[1848] und § 456a StPO auch als eine Gerechtigkeits- und Billigkeitsvorschrift zu verstehen.

[1846] GIEHRING, HEINZ a.a.O. (Fn. 1834), S. 469, (509) m.w.N. GROß, KARL-HEINZ a.a.O. (Fn. 1836), S. 36, (40) weist darauf hin, daß in der Praxis oftmals eine sehr tiefsitzende Zurückhaltung gegen die Anwendung des § 456a StPO festgestellt werden kann.

[1847] GROß, KARL-HEINZ a.a.O. (Fn. 1836), S. 36, (40).

[1848] GIEHRING, HEINZ a.a.O. (Fn. 1834), S. 469, (509); GROß, KARL-HEINZ a.a.O. (Fn. 1836), S. 36, (40).

LITERATURVERZEICHNIS

AEMMER, HEINZ-CLAUDE: Außenkontakte. In: Deutsche AIDS-Hilfe e.V. (Hrsg.): Betreuung im Strafvollzug. Ein Handbuch. 2. Aufl., Berlin 1998, S. 40-51.

AHLBORN, WILFRIED / JANY, ULRICH / SCHWIND, HANS-DIETER et al.: Zur Methodik kriminalgeographischer Forschung unter besonderer Berücksichtigung des Bochumer Forschungsprojektes. In: Schwind, Hans-Dieter / Ahlborn, Wilfried / Weiß, Rüdiger (Hrsg.): Empirische Kriminalgeographie. Bestandsaufnahme und Weiterführung am Beispiel von Bochum („Kriminalitätsatlas Bochum"), Wiesbaden 1978, S. 24-44.

AHLF, ERNST-HEINRICH: Ausländerkriminalität in der Bundesrepublik Deutschland nach Öffnung der Grenzen. In: ZAR, Jg. 13, Heft 3, 1993, S. 132-138.

AKTAS, CELAL: Zur Situation ausländischer Jugendlicher und ihrer Zukunftsperspektiven. In: Beauftragte der Bundesregierung für die Integration der ausländischen Arbeitnehmer und ihrer Familienangehörigen (Hrsg.): Bericht '99. Zur Situation der ausländischen Arbeitnehmer und ihrer Familien – Bestandsaufnahme und Perspektiven für die 90er Jahre. Bonn 1999, S. 61-67.

ALBRECHT, PETER-ALEXIS: Junge Ausländer vor den Kontrollinstanzen der Bundesrepublik. Kriminalistischer und instanzieller Umgang mit Problemen. In: Schüler-Springorum, Horst (Hrsg.): Jugend und Kriminalität. Kriminalpolitische Beiträge zur kriminalpolitischen Diskussion. Frankfurt a. M. 1983, S. 62-77.

ALBRECHT, PETER-ALEXIS: Kriminologie. Ein Studienbuch. München 1999.

ALBRECHT, PETER-ALEXIS / PFEIFFER, CHRISTIAN: Die Kriminalisierung junger Ausländer. Befunde und Reaktionen sozialer Kontrollinstanzen, München 1979.

AMELANG, MANFRED: Sozial abweichendes Verhalten: Entstehung – Verbreitung – Verhinderung. Berlin, Heidelberg, New York, London, Paris, Tokyo 1986.

AMNESTY INTERNATIONAL: Länderbericht Koordinatspruppe Türkei vom 24.02.1999. Zur Menschenrechtslage in der Türkei. Anliegen amnesty internationals. <http://www2. amnesty.de/412566E90035FF77...hlight=2,_6ai0n4qr 5d4, Haftbedingungen> (05.06.2001)

AMNESTY INTERNATIONAL: Länderbericht. Übersetzung der Koordinationsgruppe Türkei vom 20.03.2000. Türkei. Folter – ein Hauptproblem des Jahres 1999. <http:www2.amnesty. de/ dt2000.nsf/ 15c03...400052c44e? Open Document &ExpandSection=2> (05.06.2001)

AMNESTY INTERNATIONAL: Jahresbericht 2001a Türkei. <http:// www2.amnesty. de/ dt 2001.nsf/ 15c03...53d9e012dc1256a5a0035b 7d7?OpenDocument> (05.06.2001)

AMNESTY INTERNATIONAL: Urgent Action (UA-Nr. UA-010/2001 vom 16.01.2001b. Sorge um Sicherheit / Gewaltlose politische Gefangene. <http:// www2. amnesty.de/C125699 E003C80DB...hlight=2,_6ai0n4qr5d4_,Haftbedingungen> (05.06.2001)

ARM, HARALD: Rauschgiftlage 1999. In: Deutsche Hauptstelle gegen die Suchtgefahren e. V. (Hrsg.): Jahrbuch Sucht 2001, Geesthacht 2000, S. 80-91.

ASPRION, PETER: Interne Drogenberatung im Justizvollzug. Grenzen des Vollzugs, Erwartungen an freie Träger. In: Reindl, Richard / Nickolai, Werner (Hrsg.): Drogen und Strafjustiz, Freiburg i. Br. 1994, S. 75-82.

ASSELBORN, GERD / LÜTZENKIRCHEN, MICHAEL: Sport als Medium in einer personenzentrierten Arbeit mit delinquenten Jugendlichen. In: ZfStrVo, Jg. 40, Heft 5, 1991, S. 269-274.

ATABAY, ILHAMI: Zwischen Tradition und Assimilation. Die zweite Generation türkischer Migranten in der Bundesrepublik Deutschland. Diss. Freiburg i. Br. 1998.

ATTIA, IMAN / AZIZ, LEILA / MARBURGER, HELGA et al.: Auf Ausbildungssuche. In: Attia, Iman / Marburger, Helga (Hrsg.): Alltag und Lebenswelten von Migrantenjugendlichen. Frankfurt a. M. 2000, S. 71-100.

BABELOTZKY, ALFRED: Aggressive Interaktion im Strafvollzug untersucht in den Vollzugsanstalten Zweibrücken, Nürnberg und Bruchsal. Mainz 1984.

BAER, INGRID: Die Neuregelungen des Ausländerrechts für Minderjährige. In: ZAR, Jg. 11, Heft 3, 1991, S. 135-142.

BAISCH, GERHARD: Strafvollzug – Büttel einer Ausländer-raus-Politik. In: KrimPäd, Jg. 21, Heft 34, 1993, S. 33-35.

BARTSCH, HANS-JÜRGEN: Vollstreckung im Heimatstaat. In: NJW, Jg. 36, Heft 10, 1984, S. 513-517.

BAUER, MANFRED: Junge ausländische Tatverdächtige – polizeiliche Erkenntnisse und Erfahrungen. In: DVJJ-Journal, Jg. 4, Heft 4, 1993, S. 360-363.

BEAUCAMP, GUY: Zeitungen im Gefängnis zwischen Pressefreiheit und Anstaltsordnung. In: ZfStrVo, Jg. 48, Heft 4, 1999, S. 206-210.

BEAUFTRAGTE DER BUNDESREGIERUNG FÜR AUSLÄNDERFRAGEN (Hrsg.): Bericht der Beauftragten der Bundesregierung für Ausländerfragen über die Lage der Ausländer in der Bundesrepublik Deutschland, Bonn 1997.

BEAUFTRAGTE DER BUNDESREGIERUNG FÜR AUSLÄNDERFRAGEN (Hrsg.): Daten und Fakten zur Ausländersituation, 18. Aufl., Berlin, Bonn 1999.

BEAUFTRAGTE DER BUNDESREGIERUNG FÜR AUSLÄNDERFRAGEN (Hrsg.): Bericht der Beauftragten der Bundesregierung für Ausländerfragen über die Lage der Ausländer in der Bundesrepublik Deutschland, Berlin und Bonn 2000a.

BEAUFTRAGTE DER BUNDESREGIERUNG FÜR AUSLÄNDERFRAGEN (Hrsg.): Daten und Fakten zur Ausländersituation, 19. Aufl., Berlin, Bonn 2000b.

BECKER, HOWARD SAUL: Outsiders. Studies in the Sociology of Deviance. New York 1963.

BECKER, HOWARD SAUL: Außenseiter: Zur Soziologie abweichenden Verhaltens. Frankfurt a. M. 1981.

BEHR, VERA: Türkische Kinder und Jugendliche in deutschen Schulen: kulturelle Hintergründe. In: Tumat, Alfred J. (Hrsg.), unter Mitwirkung von Groenke, Bruno und Horn, Dieter: Migration und Integration, Baltmannsweiler 1986, S. 152-168.

BEITEN, FRIEDEL: Ausländische inhaftierte Jugendliche in der JVA Heinsberg. In: DBH Fachverband für Soziale Arbeit, Strafrecht und Kriminalpolitik (Hrsg.): Ausländische Inhaftierte im Strafvollzug, Dokumentation des 3. Lotse-Forums vom 12.12.1998, Köln 1999, S. 41-43.

BENDIT, RENÉ: Junge Arbeitsmigranten in Deutschland: Die Bedeutung von beruflicher Ausbildung und sozialpädagogischer Unterstützung bei der Entwicklung produktiver Formen der Lebensbewältigung im Jugendalter. Diss. Kassel 1994.

BERCKHAUER, FRIEDHELM: Ausländerintegration als kriminalpräventiver Ansatz. In: Schwind, Hans-Dieter / Berckhauer, Friedhelm / Steinhilper, Gernot (Hrsg.): Präventive Kriminalpolitik. Beiträge zur ressortübergreifenden Kriminalprävention aus Forschung, Praxis und Politik. Heidelberg 1980, S. 287-305.

BERKENKOPF, BEATRICE: Kindheit im Kulturkonflikt: Fallstudien über türkische Gastarbeiterkinder, Frankfurt a. M. 1984.

BERNARD, THOMAS J.: The consensus-conflict debate: Form and content in social theories. New York 1983.

BERNARD, THOMAS J.: Control criticism of strain theories. An assessment of theoretical and empirical adequacy. In: Journal of research in crime and delinquency, 1984, S. 353-372.

BERNARD, THOMAS J.: Testing structural strain theories. In: Journal of research in crime and delinquency, 1987, S. 262-280.

BEYER, WILLIBALD: Vollzugslockerungen – aus der Sicht eines Anstaltspsychologen. In: Walter, Michael / Rotthaus, Karl-Peter / Geiter, Helmut (Hrsg.): Bruchstücke, Strafvollzugsprobleme aus der Sicht der Beteiligten, Pfaffenweiler 1992, S. 85-88.

BIELEFELD, ULI: Die Straffälligkeit junger Ausländer in der Bundesrepublik Deutschland. In: Schäfer, Karl Heinrich / Sievering, Ulrich O. (Hrsg.): Ausländerrecht contra Resozialisierung? Beiträge zur Problematik straffällig gewordener Ausländer in der Bundesrepublik Deutschland, Frankfurt a. M. 1984, S. 41-57.

BIELEFELD, ULI / KREISSL, REINHARD: Ausländische Jugendliche und Kriminalisierung. Die Bedeutung qualitativer Ergebnisse für die kriminalpolitische Diskussion. In: Schüler-Springorum, Horst (Hrsg.): Jugend und Kriminalität. Kriminalpolitische Beiträge zur kriminalpolitischen Diskussion. Frankfurt a. M. 1983, S. 78-95.

BIELEFELD, ULI / KREISSL, REINHARD / MÜNSTER, THOMAS: Junge Ausländer im Konflikt. Lebenssituationen und Überlebensformen, München 1982.

BIERSCHWALE, PETER / DETMER, BERND / KÖHLER, WOLFGANG / KRAMER, JÖRG: Freizeitgestaltung im niedersächsischen Justizvollzug. 10 Punkte für ein „Projekt Freizeit“. In: ZfStrVo, Jg. 44, Heft 2, 1995, S. 83-92.

BINGEMER, KARL / NEUBERT, EDGAR (Hrsg.): Kriminalitätsstatistik. In: Bingemer, Karl / Meistermann-Seeger, Edeltrud / Neubert, Edgar (Hrsg.): Leben als Gastarbeiter: Geglückte und mißglückte Integration. 2. Aufl., Opladen 1972, S. 160-168.

BLANKENBURG, ERHARD: Die Selektivität rechtlicher Sanktionen. In: KZfSS, Jg. 21, Heft 4, 1969, S. 805-829.

BLANKENBURG, ERHARD: Karl Marx und der „Labeling"-Ansatz. In: KrimJ, Jg. 6, Heft 4, 1974, S. 313-319.

BOCK, MICHAEL: Kriminologie, 2. Aufl. München 2000.

BODE, LOTHAR: Freizeitgestaltung im Strafvollzug – Möglichkeiten der Freizeitgestaltung. In: Schwind, Hans-Dieter / Blau, Günter (Hrsg.): Strafvollzug in der Praxis. Eine Einführung in die Probleme und Realitäten des Strafvollzuges und der Entlassenenhilfe. 2. Aufl., Berlin, New York 1988, S. 313-318.

BÖHM, ALEXANDER: Der ausländische Strafgefangene im Spannungsfeld zwischen Resozialisierungsauftrag des Strafvollzugs und Zielsetzung des Ausländerrechts. In: Schäfer, Karl Heinrich / Sievering, Ulrich O. (Hrsg.): Ausländerrecht contra Resozialisierung? Beiträge zur Problematik straffällig gewordener Ausländer in der Bundesrepublik Deutschland, Frankfurt a. M. 1984, S. 118-134.

BÖHM, ALEXANDER: Strafvollzug, 2. Aufl., Frankfurt a. M. 1986.

BÖHM, ALEXANDER: Kirche im Strafvollzug – Gefängnisseelsorge im Wandel der Zeit. In: ZfStrVo, Jg. 44, Heft 1, 1995, S. 3-13.

BÖHM, HORST / MÖBIUS, PETER: Drogenkonsum in bayerischen Justizvollzugsanstalten. In: ZfStrVo, Jg. 39, Heft 2, 1990, S. 94-97.

BÖKEL, GERHARD: Zur Situation ausländischer Jugendlicher – eine Zukunft in Deutschland?! In: ZAR, Jg. 18, Heft 2, 1998, S. 51-54.

BOLLONIA, RUDOLF: Drogenhilfe im Jugendstrafvollzug. In: Reindl, Richard / Nickolai, Werner (Hrsg.): Drogen und Strafjustiz, Freiburg i. Br. 1994, S. 90-100.

BONDESON, ULLA V.: Prisoners in Prison Societies. New Brunswick, Oxford 1989.

BONN, HARALD: Berufliche Ausbildung. In: Nickolai, Werner u. a. (Hrsg.): Sozialpädagogik im Jugendstrafvollzug. Erfahrungen aus der Praxis. Freiburg i. Br. 1985, S. 37-55.

BÖNTE, ERHARD: Die Bedeutung der Weiterbildung innerhalb meiner Haftzeit. In: ZfStrVo, Jg. 37, Heft 3, 1988, S. 154-156.

BOOS-NÜNNING, URSULA: Die Lebenssituation junger Ausländer in der Bundesrepublik Deutschland. In: Schäfer, Karl Heinrich / Sievering, Ulrich O. (Hrsg.): Ausländerrecht contra Resozialisierung? Beiträge zur Problematik straffällig gewordener Ausländer in der Bundesrepublik Deutschland, Frankfurt a. M. 1984, S. 14-40.

BOOS-NÜNNING, URSULA / NIEKE, WOLFGANG: Orientierungs- und Handlungsmuster türkischer Jugendlicher zur Bewältigung der Lebenssituation in der Bundesrepublik Deutschland. In: Psychosozial, Jg. 5, Heft 16, 1982, S. 63-90.

BORKENSTEIN, CHRISTOPH: Drogenabhängige im Strafvollzug. In: Egg, Rudolf (Hrsg.): Drogentherapie und Strafe. Wiesbaden 1988, S. 235-244.

BORNEMANN, EBERHARD: Dokumentation von Ausweisungen Jugendlicher. In: Jünschke, Klaus / Tekin, Ugur (Hrsg.): Jugendkriminalität. Gegen die Kriminalisierung von Jugendlichen. Köln 1997, S. 65-75.

BORTZ, JÜRGEN: Statistik für Sozialwissenschaftler. 5. Aufl., Berlin, Heidelberg, New York u.a. 1999.

BÖSE, GEORG/ SCHIFFER, JOCHEN: Möglichkeiten interkultureller Weiterbildung im Strafvollzug. Skizze und Bestandsaufnahme eines Modellprojekts. In: ZfStrVo, Jg. 49, Heft 1, 2000, S. 12-18.

BOSETZKY, HORST / BORSCHERT, JÜRGEN / HELM, SIEGFRIED: Ausländer in Berliner Haftanstalten. In: Autorengruppe Ausländerforschung (Hrsg.): Zwischen Getto und Knast. Jugendliche Ausländer in der Bundesrepublik. Reinbek bei Hamburg 1981, S. 198-289.

BOTHGE, RALF: Zur Teilnahme Strafgefangener an religiösen Veranstaltungen. In: ZfStrVo, Jg. 48, Heft 6, 1999, S. 352-354.

BOTTENBERG, E. H. / GAREIS, B.: Zur Kommunikation und Interaktion zwischen Aufsichtspersonal und jugendlichen Strafgefangenen. Eine empirische Untersuchung. In: MschrKrim, Jg. 54, Heft 2, 1971, S. 106-115.

BOWKER, LEE HARRINGTON: Prison victimization. New York, Oxford 1980.

BOWKER, LEE HARRINGTON: The victimization of prisoners by staff members. In: Haas, K. C. / Albert, G. P. (Hrsg.): The dilemmas of punishment. Illinois 1986, S. 134-157.

BRÜNDEL, HEIDRUN / HURRELMANN, KLAUS: Bewältigungsstrategien deutscher und ausländischer Jugendlicher. Eine Pilotstudie. In: Zeitschrift für Sozialisationsforschung und Erziehungssoziologie, Jg. 14, 1994, S. 2-15.

BUCHTA, ANNA-MARIA / SCHÄFER, KARL HEINRICH: Substitution hinter Gittern. Ein Bericht über die Verordnung, Abgabe und Verabreichung von Methadon zum Zwecke der Substitution heroinabhängiger Gefangener in hessischen Justizvollzugsanstalten. In: ZfStrVo, Jg. 45, Heft 1, 1996, S. 21-25.

BÜHRING, ULRIKE: Rechtsprobleme der Urinkontrolle auf Drogenmißbrauch. In: ZfStrVo, Jg. 43, Heft 5, 1994, S. 271-275.

BUKOWSKI, ANNETTE: Benachteiligung im Jugendstrafvollzug? Zur subjektiven Perspektive türkischer Insassen. In: ZfStrVo, Jg. 45, Heft 4, 1996, S. 225-232.

BUKOWSKI, ANNETTE: Benachteiligungen im Jugendstrafvollzug? Ergebnisse qualitativer Interviews mit türkischen Insassen, Konstanz 1998.

BUNDESKRIMINALAMT (Hrsg.): Polizeiliche Kriminalstatistik Bundesrepublik Deutschland 2000, Wiesbaden 2001 (fortlaufend).

BUNDESMINISTERIUM FÜR GESUNDHEIT (Hrsg.): Drogen- und Suchtbericht 1998 der Drogenbeauftragten der Bundesregierung. Bonn 1999, S. 1-14.

BURGHEIM, JOACHIM: Zur Frage der Methadonsubstitution i.v. Drogenabhängiger im Strafvollzug. In: ZfStrVo, Jg. 43, Heft 2, 1994, S. 74-80.

BUSSMANN, KAI-DETLEF: Verbot familialer Gewalt gegen Kinder. Zur Einführung rechtlicher Regelungen sowie zum (Straf-) Recht als Kommunikationsmedium. Köln, Berlin, Bonn, München 2000.

CALLIES, ROLF-PETER: Strafvollzugsrecht, 3. Aufl., München 1992.

CALLIES, ROLF-PETER / MÜLLER-DIETZ, HEINZ: Strafvollzugsgesetz. Gesetz über den Vollzug der Freieitsstrafe und der freiheitsentziehenden Maßregeln der Besserung und Sicherung mit ergänzenden Bestimmungen. Kommentar. 8. Aufl., München 2000.

CARONI, MARTINA: Privat- und Familienleben zwischen Menschenrecht und Migration. Eine Untersuchung zu Bedeutung, Rechtsprechung und Möglichkeiten von Art. 8 EMRK im Ausländerrecht. Diss. Berlin 1999.

CHAIDOU, ANTHOZOE: Junge Ausländer aus Gastarbeiterfamilien in der Bundesrepublik Deutschland. Ihre Kriminalität nach offizieller Registrierung und nach ihrer Selbstdarstellung. Diss. Frankfurt a. M., Bern, New York 1984a.

CHAIDOU, ANTHOZOE: Junge Ausländer im deutschen Strafvollzug. In: RdJB, Jg. 32, Heft 4-5, 1984b, S. 345-353.

CHAIDOU, ANTHOZOE: Warum überproportional? Kriminalitätsbelastung junger Ausländer. In: Kriminalistik, Jg. 38, Heft 7, 1984c, S. 355-376.

CHERKAOUI, MOHAMED: Consensus or conflict? Return to Durkheim's proteiform theory. In: Theory and Society, Jg. 10, Heft 1, 1981, S. 127-138.

CIL, NEVIM: Überlegungen zum intergenerativen Verhältnis in türkischen Familien im Migrationsprozeß. In: Attia, Iman / Marburger, Helga (Hrsg.): Alltag und Lebenswelten von Migrantenjugendlichen. Frankfurt a. M. 2000, S. 127-138.

CLEMMER, DONALD: The prison community. New York, Chicago, San Francisco, Toronto, London 1965.

CLOWARD, RICHARD A.: Illegitime Mittel, Anomie und abweichendes Verhalten. In: Sack, Fritz / König, René (Hrsg.): Kriminalsoziologie. 3. Aufl., Wiesbaden 1979, S. 314-338.

CLOWARD, RICHARD A. / OHLIN, LLOYD E.: Delinquency and opportunity. A theory of delinquent gangs. Glencoe/Illinois 1960.

COENEN, SIEGFRIED: Die Kriminalität der Gastarbeiter im Landgerichtsbezirk Düsseldorf. – Eine vergleichende Darstellung des strafrechtlichen Verhaltens der italienischen, griechischen und spanischen Arbeitskräfte in der Zeit von 1959 bis 1963-. Diss. München 1966.

COHEN, ALBERT KIRCIDEL: Delinquent boys. The culture of the gang. New York 1955.

CORNEL, HEINZ / TEICHMANN, HELFRIED: Schulausbildung im Vollzug. In: Neue Kriminalpolitik, Jg. 6, Heft 2, 1994, S. 9-10.

COUNCIL OF EUROPE: Additional protocol to the European convention on the transfer of sentenced persons. European Treaty Series – Nr. 167. Strasbourg, 18.12.1997.

COUNCIL OF EUROPE: Additional protocol to the conventon on the transfer of sentenced persons, Nr. 167. Treaty open for signature by the member states and the other states signatories to treaty ETS 112 and for accession by the non-member states which have acceeded to the treaty ETS 112. Status as of 25/06/01. <http://conventions.coe.int/treaty/EN/searchsig.asp?NT=167&CM=8&DF=25/06/01> (25.06.01)

CULLEN, FRANCIS T. / LINK, BRUCE G. / TRAVIS, LAWRENCE F. et al.: Consensus in crime seriousness: Empirical reality or methodoglogical artifact? In: Criminology, Jg. 23, Heft 1, 1985, S. 99-118.

DANNENFELDT, EVA: Weitere strafrechtliche und –prozessuale Probleme von ausländischen Beschuldigten vor deutschen Gerichten. In: Wolf, Gerhard (Hrsg.): Kriminalität im Grenzgebiet. Band 3: Ausländer vor deutschen Gerichten. Berlin, Heidelberg, New York u. a. 2000, S. 255-261.

DEARING, ALBIN: Der sogenannte Kriminaltourismus. Der Ladendiebstahl und die Öffnung der Ostgrenzen. In: Pilgram, Arno (Hrsg.), Grenzöffnung, Migration, Kriminalität. Jahrbuch für Rechts- und Kriminalsoziologie 1993. Baden-Baden 1993, S. 181-194.

DENNO, DEBORAH W.: Sociological and human developmental explanations of crime: Conflict and consensus. In: Criminology, Jg. 23, Heft 4, 1985, S. 711-741.

DEUTSCHE AIDS-HILFE e.V. (Hrsg.): Substitution in Haft. Berlin 1999.

DIEKMANN, JÖRN: Über qualitative und quantitative Ansätze empirischer Sozialforschung. Diss. Dortmund 1983.

DIEMER, HERBERT / SCHOREIT, ARMIN / SONNEN, BERND-RÜDEGER: Jugendgerichtsgesetz. Kommentar. 3. Aufl., Heidelberg 1999.

DIETRICH, ANNE: Besonderheiten und Probleme ausländischer jugendlicher Drogenabhängiger. In: Heinemann, Horst / Dietrich, Anne. (Hrsg.): Drogenkonsum. Fakten, Hintergründe, Prävention, Ausblicke. 3. Veranstaltung in der Reihe Migration und Justiz vom 11. November 1996 im Berufsförderungszentrum Essen, Essen 1997, S. 22-25.

DINSE, HARTMUT: Resozialisierung im Strafvollzug: Zum Zusammenhang von Aspekten des Anstaltsklimas und den Beziehungen zwischen Insassen und Personal aus der Sicht der Insassen. In: Kerner, Hans-Jürgen / Kury, Helmut / Sessar, Klaus (Hrsg.): Deutsche Forschungen zur Kriminalitätsentstehung und Kriminalitätskontrolle. Köln, Berlin, Bonn, München 1983, S. 1818-1841.

DÖLLING, DIETER: Die resozialisierende Wirkung des Sports im Strafvollzug. In: Nickolai, Werner / Rieder, Hermann / Walter, Joachim (Hrsg.): Sport im Strafvollzug. Pädagogische und therapeutische Modelle. Freiburg i. Br. 1992, S. 67-76.

DONNER, OLAF: Delinquenz junger Ausländer in der Registrierung und Beurteilung durch die Polizei. In: Weschke, Eugen (Hrsg.): Straftaten Jugendlicher: Verfahren und Rechtsfolgen. Berlin 1986, S. 137-160.

DONNER, OLAF / OHDER, CLAUDIUS / WESCHKE, EUGEN et al.: Straftaten von Ausländern in Berlin. In: Autorengruppe Ausländerforschung (Hrsg.): Zwischen Getto und Knast. Jugendliche Ausländer in der Bundesrepublik. Reinbek bei Hamburg 1981, S. 43-145.

DÖRMANN, UWE: Gastarbeiter. Kriminalität und Lebenssituation. In: Die Polizei, Jg. 66, Heft 4, 1975, S. 123-128.

DÜNKEL, FRIEDER: Schulbildung im Strafvollzug. In: RdJB, Jg. 30, Heft 2, 1982, S. 142-155.

DÜNKEL, FRIEDER: Freiheitsentzug für junge Rechtsbrecher. Situation und Reform von Jugendstrafe, Jugendstrafvollzug, Jugendarrest und Untersuchungshaft in der Bundesrepublik Deutschland und im internationalen Vergleich, Bonn 1990.

DÜNKEL, FRIEDER: Jugendstrafvollzug zwischen Erziehung und Strafe – Entwicklungen und Perspektiven im internationalen Vergleich. In: Feuerhelm, Wolfgang / Schwind, Hans-Dieter / Bock, Michael (Hrsg.): Festschrift für Alexander Böhm zum 70. Geburtstag am 14. Juni 1999, Berlin, New York 1999, S. 99-140.

DURKHEIM, ÉMILE: Der Selbstmord, Neuwied, Berlin 1973.

DURKHEIM, ÉMILE: Kriminalität als normales Phänomen. In: Sack, Fritz / König, René (Hrsg.): Kriminalsoziologie. 3. Aufl., Wiesbaden 1979, S. 3-8.

EBERT, KLAUS ROCHUS: Das öffentliche Telefon im geschlossenen Vollzug. Ende oder Beginn einer Entwicklung?! (Eine Untersuchung im Hinblick auf den geschlossenen Erwachsenenstrafvollzug in Hessen und Rheinland-Pfalz) Diss. Hamburg 1999.

EBERT, KLAUS ROCHUS: Kartentelefone im geschlossenen Vollzug – Kommunikationsmittel sui generis. In: ZfStrVo, Jg. 49, Heft 4, 2000, S. 213-226.

EICK-WILDGANS, SUSANNE: Anstaltsseelsorge. Möglichkeiten und Grenzen des Zusammenwirkens von Staat und Kirche im Strafvollzug. Berlin 1993.

EISENBERG, ULRICH: Kriminologie, 5. Aufl., Köln, Berlin, Bonn, München 2000a.

EISENBERG, ULRICH: Jugendgerichtsgesetz, Kommentar, 8. Aufl., München 2000b.

EISNER, MANUEL: Immigration, Integration und Assimilation. Strukturen der Gewaltkriminalität von Immigrierten und Schweizern. In: Bauhofer, Stefan / Queloz, Nicolas (Hrsg.): Ausländer, Kriminalität und Strafrechtspflege, Chur / Zürich 1993, S. 289-310.

ESCHENBACHER, MANFRED: Nordrhein-Westfalen begeht neue Wege im Bereich der Abschiebehaft. In: ZfStrVo, Jg. 43, Heft 3, 1994, S. 158-161.

EXPERTENKOMMISSION HESSISCHER JUSTIZVOLLZUG: Abschlußbericht der Expertenkommission Hessischer Justizvollzug. In: StV, Jg. 14, Heft 4, 1994, S. 215-222.

FAUPEL, O. V.: Sozialarbeit mit ausländischen Jugendlichen in der Jugendanstalt Hameln, nicht veröffentlichter Bericht 1999, S. 1-2.

FEIGL, ERICH: Die Kurden. Geschichte und Schicksal eines Volkes. München 1995.

FIEDLER, HARALD: Wohltat, Behandlungsmaßnahme, Risiko? Zur ideologischen und pragmatischen Einordnung des Urlaubs aus dem Vollzug. In: ZfStrVo, Jg. 45, Heft 6, 1996, S. 326-333.

FINKBEINER, LOTHAR / KARSTEN, RAINER / MEINERS, REINHARD: Deeskalationsgruppen mit Inhaftierten unterschiedlicher Nationalität und Kultur in der Jungtäteranstalt Vechta. In: ZfStrVo, Jg. 42, Heft 6, 1993, S. 343-353.

FISCHER, ARTHUR / FRITZSCHE, YVONNE / FUCHS-HEINRITZ, WERNER / MÜNCHMEIER, RICHARD: Hauptergebnisse. In: Fischer, Arthur / Fritzsche, Yvonne / Fuchs-Heinritz, Werner et al. (Konzeption und Koordination), Deutsche Shell (Hrsg.): Jugend 2000. Bd. 1. 13. Shell Jugendstudie. Opladen 2000a, S. 11-21.

FISCHER, ARTHUR / FRITZSCHE, YVONNE / FUCHS-HEINRITZ, WERNER / MÜNCHMEIER, RICHARD: (Daten der Grundauszählung zur 13. Shell Jugendstudie „Jugend 2000“). Bd. C. Psydata, Institut für Marktanalysen, Sozial- und Mediaforschung, Frankfurt a. M. 2000b. (Die Daten wurden im Dezember 2000 als Dateien zur Verfügung gestellt.)

FOCKEN, ADALBERT: Forensich-Psychiatrische Probleme bei ausländischen Jugendlichen. In: StV, Jg. 2, Heft 7, 1982, S. 313-315.

FOCKEN, ADALBERT / GLEY, CHRISTA: Junge Ausländer im Strafvollzug. Eine jugendpsychiatrisch-psychologische Untersuchung forensischer Aspekte, München 1987.

FREIMUND, BETTINA: Vollzugslockerungen – Ausfluß des Resozialisierungsgedankens? Diss. Frankfurt a. M., Bern, New York, Paris 1990.

FRISCH, PETER: Ausländischer Extremismus und Terrorismus in der Bundesrepublik Deutschland. In: Magazin für die Polizei, Jg. 26, Heft 4, 1995, S. 32-36.

FUCHS-HEINRITZ, WERNER: Religion. In: Fischer, Arthur / Fritzsche, Yvonne / Fuchs-Heinritz, Werner et al. (Konzeption und Koordination), Deutsche Shell (Hrsg.): Jugend 2000. Bd. 1. 13. Shell Jugendstudie. Opladen 2000, S. 157-180.

GALANIS, GEORGIOS N.: Migrantenkriminalität in der Presse. Eine inhaltsanalytische Untersuchung dargestellt am Beispiel der Zeitschriften Stern und Quick von 1960-1982. Berlin 1987.

GARZ, DETLEF / KRAIMER, KLAUS: Qualitativ-empirische Sozialforschung im Aufbruch. In: Garz, Detlef / Kraimer, Klaus (Hrsg.): Qualitativ-empirische Sozialforschung. Konzepte, Methoden, Analysen. Opladen 1991, S. 1-33.

GEBAUER, MICHAEL: Kriminalität der Gastarbeiterkinder, Teil 1. Umfang der kriminellen Belastung. In: Kriminalistik, Jg. 35, Heft 1, 1981a, S. 2-8.

GEBAUER, MICHAEL: Kriminalität der Gastarbeiterkinder, Teil 2. Hintergrund ihrer Lebensbedingungen. In: Kriminalistik, Jg. 35, Heft 2, 1981b, S. 83-86.

GEISSLER, ISOLDE: Ausbildung und Arbeit im Jugendstrafvollzug. Haftverlaufs- und Rückfallanalyse. Diss. Freiburg i. Br. 1991a.

GEISSLER, ISOLDE: Stellenwert und Effektivität schulischer und beruflicher Bildungsmaßnahmen im Jugendstrafvollzug. In: DVJJ-Journal, Jg. 2, Heft 3, 1991b, S. 211-218.

GEIßLER, RAINER: Soziale Schichtung und Kriminalität. In: Geißler, Rainer (Hrsg.), Soziale Schichtung und Lebenschancen in Deutschland. 2. Aufl., Stuttgart 1994, S. 160-194.

GEIßLER, RAINER: Das gefährliche Gerücht von der hohen Ausländerkriminalität. In: Aus Politik und Zeitgeschichte, Jg. 45, B 35, 25.08.1995, S. 30-39.

GEIßLER, RAINER/ MARIßEN, NORBERT: Kriminalität und Kriminalisierung junger Ausländer. Die tickende soziale Zeitbombe – ein Artefakt der Kriminalstatistik. In: KZfSS, Jg. 42, Heft 4, 1990, S. 663-687.

GEITER, HELMUT: Vollzug zwischen Männern und Frauen: Frauen im Männervollzug. Kommentierende Bermerkungen. In: Walter, Michael / Rotthaus, Karl-Peter / Geiter, Helmut (Hrsg.): Bruchstücke. Strafvollzugsprobleme aus der Sicht der Beteiligten, Pfaffenweiler 1992, S. 56-63.

GIEHRING, HEINZ: Das Absehen von der Strafvollstreckung bei Ausweisung und Auslieferung ausländischer Strafgefangener nach § 456a StPO. In: Ostendorf, Heribert (Hrsg.): Strafverfolgung und Strafverzicht. Festschrift zum 125-jährigen Bestehen der Staatsanwaltschaft Schleswig-Holstein. Köln, Berlin, Bonn, München 1992, S. 469-509.

GLASER, DANIEL: Criminality theories and behavioral images. In: American Journal of Sociology, Jg. 61, 1956, S. 433-444.

GÖBEL-ZIMMERMANN, RALF: Die Anordnung und der Vollzug der Abschiebungshaft. In: ZAR, Jg. 16, Heft 3, 1996, S. 110-119.

GÖPPINGER, HANS: Der Täter in seinen sozialen Bezügen. Ergebnisse aus der Tübinger Jungtäter-Vergleichsuntersuchung. Unter Mitarbeit von Michael Bock, Jörg-Martin Jehle, Werner Maschke. Berlin, Heidelberg, New York, Tokyo 1983.

GÖPPINGER, HANS: Kriminologie. Begründet von Göppinger, Hans, bearbeitet von Bock, Michael und Böhm, Alexander, unter Mitarbeit von Kröber, Hans-Ludwig und Maschke, Werner. 5. Aufl., München 1997.

GOTTSCHALK, WOLFGANG: Erlebnispädagogik im Strafvollzug. In: Nickolai, Werner / Rieder, Hermann / Walter, Joachim (Hrsg.): Sport im Strafvollzug. Pädagogische und therapeutische Modelle. Freiburg i. Br. 1992, S. 92-102.

GRAVALAS, BRIGITTE / BRAUN, FRANK: Die beruflichen und sozialen Chancen ausländischer Jugendlicher – Integration oder Segregation. Bundesinstitut für Berufbildungsforschung und Deutsches Jugendinstitut (Hrsg.), München 1982.

GRIES, HANS JOACHIM: Sozialtherapeutische Abteilung für drogenabhängige und verhaltensauffällige Gefangene in der JVA Siegburg. In: Suchtgefahren. Hamburg 1983a, S. 111-118.

GRIES, HANS JOACHIM: Behandlung Drogenabhängiger im Justizvollzug. In: Suchtgefahren. Hamburg 1983b, S. 135-137.

GROSCH, OLAF: Lockerungen im Jugendstrafvollzug. Grundlagen und Praxis. Eine haftverlaufsorientierte Untersuchung anhand des baden-württembergischen Jugendstrafvollzugs. Diss. Freiburg i. Br. 1994.

GROß, KARL-HEINZ: Zum Absehen von der Strafvollstreckung gegenüber Ausländern nach § 456a StPO. In: StV, Jg. 7, Heft 1, 1987, S. 36-40.

GRÜBL, GÜNTER / WALTER, JOACHIM: „Russlanddeutsche“ im Jugendstrafvollzug. In: BewHi, Jg. 46, Heft 4, 1999, S. 360-374.

GRUNAU, THEODOR / TIESLER, EBERHARD: Strafvollzugsgesetz. Kommentar. 2. Aufl., Köln, Berlin, Bonn, München 1982.

GRUNDIES, VOLKER: Kriminalitätsbelastung junger Aussiedler. Ein Längsschnittvergleich mit in Deutschland geborenen jungen Menschen anhand polizeilicher Registrierungen. In: MschrKrim, Jg. 83, Heft 5, 2000, S. 290-305.

GRUNDMANN, ANTJE: Drogenkonsum und Suchtprävention bei Jugendlichen. Sinngehalt von Prävention und Intervention an einem ausgewählten Beispiel. Frankfurt a. M., Berlin, Bern, New York, Paris, Wien 1998.

GÜR, METIN: Warum sind sie kriminell geworden? Türkische Jugendliche in deutschen Gefängnissen, 2. Aufl., Essen 1991.

HABERLAND, JÜRGEN: Repräsentativuntersuchung '95 zur Situation der ausländischen Arbeitnehmer und ihrer Familienangehörigen in der Bundesrepublik Deutschland. In: ZAR, Jg. 17, Heft 3, 1997, S. 138-142.

HABSCHICK, KLAUS: Suchtprobleme junger Migranten. In: Kriminalistik, Jg. 54, Heft 6, 2000, S. 371-375.

HAGAN, JOHN / SILVA, EDWARD T. / SIMPSON, JOHN H.: Conflict and consensus in the designation of deviance. In: Social Forces, Jg. 56, Heft 12, 1977, S. 320-340.

HAGEMANN, L.: Der Islam in seinem Selbstverständnis und Anspruch. In: Wanzura, Werner (Hrsg.): Moslems im Strafvollzug, Altenberge 1982, S. 44-64.

HAILBRONNER, KAY: Die Asylrechtsreform im Grundgesetz. In: ZAR, Jg. 13, Heft 3, 1993, S. 107-117.

HAILBRONNER, KAY / RENNER, GÜNTER: Staatsangehörigkeitsrecht. Kommentar. 2. Aufl., München 1998.

HAMBURGER, FRANZ / SEUS, LYDIA / WOLTER, OTTO: Zur Delinquenz ausländischer Jugendlicher. – Bedingungen der Entstehung und Prozesse der Verfestigung –, Wiesbaden 1981.

HANESCH, WALTER / ADAMY, WILHELM / MARTENS, RUDOLF et al.: Armut in Deutschland. Reinbek bei Hamburg 1994.

HARBORDT, STEFFEN: Die Subkultur des Gefängnisses. Eine soziologische Studie zur Resozialisierung. 2. Aufl., Stuttgart 1972.

HARDER, KARLHEINZ / HURNIK, DIETER: Schulische und berufliche Bildung für junge Gefangene in der Justizvollzugsanstalt Siegburg. Neufeind, Wolfgang (Hrsg.). Siegburg 2000.

HARTMANN, WINFRIED: „Der Vollzug ist darauf gerichtet, daß er dem Gefangenen hilft, sich in das Leben in Freiheit einzugliedern". In: BewHi, Jg. 38, Heft 2-3, 1991, S. 152-259.

HARTUNG, HANS-JOACHIM: Die wichtigsten relativierenden Faktoren zur statistisch registrierten Kriminalität von Ausländern / Nichtdeutschen. In: Der Kriminalist, Jg. 28, Heft 2, 1996, S. 55-59.

HASENPUSCH, BURKHARD: Zum Drogenproblem im Strafvollzug – Versuche einer Erfassung der Zahl drogenabhängiger Gefangener. In: ZfStrVo, Jg. 30, Heft 5, 1981, S. 270-276.

HECKLER, ROLF: Praxis und Aussagefähigkeit von Urinkontrollen. In: Jacob, Jutta / Keppler, Karlheinz / Stöver, Heino (Hrsg.): Drogengebrauch und Infektionsgeschehen (HIV, AIDS und Hepatitis) im Strafvollzug. Berlin 1997, S. 91-108.

HECKMANN, FRIEDRICH: Die Bundesrepublik: Ein Einwanderungsland? Zur Soziologie der Gastarbeiterbevölkerung als Einwandererminorität. Stuttgart 1981.

HEINE, ELKE: Ausländer in der veröffentlichten Meinung. Perspektiven einer Integration. In: Autorengruppe Ausländerforschung (Hrsg.): Zwischen Getto und Knast. Jugendliche Ausländer in der Bundesrepublik. Reinbek bei Hamburg 1981, S. 19-42.

HEITMEYER, WILHELM: Deutsche und ausländische Jugendliche. Zur Brisanz ethnisch-kultureller Gewaltpotentiale. In: Heitmeyer, Wilhelm / Collmann, Birgit / Conrads, Jutta / Matuschek, Ingo / Kraul, Dietmar et al. (Hrsg.): Gewalt. Schattenseiten der Individualisierung bei Jugendlichen aus unterschiedlichen Milieus. 3. Aufl., Weinheim, München 1998, S. 399-409.

HERRMANN, LOTHAR: Bandendelinquenz der sogenannten „dritten Generation" am Beispiel Frankfurt a. M. In: Der Kriminalist, Jg. 27, Heft 10, 1995, S. 453-458.

HEßLER, MANFRED: Hintergründe und Entwicklung der Delinquenz der zweiten Ausländergeneration. In: ZAR, Jg. 5, Heft 3, 1985, S. 116-124.

HEUDTLASS, JAN-HENDRIK / STÖVER, HEINO: Harm reduction – Ein Trainingsprogramm für inhaftierte Drogengebrauchende und für Bedienstete des Justizvollzugs. In: Jacob, Jutta / Keppler, Karlheinz / Stöver, Heino (Hrsg.): Drogengebrauch und Infektionsgeschehen (HIV, AIDS und Hepatitis) im Strafvollzug. Berlin 1997, S. 197-210.

HEUDTLASS, JAN-HENDRIK / STÖVER, HEINO: „Harm reduction-Strategien" für intravenös applizierende Drogenkonsumenten und Bedienstete – auch im Strafvollzug. Ein safer-use-Trainingsprogramm. In: ZfStrVo, Jg. 47, Heft 3, 1998, S. 155-163.

HEUER, HANS-JOACHIM: Fremdenfeindliche Einstellungen und polizeiliches Handeln. Forschungsstand, Gegenmaßnahmen und Ausblick. In: Kriminalistik, Jg. 52, Heft 6, 1998, S. 401-410.

HIRSCHI, TRAVIS: Causes of delinquency. Berkeley, Los Angeles, London 1969.

HOCH, MARTIN: Türkische politische Organisationen in der Bundesrepublik Deutschland. In: ZAR, Jg. 14, Heft 1, 1994, S. 17-22.

HOFFMEISTER, ELISABETH: Drogensüchtige im Strafvollzug. In: DBH Fachverband für Soziale Arbeit, Strafrecht und Kriminalpolitik (Hrsg.): Drogensüchtige im Strafvollzug,

Dokumentation des 2. Lotse-Forums vom 06.12.1997, Köln 1997, S. 40-42.

DEN HOLLANDER, A. N. J.: Der „Kulturkonflikt" als soziologischer Begriff und als Erscheinung. In: KZfSS, Jg. 7, Heft 2, 1955, S. 161-187.

HOLLE, ROLF: Polizeiliche Kriminalstatistik 1965. In: Kriminalistik, Jg. 20, Heft 9, 1966, S. 441-446.

HOVENS, A.: Moslems in der Vollzugsanstalt. In: Wanzura, Werner (Hrsg.): Moslems im Strafvollzug, Altenberge 1982, S. 28-34.

HUBER, BERTOLD: Straffällig gewordenen junge Ausländer im Ausländer- und Jugendhilferecht. In: DVJJ-Journal, Jg. 4, Heft 4, 1993, S. 366-371.

HUNSICKER, ERNST: Zur Kriminalität der Spätaussiedler. Die Bedeutung des Phänomens am Beispiel der Stadt Osnabrück. In: Kriminalistik, Jg. 53, Heft 8, 1999, S. 520-524.

HÜRLIMANN, MICHAEL: Führer und Einflußfaktoren in der Subkultur des Strafvollzuges. Diss. Pfaffenweiler 1993.

HURRELMANN, KLAUS / BRÜNDEL, HEIDRUN: Drogengebrauch – Drogenmißbrauch: eine Gratwanderung zwischen Genuß und Abhängigkeit. Darmstadt 1997.

IRWIN, JOHN / CRESSEY, DONALD R.: Thieves, convicts and the inmate culture. In: Becker, Howard Saul (Hrsg.): The other side: Perspectives on deviance. New York 1964, S. 225-245.

JACOB, JUTTA / STÖVER, HEINO: Zur gesundheitlichen und sozialen Lage Drogenkonsumierender im Strafvollzug. In: Jacob, Jutta / Keppler, Karlheinz / Stöver, Heino (Hrsg.): Drogengebrauch und Infektionsgeschehen (HIV, AIDS und Hepatitis) im Strafvollzug. Berlin 1997a, S. 43-57.

JACOB, JUTTA / STÖVER, HEINO: Infektionsprophylaxe im Niedersächsischen Strafvollzug. Zur Abgabe steriler Einwegspritzen in einem niedersächsischen Modellprojekt. In: Jacob, Jutta / Keppler, Karlheinz / Stöver, Heino (Hrsg.): Drogengebrauch und Infektionsgeschehen (HIV, AIDS und Hepatitis) im Strafvollzug. Berlin 1997b, S. 135-158.

JACOB, JUTTA / STÖVER, HEINO: Minimierung gesundheitlicher Risiken bei Drogenkonsum unter Haftbedingungen – eine theoretische Einführung. In: Jacob, Jutta / Stöver, Heino (Hrsg.): Minimierung gesundheitlicher Risiken bei Drogenkonsum unter Haftbedingungen. Ein methodisch-didaktisches Arbeitsbuch für die Praxis im Strafvollzug. Oldenburg 1998, S. 9-39.

JAHN, GÜNTHER: Kriminalität der Ausländer. Eine aufhellende Analyse. In: Kriminalistik, Jg. 48, Heft 4, 1994, S. 255-258.

JOHN, BARBARA: Ausländische Jugendliche zwischen Koranschule und Diskothek – eine Generation im Umbruch. In: Beauftragte der Bundesregierung für die Integration der ausländischen Arbeitnehmer und ihrer Familienangehörigen (Hrsg.): Bericht '99. Zur Situation der ausländischen Arbeitnehmer und ihrer Familien – Bestandsaufnahme und Perspektiven für die 90er Jahre. Bonn 1999, S. 79-85.

JOHNSON, RICHARD E. / MARCOS, ANASTASIOS C. / BAHR, STEPHEN J.: The role of peers in the complex etiology of adolescent drug use. In: Criminology, Jg. 25, Heft 2, 1987, S. 323-340.

JUNGER-TAS, JOSINE: Delinquency in thirteen western countries: some preliminary conclusions. In: Junger-Tas, Josine / Terlouw, Gert-Jan / Klein, Malcom W. (Hrsg.): Delinquent behavior among young people in the western world. Forst results of the international self-report delinquency study. Amsterdam, New York 1994, S. 370-380.

JUSTIZMINISTERIUM DES LANDES NORDRHEIN-WESTFALEN (Hrsg.): Strafvollzug in Nordrhein-Westfalen, 12. Aufl., Düsseldorf 2000a (fortlaufend).

JUSTIZMINISTERIUM DES LANDES NORDRHEIN-WESTFALEN (Hrsg.): Justiz in Zahlen, Düsseldorf 2000b (fortlaufend).

JVA HEINSBERG, THERAPIE-VORBEREITUNGSGRUPPE FÜR KONSUMENTEN ILLEGALER DROGEN (TVG): Konzeption. Therpievorbereitungsgruppe für Konsumenten illegaler Drogen (TVG). Stand 12/1998. Heinsberg 1998.

KACIRAN, MEHMET ALI: Ehrenamtliche Betreuung im Strafvollzug. In: DBH Fachverband für Soziale Arbeit, Strafrecht und Kriminalpolitik (Hrsg.): Ausländische Inhaftierte im Strafvollzug, Dokumentation des 3. Lotse-Forums vom 12.12.1998, Köln 1999, S. 31-32.

KAGITCIBASI, CIGDEM / SUNAR, DIANE: Familie und Sozialisation in der Türkei. In: Nauck, Bernhard / Schönpflug, Ute (Hrsg.): Familien in verschiedenen Kulturen. Stuttgart 1997, S. 145-161.

KAISER, GÜNTHER: Die Kriminalität der Gastarbeiter und ihre Erklärung als Kulturkonflikt. In: Kriminalistik, Jg. 23, Heft 5, 6, 7, 1969, S. 251-253, 308-311, 365-369.

KAISER, GÜNTHER: Gastarbeiterkriminalität und ihre Erklärung als Kulturkonflikt. In: Ansay, Tugrul / Gessner, Volkmar (Hrsg.), Gastarbeiter in Gesellschaft und Recht, München 1974, S. 208 - 240.

KAISER, GÜNTHER: Vollstreckungsplan und Anstaltsarten – Differenzierung bei Nichtdeutschen im Strafvollzug der Bundesrepublik. In: Kaiser, Günther / Kerner, Hans-Jürgen / Schöch, Heinz (Hrsg.): Strafvollzug, 4. Aufl., Heidelberg 1992, S. 284-289.

KAISER, GÜNTHER: Kriminologie. Ein Lehrbuch. 3. Aufl., Heidelberg 1996.

KAISER, GÜNTHER: Kriminologie. Eine Einführung in die Grundlagen. 10. Aufl., Heidelberg 1997.

KAISER, GÜNTHER / KERNER, HANS-JÜRGEN / SCHÖCH, HEINZ: Strafvollzug. Ein Lehrbuch. 4. Aufl., Heidelberg 1992.

KALINOWSKI, HERMANN / SCHAPER, GANGOLF: Vollzugsinterne medizinische und psychosoziale Hilfen für drogengebrauchende Gefangene. In: Jacob, Jutta / Keppler, Karlheinz / Stöver, Heino (Hrsg.): Drogengebrauch und Infektionsgeschehen (HIV, AIDS und Hepatitis) im Strafvollzug. Berlin 1997, S. 61-72.

KAMMHUBER, SIEGFRIED: Ausländerkriminalität – Eine bittere Realität und ihre Bewältigung. In: Kriminalistik, Jg. 51, Heft 8-9, 1997, S. 551-556.

KARDORFF, ERNST VON: Qualitative Sozialforschung – Versuch einer Standortbestimmung. In: Flick, Uwe / Kardorff, Ernst von / Keupp, Heiner / Rosenstiel, Lutz von / Wolff, Stephan (Hrsg.): Handbuch Qualitative Sozialforschung, Grundlagen, Konzepte, Methoden, Anwendung, München 1991, S. 3-8.

KARGER, THOMAS / SUTTERER, PETER: Polizeilich registrierte Gewaltdelinquenz bei jungen Ausländern. In: MschrKrim, Jg. 73, Heft 6, 1990, S. 369-383.

KAUFMANN, HILDE: Kriminologie Bd. 3. Strafvollzug und Sozialtherapie. Stuttgart, Berlin, Köln, Mainz 1977.

KAULITZKI, REINER: Berufsausbildung im Jugendstrafvollzug. In: MschrKrim, Jg. 64, Heft 4, 1981, S. 240-251.

KAYA, HALUK: Blutrache. In: Der Kriminalist, Jg. 32, Heft 9, 2000, S. 370-371.

KEMPF, EBERHARD: Die fremde Sprache des Beschuldigten als strafprozessuale Aufgabe und Lösung. In: Wolf, Gerhard (Hrsg.): Kriminalität im Grenzgebiet. Band 3: Ausländer vor deutschen Gerichten. Berlin, Heidelberg, New York u. a. 2000, S. 248-254.

KEPPLER, KARLHEINZ: Die Substitutionsbehandlung mit Methadon im Justizvollzug der Bundesrepublik Deutschland. In: Jacob, Jutta / Keppler, Karlheinz / Stöver, Heino (Hrsg.): Drogengebrauch und Infektionsgeschehen (HIV, AIDS und Hepatitis) im Strafvollzug. Berlin 1997, S. 73-89.

KERN, JOHANNES: Zum Ausmaß des Drogenmißbrauchs in den Justizvollzugsanstalten und den Möglichkeiten seiner Eindämmung, in: ZfStrVo, Jg. 46, Heft 2, 1997, S. 90-92.

KERNER, HANS-JÜRGEN: Kriminalstatistik. In: Kaiser, Günther / Kerner, Hans-Jürgen / Sack, Fritz / Schellhoss, Hartmut (Hrsg.): Kleines Kriminologisches Wörterbuch, 3. Aufl., Heidelberg 1993, S. 294-301.

KERNER, STEFAN R.: Nichtdeutsche Tatverdächtige in der polizeilichen Kriminalstatistik. In: Die Polizei, Jg. 85, Heft 4, 1994, S. 105-109.

KERSTEN, JOACHIM / WOLFFERSDORFF-EHLERT, CHRISTIAN VON: Jugendstrafe. Innenansichten aus dem Knast. Frankfurt a. M. 1980.

KIESEBRINK, GERD: Die Gastarbeiter und ihr kriminelles Verhalten. Dargestellt am Beispiel der Kriminalität der Jugoslawen, Griechen, Spanier und Türken im Landgerichtsbezirk Wuppertal in den Jahren 1968-1970. Diss. Bochum 1980.

KILLIAS, MARTIN: Diskriminierendes Verhalten von Opfern gegenüber Ausländern? In: MschrKrim, Jg. 71, Heft 3, 1988, S. 156-165.

KIRPES, REINHARD: Ausweisung und Abschiebung. Damoklesschwert für straffällige und nicht straffällige Ausländerinnen und Ausländer. In: BewHi, Jg. 47, Heft 1, 2000, S. 102-106.

KIZILHAN, ILHAN: Der Sturz nach oben. Kurden in Deutschland. Eine psychologische Studie. Frankfurt a. M. 1995.

KIZILHAN, ILHAN: Die Yeziden. Eine anthropologische und sozialpsychologische Studie über die kurdische Gemeinschaft. Frankfurt a. M. 1997.

KLEINJANS, RALF: Straffälligkeit türkischer Staatsangehöriger in Deutschland: Rechtsfolgen in Deutschland und in der Türkei. Diss. Baden-Baden 1997.

KLEINKNECHT, THEODOR / MEYER-GOẞNER, LUTZ: Strafprozeßordnung, Gerichtsverfassungsgesetz, Nebengesetze und ergänzende Bestimmungen. Kommentar. 44. Aufl., München 1999.

KOCH, CLAUDIA / SOMMERER, ERNST-OTTO: Ausländerkriminalität in Bochum. In: Schwind, Hans-Dieter / Ahlborn, Wilfried / Weiß, Rüdiger (Hrsg.): Empirische Kriminalgeographie. Bestandsaufnahme und Weiterführung am Beispiel von Bochum („Kriminalitätsatlas Bochum"), Wiesbaden 1979, S. 271-282.

KOEPSEL, KLAUS: Behandlungsuntersuchungen (§ 6 StVollzG) bei ausländischen Strafgefangenen. Erfahrungen aus der westfälischen Einweisungsanstalt Hagen. In: ZfStrVo, Jg. 32, Heft 4, 1983, S. 200-205.

KOEPSEL, KLAUS: Resozialisierungsziele auf dem Prüfstand. Oder: Sind neue Sicherheitsstrategien für den Strafvollzug erforderlich? In: Kriminalistik, Jg. 53, Heft 2, 1999, S. 81-85.

KOOP, GERD: Drogenabhängige im Gefängnis. Möglichkeiten und Grenzen der Betreuung. In: KrimPäd, Jg. 13, 1985, S. 20-25.

KÖPCKE-DUTTLER, ARNOLD: Ausländergesetz und Resozialisierung. In: KrimPäd, Jg. 21, Heft 34, 1993, S. 27-32.

KOPP, THOMAS: Nichtdeutsche Angeklagte im deutschen Strafverfahren: Ihr Schutz im Normal-, Kolonial- und Militärzustand seit der Reichsgründung 1871, Baden-Baden 1997.

KORAY, SIBEL: Risikofaktoren bei der Entstehung einer Drogenabhängigkeit am Beispiel eines jungen Migranten. In: Heinemann, Horst / Dietrich, Anne. (Hrsg.): Drogenkonsum. Fakten, Hintergründe, Prävention, Ausblicke. 3. Veranstaltung in der Reihe Migration und Justiz vom 11. November 1996 im Berufsförderungszentrum Essen, Essen 1997, S. 27-28.

KRÄMER, KLAUS: Delinquenz, Suchtmittelumgang und andere Formen abweichenden Verhaltens. Ein Geschlechtervergleich. Freiburg i. Br. 1992.

KREBS, ALBERT: Nichtdeutsche im bundesdeutschen Strafvollzug, in: Schwind, Hans-Dieter / Blau, G (Hrsg.): Strafvollzug in der Praxis. Eine Einführung in die Probleme und Realitäten des Strafvollzuges und der Entlassenenhilfe. 1. Aufl., Berlin, New York 1976, S. 343-349.

KREUZER, ARTHUR: Anstieg der Jugendkriminalität – ein Mythos? Kritische Auseinandersetzung mit der Untersuchung „Jugendkriminalität im Zerrbild der Statistik". In: Kriminalistik, Jg. 34, Heft 2, 1980, S. 67-73.

KREUZER, ARTHUR: Jugendkriminalität. In: Kaiser, Günther / Kerner, Hans-Jürgen / Sack, Fritz / Schellhoss, Hartmut (Hrsg.): Kleines Kriminologisches Wörterbuch, 3. Aufl., Heidelberg 1993, S. 182-191.

KREUZER, ARTHUR: Drogenabhängige im Strafverfahren und Strafvollzug – Realitäten und Perspektiven. In: Reindl, Richard / Nickolai, Werner (Hrsg.): Drogen und Strafjustiz, Freiburg i. Br. 1994, S. 27-47.

KREUZER, ARTHUR: HIV-Prävention im Strafvollzug und Entlassung AIDS-kranker Gefangener. In: Schlüchter, Ellen (Hrsg.): Kriminalistik und Strafrecht, Festschrift für Friedrich Geerds zum 70. Geburtstag am 29.08.1995. Lübeck 1995, S. 317-335.

KREUZER, ARTHUR: Spritzenvergabe im Strafvollzug. Forschung zwischen den Fronten in einem kriminalpolitischen Glaubenskrieg. In: Feuerhelm, Wolfgang / Schwind, Hans-Dieter / Bock, Michael (Hrsg.): Festschrift für Alexander Böhm zum 70. Geburtstag am 14. Juni 1999, Berlin, New York 1999, S. 379-395.

KREUZER, ARTHUR: Drogen, Drogenkriminalität und Drogenpolitik: kriminologische und kriminalpolitische Aspekte. In: Kanitscheider, Bernulf (Hrsg.): Drogenkonsum – bekämpfen oder freigeben. Stuttgart, Leipzig 2000, S. 147-178.

KREUZER, ARTHUR / SCHNEIDER, HANS JOACHIM: Gewalt in staatlichen Subsystemen. Gießen 1988.

KREUZER, ARTHUR / THAMM, BERNDT GEORG: § 4: Erscheinungsformen von Drogenkriminalität und verwandtem abweichendem Verhalten. In: Kreuzer, Arthur (Hrsg.): Handbuch des Betäubungsmittelstrafrechts. München 1998, S. 185-329.

KREUZER, ARTHUR / GEBHARDT, CHRISTOPH / MAASSEN, MARCEL: Opfer innerhalb krimineller Subkulturen – unter besonderer Berücksichtigung der Drogen-Subkulturen – . In: Schneider, Hans Joachim (Hrsg.): Das Verbrechensopfer in der Strafrechtspflege, Berlin, New York 1982, S. 264-275.

KROMREY, HELMUT: Empirische Sozialforschung: Modelle und Methoden der Datenerhebung und Datenauswertung. 8. Aufl., Opladen 1998.

KRÜGER, GUDRUN: Als Bedienstete im geschlossenen Männervollzug. In: Walter, Michael / Rotthaus, Karl-Peter / Geiter, Helmut (Hrsg.): Bruchstücke, Strafvollzugsprobleme aus der Sicht der Beteiligten, Pfaffenweiler 1992, S. 45-53.

KRUMSIEK, ROLF: Das Drogenproblem im Strafvollzug. In: ZStrVo, Jg. 41, Heft 5, 1992, S. 306-308.

KUBE, EDWIN / KOCH, KARL-FRIEDRICH: Zur Kriminalität jugendlicher Ausländer aus polizeilicher Sicht. In: MschrKrim, Jg. 73, Heft 1, 1990, S. 14-24.

KUBINK, MICHAEL: Verständnis und Bedeutung von Ausländerkriminalität: Eine Analyse der Konstitutuion sozialer Probleme. Diss. Pfaffenweiler 1993.

KÜHLING, PAUL / BEHRENS, HARALD / REINHARDT, WERNER: Strafvollzug in der Türkei. In: ZfStrVo, Jg. 37, Heft 1, 1988, S. 38 - 41.

KUMMER, JOCHEN: Ausländerkriminalität. Legenden und Fakten zu einem Tabu. Frankfurt, Berlin 1993.

KURMANN, ERWIN: „Die Fremdlinge sollt ihr nicht unterdrücken...“!? (2. Mose 23.V.9). Ein sozialethischer Beitrag. In: Evangelische Akademie Bad Boll (Hrsg.): Ausländer in Haft. Tagung vom 26.-28.01.1981 in Bad Boll, Evangelische Akademie Bad Boll, Katholische Akademie Stuttgart in Verbindung mit dem Justizministerium Baden-Württemberg, Bad Boll 7/1981, S. 78-84.

KÜRZINGER, JOSEF: Kriminologie. Eine Einführung in die Lehre vom Verbrechen. 2. Aufl., Stuttgart, München, Hannover, Berlin, Weimar, Dresden 1996.

LAJIOS, KONSTANTIN: Die zweite und dritte Ausländergeneration. Ihre Situation und Zukunft in der Bundesrepublik Deutschland. Opladen 1991a.

LAJIOS, KONSTANTIN: Familiäre Sozialisations-, soziale Integrations- und Identitätsprobleme ausländischer Kinder und Jugendlicher in der Bundesrepublik Deutschland. In: Lajios, Konstantin (Hrsg.): Die zweite und dritte Ausländergeneration. Ihre Situation und Zukunft in der Bundesrepublik Deutschland. Opladen 1991b, S. 43-54.

LAJIOS, KONSTANTIN: Die allgemeine Situation ausländischer Familien in der Bundesrepublik Deutschland. In: Lajios, Konstantin (Hrsg.): Die ausländische Familie. Ihre Situation und Zukunft in Deutschland. Opladen 1998, S. 13-23.

LAMNEK, SIEGFRIED: Qualitative Sozialforschung. Band 1: Methodologie. 1. Aufl., München, Weinheim 1988.

LAMNEK, SIEGFRIED: Qualitative Sozialforschung. Band 2: Methoden und Techniken. München 1989.

LAMNEK, SIEGFRIED: Theorien abweichenden Verhaltens. 4. Aufl., München 1990.

LAMNEK, SIEGFRIED: Neue Theorien abweichenden Verhaltens. München 1994.

LANDESAMT FÜR DATENVERARBEITUNG UND STATISTIK DES LANDES NRW (Hrsg.): Rechtskräftig Abgeurteilte und Verurteilte in Nordrhein-Westfalen 1999. Düsseldorf 2000.

LANDESKRIMINALAMT NORDRHEIN-WESTFALEN (Hrsg.): Polizeiliche Kriminalstatistik Nordrhein-Westfalen 2000. Düsseldorf 2001 (fortlaufend).

LAUBENTHAL, KLAUS: Strafvollzug. 2. Aufl., Berlin, Heidelberg, New York 1998.

LAUBENTHAL, KLAUS: Vollzugliche Ausländerproblematik und Internationalisierung der Strafverbüßung. In: Feuerhelm, Wolfgang / Schwind, Hans-Dieter / Bock, Michael (Hrsg.): Festschrift für Alexander Böhm zum 70. Geburtstag am 14. Juni 1999. Berlin, New York 1999, S. 307-322.

LAUTON, ALBERT: Das Ausländerrecht und seine Vollzugswirklichkeit. Die Problematik des Kriminaltourismusses aus polizeilicher Praxis. In: Die Polizei, Jg. 81, Heft 8, 1990, S. 201-203.

LEENEN, WOLF RAINER / GROSCH, HARALD / KREIDT, ULRICH: Bildungsverständnis, Plazierungsverhalten und Generationenkonflikt in türkischen Migrantenfamilien. In: Zeitschrift für Pädagogik, Jg. 36, 1990, S. 753-771.

LEMERT, EDWIN M.: Social pathology. New York, Toronto, London 1951.

LEMKE, MICHAEL: Überstellung straffälliger Strafgefangener ohne deren Einwilligung. In: ZRP, Jg. 33, Heft 5, 2000, S. 173-175.

LEMMEL, HOLGER: Einbrecher aus dem Kosovo – nur ein norddeutsches Problem? In: Der Kriminalist, Jg. 27, Heft 10, 1995, S. 442-446.

LESCHHORN, WALTER: Erfahrungsbericht über Behandlung Drogenabhängiger im Strafvollzug am Beispiel der Jugendstrafanstalt Plötzensee-Berlin. In: Suchtgefahren. Hamburg 1983, S. 105-108.

LEUKEFELD, KARIN: „Solange noch ein Weg ist..." Die Kurden zwischen Verfolgung und Widerstand. Göttingen 1996.

LIPS-DÖRFLINGER, ESTHER: Devianz ausländischer Jugendlicher In: Interkulturell. Freiburg i. Br. 1992, S. 38-50.

LUCHTENBERG, SIGRID: Schulische und berufliche Situation der zweiten und dritten Ausländergeneration. In: Lajios, Konstantin (Hrsg.): Die ausländische Familie. Ihre Situation und Zukunft in Deutschland. Opladen 1998, S. 71-91.

LUDWIG-MAYERHOFER, WOLFGANG / NIEMANN, HEIKE: Gleiches (Straf-)Recht für alle? In: Zeitschrift für Soziologie, Jg. 26, Heft 1, 1997, S. 35-52.

LUFF, JOHANNES: Kriminalität von Aussiedlern. Polizeiliche Registrierungen als Hinweis auf misslungene Integration? München 2000.

LUFF, JOHANNES: „Aussiedlerkriminalität" – Fakten und Mythen. Zur Kriminalität (junger) Spätaussiedler. In: Kriminalistik, Jg. 55, Heft 1, 2001, S. 29-33.

LUNZ, REMO: Berichterstattung zu dem Arbeitskreis: Situation der betroffenen Familien – mögliche Hilfe. In: Buttjer, Bernhard (Hrsg.): Katholische Arbeitsgemeinschaft für Straffälligenhilfe. Ausländer im Vollzug – eingesperrt oder ausgeschlossen. Münster 1982, S. 73-77.

LUZIUS, FRANZ J.: Möglichkeiten der Resozialisierung durch Ausbildung im Jugendstrafvollzug. Heidelberg, Karlsruhe 1979.

MANSEL, JÜRGEN: Die unterschiedliche Selektion von jungen Deutschen, Türken und Italienern auf dem Weg vom polizeilich Tatverdächtigen zum gerichtlich Verurteilten. In: MschrKrim, Jg. 69, Heft 6, 1986, S. 309-325.

MANSEL, JÜRGEN: Gezielte Produktion von Kriminellen? Das Ausmaß der Kriminalisierung von Gastarbeiternachkommen durch Organe der Strafrechtspflege in der Bundesrepublik Deutschland. In: Kaiser, Günther / Kury, Helmut / Albrecht, Hans-Jörg (Hrsg.): Kriminologische Forschung in den 80er Jahren. Band 2. Freiburg i. Br. 1988a, S. 1059-1084.

MANSEL, JÜRGEN: Ausländische Frauen und Mädchen unter Tatverdacht. In: MschrKrim, Jg. 71, Heft 3, 1988b, S. 166-177.

MANSEL, JÜRGEN: Die Disziplinierung der Gastarbeiternachkommen durch Organe der Strafrechtspflege. In: Zeitschrift für Soziologie, Jg. 17, Heft 5, 1988c, S. 349-364.

MANSEL, JÜRGEN: Die Selektion innerhalb der Organe der Strafrechtspflege am Beispiel von jungen Deutschen, Türken und Italienern. Eine empirische Untersuchung zur Kriminalisierung durch formelle Kontrollorgane. Diss. Frankfurt a. M., Bern, New York, Paris 1989.

MANSEL, JÜRGEN: Kriminalisierung als Instrument zur Ausgrenzung und Disziplinierung oder „Ausländer richten ihre Kinder zum Diebstahl ab“. In: KrimSozBibl, Jg. 17, Heft 69, 1990, S. 47-65.

MANSEL, JÜRGEN: Schweigsame „kriminelle“ Ausländer. In: KZfSS, Jg. 46, Heft 2, 1994, S. 299-307.

MANSEL, JÜRGEN / HURRELMANN, KLAUS: Psychosoziale Befindlichkeit junger Ausländer in der Bundesrepublik Deutschland. In: Soziale Probleme, Jg. 4, 1993, S. 167-192.

MEHRLÄNDER, URSULA / ASCHEBERG, CARSTEN / UELTZHÖFFER, JÖRG: Hauptuntersuchung A: Befragte aus der Türkei, dem ehemaligen Jugoslawien, Italien und Griechenland. In: Bundesministerium für Arbeit und Sozialordnung (Hrsg.): Repräsentativuntersuchung '95: Situation der ausländischen Arbeinehmer und ihrer Familienangehörigen in der Bundesrepublik Deutschland. Berlin, Bonn, Mannheim 1996, S. 1-467.

MEIER-BRAUN, KARL-HEINZ: 40 Jahre „Gastarbeiter“ und Ausländerpolitik in Deutschland. In: Aus Politik und Zeitgeschichte, Jg. 45, B 35, 25.08.1995, S. 14-19.

MERGEN, ARMAND: Die Kriminologie. Eine systematische Darstellung. 3. Aufl., München 1995

MERKEL, REINER: Sport in der Vollzugsanstalt Mannheim. Der Sportleitplan für den Strafvollzug in Baden-Württemberg. In: ZfStrVo, Jg. 38, Heft 1, 1989, S. 37-42.

MERTON, ROBERT KING: Sozialstruktur und Anomie. In: Sack, Fritz / König, René (Hrsg.): Kriminalsoziologie. 3. Aufl., Wiesbaden 1979, S. 283-313.

MERTON, ROBERT KING: Soziologische Theorie und soziale Struktur. Meja, Volker / Stehr, Nico (Hrsg.). Berlin, New York 1995.

METZGER, ALBRECHT: Zum Beispiel Kurden. Göttingen 1999.

MEY, HANS-GEORG: Auswirkungen schulischer und beruflicher Bildungsmaßnahmen während des Strafvollzuges. In: ZfStrVo, Jg. 35, Heft 5, 1986, S. 265-269.

MEY, HANS-GEORG / MOLITOR, ALWIN: Arbeitsplatzbezogene Rollenanforderungen an die Beamten des Allgemeinen Vollzugsdienstes und die Sozialarbeiter im Strafvollzug. In: ZfStrVo, Jg. 38, Heft 4, 1989, S. 215-222.

MINISTERIUM FÜR ARBEIT, GESUNDHEIT UND SOZIALES DES LANDES NORDRHEIN-WESTFALEN (Hrsg.): Ausländerinnen und Ausländer in Nordrhein-Westfalen, Zahlenspiegel 1997, Düsseldorf 1998 (fortlaufend).

MINISTERIUM FÜR ARBEIT UND SOZIALES, QUALIFIKATION UND TECHNOLOGIE DES LANDES NRW (Hrsg.): Notiert in NRW. Zuwanderungsstatistik. Ausgabe 2000, Düsseldorf 2001 (fortlaufend).

MLETZKO, MATTHIAS / WEINS, CORNELIA: Polizei und Fremdenfeindlichkeit. Ergebnisse einer Befragung in einer westdeutschen Polizeidirektion. In: MschrKrim, Jg. 82, Heft 2, 1999, S. 77-93.

MOLITOR, ALWIN: Rollenkonflikte des Personals im Strafvollzug. Heidelberg 1989.

MOLITOR, ALWIN / STEFFENS, GEORG: Evaluation einer strafvollzugsinternen Fortbildung für Bedienstete. In: ZfStrVo, Jg. 47, Heft 1, 1998, S. 30-35.

MÜLLER, JOACHIM: Zwischen Integration und Desintegration: Türkische Jugendliche in Deutschland. In: Deutsche Vereinigung für Jugendgerichte und Jugendgerichtshilfen e. V. (Hrsg.): Kinder und Jugendliche als Opfer und Täter: Prävention und Reaktion. Dokumentation des 24. Deutschen Jugendgerichtstages vom 18. bis 22. September 1998 in Hamburg, Mönchengladbach 1999, S. 331-338.

MÜLLER, THOMAS / WULF, RÜDIGER: Offener Vollzug und Vollzugslockerungen (Ausgang, Freigang) – Zugleich eine Besprechung des Beschlusses des BVerfG in NStZ, Jg. 18, Heft 8, 1998, S. 430 f. – In: ZfStrVo, Jg. 48, Heft 1, 1999, S. 3-7.

MÜLLER-DIETZ, HEINZ: Bildungsarbeit im Strafvollzug – grenzübergreifend. In: ZfStrVo, Jg. 42, Heft 5, 1993, S. 259-267.

MÜLLER-DIETZ, HEINZ: Zum strafrechtlichen Umgang mit rechtsextremistischen Jugendlichen. In: Busch, Max / Müller-Dietz, Heinz / Wetzstein, Hans (Hrsg.): Zwischen Erziehung und Strafe. Zur Praxis der Jugendstrafrechtspflege und ihrer wissenschaftlichen Begründung. Pfaffenweiler 1995.

MÜNCHMEIER, RICHARD: Miteinander – Nebeneinander – Gegeneinander? Zum Verhältnis zwischen deutschen und ausländischen Jugendlichen. In: Fischer, Arthur / Fritzsche, Yvonne / Fuchs-Heinritz, Werner et al. (Konzeption und Koordination), Deutsche Shell (Hrsg.): Jugend 2000. Bd. 1. 13. Shell Jugendstudie. Opladen 2000, S. 221-260.

MYSCHKER, NORBERT/ HOFFMANN, MANFRED: Unterricht mit jugendlichen Inhaftierten. Hagen 1994.

NÄHRICH, WOLF-DIETER: Zur Situation ausländischer Strafgefangener in deutschen Vollzugsanstalten. Mit der Isolierung von Landsleuten und Sprachschwierigkeiten beginnen die Probleme. In: ZfStrVo, Jg. 24, Heft 3, 1975, S. 145-152.

NARR, WOLF-DIETER: Kriminalpolitische Kategorie: Ausländer. „Fürchte deinen Nächsten wie dich selbst". In: Bürgerrechte und Polizei, Heft 1, 2000, S. 6-13.

NAUCK, BERNHARD: Sozialer Wandel, Migration und Familienbildung bei türkischen Frauen. In: Nauck, Bernhard / Schönpflug, Ute (Hrsg.): Familien in verschiedenen Kulturen. Stuttgart 1997a, S. 162-199.

NAUCK, BERNHARD: Intergenerative Konflikte und gesundheitliches Wohlbefinden in türkischen Familien. Ein interkultureller und interkontextueller Vergleich. In: Nauck, Bernhard / Schönpflug, Ute (Hrsg.): Familien in verschiedenen Kulturen. Stuttgart 1997b, S. 324-354.

NEDDEN, DIRK: Gefangenenbücherei – Medium zur Förderung der allgemeinen Weiterbildung. In: ZfStrVo, Jg. 34, Heft 1, 1985, S. 9-10.

NEU, GUIDO: Nichtdeutsche im bundesdeutschen Strafvollzug. In: Schwind, Hans-Dieter / Blau, Günter (Hrsg.): Strafvollzug in der Praxis, 2. Aufl., Berlin, New York 1988, S. 329-337.

NEUFELD, WALTER: Die Überfüllung der Gefängnisse und die negativen Folgen: Abkehr vom Resozialisierungsgedanken. Eine Entwicklung krimineller Strukturen innerhalb der Justizvollzugsanstalten. In: StraFo, Jg. 6, Heft 3, 2000, S. 73-79.

NEUMANN, URSULA: Erziehung ausländischer Kinder. Erziehungsziele und Bildungsvorstellungen in türkischen Arbeiterfamilien. Düsseldorf 1980.

NICKOLAI, WERNER: Sport als Gemeinwesenarbeit. In: Nickolai, Werner u. a. (Hrsg.): Sozialpädagogik im Jugendstrafvollzug. Erfahrungen aus der Praxis. Freiburg i. Br. 1985, S. 119-133.

NICKOLAI, WERNER: Soziale Aspekte des Sports im Strafvollzug. In: ZfStrVo, Jg. 41, Heft 4, 1992, S. 228-232.

NICKOLAI, WERNER/ SPERLE, FRITZ: Erlebnispädagogik mit Jugendlichen im Strafvollzug. In: ZfStrVo, Jg. 42, Heft 3, 1993, S. 162-167.

NICKOLAI, WERNER/ WALTER, JOACHIM: Rechtsorientierte gewalttätige Jugendliche in und außerhalb des Strafvollzuges – wie reagiert die Sozialarbeit? In: ZfStrVo, Jg. 43, Heft 2, 1994, S. 69-74.

NIEKE, WOLFGANG: Situation ausländischer Kinder und Jugendlicher in der Bundesrepublik Deutschland: Vorschule, Schule, Berufsausbildung, Freizeit, Kriminalität. In: Lajios, Konstantin (Hrsg.): Die zweite und dritte Ausländergeneration. Ihre Situation und Zukunft in der Bundesrepublik Deutschland. Opladen 1991, S. 13-41.

NIGGLI, MARCEL ALEXANDER: Kriminalität von Ausländern – Kriminologische Erklärungsansätze und ihre Aussagekraft. Ein Alltagsbegriff in geängstigten Gesellschaften und die kriminologische Forschung zur Ätiologie. In: Bauhofer, Stefan / Queloz, Nicolas (Hrsg.): Ausländer, Kriminalität und Strafrechtspflege, Chur/Zürich 1993, S. 119-167.

NINOW, WOLFGANG: Von Aufschluß bis Einschluß. Erlebnisse in einem Jugendgefängnis. Münster 1998.

NORTHOFF, ROBERT: „Integration“ von Minderheiten. Kriminalprävention in ethnisch und sozial gemischten Gebieten unter besonderer Berücksichtigung des Vicelin-Viertel-Projekts. In: Kube, Edwin / Schneider, Hans / Stock, Jürgen (Hrsg.), Vereint gegen Kriminalität. – Wege der kommunalen Kriminalprävention in Deutschland. – Lübeck, Berlin, Essen, Wiesbaden 1996, S. 261-291.

OHLE, KARLHEINZ: Überlegungen zur Situation im Jugendstrafvollzug – dargestellt am Beispiel der Jugendanstalt Hahnöfersand. In: DVJJ (Hrsg.): Mehrfach Auffällige-Mehrfach Betroffene. Erlebnisweisen und Reaktionsformen. Bonn 1990, S. 396-406.

OHLE, KARLHEINZ: Drogen im Jugendstrafvollzug – Vollzug als Suchtverstärker? In: Trenczek, Thomas (Hrsg.): Freiheitsentzug bei jungen Straffälligen. Die Situation des Jugendstrafvollzugs zwischen Reform und Alternativen. Bonn 1993, S. 152-162.

OPPERMANN, ANTJE: Straffällige junge Ausländer: Kriminalitätsbelastung und soziale Bedingungen. Eine Untersuchung anhand von Daten der Jugendgerichtshilfe in Freiburg i. Br.. In: BewHi, Jg. 34, Heft 1, 1987, S. 83-95.

ORTNER, HELMUT: Strafzeit: Vom Ausgrenzen und Einsperren. Darmstadt 1980.

ORTNER, HELMUT: Manfred: „Ganze 60 Minuten im Monat...“. Besuch im Knast. In: Ortner, Helmut (Hrsg.): Hinter Schloß und Riegel. Szenen aus dem Knast. Frankfurt a. M. 1983, S. 151-157.

ORTNER, HELMUT: Gefängnis. Eine Einführung in seine Innenwelt. Geschichte – Alltag – Alternativen. Weinheim, Basel 1988.

OSTENDORF, HERIBERT: Jugendgerichtsgesetz. Kommentar. 5. Aufl., Köln, Berlin, Bonn, München 2000.

OSTERMANN, RÜDIGER / WOLF-OSTERMANN, KARIN: Statistik für Studenten der Sozialarbeit und Sozialpädagogik. Einführung. München, Wien 1994.

OTTO, MANFRED: Nichtmitarbeitsbereite Gefangene und subkulturelle Haltekräfte. Schädliche Vollzugswirkungen und mögliche Gegenstrategien nicht nur im Jugendstrafvollzug. In: KrimPäd, Jg. 26, Heft 38, 1998, S. 34-42.

ÖZELSEL, MICHAELA M.: Sucht und Migration – Eine ethnopsychologische Perspektive. In: Rometsch, Wolfgang (Hrsg.): Sucht kennt keine Ausländer. 3. Aufl., Münster 1995, S. 15-23.

ÖZKARA, SAMI: Auswirkungen der Migration auf die Norm- und Wertvorstellungen der Migrantenfamilien in der Bundesrepublik Deutschland. In: Lajios, Konstantin (Hrsg.): Die zweite und dritte Ausländergeneration. Ihre Situation und Zukunft in der Bundesrepublik Deutschland. Opladen 1991, S. 91-106.

PATERNOSTER, RAYMOND / TRIPLETT, RUTH: Disaggregating self-reported delinquency and its implications for theory. In: Criminology, Jg. 26, Heft 4, 1988, S. 591-625.

PAWLIK-MIERZWA, KRYSTYNA / OTTO, MANFRED: Wer beeinflußt wen? Über die Auswirkungen subkultureller Bindungen auf die pädagogische Beziehung und Lernprozesse bei inhaftierten Aussiedlern. In: ZfStrVo, Jg. 49, Heft 4, 2000, S. 227-230.

PENDON, MANUEL: Von der Berufsausbildung im Vollzug zur beruflichen Integration nach der Entlassung. In: ZfStrVo, Jg. 46, Heft 2, 1997, S. 81-84.

PFANNENSCHMIDT, OTTO: Vollzugslockerungen – einige Aspekte aus der Sicht der Polizei. In: Walter, Michael / Rotthaus, Karl-Peter / Geiter, Helmut (Hrsg.): Bruchstücke, Strafvollzugsprobleme aus der Sicht der Beteiligten, Pfaffenweiler 1992, S. 89-93.

PFEIFFER, CHRISTIAN: Das Problem der sogenannten „Ausländerkriminalität" – empirische Befunde, Interpretationsangebote und (kriminal-) politische Folgerungen. KFN-Forschungsberichte Nr. 42. Hannover 1995.

PFEIFFER, CHRISTIAN: Steigt die Jugendkriminalität? In: DVJJ-Journal, Jg. 7, Heft 3, 1996, S. 215-229.

PFEIFFER, CHRISTIAN: Jugendkriminalität und Jugendgewalt in europäischen Ländern. KFN-Forschungsberichte Nr. 69. Hannover 1997.

PFEIFFER, CHRISTIAN / SCHÖCKEL, BIRGITT: Gewaltkriminalität und Strafverfolgung. In: Schwind, Hans-Dieter / Baumann, Jürgen / Lösel, Friedrich u. a. (Hrsg.): Ursachen, Prävention und Kontrolle von Gewalt. Analysen und Vorschläge der Unabhängigen Regierungskommission zur Verhinderung und Bekämpfung von Gewalt (Gewaltkommission). Bd. 3: Sondergutachten (Auslandsgutachten und Inlandsgutachten). Berlin 1990, S. 397-502.

PFEIFFER, CHRISTIAN / WETZELS, PETER: Migration, soziale Lage und die Entwicklung der Jugendgewalt. In: DBH Fachverband für Soziale Arbeit, Strafrecht und Kriminalpolitik (Hrsg.): Ausländische Inhaftierte im Strafvollzug, Dokumentation des 3. Lotse-Forums vom 12.12.1998, Köln 1999, S. 45-68.

PFEIFFER, CHRISTIAN / WETZELS, PETER: Junge Türken als Täter und Opfer von Gewalt. Forschungsbericht Nr. 81. Hannover 2000a.

PFEIFFER, CHRISTIAN / WETZELS, PETER: Junge Türken als Täter und als Opfer von Gewalt. Problematische Vorbilder, Schwächen des Bildungswesens, Mangel an emotionaler Akzeptanz. In: Frankfurter Allgemeine Zeitung vom 30.03.2000b, S. 14.

PFEIFFER, CHRISTIAN / DELZER, INGO / ENZMANN, DIRK / WETZELS, PETER: Ausgrenzung, Gewalt und Kriminalität im Leben junger Menschen. – Kinder und Jugendliche als Opfer und Täter. DVJJ (Hrsg.), Sonderdruck zum 24. Deutschen Jugendgerichtstag vom 18.-22. September 1998 in Hamburg. Hannover 1998.

PICK, ALEXANDER: Reduktion des Tatvorwurfs bei nichtdeutschen Beschuldigten. In: Kriminalistik, Jg. 48, Heft 10, 1994, S. 617-622.

PILGRAM, ARNO: Ausländerprobleme, dargestellt in der kriminologischen Literatur. Bericht und Ergänzung zur Theorie der Ausländerkriminalität. In: KrimSozBibl, Jg. 11, Heft 43/44, 1984, S. 16-41.

PILGRAM, ARNO: Migration, Kriminalität und (Jugend-) Strafrechtspflege. In: DVJJ-Journal, Jg. 4, Heft 4, 1993, S. 342-347.

PITSELA, ANGELIKA: Straffälligkeit und Viktimisierung ausländischer Minderheiten in der Bundesrepublik Deutschland. Dargestellt am Beispiel der griechischen Bevölkerungsgruppe. Diss. Freiburg i. Br. 1986.

POLAT, ÜLGER: Zwischen Integration und Desintegration. Positionen türkischstämmiger Jugendlicher in Deutschland. In: Attia, Iman / Marburger, Helga (Hrsg.): Alltag und Lebenswelten von Migrantenjugendlichen. Frankfurt a. M. 2000, S. 11-26.

POLLERN, HANS-INGO VON: Das spezielle Strafrecht für Ausländer, Asylbewerber und EU-Ausländer im Ausländergesetz, Asylverfahrensgesetz und EWG-Aufenthaltsgesetz. In: ZAR, Jg. 16, Heft 4, 1996, S. 175-183.

PÖNITZ, HERBERT: Schulische Ausbildung. In: Nickolai, Werner u. a. (Hrsg.): Sozialpädagogik im Jugendstrafvollzug. Erfahrungen aus der Praxis. Freiburg i. Br. 1985, S. 25-35.

PRINZ, HEINRICH: Aspekte der Ausländerkriminalität. Nicht Quantität, sondern Qualität als Maßstab angelegt. In: Kriminalistik, Jg. 44, Heft 12, 1990, S. 657-661.

PROSKE, MATTHIAS: Ethnische Diskriminierung durch die Polizei. Eine kritische Relektüre geläufiger Selbstbeschreibungen. In: KrimJ, Jg. 30, Heft 3, 1998, S. 162-188.

QUARITSCH, HELMUT: Einwanderungsland Bundesrepublik Deutschland? Aktuelle Reformfragen des Ausländerrechts. 2. Aufl., München 1982.

RAUMA, DENNO: The context of normative consensus: An expansion of the Rossi / Berk consensus model, with an application to crime seriousness. In: Sociology and Social Research, Jg. 76, 1991, S. 1-28.

REBMANN, MATTHIAS: Ausländerkriminalität in der Bundesrepublik Deutschland, Freiburg i. Br. 1998.

REGIONALES RECHENZENTRUM FÜR NIEDERSACHSEN/ UNIVERSITÄT HANNOVER U. RECHENZENTRUM DER UNIVERSITÄT DES SAARLANDES, SAARBRÜCKEN: SPSS für Windows. Eine Einführung in die Versionen 6 und 7.5. 4. Aufl., Hannover 1998.

REICH, KERSTIN / WEITEKAMP, ELMAR G. M. / KERNER, HANS-JÜRGEN: Jugendliche Aussiedler. Probleme und Chancen im Integrationsprozeß. In: BewHi, Jg. 46, Heft 4, 1999, S. 335-359.

REICHERTZ, JO: Zur Definitionsmacht der Polizei. Reduktion des Tatvorwurfs als Folge polizeilicher Ermittlungspraxis. In: Kriminalistik, Jg. 48, Heft 10, 1994, S. 610-616.

REICHERTZ, JO / SCHRÖER, NORBERT: Beschuldigtennationalität und polizeiliche Ermittlungspraxis. In: KZfSS, Jg. 45, Heft 4, 1993, S. 755-771.

REICHOW, HARTMUT: Partizipation und Chancen ausländischer Jugendlicher im Bildungssystem. In: Beauftragte der Bundesregierung für die Integration der ausländischen Arbeitnehmer und ihrer Familienangehörigen (Hrsg.): Bericht '99. Zur Situation der ausländischen Arbeitnehmer und ihrer Familien – Bestandsaufnahme und Perspektiven für die 90er Jahre. Bonn 1999, S. 151-154.

REIF, WOLFGANG: Zur Situation nicht-deutscher Inhaftierter in den Justizvollzugsanstalten. In: Jünschke, Klaus / Tekin, Ugur (Hrsg.): Jugendkriminalität. Gegen die Kriminalisierung von Jugendlichen. Köln 1997, S. 47-53.

RENNER, GÜNTER: Ausländerrecht in Deutschland. Einreise und Aufenthalt. München 1998.

RENNER, GÜNTER: Ausländerrecht. Kommentar. 7. Aufl., München 1999.

RICHTER, HELMUT: Kulturkonflikt, soziale Mangellage, Ausländer-Stigma. Zur Kriminalitätsbelastung der männlichen, ausländischen Wohnbevölkerung. In: KrimJ, Jg. 13, Heft 4, 1981, S. 263-277.

RIEGER, WALTER: Die Subkultur im Strafvollzug. In: ZfStrVo, Jg. 26, Heft 4, 1977, S. 218-221.

RIEGER, WALTER: Probleme der Zusammenarbeit im Jugendstrafvollzug. In: ZfStrVo, Jg. 39, Heft 1, 1990, S. 34-36.

RIEKENBRAUK, KLAUS: Ausländerrechtliche Auswirkungen auf den Jugendstrafvollzug. In: DBH Fachverband für Soziale Arbeit, Strafrecht und Kriminalpolitik (Hrsg.): Ausländische Inhaftierte im Strafvollzug, Dokumentation des 3. Lotse-Forums vom 12.12.1998, Köln 1999, S. 17-24.

ROSSI, PETER H. / BERK, RICHARD A.: Varieties of normative consensus. In: American Sociological Review, Jg. 50, 1985, S. 333-347.

RÖSSNER, DIETER: Resozialisierung durch Sport im Jugendstrafvollzug. In: Feuerhelm, Wolfgang / Schwind, Hans-Dieter / Bock, Michael (Hrsg.): Festschrift für Alexander Böhm zum 70. Geburtstag am 14. Juni 1999, Berlin, New York 1999, S. 453-459.

ROTTHAUS, KARL PETER: Erfahrungen mit dem Strafvollzug bei ausländischen Verurteilten und der Behandlung ausländischer Untersuchungsgefangener. In: ZfStrVo, Jg. 17, Heft 6, 1968, S. 353-367.

ROTTHAUS, KARL PETER: Vollzugslockerungen: Chance oder Ärgernis? Kommentierende Bemerkungen. In: Walter, Michael / Rotthaus, Karl-Peter / Geiter, Helmut (Hrsg.): Bruchstücke, Strafvollzugsprobleme aus der Sicht der Beteiligten, Pfaffenweiler 1992, S. 98-104.

RÜSSMANN, L.: Hinweise für Gefängnisseelsorger. In: Wanzura, Werner (Hrsg.): Moslems im Strafvollzug, Altenberge 1982, S. 34-38.

RÜTHER, WERNER: Abweichendes Verhalten und „labeling approach". Diss. Köln, Berlin, Bonn, München 1975.

SACHS, LOTHAR: Angewandte Statistik. Anwendung statistischer Methoden. 7. Aufl., Berlin, Heidelberg, New York u. a. 1992.

SACK, FRITZ: Selektion und Kriminalität. In: Kritische Justiz, Jg. 4, Heft 4, 1971a, S. 384-400.

SACK, FRITZ: Die Idee der Subkultur: Eine Berührung zwischen Anthropologie und Soziologie. In: KZfSS, Jg. 23, Heft 2, 1971b, S. 261-282.

SACK, FRITZ: Neue Perspektiven in der Kriminologie. In: Sack, Fritz / König, René (Hrsg.): Kriminalsoziologie. 3. Aufl., Wiesbaden 1979, S. 431-475.

SACK, FRITZ: Kriminalitätstheorien, soziologische. In: Kaiser, Günther / Kerner, Hans-Jürgen / Sack, Fritz / Schellhoss, Hartmut (Hrsg.): Kleines Kriminologisches Wörterbuch, 3. Aufl., Heidelberg 1993, S. 271-280.

SALEWSKI, BARBARA: Ausländische Inhaftierte im Strafvollzug. In: DBH Fachverband für Soziale Arbeit, Strafrecht und Kriminalpolitik (Hrsg.): Ausländische Inhaftierte im Strafvollzug, Dokumentation des 3. Lotse-Forums vom 12.12.1998, Köln 1999, S. 37-40.

SASSE, GEORG: Integrationsprobleme junger Aussiedler. Eine höchst aktuelle gesamtgesellschaftliche Aufgabe. In: Kriminalistik, Jg. 53, Heft 4, 1999, S. 225-231.

SAUER, MARTINA: Kulturell-religiöse Einstellungen und sozioökonomische Lage junger türkischer Migranten in Deutschland. In: ZAR, Jg. 20, Heft 2, 2000, S. 51-59.

SAVELSBERG, JOACHIM JOSEF: Ausländische Jugendliche. Assimilative Integration, Kriminalität und Kriminalisierung und die Rolle der Jugendhilfe. München 1982.

SCHAAF, EDITH: Drogenabhängige und ehrenamtliche Straffälligenhilfe aus der Sicht eines Anstaltsbeirates. In: DBH Fachverband für Soziale Arbeit, Strafrecht und Kriminalpolitik (Hrsg.): Drogensüchtige im Strafvollzug, Dokumentation des 2. Lotse-Forums vom 06.12.1997, Köln 1997, S. 19-21.

SCHÄFER, KARL HEINRICH: Ausländische Strafgefangene, ihre Probleme und ein Lösungsansatz in einer hessischen Justizvollzugsanstalt. In: KrimPäd, Jg. 11, 1983, S. 25-28.

SCHÄFER, KARL HEINRICH: Straffällig gewordene Ausländer zwischen resozialisierendem Behandlungsvollzug und ausländerrechtlicher Gefahrenvorsorge. In: Schäfer, Karl Heinrich / Sievering, Ulrich O. (Hrsg.): Ausländerrecht contra Resozialisierung? Beiträge zur Problematik straffällig gewordener Ausländer in der Bundesrepublik Deutschland, Frankfurt a. M. 1984, S. 98-104.

SCHAFFNER, PAUL / KNEIP, WOLFGANG: Fühlt sich der Ausländer in Haft als Gefangener zweiter Klasse? In: ZfStrVo, Jg. 32, Heft 5, 1983, S. 259-265.

SCHAM, HERMANN: Die Situation der Ausländer in Haft: Eine Skizzierung der ausländerspezifischen Probleme. In: Evangelische Akademie Bad Boll (Hrsg.): Ausländer in Haft, Tagung vom 26. bis 28. Januar 1981 in Bad Boll, Evangelische Akademie Bad Boll, Katholische Akademie Stuttgart in Verbindung mit dem Justizministerium Baden-Württemberg, Bad Boll 7/1981, S. 60-71.

SCHIFFAUER, WERNER: Die Gewalt der Ehre. Erklärungen zu einem türkisch-deutschen Sexualkonflikt. Frankfurt a. M. 1983.

SCHINDLER, HOLGER: Jugendstrafvollzug in Sachsen. Diss. Aachen 1998.

SCHIRRMACHER, GESA: Heroinabgabe an Strafgefangene – eine Chance? In: ZRP, Jg. 30, Heft 6, 1997, S. 242-246.

SCHLEBUSCH, STEPHAN: Drogenabhängige Ausländer im Jugendstrafvollzug – Psychosoziale Hintergründe, Therapiechancen und Folgerungen für die Suchtberatung -. In: ZfStrVo, Jg. 48, Heft 1, 1999, S. 15-21.

SCHMIDT-BLEIBTREU, BRUNO / KLEIN, FRANZ: Kommentar zum Grundgesetz unter Mitarbeit von Brockmeyer, Hans Bernd / Kannengießer, Christoph / Sannwald, Rüdiger. 9. Aufl., Neuwied, Kriftel. 1999.

SCHMÜLLING, K. / WALTER, MICHAEL: Rechtliche Programme im Konflikt: Resozialisierung junger Straftäter unter den Bedingungen des Ausländerrechts. In: StV, Jg. 18, Heft 6, 1998, S. 313-320.

SCHNEIDER, HANS JOACHIM: Einführung in die Kriminologie. 3. Aufl., Berlin, New York 1993.

SCHNEIDER, HANS JOACHIM: Ausländer als Täter und Opfer. In: Schlüchter, Ellen (Hrsg.), Kriminalistik und Strafrecht. Festschrift für Friedrich Geerds zum 70. Geburtstag am 29.08.1995. Lübeck 1995, S. 199-215.

SCHNOOR, HERBERT: Kriminalität von Deutschen und Ausländern – Probleme eines Vergleichs. In: Beauftragte der Bundesregierung für die Integration der ausländischen Arbeitnehmer und ihrer Familienangehörigen (Hrsg.): Bericht '99. Zur Situation der ausländischen Arbeitnehmer und ihrer Familien – Bestandsaufnahme und Perspektiven für die 90er Jahre. Bonn 1999, S. 251-259.

SCHOBER, THEODOR: „Für eine gerechte und menschliche Behandlung straffälliger junger Ausländer. In: ZfStrVo, Jg. 33, Heft 5, 1984, S. 299-302.

SCHÖCH, HEINZ / GEBAUER, MICHAEL: Ausländerkriminalität in der Bundesrepublik Deutschland, Baden-Baden 1991.

SCHOMBURG, WOLFGANG / LAGODNY, OTTO: Neuere Entwicklungen im Recht der internationalen Rechtshilfe in Strafsachen. In: StV, Jg. 14, Heft 7, 1994, S. 393-402.

SCHRADER, ACHIM / NIKLES, BRUNO W. / GRIESE, HARTMUT M.: Die Zweite Generation. Sozialisation und Akkulturation ausländischer Kinder in der Bundesrepublik. 2. Aufl., Königstein/Taunus 1979.

SCHRAMKE, HEIN-JÜRGEN: Alte Menschen im Strafvollzug. Empirische Untersuchung und kriminalpolitische Überlegungen. Bonn 1996.

SCHRÖDER, JÜRGEN: Zur Situation des Sports in den Niedersächsischen Jusizvollzugsanstalten. In: ZfStrVo, Jg. 46, Heft 3, 1997, S. 143-150.

SCHRÖDER, JÜRGEN: Vom Kraftsport zum Fitness- und Gesundheitssport im Justizvollzug. In: ZfStrVo, Jg. 50, Heft 1, 2001, S. 21-25.

SCHÜLER-SPRINGORUM, HORST: Ausländerkriminalität. Ursachen, Umfang und Entwicklung. In: NStZ, Jg. 3, Heft 12, 1983, S. 529-536.

SCHULTZ-SALKAU, JOACHIM-F.: Zur Kriminalität der Gastarbeiter. In: Die Polizei, Jg. 58, Heft 5, 1967, S. 134-138.

SCHUMANN, KARL F. / BERLITZ, CLAUS / GUTH, HANS-WERNER / KAULITZKI, REINER: Jugendkriminalität und die Grenzen der Generalprävention. Neuwied, Darmstadt 1987.

SCHÜTZE, HELMUT: Probleme der Vollzugsanstalten mit der wachsenden Zahl der ausländischen Gefangenen. In: DVJJ-Journal, Jg. 4, Heft 4, 1993a, S. 381-384.

SCHÜTZE, HELMUT: Junge Ausländer im Vollzug der Straf- und Untersuchungshaft. In: Trenczek, Thomas (Hrsg.): Freiheitsentzug bei jungen Straffälligen. Die Situation des Jugendstrafvollzugs zwischen Reform und Alternativen, Bonn 1993b, S. 137-144.

SCHWENDTER, ROLF: Theorie der Subkultur. 4. Aufl., Hamburg 1993.

SCHWIND, HANS-DIETER: Wie lösen wir die Ausländerfrage. Teil 1. In: Kriminalistik, Jg. 37, Heft 6, 1983, S. 303-306, S. 323-325.

SCHWIND, HANS-DIETER: Kriminologie. Eine praxisorientierte Einführung mit Beispielen. 5. Aufl., Heidelberg 1993.

SCHWIND, HANS-DIETER: Gedanken zur Ausländerfeindlichkeit in Deutschland. In: Kühne, Hans-Heiner (Hrsg.): Festschrift für Koichi Miyazawa, dem Wegbereiter des japanisch-deutschen Strafrechtsdiskurses. Baden-Baden 1995a, S. 243-256.

SCHWIND, HANS-DIETER: Kriminologie. Eine praxisorientierte Einführung mit Beispielen. 6. Aufl., Heidelberg 1995b.

SCHWIND, HANS-DIETER: Zur „Mauer des Schweigens". Gedanken zum sogenannten „Hamburger Polizeiskandal" aus kriminologischer Sicht. In: Kriminalistik, Jg. 50, Heft 3, 1996, S. 161-167.

SCHWIND, HANS-DIETER: Strafvollzug im Rückwärtsgang? Oder: Ist das Straf(vollzugs)ziel Resozialisation gescheitert? In: Kriminalistik, Jg. 51, Heft 10, 1997, S. 618-622.

SCHWIND, HANS-DIETER: Nichtdeutsche Straftäter – eine kriminalpolitische Herausforderung, die bis zum Strafvollzug reicht. In: Feuerhelm, Wolfgang / Schwind, Hans-Dieter / Bock, Michael (Hrsg.): Festschrift für Alexander Böhm zum 70 Geburtstag am 14. Juni 1999a. Berlin, New York 1999a, S. 323-361.

SCHWIND, HANS-DIETER: Kriminologische Lagebeurteilung und kriminalpolitische Aktivitäten: Geht die innere Sicherheit unseres Landes verloren? In: ZRP, Jg. 32, Heft 3, 1999b, S. 107-114.

SCHWIND, HANS-DIETER: Kriminologie. Eine praxisorientierte Einführung mit Beispielen. 11. Aufl., Heidelberg 2001.

SCHWIND, HANS-DIETER / BÖHM, ALEXANDER (Hrsg.): Strafvollzugsgesetz, Kommentar, 3. Aufl., Berlin, New York 1999. (zitiert: Schwind / Böhm-Bearbeiter)

SCHWIND, HANS-DIETER / AHLBORN, WILFRIED / WEIß, RÜDIGER: Dunkelfeldforschung in Bochum 1986/87. Wiesbaden 1989.

SCHWIND, HANS-DIETER / BAUMANN, JÜRGEN / SCHNEIDER, URSULA / WINTER, MANFRED: Gewalt in der Bundesrepublik Deutschland. Endgutachten der Unabhängigen Regierungskommission zur Verhinderung und Bekämpfung von Gewalt (Gewaltkommission) auf der Grundlage der Zwischengutachten der Arbeitgruppe. Bochum 1989.

SCHWIND, HANS-DIETER / FETCHENHAUER, DETLEF / AHLBORN, WILFRIED / WEIß, RÜDIGER: Kriminalitätsphänomene im Langzeitvergleich am Beispiel einer deutschen Großstadt: Bochum 1975 – 1986 – 1998, Neuwied, Kriftel 2001.

SEEBODE, MANFRED: Behandlungsvollzug für Ausländer. In: KrimPäd, Jg. 25, Heft 37, 1997, S. 52-53.

SEIDLER, JOSEF: Ausländer in Haft. Bilanz und Perspektiven. In: Evangelische Akademie Bad Boll (Hrsg.): Ausländer in Haft. Tagung vom 26.-28.01.1981 in Bad Boll, Evangelische Akademie Bad Boll, Katholische Akademie Stuttgart in Verbindung mit dem Justizministerium Baden-Württemberg, Bad Boll 7/1981, S. 112-116.

SEIFERT, WOLFGANG: Die zweite Ausländergeneration in der Bundesrepublik: Längsschnittbeobachtungen in der Berufseinstiegsphase. In: KZfSS, Jg. 44, Heft 4, 1992, S. 677-696.

SEITZ, WILLI: Familiäre Erziehung und Delinquenz. In: Seitz, Willi (Hrsg.): Kriminal- und Rechtspsychologie. München, Wien, Balitmore 1983, S. 50-55.

SELLIN, THORSTEN: Culture conflict and crime. New York 1938.

SENOL, SENGÜL: Kurden in Deutschland. Fremde unter Fremden. Frankfurt a. M. 1992.

SESSAR, KLAUS: Kriminalität von und an Ausländern. In: Bauhofer, Stefan / Queloz, Nicolas (Hrsg.): Ausländer, Kriminalität und Strafrechtspflege, Chur / Zürich 1993, S. 187-217.

SIELAFF, WOLFGANG: Inzwischen fast jeder Fünfte... Praktische Schwierigkeiten bei Ermittlungen gegen ausländische Tatverdächtige. In: Kriminalistik, Jg. 42, Heft 12, 1988, S. 641-650.

SIMON, ROLAND / TAUSCHER, MARTIN / PFEIFFER, TIM: Suchtbericht. Deutschland 1999. Hohengehren 1999.

SMITH, DAVID: Race, crime and criminal justice. In: Maguire, Martin et al. (Hrsg.): The Oxford Handbook of Criminology. Oxford 1994, S. 1041-1065.

SOHNS, ERNST-OTTO: Die Gefangenenarbeit im Jugendstrafvollzug. Einstellung und Verhalten der Gefangenen dargestellt an Hand einer Untersuchung in der Jugendstrafanstalt Hameln. Göttingen 1973.

SPENNER, ANITA: Im Spannungsfeld: Sozialarbeit mit türkischen Jugendlichen, Berlin 1989.

SPERLING, ROLAND: Der Familiennachzug im deutschen Ausländerrecht. In: Lajios, Konstantin (Hrsg.): Die ausländische Familie. Ihre Situation und Zukunft in Deutschland. Opladen 1998, S. 133-160.

STATISTISCHES BUNDESAMT (Hrsg.): Im Blickpunkt: Ausländische Bevölkerung in Deutschland. Wiesbaden 1995.

STATISTISCHES BUNDESAMT (Hrsg.): Statistisches Jahrbuch 2000 für die Bundesrepublik Deutschland, Wiesbaden 2000a (fortlaufend).

STATISTISCHES BUNDESAMT (Hrsg.): Bevölkerung und Erwerbstätigkeit. Fachserie 1, Reihe 2. Ausländische Bevölkerung 1998/1999. Wiesbaden 2000b (fortlaufend).

STATISTISCHES BUNDESAMT (Hrsg.): Rechtspflege. Fachserie 10, Reihe 3. Strafverfolgung. Wiesbaden 2001a (fortlaufend).

STATISTISCHES BUNDESAMT (Hrsg.): Datenreport 1999. Zahlen und Fakten für die Bundesrepublik Deutschland. 2. Aufl., Bonn, Berlin 2001b.

STATISTISCHES BUNDESAMT (Hrsg.): Fachserie 10, Rechtspflege, Reihe 4.1: Strafvollzug – Demographische und kriminologische Merkmale der Strafgefangenen am 31.3.2000, Wiesbaden 2001c (fortlaufend).

STEFFEN, WIEBKE: Kriminalität und Kriminalisierung bei ethnischen Minderheiten. In: Schmalz-Jacobsen, Cornelia / Hansen, Jacob (Hrsg.): Ethnische Minderheiten in der Bundesrepublik Deutschland, München 1995a, S. 301-306.

STEFFEN, WIEBKE: Streitfall „Ausländerkriminalität". In: BewHi, Jg. 42, Heft 2, 1995b, S. 133-154.

STEFFEN, WIEBKE: Ausländerkriminalität. Notwendige Differenzierungen. In: Rennele, Wolf-Dieter (Hrsg.): Brennpunkt Kriminalität, München 1996, S. 68-94.

STEFFEN, WIEBKE: Problemfall „Ausländerkriminalität". In: Albrecht, Hans-Jörg / Dünkel, Frieder / Kerner, Hans-Jürgen et al. (Hrsg.): Internationale Perspektiven in Kriminologie und Strafrecht, Festschrift für Günther Kaiser zum 70. Geburtstag am 27. Dezember 1998. 1. Halbband, Berlin 1998, S. 663-680.

STEFFEN, WIEBKE / CZOGALLA, PETER / GERUM, MANFRED et al.: Ausländerkriminalität in Bayern. Eine Analyse der von 1983 bis 1990 polizeilich registrierten Kriminalität ausländischer und deutscher Tatverdächtiger. München 1992.

STEINKE, JOACHIM: Ausländer im Untersuchungshaftvollzug. In: BewHi, Jg. 42, Heft 2, 1995a, S. 170-182.

STEINKE, JOACHIM: Ausländer in der Untersuchungshaft sprachlos?! In: ZfStrVo, Jg. 44, Heft 4, 1995b, S. 223-227.

STEINMETZ, MARIA: Simsekler. Zur Entstehung und Entwicklung ausländischer Jugendbanden. Berlin 1987.

STERNBURG, JUDITH VON: Wenn Opfer und Ärzte nicht mehr stillhalten. Menschenrechtler geißeln Vergewaltigung in türkischen Gefängnissen. In: Lotse Info Nr. 19, Juni 2000, S. 6.

STERNKOPF, FRIEDRICH / BLUM, ROLF: Der Werkmeister/ Technischer Dienst. In: Schwind, Hans-Dieter / Blau, Günter (Hrsg.): Strafvollzug in der Praxis. Eine Einführung in die Probleme und Realitäten des Strafvollzuges und der Entlassenenhilfe. 2. Aufl., Berlin, New York 1988, S. 138-145.

STEVENS, WILLI: Feiertagskalender von Migranten. Nationale und kulturelle Fest- und Feiertage in Deutschland. In: Ausländer in Deutschland, Heft 4, 1996, S. 9.

STOCK, JÜRGEN / KLEIN, LUTZ: Hat die Polizei ein Ausländerproblem? Überlegungen zu Kontfliktpotential und mögliche Gegenstrategien. In: MschrKrim, Jg. 77, Heft 5, 1994, S. 286-296.

STRENG, FRANZ: Die Öffnung der Grenzen und die Grenzen des Strafrechts. In: JZ, Jg. 48, Heft 3, 1993, S. 109-119.

STROHMEIER, MARTIN / YALCIN-HECKMANN, LALE: Die Kurden. Geschichte, Politik, Kultur. München 2000.

STUHLMANN, JENS: Drogenkonsum im Gefängnis – Innenansichten aus dem Strafvollzug. In: Jacob, Jutta / Keppler, Karlheinz / Stöver, Heino (Hrsg.): Drogengebrauch und Infektionsgeschehen (HIV, AIDS und Hepatitis) im Strafvollzug. Berlin 1997, S. 31-40.

STÜWE, GERD: Lebenslagen und Bewältigungsstrategien junger Ausländer. In: Lajios, Konstantin (Hrsg.): Die zweite und dritte Ausländergeneration. Ihre Situation und Zukunft in der Bundesrepublik Deutschland. Opladen 1991, S. 107-134.

STÜWE, GERD: Zukunftsperspektiven von Migrantenfamilien aus der Perspektive ihrer Kinder. In: Lajios, Konstantin (Hrsg.): Die ausländische Familie. Ihre Situation und Zukunft in Deutschland. Opladen 1998, S. 117-131.

SUTHERLAND, EDWIN HARDIN: Die Theorie der differentiellen Kontakte. In: Sack, Fritz / König, René (Hrsg.): Kriminalsoziologie. 3. Aufl., Wiesbaden 1979, S. 395-399.

SUTHERLAND, EDWIN HARDIN / CRESSEY, DONALD RAY: Criminology, 10. Aufl., Philadelphia, New York, San Jose, Toronto 1978.

SUTTER, HANS-JÖRG / BAADER, MEIKE / WEYERS, STEFAN: Die „Demokratische Gemeinschaft" als Ort sozialen und moralischen Lernens. Der Modellversuch in der Justizvollzugsanstalt Adelsheim – eine Zwischenbilanz. In: Neue Praxis, 1998, S. 383-388.

SWIETLIK, GABRIELE: „Als ob man zwei verschiedene Köpfe in einem hätte ..." – Religiöse Sozialisation zwischen Islam und Christentum. In: Attia, Iman / Marburger, Helga (Hrsg.): Alltag und Lebenswelten von Migrantenjugendlichen. Frankfurt a. M. 2000, S. 139-155.

SYKES, GRESHAM M.: The society of captives: A study of a maximum security prison. 4. Aufl., Princeton 1966.

TANNENBAUM, FRANK: Crime and the community, 2. print., London, Toronto, Bombay 1951.

TAUSS, RAIMUND: Die Veränderung von Selbstkonzeptkomponenten im Inhaftierungsverlauf jugendlicher Strafgefangener. Ergebnisse einer wissenschaftlichen Begleitung des sozialtherapeutischen Modells in der Jugendstrafanstalt Berlin-Plötzensee. Diss. Freiburg i. Br. 1992.

TEAM DER SOZIALTHERAPEU TISCHEN EINRICHTUNG: Sozialtherapeutische Abteilung der Justizvollzugsanstalt Siegburg. Neufeind, Wolfgang (Hrsg.), Siegburg 2000.

TELLENBACH, SILVIA: Das türkische Antiterrorgesetz. In: ZAR, Jg. 11, Heft 4, 1991, S. 162-168.

TERTILT, HERMANN: Turkish Power Boys. Ethnographie einer Jugendbande. Frankfurt a. M. 1996.

THAMM, BERNDT GEORG / KATZUNG, WALTER: Drogen – legal – illegal. Von Kaffee bis Koks, von Alkohol bis Amphetamin. Daten, Fakten, Hintergründe. 2. Aufl., Hilden / Rheinland 1994.

THEWALT, MICHAEL: Frauen im Männervollzug. In: Walter, Michael / Rotthaus, Karl-Peter / Geiter, Helmut (Hrsg.): Bruchstücke, Strafvollzugsprobleme aus der Sicht der Beteiligten, Pfaffenweiler 1992, S. 54-55.

THIELE, ULF: Spezielle Ursachen der Kriminalität junger Ausländer. In: Zentralblatt für Jugendrecht, Jg. 72, 1985, S. 186-196.

TILKERIDOY, FOTINI: „Zwischen Tradition und Moderne“. Identitätsbildung im Spannungsfeld zweier Kulturen am Beispiel der zweiten Generation von Griechen in Deutschland. In: Lajios, Konstantin (Hrsg.): Die ausländische Familie. Ihre Situation und Zukunft in Deutschland. Opladen 1998, S. 25-62.

TILLACK, JÜRGEN / HARI, MICHAEL: Rauschgiftproblematik. Dargestellt am Beispiel der Jugendanstalt, in der die jüngsten Gefangenen Bayerns untergebracht sind. In: ZfStrVo, Jg. 49, Heft 6, 2000, S. 353-356.

TOKER, MEHMET: Die Beurteilung der Reife gem. § 105 JGG in der interkulturellen Begutachtung. In: DVJJ-Journal, Jg. 10, Heft 1, 1999, S. 41-43.

TOPRAK, AHMET: Sozialisation und Sprachprobleme. Eine qualitative Untersuchung über das Sprachverhalten türkischer Migranten der zweiten Generation. Frankfurt a. M. 2000a.

TOPRAK, AHMET: Ehre, Männlichkeit und Freundschaft. Auslöser für Gewaltbereitschaft Jugendlicher und Heranwachsender türkischer Herkunft in München? In: DVJJ-Journal, Jg. 11, Heft 2, 2000b, S. 174-176.

TRAULSEN, MONIKA: Die Kriminalität der jungen Ausländer nach der Polizeilichen Kriminalstatistik. In: MschrKrim, Jg. 71, Heft 1, 1988, S. 28-41.

TRAULSEN, MONIKA: Delinquenz und soziale Benachteiligung der Ausländerinnen. In: MschrKrim, Jg. 73, Heft 4, 1990a, S. 256-265.

TRAULSEN, MONIKA: Gefährlich oder gefährdet? Zur Kriminalität der Asylbewerber. In: Kriminalistik, Jg. 44, Heft 8-9, 1990b, S. 415-419.

TRAULSEN, MONIKA: Die Kriminalität der Asylbewerber. Oder: Wie kriminell ist die Kriminalität der Asylbewerber? In: Kriminalistik, Jg. 47, Heft 7, 1993, S. 443-446.

TRAULSEN, MONIKA: Entwarnung. Zur Entwicklung der Kriminalität junger Ausländer. In: DVJJ-Journal, Jg. 11, Heft 4, 2000, S. 398-402.

VENTZKE, KLAUS-ULRICH: Ausweisung von Inländern – eine nicht bedachte Folge strafgerichtlicher Verurteilungen? In: StV, Jg. 14, Heft 6, 1994, S. 337-342.

VILLMOW, BERNHARD: Kriminalität der jungen Ausländer: Ausmaß und Struktur des abweichenden Verhaltens und gesellschaftliche Reaktion. In: Kerner, Hans-Jürgen / Göppinger, Hans / Streng, Franz (Hrsg.): Kriminologie – Psychiatrie - Strafrecht, Festschrift für Heinz Leferenz zum 70. Geburtstag am 15.07.1983, Heidelberg 1983, S. 323-343.

VILLMOW, BERNHARD: Polizei, Justiz und Sozialarbeit im Umgang mit mehrfach auffälligen jungen Ausländern. In: DVJJ (Hrsg.): Mehrfach Auffällige-Mehrfach Betroffene. Erlebnisweisen und Reaktionsformen. Bonn 1990, S. 234-255.

VILLMOW, BERNHARD: Ausländerkrimianlität. In: Kaiser, Günther / Kerner, Hans-Jürgen / Sack, Fritz / Schellhoss, Hartmut (Hrsg.): Kleines Kriminologisches Wörterbuch, 3. Aufl., Heidelberg 1993, S. 39-48.

VILLMOW, BERNHARD: Ausländer in der strafrechtlichen Sozialkontrolle. In: BewHi, Jg. 42, Heft 2, 1995, S. 155-169.

VILLMOW, BERNHARD: Ausländer als Täter und Opfer. In: MschrKrim, Jg. 82, SH, 1999, S. 22-29.

VOLP, STEPHAN: Soziales Training mit jugendlichen Straftätern der JVA Rockenberg. In: ZfStrVo, Jg. 47, Heft 6, 1998, S. 352-353.

WACHTER, DIETMAR: Tätowierungen als Sinnbilder. Symbole und Hinweise in Tätowierungen von Kriminellen aus den Nachfolgestaaten der UdSSR. In: Kriminalistik, Jg. 53, Heft 11, 1999, S. 733-737.

WAHL, ADOLF: ...ganz andere Ehrbegriffe. Türkische Blutrache in der Bundesrepublik. In: Kriminalistik, Jg. 39, Heft 2, 1985, S. 103-105.

WALKENHORST, PHILIPP: Sicherheit, Ordnung und Disziplin im Jugendstrafvollzug – einige pädagogische Überlegungen. In: DVJJ-Journal, Jg. 10, Heft 3, 1999, S. 247-261.

WALTER, ARNO: Probleme des Strafvollzugs und Abhilfemöglichkeiten. In: BewHi, Jg. 45, Heft 1, 1998, S. 54-59.

WALTER, JOACHIM: Auch wenn Kassandra selten gehört wird. In: DVJJ-Journal, Jg. 4, Heft 3, 1993, S. 245-250.

WALTER, JOACHIM: Drogen im Jugendstrafvollzug. In: Reindl, Richard / Nickolai, Werner (Hrsg.): Drogen und Strafjustiz, Freiburg i. Br. 1994, S. 115-149.

WALTER, JOACHIM: Jugendstrafvollzug. Die Situation junger Aussiedler. In: Neue Kriminalpolitik, Jg. 10, Heft 4, 1998, S. 5-9.

WALTER, JOACHIM: Anti-Gewalttraining im Jugendstrafvollzug – Tummelplatz für ‚crime fighter'? In: ZfStrVo, Jg. 48, Heft 1, 1999, S. 23-28.

WALTER, JOACHIM: Aktuelle kriminalpolitische Strömungen und ihre Auswirkungen auf den Jugendstrafvollzug. In: DVJJ-Journal. Jg. 11, Heft 3, 2000, S. 251-265.

WALTER, JOACHIM / OSTHEIMER, WILFRIED: Zusatzausbildung für Bedienstete des Jugendstrafvollzugs in Baden-Württemberg. In: ZfStrVo, Jg. 48, Heft 2, 1999, S. 92-96.

WALTER, MICHAEL: Kriminalität junger Ausländer – Forschungsstand und offene Fragen. In: BewHi, Jg. 34, Heft 1, 1987, S. 60-82.

WALTER, MICHAEL: Ausländerkriminalität – gestern – heute – morgen. In: Bundeskriminalamt (Hrsg.): Ausländerkriminalität in der Bundesrepublik Deutschland. Wiesbaden 1989, S. 63-82.

WALTER, MICHAEL: Über die Bedeutung der Kriminalität junger Ausländer für das Kriminalrechtssystem. In: DVJJ-Journal, Jg. 4, Heft 4, 1993, S. 347-359.

WALTER, MICHAEL: Strafvollzug. Lehrbuch. 2. Aufl., Stuttgart, München, Hannover, Berlin, Weimar, Dresden 1999.

WALTER, MICHAEL: Schuldige Minderheiten dringend gesucht. Türken als Gewalttäter: Kulturkampf mit Forschungsergebnissen? In: Frankfurter Rundschau vom 16.05.2000, S. 22.

WALTER, MICHAEL / KUBINK, MICHAEL: Ausländerkriminalität–Phänomen oder Phantom der (Kriminal-) Politik? In: MschrKrim, Jg. 76, Heft 5, 1993, S. 306-317.

WALTER, MICHAEL / PITSELA, ANGELIKA: Ausländerkriminalität in der statistischen (Re-) Konstruktion. In: KrimPäd, Jg. 21, Heft 34, 1993, S. 6-19.

WASSERMANN, RUDOLF (Hrsg.): Kommentar zum Strafvollzugsgsetz, Reihe Alternativkommentare, 3. Aufl., Darmstadt 1990. (zitiert: AK-Bearbeiter)

WATTENBERG, HEINZ-H.: Einflußnahme „Knast" – Zum Erziehungsgedanken im Jugendstrafvollzug – In: ZfStrVo, Jg. 39, Heft 1, 1990, S. 37-41.

WEBER, ALBRECHT: Einwanderungsland Bundesrepublik Deutschland in der Europäischen Union – Bestandsaufnahme, Regelungselemente und europäischer Rahmen. Eine Einführung. In: Weber, Albrecht (Hrsg.): Einwanderungsland Bundesrepublik Deutschland in der Europäischen Union: Gestaltungsauftrag und Regelungsmöglichkeiten. Osnabrück 1997, S. 9-28.

WEBER, STEPHAN: Überstellung in den Heimatstaat. Ein internationales Konzept wider den Strafvollzug in der Fremde. Diss. Frankfurt a. M., Berlin, Bern, New York, Paris, Wien 1997.

WEGNER, JÖRG: Die Ausweisung von Ausländern mit verfestigtem Aufenthaltsstatus nach dem neuen Ausländergesetz. In: ZAR, Jg. 12, Heft 3, 1992, S. 121-126.

WEGNER, JÖRG: Die Behandlung straffällig gewordener Einwanderer im neuen Ausweisungsrecht. In: DÖV, Jg. 46, Heft 23, 1993, S. 1031-1038.

WEHNER, BERND: Gastarbeiter-Kriminalität – auch ein Schlagwort? In: Kriminalistik, Jg. 20, Heft 4, 1966, S. 175-176.

WEIDNER, JENS: Das Anti-Gewalttraining für inhaftierte Körperverletzer („Antagonisten-Training"). In: ZfStrVo, Jg. 38, Heft 5, 1989, S. 295-297.

WEIDNER, JENS: Anti-Aggressivitäts-Training für junge Gewalttäter. 3. Aufl., Bonn 1995.

WEIS, KURT: Die Subkultur der Strafanstalten. In: Schwind, Hans-Dieter / Blau, Günter (Hrsg.): Strafvollzug in der Praxis, 2. Aufl., Berlin, New York 1988, S. 239-255.

WEITZ, BERND O.: Sprache und Berufswahl als zentrale Probleme türkischer Schüler in der beruflichen Grundbildung. Ein Beitrag zur Integration türkischer Jugendlicher. Königstein/Ts. 1986.

WEIZSÄCKER, BEATRICE VON: Hameln – Gefühle irgendwann. In: DVJJ (Hrsg.): Mehrfach Auffällige – Mehrfach Betroffene. Erlebnisweisen und Reaktions-formen. Bonn 1990, S. 407-413.

WERLE, RAINER / KREILE, RENATE: Renaissance des Imam. Das Beispiel Türkei. Hamburg 1987.

WHYTE, WILLIAM FOOTE: Street corner society. The social structure of an Italian slum. 2. Aufl., Chicago, London 1955.

WILKITZKI, PETER: „Rechtshilfe durch Vollstreckung" (§§ 48 ff., 71 IRP). Zur praktischen Anwendung des neuen Rechtsinstituts. In: JR, Heft 6, 1983, S. 227-235.

WILSON, THOMAS P.: Qualitative „oder" quantitative Methoden in der Sozialforschung. In: KZfSS, Jg. 34, Heft 3, 1982, S. 487-508.

WIRTH, WOLFGANG: Wiedereingliederung durch Ausbildung? Zur Wirkungsweise berufsfördernder Maßnahmen im Jugendstrafvollzug. In: Kaiser, Günther / Kury, Helmut / Albrecht, Hans-Jörg (Hrsg.): Kriminologische Forschung in den 80er Jahren. Projektberichte aus der Bundesrepublik Deutschland. Freiburg i. Br. 1988, S. 419-446.

WIRTH, WOLFGANG: Ausländische Gefangene im Jugendstrafvollzug NRW. Ergebnisse einer Stichtagserhebung (15. Juli 1997). In: ZfStrVo, Jg. 47, Heft 5, 1998a, S. 278-286.

WIRTH, WOLFGANG: Ausländische Gefangene im Jugendstrafvollzug. In: NRW. Justiz intern, Heft 2, 1998b, S. 15-18.

WISWEDE, GÜNTER: Soziologie des abweichenden Verhaltens. 2. Aufl., Stuttgart, Berlin, Köln, Mainz 1979.

WITT, ARMIN: Sexualität im Männerknast. In: Ortner, Helmut (Hrsg.): Normalvollzug. Die geplante Zerstörung der Mitmenschlichkeit. Berichte und Dokumente aus westdeutschen Gefängnissen. Tübingen 1978, S. 110-115.

WITZEL, ANDREAS: Verfahren der qualitativen Sozialforschung: Überblick und Alternativen. Diss. Frankfurt a. M., New York 1982.

WITZEL, ANDREAS: Das problemzentrierte Interview. In: Jüttemann, Gerd (Hrsg.): Qualitative Forschung in der Psychologie. Grundfragen, Verfahrensweisen, Anwendungsfelder. 2. Aufl., Heidelberg 1989, S. 227-255.

WOLF, SIDNEY / FREINEK, WILFRIED R. / SHAFFER, JOHN W.: Frequency and severity of rule infractions as criteria of prison maladjustment. In: Journal of clinical Psychology, 1966, S. 244-247.

WOLLENSCHLÄGER, MICHAEL / SCHRAML, ALEXANDER: Zum Recht der Ausweisung im neuen Ausländergesetz. In: ZAR, Jg. 12, Heft 2, 1992, S. 66-74.

ZENTRUM FÜR TÜRKEI-STUDIEN (Hrsg.): Türkische Muslime in Nordrhein-Westfalen. Dialog mit einer neu etablierten religiösen Minderheit in NRW, türkische Muslime und deutsche Christen im Gespräch. 2. Aufl., Pulheim 1995.

ZENTRUM FÜR TÜRKEI-STUDIEN (Hrsg.): Die Lebenssituation und Partizipation türkischer Migranten in Nordrhein-Westfalen. Ergebnisse der zweiten Mehrthemen-befragung Juni 2000. Zusammenfassung. Essen 2000.

ZIEGER, MATTHIAS: Benachteiligung der Ausländer im Stravollzug. Eine Herausforderung für Rechtsanwälte und Politiker. In: Der Lichtblick, Jg. 21, 1989, S. 4-8.

ZIMMERMANN, HEINZ-GÜNTER: Die Kriminalität der ausländischen Arbeiter: Versuch einer Analyse. In: Kriminalistik, Jg. 20, Heft 12, 1966, S. 623-625.

ZITZER, HEINZ-GÜNTHER: Aspekte der Aus- und Weiterbildung der Gefangenen im niedersächsischen Justizvollzug. In: ZfStrVo, Jg. 49, Heft 5, 2000, S. 265-270.

ZWICK, MARTIN: Schule und Ausbildung. Der Rückstand wird kleiner. In: Ausländer in Deutschland, Heft 1, 1997, S. 3-4.

ZWICK, MARTIN: Drei von vier Kindern ausländischer Familien sind in Deutschland geboren. Zur Altersstruktur der Migrantenbevölkerung. In: Ausländer in Deutschland, Heft 1, 1998, S. 8.

Verzeichnis der Tabellen

Verzeichnis der Übersichten

ANHANG

RUHR-UNIVERSITÄT BOCHUM

Juristische Fakultät
Lehrstuhl für Kriminologie, Strafvollzug und Kriminalpolitik
Professor Dr. jur. Hans-Dieter Schwind

Ruhr-Universität Bochum, Juristische Fakultät
Universitätsstraße 150, 44801 Bochum
Postfach 10 21 48, 44721 Bochum

Gebäude GC 5 Raum 145
Telefon: 0234/32-25246 (Sekretariat Fr. Marek)
Telefax 0234/32-14328
e-mail: LS.Schwind@jura.ruhr-uni-bochum.de

Informationsblatt

Mein Name ist Regina Klose, von Beruf bin ich Assessorin und als wissenschaftliche Mitarbeiterin an dem Lehrstuhl für Kriminologie, Strafvollzug und Kriminalpolitik von Herrn Prof. Dr. Hans-Dieter Schwind an der Ruhr-Universität in Bochum tätig. Ich möchte meine Doktorarbeit über die Situation türkischer Inhaftierter im Jugendstrafvollzug in Nordrhein-Westfalen schreiben.

Der Kernpunkt der Untersuchung sind Befragungen der Gefangenen selbst. Nur so ist es mir möglich, mir ein Bild davon zu machen, welche Besonderheiten die Gruppe der türkischen Insassen ausmachen, wo ihre Hauptprobleme liegen und ob und wie die Anstaltsleitung und die Vollzugsbeamten Rücksicht auf diese Besonderheiten nehmen.

Ich hoffe, daß ich durch die Befragungen neue und detaillierte Erkenntnisse über den Umgang mit türkischen Inhaftierten erhalten werde. Aus diesem Grunde bin ich vor allem interessiert an Ihren Ansichten und Meinungen (z. B. zu Ihrem Alltag im Jugendstrafvollzug) und verschiedenen Selbsteinschätzungen (z. B. zu Ihrer Situation nach der Entlassung aus dem Vollzug).

Die Befragung erfolgt schriftlich. Der dafür benötigte Zeitaufwand beträgt ungefähr eine Stunde. Als Dankeschön für die Teilnahme erhalten Sie **ein Päckchen Tabak**.

Ich versichere Ihnen, daß Ihre Angaben absolut vertraulich und anonym behandelt werden! Weder die Anstalt noch andere Personen haben Zugang zu Ihren Angaben. Ihre Angaben werden bis zum Abschluß der Auswertung in einem sicheren Stahlschrank eingeschlossen und dann vernichtet!

Ich bitte Sie herzlichst um Ihre Mitarbeit! Sie tragen zu wichtigen Erkenntnissen des Jugendstrafvollzugs bei und helfen mir mit Ihrer Teilnahme an der Befragung, meine Doktorarbeit fertig zu stellen. Nur wenn möglichst alle von Ihnen mitmachen, lassen sich aussagefähige Ergebnisse gewinnen.

Für Ihre Teilnahmebereitschaft möchte ich mich im voraus bei Ihnen bedanken!

Mit freundlichen Grüßen

(Regina Klose)

RUHR-UNIVERSITÄT BOCHUM
Juristische Fakultät
Lehrstuhl für Kriminologie, Strafvollzug und Kriminalpolitik
Professor Dr. jur. Hans-Dieter Schwind

Ruhr-Universität Bochum, Juristische Fakultät
Universitätsstraße 150, 44801 Bochum
Postfach 10 21 48, 44721 Bochum

Gebäude GC 5 Raum 145
Telefon: 0234/32-25246 (Sekretariat Fr. Marek)
Telefax 0234/32-14328
e-mail: LS.Schwind@jura.ruhr-uni-bochum.de

Einverständniserklärung

Dieses Forschungsprojekt beschäftigt sich mit der Situation türkischer Insassen im Jugendstrafvollzug. In dem Fragebogen geht es deshalb hauptsächlich um Ansichten und Meinungen, die Sie persönlich haben (z. B. zu dem Alltag im Jugendstrafvollzug). Desweiteren beinhaltet er Fragen zum Jugendstrafvollzug (z. B. Freundschaften und Kontakte innerhalb und außerhalb der Anstalt), zu Ihrer Person (z. B. Alter, Beruf, begangene Delikte) und zu verschiedenen Selbsteinschätzungen (z. B. wie Sie sich im Jugendstrafvollzug fühlen, wie Sie sich das Leben nach der Entlassung vorstellen).

Ihre Angaben werden mittels elektronischer Datenverarbeitung erfaßt und ausgewertet. Dabei werden Ihre Angaben **absolut vertraulich und anonym** behandelt! Weder die Anstalt noch andere Personen haben Zugang zu Ihren Angaben! Ihre Angaben werden bis zum Abschluß der Auswertung in einem sicheren Stahlschrank eingeschlossen und dann vernichtet!

Die Teilnahme an diesem Forschungsprojekt ist freiwillig. Bei einer Nichtteilnahme oder einem jederzeit möglichen Widerruf des Einverständnisses entstehen Ihnen keinerlei Rechtsnachteile. Die Befragung erfolgt schriftlich. Der dafür benötigte Zeitaufwand beträgt etwa eine Stunde. Als kleines Dankeschön für die Teilnahme an der Befragung erhalten Sie **ein Päckchen Tabak**. Der Tabak wird Ihnen bei der Rückgabe des ausgefüllten Fragebogens überreicht.

Für Ihre Mitarbeit an dieser Befragung möchte ich mich (Regina Klose) schon an dieser Stelle herzlichst bedanken.

Ich habe den oben stehenden Text zur Kenntnis genommen und erkläre hiermit meine Bereitschaft zur Teilnahme an dieser Befragung.

Name: ....
Vorname, Nachname (Bitte in Druckschrift schreiben!)

....
Ort, Datum Unterschrift

In welcher Sprache möchten Sie den Fragebogen erhalten? Bitte ankreuzen!

deutsch ☐ **türkisch** ☐

Erhebungsbogen zur Befragung türkischer bzw. kurdischer Inhaftierter

Datum der Befragung:	______________________
Fortlaufende Nummer:	______________________

Frage 1: Welche Volkszugehörigkeit besitzen Sie?

1. türkische Volkszugehörigkeit .... ☐
2. kurdische Volkszugehörigkeit .... ☐
3. Sonstige .... ☐

Frage 2: Welcher Konfession gehören Sie an?

1. islamisch .... ☐
2. römisch-katholisch/evangelisch .... ☐
3. jüdisch .... ☐
4. sonstige .... ☐
5. keiner .... ☐

Frage 3: Wie alt waren Sie, als Sie nach Deutschland gekommen sind?

1. hier geboren .... ☐
2. jünger als 2 Jahre .... ☐
3. jünger als 5 Jahre .... ☐
4. im Alter von 5-10 Jahren .... ☐
5. im Alter von 11-14 Jahren .... ☐
6. älter als 14 Jahre .... ☐

Frage 4: Welche Schulausbildung besitzen Sie?

1. Sonderschule .... ☐
2. Hauptschule abgeschlossen .... ☐
3. Realschule/Gymnasium ohne Abschluß .... ☐
4. Realschule mit Abschluß .... ☐
5. Gymnasium mit Abschluß .... ☐
6. Sonstige (Schulausbildung in Türkei) .... ☐
7. ohne Abschluß (abgebrochen) .... ☐

Frage 5: Welche Berufsausbildung haben Sie?

1. noch in der Ausbildung .... ☐
2. abgebrochene Berufsausbildung .... ☐
3. abgeschlossene Berufsausbildung .... ☐
4. Fachhochschule/Universität .... ☐
5. keine .... ☐

Frage 6: Waren Sie vor der Haft arbeitslos?

1. ja, weniger als ein halbes Jahr .... ☐
2. ja, schon ein halbes Jahr .... ☐
3. ja, schon 1 Jahr lang .... ☐
4. ja, schon 1 bis 2 Jahre lang .... ☐
5. ja, mehr als 2 Jahre lang .... ☐
6. nein, ich war nicht arbeitslos .... ☐

Frage 7: Nehmen Sie in der Anstalt an <u>schulischen</u> Bildungsmaßnahmen teil?

1. Deutschkurs .... ☐
2. Sonderschulunterricht .... ☐
3. Grundschulunterricht .... ☐
4. zum Hauptschulabschluß .... ☐
5. zum Realschulabschluß/Abitur .... ☐
6. berufsbildender Unterricht .... ☐
7. nein, an keiner Maßnahme .... ☐

Frage 8: Nehmen Sie in der Anstalt an beruflichen Bildungsmaßnahmen teil?

1. Berufsausbildung, Lehre .... ☐
2. Umschulung .... ☐
3. Fernstudium .... ☐
4. nein, an keiner Maßnahme .... ☐

Frage 9: Falls Sie keine Weiterbildungsmaßnahme erhalten, was waren die Gründe für die Ablehnung? (Mehrfachnennungn möglich)

1. laufendes Ausweisungsverfahren .... ☐
2. zu kurze Haftzeit .... ☐
3. für Ausländer nicht vorgesehen, Diskriminierung .... ☐
4. mangelnde deutsche Sprachkenntnisse .... ☐
5. zu alt .... ☐
6. schlechter psychischer Zustand .... ☐
7. Prüfung nicht bestanden .... ☐
8. Schwierigkeiten mit dem Ausbilder .... ☐
9. aus Sicherheitsgründen .... ☐
10. Ablehnung des Arbeitsamtes .... ☐
11. keine Lust .... ☐
12. Sonstiges .... ☐

Frage 10: Üben Sie in der Anstalt eine Tätigkeit, für die Sie Geld erhalten, aus?

1. Hilfstätigkeiten aller Art (z. B. in der Wäscherei) .... ☐
2. Zellenarbeit .... ☐
3. Schlosser .... ☐
4. Schneider .... ☐
5. Tischler .... ☐
6. Buchbinder .... ☐
7. Kfz-Mechaniker .... ☐
8. Maler- und Lackierer .... ☐
9. Koch .... ☐
10. Maurer .... ☐

11. Sonstiges .... ☐

12. nein, keine Tätigkeit .... ☐

Frage 11: Welchen Familienstand haben Sie?

1. ledig .... ☐
2. verheiratet .... ☐
3. geschieden, getrennt lebend, verwitwet .... ☐

Frage 12: Wo haben Sie vor der Haft gewohnt?

1. keinen festen Wohnsitz .... ☐
2. Asylbewerberheim .... ☐
3. bei meinen Eltern .... ☐
4. bei meiner Frau/Freundin .... ☐
5. bei anderen Verwandten .... ☐
6. eigene Wohnung .... ☐
7. Sonstiges .... ☐

Frage 13: Wurden Sie als Kind zu Hause von Ihren Eltern geschlagen? (Mehrfachnennungen möglich)

1. gelegentlich Ohrfeigen (etwa einmal im Monat) .... ☐
2. gelegentlich Fausthiebe .... ☐
3. gelegentlich Schläge mit Gegenständen .... ☐
4. häufig Ohrfeigen (einmal pro Woche oder öfter) .... ☐
5. häufig Fausthiebe .... ☐
6. häufig Schläge mit Gegenständen .... ☐
7. nie .... ☐

Frage 14: Haben Sie zu Hause gesehen, wie Ihre Eltern sich geschlagen haben?

1. selten (etwa einmal im Jahr) .... ☐
2. gelegentlich (etwa einmal im Monat) .... ☐
3. häufig (etwa einmal pro Woche oder öfter) .... ☐
4. nie .... ☐

Frage 15: Sind Sie früher schon einmal von zu Hause weggelaufen? (Mehrfachnennungen möglich)

1. ja, wegen Konflikten mit dem Vater .... ☐
2. ja, wegen Konflikten mit der Mutter .... ☐
3. ja, wegen Problemen in der Schule .... ☐
4. ja, aus sonstigen Gründen .... ☐
5. nein, noch nie .... ☐

Frage 16: Wie ist Ihr Verhältnis zu <u>deutschen</u> Mithäftlingen?

1. sehr gut (verbringen fast ganze Freizeit zusammen) .... ☐
2. gut (verbringen viel Zeit miteinander) .... ☐
3. es geht, teils/teils (nur mit wenigen Freundschaft) .... ☐
4. schlecht (mögen uns gegenseitig nicht) .... ☐
5. sehr schlecht (ständig Streit) .... ☐
6. kein Kontakt (gehen uns aus dem Weg) .... ☐

Frage 17: Wie ist Ihr Verhältnis zu Ihren <u>türkischen</u> Mitgefangenen?

1. sehr gut (verbringen fast ganze Freizeit zusammen) .... ☐
2. gut (verbringen viel Zeit miteinander) .... ☐
3. es geht, teils/teils (nur mit wenigen Freundschaft) .... ☐
4. schlecht (mögen uns gegenseitig nicht) .... ☐
5. sehr schlecht (ständig Streit) .... ☐
6. kein Kontakt (gehen uns aus dem Weg) .... ☐

Frage 18: Welche Mitgefangenen mögen Sie nicht?
(Mehrfachnennungen möglich)

1. Deutsche .... ☐
2. Aussiedler/Rußlanddeutsche .... ☐
3. Türken .... ☐
4. Kurden .... ☐
5. Albaner .... ☐
6. Afrikaner .... ☐
7. Araber .... ☐
8. Franzosen .... ☐
9. Italiener .... ☐
10. Jugoslawen .... ☐
11. Kroaten .... ☐
12. Polen .... ☐
13. Rumänen .... ☐
14. Russen .... ☐
15. Spanier .... ☐
16. Tschechen .... ☐
17. Ungarn .... ☐
18. Sonstige .... ☐

Frage 19: Stellen Sie sich vor, Deutschland spielt gegen die Türkei Fußball.
Wer soll gewinnen?

1. Türkei .... ☐
2. Deutschland .... ☐
3. ist mir egal .... ☐

Frage 20: Wieviel Einfluß haben Sie auf die Aufsichtsbeamten, wenn Sie selbst etwas haben wollen oder wenn Sie selbst etwas nicht tun wollen?

1. sehr viel Einfluß auf fast alle Aufsichtsbeamten .... ☐
2. viel Einfluß auf einige Aufsichtsbeamte .... ☐
3. ebenso viel Einfluß wie die anderen Inhaftierten .... ☐
4. wenig Einfluß (mache meistens, was die Aufsichtsbeamten wollen) .... ☐
5. keinen Einfluß (mache immer, was die Aufsichtsbeamten wollen) .... ☐

Frage 21: Leihen oder borgen Sie sich Kaffee, Tee, Tabak oder Drogen von anderen Gefangenen?

1. ja, ständig .... ☐
2. gelegentlich .... ☐
3. selten .... ☐
4. nein, nie .... ☐

Frage 22: Bei wem leihen Sie sich am häufigsten etwas?

1. türkischen Gefangenen .... ☐
2. deutschen Gefangenen .... ☐
3. anderen ausländischen Gefangenen .... ☐
4. bei niemandem .... ☐

Frage 23: Leihen oder borgen Sie anderen Gefangenen Kaffee, Tee, Tabak oder Drogen?

1. ja, ständig .... ☐
2. gelegentlich .... ☐
3. selten .... ☐
4. nein, nie .... ☐

Frage 24: Wer leiht sich am häufigsten etwas von Ihnen?

1. türkische Gefangene .... ☐
2. deutsche Gefangene .... ☐
3. andere ausländische Gefangene .... ☐
4. niemand .... ☐

Frage 25: Wie häufig haben Sie Ärger und Schwierigkeiten mit Aufsichtsbeamten, weil Sie die Anstaltsregeln verletzt haben?

1. täglich .... ☐
2. mehrmals in der Woche .... ☐
3. mehrmals im Monat .... ☐
4. mehrmals im Jahr .... ☐
5. nie .... ☐

Frage 26: Wie häufig nehmen Sie an Aktivitäten des Jugendstrafvollzuges (Sport, Freizeitveranstaltungen, Gesprächsgruppen) teil?

1. mehrmals in der Woche .... ☐
2. mehrmals im Monat .... ☐
3. mehrmals im Jahr .... ☐
4. nie .... ☐

Frage 27: Mit wem hatten Sie in der Anstalt einen <u>heftigen Streit in Worten</u> (Beschimpfungen, Beleidigungen)?

1. Deutschen .... ☐
2. Aussiedlern/Rußlanddeutschen .... ☐
3. Türken .... ☐
4. Kurden .... ☐
5. Albanern .... ☐
6. Afrikanern .... ☐
7. Arabern .... ☐
8. Franzosen .... ☐
9. Italienern .... ☐
10. Jugoslawen .... ☐
11. Kroaten .... ☐
12. Polen .... ☐
13. Rumänen .... ☐

14. Russen .... ☐
15. Spaniern .... ☐
16. Tschechen .... ☐
17. Ungarn .... ☐
18. Sonstigen .... ☐

Frage 28: Mit wem hatten Sie in der Anstalt einen <u>heftigen Streit</u> mit <u>körperlicher Auseinandersetzung</u> (Schlägerei)?

1. Deutschen .... ☐
2. Aussiedlern/Rußlanddeutschen .... ☐
3. Türken .... ☐
4. Kurden .... ☐
5. Albanern .... ☐
6. Afrikanern .... ☐
7. Arabern .... ☐
8. Franzosen .... ☐
9. Italienern .... ☐
10. Jugoslawen .... ☐
11. Kroaten .... ☐
12. Polen .... ☐
13. Rumänen .... ☐
14. Russen .... ☐
15. Spaniern .... ☐
16. Tschechen .... ☐
17. Ungarn .... ☐
18. Sonstigen .... ☐

Frage 29: Wie oft sind Sie seit Beginn des Jahres 2000 in der Anstalt von Mitgefangenen angegriffen geworden?
Bitte die Anzahl eintragen! (Mehrfachnennungen möglich)

1. Beschimpfung/Beleidigung .... ________ Mal
2. Sachbeschädigung.. ________ Mal
3. Diebstahl .... ________ Mal
4. Körperverletzung .... ________ Mal
5. sexuelle Nötigung .... ________ Mal
6. Vergewaltigung .... ________ Mal
7. Sonstiges .... ________ Mal

Frage 30: Wer hat diese Angriffe begangen?

1. Deutsche .... ☐
2. Aussiedler/Rußlanddeutsche.. ☐
3. Türken .... ☐
4. Kurden .... ☐
5. Albaner .... ☐
6. Afrikaner .... ☐
7. Araber .... ☐
8. Franzosen .... ☐
9. Italiener .... ☐
10. Jugoslawen .... ☐
11. Kroaten .... ☐
12. Polen .... ☐
13. Rumänen .... ☐
14. Russen .... ☐
15. Spanier .... ☐
16. Tschechen .... ☐
17. Ungarn .... ☐
18. Sonstige .... ☐

Frage 31: Wie reagieren die Stationsbeamten bzw. Gruppenbetreuer, wenn Sie einmal gegen die Hausordnung verstoßen (zum Beispiel wenn Sie in eine Schlägerei verwickelt sind oder etwas kaputt gemacht haben)?

1. sind sehr aggressiv und gewalttätig ☐
2. sind heftig und schreien mich an ☐
3. sind unfreundlich, aber korrekt ☐
4. sind gelassen und haben ein wenig Verständnis für meine Situation ☐
5. sind sehr nachsichtig, wollen ihre Ruhe haben ☐
6. sind besonnen, versuchen den Streit zu schlichten ☐

Frage 32: Glauben Sie, daß Sie von den Aufsichtsbeamten gleich gut behandelt werden wie die deutschen Insassen?

1. ich werde besser behandelt als deutsche Gefangene ☐
2. ich werde schlechter behandelt ☐
3. ich werde gleich gut behandelt ☐

Frage 33: Welche Ansprechpartner suchen Sie zur Lösung Ihrer persönlichen Probleme in erster Linie auf? (Mehrfachnennungen möglich)

1. Landsleute unter den Mitgefangenen ☐
2. deutsche Mitgefangene ☐
3. andere ausländische Mitgefangene ☐
4. Ausländerbeauftragter ☐
5. Sozialarbeiter ☐
6. Psychologe ☐
7. Pfarrer/Imam ☐
8. Lehrer ☐
9. Werkbeamter ☐
10. Stockwerksbeamter ☐
11. Abteilungsleiter ☐
12. Anstaltsleiter ☐
13. Sonstige ☐
14. habe keinen Ansprechpartner ☐

Frage 34: Was würden Sie davon halten, wenn unter Ihrem Betreuungspersonal (Stationsbeamte bzw. Gruppenbetreuer) auch Türken wären?

1. Ich bin für einen Einsatz von Türken als Betreuer .... ☐
2. Mir ist die Herkunft des Betreuungspersonals egal .... ☐
3. Ich halte das für nicht durchführbar .... ☐
4. Ich bin gegen den Einsatz von Türken als Betreuer .... ☐

Frage 35: Welche Gründe für den Einsatz türkischen Betreuungspersonals finden Sie besonders wichtig? (Mehrfachnennungen möglich)

1. besseres Verständnis .... ☐
2. bessere Behandlung .... ☐
3. bessere Information und Beratung .... ☐
4. gleiche Sprache und Mentalität .... ☐
5. keine Gründe sprechen dafür .... ☐

Frage 36: Haben Sie vor der Inhaftierung schon einmal Erfahrungen mit Drogen gemacht?

1. ja, von Drogen abhängig .... ☐
2. ja, aber nicht regelmäßig Drogen genommen .... ☐
3. nein, nie .... ☐

Frage 37: Was meinen Sie, wie viele <u>türkische</u> Inhaftierte <u>von 10</u> nehmen in der Anstalt regelmäßig Drogen? Bitte die Anzahl eintragen!

1. Haschisch .... ________ **Personen**
2. Kokain .... ________ **Personen**
3. Marihuana .... ________ **Personen**
4. Heroin .... ________ **Personen**
5. Ecstasy .... ________ **Personen**
6. Alkohol .... ________ **Personen**
7. Medikamente .... ________ **Personen**
8. Sonstige .... ________ **Personen**

Frage 38: Was meinen Sie, wie viele kurdische Inhaftierte von 10 nehmen in der Anstalt regelmäßig Drogen? Bitte die Anzahl eintragen!

1. Haschisch .... ________ **Personen**
2. Kokain .... ________ **Personen**
3. Marihuana .... ________ **Personen**
4. Heroin .... ________ **Personen**
5. Ecstasy .... ________ **Personen**
6. Alkohol .... ________ **Personen**
7. Medikamente .... ________ **Personen**
8. Sonstige .... ________ **Personen**

Frage 39: Wer besorgt die Drogen? (Mehrfachnennungen möglich)

1. deutsche Mitgefangene .... ☐
2. türkische Mitgefangene .... ☐
3. kurdische Mitgefangene .... ☐
4. andere ausländische Mitgefangene .... ☐
5. Vollzugsbeamte .... ☐
6. Familie (Besucher) .... ☐
7. Freunde (Besucher) .... ☐
8. Sonstige .... ☐

Frage 40: Ist Ihnen die Religionsausübung wichtig?

1. ja .... ☐
2. nein .... ☐

ja, weiter Fragen 41

nein, weiter Frage 44

Frage 41: Können Sie regelmäßig (mindestens alle zwei Wochen) einen Geistlichen Ihrer Glaubensrichtung in der Anstalt aufsuchen?

1. ja .... ☐
2. nein, nur einmal im Monat .... ☐
3. nein, nie .... ☐

Frage 42: Haben Sie die Möglichkeit an religiösen Feiertagen (Ramadan) von Ihrer Arbeit freigestellt zu werden?

1. ja, davon mache ich Gebrauch .... ☐
2. ja, aber ich arbeite lieber, um Geld zu verdienen .... ☐
3. nein .... ☐
4. weiß ich nicht .... ☐

Frage 43: Erhalten Sie die Möglichkeit, die Fastenzeit einzuhalten, z. B. erst abends zu essen?

1. ja, davon mache ich Gebrauch .... ☐
2. ja, aber ich faste nicht .... ☐
3. nein, leider nicht .... ☐

Frage 44: Wie finden Sie das Essen, das Sie hier in der Anstalt bekommen? (Mehrfachnennungen möglich)

1. bin mit dem Essen zufrieden .... ☐
2. überwiegend geschmackloses Essen .... ☐
3. Speisen sind ungewohnt .... ☐
4. zu einseitig, zu viele Kartoffeln .... ☐
5. einseitige Moslemkost, zu häufig Eier statt Fleisch .... ☐

Frage 45: Was ist Ihre Muttersprache?

1. Türkisch .... ☐
2. Kurdisch .... ☐
3. Deutsch .... ☐
4. Sonstige .... ☐

Frage 46: Wie gut können Sie Ihre Muttersprache sprechen?

1. gar nicht	(kein Wort)	☐
2. schlecht	(kaum verständlich machen)	☐
3. einigermaßen	(verständlich machen, einige Worte fehlen)	☐
4. gut	(kann mich gut unterhalten)	☐
5. sehr gut	(spreche meine Muttersprache fließend)	☐

Frage 47: Wie gut können Sie Ihre Muttersprache lesen und schreiben?

1. gar nicht	(gar nicht)	☐
2. schlecht	(nur einzelne Worte)	☐
3. einigermaßen	(nur mit Hilfe Brief lesen und schreiben)	☐
4. gut	(mit wenigen Fehlern Brief lesen und schreiben)	☐
5. sehr gut	(fehlerfrei Brief in Muttersprache lesen und schreiben)	☐

Frage 48: Wie gut können Sie die deutsche Sprache sprechen?

1. gar nicht	(kein Wort)	☐
2. schlecht	(kaum verständlich machen)	☐
3. einigermaßen	(verständlich machen, einige Worte fehlen)	☐
4. gut	(kann mich gut unterhalten)	☐
5. sehr gut	(spreche fließend deutsch)	☐

Frage 49: Wie gut können Sie die deutsche Sprache lesen und schreiben?

1. gar nicht	(gar nicht)	☐
2. schlecht	(nur einzelne Worte)	☐
3. einigermaßen	(nur mit Hilfe Brief lesen und schreiben)	☐
4. gut	(mit wenigen Fehlern Brief lesen und schreiben)	☐
5. sehr gut	(fehlerfrei Brief auf deutsch lesen und schreiben)	☐

Frage 50: In welcher Sprache unterhalten Sie sich überwiegend?

1. türkisch .... ☐
2. kurdisch .... ☐
3. deutsch .... ☐
4. türkisch/deutsch gemischt .... ☐
5. kurdisch/deutsch gemischt .... ☐
6. Sonstige .... ☐

Frage 51: Bekommen Sie hier in der Anstalt Zeitungen und Zeitschriften in türkischer Sprache zu lesen? (Mehrfachnennungen möglich)

1. ausreichendes Angebot .... ☐
2. zu selten .... ☐
3. bekomme privat welche geliehen .... ☐
4. bekomme welche geschickt .... ☐
5. nein, bekomme leider gar keine .... ☐
6. ich interessiere mich nur für deutsche Zeitungen .... ☐

Frage 52: Bekommen Sie aus der Anstaltsbibliothek Bücher in türkischer Sprache zu lesen? (Mehrfachnennungen möglich)

1. lese nicht .... ☐
2. ja, bin zufrieden damit .... ☐
3. ja, aber nur uninteressante Bücher .... ☐
4. kaum, viel zu wenige .... ☐
5. nein, bekomme aber Bücher von draußen .... ☐
6. nein, bekomme leider keine türkischen Bücher aus der Anstaltsbibliothek .... ☐
7. ich interessiere mich nur für deutsche Bücher .... ☐

Frage 53: Können Sie Radiosendungen aus der Türkei empfangen? (Mehrfachnennungen möglich)

1. ja, in meiner Zelle .... ☐
2. ja, aber nur im Gemeinschaftsraum .... ☐
3. nein, leider nicht .... ☐
4. ich interessiere mich nur für deutsche Programme .... ☐

Frage 54: Können Sie Fernsehsendungen aus der Türkei empfangen? (Mehrfachnennungen möglich)

1. ja, in meiner Zelle ☐
2. ja, aber nur im Gemeinschaftsraum ☐
3. nein, leider nicht ☐
4. ich interessiere mich nur für deutsche Programme ☐

Frage 55: Haben Sie Briefkontakt nach „draußen"?

1. ja ☐
2. nein ☐

ja, weiter Frage 56

nein, weiter Frage 58

Frage 56: Mit wem haben Sie Briefkontakt? (Mehrfachnennungen möglich)

1. Vater ☐
2. Mutter ☐
3. Geschwister ☐
4. Ehefrau/Freundin ☐
5. andere Verwandte ☐
6. Freunde ☐
7. Sonstige ☐

Frage 57: Wer übersetzt die Briefe, die Sie schreiben oder erhalten? (Mehrfachnennungen möglich)

1. ein amtlich bestellter Dolmetscher ☐
2. fremdsprachige Bedienstete ☐
3. Mitinhaftierte, die dafür von mir eine Gegenleistung erhalten ☐
4. Mitinhaftierte, ohne Gegenleistung ☐
5. ich schreibe türkisch/kurdisch, Briefe werden nicht übersetzt ☐
6. ich spreche und schreibe selbst in deutscher Sprache ☐

Frage 58: Erhalten Sie regelmäßig Besuch von Ihren Familienangehörigen?

1. ja, einmal im Monat ☐
2. ja, mehr als einmal im Monat ☐
3. ja, alle drei bis sechs Monate ☐
4. einmal im Jahr ☐
5. nein, nie ☐

Frage 59: Wer besucht Sie? (Mehrfachnennungen möglich)

1. Vater ☐
2. Mutter ☐
3. Geschwister ☐
4. Ehefrau/Freundin ☐
5. andere Verwandte ☐
6. Sonstige ☐

Frage 60: In welcher Sprache unterhalten Sie sich mit Ihrem Besuch?

1. Deutsch ☐
2. Türkisch ☐
3. Kurdisch ☐
4. Sonstige ☐

Frage 61: Welche Vollzugslockerungen haben Sie bisher erhalten? (Mehrfachnennungen)

1. Außenbeschäftigung ☐
2. Freigang ☐
3. Ausführung ☐
4. Ausgang ☐
5. Urlaub ☐
6. keine Vollzugslockerungen ☐

Frage 62: Bekommen Sie genauso viele Vollzugslockerungen wie deutsche Inhaftierte?

1. bekomme mehr Vollzugslockerungen .... ☐
2. bekomme etwa genauso viele Vollzugslockerungen .... ☐
3. bekomme weniger Vollzugslockerungen .... ☐

Frage 63: Was waren die Gründe für das geringe Maß an Vollzugslockerungen? (Mehrfachnennungen möglich)

1. die mit Sicherheit erfolgende Abschiebung .... ☐
2. generelle Diskriminierung der Ausländer .... ☐
3. anstaltsinterne, organisatorische Gründe .... ☐
4. Befürchtung des Mißbrauchs (Fluchtgefahr) .... ☐
5. laufendes Ausweisungsverfahren .... ☐
6. Sonstiges .... ☐

Frage 64: Wie alt sind Sie?

1. 18 Jahre .... ☐
2. 19 .... ☐
3. 20 .... ☐
4. 21 .... ☐
5. 22 .... ☐
6. 23 .... ☐
7. 24 .... ☐
8. älter als 24 .... ☐

Frage 65: Für welches Delikt wurden Sie zuletzt verurteilt?

1. ausländerspezifisches Delikt (illegale Einreise etc.) ☐
2. Betrug ☐
3. Brandstiftung ☐
4. Diebstahl ☐
5. Haus- /Landfriedensbruch ☐
6. Körperverletzung ☐
7. Raub, Erpressung ☐
8. Rauschgiftdelikt (Dealen mit Drogen) ☐
9. Sexualdelikt ☐
10. Tötungedelikt ☐
11. Verkehrsdelikt ☐
12. Verstoß gegen das Waffengesetz ☐
13. Widerstand gegen die Staatsgewalt ☐
14. Wirtschaftdelikt ☐
15. sonstiges Delikt ☐

Frage 66: Wie hoch ist Ihre jetzige Strafe?

1. unter 6 Monaten ☐
2. 6-8 Monate ☐
3. 9-12 Monate ☐
4. bis 1,5 Jahre ☐
5. bis 2 Jahre ☐
6. bis 3 Jahre ☐
7. bis 4 Jahre ☐
8. bis 5 Jahre ☐
9. bis 8 Jahre ☐
10. bis 10 Jahre ☐
11. über 10 Jahre ☐

Frage 67: Steht für Sie schon fest, daß Sie nach Verbüßung der Jugendstrafe aus Deutschland ausgewiesen und abgeschoben werden?

1. ja .... ☐
2. ist noch offen .... ☐
3. kann keine Angaben machen .... ☐
4. werde nicht ausgewiesen .... ☐

Frage 68: Wie groß ist Ihre Angst, ausgewiesen und abgeschoben zu werden?

1. sehr groß .... ☐
2. ziemlich groß .... ☐
3. habe eigentlich keine Angst, ist mir egal .... ☐
4. hoffe, abgeschoben zu werden .... ☐
5. weiß nicht .... ☐

Frage 69: Welches sind für Sie die fünf schwerwiegendsten Probleme in der Zeit nach Ihrer Entlassung? (Bis zu 5 Nennungen)

1. Arbeitslosigkeit, Suche nach einem Arbeitsplatz .... ☐
2. Ausweisung, Abschiebung .... ☐
3. finanzielle Probleme .... ☐
4. Wiedereingliederung in Familie und Freundeskreis .... ☐
5. Beziehungsprobleme mit Frau/Freundin .... ☐
6. Einsamkeit, Schwierigkeiten, jemanden kennenzulernen .... ☐
7. erneute Straffälligkeit .... ☐
8. gesundheitliche Probleme .... ☐
9. weitere Inhaftierung in der Türkei .... ☐
10. Militärdienst/Wehrdienst in der Türkei .... ☐
11. Wohnungssuche, keine Wohnung .... ☐
12. Suchtgefahr (Drogen, Alkohol) .... ☐
13. Sonstiges .... ☐

Frage 70: Würden Sie gerne in die Türkei überstellt werden, um dort Ihre Jugendstrafe oder den Rest Ihrer Jugendstrafe zu verbüßen?

1. ja, würde lieber in der Türkei die Strafe verbüßen .... ☐
2. ist mir egal .... ☐
3. nein, möchte die Strafe auf keinen Fall in der Türkei verbüßen .... ☐

Frage 71: Welche Gründe sprechen dafür, die Jugendstrafe in der Türkei zu verbüßen? (Mehrfachnennungen möglich)

1. noch zu verbüßende Haftzeit in der Türkei ist kürzer.. ☐
2. meine Familie/Angehörige leben in der Türkei .... ☐
3. möchte nach der Entlassung in der Türkei leben .... ☐
4. habe in der Türkei keine Sprachprobleme .... ☐
5. keine Gründe, ich möchte die Strafe in Deutschland verbüßen .... ☐

Frage 72: Welche Gründe sprechen dafür, die Jugendstrafe in Deutschland zu verbüßen? (Mehrfachnennungen möglich)

1. Haftbedingungen sind in der Türkei schlechter als in Deutschland......................... ☐
2. meine Familie/Angehörigen leben in Deutschland.. ☐
3. meine Freunde leben in Deutschland .... ☐
4. ich möchte nach der Entlassung in Deutschland leben .... ☐
5. keine Gründe, ich möchte die Strafe in der Türkei verbüßen .... ☐

Frage 73: Haben Sie einen Antrag auf Überstellung in die Türkei zur Verbüßung der Jugendstrafe gestellt?

1. ja, aber der Antrag wurde abgelehnt .... ☐
2. ich wußte nicht, daß ich diesen Antrag stellen kann.. ☐
3. nein, aber ich werde den Antrag demnächst stellen... ☐
4. nein, ich möchte die Jugendstrafe in Deutschland verbüßen .... ☐

Vielen Dank für Ihre Mitarbeit!

Tabelle 24: **Untersuchungen zu Nichtdeutschen im (Jugend-)Strafvollzug (in alphabetischer Reihenfolge)**

Untersuchungsleiter	Zweck der Untersuchung	Untersuchungszeitraum	Probanden (Nationalität, Anzahl)	Methodik	Fragenkomplexe	Ergebnisse
Albrecht/ Pfeiffer	Feststellung des Grades der Kriminalisierung junger Ausländer in der Bundesrep. und Überprüfung der Reaktion der Justiz und Sozialarbeiter auf abweichendes Verhalten junger Ausländer (bzgl. Strafvollzug: Welchen zusätzlichen Deprivationen sind junge Ausländer im Strafvollzug ausgesetzt?)	Februar bis April 1978	Vollzugs situation: 11 von 21 Anstaltsleitern von Jugendstrafanstalten in Deutschland: -JVA in Hamburg -JVA in Berlin -JVA in Bremen -JVA Neumünster -JVA Schwäb.-Hall -JVA Wittlich -JVA Ottweiler -JVA Hameln -JVA Rockenberg -JVA Herford -JVA Laufen-Lebenau	Explorationsleitfaden wurde den Anstaltsleitern zugesandt, Interviewtermin vereinbart, zu dem Termin hatten Mitarbeiter der Anstalten Material zu Fragebereichen aufgearbeitet, z. T. wurden nach schriftl. Beantwortung nur ergänzende Telefoninterviews geführt. (Explorationsleitfäden für Ausländerämter, Jugendgerichtshelfer, Bewährungshelfer)	-Kriminalitätsbelastung -Schulausbildung -Berufsausbildung -Dikriminierung durch Mitgefangene -soziale Bezüge zur Außenwelt -Sozialprognose der Anstaltsleiter -Ausweisungspraxis nach Haft -fehlender Behandlungsvollzug als Folge der Ausweisung -Vorschläge der Anstaltsleiter	-ausländische (ausl.) Jugendliche bis 90 % höher kriminalitätsbelastet als deutsche (dt.) Jugendliche -alle Anstaltsleiter mit ausl. Inhaftierten keine Schwierigkeiten -sehr großer Familienzusammenhalt -Schulbildung bes. bei türkischen (türk.) u. ital. Insassen (Ins.) viel schlechter als bei deut. Ins. -keine größere Rückfallwahrscheinlichkeit ausländ. Ins. gegenüber deutschen Ins. -Ausweisungspraxis sehr unterschiedlich nach Bundesländern, meist als zu restriktiv beurteilt -schul./berufl. Defizite ausl. Ins. nicht durch qualifizierte Förderung zu beheben, z. T. werden Deutschkurse angeboten Vorschläge der Anstaltsleiter: -mehr Mögl., Defizite aufzuholen, mehr schul./ berufl. Unterricht. Alternativ Vorbereitung auf Rückkehr in Heimatland, Muttersprache verbessern -ausländische/fachlich geschulte Betreuung

Untersuchungsleiter	Zweck der Untersuchung	Untersuchungszeitraum	Probanden (Nationalität, Anzahl)	Methodik	Fragenkomplexe	Ergebnisse
Albrecht/ Pfeiffer (Fortsetzung)						-Änderung der Ausweisungspraxis Fazit: Prinzipielle Entscheidung für ein Verbleiben in Deutschland dürfte im Jugendstrafvollzug zu sinnvollen sozialstrukturellen u. pädagogischen Eingliederungsmaßnahmen führen.
Bielefeld/ Kreissl/ Münster	Familiäre Situation, jugendliche Lebenswelten, Kriminalisierung. hier: Anpassungs- und Überlebensstrategien junger Ausländer im Strafvollzug	1982	21 türk. Ins., 9 jugosl. Ins., Alter 16-21 Jahre, in drei Jugendstrafanstalten u. einer Untersuchungshaftanstalt (ohne nähere Bezeichnung)	qualitative unstrukturierte Interviews: 2 protokollierte Gespräche pro Proband in großem zeitlichem Abstand (ca. 3 Monate)	-Benachteiligung ausl. Inhaftierter -Beziehung zu Vollzugsbeamten -Beziehung zu dt. Ins. -Arbeit und Ausbildung -Abschiebung	-keine Vollzugslocker. infolge (droh.) Ausweisung -keine Fortbildungsmaßnahmen -Briefzensur bei fehlender Vertrauenswürdigkeit (dt. Briefe können Eltern nicht lesen) -selten Diskriminierung durch Vollzugsbeamte -Ausländer bilden konforme Gruppe, Schutz vor Diskriminierung -körperliche Gewalt und Tausch selten in eigener ethnischer Gruppe -ausl. Ins. erhalten meistens unqualifizierte Arbeiten -drohende Abschiebung stellt großes Problem dar

Untersuchungsleiter	Zweck der Untersuchung	Untersuchungszeitraum	Probanden (Nationalität, Anzahl)	Methodik	Fragenkomplexe	Ergebnisse
Bosetzky/ Borschert/ Helm	Darstellung der Unterschiede in der Situation ausländischer und deutscher Insassen in Berliner Haftanstalten	Mitte Nov. bis Mitte Dez. 1979	-JVA Tegel -Jugendstraf anstalt Plötzensee (Nebenanstalt Neukölln) -Untersuchungshaft u. Aufnahmeanstalt Moabit -136 v. 386 nichtdeutschen (ndt.) Ins. -75 dt. Insassen -15 Tiefeninterviews -394 v. 1610 Bedienstete (Rücklauf 417, auswertbar 394)	Stichprobenaus wahl, (Kriterium: 25 türk. Insassen pro Anstalt, insgesamt 75 türk. Inhaftierte (Inh.) Fragebögen Insassen: 128 Fragen, in den Zellen von Landsleuten interviewt, z.T. vereidigte Dolmetscher Fragebögen Bedienstete: 19 Fragen, von diesen selbst auszufüllen Tiefenpsychol. Interviews: unstrukturierte Gespräche mit Psychologen	Fragebogen-Insassen: -Straftat -Vorstrafen -Haftdauer -Lebensbedingungen vor Inhaftierung -Sozialisation -Beziehung zu Bediensteten -Beziehung zu Mitinhaftierten -Beziehung zu Fam./Freunden -Schul- u. Berufsausbildung -Haftbedingungen -Betreuungsangebote -Zukunftsperspektiven	Insassen-Ergebnisse: Straftat: Ausl.: Verstoß gegen BtMG (48,5 %), Raub (21,3 %) keine Vorstrafen: 50,7 % Ausl./ 8 % Dt. Haftdauer: 3-5 Jahre: 52,2 % Ausl. bis 1 Jahr: 40,6 % Dt. Vollzugssituation positiver bei Ausl.: -größere Hoffnungen bzgl. Zukunftschancen -höhere Integration in Familie -besseres Verhältnis zu Bediensteten -größere Solidarität unter türk. Inh. -bessere Einhaltung. d. Hausordnung (Überanpassung) -Strafverbüßung zu 1/2 bis 1/3, falls Ausweisungsverfügung vorliegt Vollzugssituation negativer bei Ausl.: -sitzen länger in U-Haft -glauben, bei Festnahme schlechter behandelt / höher bestraft worden zu sein -50 % Sprachprobleme mit Bediensteten -beurteilen Essen als schlechter -wesentlich geringere Betreuung -weniger Lesematerial

Untersu-chungsleiter	Zweck der Unter-suchung	Unter-suchungs-zeitraum	Probanden (Nationalität, Anzahl)	Methodik	Fragen-komplexe	Ergebnisse
Bosetzky/ Borschert/ Helm (Fortsetzung)					Fragebogen-Bedienstete: -Betreuen Sie lieber dt./ausl. Inhaftierte? -Erfahrung mit ausländischen Inhaftierten? -Unterschiede dt./ausl. Inhaftierte? -Verständigungsschwierigkeiten? -Ausländerabteilung sinnvoll? -Welche Konflikte überwiegen (die zwischen dt./ausl. Ins. oder zwischen ausl./ausl. Ins.)? -Ausbildungssituation für ausländische Inh.? -persönliche	-kulturelles/religiöses Bedürfnis kann nicht ausgelebt werden -Vollzugslockerungen: 5,3% Ausl./ 44,4 % Dt. -Arbeit in Anstalt: 44,1 % Ausl./ 69,3 % Dt. Bediensteten-Ergebnisse: 64 % egal, wen sie betreuen 22 % betreuen lieber deutsche Ins. 20,6 % überwiegend negative Erfahrungen mit ausl. Inhaftierten -ausl. Ins. haben größeren Familiensinn, geringeren Ausbildungsstand, stärkeren Gruppenzusammenhalt 27 % sehr große Verständigungsprobleme 41,4 % einige Verständigungsprobleme 77,7 % gegen Ausländerabteilung. 41,2 % Konflikte zwischen dt./ausl. Inhaftierten Sorgen der ausl. Inhaftierten: 45,7 % Ausweisung/Abschiebung 39,6 % Konflikt mit Mitgefangenen 35,5 % Lektüre in Muttersprache Einschätzung der Haftbedingungen: 19 % für ausl. Insassen schlechter 71,8 % für ausl./dt. Ins. gleich 5,6 % für ausl. Ins. besser 82,7 % haben keine Vorbereitung auf

Untersuchungsleiter	Zweck der Untersuchung	Untersuchungszeitraum	Probanden (Nationalität, Anzahl)	Methodik	Fragenkomplexe	Ergebnisse
Bosetzky/ Borschert/ Helm (Fortsetzung)					Sorgen ausl. Inhaftierter -Haftbedingungen für dt. Ins. im Vergleich zu ausl. Ins.? -Vorbereitung auf Betreuung ausl. Ins.?	Ausländerbetreuung erhalten
Bukowski	Untersuchung, ob die türk. Inhaftierten zusätzl. Belastungen / Benachteiligungen ausgesetzt sind oder die Haftdeprivation als belastender erleben.	07.08. bis 09.08.1995	6 türkische jugendliche / heranwachs. Insassen in der JVA Adelsheim	Sozialdienst der Anstalt wählte sechs Probanden nach folgenden Kriterien aus: -über 18 Jahre -in Deutschland geboren u. aufgewachsen Zeitaufwand: 60 Min. pro Interview Beginn: -Erklärung des Ablaufs -Zusicherung der Anonymität -Aufnahme auf	<u>Interviewleitfaden:</u> -Warum sind Sie hier? -Wie war 1. Woche hier? -Wie sieht Alltag hier aus? -Was bedeutet Haft für Sie? -Was ist hier besonders belastend? -Probleme aufgrund unterschiedlicher Religion/Mentalität? -Vergleich mit deutschen Ins.?	<u>Ergebnisse Leitfadeninterviews:</u> -2 türk. Ins. keine Benachteiligug im Vergleich zu deutschen Inhaftierten festgestellt; -2 türk. Ins. keine Unterschiede in Behandlung; -2 türk. Inhaft. gewisse Unterschiede festgestellt, aber keine Interpretation als Benachteiligung. -keinerlei Benachteiligung in Bereichen: Arbeit, Ausbildung, Freizeit, Hausstrafen, soziale Betreuung. -Stellung unter türkischen Mitinhaftierten positiver als bei deutschen Inhaftierten -teilweise Benachteiligung: seltenere Gewährung von Lockerungen und drohende Ausweisung, Verhalten einzelner Bediensteter – ein türk. Ins.:

Untersuchungsleiter	Zweck der Untersuchung	Untersuchungszeitraum	Probanden (Nationalität, Anzahl)	Methodik	Fragenkomplexe	Ergebnisse
Bukowski (Fortsetzung)				Tonträger -Interview in Büro eines Sozialarbeiters oder in leerem Klassenraum -hinderlich war zeitweilige Anwesenheit eines Sozialarbeiters -am Ende Angaben zu Alter, Delikt, Strafmaß, sonst entsteht nachteilige Situation aufgrund Unwilligkeit der befragten Ins. Leitfadeninterviews: 9 offene Fragen	-Beziehung zu Bedienst./ dt./ ausl. Insassen? -Außenkontakte? Statistische Daten vom Kriminologischen Dienst der JVA Adelsheim erfragt: -Anteil nichtdt. Inhaftierter -Anzahl der verschied. Nationalitäten -Anzahl der in Dt. geborenen ausl. Ins. Vgl. dt./türk. Insassen: -Alter -Delikte -Schulabschluß -abgeschlossene Lehre -Disziplinarmaßnahmen -Schulunterricht	erschwerte Außenkontakte als Benachteiligung -fehlende seelsorg. Betreuung durch muslimischen Geistliche für junge Türken keine Relevanz -keine leichtere Bewältigung der Haftdeprivation aufgrund posititve Einschätzung der Wirkung der Jugendstrafe durch türk. Ins., unklarer Zusammenhang: intensivere Familienbindung = schmerzhaftere Trennung oder größere emotionale Unterstützung? Angaben des Krim. Dienstes: -Anteil ndt. Ins. ca. 1/3 -Anteil d. Türken unter ndt. Ins. 43 % -20 % d. türk. Ins. in Deutschland geboren -türk. Ins. sind jünger als die übrigen Insassen, häufiger BtM-delikte u. Raub begangen, seltener Hauptschulabschluß, keiner abgeschloss. Lehre, seltener Teilnahme an Schulunterricht, Ausbildung und Prüfungen in der JVA, -Ausgang/Urlaub: 40 % Türk., 74 % Deutsche -vorausgegangenen 2 Jahren wurden 36 % der türkische Insassen abgeschoben

Untersuchungsleiter	Zweck der Untersuchung	Untersuchungszeitraum	Probanden (Nationalität, Anzahl)	Methodik	Fragenkomplexe	Ergebnisse
Bukowski (Fortsetzung)					in JVA -schul. Prüfung in JVA -berufl. Ausbild. JVA -berufl. Prüfung JVA -Freigang -Ausgang -Urlaub -Abschiebung	
Chaidou	Untersuchung der Kriminalitätsproblematik junger Ausl. vor der Registrierung als Tatverdächtige bis Situation im Strafvollzug. bzgl. Strafvollzug: Vergleich der Behandlung ausl. Ins. mit der Behandlung dt. Ins. und drohende Ausweisung als	17.09.79 bis 19.11.79	102 von 121 männl. ausl. Jugendstrafgef. in Bundesrepublik (Rücklauf: 84 %) darunter: 46 Türken 26 Italiener 18 Jugoslawen 6 Griechen 4 Spanier 2 Portugiesen zu den Anstalten, vgl. Spalte Methodik	persönliche Befragung der jungen Ausl. in kleinen Gruppen, die in den Jugendstrafanstalten der Bundesrepublik im Untersuchungszeitraum einsaßen (keine Genehm. JVA Plötzensee). Einheitlicher Fragebogen (93 Fragen) deutsch/türk./jugosl./ital./	-Sozialisationsbedingungen -Legalbiographie -Behandlung im Strafvollzug -drohende Ausweisung	Ungünstige Sozialisationsbedingung für ausl. Inhaftierte: -Sprachschwierigkeiten -soz. Isolation -psychische Belastung/Entfremdung -Identitätsprobleme -Mentalitätsunterschiede -gespannte Familienverhältnisse -Arbeitslosigkeit -junge Ausl. stärker delinquenzbelastet als Dt. -aufgrund drohender Ausweisung Benachteiligung ausl. Inh. bzgl. Vollzugslockerungen, Fortbildung etc.

Untersuchungsleiter	**Zweck der Untersuchung**	**Untersuchungszeitraum**	**Probanden (Nationalität, Anzahl)**	**Methodik**	**Fragenkomplexe**	**Ergebnisse**
Chaidou (Fortsetzung)	Resozialisierungshindernis			griech./span.) wurden von Ins. selbst ausgefüllt (nicht mündl. Untersuchung in Anstalten, da nur begrenzte Zeit und aufgrund Verständigungsprobleme Gefahr zu hoher Ausfälle) Durchführung mit Hilfe Max-Planck-Institut: 17.09. bis 29.09.1979 JVA Ottweiler, JVA Schwäbisch-Hall, JVA Ebrach, JVA Niederschönenfeld, JVA Laufen-Lebenau 04.10. bis 12.10.1979 JVA Wittlich, JVA Wiesbaden, JVA		

Untersuchungsleiter	Zweck der Untersuchung	Untersuchungszeitraum	Probanden (Nationalität, Anzahl)	Methodik	Fragenkomplexe	Ergebnisse
Chaidou (Fortsetzung)				Rockenberg, JVA Herford, JVA Hameln (Altbau), JVA Hameln/Tündern, <u>05.11. bis 19.11.1979 schrifl. Erhebung</u> JVA Blockland, JVA Hahnöfersand, JVA Vierlande, JVA Neumünster		
Dünkel	Datenauswertung bzgl. junger Ausl. im hess. Strafvollzug und Vergleich der Haftbedingungen mit denen deutscher Insassen.	Stichtagserhebung v. 03.11.1986	73 ausl. Ins. im hess. Jugendstrafvollzug darunter: 38 Türken 8 Marokkaner 6 Italiener	rein deskriptiv angelegte Untersuchung, Aktenanalyse der Gefangenenpersonalakten des hess. Jugendstrafvollzuges	-Alter -Aufenthaltsdauer in der Bundesrepublik -Sozialdaten -Bildungs-u. Betreuungsangebote -Vollzugslockerungen -Disziplinarstrafen	-durchschnittl. Alter: Ausl. 19 J./ Dt. 20 J. -Aufenhaltsdauer in BR Deutschland: 43 % 2-5 Jahre 25 % 5-10 Jahre 35 % mehr als 10 Jahre -Sozialdaten: Sonderschule: 28 % dt. Ins./ 7 % nichtdt. Ins. Hauptschule: 53 % Dt./ 70 % Ausl. ohne Schulabschluß: 55 % Dt./ 64 % Ausl. arbeitslos zur Tatzeit:

Untersu-chungsleiter	Zweck der Unter-suchung	Unter-suchungs-zeitraum	Probanden (Nationalität, Anzahl)	Methodik	Fragen-komplexe	Ergebnisse
Dünkel (Fortsetzung)						60 % Dt./ 57 % Ausl. Bildungsmaßn./Vollzugslockerungen: kein Unterschied -mindestens eine Disziplinarstrafe: 63 % Dt./ 77 % Ausl. Ergebnis: keine Benachteiligung ausl. Ins. im Jugendstrafvollzug
Focken/Gley	Was verursacht das Abgleiten junger Türken in die Devianz (bikultureller Sozialisations-hintergrund oder Identitäts-krise)?	Sept. 1982 bis Feb. 1983	männl. jugendl./ heran-wachs. Inhaft.: 47 türk. Ins.: (38 JVA Rockenb., 9 Unters.-häftl. JVA Frankfurt-Höchst) 50 dt. Ins.: (ohne nähere Zuordnung JVA Rocken-ber, JVA Wies-baden)	-Fragebogen-erheb. (türk-dt. Fass): Auswahl 47 türk. Inhaftier-ter:Freiwillig-keit und aus-reich. Deutsch-kenntnisse, 50 dt. Inhaft.: Freiwilligkeit, Eltern un- oder angelernte Ar-beiter. Befragung in Gruppen à 4 Pers. durch Untersucherin, ohne Vollzugs-beamten, Dauer: 5-7 Stunden, von	-Sozialbiogra-phie -Delinquenz-entwicklung -Elterl. Erzie-hungsstil -Selbstkonzept -Aggressivität -Depressivität -Wertorientie-rung	-Großteil türk. Inh. seit frühester Kind-heit in Bundesrepublik -durchschnittl. Alter: 17,3 J. Türken/ 19,1 J. Dt. -nur Vater berufstätig: 53 % Türken/ 38 % Dt. -durchschnittl. Anzahl Geschwister: 3,9 % Türken/ 3,1 Dt. -Sonderschule: 1 % Türken/ 20 % Dt. -Hauptschulabschluß: 7 % Türken/ 37 % Dt. -vor Inhaftierung Ausbildung: 29 % Türken/ 39 % Dt. -Berufsausbildung, aber arbeitslos: 4 % Türken/ 9 % Deutsche -keine Berufsausbild., arbeitslos: 29 % Türken/ 24 % Dt. -keine/geringe Vorbelastung: 85 % Türken/ 27 % Dt. -Hauptdelikt: BtM-del. Türken/Diebst. Dt.

Untersuchungsleiter	Zweck der Untersuchung	Untersuchungszeitraum	Probanden (Nationalität, Anzahl)	Methodik	Fragenkomplexe	Ergebnisse
Focken/Gley (Fortsetzung)				Probanden im Selbstbeurteilungsmodus angekreuzt -tiefenpsych. Exploratinsgespräche: 1 bis 1,5 Std., insbes. Verwahrlosungserscheinungen, psych.-pathologische Auffälligkeiten		-regelmäßig Besuch von Eltern: 77 % Türken/ 48 % Dt. -Selbstmordgefährdung: 45,7 % Türken/ 48,9 % Dt. -drohende Ausweisung löst bei türk. Inhaftierten erhebliche Ängste aus -Trennung von Familie belastet türkische Inhaftierte stärker -bei dt. Inhaftierten häufiger festgestellt: -mangelhafte Kontakt- und Arbeitsbindungen -mangelhaft ausgebildete Frustrationstoleranz -Frühverwahrlosungserscheinungen -höhere Scheidungsrate der Eltern -Suchtverhalten vor Inhaftierung
Koepsel	Darstellung der Unterschiede in den Ergebnissen der Behandlungsuntersuchungen bei türkischen und deutsche Insassen	1981	78 ausl. Insassen, darunter 40 türkische Insassen, die in JVA Hagen untersucht wurden.	Aktenanalyse, Vergleich der Untersuchungsergebnisse	-Delinquenz türk. Verurteilter -Rückfallwahrscheinlichkeit -Aufenthaltsdauer in BR Deutschland -deutsche Sprachkenntnisse	Delinquenz türkischer Inhaftierter: 67,5 % BtM-delikte, 15,1 % vors. Tötung, 10,0 % Sexualdelikte, 37,5 % keine hohe Rückfallw. 12,5 % Berufskriminelle Aufenthaltsdauer in BR Deutschland durchschnittlich 9,5 J. Deutschkenntnisse: 7,5 % gute, 20 % mäßige, 50 % bruchstückhafte, 22,5 % gar keine

Untersuchungsleiter	Zweck der Untersuchung	Untersuchungszeitraum	Probanden (Nationalität, Anzahl)	Methodik	Fragenkomplexe	Ergebnisse
Koepsel (Fortsetzung)						Vorschläge: -nach Rechtskraft des Urteils Überstellung in die Türkei zur Strafverbüßung -von deutschen Ins. getrennt unterbringen
Nährich	Die Beleuchtung der Probleme ausl. Ins. unter Heranziehung empirischen Materials	Sichtag 31.03.73	94 ausl. erwachsene männl. Ins., 87 deutsche Inhaftierte (keine Angaben zu den Anstalten)	qualitative standardisierte Interviews	-Vorstrafen -Deutschkenntnisse -Aufenthaltsstatus -Vollzugslockerungen -Arbeit im Vollzug -Fortbildungsprogramm -Freizeitgruppen -Rundfunk in der Zelle -Zeitungen/ Zeitschriften -Anstaltsbüche rei -Religionsaus übung -Ernährung -Disziplinarverhalten /	-nicht vorbestraft: 62% Ausl./21% Dt. -Deutschkenntnisse: gut: 25 % Ausl., wenig/gar keine: 50 % Ausl. -kein Urlaub: 86 % Ausl./k.A. Dt. -Außenarbeit: 3 % Ausl./ 17 % Dt. -Sport: 33 % Ausl./ 48 % Dt. -eigenes Rundfunkgerät: 10 % Ausl., ca. 50 % d. Anträge abgelehnt -Zeitungen/-schriften: 30 % Ausl./50 % Dt. -36 % Muslime unter ausl. Ins., Problem: Religionsausübung in Gemeinschaftszelle u. Ernährung zu eintönig - Hausstrafen: 37 % Ausl./ 51 % Dt. -Selbstbeschädigungen: 54 % Ausl./ 21 % Dt. -kein Besuch: 8,5 % Ausl./ 18 % Dt. -1 Besuch/Monat: 23 % Ausl./ 16 % Dt. Lösungsvorschlag: In jedem Bundesland eine Anstalt, in der neben deutschen Insassen nur ausländische Insassen aus einer Sprach-

Untersuchungsleiter	Zweck der Untersuchung	Untersuchungszeitraum	Probanden (Nationalität, Anzahl)	Methodik	Fragenkomplexe	Ergebnisse
Nährich (Fortsetzung)					Hausstrafen -Suizid- u. Selbstbeschädigungsabsichten -bes. Sicherungsmaßn. -Besuchskontakte	gruppe einsitzen.
Schaffner/ Kneip	Treten bei den ausländischen Inhaftierten größere Daseinsschwierigkeiten und häufiger negative Haftfolgen auf als bei deutschen Inhaftierten?	1982	Befragt wurden 663 Insassen der JVA Mannheim (Vollerhebung), darunter 134 ausländische Inhaftierte. Rücklaufquote: 271 dt. Ins. (51 %), 85 ausl. Ins. (63 %).	Einzeluntersuchung zu zeitaufwendig, Gruppenuntersuchungen durch Werks-, Vollzugsbeamte etc., standardisierter Fragebogen von Ins. ausgefüllt, in neutralem Umschlag in Urne geworfen.	-demograph. Merkmale -Anzahl der Vorstrafen -Deliktsart -Sprachprobl. -Benachteiligung gegenüber dt. Ins. durch Bedienstete/Mitgef. -psych. Reaktion auf Inhaftierung -Grad der Zufriedenheit (Unterbringung/ Arbeit/Freizeit/ Essen) -suizidale Neigungen	-62 % Muslime -1,1 % ausländische Inhaftierte vorbestraft -54 % Rauschgiftdelikt begangen -deutsche Sprachkenntnisse: 35 % gar nicht/schlecht, 24 % gut -Essensqualität: schlecht/sehr schlecht 70 % Ausl., 47 % Dt. -keine Vollzugslockerungen: 93% Ausl./60 % Dt. -bei der Arbeit keine Unterschiede -fühlen sich als Opfer deutscher Inhaftierter -ausländische Insassen seltener suizidale Neigungen

Untersu-chungsleiter	Zweck der Unter-suchung	Unter-suchungs-zeitraum	Probanden (Nationalität, Anzahl)	Methodik	Fragen-komplexe	Ergebnisse
Wirth	Gewinnung eines differenzierten Bildes der ausländischen Inhaftierten im Jugendstrafvollzug in NRW.	Stichtags-erhebung vom 15.07.1997	408 ausländische Insassen im Jugendstrafvollzug in NRW: -JVA Heinsberg -JVA Herford -JVA Hövelhof -JVA Iserlohn -JVA Siegburg	Deskriptive, nicht vergleichende Studie: -Vollerhebung -Stichtageserhebung -Analyse der Personalakten durch Mitarbeiter des Kriminologischen Dienstes des nordrhein-westfälischen Justizministeriums	-Herkunft -Aufenthalts dauer in Deutschland -Aufenthalts-status -Wohn- u. Familiensituation vor Inhaftierung -schul./berufl. Entwicklung -Legalbiographie -Strafmaß -Ausweisungs-verfügung	-Inhaftierte in NRW sind Angehörige von 36 Nationen, unter ausl. Ins. 49,8 % türk. Ins. -48,8 % ausl. Ins. in Deutschl. geboren -55,1 % bei Festnahme 18-21 Jahre alt -22,1 % bei Festnahme älter als 21 J. -11,5 % bei Festnahme jünger als 18 Jahre -72,0 % bei Eltern gemeldet -35,5 % aus „broken homes“ -12,5 % keine schriftlichen Deutschkenntnisse - 4,0 % gar keine Deutschkenntnisse -21,3 % Sonderschule besucht -66,3 % Haupt-u. weiterführende Schule -19,0 % Hauptschulabschluß - 4,0 % höheren Schulabschluß -96,0 % keine abgeschlossene Berufsausbildung -74,0 % vor Strafantritt arbeitslos -92,2 % vorbestraft -40,7 % Gewaltdelikte (Tötung, Raub, Sexualdelikt, Köperverletzung) -30,0 % Eigentumsdelikte -27,5 % Straftaten gegen BtMG -32,6 % Strafmaß: 1-2 J. -37,3 % Strafmaß: 2-3 J. -17,2 % Strafe über 3 J.

Untersuchungsleiter	Zweck der Untersuchung	Untersuchungszeitraum	Probanden (Nationalität, Anzahl)	Methodik	Fragenkomplexe	Ergebnisse
Wirth (Fortsetzung)						-15,2 % Ausweisung angedroht -11,8 % Ausweisung verfügt - 6,6 % Abschiebung angeordnet -57,0 % ausländerrechtliche Verfahren nicht abgeschlossen

Peter Lang · Europäischer Verlag der Wissenschaften

Gregor Kämper

Polizeiliche Zusammenarbeit in der Europäischen Union

Entwicklung, Rechtsformen, grundgesetzliche Zulässigkeit

Frankfurt/M., Berlin, Bern, Bruxelles, New York, Oxford, Wien, 2001. 261 S.
Europäische Hochschulschriften: Reihe 2, Rechtswissenschaft. Bd. 3225
ISBN 3-631-38367-3 · br. € 40.40*

Straftäter agieren international. Durch den Schritt über Staatengrenzen entziehen sie sich dem Arm des Gesetzes. Nationale Eitelkeiten und Vorbehalte standen einer effektiven grenzüberschreitenden Zusammenarbeit der Polizeien Europas bislang im Wege. Es herrscht Aufbruchstimmung, seitdem die Europol-Konvention und das Schengener Durchführungsübereinkommen vereinbart wurden. Die zwei völkerrechtlichen Verträge wurden vom Großteil der Staaten der Europäischen Union in innerstaatliches Recht transformiert. Die Bundesrepublik Deutschland befindet sich nunmehr in einem Konflikt. Einerseits hat sie die Pflicht, an den erfolgsversprechenden Kooperationsformen mitzuwirken. Andererseits aber müssen die vorgesehenen Formen der Zusammenarbeit mit dem Grundgesetz in Einklang gebracht werden.

Aus dem Inhalt: Die historische Entwicklung polizeilicher Zusammenarbeit in Europa und die Entstehung rechtlicher Rahmenbedingungen · Die Kooperationsformen unter Berücksichtigung der einschlägigen Rechtsgrundlagen sowie die Akteure auf nationalem und internationalem Feld · Allgemeine verfassungsrechtliche Maßstäbe und verfassungsrechtliche Überprüfung im Hinblick auf die Formen polizeilicher Zusammenarbeit

Frankfurt/M · Berlin · Bern · Bruxelles · New York · Oxford · Wien
Auslieferung: Verlag Peter Lang AG
Jupiterstr. 15, CH-3000 Bern 15
Telefax (004131) 9402131

*inklusive der in Deutschland gültigen Mehrwertsteuer
Preisänderungen vorbehalten

Homepage http://www.peterlang.de